국어 문법 교육론

국어 문법 교육론

이병규

집문당

이병규

서울교육대학교 국어교육과 교수

대표 저서

『외국인을 위한 한국어 문법 1, 2』(2005, 공저), 『왜 다시 품사론인가』(2006, 공저)

『한국어 술어명사문 문법』(2009), 『개념 있는 국어 문법』(2013/2018 개정판, 공저)

『초등 국어 교육의 이해』(2018, 공저), 『한국어 표준 문법』(2018, 공저)

『초등 국어과 교수 학습의 원리와 적용』(2018, 공저)

『초등학생을 위한 표준 한국어 〈의사소통 1~4〉』(2019, 공저)

『초등학생을 위한 표준 한국어 〈학습 도구 1~3〉』(2019, 공저)

『또바기와 모도리의 야무진 한글 1~4』(근간)

국어 문법 교육론

2019년 2월 20일 1판 1쇄

저 자 | 이병규

발행인 | 임동규

발행처 | **집문당**

등 록 | 1971. 3. 23. 제300-2012-69호

주 소 | 03134 서울시 종로구 돈화문로 82 집문당빌딩 5층

영업부 | (02)743-3192~3 팩스(02)742-4657

sale@jipmoon.co.kr

편집부 | (02)743-3096~7 팩스(02)743-0227

edit@jipmoon.co.kr

홈페이지 | www.jipmoon.co.kr

ISBN 978-89-303-1811-2 93370

가격 30,000원

이 도서의 국립중앙도서관 출판시도서목록(CIP)은 e-CIP홈페이지(http://www.nl.go.kr/ecip)와 국가자료공동목록시스템(http://www.nl.go.kr/kolisnet)에서 이용하실 수 있습니다.
(CIP제어번호: CIP2019002267)

머리말

문법 교육의 교수·학습 내용과 국어학의 연구 결과의 차이점과 공통점은 무엇인가? 학교 교육에서 문법 교육의 가치는 무엇인가? 국어과 교육에서 문법 교육의 모습은 어떠하여야 하는가? 문법 교육의 목표, 내용과 교수·학습 방법, 평가의 특징은 무엇인가?

20여 년 동안 필자가 천착해 온 바의 대부분은 이와 관련이 있으며, 그 결과를 이 책으로 엮었다. 지금까지 필자는 15년을 문법을 연구하고 15년을 문법 교육을 연구해 왔다. 이 책을 기획한 것은 5년 전쯤으로, 그동안 공부한 것을 바탕으로 여기저기에 발표한 논문들을 깁고 보태어 엮으면 그럴듯한 '국어 문법 교육론'의 모양새를 갖출 수 있을 것 같았다. 대략의 틀을 어느 정도 갖춘 지 3년이 되었으나, 필자의 게으름으로 '국어과의 문법 평가'는 아직 기술하지 못하고 남아 있다.

기존에 발표한 논문들을 깁고 보태어 재구성하려다 보니 군데군데 중복되는 부분이 있고, 정교하지 못한 논의도 있어 출판사에 원고를 넘기는 순간까지 많이 망설였던 것이 사실이다. 그럼에도 불구하고 용기를 내어 이 책을 세상에 내어놓기로 한 것은 세 가지 이유에서이다. 첫째, 올해는 필자가 이 분야에 발을 들여놓은 지 30년이 되는 해로, 그간에 고민한 결과를 부족한 대로 정리한 후, 교육과 연구의 분위기를 일신하여 한 단계 더 도약해 보고자 하는 마음에서이다. 이렇게라도 하지 않으면 차일피일 시간만 끌다가 끝내 세상에 내놓지 못할 것 같은 불안함도 있었다. 미흡한 부분은 더 보완을 하여 완성도 높은 개정판을 기약하기로 한다. 둘째, 4차 산업혁명 시대가 요구하는 학교 문법 교육의 방향을 거칠게나마 제시해 보고자 하는 마음에서이다. 학교에서 이루어지는 문법 교육은 그 목표, 내용, 교수·학습 방법, 평가까지 객관적이고, 절대적이며 결과주의적인 지식관에 따른 상황을 벗어나지 못하고 있다. 이뿐만 아니라 '학교 문법'이 어떠해야 하는지 그 교육적 가치는 무엇인지에 대해 면밀히 탐색한 논의는 그렇게 많지 않다. 그 결과 교육과정이 바뀔 때마다 국어 교과 속의 문법 영역과 고등학교 선택 교과 속의 문법의 정체성에 대한 논란은 피해 가기 어려웠던 것이 사실이다. 더구나 중등을 중심으로 국어 및 국어 관련 교과서 개발 체제가 검정으로 바뀌면서 문법 영역이나 문법 관련 교과에서 다루는 문법 지식 자체가 교과서마다 세부적으로 차이가 있다. 이처럼 변화해 가고 있는 문법 교육의 상황을 고려하면 더 이상 국어학 개론의 내용 자체가 문법 교육의 내용이 되어서도 안 되겠고, 그것이 '국어 문법 교육론'의 내용 대부분을 차지하는 것도 적절하지 않다. 이 책에서는 '국어 문법 교육론'의 연구 범위와 기술 방법, 기술 내용에 대한 이러한 문제의식을 드러내고자 했다.
셋째, '국어 문법 교육론' 기술의 범위와 대상을 비롯하여 그 체계를 세워 보고자 하는 의도에서이다. 이를 바탕으로 초등, 중등에서 이루어지는 국어 문법 교육 전반에 질적 변화가 있게 되길 바라는 마음이다.

『국어 문법 교육론』이라는 이름의 저서는 손가락에 꼽을 정도가 고작이다. 어떤 학문 분야의 전반을 다루고 있는 개론서가 몇 권 되지 않는다는 것은 그만큼 그 분야의 학사(學史)가 깊지 않다는 것을 의미한다. 그리고 그 학문 분야의 정체성이 불완전하다고도 말할 수 있다. 그도 그럴 것이 기존의 『국어 문법 교육론』은 문법 교육 현상을 분석한 결과를 제시한 것이라기보다는 많은 부분 국어학 개론서에서나 봄 직한 '국어 문법'으로 채워져 있다. 교육에 초점이 있다기보다 문법에 초점이 있는 것이 대부분이다. 이 책은 국어학의 연구 결과 그 자체가 문법 교육의 내용이 되어서는 안 된다는 입장이다. 따라서 문법보다는 교육에 초점을 둔 '국어 문법 교육론'을 지향했다.

30여 년 전 학부 시절 문법 교육 강좌의 내용 대부분은 국어학 교육이었던 것으로 기억된다. 국어학 개론, 국어 음운론, 형태론, 통사론, 국어사 등의 강좌가 떠오른다. 명쾌하고 열정적인 강의는 매 시간 감동의 도가니였다. 그렇지만 강의의 내용과 교재의 내용에 대해서는 늘 마음 한편에 공허함이 있었다. 문법과 국어과 교육을 위한 문법·학교 문법의 개념과 범위, 문법과 문법 교육의 개념과 범위, 연구 대상 등이 지속적으로 쟁점이 되어 왔다. 지금까지도 초·중등학교에서 다루어 온 문법 및 문법 교육에서는 이들의 구분이 명확하지 않다. 그렇기 때문에 문법 교육이 국어학 교육인지, 국어 교과의 '문법 영역'이나 '문법 교과'가 국어학자를 길러내기 위한 교과인지, 문법을 배우면 삶을 살아가는 데 어떤 도움이 되는지 등 문법 교육에 대한 논란이 끊이지 않았다. 이 책에서는 이러한 문제의식과 쟁점을 바탕으로 학교 교육에서 또 국어과 교육에서 문법 자체가 아닌 교육에 초점을 둔 '문법 교육'의 정체성을 정립해 보고자 했다.

인공 지능(artificial intelligence: AI)으로 대표되는 지능 정보화 시대, 4차 산업혁명 시대에는 지식을 외우고 이해하여 기억한 것을 활용하는 과정은 한계가 있을 수밖에 없다. 그러한 일은 사람보다 로봇이 훨씬 더 잘할 수 있기 때문이다. 지식을 객관적이고 절대적이며 고정 불변의 진리와 같은 것으로 보는 관점은 더 이상 유효하지 않다. 범람하는 지식을 수집하여 분석하고, 판단하고, 선택하여 문제를 해결하는 데 필요한 지식으로 재가공해 낼 수 있는 능력이 요구된다. 학교에서 이루어지는 문법 교육도 문법 지식을 이해하고 기억하여 적용하는 데 요구되는 능력이 아니라, 가변적이고 상대적이고 구성주의적인 지식관에 따라 지식을 창출해 내는 능력을 길러 줄 수 있어야 한다. 그런데 지금까지는 국어학적 연구 결과로서 합의의 산물인 문법 지식을 제시하고, 이를 설명하여 전달하는 방법을 따르고 있으며, 그렇게 학습한 문법 지식에 대한 기억 여부를 평가하는 것이 문법 교육의 모습이라고 해도 과언이 아니다.

이 책에서는 그와 같은 문법 교육에는 동의하지 않는다. 이 책은 처음부터 끝까지 가변적이고 구성주의적이며 상대주의적인 지식관을 수용하여 이에 따라 기술하고자 했다. 그렇기 때문에 소위 '학교 문법'과 같이 국어학적, 언어학적 체계에 따라 국어학의 연구 결과 전반을 제시하는 방식은 따르지 않았다. 국어학적, 언어학적 체계에 따라 그 결과를 체계화하여 제시한 '학교 문법'은 변화된 지식관의 패러다임에 부합하지 않기 때문이다. 국어학의 연구 결과로서의 학교 문법의 국어과 교육적 가치, 문법 교육적 가치가 합의되어 있지 않으며, 한국어의 문법이기 때문에 한국 사람들은 배워야 한다는 당위론적 측면의 문법 교육은 설득력을 얻기 어렵다. 이 책에서는 국어과 교육적 가치와 문법 교육적 가치가 있는 문법을 '교육 문법'이라고 이름하고 있다. 교육 문법의 내용이나 방법, 평가는 오로지 새로운 지식관의 패러다임에 따라 수립된 국어과 교육 목표와 문법 교육의 목표에 부합해야 한다.

이 책은 모두 4부 14장으로 이루어져 있다. 제1부에서는 교육 문법 교육과 국어 교육의 관계, 문법 교육의 방향을 전반적으로 이해할 수 있다. 제1장에서는 국어 교육과 문법 교육의 성격을, 제2장에서는 국어과 교육의 목표와 문법 교육의 목표를, 제3장에서는 국어 문법 교육의 원리를 다루었다. 제2부에서는 교육 문법의 내용을 이해할 수 있다. 제4장에서는 교육 문법 내용 연구 방법을, 제5장에서는 교육 문법의 내용 체계를, 제6장에서는 교육 문법의 내용을 다루었다. 제3부에서는 교육과정과 교육 문법 교재의 관계 그리고 문법 교수·학습 방법을 전반적으로 이해할 수 있다. 제7장에서는 교육과정 문법 영역 내용의 교과서 실행 유형을, 제8장에서는 교육과정 문법 영역 내용의 단원 실행 양상과 유형을, 제9장에서는 교과서를 비롯한 교육 문법 교재의 구성 원리를, 제10장에서는 교육 문법 교수·학습 방법을 다루었다. 마지막 제4부는 국어 교육 문법 기술이 어떠해야 하는지를 탐색하고, 그간 국어과 교육과 문법 교육에서 연구가 미흡하여 소홀히 다루어 온 분야를 탐색하여 교육 문법의 지평을 넓히고자 했다. 제11장에서는 문장 유형을 탐색하여 이 책의 성격에 맞게 교육 문법의 내용을 기술해 보고자 했다. 제12장, 13장은 문법 교육에서 다루고 있긴 하나 구체적으로 교육 문법으로 내용화하지 못하여 국어과 교육에 충분히 수용되지 못하고 있는 분야를 기술했다. 제12장에서는 텍스트 언어학과 화용론, 담화론에 기반한 텍스트 갈래 지식의 교육 문법을, 제13장에서는 미디어 문식성에 대한 교육 문법을 기술했다. 끝으로 제14장에서는 문법과 읽기 교육의 융합 모습을 제시하여 문법이 듣기 교육, 말하기 교육, 읽기 교육, 쓰기 교육에 어떻게 작용할 수 있는지를 구체적으로 제시하고자 했다.

이 책에 주로 사용된 자료는 제1차 국어과 교육과정부터 2015 개정 국어과 교육과정, 그리고 그에 따른 국어 교과서이다. 특히 제7차, 2007 개정, 2009 개정 교육과정에 따른 교과서를 주된 분석 자료로 삼되, 필자가 교육대학교에 근무하고 있어 초등 교과서와 초등 국어 교육 관련 자료를 많이 활용하였다.

이 책은 국어 문법을 학교에서 가르치고 있는 선생님, 사범대학이나 교육대학교에서 문법 교육을 배우고 있는 예비 교사, 대학원에서 문법 교육을 전공하고 있는 대학원생들이 국어 문법 교육을 전반적으로 이해하는 데 활용할 수 있다. 그뿐만 아니라 학부생, 예비 교사, 대학원생을 대상으로 강의를 하는 데도 활용할 수 있다.

끝으로, 상업성이 크지 않은 책의 출판을 흔쾌히 수용해 주신 임동규 대표님과 짧은 시간에 멋지게 편집 · 디자인해 주신 전정아 선생님께 감사의 말씀을 드린다. 가족들에게도 감사의 마음을 전하고 싶다. 친구가 되어 줄 만큼 잘 자라 준 든든한 딸 채은, 일찍 철이 들어 자신의 일을 스스로 잘 해내고 있는 고마운 아들 현교, 가정을 잘 꾸려 오고 언제나 힘이 되어 준 아내 은숙 그리고 평생을 자녀와 손자들을 위해 기도해 주시는 노모께 이 책을 올린다.

2019년 새해 아침에 저자 씀

차례

제2부. 국어 교육 문법 내용의 이해

제3부. 국어 교육 문법 교재와 교수 · 학습의 이해

제4부. 국어 교육 문법 기술의 탐색과 확장

표/그림 차례

제1부. 국어 교육 문법 교육의 이해

제1장. 국어 교육과 문법 교육의 성격

제2장. 국어과 교육의 목표와 문법 교육의 목표

제3장. 국어 교육 문법 교육의 원리

제2부. 국어 교육 문법 내용의 이해

제4장. 교육 문법 내용 연구 방법

제5장. 교육 문법의 내용 체계

제6장. 교육 문법의 내용

제3부. 국어 교육 문법 교재와 교수 · 학습의 이해

제7장. 문법 영역 내용의 교과서 실행 유형

제8장. 문법 영역 내용의 단원 실행

제9장. 교육 문법 교재 구성의 원리

제13장. 미디어 문식성의 교육 문법

제14장. 문법과 읽기 교육의 융합

제1부

국어 교육 문법 교육의 이해

제1장. 국어 교육과 문법 교육의 성격

1.1. 국어과의 성립

국어과는 무엇을 가르치고, 어떤 사람을 길러내고자 하는 교과인가? 또 국어 교과에 문법은 왜 필요하고 무엇을 가르쳐야 하는가? '국어'는 우리나라 사람들이 우리말을 일컬을 때 사용하는 말이다. 우리는 국어로 서로의 생각을 주고받는다. 사람들은 태어나면서부터 좁게는 가족과 넓게는 사회 구성원들과 상호 작용을 하면서 듣고, 말하고, 읽고, 쓰는 능력을 습득 또는 함양한다. 특히 일상생활에 필요한 듣기 능력과 말하기 능력은 교육을 받지 않고도 어느 수준까지 자동적으로 습득된다. 따라서 일상생활에 필요한 국어 능력으로 읽기 능력과 쓰기 능력만 학습하면 되는 것으로 이해하는 경우가 있다. 그럼에도 불구하고 가장 많은 수업 시수로 국어과가 존재하는 이유는 무엇인가?

이를 알아보기 위하여 여기서는 국어과 교육에서 수단으로 하는 중심 매체인 국어를 언어, 한국어와 비교하여 이해한 후, 한국어로서의 국어과가 성립하는 근거, 국어과의 특성, 그리고 국어 교육, 국어과 교육, 문법 교육의 관계를 살펴보기로 한다.

1.1.1. 국어와 한국어

세계에는 7,000여 종의 언어가 있다고 한다. 한국어도 그중 하나이다. '한국어(Korean language)'는 1.1.2.절에서 자세히 설명할 언어의 특성과 언어의 기능을 가지고 있는 수천의 언어 가운데 한국의 공용어를 객관적으로 지칭할 때 사용하는 말이다. 그렇기 때문에 누가 그것을 지칭하든 같은 언어 즉 한국의 공용어를 가리킨다. 한편 '국어'는 한국의 공용어로서 '한국어'를 대내적으로 가리키는 말이다. 한국 사람들에게 '국어'는 '한국어'를 지칭하는 것이지만 일본 사람들에게 '국어'는 '일본어'를, 중국 사람들에게 '국어'는 '중국어'를 의미한다. 따라서 '국어'는 그것을 부르는 사람에 따라서 다른 언어를 지칭하게 되는 경우도 있다.

본래 '국어(national language)'라는 말은 '민족어'의 일종의 대내적인 개념이다. 그러나 모든 민족어가 '국어'의 지위를 가지는 것은 아니다. 과거의 우리나라처럼 어떤 한 민족이 국가를 이루어 그 민족의 언어가 그 국가의 공용어 구실을 하는 경우도 있지만, 그렇지 못한 경우도 많기 때문이다. 따라서 어떤 민족어는 국어의 자격을 갖지만 어떤 민족어들은 한 국가의 지역어 또는 소수 민족어로서 성격을 가지고 있을 뿐이다. 또 어떤 국가의 경우는 여러 개의 공용어가 통용되기 때문에 한 나라의 공용어로서의 '국어'라는 말을 사용하기 어려운 경우도 있다. 이와 같은 경우에는 '국어'라기보다는 '민족어'라고 지칭하는 것이 적합하다.

대한민국의 경우 다민족, 다문화 국가로 변화되어 가고 있기 때문에 '국어'라는 명칭과 '한국어'라는 명칭의 뜻을 정확히 이해하고 맥락에 맞게 사용하여야 한다. 예컨대 교육과정에는 '국어 교육과정'과 '한국어 교육과정'이 별도로 존재한다. 전자는 국민 공통 교육의 하나로 대한민국 모든 국민들이 초·중등 교육에서 반드시 이수해야 하는 필수 교과목 가운데 하나이다. 이에 비해 후자는 그 학습 대상이 한국어 구사 능력이 전혀 없거나 현저히 떨어지는 학습자이다. 그리고 정규 교과의 지위를 가지고 있는 것은 아니다. 한국어 교육과정은 이중언어(Korean as a second language: KSL)로서의 한국어 교육과정을 말한다. 이 밖에도 한국어는 외국어로서의 한국어(Korean as a foreign language: KFL)를 가리키기도 한다. 또 우리의 경우는 우리말을 개별 언어의 하나로 객관적으로 지칭할 때는 '한국어'라고 하는 것이 적절하고, 우리나라 사람들이 우리나라에서 다른 개별 언어와 대립하여 실용적이고 한정적으로 '국어'라는 말을 사용하는 것이 가능하다.

국어나 한국어 역시 언어의 하나이기 때문에 국어 교육이나 한국어 교육은 다음에서 다룰 언어의 일반적 기능, 언어의 사회적인 기능이 효과적으로 수행될 수 있도록 하는 범위 내에서 이루어져야 한다.

1.1.2. 언어

언어는 사람만이 사용하는가? 일반적으로 사람을 다른 동물과 구별할 때 첫 번째로 드는 것이 '언어'를 사용한다는 것이다. 그렇지만 다른 동물의 경우에도 서로에게 뜻을 전달하기 위하여 사용하는 수단이 있다. 어떤 동물의 울음소리는 짝짓기를 위한 신호가 되기도 하고 어떤 경우에는 영토를 주장하는 신호가 되기도 하고 또 다른 경우에는 위험을 알리는 신호가 되기도 한다. 꿀벌의 경우에도 춤의 모양이나 춤의 속도 등이 특정한 뜻을 전달하는 것에 관련되어 있다.

그러나 이들이 사용하는 소통 수단은 사람의 언어와 비교하면 매우 제한되어 있고 고정되어 있다. 또 사람과 가장 비슷한 원숭이에게 말을 가르치면 몇몇의 단어를 습득할 수 있으나 일정한 한계가 있고, 단어와 단어를 연결하여 더 큰 단위를 만드는 능력은 거의 없다는 것은 밝혀진 바이다. 그렇기 때문에 '언어'는 사람만이 사용하는 것이라고 볼 수 있다. 사람만이 사용하는 '언어'는 다음과 같은 특성을 가지고 있다는 점에서 동물을 비롯한 다른 의사소통 체계와 차이가 있다.

1.1.2.1. 언어의 특성

'언어의 특성'은 교육과정의 개정과 상관없이 줄곧 국어과 교육의 내용으로 다루어 온 것 가운데 하나이다. 국어과의 교육 내용으로 다루고 있을 뿐만 아니라 국어 역시 언어라는 점에서 언어의 특성을 알아보는 것은 국어의 특성을 알아보는 것이기도 하다.

4차 산업혁명 시대와 함께 인터넷과 정보 통신의 발달은 의사소통 수단을 매우 다양화하고 있다. 그 가운데는 동물의 의사소통 수단이나 음악, 미술에서처럼 의사소통의 수단이기는 하나 언어로 볼 수 없는 것도 많다. 이를 '매체 언어'라고 명명하며 언어에 포함시켜 다루는 논의도 있다. 국어과 교육에서도 이를 주요 교수 · 학습 내용으로 다루고 있다. 이에 대해서는 13장에서 자세히 다루도록 한다.

의사소통 능력을 신장시키고자 하는 것을 목표 가운데 하나로 하는 국어과 교육과, 언어가 아닌 의사소통 수단을 다루고 있는 음악, 미술, 컴퓨터, 무용, 수학 교육의 차이는 본질적으로 그 의사소통 수단의 특성 차이에서 변별된다고 말할 수 있다. 그리고 국어과 내에서 다루어지는 의사소통 수단도 언어인 것과 언어가 아닌 것의 구별은 언어의 특성을 나타내느냐 그렇지 않느냐로 가능하다. 특히 언어가 아닌 것을 '매체 언어'라는 이름으로 언어에 포함시켜 다루는 것은 언어의 특성에 부합하지 않는다는 점에서 문제가 있다. 국어과에서 다루어질 수 있는 매체와 국어와의 관계, 국어과에서 다루어질 수 있는 매체의 범위 등을 한정하기 위해서는 언어의 특성에 대한 이해가 필수적이다.

국어과에서 다루게 되는 사람의 언어와 다른 동물의 소통 수단을 비롯한 언어가 아닌 부호들은 다음과 같은 언어의 특성에 의해 구분되는데, 이를 언어의 보편적인 특성이라고 한다. 일반적으로 의사소통 체계는 일정한 내용과 일정한 형식 즉 기호로 이루어진다. 예를 들어 차와 사람이 안전하게 통행할 수 있도록 유도하는 신호등을 비롯하여 교통정리를 하는 경찰관의 수신호, 꿀벌의 춤 등이 모두 그러하다. 꿀벌은 먹이가 아주 근접한 거리

(5m 안팎)에 있을 경우 이를 다른 꿀벌들에게 전달하고자 할 때 원(○)형을 그리며 날고, 먼 거리에 있을 경우에는 팔자(∞)형을 그리며 난다고 한다. 의사소통 수단의 이러한 특성을 '기호성'이라고 한다.

언어 역시 '음성 기호(signifiant)'는 모든 언어가 갖추고 있으며, 일부 언어는 '문자 기호'까지 갖추고 있다. 이처럼 언어는 '기호'라는 특성이 있다. 그런데 기호가 곧 언어인 것은 아니다. 의사소통에 사용되는 수단으로서 기호는 이 밖에도 여러 가지가 있다. 다양한 기호 가운데 언어가 되려면 사회성, 역사성, 자의성, 창조성, 분절성, 체계성 등도 갖추고 있어야 하며, 다음 절에서 설명할 언어의 기능을 수행할 수 있어야 한다.

'언어의 사회성'은 의미와 형식과의 관계에 대한 이해를 그 언어 공동체가 공유하고 있는 특성을 말한다. 예를 들면, '♡'라는 그림에 의해 전달되는 의미를 한국에서는 '사랑'으로, 영어권에서는 'LOVE'로, 중국에서는 '愛'로 표현하고 소리 내기로 각 언어 공동체가 약속하고 있다. '♡'의 의미를 담고 있는 소리나 기호는 각 언어마다 다르다. 이처럼 의미와 형식은 필연적인 관계를 나타내지 않는다. 그렇기 때문에 같은 의미를 나타내는 다른 기호를 사용하는 사람들 사이에는 서로 의사소통이 이루어지지 않는다. 그렇지만 같은 의미에 대하여 같은 소리나 기호를 사용하는 사람들 사이에서는 의사소통이 가능하게 된다. 그것은 일정한 의미를 일정한 소리나 기호로 나타내기로 언중들 사이에 약속을 해 놓았기 때문이다. 어떤 개인에 의해 이 약속이 마음대로 바뀔 수는 없다. 언어의 이러한 특성을 '언어의 사회성'이라고 한다.

이른바 '매체 언어'로 명명되는 의사소통 수단을 '언어'로 부르는 것은 '기호성'과 '사회성' 등만 고려한 것이다. 이를 모두 언어로 다루게 되면 국어과의 개념과 범위 등을 한정하기 어려워 국어과의 정체성이 흐려지게 된다. 이에 대해서는 13장에서 자세하게 설명된다.

앞에서 언급했듯이 일정한 내용(의미)과 이를 전달하는 소리나 표기 사이에는 필연적인 관련성이 없다. 이러한 언어의 속성을 '언어의 자의성'이라고 한다. '♡'의 의미를 한국에서는 '사랑'으로, 영어로는 'LOVE', 중국어로는 '愛'로 발음하고 표기하는 것은 그 의미와 필연적인 관련이 없다.

'뫼'는 옛날에는 '밥'의 높임말로 살아 있는 사람에게도 쓰였으나 지금은 제사 때 조상신에게 바치는 것에 국한하여 사용한다. 이처럼 언어가 시대에 따라서 변화하는 속성을 '언어의 역사성'이라고 한다. 단어가 새롭게 만들어지고 또 소멸되는 현상, 'ㅸ, ㅿ, ㆍ'처럼 옛날에는 있었던 소리가 사라진 현상 등은 모두 '언어의 역사성'을 나타내는 사례가 된다.

한편, 사람은 한 번도 들어보지 않았던 문장을 만들어 내거나 연결 어미를 사용하여 무한히 긴 문장을 생성하기도 한다. 문장을 무한히 만들어낼 수 있다는 말이다. 이와 같은 언어의 특성을 '언어의 창조성'이라고 한다. 동물의 의사소통에 사용되는 수단은 그 수가 한정되어 있으며 그것도 유전적으로, 본능적으로 습득되는 것으로 알려져 있다. 그렇기 때문에 인간이 사용하는 언어와 같은 창조적 특성은 생각할 수 없다.

언어는 일정한 규칙에 의해 조합됨으로써 유의미한 소리나 형태가 만들어진다. 예를 들어 국어에서는 'ㄱ-ㅏ-ㅇ'의 조합은 소리나 글자로 성립하지만 'ㅂ-ㄱ-ㅏ-ㅇ'의 조합은 성립하지 않는다. 이처럼 언어는 개별적으로 존재하는 것이 아니라 엄격한 규칙에 의하여 조직체를 이루고 있다. 이와 같은 속성을 '언어의 체계성'이라고 한다. 언어의 체계는 언어마다 차이가 있다. 영어는 's-t-r-a-i-k(strike)'의 조합이 가능하지만 국어는 'ㅅ-ㅌ-ㄹ-ㅏ-ㅣ-ㅋ'의 조합을 허용하지 않는다. 언어마다 고유의 체계를 가지고 있으며 모든 언어의 체계가 동일하지는 않다.

무지개는 정확하게 말하면 빨강, 주황, 노랑, 초록, 파랑, 남색, 보라 이렇게 일곱 가지 색깔로 구분되지 않는다. 프리즘을 통과하는 색은 빨강에서부터 보라색까지 색의 연쇄를 이루고 있다. 그러나 우리는 마치 일곱 가지 색깔로 분절되는 것처럼 인식하여 일곱 색깔로 명명하고 있다. 또 '홍'은 '[ㅎ]-[ㅗ]-[ㅇ]' 소리의 연쇄로 발음되는 음절이다. 그런데 사람마다 각각의 소리를 발음하는 것이 다 다르고 [홍]이라는 소리에서 [ㅎ], [ㅗ], [ㅇ] 각

소리의 정확한 경계가 어디까지인지가 명확하지 않다. 그렇지만 '[ㅎ]-[ㅗ]-[ㅇ]' 소리로 분절되는 것처럼 이해한다. 이처럼 언어를 사용함으로써 이어져 있는 현상을 분절적으로 인식하게 하는 언어의 특성을 '언어의 분절성'이라고 한다. 이와 같이 사람의 소통 수단인 언어와 다른 의사소통 수단을 구분해 주는 이상과 같은 특성을 '언어의 특성'이라고 한다.

1.1.2.2. 언어의 기능

사람을 다른 동물과 구별해 주는 핵심 요소인 언어는 어떤 기능[1]을 하는가? 국어과 교육과정에서 언어의 기능이 본격적으로 제시되기 시작한 것은 제6차 교육과정부터이다. 국어과에서는 그 목적에 맞게 국어를 사용할 수 있는 사람을 기르고자 하는 것이 핵심 교과 목표 가운데 하나이다. 따라서 목적에 맞게 언어를 사용할 수 있는 능력을 기르기 위해서는 언어의 기능에 대한 이해가 필수적이다.

언어의 기능은 일반적인 기능과 사회적인 기능으로 나누어 볼 수 있다. 언어의 일반적인 기능은 주로 다섯 가지로 정리되는데 정보적 기능(information function), 표현적 기능(expressive function), 지령적 기능(directive function), (심)미적 기능(aesthetic function), 친교적 기능(phatic function)이 그것이다. (Geoffrey Leech, 1981 참고)

언어의 이와 같은 기능은 국어과 교육의 내용 체계 가운데 국어 활동의 목적에 따라 분류한 '실제' 범주를 구성하는 요소와 다르지 않다. 차이가 있다면 언어의 기능은 문학, 비문학 텍스트 전반을 포괄하는 데 비해, 국어과 교육과정 내용 체계의 '실제' 범주에서 제시하고 있는 국어 활동의 목적은 비문학 텍스트를 대상으로 한다는 점이다.[2] '정보적 기능'은 국어과 교육과정 내용 체계의 정보 전달의 목적에 대응하고, '표현적 기능'과 '미적 기능'은

1 언어의 기능을 국어과 교육에서는 언어(국어) 사용(활동)의 목적으로 부르고 여기에 정보 전달의 목적, 설득적 목적, 친교적 목적, 정서 표현의 목적 등으로 범주화하여 제시하고 있다.
2 국어과 문학 영역의 실제 범주는 문학의 갈래를 별도로 제시하고 있다.

정서 표현의 목적에, '지령적 기능'은 설득적 목적에, '친교적 기능'은 친교적 목적에 대응시킬 수 있다. 이에 대해서는 5.2. 절을 참고할 수 있다.(이병규, 2015ㄴ 참고)

'정보적 기능'은 실제 세계에서 나타나는 현상이나 사실을 객관적이고 중립적으로 전달하는 기능을 의미한다. '표현적 기능'은 화자의 감정과 태도를 나타내는 것으로 희로애락의 감정을 언어로 표현하는 경우에 해당한다. 정보적 기능이 객관적이고 개념적인 의미 전달이 초점인 데 비해 표현적 기능은 감정이나 느낌, 정서적 의미의 전달이 중요하다. '지령적 기능'은 다른 사람의 행동이나 태도에 영향을 미치고자 할 때 나타난다. 그렇기 때문에 명령이나 요청, 제안을 하고자 할 때 작동한다.

'(심)미적 기능'은 주로 문학 작품의 창작과 감상에 작용하는 것으로 시나 이야기에서 정서를 표현하는 것과 관련된다. (심)미적 기능이란 작가가 자신의 느낌이나 정서를 언어로 표현하되, 예술적인 수준까지 도달할 수 있도록 아름답게 표현하여 읽는 이로 하여금 감동을 받도록 하는 데 작동한다. 이 경우에는 정서적 의미와 개념적 의미가 모두 관계된다. 표현적 기능과 미적 기능은 모두 정서, 느낌을 전달한다는 점에서 공통점이 있으나 (심)미적 기능은 시나 소설 등과 같이 예술성이 개입된다는 점에서 차이가 있다. 따라서 (심)미적 기능은 문학 갈래의 텍스트와, 표현적 기능은 비문학 갈래의 텍스트와 관련이 깊은 언어의 기능이라고 구분하는 것이 가능하다.

언어의 또 다른 기능으로 '친교적 기능'이 있다. 친교적 기능은 사람들 사이에 사회적 관계를 형성하고 그 관계를 유지하도록 하는 것과 관련이 깊다. 인사말이나 축하하는 말, 위로하는 말, 격려말 등은 모두 원만한 사회적 관계의 유지와 관련된다.

이와 같은 언어의 기능은 특정한 유형의 말과 글 즉 텍스트 갈래를 통하여 나타난다. 이를 고려하여 언어의 기능을 텍스트(담화)의 기능이라고 부르기도 한다. 국어과 교육의 성격 중 하나는 '발신자(화자, 필자)'가 자신의 '의도'를 특정한 맥락에서 '수신자(청자, 독자)'에게 '언어'로 '맥락'에 맞게

'텍스트'를 구성하여 전달하는 방법과 발신자의 의도가 담긴 텍스트를 '수신자'가 이해하는 방법을 가르치고 배우는 것이다. 여기에는 국어 문법의 개입이 필수적이다. 이에 대해서는 12장, 14장에서 자세히 설명한다.

한편 김하수(1988)에서는 '언어의 사회적 기능'을 여덟 가지로 구분하여 정리하고 있다. 첫째는 언어는 의사소통 수단이며, 둘째, 서로의 행위를 조종하는 수단이고, 셋째, 언어는 경험을 축적시키고, 넷째, 경험을 분류하고 특정한 개념을 개발하여 의식을 형성하는 매체가 된다. 다섯째, 언어는 조직적인 사유를 가능하게 하고, 여섯째, 언어는 인간의 행위를 변화시키며, 일곱째, 언어는 사회 구성의 매체이며, 여덟째, 언어는 그 자체가 사회적인 행위 또는 활동이 된다.

의사소통 수단으로서의 기능은 언어를 사용함으로써 사람들 간의 정보를 교환하여 필요한 정보를 공유하고 획득하는 것을 말한다. 서로의 행위를 조정한다는 것은 언어를 통하여 행위의 변화를 일으키는 것을 말한다. 이로써 인간의 행위는 서로 구별되고 때로 서로 협력적인 관계에 있을 수 있다. 또 언어를 통하여 경험을 전달하고 전승시키며 축적한다. 따라서 이전의 경험에 새로운 경험을 누적하여 더 나은 정보를 만들어 내고 이러한 과정이 되풀이됨으로써 개인 각자의 경험은 더 풍부해지게 된다.

사람은 경험이나 현상을 상징 또는 기호화함으로써 경험이나 현상을 개념화하고 추상화하며 범주화한다. 즉 언어화를 통하여 구체적인 감지 단계에서 추상적 인식 단계로 발전하게 된다. 이러한 언어의 기능을 의식 형성의 기능이라고 할 수 있겠다. 또 사람의 감지 능력에는 한계가 있기 때문에 이를 극복하기 위하여 언어화함으로써 개념화되고 이를 통해 사유의 폭이 확장되고 그 깊이도 심화된다. 따라서 언어를 통하여 조직적인 사유가 가능하게 된다.

감지 능력의 한계뿐만 아니라 사람의 물리적인 행위가 한계에 부딪힐 때도 이를 극복하기 위하여 상징적 또는 기호적으로 설계하여 실질적인 행위 가능성을 제시하기도 하고 사람의 실제적인 행위를 보완해 주거나 실수를 방지해 주기도 한다. 따라서 언어화를 통하여 인간의 행위를 변화시킬 수 있다. 예를 들면 도덕규범이나 법률은 지켜지지 않을 때에 물리적인 제재나 강압을 즉각적으로 집행하기보다는 그 사회의 구성원들에게 언어화한 제재 항목을 미리 제시해 줌으로써 도덕규범이나 법률을 지키도록 유도할 수 있다.

이상은 언어의 사회적 기능을 내용적인 측면에서 살펴본 것이다. 언어는 내용적인 측면 못지않게 외적 측면 즉 형식적인 측면에서도 중요한 사회적 기능을 발휘한다. 언어의 외형은 개인의 출신, 인품, 신분, 사회적 지위 등을 나타내 주고 집단의 성격을 나타내 주기도 한다. 그렇기 때문에 언어는 개인이나 집단의 징표가 된다.

예컨대 지역어를 사용하는 사람은 그 사람이 어느 지역에서 나고 자랐는지를 알게 해 주고, 그 지역어를 사용하는 사람들 사이에 동류의식을 갖게 해 준다. 이뿐만 아니라 언어는 계층, 신분, 인종 등을 변별할 수 있게 하는 수단이 되기도 한다. 백인 영어, 흑인 영어가 이들을 인종적으로 구별할 수 있게 하고, 미국 영어, 영국 영어, 캐나다 영어, 호주 영어, 필리핀 영어는 같은 영어권이지만, 그 표현이나 사용 방식을 통해 그 사람의 국적이나, 나고 자란 국가, 지역을 변별할 수 있게 한다.

한국어의 경우에도 지역에 따라 그 언어적, 사용적 특징이 같지 않아 언어를 통해 그 사람을 이해하는 것이 가능하다. 대한민국에서 사용하는 '우리말', 연변에서 사용하는 '우리말', 북한에서 사용하는 '우리말' 모두 그 언어를 통해 그 사람의 정체성 일부를 알 수 있다. 13.4.절에서 다룰 소위 '급식체', '야민정음'이라는 것도 그 언어를 통해 그 언어를 사용하는 사람들을 그렇지 않은 사람들과 변별할 수 있게 한다.

따라서 언어는 사회 구성의 도구로서 기능한다고 말할 수 있으며, 어떤 언어를 어떻게 사용하느냐가 그 사람의 정체성을 드러내 주는 표식이 된다고 하겠다. 끝으로 언어는 사람이 수행하는 행위의 일부분이다. 즉 언어는 그 자체가 사회적인 행위이자 사회적인 활동이라는 것이다.

언어는 사람을 다른 동물과 구별해 주는 핵심적인 도구이다. 사람이 사람다워지기 위해서는 결국 사람이 언어를 얼마나 제대로, 잘 부려 쓰느냐에 달려 있다고 해도 과언이 아니다. 따라서 상황에 맞게 국어를 잘 부려 쓸 수 있는 국어 능력을 신장시키는 것과 함께, 품위 있고 건전한 인격 형성을 중핵적인 교과 목표로 하는 국어(언어) 교육은 앞에서 열거한 언어의 일반적인 기능, 언어의 사회적 기능의 내용 위에서 이루어져야 한다.

1.1.2.3. 언어 사용 기능

앞 절에서는 언어의 기능을 구체적으로 살펴보았다. 언어의 기능은 언어 사용의 목적, 언어 사용의 기능과 밀접하게 관계되어 있는 것으로 파악했다. 2.1. 절에서 확인할 수 있겠지만 국어과의 본질적인 목표를 언어 사용 기능의 신장으로 보는 경우가 있다. 국어과에서 말하는 언어 사용 기능은 듣기 기능, 말하기 기능, 읽기 기능, 쓰기 기능을 통칭하여 일컫는다. 듣기, 말하기, 읽기, 쓰기는 결국 언어로 이해하고 표현하는 활동들을 음성 매체와 문자 매체에 따라 구분해 놓은 것이다.

듣기, 읽기로 이루어지는 이해 활동과 말하기, 쓰기로 이루어지는 표현 활동은 결국 정보 전달, 설득, 정서 표현, 친교, 선언, 약속 등의 의사소통 목적(국어 활동의 목적)을 수반한다. 그렇기 때문에 언어 사용 기능(skills)인 듣기 기능, 말하기 기능, 읽기 기능, 쓰기 기능은 결국 언어의 기능(functions)을 발현하는 데 필요한 방법과 전략 즉 절차적 지식과 명제적 지식을 익혀 숙달할 수 있는 것이다.

예컨대, 이해 기능을 익히기 위하여 추론하는 방법 · 평가하는 방법 · 감상하는 방법 등을 익히고 숙달하는 경우, 표현 기능을 익히기 위하여 내용을 생성하는 방법 · 조직하는 방법 · 고쳐 쓰는 방법 등을 익히고 숙달하는 경우, 발표 · 토론 · 토의 · 연설 · 회의 등과 같은 담화의 갈래별 지식을 익히고 숙달하는 경우, 설명문 · 논설문 · 기행문 · 독서 감상문 등과 같은 글의 갈래별 지식을 익히고 숙달하는 경우 등은 모두 언어 사용 기능(skills)을 숙달하여 언어의 기능(functions, 의사소통 목적, 국어 활동의 목적)을 효과적으로 수행하기 위한 것이다. 요컨대 언어 사용 기능을 신장한다는 것은 상황에 맞게 언어의 기능을 구사할 수 있는 능력을 기르는 것이라고 말할 수 있다.

1.1.3. 한국어로써의 국어과의 성립

우리나라의 국어는 대한민국의 공용어인 한국어이다. 우리나라의 국어가 한국어가 되어야 하는 이유는 무엇인가? 영어나 일본어나 중국어가 우리나라의 공용어로서 국어의 지위를 갖는 것은 불가능한가? 일부에서 영어를 한국어와 함께 공용어로 하자는 주장이 제기되기도 한다. 그 주장을 받아들인다면 우리나라의 국어가 한국어가 아닌 다른 언어가 되는 것도 불가능한 일은 아니다. 특히 국어 교육의 목표를 말 잘하고, 글 잘 쓰고, 글 잘 읽고, 말 잘 듣는 능력 신장 즉, '국어 사용 능력 신장'에만 둔다면 그 매개 언어가 반드시 한국어가 되어야 할 필요는 없다.

지금 세계는 정보 통신, 기술, 교통 등의 발달로 정치, 경제, 문화적인 국경이 허물어져 가고 있다. 지리적인 경계로서의 구실 이외에 문화적, 정치적, 경제적으로 국경을 나누는 것은 무의미한 상황에 놓여 있다. 문화의 핵심 요소라고 할 언어의 경우도 마찬가지이다. 영어가 세계어의 지위를 확고히 다져가고 있다. 우리나라의 경우도 유창한 영어 능력이 없으면 소위 말하는 '선망의 직업'을 얻는 것은 애초에 생각할 수 없다. 이 때문에 많은 나라에서는 공용어이든 외국어이든 영어를 매개로 하는 의사소통 능력을 향상시키기 위하여 물리적, 정신적 노력을 경주하고 있다.

이러한 수고를 덜어 주기 위하여 영어를 우리나라의 '국어'로 하면 어떤가? 기실 영어를 국어에 버금가는 지위를 주자는 논의가 전혀 없었던 것도 아니다. 제주특별자치도에서의 영어 공용어화에 대한 논의, 송도 국제도시에서의 영어 공용어화에 대한 논의 등이 그것이다. 이 두 지역이 국제도시로 자리매김하면 외국인들이 많이 체류하게 되기 때문에 한국어와 함께 영어를 공용어로 함으로써 의사소통에 편의를 제공하고자 하려는 것이다. 이러한 목적으로 영어 공용어화를 법제화하려는 시도가 있었다.

그러나 두 경우 모두 영어가 공용어의 지위를 가지지 못했다. 많은 사람들이 영어 사용 능력에 대한 필요성과 중요성에 공감하면서도 영어를 '국어' 또는 '공용어'로 하자는 데에 반대하는 이유는 무엇인가? 국어로서의 '한국어'는 단지 듣고, 말하고, 읽고, 쓰는 의사소통 도구 이상의 기능을 하고 있기 때문이다. 한국 사람에게 한국어가 단지 의사소통을 위한 수단으로서만 가치가 있다면 한국인의 의사소통 수단을 '한국어'가 아닌 다른 언어로 대체 못할 이유가 없다.

한국 사람들은 하늘, 바다, 산, 들을 모두 '푸르다'라고 표현한다. 한국 사람들은 하늘, 바다, 산, 들을 나타내는 색깔이 모두 같은 또는 비슷한 색이라고 인식하는 것이다. 그런데 각각을 바라보는 위치가 어디냐, 또 어떤 부분을 보느냐, 누가 보느냐, 언제 보느냐 등에 따라 '파랗다, 새파랗다, 퍼렇다, 시퍼렇다, 푸르다, 푸르스름하다, 파르스름하다, 검푸르다' 등과 같이 달리 나타냄으로써 느낌의 차이를 전달한다. 한국어를 국어로 사용하는 사람들은 다른 언어를 사용하는 사람들과 대상을 인식하는 데 차이를 나타낸다. 바다를 'blue'로 들판을 'green'으로 표현하는 사람들과 한국 사람들은 그 인식과 사고가 같지 않다. 의식의 다양성, 사고의 다양성, 사회 구성의 다양성은 언어의 다양성에서 비롯된다고 말할 수 있다. 이것은 앞에서 얘기한 경험을 분류하고 특정한 개념을 개발하여 의식을 형성하는 언어의 사회적 기능, 사회 구성의 기능이 사용하고 있는 언어에 따라 다른 모습으로 나타난다는 것을 보여 준다.

'눈(snow)'에 대해서 에스키모인들은 '땅에 쌓여 있는 눈' · '바람에 밀려가고 있는 눈' · '바람에 밀려 쌓인 눈'을 가리키는 단어가 다른 데 비해, 영국인들은 '눈'을 세분하는 단어가 없고, 아즈텍족들에겐 '눈' · '얼음' · '추움'의 개념이 한 단어로 표현된다고 한다. '마차'와 관련된 말도 한국인에겐 '쌍두마차' · '포장마차' · '역마차'가 있는데 현재까지 생활 속에서 통용되는 말은 '포장마차'가 유일하다. 이마저도 최근에는 '실내 포장마차'라고 하여 그 의미가 변화되고 있다. 그런데 미국인에게는 'carriage' · 'coach' · 'cart' · 'wagon' · 'chariot' · 'tandem' · 'buggy' · 'brougham' · 'barouche' 등의 단어가 있다. '소'를 나타내는 말도 마사이어에서는 열여섯 가지가 있는데 한국어에서는 네다섯 가지가 고작이다.

이뿐만이 아니라 한국어는 '우리 아내', '우리 남편', '우리 아이들' 등과 같은 표현을 허용한다. 이를 영어로 글자 그대로 번역하면 'our wife', 'our husband', 'our children'이 된다. 한국어에서 '우리 아이들'은 'our children'의 개념과 'my children'의 개념을 모두 나타낸다. 그러나 '우리 아내', '우리 남편'은 'our wife', 'our husband'를 나타내는 것이 아니라 'my wife', 'my husband'를 나타낸다. 이들에 '우리'를 붙여 표현하는 이유는 개인보다 공동체를 강조하는 사고와 문화가 반영된 것이라고 할 수 있다. 이 역시 개별 언어가 사회 구성, 구성원의 의식 형성에 작용하고 있다는 것을 나타내 주는 사례이다.

어떤 현상이나 대상은 언어로 명명될 때 개념화되고 범주화된다. 같은 현상을 두고도 언어로 명명하는 방식과 종류는 같지 않다. 그렇기 때문에 현상에 대한 인식은 어떤 언어를 사용하는 언중이냐에 따라 다르고 그 인식 양태에 따라 생산하고 수용하는 문화도 달라진다. 한국어에는 한국어를 사용하는 사람들의 인식이 반영되어 있어 다른 언어를 사용하는 사람들과 구별된다. 또 한국어의 사용으로 인해 한국 사람들의 인식이나 사고가 고유하고, 고유한 사고 작용으로 생산되는 문화도 고유하며, 문화에 대한 이해도 고유한 것이 된다. 이것은 앞에서 제시한 언어의 사회적 기능 가운데 '의사소통 수단으로서의 기능', '경험을 축적시키는 기능', '경험을 분류하고 특정한 개념을 범주화하여 의식을 형성하는 기능' 그리고 이러한 의식 형성을 통하여 '사회를 구성하는 기능'에 해당하는 것이라고 하겠다.

한편 문화의 생산과 이해 과정에 드러나는 고유성은 그 문화의 정체성을 형성하는 근간이 된다고 할 수 있다. 문화 정체성은 개인이나 집단 간의 차이를 통해 드러나며 역동적, 가변적이고 구성적이며 동시대의 구성원들 사이에 널리 공유되는 문화적 성향을 말한다. 이와 같은 문화적 정체성은 신화, 전설, 민담, 노래, 언어, 예술, 문학 작품, 언어 사용 현상(존대어법 사용 현상, 호칭어 · 지칭어 현상, 인사말 사용 현상, 문장의 구성, 글쓰기 현상, 말하기 현상, 이해하기 현상 등) 등에서 드러나거나 놀이, 의례, 말, 풍속 등에 나타나기도 한다.

따라서 국어 교육은 상상력과 창의력 등의 사고력을 신장하는 것뿐만 아니라 한국적인 문화 정체성과 한국적인 정서[3]를 함양하고 이해하는 것까지 나아가야 한다. 문법 교육, 읽기 교육, 말하기 교육, 문학 교육 등에서 이러한 소양도 길러 줄 수 있어야 한다. 국어 교육의 목표를 듣기 · 말하기 · 읽기 · 쓰기 기능 신장에만 두고, 문학 교육의 목표를 상상력 · 창의력 신장 · 보편적인 정서 함양에 국한한다면 굳이 그 대상이 한국어, 한국 문학일 필요는 없다. 그렇기 때문에 문법 교육의 목표도 단지 한국어로 잘 표현하고 잘 이해하는 데 필요한 문법 지식만을 함양하는 것에서 나아가 공동체 의식이나 한국적인 사고력 신장 등에까지 확장해야 한다. 문법 교육이 잘 표현하고 잘 이해하는 데 필요한 문법 지식을 학습하는 것에 머문다면 굳이 그 매체가 한국어가 아니어도 상관없게 된다.

'언어 사용 기능 신장'을 국어과의 본질적인 목표로 설정해 온 제5차 교육과정부터 제7차 교육과정까지는 '한국어'로서의 국어가 아닌 '언어'로서의 국어를 견지하고 있었던 것으로 볼 수 있다. 예컨대 제7차 국어과 교육과정 목표의 전문에서는 "언어 활동과 언어와 문학의 본질을 총체적으로 이해하고, 언어 활동의 맥락을…"으로, 또 하위 목표 '가' 항에서는 "언어 활동과 언어와 문학에 대한 기본적인 지식을 익혀, 이를 다양한 국어 사용 상황에 활용하는…"으로 제시하고 있다. 국어과의 목표를 '언어 활동과 언어'에 대한 지식을 익힌다고 함으로써 한국어로서의 국어의 개별성과 고

3 한국적 정서를 구성하는 요소로 한국적인 정신 곧 한국인의 얼, 조화 · 공존, 인정을 중시하는 한국적 공동체 의식, 한국인의 신명, 한국인의 열정 등을 들어 볼 수 있을 것 같다.

유성을 고려하지 않고 있다는 것을 알 수 있다. 제5차, 제6차 교육과정 모두 이와 크게 다르지 않다.(교육부, 1994: 39쪽~44쪽; 교육부, 1998ㄷ: 13쪽~16쪽 참고) 이것은 국어과를 듣기, 말하기, 읽기, 쓰기 능력만을 신장하는 교과로 파악하는 것에 다름 아니다. 결국 국어과는 '한국어'가 매체가 아닌 어떤 언어를 매체로 하든 상관없다는 생각의 일단을 보여 주고 있는 것이라고 하겠다.

한편, 2007 개정 국어과 교육과정 목표 전문에서는 "국어 활동과 국어와 문학이 본질을 총체적으로 이해하고, 국어 활동의 맥락을…"으로, 또 하위 목표 '가' 항에서는 "국어 활동과 국어와 문학에 대한 기본적 지식을 익혀, 이를 다양한 국어 사용 상황에 활용하면서…"로 제시하고 있다.(교과부, 2008: 15쪽~17쪽) 이러한 관점은 2009 개정, 2015 개정 국어과 교육과정에서도 유지되고 있다. 2007 개정, 2009 개정, 2015 개정 교육과정에서는 국어과에서 다루는 매체가 '언어'가 아닌 '국어'임을 분명히 밝히고, 본질적인 목표도 '국어 사용 능력(국어 능력) 신장'에 있음을 명확히 하고 있다. 그러나 교육과정 목표상의 용어만 '언어'에서 '국어'로 바뀌었을 뿐 성취 기준의 내용상에는 큰 변화가 없으며 본질적인 목표도 여전히 듣기, 말하기, 읽기, 쓰기 기능 신장에만 국한하여 설정해 놓고 있다.

한국어를 매체로 하는 국어과는 다른 언어를 매체로 하는 언어 교육과 차이가 있어야 한다. 한국 사람은 '한국어'로 한국적인 인식과 사고, 한국적인 정서를 제대로 표현할 수 있으며, 그 사고 작용을 통해 생산되는 문화도 한국적인 문화로서의 특성을 나타낼 수 있게 된다. 그리고 국어과 교육은 듣기·말하기·읽기·쓰기 능력과 창의력, 상상력 신장에서 나아가, 한국적인 사고 능력·한국적인 공동체 의식·한국적인 정서를 함양하여 한국어를 발전시키고 한국문화를 생산·이해하는 능력을 길러 주는 것까지 나아갈 때, 한국어를 국어로 하는 교과가 성립할 수 있을 것이다.

1.1.4. 국어과의 특성

여기서는 국어과의 특성을 학교급에 관계없는 초·중등 일반적인 특성과 초등 국어과 교육의 특성으로 나누어 살펴보기로 한다.

1.1.4.1. 일반적인 특성

교과 교육은 두 가지 특성을 동시에 가지고 있다. 첫 번째는 교육의 하위 분야라는 것이다. 그렇기 때문에 교과 교육의 목표는 당연히 교육의 목표와 맥을 같이해야 하며, 그런 점에서 교과 교육의 목표는 교육의 목표인 '사고 교육' 또는 '사고력의 교육'이어야 한다. 이를 교과의 '교육적 보편성'이라고 한다. 두 번째 특성은 그 교과 나름의 고유한 지식 함양과 기능 신장을 위한 요소들을 교육 내용으로 가지고 있다는 점이다. 이를 '교과적 특수성'이라고 한다.

최현섭 외(1996/2001: 33쪽~35쪽)에서는 교과 교육의 목표를 사고 교육에 둘 것인지 지식 교육에 둘 것인지는 각 교과가 당면한 해결하기 매우 어려운 문제라고 보고 있다. 그 구체적인 예로 사회과와 수학과를 들고 있는데 두 교과 모두 사고 활동으로서의 사회과 교육과 수학과 교육을 강조하는 경향으로 흐르고 있다고 한다. 이러한 경향은 전통적인 사회과 교육, 수학과 교육이 배경 학문의 연구 결과로서 사회과 지식, 수학과 지식을 강조한 것과 차이가 있다.

이러한 경향은 국어과 교육에서도 마찬가지이다. 제4차 국어과 교육과정에서는 국어 교육의 하위 영역을 '표현·이해', '언어', '문학' 셋으로 설정하고 국어 교육의 목표를 이 세 영역의 배경 학문의 지식을 학습하는 것에 두었다. 그러나 제5차 교육과정 이후 현행 교육과정까지는 듣기, 말하기, 읽기, 쓰기와 같은 국어 활동에 따른 국어적 사고력(언어적 고능 정신 기능) 교육을 강화하게 되었다.

결국 각 교과는 교과적 특수성으로서 교과의 고유한 지식, 기능, 활동을 통하여 교육적 보편성으로서의 사고력을 신장하는 데 교과의 목표를 두고 있다고 볼 수 있다.[4] '수학적으로 사고하는 능력', '사회 현상을 탐구하는 능력', '자연의 탐구를 통한 과학의 기본 개념 이해', '음악 활동을 통한 창의성 함양', '미술 활동을 통한 표현 및 감상 능력과 창의성 계발'(교육부, 1998ㄷ 참고) 등 교육과정의 각 교과 목표에서 확인할 수 있는 것처럼, 각 교과의 목표는 교육적 보편성과 교과적 특수성을 함께 드러내고 있다. 교육적 보편성은 '사고하는 능력' · '탐구하는 능력' · '탐구' · '창의성' · '표현' · '감상' · '창의성' 등에서 나타나며, 교과적 특수성은 '수학적' · '사회 현상' · '자연' · '음악 활동' · '미술 활동' 등에서 나타난다.

국어과 역시 '창의적인 국어 사용 기능 신장', '창의적 국어 능력 신장', 곧 '언어적 고등 정신 기능 신장'이라는 본질적인 교과 목표에는 '창의', '고등 정신 기능'이라는 교육적 보편성과 '국어 사용 기능', '언어적'이라는 교과적 특수성이 함께 나타난다. 그런데 국어 사용 기능 즉, 듣기, 말하기, 읽기, 쓰기 기능 신장과 '언어적'이라는 것만으로 국어과의 특수성 또는 고유성을 확보하는 데는 한계가 있다. 왜냐하면 1.1.3. 절에서도 설명하였듯이 국어과는 단지 듣기, 말하기, 읽기, 쓰기 능력을 신장시키는 것만을 염두에 둬서는 안 되기 때문이다.

1.1.4.2. 초등 국어과의 특성

다음은 초등 국어과의 특성을 살펴보자. 초등 국어과의 특성을 알아보기 위해서는 먼저 초등학교 교육의 특성을 파악하는 것이 필요하다. 초등학교 교육은 학생의 일상생활과 학습에 필요한 기본 습관 및 기초 능력을 기르고 바른 인성을 함양하는 데에 목표를 두고 있다. (교육부, 2015: 4쪽) 즉 초등교육은 일상생활과 학습에 필요한 기본 교육, 기초 교육을 특성으

4 이런 관점의 목표는 인지적인 것에 해당한다. 인지적 목표에 기반하여 정의적 목표가 성취될 수 있기 때문에 인지적 목표가 교육, 교과의 본질적인 목표라고 하겠다. 인지적 목표와 정의적 목표의 관련성에 대해서는 2.2.1. 절에서 설명한다.

로 한다고 말할 수 있다.

초등 교육을 기초 교육, 기본 교육에 두는 것은 학습 경험의 수직적 조직 원리에 따른 것으로 이해할 수 있다. 다시 말하면 학습 경험을 조직할 때 계속성과 위계성을 고려하게 되는데, 계속성은 중요한 학습 경험을 반복하여 수행할 수 있도록 제시하는 것을, 위계성은 학습 경험의 수준을 단계적으로 높여서 점차 깊이 있고 폭넓은 학습이 수행될 수 있도록 제시하는 것을 말한다.

일반적으로 학습 경험은 단순한 것에서 복잡한 것으로, 구체적인 것에서 추상적인 것으로, 쉬운 것에서 어려운 것으로, 부분적인 것에서 전체적인 것으로, 전형적인 것에서 비전형적인 것으로, 학습자 주변에서 먼 곳으로 조직한다. 이러한 원리에 따라 초등 교육은 기초 교육과 기본 교육을 그 특성으로 하고 있다고 할 수 있다.

이를 고려하면, 초등 국어 교육의 목표상의 특성은 다음과 같이 설명할 수 있다. 국어 교육의 일반적인 목표는 국어 능력을 신장하는 것인바, 초등 국어과의 목표는 기초적 국어 능력을 신장하는 것이라고 말할 수 있다. 이병규(2005)에서는 국어 능력이 국어 사용 능력, 국어 현상에 대한 탐구 능력, 문학 능력으로 구성되어 있음을 논의하고 있다. 이에 따르면, 기초적 국어 능력은 기초적 국어 사용 능력, 국어 현상에 대한 기초적 탐구 능력, 기초적 문학 능력으로 구성되어 있고, 결국 이러한 기초 능력을 신장시키는 것이 초등 국어과 교육의 특성이라고 하겠다.

기초적 국어 능력은 다시 인지적인 측면과 정의적인 측면으로 구분하여 설명하는 것이 가능하다. 초등 학습자의 인지 발달 단계가 구체적 조작기에 해당하는바, 인지적인 측면에서는 첫째, 생활 중심의 친숙한 국어 활동을 바탕으로 하여 일상생활과 학습에 필요한 기초적이고 기본적인 문식성을 함양하는 것을 특성으로 한다. 둘째, 기초적인 국어 교과의 지식과 그 지식을 획득하는 방법을 학습하는 것을 특성으로 한다. 셋째, 이를 통한 국어적 사고력을 함양하는 것을 특성으로 한다고 말할 수 있다. 정의적 측면에서는 말과 글에 대한 흥미를 가지고 일상생활과 학습에 필요한 의사소통 능력을 기르고자 하는 태도를 생활화하며, 국어의 가치와 국어 능력의 중요성을 인식하도록 하는 것이 초등 국어과 교육의 특성이라고 하겠다.

초등학교의 국어과 교육을 통하여 함양하고자 하는 기초적 국어 능력은 생활 중심이라는 점, 일상생활과 학습에 필요한 국어 기능과 지식, 태도를 함양하는 것을 목표로 한다는 점이 특징이다. 이에 비해 중등 국어과 교육에서는 다양한 직업 세계에서 요구되는 고등 문식성과 대학 수학을 위한 고등 문식성을 함양하고, 공동체의 국어 문화를 비판적으로 성찰하고 개선하고자 하는 태도를 길러 바람직한 국어 문화를 창조할 수 있는 역량을 기르고자 한다는 점이 초등 국어과 교육과 차이가 나는 특성이라고 할 수 있다.

1.1.5. 국어 교육, 국어과 교육, 문법 교육

국어를 배우는 기회는 매우 다양하고 많다. 부모와의 대화에서 혹은 무심히 광고를 쳐다보다가도, 또 우연히 라디오를 듣다가도 국어를 배울 수 있다. 그러므로 부모와 자식, 광고판과 행인, 라디오와 청취자 사이에도 국어 교육은 이루어진다고 할 수 있다. 이는 극히 산발적이며, 비의도적·비계획적이다. 대학생이나 경찰이 직업 청소년들에게 야학을 통하여 국어를 가르치는 것이나, 교사 자격증을 가진 어머니가 교육과정에 따라 집에서 국어과를 지도하는 일은 비교적 계속적이고 계획적이지만 그 교육과정이 국가적 차원에서 국어 학력으로 인정되지는 않는다.

이런 경우도 국어가 교육된다는 점에서는 다를 바가 없으나 '국어 시간에 교사와 학생 사이에 이루어지는 국어(과) 교육, 즉 학력으로 인정받는 교육'과는 구별된다. 각각의 경우 모두 국어가 교육된다는 사실은 동일하기 때문에 이를 국어 교육이라고 하는 것이 가능하다. 이 중에서도 특히 학교에서 국어 시간에 교사와 학생 사이에서 국어과 교육과정을 매개로 하여 이루어지는 국어 교육을 '국어과 교육'이라 한다.(정동화 외, 1994: 9쪽 참조) 이러한 설정을 토대로 '국어과 교육'이 이루어지고 있다고 전제할 수 있는 제한 요소를 다음과 같이 네 가지로 정리해 볼 수 있다.

첫째, 국어과 교육은 교육부가 고시하는 교육과정 중, '국어과'의 교육과정에 따르는 것이어야 한다.

둘째, 일정한 자격이 인정된 전문가(교사)에 의하여 행해지는 것이어야 한다.

셋째, 학교의 교육 계획에 따라 일정 기간 지속적으로 행해지는 것이어야 한다.

넷째, 교육받은 사실이 장차 객관적으로(학력으로) 인정받을 사람들(학생들)에게 행해지는 것이어야 한다.(정진권, 1989: 84쪽 참조)

이러한 요소를 특징으로 하는 국어과 교육은 듣기 · 말하기, 읽기, 쓰기, 문법, 문학 영역[5]으로 구성되어 있다. 이들의 관계는 〈그림 1〉과 같다.

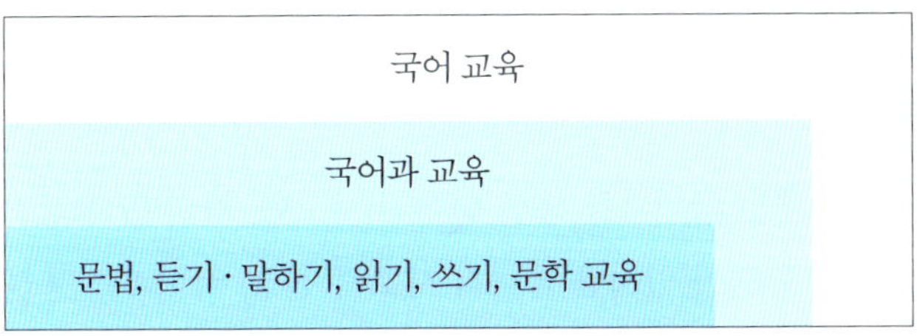

〈그림 1〉 국어과 교육과 문법 교육 관계

교과 교육의 하나로서 국어과 교육에 대해서는 첫째, 국어 사용 기능의 신장을 중핵적인 목표로 규정하는 시각, 둘째, 국어의 지식과 개념에 대한 교육을 본질로 인식하는 시각, 셋째, 국어 사용 기능의 교육으로서 국어 교육과 예술 교육으로서의 문학 교육이 이원 구조를 갖는 것으로 보는 시각,

5 국어과 교육과정의 하위 영역 구분은 교육과정 시기마다 다소 차이가 있다. 1차~3차 교육과정까지는 말하기, 듣기, 읽기, 쓰기 네 영역이었고, 4차 교육과정 때는 국어 사용(말하기, 듣기, 읽기, 쓰기), 문법, 문학 세 영역이었으며, 5차 교육과정~2007 개정 교육과정까지는 말하기, 듣기, 읽기, 쓰기, 문법, 문학 여섯 영역, 2009 개정~2015 현재까지는 듣기 · 말하기, 읽기, 쓰기, 문법, 문학 다섯 영역으로 나누어져 있다.

넷째, 국어 사용 기능 신장을 위한 기능 교육, 예술 교육으로서의 문학 교육, 탐구적 사고력 신장을 위한 문법 교육이 삼원 구조를 갖는 것으로 보는 시각이 존재해 왔다.

이러한 시각을 토대로 국어 교육의 중심 대상을 정리한다면 생활로서의 국어 사용 능력 신장, 국어 자체에 대한 지식의 이해와 적용 능력 신장, 문학 작품의 수용과 생산 능력 신장, 국어 현상에 대한 탐구 능력 신장 등이 된다. 그 가운데 생활로서의 국어 사용 능력 신장은 듣기, 말하기, 읽기, 쓰기를 통한 표현과 이해 능력을 신장시키는 것이라 할 수 있고, 국어 자체에 대한 지식의 이해와 적용 능력 신장은 국어학의 연구 성과를 바탕으로 한 문법 및 언어 규범에 대한 이해와 국어 생활에 활용하는 능력을 신장시키는 것을, 문학 작품의 수용과 생산 능력 신장은 국어과 교육을 통해 길러질 수 있는 창의성, 상상력을 신장시키는 것을 의미하는 것이라고 말할 수 있다. 이와 같은 국어과 교육의 목표에 대한 시각과 이를 바탕으로 하는 대상 영역들은 제6차 교육과정과 제7차 교육과정, 2007 개정 교육과정, 2009 개정 교육과정, 2015 개정 교육과정에서 일정한 상보 관계를 맺도록 구성하여 왔다.[6]

그러나 여기에는 국어과를 통한 언어적 사고력, 창의력, 상상력 신장을 위한 교육은 포함되어 있지만 국어적 사고력 신장, 국어과를 통한 공동체 의식 형성, 한국적인 정서 함양 등 한국적인 정체성 이해 및 함양과 같은 교육은 반영되어 있다고 보기 어렵다. 따라서 국어과 교육, 국어 문법 교육, 국문학 교육은 언어적 사고력, 표현과 이해 능력, 창의력, 상상력을 신장시키는 교육과 대등하게 국문학 작품에 대한 수용과 창작 활동을 통하여 한국적인 정서를 이해하고 함양하며, 발음에서 텍스트까지 국어를 구성하고 운용하는 기초적이고 기본적인 지식이나 원리를 탐색해 봄으로써 탐구적 사고력을 신장시키는 교육까지 이루어져야 한다.

6 허재영(2006: 19쪽)의 인식을 이 책의 관점에 맞게 수정, 보완하여 제시하였다.

1.2. 문법과 문법 교육

문법의 국어과 교육적 효용성에 대해서는 다양한 목소리가 있다. 여기서는 먼저 문법의 개념과 범위를 살펴보고, 교육과 문법의 관계, 문법 교육의 가치를 알아보기로 한다.

1.2.1. 문법의 개념과 연구 범위

'문법'이라는 말은 다양한 의미로 사용되어 오고 있다. 규칙 자체를 말하기도 하고 규칙을 기술해 놓은 것을 말하기도 한다. 또 언어 규칙만을 가리키기도 하고 언어 사용 원리까지 포함시키기도 한다. 문법의 개념을 어떻게 정의하느냐에 따라 그 연구 범위도 달라진다. 이 절에서는 문법의 개념을 살펴보고 그에 따른 연구 범위를 설명하도록 한다.

1.2.1.1. 문법의 개념

'문법'은 문장 차원에서 정의하느냐, 언어(말) 차원에서 정의하느냐에 따라 개념에 차이가 있다. 전자를 '전통적인 문법관'에 따른 정의라고 할 수 있고, 후자는 '확장적 문법관'에 따른 정의라고 할 수 있다.(이병규, 2018 참고) 문장 차원에서의 문법은 단어를 만드는 데 작용하는 규칙과 단어들의 결합으로 만들어지는 문장을 구성하는 데 작용하는 규칙을 말한다. 그리고 문장을 구성하는 최소 단위인 단어에서 최대 단위인 문장까지를 연구하는 분야를 '문법론'이라고 하며[7] 하위 분야에 '형태론'과 '통사론'이 있다.

한편, 확장적 문법관에 따르면 문법은 언어 구성(조직)의 원리(법칙), 언어 운용의 원리(법칙)를 말한다. 여기에는 소리를 구성하고 운용하는 원리, 단어를 구성하고 운용하는 원리, 문장을 구성하고 운용하는 원리, 텍스트

7 남기심 · 고영근(2018), 『개정판 표준 국어문법론』, 고영근 · 구본관(2018), 『개정판 우리말 문법론』은 이와 같은 관점에서 문법의 개념 및 범위를 규정하고 있다.

를 구성하고 운용하는 원리가 모두 포함된다. 언어의 구성과 운용은 사용 맥락[8]이 관여하게 된다. 이러한 관점에서의 문법은 결국 '언어 사용자가 언어로 의미를 만들어 내는 데 작용하는 원리나 규칙'으로 정의될 수 있다. 확장적 문법관에 따른 문법의 정의는 '언어에 내재해 있는 규칙'이라고 보는 것과는 차이가 있다. 문법을 '언어에 내재해 있는 규칙'이라고 정의하는 것은 언어 사용자가 고려되어 있지 않다. 그러나 확장적 문법관에 따른 문법은 언어 사용자가 언어를 운용하는 원리까지를 포함하고 있다는 점에서 그러하다.[9]

언어학이나 국어학에서는 전통적인 문법관에 따라 형태론과 통사론을 문법론으로 통칭하는 것이 일반적이다. 이에 비해 국어과 교육에서는 확장적 문법관에 따른 문법의 개념이 적용되고 있어 문법론은 언어학, 국어학과 대등한 개념으로 사용되고 있다. 이것은 국어과 교육과정의 문법 영역의 내용 체계와 성취 기준들을 통해 확인 가능하다. 이처럼 문법의 개념은 연구의 관점에 따라 다양하며, 명명하는 용어도 보편 문법, 개별 문법, 학문 문법, 이론 문법, 기술 문법, 교육 문법, 규범 문법, 학습자 문법, 교사 문법, 학교 문법, 표준 문법, 외국어로서의 한국어 문법 등과 같이 다양하다.

이 용어들은 가리키는 개념이 각기 다르다. '보편 문법'은 인간이 선천적으로 가지고 있으며 머릿속에 내재되어 있는 것으로 모든 언어에 공통적으로 존재하는 문법을 말한다. 보편적인 문법이 각 언어마다 구체적으로 실현될 때는 차이를 나타내게 되는데, 각 개별 언어를 운용하고 조직하는 데 요구되는 고유한 질서를 '개별 문법'이라고 한다. 예컨대 모든 언어가 어순을 가진다는 것은 '보편 문법'에 해당하는 것이지만, '주어+목적어+서술어' 순서인지, '주어+서술어+목적어' 순서인지, '서술어+주어+목적어' 순서인지는 '개별 문법'에 해당한다.

8 맥락의 개념과 맥락 요소 체계에 대해서는 이병규 외(2017)을 참고할 수 있다.
9 임지룡 · 권재일 외(2016), 『문법 교육론』(초판 4쇄), 구본관 · 이진호 외(2016), 『한국어 문법 총론 Ⅰ』(초판 3쇄), 구본관 · 이진호 외(2017), 『한국어 문법 총론 Ⅱ』(초판 2쇄), 이병규 · 유현경 외(2018), 『한국어 표준 문법』이 이와 같은 관점에 따라 기술한 문법서이다.

'학문 문법'은 언어 현상을 탐구하여 언어를 운용하고 조직하는 데 요구되는 고유한 질서나 규칙을 설명력 있게 체계적으로 정리해 놓은 것을 말한다. 학문 문법에서는 자주 사용되는 말이든 그렇지 않은 말이든 모두 연구 대상으로서 가치가 같다. 사용 빈도가 매우 높은 '가다, 있다'라는 용언이나 빈도가 매우 낮은 '순일하다(다른 것이 섞이지 않고 순수하다), 들피지다(굶주려서 몸이 여위고 쇠약해지다)'라는 용언이나 그 연구 대상으로서의 가치는 다르지 않다.

이에 대립되는 것으로 '교육 문법'이 있는데 교육적 가치가 있는 것을 체계적으로 기술해 놓은 것을 말한다. 교육 문법에서 각 요소의 가치는 교육적 효용성으로 평가해야 하고 그 효용성은 교육의 목표에 비추어 결정될 수 있다. 학문 문법에서 아무리 중요하게 다루어지고 객관적인 증거를 들어 증명을 한 것이더라도 교육적 효용성이 없는 요소는 교육 문법의 대상이 될 수 없다.

예를 들면 국어과 문법 교육에서 올바른 국어 사용을 위한 교수·학습의 대상으로서 격조사 '을/를', '와/과' 등의 용법은 교육적 가치가 거의 없다. 한국 사람들은 이들의 용법을 가정, 학교, 사회생활을 하는 동안 저절로 습득하기 때문이다. 그러나 외국어로서의 한국어 문법 교육에서는 이들의 용법에 대한 교수·학습이 반드시 이루어져야 한다. 외국인들에게는 각 문법 요소들의 용법에 대한 모어 화자와 같은 직관이 없기 때문이다. 특히 '와/과'의 경우는 유사한 의미의 '이랑/랑', '하고'의 쓰임이 어떻게 다르지 등은 매우 중요한 학습 요소이다.

'이론 문법' 역시 교육 문법에 대립되는 용어이다. 왜냐하면 이론은 실제나 실용에 대립되는데 교육 문법은 실제와 실용, 응용 분야를 다루기 때문이다. 이론 문법은 언어의 실용적 운용이나 쓰임에 대한 탐구이기보다는 언어의 체계와 구조를 규명하는 것을 목적으로 한다. 그렇기 때문에 실제 사용과 다소 차이가 있더라도 이론적인 설명의 완전함에 초점을 두고 기술하고자 하는 관점이다.

예컨대 한국어의 단모음의 체계를 기술할 때는 그 체계성을 고려하여 다음 〈표 1〉과 같이 나타내는 것이 일반적이다.

〈표 1〉 한국어 단모음 체계(10모음 체계)

혀 위치 / 입술 모양 / 혀의 높이	전설 모음		후설 모음	
	평순	원순	평순	원순
고모음	ㅣ	(ㅟ)	ㅡ	ㅜ
중모음	ㅔ	(ㅚ)	ㅓ	ㅗ
저모음	ㅐ		ㅏ	

〈표 1〉은 한국어 단모음의 체계성을 고려한 기술로 실제 음성학적 사실과는 거리가 있다. 신지영(2000: 105쪽)에서는 실험 음성학적 분석을 토대로 현대 한국어의 단모음 체계를 〈표 2〉와 같이 제시하고 있다.

〈표 2〉 한국어 단모음 체계(7모음 체계)

혀 위치 / 입술 모양 / 혀의 높이	전설 모음	후설 모음	
	평순	평순	원순
고모음	i(ㅣ)	ɯ(ㅡ)	u(ㅜ)
중모음	ɛ(ㅐ)	ʌ(ㅓ)	o(ㅗ)
저모음		ɑ(ㅏ)	

후설 모음 쪽에는 입술의 모양에 따라 평순과 원순의 대립이 명백하나 전설 모음에서는 그 대립을 인정하지 않고 있다. 실제로 음성 자료를 분석해 보면 서울 방언 화자의 경우는 거의 성별, 연령에 관계없이 'ㅟ, ㅚ'는 이중모음으로 존재한다고 한다.(신지영, 2000: 14쪽 참고) 이뿐만 아니라 실제 음성 자료를 분석한 결과 'ㅐ'와 'ㅔ'는 철자를 의식하여 부자연스러운 발화를 하지 않는 이상 거의 하나의 음소로 합류되어 뜻의 변별적 기능을 하

지 못하는 것으로 보고 있다. 그렇지만 'ㅐ', 'ㅔ'의 변별적 대립을 인정하여 전설 모음에 고모음, 중모음, 저모음이 모두 존재하며, 단모음 'ㅟ, ㅚ'를 인정함으로써 전설 모음에도 평순과 원순의 대립이 있는 것으로 보게 되면 〈표 1〉과 〈표 2〉의 비교에서 알 수 있듯이 한국어의 단모음은 훨씬 체계적인 것으로 파악할 수 있다.

'기술 문법'은 언어 현상을 있는 그대로 기술하고자 하는 관점이다. 인간을 둘러싸고 있는 자연과, 인간이 속해 있는 사회에서 발생하는 많은 현상 가운데는 이분법적으로 정확하게 나눌 수 없는 것이 많다. 무지개의 색깔이 그러하고 빨강과 파랑, 희고 검음, 추움과 더움, 좋고 나쁨, 크고 작음, 잘하고 못함 등 그 경계를 그을 수 없는 것이 무수하다. 정도의 차이에 따라 한쪽 극단과 다른 쪽 극단 사이에 경계를 지을 수 없는 여러 단계가 놓여 있다. 언어 현상도 그러하다. 단어의 의미 구분, 의존명사 · 접사 · 조사의 구분, 동사와 형용사의 구분, 본용언과 보조용언의 구분, 명사와 관형사의 구분, 명사와 부사의 구분, 필수 성분과 수의 성분의 구분 등이 그 예가 된다. '기술 문법'은 이러한 언어 현상을 이분법적으로 구분하려고 하지 않고 있는 그대로 기술하여 제시하고자 하는 관점이다.

기술 문법은 경험주의, 행동주의의 영향을 받은 문법 설명 및 기술 방법으로 말뭉치 언어학의 방법론을 바탕으로 한다. 컴퓨터 언어 처리 기술의 발달로 대량의 말뭉치(corpus) 구축이 가능해짐으로써 그 중요성과 필요성이 강조된 문법 기술 관점이다. 이러한 문법 기술이 선행되어야 이를 바탕으로 언어의 내적 질서 규명 및 체계적 정리가 더 본질에 가깝게 이루어질 수 있을 것이다.

'규범 문법'은 언어생활의 혼란을 없애기 위해 같은 언어 현상에 대한 다양한 견해를 비교적 설득력 있는 쪽으로 통일하여 이를 사용하기로 언중들 사이에 약속해 놓은 문법을 말한다. 같은 언어 현상도 관점에 따라 상당히 다르게 설명할 수 있다.

예를 들면 한국어 표준 발음에서 단모음은 〈표 1〉에서 볼 수 있는 것처럼 모두 10개로 규정해 놓았다. 앞에서 언급한 것처럼 'ㅚ, ㅟ'의 단모음으로서의 지위가 불안정할지라도 10개를 단모음으로 규정하고 이를 교육의 대상으로 삼고 있다. 지역에 따라서는 'ㅚ, ㅟ'를 이중모음으로만 인식하고, 'ㅡ'와 'ㅓ'의 대립이나 'ㅐ'와 'ㅔ'의 대립이 없는 곳도 있다. 이러한 지역에는 단모음이 6개가 된다. 그렇지만 규범 문법에서 10개로 규정하고 있기 때문에 국어과 교육에서는 10개에 대한 단모음의 발음 교육이 이루어져야 한다.

한글 맞춤법 역시 규범 문법에 해당한다. 에 대한 한글 표기는 '꽃'이다. 그러나 이 대상을 가리키는 우리말을 [꼳]으로 소리 낸다. 에 조사 '이'를 붙여 부를 때는 [꼬치], 조사 '은'을 붙여 부를 때는 [꼬츤], 조사 '도'를 붙여 부를 때는 [꼳또], 조사 '만'을 붙여 부를 때는 [꼰만]으로 소리 낸다. 같은 대상을 가리키는 말이 어떤 말과 결합하느냐에 따라 발음이 달라진다. 이 경우 달라지는 소리를 모두 소리대로 표기하게 되면 표기된 글을 이해하는 데 어려움이 생기고 문자 생활에 혼란이 야기된다. 따라서 이 경우에는 한 형태에서 다른 형태들을 유도하는 과정에 대한 설명력이 가장 높은 형태를 대표형으로 정하고 그 형태로 표기하기로 규정을 하게 된다. 이러한 원리가 "형태를 밝혀 적는다"라는 한글 맞춤법 제1항 규정에 해당한다. 만약 지역의 차이나 문법 기술 관점의 차이를 국어 생활에서도 인정을 하게 되면 어떤 문법을 알고 있느냐에 따라 언어 사용에 차이가 난다. 결국 언어생활에 혼란이 생기게 되고 의사소통에 문제가 발생한다. 이를 피하기 위해 사회적으로 공용하기로 약속해 놓은 문법이 규범 문법이다.

'학습자 문법', '교사 문법', '학교 문법', '외국어로서의 한국어 문법'은 모두 '교육 문법'의 테두리에 든다. 학습자 문법과 교사 문법은 비교적 최근에 사용되기 시작한 용어로 매우 생소하다. 또 '학습자 문법'과 '교사 문법'의 내용이 무엇이고 어떻게 체계화해야 하는지 불분명하고 그 개념도 명확하지 않다. '학습자 문법'은 학습자가 교사의 도움 없이 홀로 공부할 수 있도록 기술해 놓은 문법을, '교사 문법'은 교사가 학습자에게 가르칠 때 어려움이 없도록 관련 정보를 다양하게 기술해 놓은 문법을 뜻하는 것으로 이해할 수 있다. 이렇게 보면 학습자 문법은 문법 교과서나 문법 워크북 정도가 될 것이고, 교사 문법은 교사가 문법을 가르칠 때 직접적인 도움을 줄 수 있는 교사용 문법 지도서 정도가 될 것이다. 그러나 이를 각각 학습자 문법, 교사 문법으로 지칭하는 것은 '문법'의 개념을 불분명하게 할 가능성이 있다.

'학교 문법'은 초·중등 교육법에 따른 교육과정을 바탕으로 학교에서 한국 학생들을 가르치기 위해 체계화해 놓은 문법을 말한다. 학교 문법이나 외국어로서의 한국어(Korean as a foreign language: KFL) 문법은 모두 교수·학습에 필요한 문법을 체계화해 놓은 것으로 볼 수 있다. 학교 문법은 초등, 중등 학교에 다니는 학생을 대상으로 하고, 외국어로서의 한국어 문법은 어른, 아동 관계없이 외국인 학습자가 대상이 된다. 학습자 요인을 고려하여 교육 문법을 하위 구분해 보면 제2 언어로서의 한국어 학습자를 위한 제2 언어로서의 한국어(Korean as a second language: KSL) 문법도 가능하다.

'표준 문법'은 국어 생활, 국어 교육, 국어 연구, 국어 규범 등에 기반을 제공하고, 그 기준으로 삼을 수 있도록 기술해 놓은 문법으로 이해된다. 그렇기 때문에 참조 문법의 성격을 띠게 된다. 표준 문법의 특성과 성격, 그 내용에 대한 구체적인 설명에 대해서는 이병규·유현경(2018ㄷ)을 참고할 수 있다.

1.2.1.2. 문법 연구의 범위

문법 연구는 언어의 형식과 내용 간의 관계 규명을 통해 그것을 부려 쓰는 사람을 이해하고자 하는 것이 목적이다. 전통적으로 그 관계에 대한 연구 분야는 대상이 되는 단위—음소, 형태소, 단어, 문장—에 따라 하위 구분해 왔다. 문법 연구의 단위로서 음소, 형태소, 단어, 문장은 모두 추상적인 실체[10]라는 것이 공통점이다.

10 추상적인 언어 단위인 '음소', '형태소', '단어', '문장'과 구체적인 언어 사용 단위인 '발화', '텍스트'의 구분에 대해서는 이 책 12장 참고.

한국어의 말의 뜻을 변별해 주는 데 관여하는 소리를 '음소'라고 하고, 이를 연구하는 분야를 '음운론(음소론)'이라고 한다. '말의 소리'가 형식적인 측면(음성 기호)이라면 '말의 소리가 말의 뜻을 변별해 주는 기능'을 내용적인 측면이라고 할 수 있다.

'형태소'는 자음과 모음이 결합하여 이루어지는 음절 이상의 단위 중 뜻을 나타내는 최소의 단위를 말한다. '최소의 뜻'은 내용적인 측면을, '음절 이상'은 언어 형식적인 측면을 나타낸다. 이들의 관계를 규명하는 분야가 '형태론'이다.

'단어'는 뜻을 가진 최소의 자립 형식으로 '뜻'은 내용적인 측면을, '최소의 자립 형식'은 형식적인 측면을 나타낸다. 이들 사이의 관계를 밝히고자 하는 분야에는 '형태론', '어휘 의미론'이 있다.

'문장'은 주어와 서술어를 갖춘 완결된 의미 단위를 가리키는데 '완결된 의미'는 내용적인 측면을, '주어와 서술어로 이루어진 단위'는 형식적인 측면을 가리킨다. 이들 사이의 관계를 밝히고자 하는 분야는 '통사론', '통사 의미론'이다. 이들은 모두 추상적인 언어 단위를 연구 대상으로 하며 '내용'과 일정한 '형식' 간의 관계를 탐구하고자 한다.

한편, 문법 연구 분야에는 '화용론', '담화론(텍스트 언어학)' 분야가 있다. 화용론은 언어 형식이나 의미와 맥락과의 관계를 연구하는 분야이다. 추상적인 언어 단위를 연구 대상으로 한다는 점에서 음운론, 형태론, 통사론, 의미론은 탈맥락적인 연구 분야인 데 비해, 화용론, 담화론(텍스트 언어학)은 맥락 의존적인 연구 분야이다. 이 두 분야는 언어의 연구에 맥락의 개입을 고려하느냐 그러하지 않느냐로 구분이 된다. 담화론(텍스트 언어학)은 언어 형식, 그 의미와 맥락의 관계를 탐색한다는 점에서는 화용론에 포함되는 것으로 볼 수 있다. 담화론이나 텍스트 언어학은 말이든 글이든 특히 그 형식의 의사소통 기능과 의미 구조, 그 형식의 유형이나 종류를 규명하고자 한다는 점이 특징이다.

화용론은 그 연구 단위(구성 및 분석 단위)에 '발화'와 '담화'가 모두 포함되지만 주로 '발화'에 초점을 두고 연구하는 분야라고 할 수 있다. 이에 비해 담화론과 텍스트 언어학은 '담화'와 '텍스트'의 분석과 구성에 초점을 둔 연구 분야이다.

담화와 텍스트는 별개의 개념으로 구분을 하기도 하고 동일한 것으로 다루기도 한다. 같은 것으로 보는 경우는 발신자가 어떤 의도를 수신자에게 전달할 목적으로 사용한 발화가 수신자에게 수용될 때 그것을 담화 또는 텍스트라고 한다. 용어는 다르지만 가리키는 대상은 같다.

이 둘을 다른 것으로 보는 경우는 몇 가지로 나눌 수 있다. 첫째는 담화는 음성 매체로 이루어진 것을, 텍스트는 문자 매체로 이루어진 것을 가리키는 경우이다. 둘째, 동일한 내용에 대하여 담화는 구체적인 실체를, 텍스트는 추상적인 실체를 가리키는 경우이다. 셋째, 그 반대로 생각하는 경우도 있다. 이뿐만 아니라 넷째, 텍스트를 담화에 포함되는 것으로 보는 경우, 다섯째, 담화를 텍스트에 포함되는 것으로 보는 경우 등이 있다.[11]

담화와 텍스트가 같은 것을 가리키는 것으로 보는 관점은 다시 다음과 같이 둘로 나누어진다. 담화와 텍스트를 의미적 완결성을 가지고 있으며 문장보다 더 큰 언어 단위로 보는 관점이 첫 번째이다. 그리고 담화와 텍스트를 그 크기와는 상관없이 발신자가 의도한 바가 발화되어 수신자에게 수용되는 것으로 보는 관점이 두 번째이다.

전자는 담화와 텍스트를 통사·의미적으로 규정하는 것이고, 후자는 화용론적으로 규정하는 것이다. 다시 말하면, 통사·의미적인 관점은 담화와 텍스트를 음소, 형태소, 단어, 문장과 같은 탈맥락적인 추상적인 실체로 파악하는 것이고 화용론적인 관점은 맥락 의존적인 구체적인 실체로 파악하는 관점이다.[12](이병규, 2014 참고)

11 담화와 텍스트의 구분과 관련해서는 이병규(2013) 참고.

12 엄밀하게 말하면 텍스트(담화)를 의미적 완결성을 가지고 있으며 문장보다 더 큰 언어 단위로 규정하는 통사·의미적인 관점도 텍스트의 의미를 해석하는 데 맥락을 완전히 배제하는 입장이라고 볼 수는 없다. 문장보다 더 큰 언어 단위라는 표현에는 이미 그 단위에 대한 해석에 앞뒤 문맥이 작용하고 있기 때문이다. 그렇기 때문에 이 개념에 따른 텍스트는 텍스트 내적 맥락은 고려가 되지만 텍스트 외적 맥락은 고려가 되지 않는다고 하여야 한다.

전자의 관점에서는 담화와 텍스트는 문장보다 더 큰 단위로 문장의 연결이 문법적이며, 의미적으로 성립해야 한다. 보그란데와 드레슬러(1981)의 텍스트성(textuality)을 구성하는 일곱 가지 중 응집성(coherence)과 응결성(cohesion)을 갖추면 담화나 텍스트로 보는 것이다. 이 경우 그 문장의 연쇄가 문법적인지 의미적 완결성을 갖추었는지를 판단하는 주체는 추상적인 언중이라고 볼 수 있다. 그렇기 때문에 이와 같은 관점에서 규정하는 담화와 텍스트는 추상적인 실체라고 할 수밖에 없다.

이에 비해 후자의 관점에서는 응집성, 응결성뿐만 아니라 발신자와 관련된 의도성(intentionality), 수신자와 과련된 수용성(acceptability) · 정보성(informativeness), 장면과 관련된 상황성(situationality), 매체나 의미와 관련된 상호텍스트성(intertextuality)이 모두 갖추어질수록 담화나 텍스트로서 기능하는 정도가 높다. 담화나 텍스트의 성립 여부에 대한 판단이 전자는 이분법적인 데 비해, 후자는 정도성의 개념으로 파악한다는 점에서도 구분된다. 이뿐만 아니라 전자는 추상적인 언중들이 응집성과 응결성의 성립 여부를 판단하기 때문에 그에 따라 결정되는 담화나 텍스트도 추상적인 실체라고 하는 데 비해, 후자는 특정 시간, 특정 공간, 특정 발신자, 특정 수신자 등에 따라 담화나 텍스트의 성립 여부에 차이가 있기 때문에 구체적이고 실제적이며 맥락 의존적인 실체라고 한다.

이 책에서는 담화와 텍스트를 같은 것으로 보고 통칭할 때는 '텍스트'라는 용어를 사용한다. 다만 국어과 교육과정의 일부분에서처럼 둘을 구분하여 사용하는 경우도 있다. 둘 이상의 문장의 연쇄로 이루어진 언어 단위를 가리킬 때는 교육과정에 따라 구어의 경우에는 '담화', 문어의 경우에는 '글'로 지칭한다. 그리고 이 책에서는 담화이든 글이든 이를 통칭하는 텍스트든 모두 맥락 의존적이고 구체적인 실체로 파악한다. 이러한 관점에서는 담화든 글이든 텍스트든 추상적인 언어 단위인 단어와 문장과는 다른 차원의 개념이다. 단어나 문장도 맥락 의존적이고 구체적인 장면에서는 단어 차원의 발화 · 담화 · 텍스트, 문장 차원의 발화 · 담화 · 텍스트가 될 수가 있다. 이에 대해서는 12장에서 자세히 알아보기로 한다.

탈맥락적인 단위에 대한 연구이든 맥락 의존적인 단위에 대한 연구이든 모두 언어의 형식과 내용에 대한 관계를 탐색한다는 면에서 다르지 않다. 그렇기 때문에 이들은 모두 문법의 하위 연구 분야이다.

1.2.2. 교육 문법의 개념과 범위

문법 교육의 목표는 국어학 전반 즉 국어학의 연구 성과를 각 분야별로 정리하여 교육한다고 해서 달성될 수 있는 것은 아니다. 국어학 연구의 목표와 문법 교육의 목표가 같지 않고, 국어학의 연구 대상과 문법 교육의 연구 대상 또 연구 내용도 같지 않다. 그렇기 때문에 국어학적 연구 결과가 국어 문법 교육의 내용으로 그대로 수용될 수 없다. 이런 측면을 고려하면 국어학의 연구 결과로서의 문법은 교육 문법과 문법 교육을 위한 내용이 아니라 재료라고 하는 것이 옳다.

1.2.2.1. 교육 문법의 개념

국어학적 연구 결과는 국어 현상 및 국어 사용 현상에 내재해 있는 질서나 규칙을 규명하여 제시한 것이다. 그렇기 때문에 그 질서나 규칙은 같은 국어 현상 및 국어 사용 현상을 한결같이 설명할 수 있을 때 설득력을 얻을 수 있다. 그런데 국어 현상이나 국어 사용 현상은 어떤 눈으로 바라보느냐에 따라 다른 원리나 규칙으로 설명될 수도 있다. 그렇기 때문에 하나의 현상을 설명하는 하나의 절대적인 질서나 규칙을 인정하기는 쉽지 않다. 그럼에도 불구하고 지금까지 국어 문법 교육의 내용은 국어학의 내용을 그것도 어느 특정한 기준에 따라 도출된 내용을 절대적인 지식인 것처럼 제시하고 가르쳐 왔다.(이에 대해서는 이 책 10장 참고)

국어학적 연구 결과로서의 문법 지식은 그 국어학적 가치의 유무나 정도의 차이를 말할 수 없다. 국어학적, 문법적으로는 모두 대등한 가치가 있다. 그러나 문법 교육의 내용은 그렇지 않다. 교육적으로 더 가치가 있는 것이 있고 상대적으로 가치가 덜한 것도 있다. 다시 말하면 한국어 현상의 내적 질서, 한국 사람들의 머릿속에 내재해 있는 한국어 문법은 하나이지만 이를 모어 화자를 대상으로 교육하는 문법 기술이냐, 외국인을 대상으로 하는 문법 기술이냐에 따라 그 구체적인 내용은 달라진다.

예컨대, '목적'의 의미를 나타내는 연결 어미 '-러'와 '-려고'의 용법을 보자. (이병규, 2008ㄴ 참고)

(1) 가. 다음 주가 시험이라 공부하러 도서관에 가요. (○)
나. 다음 주가 시험이라 공부하려고 도서관에 가요. (○)
(2) 가. 그는 바람을 쐬러 밖으로 나왔다. (○)
나. 그는 바람을 쐬려고 밖으로 나왔다. (○)
(3) 가. 다음 주가 시험이라 공부하기 위하여 도서관에 가요. (○)
나. 그는 바람을 쐬기 위하여 밖으로 나왔다. (○)
(4) 가. 그는 물고기를 잡으러 그물을 던졌다. (×)
나. 그는 물고기를 잡으려고 그물을 던졌다. (○)
(5) 가. 해솔이는 공부하러 책을 샀다. (×)
나. 해솔이는 공부하려고 책을 샀다. (○)
(6) 가. 나는 의사가 되러 공부한다. (×)
나. 나는 의사가 되려고 공부한다. (○)

(1)~(2)는 모두 '-러'와 '-려고'가 교체되어서 사용될 수 있는 것을 보여 주고 있다. 그에 비해 (4)~(6)은 '-려고'는 가능하지만 '-러'의 사용은 불가능한 경우를 나타낸다. (3)에서 확인할 수 있듯이 '-러'와 '-려고'가 '목적'의 의미로 쓰일 때는 서로 교체될 수 있지만 '의도'로만 해석되는 맥락에서는 '-러'는 불가능하다. 한국어를 모어로 사용하는 사람은 (4가)~(6가)와 같은 문장을 생성하는 경우는 없다. 연결 어미 '-러'의 쓰임과 '-려고'의 쓰임을 자동적으로 구별하여 사용한다. 이렇게 습득된 문법 능력이 '직관'이다. 그러

나 '-러'와 '-려고'의 쓰임의 구별에 대한 직관이 없는 외국인들에게는 '-러'와 '-려고'의 용법은 매우 중요한 교육 문법의 내용이 된다.

문법 형태의 의미나 기능뿐만 아니라 그 문법 형태가 사용되는 구체적인 상황도 모어 화자 대상의 교육 문법에 포함되지 않지만 외국인 화자 대상의 교육 문법의 내용에는 포함되어야 한다. 조사 '와/과', '이랑/랑', '하고'는 모두 두 대상을 연결해 준다는 점에서 같은 의미와 기능을 나타낸다. 이들이 같은 상황에서 완전히 같은 의미와 기능을 나타낸다면 '언어 경제성 원리'에 위배된다. 한 언어 내에 동일한 의미와 기능을 나타내는 서로 다른 세 가지 형태가 존재하기 때문이다.

(7) 가. 과일(과/하고) 채소가 값이 많이 올랐네요.
나. 저는 휴가를 부모님(과/하고) 보낼 겁니다.
다. 걔는 삼촌(과/하고) 많이 닮았어.
라. 요즘은 외국인(과/하고) 많이들 결혼한다.
마. 가방이랑 옷이랑 잘 어울리니?
바. 가방하고 옷하고 잘 어울리니?
사. 가방과 옷과 잘 어울리니?(×)

'과'는 말할 때나 글을 쓸 때 모두 쓰이는 반면, '이랑'과 '하고'는 주로 말할 때 쓰인다. 이처럼 '과', '이랑', '하고'는 그 사용 상황이 같지 않다. '하고'는 말에서도 남녀노소 상관없이 사용되는 데 비해 '이랑'은 비교적 젊은 여성, 어린이 등의 말에서 주로 나타난다. '엄마', '어머니', '모친'과, '아빠', '아버지', '부친'이 같은 대상을 가리키는 말이지만 그 사용 상황은 같지 않다. 같은 의미와 기능을 나타내는 표현이 상황에 따라 다른 표현으로 나타나는 이유는 발신자와 수신자 사이의 관계 맺음과 밀접하게 관련되어 있다. 따라서 각 문법 형태소나 단어, 문장의 사용은 언어 경제성 원리에 위배되지 않는다.

이와 같이 한국인에게는 교수·학습의 대상이 되지 않는, 저절로 습득되는 요소들이 외국어로서의 한국어 교육 대상자에게는 매우 중요한 학습 내용이 된다. 이처럼 한국어 문법 지식으로서는 대등한 가치가 있지만 교육적인 상황에서는 그 가치가 대등하지 않다.

국어학적 성과로서의 내용이 국어 문법 교육의 내용으로서 가치가 있기 위해서는 바로 국어 문법 교육의 성격과 국어 문법 교육의 목표에 부합해야 한다. 물론 문법 교육의 성격은 국어과 교육의 성격에 부합해야 하고, 국어 문법 교육의 목표는 국어과 교육의 목표에 부합해야 함을 더 말할 필요가 없다.

국어학 연구 결과를 문법 교육의 성격과 목표에 부합하도록 변환시키는 과정을 국어 문법의 국어과 교육적 변환이라고 할 수 있다. 국어학의 연구 결과 가운데는 그 자체로 국어 문법 교육의 내용이 될 수 있는 것도 있고, 국어학의 연구 결과이지만 국어 문법 교육의 내용이 되기 어려운 것도 있다는 것을 앞에서 보았다. 국어 문법 지식을 도출하는 과정 자체가 문법 교육의 내용이 될 수도 있다.[13] 이것은 모두 문법 교육의 성격과 목표에 기대어 판단할 수 있다.

따라서, 교육의 내용으로서의 문법은 국어학의 연구 성과 중 문법 교육의 목표를 달성하는 데 필요한 요소만을 추출하여, 교육 목표를 성취하는 데 요구되는 형식으로 체계화하여야 한다. 이 책에서는 문법 교육의 목표를 달성하는 데 필요한 문법 지식으로 체계화된 또는 기술된 문법, 즉 국어과 교육적으로 변환한 것을 '교육 문법'이라고 칭한다. 국어 문법 교육은 바로 문법 교육의 목표를 달성하기 위하여 체계적으로 정리해 놓은 교육 문법을 그 내용으로 한다.[14]

13 국어 현상에서 국어 문법 지식을 도출하는 과정은 '탐구'와 관련된다. 탐구가 국어과 교육과정에 등장하기 시작한 것은 제5차 교육과정부터이고 특히 문법 영역의 내용과 방법으로 본격적으로 제시되고 논의된 것은 제7차 교육과정부터이다. 그 이후 탐구 과정이 문법 교수·학습 방법적인 측면과 교수·학습 내용적인 측면에서 점점 그 중요성이 강조되어 오고 있다. 이에 대한 자세한 논의는 이병규(2018ㄱ) 참고.

14 국어학의 연구 결과로서의 문법의 국어과 교육적 변환에 대해서는 이 책 11장, 12장을 참고할 수 있다. 11장에서는 통사 차원의 문장 유형을 대상으로 한 교육 문법을, 12장에서는 텍스트 차원의 교육 문법의 내용을 기술하고자 했다. 더 정교화하는 연구는 추후에 진행하기로 한다.

학교 문법으로 다루어왔던 국어학적 연구 결과로서의 문법이 어떤 점에서 '교육 문법'에 포함될 수 있는지는 천착이 필요하다. 지금까지 학교 교육에서의 문법 교육은 이에 대한 고려가 부족했다. 국어과 교육과정에서 교육 문법의 내용을 수립하는 데, 교육에 대한 고려 없이 국어학이나 언어학의 체계를 따랐다는 점은 부인하기 어렵다. 1.2.3. 절에서 다룰 문법의 교육적 가치에 대한 독자적 관점, 포괄적 관점, 기반 지식적 관점에 따른 문법 교육의 내용 또한 국어학적 체계를 따른 학교 문법의 내용과 크게 다르지 않다는 점 등에서 이를 확인할 수 있다.

1.2.2.2. 교육 문법의 범위

문법은 좁은 의미로는 단어, 문장을 구성하거나 운용하는 방법 또는 이를 연구하는 학문을 일컫는 말이다. 넓은 의미로는 단어, 문장뿐만 아니라 소리, 대화나 이야기(담화, 텍스트) 즉 말을 구성하거나 운용하는 방법 또는 이를 연구하는 학문을 나타내는 말로도 쓰인다는 것을 앞에서 알아보았다. 전자를 전통적인 관점의 문법으로, 후자를 확장적인 관점의 문법으로 설명했다. 일반적으로 언어학이나 국어학에서 '문법(론)'은 '말의 소리'를 연구 대상으로 하는 '음운론, 음성학', 대화나 이야기를 연구 대상으로 하는 '담화 분석론, 화용론, 텍스트 언어학' 등에 대립시켜 단어 단위를 연구 대상으로 하는 '형태론'과 문장 단위를 연구 대상으로 하는 '통사론'을 통칭한다.

한편, 국어과 교육에서의 문법은 넓은 의미로 사용된다. 이것은 국어과 문법 영역의 내용 체계나 문법 영역에 대한 선행 연구들[15]에서 확인할 수 있다. 제7차 국어과 교육과정의 국어 지식(문법) 영역의 내용 체계를 보이면 〈표 3〉과 같다.

15 권재일(1995), 김광해(1997/2001), 이병규(2005) 등 참고.

〈표 3〉 '국어 지식' 영역의 내용 체계(제7차 교육과정)

국어의 본질	국어의 이해와 탐구	국어에 대한 태도
• 언어의 특성 • 국어의 특질 • 국어의 변천	• 음운 • 낱말 • 어휘 • 문장 • 의미 • 담화	• 동기 • 흥미 • 습관 • 가치
국어의 규범과 적용 • 표준어와 표준 발음 • 맞춤법 • 문법		

〈표 3〉에서 볼 수 있는 것처럼 문법 영역에서 다루는 내용 범주는 음운, 단어, 어휘, 문장, 의미, 담화와 관련된 모든 요소를 포함하고 있다. 여기에 더하여 언어의 본질, 국어의 특질, 국어의 역사, 국어의 규범에 대한 이해, 이러한 요소들에 대한 탐구 등을 포함하여 국어학의 전 영역 이상이 그 대상이 된다.[16] 국어과 교육에서 이와 같은 문법의 범위는 제7차 교육과정 이래 지금까지 유지되어 오고 있다. 이에 대해서는 5.2. 절에서 확인할 수 있다.

1.2.3. 문법의 교육적 가치

문법의 교과 교육적 효용성에 대한 논의는 크게 네 가지 입장으로 정리된다. 문법이 국어 교육에서는 필요가 없는 것으로 파악하는 무용적 관점, 문법이 국어 사용 기능의 신장에 기여할 수 있는 경우에만 가치가 있는 것으로 보는 기반 지식적 관점, 국어 사용 기능 신장과 관계없는 문법 내용도 국어 문화적인 측면에서 충분히 독자적으로 교육할 가치가 있는 것으로 파악하는 독자적 관점, 그리고 국어 사용 기능 신장에 기여하는 부분과 독자적으로도 교육할 가치가 있는 부분으로 나누어 보는 포괄적 관점이 그것이다.[17]

16 국어과 교육과정 문법 영역의 성취 기준을 참고하면 각 범주들의 세부적인 학습 내용을 구체적으로 확인할 수 있다. 이에 대해서는 이 책 6장에서 다루어지고 있다.

17 이성영(1995)에서는 이러한 각각의 관점을 '무용론', '통합론', '독자론', '상호 보완론'으로 지칭했고, 김광해(1997/2001: 25쪽~34쪽)에서는 각각을 '부정적 입장', '통합적 입장', '독자적 입장', '포괄적 입장'으로 불렀으며, 최영환(1995: 178쪽)에서는 무용론을 제외한 나머지 셋을 각각 '기반 지식적 가치론', '독자적 가치론', '포괄적 가치론'으로 명명했다.

국어과 교육적 가치에 초점을 맞추면 이와 같은 네 가지 입장은 크게 무용론과 가치론으로 나뉘고, 가치론은 다시 앞에서 언급한 관점의 차이에 따라 기반 지식적, 독자적, 포괄적 관점으로 나뉜다. 한편, 국어과의 영역 구성에 초점을 맞추면, 무용적 관점, 기반 지식적 관점이 하나로 묶일 수 있고, 독자적 관점과 포괄적 관점이 하나로 묶일 수 있다. 앞의 것은 문법 영역[18]이, 국어 사용 기능(듣기, 말하기, 읽기, 쓰기) 영역과 대등한 위치에 놓일 수 없는 것으로 파악하는 반면에, 뒤의 두 관점은 국어 사용 기능 영역과 대등한 위치에 놓이는 것으로 파악한다. 이에 대해서는 1.2.3.3. 절의 〈표 5〉를 통하여 이해할 수 있다.

문법 교육의 가치에 대한 무용적 관점에 대한 부정적인 인식은 공유되고 있는 것으로 볼 수 있다.(이문규, 2001 참고) 따라서 여기서는 이에 대해서 더 이상 언급하지 않고,[19] 기반 지식적 관점, 독자적 관점, 포괄적 관점을 각각 살펴보도록 한다.

1.2.3.1. 기반 지식적 관점

기반 지식적 관점에서는 문법이 표현과 이해를 위한 기반 지식으로 기능하는 경우에만 국어과 교육적 가치가 있는 것으로 본다. 기반 지식적 관점도 문법 지식의 역할을 어떻게 설정하느냐에 따라 다시 둘로 구분하는 것이 가능하다.

먼저 문법 지식이 국어 사용 활동(듣기, 말하기, 읽기, 쓰기) 영역에서 기초적인 지식 요소로 제시될 수 있는 것으로 보아, 문법을 국어 사용 기능 영역에 포함되는 것으로 보는 경우이다. 이 경우는 문법 영역 자체의 독자성을 인정하지 않는다.[20] (손영애, 1986: 86쪽) 다른 하나는 기반 지식으로서의

18 '문법'은 제4차, 제5차, 제6차 국어과 교육과정에서는 '언어'로, 제7차 교육과정에서는 '국어 지식'으로 불리다가 2007 개정, 2009 개정, 2015 개정 교육과정에서 '문법'이라는 명칭을 사용하게 되었다. 이 책에서는 특별히 구분해야 하거나 직접 인용하는 경우가 아니면 원문에서 '언어', '국어 지식'으로 표현되어 있더라도 '문법'으로 통일하여 부르기로 한다.

19 문법 교육의 무용론에 대해서는 이성영(1995: 105쪽~110쪽), 박영목 외(1995: 229쪽~230쪽) 참고.

20 문법 교육이 국어 사용 능력의 각 활동 영역에서 기초적인 지식 요소로 제시될 수 있다는 것은 문법이 기

문법은 국어 사용 능력을 가능하게 하는 가장 기초적이며 기본적인 것으로서, 듣기·말하기·읽기·쓰기를 가르치고, 그에 더하여 문법을 가르치는 것이 아니라, 듣기·말하기·읽기·쓰기는 반드시 문법을 학습해야만 신장될 수 있는 것으로 파악하는 것이다.(최영환, 1995: 180쪽~182쪽) 전자는 문법이 기능 영역에 종속되어 있는 것으로 보는 입장이고, 후자는 지식이 기능을 지배하는 것으로 보는 입장이다. 따라서 앞의 것은 '기능 중심 기반 지식적 관점'으로, 뒤의 것은 '지식 중심 기반 지식적 관점'으로 불릴 수 있다.

이 두 경우는 모두 문법 지식이 국어 사용 기능을 신장하는 데 기반이 되는 것으로 보아, 문법 영역은 국어 사용 기능 영역과 대등하지 않은 것으로 파악한다. 그러나 전자는 국어과 교육의 영역 설정 시에 문법 영역을 따로 설정할 필요가 없다고 보는 입장인 데 비해, 후자는 국어 사용 능력을 가능하게 하는 가장 기초적이며 기본적인 것이 문법이기 때문에 문법 영역이 설정되어야 한다[21]고 본다.

이와 같은 논의는 국어과 교육의 본질이 무엇이냐와 관련해서 시사하는 바가 크다. 즉 국어 사용 능력은 듣기, 말하기, 읽기, 쓰기 기능 즉 국어 사용 기능을 얼마나 유창하게 발휘하느냐와 관련되어 있다. 결국 국어 사용 기능을 신장하는 데 문법 지식이 얼마나 핵심적인 기능을 하느냐에 따라 기능이 지식을 지배하는지, 지식이 기능을 지배하는지가 결정될 수 있다.

이것은 모어 학습 환경이냐 외국어 학습 환경이냐에 따라 달리 설명할 수 있다. 모어 화자의 경우는 국어 사용 기능 신장에 요구되는 많은 문법 지식이 모어 사용 환경에 노출됨으로써 자동적으로 습득된다. 그렇지만 외국어 화자의 경우는 한국어 사용 기능 신장에 요구되는 많은 문법 지식이 자동적으로 습득되지 않는다. 따라서 의도적인 교육을 통하여 학습해야 하는 문법 지식의 규모나 가치가 모어 화자의 경우와 외국어 화자의 경우에

능 영역에 종속되어 있는 것으로 보는 입장이라 할 수 있다.

21 최영환(1995)에서 문법 영역을 설정하고 있는 것으로 볼 수 있는 것은 "말하기, 듣기, 읽기, 쓰기는 문법 영역을 학습해야만 배울 수 있는 것(182쪽)"이라고 한 대목과 문법 영역을 체계화한 것을 통해 확인된다.

차이가 있다. 따라서 모어 교육에서는 기능이 더 우위에 있고 외국어 교육에서는 문법 지식이 더 우위에 있는 것처럼 생각할 수 있다.

그러나 자동적으로 습득되느냐 의도적인 교육을 통하여 학습하여야 하느냐의 차이로 문법 지식이 (한)국어 사용 기능 신장을 위해 주 기능을 하는지 부속 기능을 하는지를 판단할 수는 없다. 어떤 경우이든 문법 지식은 국어 사용 기능 신장을 위하여 중핵적인 기능을 한다고 말할 수 있으며 국어 사용 기능 신장을 위한 문법 지식의 교육적인 가치는 그 맥락에 따라서 달리 얘기할 수 있을 뿐이다.

이 책 12장에서 자세히 설명되겠지만 모어 화자의 경우에도 텍스트를 구성하는 데 필요한 문법 지식은 모어 사용 환경에 노출됨으로써 자동적으로 습득되는 데 매우 제한적이다. 왜냐하면 텍스트 구성과 관련된 문법 지식을 자동적으로 습득할 수 있을 만큼 충분히 노출되지 못하기 때문이다. 이 경우에는 의도적이고 계획된 학교 교육을 통하여 반드시 학습되어야 한다. 2007 개정 교육과정부터 도입되어 지금까지 이어져 오고 있는 텍스트 중심 교육과정의 취지를 통하여 국어 사용 기능 신장을 위한 문법 지식의 가치를 이해할 수 있다.

요컨대 문법은 국어 사용 기능 신장을 위하여 핵심적인 역할을 수행한다고 말할 수 있다. 따라서 기반 지식적 관점에서 문법과 기능은 적어도 대등한 관계이거나 문법이 기능보다 우위에 있다고 말할 수 있다.

1.2.3.2. 독자적인 관점

문법의 국어과 교육적 가치에 대한 독자적인 관점에서는 기반 지식적 관점이 국어과 교육의 영역을 지나치게 축소시킴으로써, 결과적으로 소중한 가치를 지닌 문법 지식들을 국어과 교육에서 도외시할 수 있다고 본다. 그리고 문법 영역은 당연히 설정되어야 하고 그 국어과 교육적 가치 역시 다른 영역과 대등한 자격을 갖는 것으로 파악한다.

권재일(1995: 160쪽~163쪽)에서는 문법 지식의 국어과 교육적 가치로 다음 네 가지를 들고 있다. 첫째, 국어과 교육에서 언어와 국어에 대한 체계적인 지식을 갖추고, 국어의 발전과 민족[22]의 언어문화 창조에 이바지하도록 교육하는 것은 당연히 필요하다는 것이다. 둘째, 언어는 생각을 표현하는 수단이나 단순히 그러한 수단에 그치고 마는 것이 아니라 이를 사용하는 사람들의 정신세계를 형성하는 중요한 구실을 하게 되고 한 국가나 민족은 공통된 언어 구조에 이끌려 공통된 정신·생각을 가지게 되어, 공통된 문화를 형성하게 되기 때문에 필요하다는 것이다. 셋째, 학교 교육에서 국사에 대한 이해, 사회나 자연 현상에 대한 이해를 필요로 하듯이, 국어 문법에 대한 체계적인 이해는 단순히 국어학자의 몫만이 아닌, 우리 민족 모두의 몫이기 때문에 필요하다는 것이다. 넷째, 세종대왕의 한글 창제, 그리고 한글의 과학성과 그 문화적 가치, 주시경 선생의 본받을 만한 국어에 대한 태도 등이 비록 국어 사용 능력의 향상에는 기여하지 못한다 하더라도 이들은 국어에 대한 올바른 태도와 가치관을 형성하게 하여 국어의 발전과 민족의 국어 문화 형성에 이바지하도록 하기 때문에 필요하다고 보고 있다.

독자적 관점은 1.1.절, 1.3.절에서 설명하고 있는 것처럼 한국어로써 국어과가 성립하는 데 중요한 문법 교육적 가치들을 제시하고 있다는 점에서 의미가 크다. 지식 기반적인 관점이 한국어와 한국어를 매체로 하는 텍스트를 단순히 의사소통의 기능적인 관점과 국어 교육의 자료적인 측면에서 가치를 부여하는 데 비하여, 독자적 관점은 한국어와 텍스트를 그 이상, 다시 말하면 한국어와 한국인, 한국어와 한국적인 사고, 한국어와 한국 문화를 함께 고려하여 가치화하고 있다는 점에서 이 책의 태도와 궤를 같이한다고 하겠다.

22 2000년대 들어서면서 한국 사회는 다문화 사회로 급속하게 전환되어 왔다. 따라서 교육과정에서도 민족이라는 말이 사라지게 되었다. 지금의 관점에서는 민족이라는 용어보다 한국인이나 한국어 사용 공동체로 명명하는 것이 적절하다.

1.2.3.3. 포괄적인 관점

한편, 문법의 교육적 가치에 대한 포괄적인 관점은 국어 사용 기능 신장에 도움을 주는 요소와 문화 요소를 포괄하자는 입장이다. 이성영(1995)에서 제시한 포괄적인 입장의 근거는 다음과 같다. 첫째, 국어에 대한 체계적인 지식을 갖추게 한다는 것, 둘째, 규범에 맞는 국어를 사용하게 된다는 것, 셋째, 문법적 능력을 길러 효과적인 국어 생활을 하게 한다는 것, 넷째, 언어와 국어의 문화적 가치를 인식하게 한다는 것, 다섯째, 발견 또는 탐구 절차를 경험하게 함으로써 사고력을 배양할 수 있다는 것 등이다.

이를 바탕으로 하는 포괄적인 관점은, 국어 교육의 하위 영역을 기능, 문학, 언어의 3대 영역으로 가른다고 전제할 때, '국어' 과목에서 반드시 다루어야 할 만한 내용들이지만 기능 영역이나 문학 영역에 속하기 어려운 나머지 내용들은 대개 문법 영역에서 다룰 수 있다고 본다.

즉 국어 사용 기능 신장의 기반 지식이 되지 않지만 국어과에서 교육할 만한 가치가 있는 문법 지식들은 문법 영역에 포함시켜 지도하자는 관점이다. 국어 사용 기능에 기반이 되는 것은 국어 사용 기능과 관련시켜 지도하되, 문법 영역과 국어 사용 기능 영역 상호간의 중복이나 간섭 현상을 최대한 배제하도록 하자는 입장이다. 바로 이러한 점이 문법 지식이 국어 사용 기능을 신장하는 데 도움을 줄 수 있을지라도, 국어학적 관점에서 그 자체로 지도될 필요성이 있다고 보는 독자적인 관점과의 차이다.

결국, 포괄적 관점에서 문법을 국어과에서 가르쳐야 한다고 보는 것은 국어 사용 기능 신장에 기여할 수 있는 것이 많기 때문이며, 또 국어 사용 기능과는 직접적으로 관련되지는 않더라도 학생들에게 전수해야 하는 국어(언어)와 관련된 가치 있는 내용들이 있기 때문이다.(이성영, 1995: 121쪽 참고) 이와 같은 입장에서는 문법 교육과 관련된 목표를 다음과 같이 설정함으로써 문법의 교육적 가치를 부여하고 있다.

〈표 4〉 문법 교육의 필요성 및 목표(김광해, 1997/2001: 42쪽)

필요성	배양할 능력	목표
1. 국어 사용 능력 신장을 위하여	• 국어 운용에 필요한 기본 능력 신장	• 적절한 국어 능력을 갖춘 한국인 양성 • 문화적 교양을 갖춘 한국인 양성 • 국어 산업 관련 인력 양성
2. 국어의 이해를 위하여	• 탐구 학습을 통한 사고력 신장	
3. 국어 문화의 전승을 위하여	• 국어의 과거, 현재, 미래에 대한 통찰력 신장	

포괄적 관점은 국어 사용 기능 영역과 문법 영역을 대등한 관계로 설정하며, 두 영역 모두 그 독자성을 인정한다. 그런데 이들 영역은 서로 별개의 필요성과 상위 목표를 존립 기반으로 하고 있다는 것, 또 〈표 4〉에서 확인할 수 있듯이, 문법 영역의 하위 필요성과 목표 역시 서로 별개로 존재하고 있다는 점이 문제이다.

다시 말하자면, 국어과의 성격을 서로 이질적인 목표와 내용으로 구성된 교과로 보고 있으며, 문법 영역의 하위 목표 역시 그러하다는 점에서 한계가 있다. 그렇기 때문에 이들이 어떤 점에서 국어과에 통합될 수 있는지, 문법 영역의 하위 목표와 필요성은 어떤 점에서 통합될 수 있는지 그 상위 목표에 대한 논의가 필요하다.

또 〈표 4〉에서는 문법 영역의 목표를 '적절한 국어 능력을 갖춘 한국인 양성', '문화적 교양을 갖춘 한국인 양성', '국어 산업 관련 인력 양성'에 두고 있다. 이들은 문법 영역의 고유한 목표라기보다는 국어과의 일반적인 목표에 가깝고, 문법 영역의 목표가 국어과의 본질적인 목표와 어떻게 관계되는지도 불분명하다는 점에서 문제가 있다.

문법의 교육적 가치나 필요성에 관한 다양한 관점은 궁극적으로 교과목으로서의 '국어'를 어떻게 파악하느냐와 관련된다. 다음 〈표 5〉에서 볼 수 있는 기능 중심 기반 지식적 관점은 국어 과목을 국어 사용 기능 학습에 중점을 두는 교과로 보는 데 비해, 지식 중심 기반 지식적 관점은 문법 지식의 학습이나 탐구에 중점을 두는 교과로 파악하고, 독자적 관점이나 포괄적 관점의 경우는 각 영역이 대등한 관계에 있는 것으로 파악하고 있다.

〈표 5〉 문법 지식의 교육적 가치에 대한 다양한 관점

		문법 지식의 국어과 교육적 가치	문법 영역 설정	기능 영역과의 관계
독자적 관점		○	○	대등
포괄적 관점		○	○	상호 보완적 대등
지식 기반적 관점	기능 중심	○	×	종속
	지식 중심	○	○	지배
무용적 관점		×	×	×

이상에서 문법의 국어과 교육적 가치와 문법 영역 설정에 대한 몇 가지 관점들을 살펴보았다. 각 관점에서 제시하고 있는 문법 영역의 내용 체계와 각 관점의 한계는 5.1. 절에서 구체적으로 다루기로 한다.

1.3. 교육 문법의 성격과 국어과의 성격

문법[23]이 국어과에서 교육 대상으로 다루어져야 하는지, 다루어진다면 범위가 어디까지인지가 명확해야 문법 영역의 설정 여부, 나아가 국어과 교육의 상위 목표와의 관계에 대한 논의가 가능하다. 여기서는 교육 문법의 성격을 규명하여 문법 교육을 국어과 교육에 통합하는 것이 가능한지 살펴보기로 한다.

23 이 책에서는 '문법'과 '문법 지식'을 큰 차이 없이 사용하고 있지만, 이 둘을 구분하고자 할 때는 '문법'은 체계 전반이나 규칙의 집합, 문법 교육 내용의 전체를, '문법 지식'은 개별 문법 요소나 교육 내용으로서의 문법 사항 하나하나를 지칭하는 뜻으로 사용한다.

1.3.1. 교육 문법의 성격

교육 문법은 국어 사용 기능 신장을 위한 기반 지식이 되고, 국어 현상에 대한 탐구 능력 신장을 위한 대상이 되며, 국어 문화유산이 되기도 하고, 한국인의 정신세계 형성 수단이 되기도 한다. 이와 같은 성격을 띠는 문법을 왜 교육 문법으로 다루게 되는지 알아보도록 하자.

1.3.1.1. 공동체 의식 형성의 수단

교육 문법 교육은 한국어로써의 국어과의 고유성을 강화해 주는 기능을 한다. 교육 문법에 대한 학습을 통하여 국어 문화유산에 대한 이해를 심화하고, 국어의 사용이 한국인의 고유한 정신세계를 만들어 준다는 것을 이해하게 함으로써 바르고 정확하고 효과적으로 한국어를 사용할 수 있는 태도를 갖게 해 준다. 문법 학습이 한국적인 사고와 한국문화 생산과 관련되어 있음을 확인시켜 문법의 학습 과정과 국어의 사용 과정이 단순히 기능적인 측면에서 표현과 이해를 잘할 수 있도록 하는 것 이상의 의미가 있다는 것을 이해시킬 수 있어야 한다.

결국 교육 문법의 교육은 한국적인 사고가 어떠한 것인지를 이해하는 것에서 나아가 그와 같은 사고를 할 수 있도록 해야 하며, 국어 순화 · 국어를 사랑하는 마음 · 국어 문화 창조 · 국어 발전에 이바지하려는 태도를 길러 주는 것까지 나아갈 수 있어야 한다.

이러한 교육을 통해 궁극적으로는 국어를 사용하는 공동체 구성원들에게 소속감과 일체감을 주어 정체성을 인식하도록 해 주어야 한다. 이와 같은 언어의 문화적 · 이데올로기적 특성 때문에 교육 문법 교육과 그 태도 교육이 중요하다.[24] 그런데 한국인의 정신세계 형성 수단으로서의 성격을 갖는 문법 지식은 국어 사용 기능 신장 즉 듣기, 말하기, 읽기, 쓰기 능력을 신장하는 것과는 상대적으로 관련성이 약하다. 그렇지만 세계 문화가 획일화

24 최명옥(2003)에 따르면 연령대가 낮아질수록 한글이나 국어 사랑에 대한 의식이 약해지는 것으로 나타나 이에 대한 대책 마련이 제기되기도 했다.

되어 가고 있고, 언어조차 획일화되어 가고 있는 시점에서 우리말과 우리 문화를 보존하고 발전시키는 것은 물론 한국인과 한국 문화의 정체성과 존재 의미를 인식할 수 있는 인간을 양성하는 것은 무엇보다 중요한 국가의 책무라고 하겠다. 이러한 점이 교육 문법 성격 가운데 하나이며, 교육 문법이 궁극적으로 지향해야 할 방향이라고 할 수 있다. 이와 관련된 교육 문법 교수 · 학습의 원리를 3.3. 절에서는 '문화성의 원리'라고 하였다.

공동체 의식 형성을 위하여 다룰 수 있는 교육 문법 지식으로는 언어와 주변 세계의 관계(국어와 문화와의 관계 · 국어와 사회와의 관계 · 국어와 사고와의 관계 · 국어와 국가와의 관계), 한국어의 국외 보급, 표준어와 문화어, 국어의 특질(음운상의 특징 · 단어의 특징 · 문장상의 특징 · 텍스트상의 특징), 한국의 문자, 한글 창제, 국어의 역사, 국어 운동, 국어 생활 등이 있다. 이뿐만 아니라 언어의 사회성, 언어의 역사성, 언어의 창조성, 언어의 규칙성, 언어의 자의성, 언어의 분절성, 언어의 체계성 등과 같은 언어의 특성과 관련된 내용은 언어가 인류의 문화유산이자 사람을 문명인이게 해 준다는 점에서 여기에 포함시킬 수 있다. 통신 언어의 사용, 국어 순화, 신조어, 표준어와 방언, 상황에 맞는 국어 생활 등도 이와 같은 성격의 교육 문법 내용에 포함시켜 다룰 수 있다.

정의적인 측면은 인지적인 측면 못지않게 중요하다. 국어에 대해 자부심을 느끼고 사랑하는 마음을 갖는 것은 정의적인 측면이지만, 교육과정에서 인지적 영역으로 분류한 지식과 기능의 뒷받침이 필요하다. 그러나 국어에 대한 자부심이나 사랑하는 마음을 함양하기 위한 문법 지식 역시 듣기, 말하기, 읽기, 쓰기 기능(국어 사용 기능)의 직접적인 기반 지식이 되기 어렵다. 정의적인 측면이 인지적인 측면과 밀접한 관련이 있지만 앞서 언급한 교육 문법의 내용 요소들은 국어 사용 기능과 직접적으로 관련된 인지적인 요소는 아니다.[25]

25 국어과의 목표를 창의적인 국어 사용 능력 신장으로 규정할 경우, 공동체 형성 수단으로서의 문법, 문학 내용 요소들이 국어과의 본질적 목표와 어떻게 관련되는지 밝힐 수 있어야 한다.

1.3.1.2. 기능 신장의 기반 지식

한편, 교육 문법이 국어 사용 기능 신장을 위한 기반 지식이 되는 경우와 국어 현상에 대한 탐구 활동의 대상이나 결과가 되는 경우는 인지적인 능력 신장과 관련된다. 국어 사용 기능 신장을 위한 기반 지식으로 기능하는 문법 지식은 듣기, 말하기, 읽기, 쓰기를 위한 토대가 된다. 정확하고 유창한 의사소통을 위해서는 문법에 대한 이해가 필수적이다.

인간은 언어 능력(linguistic competence)을 가지고 태어난다고 한다. 그렇기 때문에 모어 환경에 노출되면서 자동적으로 문법 지식을 습득하게 되어 자국어로 의사소통을 하는 데 큰 불편을 겪지 않게 된다는 것이다. 그런 이유로 의사소통에 필요한 문법 지식의 교육적 가치가 과소평가되고 있다. 마치 우리가 살아가는 데 공기가 없어서는 안 되지만 그 중요성에 대해서 별로 느끼지 못하는 것과 같다. 그 결과 문법은 가르칠 필요가 없다는 극단적인 얘기까지 나오곤 한다.

그러나 양태식 · 김정수(2004)에서는 초등학생들의 접속 부사와 겹받침 단어의 정확한 사용에 문제가 많음이 일기 조사 결과 밝혀졌고, 국립국어연구원의 각종 실태 조사 결과 보고서[26]는 국민들의 정확한 국어 사용에 문제가 많음을 보여 주고 있다. 학생이나 성인 할 것 없이 특정한 갈래의 글이나 담화를 그 갈래의 특성에 맞게 생산하는 데에 어려움을 겪는 경우도 흔히 볼 수 있다. 그렇기 때문에 정확하고 효율적으로 의사소통을 하기 위해서는 문법에 대한 이해가 필수적이다.

정확하고 효과적으로 의사소통을 하는 데에 기반이 되는 문법 지식에는 한국어의 발음에 대한 이해, 조어 방식에 대한 이해, 단어의 의미와 쓰임에 대한 이해, 문장 구성에 대한 이해, 문장의 연결에 대한 이해, 문법 요소의 기능과 쓰임에 대한 이해, 텍스트(담화) 갈래의 구조에 대한 이해, 텍스트

26 국립국어연구원이 조사한 국민들의 국어 사용 실태 보고서 '실용문 실태 연구(2003), 어문규범준수실태조사(Ⅰ)(2000)~(Ⅳ)(2004), 초등 학생의 글쓰기 실태 조사와 능력 신장 방안 연구(2003), 국정연설문의 실태(2003), 제품 설명서의 문장 실태 연구1(2003), 2(2002), 법조문의 문장 실태 조사(2001), 법령문의 국어학적 검토(2002)'에서는 문법 지식의 부족이 국어 생활에 미치는 영향이 매우 큼을 확인할 수 있다.

(담화) 갈래의 내용에 대한 이해, 텍스트(담화) 사용 맥락에 대한 이해, 텍스트(담화) 표지에 대한 이해, 어문 규범에 대한 이해 등이 포함될 수 있다.

이 경우는 기능 신장의 기반이 되는 문법 지식 자체가 문법 교육의 내용이 된다. 그렇기 때문에 탐구적 사고력 신장의 수단 즉 재료가 되는 문법 지식과 그 성격이 다르다. 이에 대해서는 다음 절에서 구체적으로 설명하기로 한다.

1.3.1.3. 탐구적 사고력 신장의 수단

국어 현상이나 국어 사용 현상에 대한 탐구 대상이나 결과로서의 교육 문법에 대한 논의는 제5차 교육과정 이래[27] 현재까지 이어져 오고 있다. 문법 교육에서 탐구 활동과 탐구 과정이 강조되어 온 것은 지식관의 변화에 따른 교수·학습의 패러다임의 변화와 관련되어 있다.

지식관은 상대주의적 지식관과 절대주의적 지식관으로 나눌 수 있다. 상대주의적 지식관에서는 지식을 가변적인 것으로 보고 절대주의적 지식관에서는 지식을 고정 불변적, 객관적인 실체로 본다. 전자는 구성주의에 따라 지식을 창출해 내는 과정을 중요시하는 데 비해, 후자는 결과로서의 지식 자체를 중요시한다.

사회가 발달하고 복잡해짐에 따라 지식과 정보가 범람하고 있다. 따라서 단순히 결과로서의 지식을 전달하고 암기하는 방식으로는 문제 해결에 필요한 지식을 얻는 데 한계가 있다. 따라서 오늘날 학교 교육은 지금까지 축적해 온 지식을 설명하고 전달하여 계승하게 하는 것이 아니라 문제 해결에 필요한 지식을 스스로 찾아낼 수 있는 능력을 길러주는 데 중점을 두고 있다. 이러한 구성주의 교육 사조가 국어과에도 반영되어 과정 중심의 국어 교육, 반응 중심 문학 교육으로 패러다임이 바뀌었으며, 탐구 중심 문

27 문법에 대한 탐구에 대한 개념은 제5차 교육과정에서 처음으로 대두되었다고 볼 수 있다. 제5차 교육과정의 '다. 지도 및 평가상의 유의점' '2. 평가'의 '바)' 항에서는 다음과 같이 기술하고 있다. "'언어' 평가는 국어에 대한 지식과 올바른 국어 사용에 중점을 둔다. 언어 지식의 평가는 지식 자체의 기억보다는 언어 자료로부터 언어에 대한 지식을 도출해 내는 '지식의 생산' 측면에 더욱 비중을 둔다."

법 교육의 도입도 이와 맥을 같이하는 것으로 이해할 수 있다.

국어 현상이나 국어 사용 현상을 탐구하여 국어와 국어 사용에 대한 질서를 발견하고 이를 국어 생활에 활용하게 되면 탐구적 사고력뿐만이 아니라 국어 사용 능력까지도 향상시킬 수 있다. 탐구 활동을 통해 학습자 스스로 발견한 지식은 교사에 의해 주입되는 지식보다 훨씬 심화될 수 있다는 강점이 있다. 이뿐만 아니라 국어 현상에 대한 탐구 능력을 향상시키는 과정을 통하여 국어적인 고등 사고 능력을 신장시킬 수도 있다.

국어 현상에 대한 탐구 활동의 목적은 학습자가 범하는 오류를 교정해 주기 위해서, 즉 국어 사용 능력을 신장하기 위해서만이 아니다. 그러한 목적은 탐구 활동의 부수적인 것이라고 볼 수 있다. 국어 사용 능력 신장의 기반이 되는 지식으로서 문법 요소는 반드시 탐구 과정을 통하여 학습되어야 하는 것은 아니다. 예를 들면 구어적 표현과 문어적 표현에 대한 이해는 탐구 과정을 통하여 학습되어야만 하는 것은 아니다. 학생의 수준에 따라서 교사가 설명하고 시범을 보인 후, 그 지식을 학생이 전수받아 다른 사례에 적용해 보도록 하는 직접 교수법이 더 효과적이고 효율적인 경우도 있다.

탐구 활동의 목표는 문법 지식 자체에 대한 이해에 초점이 있다기보다는 그것을 발견해 내는 과정에 초점이 놓여 있다. 그렇게 함으로써 국어적, 언어적 탐구력이 신장될 수 있기 때문이다. 문법 지식은 절대적이지 않은 것도 있고, 시대에 따라 변화하는 것도 있으며, 체계화하기 어려운 경우도 있다. 또 학습자의 발달 단계별로 탐구해야 할 문법 지식의 종류와 수준도 같지 않다. 따라서 특정한 기준에 따라 도출된 국어학적 지식을 설명하여 이해시키는 것보다, 국어 현상에서 지식을 도출해 내는 과정을 경험하게 함으로써 스스로 지식을 찾아내어 활용할 수 있는 능력을 신장시켜 주는 것이 중요하다. 지식이나 정보를 스스로 찾아낼 수 있는 능력이야말로 지식과 정보가 홍수를 이루는 시대에 꼭 갖추어야 할 역량이라고 할 것이다.

이러한 탐구적 사고력을 함양하는 데에 활용할 수 있는 문법 지식으로는 음운 체계, 음운 규칙, 품사 분류, 조어 방법, 문장의 종류, 문장의 구조, 문장의 연결, 문법 형태소와 규칙, 텍스트 갈래 지식, 텍스트 구조, 텍스트 구조 표지 등 음운, 형태, 단어, 문장, 텍스트(담화) 전반이 포함될 수 있다.

문법 교육을 통하여 탐구적 사고력을 신장시키는 것을 목표로 하면 문법 지식 자체는 사고력 신장을 위한 내용이 아니라 재료가 된다. 이 경우는 탐구적 사고력을 신장시키는 것이 목표이지 문법 지식 자체의 이해가 목표가 되는 것은 아니다. 또 사고력 신장을 위하여 문법 지식을 재료로 할 때 그 재료가 되는 문법 지식은 어떤 것이든 수준에 맞게 재가공된 것이면 상관없다. 또 학교 문법에서 다루었던 것처럼 문법 지식 전반이 모두 다루어져야 하는 것도 아니다.

이처럼 교육 문법으로서의 문법 지식은 모두가 그 성격이 같지는 않다. 어떤 경우는 문법 지식 자체가 문법 교육의 목표 달성을 위한 내용이 되는 경우도 있고, 어떤 경우는 문법 지식이 문법 교육의 목표 달성을 위한 재료가 되는 경우도 있다.

국어 현상에 대한 탐구적 사고력 신장은 국어의 본질과 국어의 구조를 밝혀 국어와 국어 문화의 발전은 물론 국어를 사용하는 한국인의 정신세계를 규명하여 국가의 정체성과 한국인의 유대감을 갖게 하는 기반이 된다. 교육 문법의 이와 같은 성격은 국어과가 추구하는 핵심 역량인 비판적 · 창의적 사고 역량, 자료 · 정보 활용 역량, 의사소통 역량, 공동체 · 대인 관계 역량, 문화 향유 역량, 자기 성찰 · 계발 역량을 함양하는 것과도 맞닿아 있다.

1.3.2. 교육과정 문법 영역의 성격 이해

2015 개정 국어과 교육과정에서는 국어과의 성격을 "국어를 정확하고 효과적으로 사용하는 데 필요한 능력과 태도를 기르고, 비판적이고 창의적인 국어 사용을 바탕으로 하여 국어 발전과 국어 문화 창달에 이바지하려는 뜻을 세우며, 가치 있는 국어 활동을 통해 바람직한 인성과 공동체 의식

을 함양하는 과목"으로 규정하고 있다. 이를 고려하여 국어과의 교육 영역 범주를 듣기·말하기, 읽기, 쓰기, 문법, 문학의 다섯으로 구분하였다. 교과부(2008: 15쪽)에 따르면, "전통적으로 국어 교육에서는 학습자의 '국어 능력' 신장을 강조하여 왔다. 이 능력은 기존 지식의 단순 수용이나 표출 능력이 아니라, 언어 기능을 통합적으로 운용하여 사고(의미)와 언어를 연결 지어야 하는 지적 기능으로서의 고등 정신 능력을 말한다. 단순히 문자를 읽고 쓸 수 있는 기초 기능이 아닌, 의미를 언어화(표현)하고 언어에서 의미를 추출하여 재구성(이해)하는 데 필요한 지식, 기능, 맥락의 학습이 균형 있게 이루어질 때에 효과적으로 신장되는 능력"으로 보고 있다. 국어 능력의 개념에 대해서는 2.1. 절에서 자세히 다루기로 한다.

국어 능력에 대한 교육과정의 기술을 통하여 국어과는 효과적으로 표현하고 이해하는 데 필요한 지식, 기능, 맥락, 태도를 교수·학습함으로써 고등 정신 능력을 신장시키는 교과로 이해할 수 있다. 이러한 관점을 따르면 교육 문법도 표현과 이해에 필요한 지식만 국어과 교육적 가치가 있는 것으로 간주될 수 있다. 이와 같은 맥락에서 교과부(2008: 15쪽)에서는 표현 활동과 이해 활동을 의미하는 국어 활동[28]의 지적 기반으로서 문법 지식을 강조하고 있다.

한편, 같은 쪽에서는 듣기 활동, 말하기 활동, 읽기 활동, 쓰기 활동 즉 국어 활동에 대한 지식은 비판적이고 창의적으로 표현하고 이해하는 능력(국어 능력)을 신장시키는 데 기여하는 것으로, 국어(문법)에 대한 지식은 국어 현상을 탐구하고 국어에 대한 의식을 강화하는 데 기여하는 것으로, 문학에 대한 지식은 문학 작품의 수용을 통해 인간의 삶을 총체적으로 이해하는 능

28 국어과 교육과정에서는 '국어 활동'을 '문법'과 '문학'에 대립되는 용어로 사용하고 있다. 교과부(2008: 15쪽)의 "국어 능력은 언어 활동의 반복에 의한 숙달보다 국어 활동과 국어와 문학에 대한 기초적인 지식의 체계적인 학습이 선행될 때 효과적으로 향상된다."와 2007 개정 국어과 교육과정의 목표의 전문 "국어 활동과 국어와 문학의 본질을 총체적으로 이해하고~", 하위 목표 "가. 국어 활동과 국어와 문학에 대한 기본적인 지식을 익혀~"와 같은 진술에서 국어 활동의 개념을 파악할 수 있다. 한편 이병규(2005: 267쪽)에서는 국어 활동에는 '국어 사용 활동', '국어 현상 탐구 활동', '문학 작품 감상·창작 활동'이 포함되는 것으로 보아 더 포괄적으로 규정하고 있다.

력과 심미적 정서를 함양하는 데 지적 기반이 되는 것으로 보고 있다. 이러한 지적 기반은 국어 사용 양상과 내용을 정확하고 비판적으로 이해하는 능력뿐만 아니라 사상과 정서를 효과적이고 창의적으로 표현하는 능력과 태도를 기르는 데 기여하게 되고, 궁극적으로는 국어 교육의 이념적 지향인 국어 문화를 이해하고 창조[29]하는 데에 기여하게 되는 것으로 보고 있다.[30]

앞에서 이해할 수 있는 것처럼 국어과 교육과정에서는 국어에 대한 지식 즉 문법을 국어 현상을 탐구하고 국어에 대한 의식을 강화하는 데 기여하는 것으로 보고 있다. 그런데 문법 지식의 이와 같은 성격이 표현과 이해 능력을 신장하는 국어 교과의 성격과 어떤 관련이 있는지 명확하지 않다.

문법이 "국어에 대한 의식을 강화하는 데 기여한다."라는 말도 무슨 뜻인지 불분명하다. 교과부(2008: 191쪽)에 따르면 국어 의식은 "개인적 혹은 사회적으로 형성된 국어에 대한 지식과 태도"로 정의하고 있다. 글자 그대로 풀이하자면 '국어에 대한 지식(문법)'이 국어에 대한 지식과 태도를 강화하는 데 기여하는 것으로 되어 동어반복이나 다름없게 된다.

또 국어에 대한 지식(문법)이 국어 현상을 탐구하는 데 어떻게 기여하는지도 명확하지 않다. 결과로서의 문법 지식을 학습하는 것에 초점을 두는 것인지, 결과보다 문법 지식을 발견하는 과정에 초점을 두는 것인지에 따라 문법 교수·학습 양상은 달라질 수 있다. 특정한 관점이나 이론을 토대로 도출된 문법 지식을 절대적이고 객관적인 것이라고 보고, 이를 탐구의 방법을 통하여 지식을 찾고 이해시키는 데 초점을 둔 것인지, 문법 지식 자체를 가변적인 것으로 보고 문법 지식을 발견해 가는 과정 자체에 초점을

29 국어 교육의 이념적 지향인 '국어 문화의 이해와 창조'라는 표현이 나타내는 의미도 명확히 해야 한다. "국어과는 국어 능력을 신장하는 교과이고 국어 능력은 효과적으로 표현하고 이해하는 능력"이므로 국어로 효과적으로 표현하고 이해하는 능력만 길러 주면 국어 문화를 잘 이해하고 창조하게 된다고 보아야 할 것이다. 이 진술은 '국어 문화'가 무엇을 의미하는지에 따라 옳을 수도 있고 그를 수도 있으며, 국어과의 목표와 내용도 이에 따라 달라질 수 있다.

30 초등학교에서 국어과는 국어를 정확하고 효과적으로 표현하고 이해하는 능력과 국어 활동을 통한 사고력과 상상력을 기르는 데 중점을 둔다. 또한 국어에 대해 관심을 가지고 국어 활동을 즐기고 국어를 존중하는 태도를 강조한다. 한편 중등학교에서는 국어를 정확하고, 비판적이며, 창의적으로 표현하고 이해하는 능력과 국어 활동을 통한 고등 사고력과 심미적 안목을 기르는 데 중점을 둔다. 또한 국어 문화에 대한 관심을 높이고 국어를 발전시키려는 태도를 강조한다.

둘 것인지에 따라 문법 교육의 내용과 목표는 차이가 생긴다.[31] 전자는 과정보다는 결과를 강조하는 것이고 후자는 결과보다는 과정을 중시하는 관점이라고 할 수 있다.

예컨대 품사의 개념을 이해시키는 활동의 하나로 다음과 같은 예의 단어들을 제시하고 공통적인 특성에 따라 분류해 보는 활동을 하는 상황을 가정해 볼 수 있다.

(8) 품사의 이해를 위한 탐구
ㄱ. 자료 제시: 가다, 나무, 먹다, 새 (집), 예쁘다, 의자, 책상, 토론, 헌 (집), 크다
ㄴ. 탐구: 나무, 의자, 책상, 토론 / 새 (집), 헌 (집) / 예쁘다, 크다 / 가다, 먹다
ㄷ. 발견: 나무, 의자, 책상, 토론 / 새 (집), 헌 (집) / 예쁘다, 크다 / 가다, 먹다

(9) 품사의 이해를 위한 탐구
ㄱ. 자료 제시: 가다, 나무, 먹다, 새 (집), 예쁘다, 의자, 책상, 토론, 헌 (집), 크다
ㄴ. 탐구 1: 나무, 의자, 책상, 토론 / 새 (집), 헌 (집) / 예쁘다, 크다 / 가다, 먹다
ㄷ. 탐구 2: 나무, 의자, 책상 / 가다, 먹다, 토론 / 새 (집), 헌 (집) / 예쁘다, 크다
ㄹ. 탐구 3: 나무, 의자, 책상, 토론 / 가다, 먹다, 예쁘다, 크다 / 새 (집), 헌 (집)
ㅁ. 탐구 4: 나무, 의자, 책상 / 가다, 먹다, 토론 / 새 (집), 헌 (집), 예쁘다, 크다

(8)은 학교 문법에서 제시해 온 9품사 분류 방법에 따라 분류하여 발견한 결과를 정리한 것이다. 한편, (9)는 단어 분류 기준으로 의미, 기능, 형태를 어떻게 적용하여 탐구했느냐에 따라 다른 결과가 도출된 경우이다. (8)은 특정한 관점에 따른 결과를 학습하는 것에 초점을 둔 것이라면, (9)는 탐구의 과정과 탐구적 사고력 신장에 초점을 둔 결과라고 할 수 있다. 이처럼 탐구 활동, 탐구 과정을 어떤 관점에서 보느냐에 따라 교수·학습의 목표와 내용, 결과가 다르다.

31 제6차 교육과정 이래로 문법 영역에서는 탐구 활동을 강조해 왔다. 교육과정상으로는 탐구 활동을 강조해 왔으나 실제 교수·학습은 탐구보다 설명 및 암기식으로 이루어졌다. 이에 대해서는 3.1.절, 5.2절, 9.1.절 참고.

한편, 교육인적자원부(2008: 1쪽)에서는 "'문법' 학습은 언어 현상에서 규칙을 찾아내는 탐구 활동을 강조하고, 학습한 지식을 국어 사용 실제에 적용하는 활동을 강조"하고 있다. 이것은 탐구 활동이나 탐구의 방법을 통한 문법 학습을 강조한 것이며, 탐구의 결과는 국어 사용 즉, 듣기, 말하기, 읽기, 쓰기 능력을 신장시키는 데에 기여하여야 한다는 것으로 이해할 수 있다.

그런데 (8), (9)와 탐구 활동은 국어 사용의 실제에 적용해야 한다는 측면에서는 그 국어과 교육적 가치가 없거나 크지 않다. 그럼에도 불구하고 초등학교, 중등학교 할 것 없이 품사 분류와 관련된 성취 기준은 지속적으로 설정되어 왔고 교과서에 실행되어 왔다.

〈표 6〉에서 볼 수 있는 것처럼 초등학교에서는 주로 국어사전 찾기와 관련지어서 품사에 대한 학습이 이루어져 왔고 중등학교에서는 품사 분류 자체에 대한 학습이 있어 왔다. 초등학교의 경우에는 용언의 기본형에 대한 이해에 국한되는 성취 기준이 진술되어 오다가 2009 개정 교육과정에서 단어의 분류로 확대되었다. 용언의 기본형에 대한 경우를 제외하면 품사 분류에 대한 탐구와 그 결과를 국어 사용 실제에 적용할 수 있는 경우는 생각하기 어렵다.

〈표 6〉 품사 관련 성취 기준

교육과정	학년	성취 기준(학년별 내용)
제4차	3	낱말에는 모양이 바뀌는 것과 바뀌지 않는 것이 있음을 안다.
	4	모양이 바뀌는 말에서 바뀌지 않는 부분과 바뀌는 부분을 구별하고, 그 으뜸이 되는 말을 찾는다.
	7	품사의 뜻과 종류를 안다.
	9	여러 품사의 특성을 안다.
제5차	4	모양이 바뀌는 낱말과 바뀌지 않는 낱말을 구별하고, 모양이 바뀌는 낱말의 으뜸이 되는 말을 사전에서 찾는다.
	7	단어를 품사로 분류해 보고, 각 품사의 특성을 밝히기
	8	단어를 품사로 분류해 보고, 각 단어의 특성을 밝히기

제5차	9	단어를 품사로 분류해 보고, 각 단어의 특성을 밝히기
제6차	4	모양이 바뀌지 않는 낱말과 모양이 바뀌는 낱말을 구별하고 모양이 바뀌는 낱말의 으뜸이 되는 말을 사전에서 찾는다.
	7	단어들을 품사 분류 기준에 따라 나누어 보고, 각 품사의 특성을 안다.
제7차	4	용언의 기본형을 안다.
	9	품사 분류 기준과 각 품사의 특성을 안다.
2007 개정	3	국어사전에서 낱말 찾는 방법을 안다.
	7	품사의 개념, 분류 기준, 특성을 이해한다.
2009 개정	3-4	낱말들을 분류해 보고 국어사전에서 낱말을 찾아본다.
	중1-3	품사의 개념과 특성을 이해하고 단어를 적절하게 사용한다.
2015 개정	3-4	낱말을 분류하고 국어사전에서 찾는다.
	중1-3	품사의 종류를 알고 그 특성을 이해한다.

탐구 활동을 강조하고 그 결과를 국어 사용에 적용해야 한다고 하는 문법 영역의 성격은 2007 개정 국어과 교육과정에서 제시하고 있는 국어과의 목표에서 좀 더 분명하게 드러나고 있다. 하위 목표 '가' 항은 "국어 활동과 국어와 문학에 대한 기본적인 지식을 익혀, 이를 다양한 국어 사용 상황에 활용하면서 자신의 언어를 창조적으로 사용한다."이다. 문법(국어에 대한 지식)은 듣기, 말하기, 읽기, 쓰기와 같은 국어 사용에 활용되어야 한다. '성격' 부분에서 다소 모호했던 문법의 국어과 교육적 가치가 목표에서는 명확하게 드러나고 있다. 국어 사용 즉, 듣기, 말하기, 읽기, 쓰기에 필요한 문법 지식만 국어과 교육적 가치가 있는 것으로 보고 있다.[32]

한편, 2009 개정 국어과 교육과정과 2015 개정 국어과 교육과정에서는 목표상에서 독자적인 또는 포괄적인 관점으로 바뀌었음을 2009 개정 하위 목

32 이러한 인식은 "국어과 교육과정 해설서(17쪽)"의 다음과 같은 해설에서 명확하게 드러난다. "'가' 항에서는 국어 능력 신장을 위해서 국어과에서 배우고 익혀야 할 지식은 국어 활동, 국어, 문학에 대한 지식임을 밝히고, 이러한 지식을 배우는 의의는 지식 자체의 습득에 있는 것이 아니라 자신의 언어를 창조적으로 사용하는 국어 능력의 신장에 있음을 강조하였다."

표 '가' 항 "국어 활동과 국어와 문학에 대한 기본적인 지식을 익힌다."와 2015 개정 교육과정 하위 목표 '나' 항 "듣기 · 말하기, 읽기, 쓰기 활동 및 문법 탐구와 문학 향유에 도움이 되는 기본 지식을 갖춘다."를 통해 이해할 수 있다.

요컨대 2007 개정 국어과 교육과정에서는 문법 교육은 국어 활동, 국어 사용에 기반이 되는 문법 지식만이 가치[33]가 있는 것으로 이해할 수 있다.[34] 이와 같은 관점은 제5차 교육과정 이래 2007 개정 국어과 교육과정까지 지속되어 왔다. 한편, 2009 개정, 2015 개정 국어과 교육과정에서는 독자적 또는 포괄적 관점을 취하고 있다.

2009 개정 교육과정에서는 제6차 교육과정에서부터 교육과정 편제에 포함되어 있던 국어과의 '성격' 부분이 삭제되었다. 그래서 국어과의 목표에 대한 해설을 통하여 국어과의 성격을 이해[35]할 수 있다. "'국어' 교과는 한국인의 삶이 배어 있는 국어를 정확하고 효과적으로 사용하는 능력과 태도를 기르고, 국어를 창의적으로 사용하여 국어 발전과 국어 문화 창달에 이바지하려는 뜻을 세우며, 올바른 국어 생활을 통해 건실한 인격을 형성하여 건전한 국민 정서와 미래 지향적 공동체 의식을 함양하는 과목"으로 규정하고 있다. 특징적인 것은 '도구 교과', '사고 교과', '문화 교과', '기능 교과', '지식 교과'로서의 성격에 '인격 형성 교과[36]'로서의 성격이 추가되었다는 것이다.

국어과를 '인격 형성 교과'로 보는 관점(민현식 외, 2011: 215쪽 참고)은 '도구 교과'에 대한 비판에서 비롯된 것이다. 이 관점은 도구 교과로서의 국어 교육관이 '내용 없는 국어 교육'을 초래하는 것으로 간주한다. 이를 고려하여 인성 교육 강화와 국가적 · 국민적 정체성 강화를 요구하는 국가적 · 시대적 요청에 따라 한국인으로서 '국어 정체성'을 가지고 국어를 통해

33 문법 영역에서 제시하고 있는 성취 기준과 이를 바탕으로 구성한 초등, 중등 국어 교과서의 문법 관련 내용이 이와 같은 국어과의 성격과 목표에 부합하는 것인지는 별도의 논의가 필요하다.

34 국어과의 목표 '다' 항, "국어 세계에 흥미를 가지고 언어 현상을 계속적으로 탐구하여, 국어의 발전과 미래 지향의 국어 문화를 창조한다."도 문법 교육과 밀접하나, 이 항은 정의적 교육 내용과 관련된 목표이다. (교과부, 2008: 17쪽)

35 이에 대해서는 2009 개정 국어과 교육과정 3쪽의 '3. 목표' 부분을 참고할 수 있다.

36 국어과를 '인격 형성 교과'로 간주한다는 것은 국어과가 내용 교과로서의 성격을 가지고 있다는 것을 의미하는 것이다.

사람됨을 기르는 일, 곧 '국어 인격'을 형성하는 일이 국어과의 대표적이고 중심적인 본령이라고 보고 있다. 국어과를 인격 형성 교과로 규정하는 것은 제1차 교육과정을 계승한 것인데 국어과의 정체성과 관련하여 많은 논란이 야기될 수 있다.

2009 개정 교육과정이 제시하고 있는 교육 문법도 국어 사용(듣기, 말하기, 읽기, 쓰기)에 필요한 것만 교육적 가치가 있다고 보는 것은 아니다. 국어 교과에서 학습자가 국어 현상을 탐구하여 국어를 깊이 있게 이해하고 국어 의식을 높일 수 있는 것이면 국어과 교육적 가치가 있는 것으로 보고 있다. 이러한 학습 경험을 통해 궁극적으로 학습자는 자신의 말과 글에 책임 의식을 가지고, 주체적으로 국어 생활을 하면서, 창의적인 사고 능력과 올바른 인성을 갖추는 데 필요한 내용, 국제화 시대에 국어의 가치를 깨닫고 국어를 세계어로 발전시키며, 국어 문화를 이해하고 창조하는 태도를 기를 수 있는 내용은 국어과 교육적 가치가 있는 것으로 간주하고 있다.(교과부, 2011: 3쪽 참고)

2015 개정 교육과정의 '성격' 항에서도 "'국어'는 국어를 정확하고 효과적으로 사용하는 데 필요한 능력과 태도를 기르고, 비판적이고 창의적인 국어 사용을 바탕으로 하여 국어 발전과 국어 문화 창달에 이바지하려는 뜻을 세우며, 가치 있는 국어 활동을 통해 바람직한 인성과 공동체 의식을 함양하는 과목이다. 학습자는 '국어'의 학습을 통해 '국어'가 추구하는 역량인 비판적·창의적 사고 역량, 자료·정보 활용 역량, 의사소통 역량, 공동체·대인 관계 역량, 문화 향유 역량, 자기 성찰·계발 역량을 기를 수 있다."라고 제시하고 있다.(교육부, 2015: 3쪽)

이러한 관점에서는 앞의 (8), (9)와 관련된 내용은 모두 국어과 교육적 가치가 있는 것으로 볼 수 있다. 그 이유는 (8), (9) 활동은 국어 현상을 탐구하여 국어를 깊이 있게 이해하고 국어 의식을 높이는 활동과 직접적으로 관련되기 때문이다.

한편 '국어' 교과의 하위 목표에 대한 진술에서도 교육 문법에 대한 관점은 확인된다. 2007 개정 국어과 교육과정과 2009 개정, 2015 개정 국어과 교육과정의 하위 목표를 비교하면 다음과 같다.

〈표 7〉 국어과 교육과정의 목표(2007, 2009, 2015 개정)

	2007 개정	2009 개정	2015 개정[1)]
가	국어 활동과 국어와 문학에 대한 지식을 익혀, 이를 다양한 국어 사용 상황에 활용하면서 자신의 언어를 창조적으로 사용한다.	국어 활동과 국어와 문학에 대한 기본적인 지식을 익힌다.	듣기·말하기, 읽기, 쓰기 활동 및 문법 탐구와 문학 향유에 도움이 되는 기본 지식을 갖춘다.
나	담화와 글을 수용하고 생산하는 데 필요한 지식과 기능을 익혀, 다양한 유형의 담화와 글을 비판적이고 창의적으로 수용하고 생산한다.	다양한 유형의 담화와 글을 비판적이고 창의적으로 수용하고 생산한다.	다양한 유형의 담화, 글, 작품을 정확하고 비판적으로 이해하고 효과적이고 창의적으로 표현하며 소통하는 데 필요한 기능을 익힌다.
다	국어 세계에 흥미를 가지고 언어 현상을 계속적으로 탐구하여, 국어의 발전과 미래 지향의 국어 문화를 창조한다.	국어의 가치와 중요성을 인식하고 국어 생활을 능동적으로 하는 태도를 기른다.	국어의 가치와 국어 능력의 중요성을 인식하고 주체적으로 국어 생활을 하는 태도를 기른다.

주 1: 2015 개정 교육과정에서는 2009 개정 교육과정의 '가' 항에 해당하는 것이 '나' 항으로, '나' 항에 해당하는 것이 '가' 항으로 제시되어 있다. 여기서는 2015 개정 교육과정의 '나' 항과 '가' 항의 순서를 바꾸어 제시한다.

2007 개정 국어과 교육과정에서는, 목표에서 확인할 수 있듯이, 국어(문법)에 대한 지식 학습은 다양한 국어 사용 상황에 활용을 하기 위한 것이다. 그러나 2009 개정, 2015 개정 국어과 교육과정에서는 국어 사용을 전제로 국어 지식(문법)을 익히는 것이 아니다. 따라서 2009 개정, 2015 개정 국어과 교육과정에서는 제5차 이래 2007 개정 국어과 교육과정까지의 국어과 교육의 본질적인 목표였던 국어 사용 능력 신장을 통한 고등 정신 기능(사고력) 신장이 국어과의 본질적인 목표로 여전히 유효한 것인지 논란이 있을 수 있다.(이에 대해서는 이병규, 2005: 252쪽~257쪽 참고)

2009 개정 국어과 교육과정의 교육 문법의 성격과 국어과 교육적 가치가 2007 개정 국어과 교육과정의 그것과 차이가 있다는 것은 민현식 외(2011)을 통해 확인할 수 있다. 민현식 외(2011: 134쪽)에 따르면, 문법 성취 기준은 '지식', '탐구와 적용', '태도'의 세 내용 범주가 융합되어 구성되는데, '탐구와 적용', '태도' 등은 '지식' 범주에서 도출된 '지식'의 성격에 따라 각각 다르게 도입된다.

예컨대 5-6학년군에 제시된 "고유어, 한자어, 외래어의 개념과 특성을 알고 국어 어휘의 특징을 이해한다"와 같은 성취 기준은 그 지식의 성격상—국어가 처한 상황을 고려할 때—'태도' 요인을 도입하기 용이하다. 한편, 7-9학년군에 제시된 성취 기준 "품사의 개념과 특성을 이해하고 단어를 적절하게 사용한다"는 국어 사랑이나 발전에 대한 태도보다는 탐구력 신장에 초점을 두는 것이 적절하다. 이와 같은 성취 기준은 국어 탐구력 및 국어 자체에 대한 이해 능력을 신장하면서 국어 의식 고양에 초점을 둔 것으로 국어 사용 능력 신장과는 직접적인 관련이 없다고 하겠다.

제5차 교육과정부터 2007 개정 국어과 교육과정까지는 비록 문법 영역의 성취 기준(학년별 내용)상으로는 독자적 관점 또는 포괄적 관점을 취했지만, 국어과의 성격이나 목표에서는 기반 지식적인 관점을 지향했다고 볼 수 있다. 이에 비해 2009 개정, 2015 개정 국어과 교육과정에서는 성격이나 목표, 내용 성취 기준(학년별 내용) 모두 독자적인 관점 또는 포괄적인 관점을 취하고 있는 것으로 볼 수 있다.

지금까지 국어과 교육과정의 성격과 목표를 통하여 국어과에서 교육 문법의 성격과 가치가 어떻게 규정되어 왔는지를 살펴보았다. 듣기, 말하기, 읽기, 쓰기 능력을 신장하기 위하여 필요한 문법 지식만 국어과 교육적 가치가 있다고 보는 기반 지식적인 관점이든, 국어 의식 강화나 탐구력(국어적 사고력) 신장을 위하여 국어 문화의 하나인 국어 자체의 이해가 국어과 교육적 가치가 있다고 보는 독자적인 관점이나 포괄적인 관점이든, 교육 문법이 국어과에서 다루어져야 한다는 것에는 모두 같다.

제2장. 국어과 교육의 목표와 문법 교육의 목표

제1장에서 교육 문법의 성격과 문법 교육의 관점을 살펴보았다. 교육 문법의 성격은 국어 사용 능력 신장을 위한 기반 지식, 국어 현상에 대한 탐구 능력 신장을 위한 대상이나 결과, 국어 문화유산 · 한국인의 정신세계 형성 수단으로 요약된다. 그런데 이처럼 다양한 성격을 나타내는 문법이 국어과의 교수 · 학습의 대상이 되기 위해서는 국어과의 교과 목표에 부합해야 한다.

2.1. 국어과 교육의 상위 목표

제1장에서 살펴보았듯이 교과 교육은 두 가지 특성을 동시에 가지고 있다. 교과의 교육적 보편성과 그 교과 나름의 고유한 지식이나 기능, 활동을 교육 내용으로 하는 교과적 특수성이 그것이다.

각 교과는 교과적 특수성으로서의 교과의 고유한 지식, 기능, 활동을 통하여 교육적 보편성으로서의 사고 능력을 신장하는 데 교과의 목표를 두고 있다. 교육적 보편성은 '사고하는 능력', '탐구하는 능력', '탐구', '창의성', '표현', '감상', '창의성' 등에서 나타나며 교과적 특수성은 '수학적', '사회 현상', '자연', '음악 활동', '미술 활동' 등에서 나타난다. 국어과 역시 '창의적인 국어 사용 기능 신장' 곧 '언어적 고등 정신 기능 신장'이라는 본질적인 교과 목표에는 '창의', '고등 정신 기능'이라는 교육적 보편성과 '국어 사용 기능', '언어적'이라는 교과적 특수성이 함께 내포되어 있다.

2.1.1. 교육과정의 국어과 상위 목표

교과 교육의 이러한 점을 고려하여 국어과도 제4차 교육과정을 제외하고는 2015 개정 국어과 교육과정까지 국어과의 본질적인 목표를 '(창의적인) 국어(언어) 사용 기능 신장'에 두었다. '국어 사용 기능'은 이해, 추론, 평가, 감상, 판단, 분석, 종합 등 고차적인 사고 활동을 통하여 함양될 수 있는 것이기 때문에 결국 국어과는 국어 활동을 통하여 교육적 보편성으로서의 '고등 정신 기능(사고력) 신장'을 목표로 한다고 말하는 것도 성립한다.

국어과의 상위 목표가 '창의적인 국어 사용 기능 신장'이라는 것은 국어과 교육과정 해설서를 통해 확인할 수 있다. 교육부(1994: 27쪽, 40쪽)에 따르면, 제5차 국어과 교육과정에서는 국어 사용 기능의 신장을 궁극적인 목표로 제시하였음을 알 수 있다. 제6차 국어과 교육과정에서도 교육과정에 대한 특정 이론에 구속받지 않고, 언어 사용 기능의 신장이라는 국어과 교육의 본질 추구를 상위 목표로 하여 여러 가지 이론들을 국어과 교육의 실정에 맞게 통합적으로 수용하고자 하였다.

제7차 국어과 교육과정에서도 "제7차 교육과정은 제6차 교육과정의 정신을 발전적으로 계승하되, 학습자의 창의적 국어 사용 능력 향상을 국어과 교육의 최상위 목표로 설정하고, 이 목표 달성에 필요한 교육 내용을 듣기, 말하기, 읽기, 쓰기, 언어, 문학의 여섯 영역으로 구분할 수 있다는 관점을 취하였다. …(중략)… 제7차 교육과정은 학습자의 창의적인 국어 사용 능력 향상을 최상위 목표로 설정하고, 이것이 발전 지향적인 국어 문화의 창조에 연계되어야 함을 강조하는 관점에서 국어과의 '성격'을 규정하였다."(교육부, 1998ㄷ: 9쪽~10쪽) 2007 개정 국어과 교육과정, 2009 개정, 2015 개정 국어과 교육과정도 이와 궤를 같이한다.

이처럼 국어과 교육과정 해설서에는 국어과의 상위 목표를 '국어 사용 기능 신장'이라고 밝히고 있으나 제5차, 제6차, 제7차, 2007 개정 교육과정에서 실제적인 국어과 목표로 제시한 전문과 세 개의 하위 항목은 이와 모순되는 점이 발견된다.

(1) 제5차 교육과정의 국어과 교육의 목표(문교부, 1987: 42쪽)

전문: 국어 생활을 바르게 하고, 국어를 소중히 여기게 한다.

가. 말과 글을 통하여 생각과 느낌을 바르게 표현하고 이해하게 한다.

나. 국어에 관한 초보적인 지식을 익히고, 국어를 올바르게 사용하게 한다.

다. 문학 작품을 즐겨 읽고, 아름다운 정서를 기르게 한다.

(2) 제6차 교육과정의 국어과 교육의 목표(교육부, 1992: 47쪽)

전문: 국어 생활을 바르게 하고, 국어를 소중히 여기게 한다.

가. 말과 글을 통하여 생각과 느낌을 바르게 표현하고 이해하게 한다.

나. 국어에 관한 초보적 지식을 익히고, 국어를 올바르게 사용하게 한다.

다. 문학 작품을 즐겨 읽고, 아름다운 정서와 풍부한 상상력을 기르게 한다.

(1), (2)에서 볼 수 있는 것처럼 제5차, 제6차 교육과정의 국어과 목표에서는 문법 교육과 관련된 목표, 문학 교육과 관련된 목표는 국어 사용 교육과 관련된 목표와 병렬적으로 연결되어 있다. 다시 말하면 서로 이질적인 것이 '창의적인 국어 사용 기능 신장'이라는 본질적인 목표 아래 묶여 있다는 것이다.

(3) 제7차 교육과정의 국어과 교육의 목표(교육부, 1998: 29쪽)

전문: 언어 활동과 언어와 문학의 본질을 총체적으로 이해하고, 언어 활동의 맥락과 목적과 대상과 내용을 종합적으로 고려하면서 국어를 정확하고 효과적으로 사용하며, 국어 문화를 바르게 이해하고, 국어의 발전과 민족의 언어 문화 창달에 이바지할 수 있는 능력과 태도를 기른다.

가. 언어 활동과 언어와 문학에 대한 기본적인 지식을 익혀, 이를 다양한 국어 사용 상황에서 활용하는 능력을 기른다.

나. 정확하고 효과적인 국어 사용의 원리와 작용 양상을 익혀, 다양한

유형의 국어 자료를 비판적으로 이해하고 사상과 정서를 창의적으로 표현하는 능력을 기른다.

다. 국어 세계에 흥미를 가지고 언어 현상을 계속적으로 탐구하여, 국어의 발전과 국어 문화 창조에 이바지하려는 태도를 기른다.

(4) 2007 개정 국어과 교육과정의 목표(교육인적자원부, 2007: 2쪽)

국어 활동과 국어와 문학의 본질을 총체적으로 이해하고, 국어 활동의 맥락을 고려하면서 국어를 정확하고 효과적으로 사용하며, 국어 문화를 바르게 이해하고, 국어의 발전과 민족의 국어 문화 창조에 이바지할 수 있는 능력과 태도를 기른다.

가. 국어 활동과 국어와 문학에 대한 기본적인 지식을 익혀, 이를 다양한 국어 사용 상황에 활용하면서 자신의 언어를 창조적으로 사용한다.

나. 담화와 글을 수용하고 생산하는 데 필요한 지식과 기능을 익혀, 다양한 유형의 담화와 글을 비판적이고 창의적으로 수용하고 생산한다.

다. 국어 세계에 흥미를 가지고 언어 현상을 계속적으로 탐구하여, 국어의 발전과 미래 지향의 국어 문화를 창조한다.

이러한 양상은 제7차 교육과정, 2007 개정 국어과 교육과정 목표의 전문에서도 마찬가지이다. "언어 활동, 언어, 문학의 본질을 총체적으로 이해하고"에서 국어 사용 기능 영역, 문법 영역, 문학 영역이 대등하게 다루어지고 있다는 것을 알 수 있다.

그런데 제7차 교육과정과 2007 개정 교육과정에서는 이전의 교육과정들과는 달리 하위 목표에서는 문법 영역과 문학 영역을 국어 사용 기능 영역과 대등하게 기술해 놓은 것이 아니라 종속적인 것으로 기술해 놓았다. 즉 '가' 항의 "언어 활동과 언어와 문학에 대한 기본적인 지식을 익혀, 이를 다양한 국어 사용 상황에서 활용하는 능력을 기른다."에서 언어 활동, 언어, 문학에 대한 지식은 국어 사용 상황에 활용하는 능력을 기르기 위해 학습한다는 뜻으로 해석된다. 따라서 문법 영역과 문학 영역은 국어 사용 기능 영역에 종속되는 것으로 간주된다.

또 '나' 항의 "다양한 유형의 국어 자료를 비판적으로 이해하고 사상과 정서를 창의적으로 표현하는 능력을 기른다." 역시 문학 활동을 표현과 이해 활동의 하나로 보아 문학 작품을 표현과 이해 활동의 자료로 간주하고 있음을 보여 주고 있다. 이 역시 문학 영역을 국어 사용 기능 영역과 대등하게 보고 있지 않다는 것을 말해 준다. 이처럼 '국어 사용 기능 영역', '문법 영역', '문학 영역'을 대등하게 취급한 전문과 '문법 영역'과 '문학 영역'을 '국어 사용 기능 영역'에 종속되는 것으로 다룬 하위 목표 사이에는 모순이 생긴다.

세 번째 항목은 국어 사용 기능 신장과는 직접적인 관련이 없어 국어과 교육의 본질적인 목표에 부합하지 않는다. 이처럼 제5차, 제6차, 제7차 교육과정의 국어과의 목표는 정도의 차이만 있지 국어과의 본질적인 목표와 모순이 된다.

이뿐만 아니라 국어과의 본질적인 목표를 '창의적인 국어 사용 능력 신장'으로 설정하게 되면 '한국어'로서의 국어과를 성립하게 해 주는 요소인 '국어 현상에 대한 탐구 대상', '국어 문화 유산', '한국인의 정신 세계 형성 도구'가 되는 교육 문법에 대한 교육이나 국문학 교육을 포괄할 수 없게 된다.[1]

이와 같은 모순을 해결하기 위하여 이병규(2005)에서는 국어과의 본질적인 목표를 성취 기준(학년별 내용)에 부합하도록 수정하는 방법, 또는 본질적인 목표에 부합하는 성취 기준(학년별 내용)을 선정하여 교수·학습 내용화하는 방법에 대해 논의하고 전자의 관점에서 국어과 교육의 목표의 영역 체계를 제시한 바 있다.(이에 대해서는 2.2. 절 참고)

(5) 2009 개정 국어과 교육과정의 목표(교과부: 4쪽~5쪽)

국어 활동과 국어와 문학을 총체적으로 이해하고, 국어 활동의 맥락을 고려하여 국어를 정확하고 효과적으로 사용하며, 국어를 사랑하고 국어 문

1 국어과의 본질적인 목표를 국어 사용 기능 신장에 두게 되면 '한국어'로서의 국어과를 성립하게 해 주는 국문학 교육의 '한국적인 정서의 이해와 함양'과 관련한 내용도 포함할 수 없고, 문학적 상상력, 창의력, 인간의 삶에 대한 이해 등으로 요약될 수 있는 문학 교육도 포함하기 어렵게 된다.

화를 누리면서 국어의 창의적 발전과 국어 문화 창조에 이바지할 수 있는 능력과 태도를 기른다.

가. 국어 활동과 국어와 문학에 대한 기본적인 지식을 익힌다.

나. 다양한 유형의 담화와 글을 비판적이고 창의적으로 수용하고 생산한다.

다. 국어의 가치와 중요성을 인식하고 국어 생활을 능동적으로 하는 태도를 기른다.

(6) 2015 개정 국어과 교육과정의 목표(교육부: 4쪽)

국어로 이루어지는 이해 · 표현 활동 및 문법과 문학의 본질을 이해하고, 의사소통이 이루어지는 맥락의 다양한 요소를 고려하여 품위 있고 개성 있는 국어를 사용하며, 국어문화를 향유하면서 국어의 발전과 국어 문화 창조에 이바지하는 능력과 태도를 기른다.

가. 다양한 유형의 담화, 글, 작품을 정확하고 비판적으로 이해하고 효과적이고 창의적으로 표현하며 소통하는 데 필요한 기능을 익힌다.

나. 듣기 · 말하기, 읽기, 쓰기 활동 및 문법 탐구와 문학 향유에 도움이 되는 기본 지식을 갖춘다.

다. 국어의 가치와 국어 능력의 중요성을 인식하고 주체적으로 국어 생활을 하는 태도를 기른다.

2009 개정 국어과 교육과정과 2015 개정 국어과 교육과정은 제5차 교육과정부터 2007 개정 교육과정까지와 달리 전자의 관점을 취한 것으로 볼 수 있다. 즉 교육과정의 목표 진술상으로는 문법 영역과 문학 영역을 국어 사용 기능 영역에 종속된 것이 아니라 대등한 것으로 다루고 있음을 (5)와 (6)에서 확인할 수 있다.

2.1.2. 국어과의 상위 목표 재설정

이 책에서는 국어과의 본질적인 목표로서의 상위 목표를 '국어 활동을 통한 창의적인 국어 능력 신장'으로 설정한다. 이것이 국어과의 본질적인 목표로서 타당성을 얻기 위해서는 '국어 활동'과 '국어 능력'이 무엇인지가 밝혀져야 한다. 여기서는 '국어 활동'과 '국어 능력'이 '국어 사용 활동을 통한 표현 · 이해력(국어 사용 능력)', '국어 현상에 대한 탐구 활동을 통한 탐구력(국어 현상에 대한 탐구 능력)', '문학 작품 감상 · 창착 활동을 통한 상상력 · 한국적 정서 수용과 발현 능력(문학 능력[2])'으로 구성되는 것으로 본다. 즉 '국어 활동'은 '국어 사용 활동', '국어 현상에 대한 탐구 활동', '문학 작품 감상 · 창작 활동'을 말하며, '국어 능력'은 이러한 활동을 통해 길러지는 '표현과 이해 능력', '국어적인 탐구 능력', '국문학적 상상력 및 한국적 정서 이해 및 발현 능력'과 관련된 사고 능력을 뜻하는 것으로 규정한다.

이 책에서의 국어 능력은 국어과 교육과정에서 제시하고 있는 '국어 능력'의 개념과 다르다. 교과부(2008: 15쪽)에 따르면 '국어 능력'은 "언어 기능을 통합적으로 운용하여 사고(의미)와 언어를 연결 지어야 하는 지적 기능으로서의 고등 정신 능력이다. 이 능력은 단순히 문자를 읽고 쓸 수 있는 기초 기능이 아닌, 의미를 언어화(표현)하고 언어에서 의미를 추출하여 재구성(이해)하는 데 필요한 지식, 기능, 맥락의 학습이 균형 있게 이루어질 때에 효과적으로 신장되는 능력"으로 규정하고 있다. '국어 능력'의 이와 같은 개념은 교육부(1998ㄷ: 13쪽)의 '국어 사용 능력'에 대한 개념 규정과 같다. 국어과 교육과정에서 제시하고 있는 '국어 능력'은 결국 '국어 사용 능력'과 같은 개념으로, 이 책에서 사용하고 있는 국어 능력의 일부분을 가리키는 것이다.

이 책에서의 국어 능력은, 국어 사용 활동(표현과 이해 활동)을 통해 길러지는 사고 능력, 국어 현상에 대한 탐구 활동을 통해 길러지는 사고 능력, 문학 작품의 감상과 창작 활동을 통해 길러지는 사고 능력과 정서 등으로 구

2 우한용(1997: 56쪽)에서는 문학 영역의 학습 목표가 문학 능력의 신장에 있다고 보고 문학 능력을 문학을 만들고, 이해하고, 수용하는 능력으로 정의한다. 창작(표현)과 이해라는 측면에서 보면 국어 사용 능력을 구성하는 한 측면으로 보아 여기에 통합할 수 있다. 그러나 비문학적인 글과 문학적인 글이 문학성(예술성-상상력)이라는 면에서 차이가 있는 것으로 보면 문학 능력과 국어 사용 능력은 서로 독자적인 것으로 볼 수 있다. 여기서는 후자의 관점을 취하기로 한다.

성된다. 따라서 이하에서는 교과부(2008)에서 제시하고 있는 '국어 능력'은 '국어 사용 능력'으로 이름하여 이 책에서의 '국어 능력'과 구분하여 지칭하기로 한다.

국어과의 본질적인 목표로서의 국어 능력은 국어 사용 능력, 국어 현상에 대한 탐구 능력, 문학 창작 · 감상 능력을 포함한다는 점에서 본질적인 목표로서의 국어 사용 능력과 그 범위와 내용이 다르다. 국어 사용 능력은 듣고 · 말하고 · 읽고 · 쓰는 데 필요한 지식 · 기능 · 전략을 상황에 맞게 활용하는 능력으로 규정될 수 있는데, 여기에는 의사소통 상황에 필요한 문법 지식을 익혀 사용할 수 있는 능력도 포함된다. 국어 사용 능력에 포함되는 문법 지식은 듣고, 말하고, 읽고, 쓰는 능력을 신장시키는 것에 국한된다. 한편 국어 능력을 신장하는 데 필요한 문법 지식은 그 범위에 제한이 없다. 국어 사용 능력 신장과 관련된 문법 지식은 학습자의 발달 단계에 따른 국어 사용 양상을 분석하여 정확하고 유창한 의사소통 활동에 도움을 줄 수 있는 요소를 중심으로 학습 내용이 선정되어야 한다.

이에 비해 국어 능력 신장과 관련된 문법 지식은, 국어 사용 능력의 신장에 요구되는 문법 지식뿐만이 아니라 국어적인 탐구 능력을 신장시키는 데 필요한 문법 지식(1.3.절 참고)과 국어 문화적 소양을 함양하는 데 필요한 문법 지식이 포함된다. 여기에는 국어 문법 전반이 해당될 수 있지만, 문법 지식이 교수 · 학습 국면에 활용되는 방법이나 양상이 국어 사용 능력 신장, 국어적인 탐구 능력 신장, 국어 문화적 소양 함양 등과 같은 목적에 따라 다른 모습으로 나타난다.

예를 들면 국어의 품사 분류와 관련해서는 국어 사용 능력 신장을 목적으로 한다면 국어사전을 찾는 활동과 연계하여 활용될 경우에 교수 · 학습의 가치가 부여될 수 있다. 그런데 탐구적 사고력 신장이 목적이라면 품사 분류에 대한 교수 · 학습 활동은 국어사전을 찾는 교수 · 학습 활동의 양상과 차이가 있게 된다.

국어 사용 능력 신장을 위하여 품사를 교수 · 학습하고자 할 경우에는 단어를 사전에서 효과적으로 찾을 수 있는 능력을 길러 줄 수 있어야 하기 때문에 활용하는 단어와 활용하지 않는 단어의 구분 방법, 활용하는 단어의 경우에도 기본형과 활용형을 구분하는 방법 등에 대한 이해에 초점을 둔 교수·학습 활동이 이루어지게 된다.

이에 비해 탐구적 사고력 신장을 위해서는 기준에 따라 단어들의 분류가 어떻게 달라질 수 있는지, 상위 기준과 하위 기준의 설정 방법에 따라 단어의 분류 체계가 어떻게 달라질 수 있는지, 각 분류가 가진 설명력의 차이가 무엇인지 등을 생각하게 하는 것에 초점을 둔 교수·학습 활동이 이루어지게 된다. 이러한 내용을 통한 학습은 주로 탐구 활동으로 이루어지고 그 과정에서 국어적 탐구 능력이 신장된다.

국어적 탐구 능력은 국어 사용 능력과 구분되며 국어 사용 능력과 함께 국어 능력을 구성하는 국어적 사고 능력의 하나가 된다. 이처럼 국어 능력(국어적 사고 능력) 신장을 위해 필요한 문법 지식의 성격과 국어 사용 능력에 필요한 문법 지식의 성격은 차이가 있다. 따라서 국어 능력과 국어 사용 능력이 지시하는 바도 차이가 있다.

이상과 같은 국어과 목표 분석을 통하여 이해할 수 있는 것처럼, 국어과는 '창의력', '표현·이해력', '탐구력', '상상력', '정서' 등 교육적 보편성으로서의 사고 교육과, 교과적 특수성으로서의 '한국적 정서 함양'을 포함한 '국어 활동을 통한 국어 능력 신장' 교육이 목표가 되는 교과이다.

2.1.3. 국어과의 상위 목표와 사고력

이 책에서는 국어과가 가지고 있는 교육의 보편적 특성은 '창의력', '표현·이해력', '탐구력', '상상력', '정서' 신장을 통한 사고 교육에서 찾을 수 있는 것으로 보고 있다. 길포드(Guilford)는 창의적 사고 능력을 '문제에 대한 감수성', '사고의 유연성', '사고의 융통성', '사고의 독창성', '면밀성', '재구성력', '집요성'으로 나누었다. 윤종건(1996)에서는 사고의 유창성을 '사고의 속도'로, 융통성은 '사고의 넓이'로, 독창성은 '사고의 새로움'으로, 면밀성은 '사고의 깊이'로 설명하여 창의적 사고 능력을 재해석했다. 이러한 논의를 바탕으로 심영택(2003: 472쪽)에서는 사고력이 창의력을 형성하거나 그 형성 과정에 기본적인 역할 또는 핵심적인 역할을 하는 것으로 보고 있다.

인지적 사고로서의 상상력에는 문학 작품의 감상과 창작 활동을 통해 인간의 마음속에서 일어나는 심리적 작용, 심미적 체험뿐만 아니라 정의적 사고로서의 감정, 정서 등이 모두 포함된다. 이삼형(2000)에서는 사고의 범주를 두 단계로 재개념화하고 있다. 첫 번째는 인지 요인만 다루고 있던 사고 개념에 정의 요인을 도입하는 것이고 두 번째 단계는 인지와 정의 요인을 이분법적으로 보지 않고 상호작용하는 것으로 보는 것이다. 그 결과 인지적 사고와 정의적 사고라는 표현 대신에 인지 중심적 사고와 정의 중심적 사고라는 표현을 사용한다. 심영택(2003: 473쪽)에서는 이러한 사고의 재개념화가 '상상력'과 같은 힘과 활동이 무엇이며 왜 그러한 일들이 일어나고 있는지를 설명할 수 있는 것으로 본다.

다음은 사고력과 표현·이해력 그리고 탐구력의 관계를 살펴보자. 여기서는 마르자노(Marzano)의 사고 기능 위계와 읽기 분야에서 가장 보편적으로 인정되고 있는 바렛(Barrett)의 읽기 기능, 그리고 김광해(1997)의 탐구 기능을 비교한다.

〈표 1〉 사고 기능, 읽기 기능, 탐구 기능의 비교

사고 기능 (Marzano, 1988)	읽기 기능 (Barrett, 1976)	탐구 기능 (김광해, 1997/2001)
• 초점을 맞추는 기능 -문제 정의하기 -목표 설정하기 **• 정보 수집 기능** -관찰하기 -의문 형성하기 **• 조직 기능** -비교하기 -분류하기	**① 축어적 재인 및 회상** -세부 내용의 재인 또는 회상 -중심 생각의 재인 또는 회상 -줄거리 재인 또는 회상 -비교의 재인 또는 회상 -인물의 특성에 대한 재인 또는 회상 **② 재조직** -유목화	**① 문제의 정의** -문제, 의문사항의 인식 -문제에 의미 부여 -문제의 처리 방법 모색 **② 가설 설정** -유용한 자료 조사 -추리 -관계 파악 -가설 세우기

-순서화하기 -표현하기 **• 분석 기능** -속성과 구성 요소 확인하기 -관계와 양상 확인하기 -주제 확인하기 -오류 확인하기 **• 생성 기능** -추론하기 -예언하기 -정교화하기 **• 통합 기능** -요약하기 -재구조화하기 **• 평가 기능** -준서 설정하기 -확증하기	-개요 -요약 -종합 **③ 추론** -뒷받침이 되는 세부 내용 추론 -중심 생각 추론 -줄거리 추론 -비교 추론 -원인과 결과의 관계 추론 -인물의 특성 추론 -결과 예측 -비유적 언어 해석 **④ 평가** -현실과 환상의 판단 -사실과 의견의 판단 -정확성과 타당성의 판단 -적절성의 판단 -수용 가능성의 판단 **⑤ 감상** -주제나 구성에 대한 정의적 반응 -인물이나 사건에 대한 공감 -자기가 사용한 언어에 대한 반응 -심상	**③ 가설의 검증** -증거 수집, 평가 -증거 정리 -증거 분석 **④ 결론 도출** -증거와 가설 사이의 관계 검토 -결론 도출 **⑤ 결론의 적용 및 일반화** -새로운 자료에 결론 적용 -결과의 일반화 시도

노명완 외(2003: 59쪽~62쪽)에 따르면, 마르자노의 사고 기능과 바렛의 읽기 기능은 매우 유사한 정신 작용이라는 것은 대체적으로 의견이 일치하는 것 같다. 사고 기능이 곧 읽기 기능이고, 또 읽기 기능이 사고 기능이라고 할 수 있다. 언어를 사용한다는 것은 사물이나 사상을 지각, 개념화, 범주화, 조직화 등의 추상하하는 과정을 의미한다. 물론 사물이나 사상을 개념화, 범주화, 조직화하는 방법이 언어뿐 아니라 다양한 기호를 사용함으로써도 가능하지만 언어 기호가 대표적이라고 할 수 있다. 언어를 통한 사물, 대상, 사상의 추상화 과정에는 초점, 수집, 조직, 분석, 생성, 통합, 평가 등의 사고 기능과 회상, 재조직, 추론, 평가, 감상 등의 사고 과정이 모두 포함된다. 〈표 1〉의 사고 기능과 읽기 기능에서 보이는 약간의 차이는 누가 너 세분화했고 어떤 언어로 명명하였는가의 차이일 뿐이다.

〈표 1〉에서 볼 수 있듯이 탐구 과정에 필요한 탐구 기능들 역시 사고 기능과 크게 다르지 않다. 김광해(1997/2001: 118쪽~121쪽)에서는 탐구 과정을 인지 작용의 과정으로 보고 베이어(Beyer)의 탐구 과정에 입각하여 여기에 요구되는 기능들을 제시하고 있다. 탐구 과정의 '문제 정의하기'는 사고 기능의 '초점을 맞추는 기능'에 포함되고, '가설 설정하기', '가설 검증하기'에 필요한 기능은 '정보 수집, 조직, 분석 기능'에 필요한 사고 기능에, '결론 도출하기'에 필요한 기능은 사고 기능의 '분석, 생성, 통합 기능'에 포함된다. '결론의 적용 및 일반화하기'에 필요한 기능 역시 사고 기능의 '생성 기능의 정교화하기'와 관련된다. 이처럼 탐구 과정에서 요구되는 기능과 사고 기능 사이에 보이는 차이 역시 사고 기능과 읽기 기능의 차이와 크게 다르지 않다는 것을 알 수 있다.

이러한 사고 기능으로서의 탐구 기능이 교육 문법의 내용이 되어야 함은 제6차 교육과정 이래 강조되어 왔다. 2007 개정 국어과 교육과정 문법 영역의 내용 체계에서는 '탐구'가 내용 체계 범주로 설정되었다. 2015 개정 국어과 교육과정에서는 내용 체계의 기능 범주의 하위 범주로 '문제 발견하기, 자료 수집하기, 비교·분석하기, 분류·범주화하기, 종합·설명하기, 적용·검증하기, 언어 생활 성찰하기'와 같은 탐구 기능을 제시하여 문법 영역을 통하여 궁극적으로 도달시키고자 하는 것이 탐구 기능임을 밝히고 있다.

2.2. 국어과의 영역 체계

2.1. 절에서 논의한 국어과 상위 목표에 따라 국어과의 영역 체계도 달리 설정할 수 있다. 여기서는 먼저 국어과의 상위 목표를 '창의적인 국어 능력'으로 설정하였을 때의 영역 체계를 먼저 논의하고, 이어서 '창의적인 국어 사용 능력'을 상위 목표로 했을 때의 영역 체계를 비판적으로 살펴보기로 한다.

2.2.1. 국어과의 영역 체계 수립

국어과 교육의 목표가 '국어 활동을 통한 창의적인 국어 능력(고등 정신 기능) 신장'에 있는 것으로 보면, 듣기·말하기·읽기·쓰기와 문법, 문학 영역은 단일한 상위 목표 아래 묶일 수 있다. '창의적인 국어 능력 신장'을 국어과의 본질적인 목표로 설정하여 그 영역 체계를 그림[3]으로 나타내면 다음과 같다.

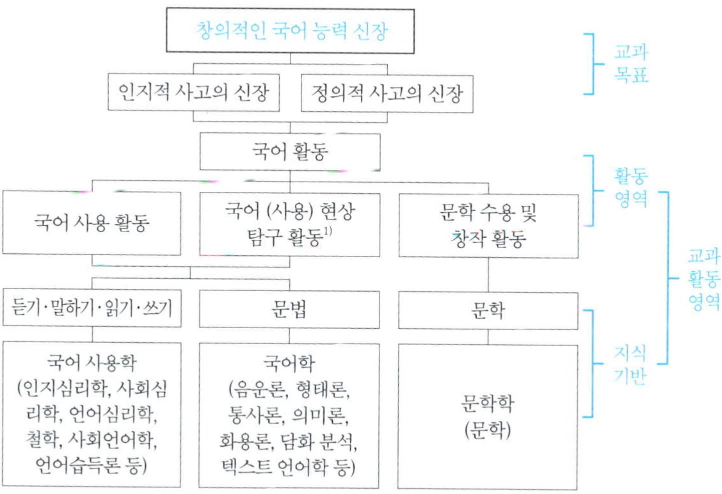

주 1) 문법 능력을 신장하는 방법은 다양한데 그 가운데 하나인 탐구 활동만을 문법 지식 관련 활동 영역에 넣는 것을 납득하지 못할 수 있다. 그러나 이 글에서는 정의적인 측면의 능력은 인지적인 측면을 학습하는 과정을 통해 길러질 수 있는 것으로 파악했다. 또 이 책에서 설정한 문법 영역의 목표는 모두 탐구 활동을 통해 달성할 수 있다고 보았다. 그런데 문제는 문법 지식 중에는 탐구 활동 이외의 다양한 활동을 통해서 학습할 수 있는 것이 있다는 것이다. 그러한 지식은 문법 영역의 고유한 것이 아니기 때문에 국어 사용 기능 영역에서 다양한 활동을 통해 학습할 수 있는 것으로 보았다. 이러한 문법 지식은 여기서는 국어 사용의 기반 지식의 성격을 가지는 것으로 보는데 이에 대해서는 이병규(2002ㄴ)에서 자세히 다루고 있다.

〈그림 1〉 국어과 목표와 영역 체계

이 책에서는 국어과의 최상위 목표를 창의적인 국어 능력 신장에 두고 이것을 다시 인지적 사고의 신장과 정의적 사고의 신장으로 하위 구분하였다. 인지적 사고에는 표현·이해력, 탐구력, 상상력 등이 포함되고 정의적

3 이 그림에서는 문법이 '국어 사용 활동'의 기반 지식이 될 수 있고 '듣기·말하기·읽기·쓰기'와 관련된 기능이나 지식이 '국어 현상에 대한 탐구 활동'의 대상이 될 수 있음을 될 수 있음을 실선을 연결하여 나타내었다.

사고는 한국적인 정서 함양, 국어나 국어 사용에 대한 가치 이해나 태도 함양, 국어 현상에 대한 탐구 가치 이해나 태도 함양, 국어를 올바르고 정확하게 사용하고자 하는 태도 함양 등에 필요한 사고가 포함된다.

예를 들면 한글이나 세종대왕, 주시경 선생에 대해 자랑스러워하는 마음을 가지기 위해서는 한글의 우수성이나 세종대왕, 주시경 선생의 업적을 알아야 한다. 한글이 다른 문자에 비해 어떤 점이 우수한지, 역사적으로나 현대적으로 어떤 의미와 가치를 지니는지 알고 있어야 한글에 대한 긍지와 자부심이 생긴다. 세종대왕이나 주시경 선생은 다른 왕들이나 선각자들에 비해 어떤 점에서 존경할 만한지 충분한 지식이 있어야 존경하고 싶은 마음이 생기게 된다.

한편 시나 소설을 잘 감상할 수 있는 사람은 그런 문학 작품을 통하여 우리 말과 글의 아름다움과 우수성을 직접 체험할 수도 있다. 우리 말과 글의 우수성과 아름다움을 이론이나 지식으로 알지 않더라도 직접적인 국어 체험을 통해 국어를 사랑하는 마음을 가질 수 있다. 또 한국 문학 작품을 감상함으로써 한국인의 삶과 한국인의 사고, 한국인의 정서, 한국인의 문화를 이해하고 그러한 사고, 정서, 문화에 동화되어 가게 된다. 이처럼 시나 소설에 대한 감상이 읽기 기능을 바탕으로 이루어지기 때문에 태도는 기능과도 깊은 관련을 맺고, 기능과 상호 의존적인 관계에 있다고 말할 수 있다.

이러한 점 때문에 노명완 외(2003: 245쪽~246쪽)에서는 가치관의 변화는 결국 인간이 가지고 있는 스키마가 변화하는 것이라고 하였다. 즉 한 대상에 대해 알고 있는 정보나 지식이 변하면 그에 대한 신념이나 정의적 태도는 변하기 마련이라는 것이다.[4]

이처럼 인지적 사고와 정의적 사고는 상호 의존적인 관계에 있다. 그러므로 국어과의 본질적인 목표를 창의적인 국어 능력(국어 활동을 통하여

4 이삼형(2000)에서는 인지와 정의를 이분법적으로 보기 어렵다고 하면서 '알고 따지기, 알고 느끼기, 알고 즐기기, 느끼고 알기, 느끼고 따지기, 느끼고 즐기기, 따지고 알기, 따지고 느끼기, 따지고 즐기기, 즐기고 알기, 즐기고 느끼기, 즐기고 따지기' 등은 정의 중심적 사고의 이해 · 표현 활동으로 인지와 정의가 함께 공존하며 작동함을 극명하게 보여 주는 틀이라고 하였다.

신장되는 창의적인 사고력) 신장에 있는 것으로 보더라도 여기에는 결국 국어의 발전, 국어 문화 창조, 우리말의 아름다움과 소중함, 한국인의 정체성과 유대감 함양 등과 같은 정의적인 측면이 포함되게 되는 것이다.

2.2.2. 교육과정 목표 기반의 영역 체계

한편, 국어과의 영역 체계를 〈그림 2〉와 같이 도식화하는 경우도 있다.

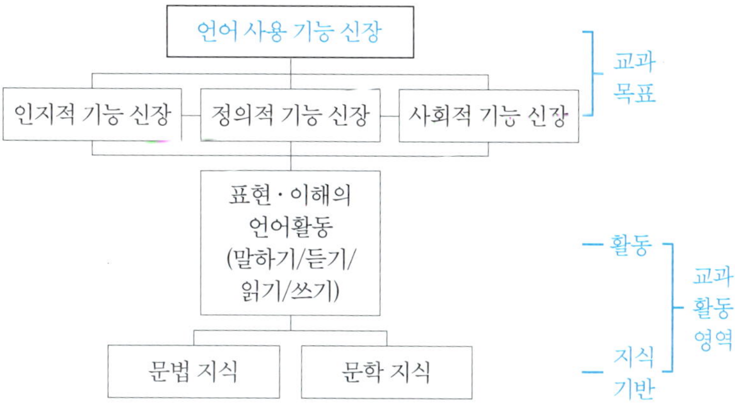

〈그림 2〉 국어과 교육의 목표와 영역 체계(노명완, 1988: 33쪽)

〈그림 2〉에서 볼 수 있는 것처럼 문법 지식은 '언어 사용 기능 신장'의 지식 기반으로 기능하고 있다. 이러한 국어과 교육의 상위 목표에 부합하는 문법 지식은 언어 사용 기능 신장을 위해 필요한 것에 국한한다.

국어 현상에 대한 탐구 활동을 통해 탐구력도 신장하고 그 결과로 얻어진 지식을 국어 사용의 기반 지식으로 활용한다면 두 번째의 경우도 그 목표에 부합하는 것으로 볼 수도 있다. 그러나 탐구 활동의 결과가 모두 지식 기반으로 사용될 수 있는 것은 아니며 국어 사용에 필요한 문법 지식이 모두 탐구 활동의 대상이 되는 것도 아니다. 따라서 국어 현상에 대한 탐구 활동이 국어 사용 기능 신장과 직접적인 연관성은 없다고 해야 한다. 더구나 국어 문화유산, 한국인의 정신세계 형성 수단으로 기능하는 문법 지식의 경우는 국어 사용 기능 신장과는 더더욱 무관하다. 따라서 이러한 성격의 문법 지식은 국어과에서 배제된다.

〈그림 2〉의 체계는 국어과 교육 영역의 복합성과 난체계성을 극복하기 위하여 국어과 교육의 목표를 학생들의 '언어 사용 기능 신장'에 두고 이 단일 목표를 지향하는 관점에서 교과 내용 영역을 체계화한 것으로 제5차 교육과정이 지향한 것이다.(노명완 외, 2003: 95쪽) '언어(국어) 사용 기능 신장'이라는 국어과의 본질적인 상위 목표는 적어도 국어과 교육과정상으로는 지금까지도 유지되어 오고 있다. 그러나 앞에서 살펴본 것처럼 실제 교육과정상에 구체적으로 기술된 전문과 하위 목표, 내용 영역은 이러한 체계를 따르고 있지 않다. 또 이 체계는 표현·이해 활동의 지식 기반이 문법 지식과 문학 지식뿐인 것처럼 되어 있다.

문법 지식이 국어 사용의 기반 지식일뿐만 아니라 탐구 활동의 대상이나 결과, 문화유산, 한국인의 정신세계 형성 수단으로 기능하는 경우까지 국어과 교육적 가치가 있는 것으로 보면 국어과의 목표와 영역 체계는 〈그림 3〉과 같이 나타낼 수도 있다.

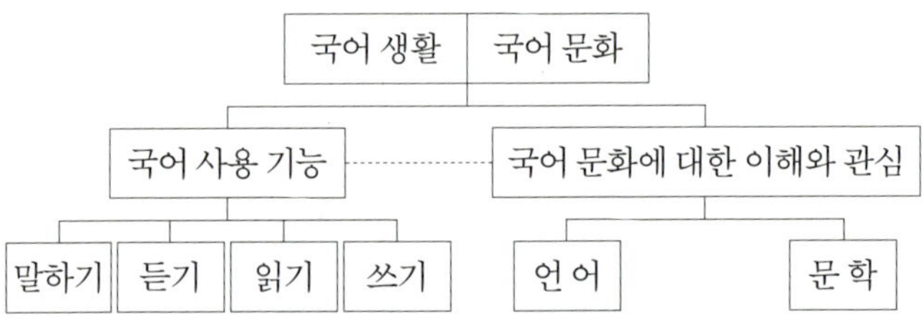

〈그림 3〉 국어과 교육의 목표와 영역 체계

〈그림 3〉의 체계[5]는 언어(문법)와 문학 영역이 국어 사용 기능의 하위 영

5 이 체계는 제5차 국어과 교육과정을 개발할 때 제안된 것으로 본래의 취지는 여기서 해석한 것과 방향이 같지 않다. 점선 부분은 문법 지식과 문학 지식이 국어 사용 기능 신장의 기반 지식이 되는 경우가 있다는 것을 보여 주기 위해 필자가 넣은 것이다. 점선 부분이 없으면 문법 지식과 문학 지식이 국어 사용 기능 신장을 위한 기반 지식의 성격을 가지는 것으로 해석하는 본래의 제안은 수용하기 어렵다. 점선이 없으면 문법 지식, 문학 지식과 국어 사용 기능에 대한 연결 관계가 파악되지 않기 때문이다.

역이 아니라 대등한 영역으로 제시되어 있다. 문법과 문학에 대한 지식이 국어 사용 기능에 기여하는 경우가 있다는 점에서 점선으로 연결하였다. 그러나 이 체계에서는 국어 사용 기능과 국어 문화에 대한 이해와 관심이 어떻게 관련되는지, 그리고 상위 목표는 무엇인지 드러나 있지 않다. 국어 생활과 국어 문화는 어떻게 관련되는지, 국어 생활, 국어 문화가 국어 사용 기능이나 국어 문화에 대한 이해와 관심 부분과 어떻게 연결되는지도 불분명하다.

2.3. 문법 교육의 목표와 국어과의 교과 목표

앞에서 살펴보았듯이 기반 지식으로서의 문법 지식을 포함하여 문법 지식이 국어과에서 교육적 가치가 있다는 것은 권재일(1995), 이성영(1995), 김광해(1997/2001) 등에서 논의되었다. 그런데 국어 사용의 기반 지식이 되는 문법 지식을 제외한 나머지 성격의 문법 지식은 '국어 사용 기능 신장', '국어 사용 능력 신장'과 직접적인 관련이 없다. 따라서 국어과의 교과 목표에 따라 교육 문법의 범위와 내용도 달라야 한다. 이 절에서는 문법 교육의 목표와 국어과의 교과 목표를 알아보고 그 관계에 대해 설명하기로 한다.

2.3.1. 문법 교육의 목표

국어과에서 문법 교육의 목표는 교육과정상의 국어과 교과 목표를 통해서 확인할 수 있는데 정리하면 대략 다음과 같다.

(7) 교육과정상에서 확인 가능한 문법 교육 관련 목표
 가. 국어를 소중히 여기게 한다.
 나. 언어와 국어의 본질을 총체적으로 이해하게 한다.
 다. 국어를 정확하고 효과적으로 사용하게 한다.

라. 국어 문화를 바르게 이해하도록 한다.

마. 국어의 발전과 민족의 언어문화 창달에 이바지할 수 있는 능력과 태도를 기른다.

바. 언어와 국어에 대한 기본적인 지식을 익혀 이를 다양한 국어 사용 상황에서 활용하는 능력을 기른다.

사. 국어 세계에 흥미를 가지고 언어 현상을 계속적으로 탐구하여 국어의 발전, 미래 지향의 국어 문화 창조 및 이를 위한 태도를 기른다.

국어과 교육과정의 '목표'에서 확인할 수 있는 문법 교육에 관련된 목표는 '언어와 국어의 본질 이해, 국어에 관한 기초 지식 습득 및 정확하고 올바른 국어 사용, 국어 문화 이해, 국어 현상에 대한 탐구, 국어 발전, 미래 지향의 국어 문화 창조, 국어 발전 및 국어 문화 창조를 위한 태도 육성' 등으로 정리할 수 있다.

교육과정의 문법 교육의 목표 가운데 '창의적인 국어 사용 기능 신장'과 직접적인 관련을 맺고 있는 부분은 "다. 국어를 정확하고 효과적으로 사용하게 한다."와 "바. 언어와 국어에 대한 기본적인 지식을 익혀 이를 다양한 국어 사용 상황에서 활용하는 능력을 기른다." 정도이다.

그러나, '창의적인 국어 사용 기능 신장'과 관련성이 약하지만 문화적·이데올로기적 특성을 갖는 문법 지식의 경우도, 국어 사용 기능 신장을 국어과의 목표로 제시하고 있는 노명완 외(2003: 239쪽~247쪽)에서는 태도 교육과 관련시켜 그 국어과 교육적 가치를 인정하고 있다. 결국 문법은 국어 사용을 위한 기반 지식으로서든 독자적으로든 국어과 교육적 가치를 가진다고 할 수 있다. 따라서 이 책에서는 문법 교육의 목표를 다음과 같이 설정한다.

(8) 국어 문법 교육의 목표

가. 인지적 측면

① 국어 현상 및 국어 사용 현상에 대한 탐구 활동으로 창의적인 고

등 사고 능력을 신장하여 국어 정보화 능력을 함양한다.

② 탐구 활동을 통해 체계적이고 전반전인 문법 지식을 익혀 한국어의 특성을 이해한다.

나. 정의적 측면

국어 세계에 흥미를 가지고 국어 현상과 국어 사용 현상을 계속적으로 탐구하여 국어의 발전과 국어 문화 창조에 이바지하려는 태도를 기르고 한국인으로서의 공동체 의식을 갖는다.

(8가)의 인지적 측면의 목표와 (8나)의 정의적 측면의 목표는 창의적인 국어 사용 기능 신장에 직접적으로 관련되지는 않는다. 즉 국어 사용 기능 신장을 전제로 문법 교육의 목표를 설정한 것은 아니라는 것이다. 탐구 활동을 통해 국어 구조와 문법 지식을 익히면 정확한 국어 사용을 할 수 있으므로 이를 국어 사용 기능 영역에 포함할 수 있다는 주장이 있을 수 있다. 실제로 지금까지 국어과 교육과정이 이러한 관점을 취해 왔다.

그러나 정확하고 유창한 국어 사용을 위해서 체계적이고 전반적인 문법을 학교 교육을 통해 모두 배우는 것은 불가능하고 또 그럴 필요도 없으며 지금까지 여러 차례 교육과정이 개정되어 왔지만 한 번도 그렇게 한 적은 없다. 모어 화자들은 성장하면서 또래 집단이나 가족들과의 상호 작용을 통해 상당한 수준의 정확하고 유창한 국어 사용 능력을 습득한다. 따라서 국어 사용 기능 신장과 관련해서는 학습자의 발달 단계별 오류 분석 결과를 바탕으로 해당 단계에서 필요한 문법 지식만 익히면 된다.(이에 대해서는 4.2. 절 참고)

국어 현상과 국어 사용 현상을 탐구하는 것은 정확하고 유창한 국어 사용만을 위해서가 아니라 탐구 능력 신장을 통한 고등 사고력 신장과 한국어의 특성을 이해하여 국어의 발전과 국어 문화 창조에 기여할 수 있도록 하는 데 초점이 놓여 있다.

인지적 목표 가운데 '국어 정보화 능력'을 함양한다는 것도 이와 같은 관점이 반영된 것이다. 여기서 말하는 '국어 정보화 능력'이라는 것은 '국어로

된 텍스트(담화)를 다루는 능력으로, 텍스트 갈래의 특성을 고려하여 정확하게 이해하고 생산할 수 있는 능력뿐만이 아니라, 음운 · 단어 · 문장 · 텍스트 등의 언어 단위를 다양한 상황에 사용할 수 있도록 조직, 가공하는 능력'을 의미한다. 인공 지능(Artificial Intelligence: AI)으로 대표되는 4차 산업 혁명 시대에는 국어로 된 빅 데이터(big data)와 이를 활용하여 문제 해결을 위한 자료를 수집하고 가공 · 활용할 수 있는 능력이 무엇보다 중요하다. 이러한 능력은 모두 '국어 정보화 능력'에 포함된다.

이러한 능력은 표현과 이해의 과정에만 요구되는 능력이 아니라, 인공 지능의 개발이나, 기계 번역기 개발, 국어를 통한 한국 사람과 한국 문화의 이해, 국어의 분석적 이해 등에도 요구되는 능력이다.[6] 그러므로 이 책에서는 이러한 문법 영역의 목표를 포괄할 수 있는 국어과의 본질적인 목표로 창의적인 국어 활동을 통한 국어 능력 신장이 되어야 함을 논의하였다. 이렇게 하는 것이, 기반 지식적 관점을 취하고 있는 국어과 교육과정 해설과 달리 독자적 관점, 포괄적 관점을 반영한 교육과정의 목표 구성, 내용 영역 구분, 성취 기준 기술, 교과서 구성과의 모순을 해결할 수 있는 방안이 된다.

2.3.2. 국어과의 교과 목표

이상에서 살펴본 문법 교육의 목표를 반영한 국어과 목표의 전문을 제시하면 다음과 같다.

(9) 국어과의 목표 전문

국어 사용 활동, 국어 문법과 국문학의 본질을 총체적으로 이해하고, 국어 사용 활동의 맥락을 고려하면서 국어를 정확하고 효과적으로 사용하며, 국어 현상과 국어 사용 현상에서 국어 지식을 탐구하여 활용하고, 한국인의 삶이 배어 있는 국어를 통하여 한국적 정서를 함양하여 국어

6 국어 정보화 능력의 국어과 교육적 가치에 대해서는 지능 정보화 시대(4차 산업 혁명 시대)와 국어 교육의 관계를 다룬 이병규(2017) 참고.

의 발전과 올바른 국어 문화 창조에 이바지할 수 있는 능력과 태도를 기른다.

(9)에서 "국어 사용 활동, 국어 문법과 국문학의 본질을 총체적으로 이해하고"는 명제적 지식에 대한 학습을 나타낸다. 2007 개정, 2009 개정 교육과정에서는 '국어 사용 활동'을 '국어 활동'으로 표현하고 있다. 그런데 '국어 활동'은 앞에서도 설명하였듯이 그 지시 범위가 너무 포괄적이라 국어 현상이나 국어 사용 현상에 대한 탐구 활동, 문학 작품의 수용과 생산 활동도 모두 포함하게 된다. 두 교육과정에서 표현하고 있는 국어 활동은 듣기 활동, 말하기 활동, 읽기 활동, 쓰기 활동을 가리키는 것이므로 이 책에서는 이 경우를 '국어 사용 활동'으로 나타낸다. 2015 개정 국어과 교육과정의 목표에서는 이를 '표현과 이해 활동'으로 나타내고 있다.

"국어 사용 활동의 맥락을 고려하면서 국어를 정확하고 효과적으로 사용하며"는 맥락에 대한 조건적 지식과 기능 숙달을 위한 절차적 지식을 익혀 국어 사용 기능을 기르는 것을 나타낸다. 한편 "국어 사용 현상에서 국어 지식을 탐구하고"는 앞에서 제시한 문법 영역의 인지적인 목표를 포함할 뿐만 아니라 국어 사용 현상, 국어 생활에 대한 탐구와 그 결과로 습득되는 지식의 이해 및 활용까지를 포함한다. "한국인의 삶이 배어 있는 국어에서 한국적인 정서를 이해하여"는 '한의 승화', '열정', '신명', '개인보다는 공동체를 우선시하는 의식', '나눔의 문화' 등 한국어와 한국 문학에 내재해 있는 한국적인 문화나 사고, 정서를 이해하고 표현하는 능력을 함양하는 것을 의미한다.

(9)는 결국 명제적 지식의 학습, 조건적 지식의 학습, 절차적 지식의 학습, 국어 현상과 국어 사용 현상에 대한 탐구 및 문법 지식의 활용, 한국적 정서의 이해와 표현을 통하여 궁극적으로 "국어의 발전과 올바른 국어 문화 창조에 이바지할 수 있는 능력과 태도"를 기르는 것을 나타낸다.

국어과 목표의 '전문'을 (9)와 같이 제시하면 (8)의 문법 영역의 인지적인 목표와 정의적인 목표가 모두 포함된다. 따라서 국어과의 전문과 문법 영역과 관련된 인지적·정의적 목표 그리고 국어 사용 기능 신장의 기반 지식으로서는 물론, 탐구력 신장으로서, 문화유산으로서, 정신세계 형성 수단으로서의 문법의 성격이 모두 일관된다고 하겠다.

그러나 2009 개정 국어과 교육과정의 목표 전문이나 2015 개정 국어과 교육과정의 목표 전문은 국어 현상에 대한 탐구 활동이나 국문학 작품의 수용과 생산을 통한 한국적 정서 함양 등과 관련된 목표는 직접적으로 드러나 있지 않다.

(10) 2009 개정 국어과 목표의 전문

국어 활동과 국어와 문학을 총체적으로 이해하고, 국어 활동의 맥락을 고려하여 국어를 정확하고 효과적으로 사용하며, 국어를 사랑하고 국어 문화를 누리면서 국어의 창의적 발전과 국어 문화 창조에 이바지할 수 있는 능력과 태도를 기른다.

(11) 2015 개정 국어과 목표의 전문

국어로 이루어지는 이해·표현 활동 및 문법과 문학의 본질을 이해하고, 의사소통이 이루어지는 맥락의 다양한 요소를 고려하여 품위 있고 개성 있는 국어를 사용하며, 국어문화를 향유하면서 국어의 발전과 국어문화 창조에 이바지하는 능력과 태도를 기른다.

이러한 점이 이 책에서 제안한 국어과 교육의 목표와 교육과정상의 국어과 교육의 목표와 차이이다.

제3장. 국어 교육 문법 교육의 원리

문법 교육은 효과적이고 정확하게 국어를 사용하기 위하여, 국어적 탐구력을 신장하기 위하여 또 국어의 가치와 중요성을 알고 국어 의식을 강화하며 국어 문화를 발전시키는 태도를 기르기 위하여 필요하다는 것을 앞의 장들에서 살펴보았다. 제5차 교육과정 이래 2015 개정 국어과 교육과정까지 문법 교육에서는 지식관에 대한 패러다임의 변화에 따라 국어 현상과 국어 사용 현상에 대한 탐구를 강조하고 있다.

문법 사항을 직접 제시하고 설명하여 주입식으로 교육 문법을 가르치는 것이 아니라, 국어 현상과 국어 사용 현상을 탐구하여 규칙을 찾아내는 활동을 통하여 국어 현상과 국어 사용 현상에 대한 탐구적 사고력이 신장되도록 유도하고, 학습자 주도적으로 원리를 터득함으로써 지식의 내면화를 위한 효과를 극대화하고자 했다. 이러한 문법 교육의 목표에 부합하는 문법 교육의 원리를 살펴보도록 한다.

3.1. 사고성의 원리

국어 문법 지식 중 많은 경우는 고정 불변의 것이 아니다. 기준을 어떻게 설정하느냐에 따라 탐구한 결과로서의 지식은 차이가 있다. 문법 지식의 성격 역시 상대주의적, 구성주의적 지식관의 패러다임에서 예외가 아니다. 그럼에도 불구하고 대부분의 학습자와 교육자는 문법 지식은 객관적이고 불변적인 것으로 이해한다.

3.1.1. 문장의 유형

예를 들면 국어의 품사가 9개로 범주화되거나, 국어의 문장 성분은 '주어, 목적어, 서술어, 보어, 관형어, 부사어, 독립어'만 있는 것으로 이해하고 있다. 또 '-겠-'은 미래를, '-았-'은 과거를 나타내는 것으로 가르치고 있으며, 문장의 종결 방법에 따른 유형에도 평서문, 의문문, 명령문, 청유문, 감탄문 다섯 종류가 있는 것으로 설명하고 있다.

3 2에서 쓴 문장은 다음 문장의 종류 가운데 어디에 해당하는지 생각하여 봅시다.

풀이하는 문장은 어떤 사실을 설명하거나 풀이할 때에 씁니다. 문장의 끝에는 온점(.)을 씁니다.

묻는 문장은 궁금한 것을 직접 물을 때에 씁니다. 문장의 끝에는 물음표(?)를 씁니다.

감탄을 나타내는 문장은 기쁨, 슬픔, 놀람 등의 느낌을 나타낼 때에 씁니다. 문장의 끝에는 느낌표(!)를 씁니다.

권유하는 문장은 어떤 일을 같이 하자고 권할 때에 씁니다. 문장의 끝에는 온점(.)을 씁니다.

시키는 문장은 누구에게 명령할 때에 씁니다. 문장의 끝에는 온점(.)을 씁니다.

〈그림 1〉 문장의 종류

〈그림 1〉은 2007년 개정 교육과정에 따라 편찬된 초등학교 3학년 1학기 《쓰기》 교과서 233쪽에 제시된 것이다. 여기서 볼 수 있는 것처럼 문장의 종류는 '풀이하는 문장(평서문)', '묻는 문장(의문문)', '감탄을 나타내는 문장(감탄문)', '권유하는 문장(청유문)', '시키는 문장(명령문)'이 있는 것으로 기술하고 있다.

이 활동과 관련된 교육과정의 성취 기준 및 내용 요소의 예는 〈표 1〉과 같다. 〈표 1〉에 따르면 〈그림 1〉은 의도에 따라 문장의 유형을 달리하여 표현하는 능력을 신장시키기 위한 것이다.

〈표 1〉 성취 기준 및 내용 요소의 예(문장의 종류)

성취 기준	내용 요소의 예
(3) 의도에 따라 여러 종류의 문장으로 표현할 수 있음을 설명한다.	• 의도에 따라 문장의 종류가 달라짐을 이해하기 • 평서문, 의문문, 청유문, 명령문, 감탄문 등 종류가 다른 문장들을 찾아 분류하기 • 표현 의도에 맞게 문장의 종류를 달리 하여 표현하기

그런데 〈그림 1〉에서는 '의도'에 따른 문장의 유형이 마치 다섯 가지인 것으로 제시하여, 고정 불변의 지식인 양 설명을 하고 암기하도록 하고 있다. 이와 같은 문법 교육의 방식은 국어적 사고력을 신장시킨다는 측면에서나 상황에 맞게 국어를 사용할 수 있는 능력을 신장시킨다는 측면에서나 효과적이지 않다.

의도에 따른 문장의 유형은 이보다 훨씬 다양하다. 발화 의도에 따라 문장의 유형을 나누어 보면, '대상을 설명하는 문장, 놀라는 문장, 감탄하는 문장, 부탁하는 문장, 제안하는 문장, 설득하는 문장, 사실을 전달하는 문장, 시키는 문장, 요청하는 문장, 권유하는 문장, 약속하는 문장, 질문하는 문장 등'을 설정할 수 있다.

그뿐만이 아니라 〈그림 1〉에서 제시하고 있는 '어떤 사실을 설명하거나 풀이하는 문장(평서문)[1]'과 '느낌을 설명하거나 풀이하는 문장(감탄문)'의 차이가 무엇인지도 명확하지 않다. 〈그림 1〉의 설명에서는 이 둘이 온점과 느낌표로 구분하는 것이 가능한 것처럼 기술되어 있지만 감탄의 경우도 온점을 사용하는 경우가 있고, 풀이의 경우도 강조를 위해 느낌표를 얼마든지 사용할 수 있다.

한편, 문장 부호는 표기를 위한 것으로 입말의 경우에는 문장 부호를 통한 문장 유형 구분은 불가능하다. 문장의 종결 방법은 글말에서나 입말에서나 모두 적용되지만 그 방법이 같지 않다. 그러나 〈그림 1〉은 글말 중심

1 풀이하는 문장을 '어떤 사실을 설명하거나 풀이할 때 쓰는 문장'으로 진술하는 것은 동어 반복이나 마찬가지이기 때문에 적절한 기술이라고 보기 어렵다.

적인 설명이라고 할 수 있다.

형태론에서 '의향'이나 '의도'의 있고 없음에 따라 문장 종결의 유형을 네 가지에서 여덟 가지로 나누고자 했던 것은 어디까지나 특정한 형태의 종결 어미가 전제된 형태론적 관점에서의 논의이다. 형태론적 관점에서도 문장 종결의 유형은 네 가지(평서문, 명령문, 의문문, 청유문)[2], 다섯 가지(평서문, 명령문, 의문문, 청유문, 감탄문)[3], 여섯 가지(평서문, 명령문, 의문문, 청유문, 감탄문, 약속문)[4], 여덟 가지(설명문, 의문문, 감탄문, 명령문, 허락문, 청유문, 약속문, 경계문)[5] 등으로 설정될 수 있다.

종결 어미의 형태에 따라 문장의 유형을 구분하느냐, 말하는 이가 듣는 이에게 전달하고자 하는 의도에 따라 구분하느냐, 통사적인 특징에 따라 구분하느냐 등 기준이 무엇인가에 따라 문장의 유형은 달라진다.[6] 이처럼, 국어 문법에서 문장의 종류를 다섯 가지로 구분하는 것은 절대적인 지식이 아니다. 그럼에도 불구하고, 국어 교육에서 다섯 가지로 제시하고 암기하도록 하는 것이 어떤 교육적 효과가 있는지 의문이다.

교육과정과 교과서에서 다루고 있는 것처럼 형태론적 관점이 전제된 문장의 유형에 대한 설명이 국어 교육적으로 효과적인지에 대해서는 국어과 교육의 목표에 비추어 깊은 논의가 필요하다. 이뿐만 아니라, 문장의 유형에 대한 논의가 매우 다양하다는 것을 확인한바, 절대적인 지식이 아닌 내용을 학습자에게 일방적으로 제공하여 외우고 따르도록 하는 것은 효과적인 교수 · 학습 방법이라고 하기 어렵다. 문법 교육은 닫힌 사고가 아닌 열린 사고를 할 수 있는 내용과 교수 · 학습 방법을 구현하여야 한다.[7]

---

2 이에 대해서는 최현배(1987 열네 번째 고침: 265쪽~266쪽), 허웅(1995: 521쪽~522쪽), 남기심(2001: 386쪽~387쪽) 참고.

3 이에 대해서는 남기심 · 고영근(2011 제3판: 350쪽) 참고.

4 김석득(1992: 390쪽~403쪽)에서는 '시킴, 권유, 물음, 느낌, 약속, 풀이' 여섯 개를 겉의향법의 범주로 설정하였지만, '느낌, 약속, 풀이'는 '서술'에 포함되는 것으로 보고 있다.

5 이에 대해서는 이희승(1949), 고영근(1989: 299쪽) 참고.

6 종결 형태에 따라 문장을 구분하면 '내일 할게.', '내가 해 주마.'와 같은 경우는 약속문으로 보아야 한다. 통사적 기준(간접 인용절 형성)에 따르면, 감탄문과 평서문은 같은 문장의 유형이 된다.

7 이에 대한 자세한 논의는 11장 문장 유형의 교육 문법 참고.

3.1.2. 소리와 표기의 관계

다음 〈그림 2〉의 경우를 보자.

5 글을 읽고, 틀린 글자를 찾아 바르게 고쳐 봅시다.

옌날에 토돌이 형제가 살았습니다. 어느 따스한 봄날, 형제는 밭에 씨를 뿌려씁니다. 여름 내내 형제는 정성껏 곡식을 가꾸었습니다. 가을이 되자 곡식이 누러케 익었습니다. 형제는 곡식을 거두어 이웃에게도 나누어 주었습니다. 마을 사람들은 조아해씁니다.

(1) 옌날 → 옛날 (2) 뿌려씁니다 →

(3) 누러케 → (4) 조아해씁니다 →

〈그림 2〉 소리와 표기의 관계 1

〈그림 2〉는 2007년 개정 교육과정에 따른 초등학교 1학년 1학기 《쓰기》 교과서 40쪽에 나오는 학습 활동으로 관련 성취 기준과 내용 요소의 예는 〈표 2〉[8]와 같다.

〈표 2〉 성취 기준 및 내용 요소의 예(소리와 표기의 관계)

성취 기준	내용 요소의 예
문법(2) 소리와 표기가 다를 수 있음을 이해한다.	• 소리 나는 대로 적었을 때와 어법에 맞게 적었을 때의 차이 이해하기 • 한글 자모, 낱말을 바르게 발음하기

8 초등학교 국어 교사용 지도서(1학년 1학기) 192쪽 참고.

〈표 2〉에서 볼 수 있는 것처럼 〈그림 2〉는 국어에서는 한글 맞춤법에 따른 표기와 그 발음이 일치하지 않는 경우가 있다는 것을 이해시키고자 도입한 활동이다. 이와 관련된 내용은 주로 국어과 기초 문식성 지도에서 오랜 전통을 가지고 있는 '받아쓰기' 활동과 연계하여 이루어져 왔다.

그런데 〈표 2〉를 실행한 교재 구성으로서 〈그림 2〉는 적절하지 않다. 〈그림 2〉는 소리와 표기의 관계를 인식시키는 활동이라기보다 제시된 사례(옌날, 뿌려씀니다, 누러케, 조아해씀니다)에 대한 올바른 표기에 대한 재인 능력을 확인하는 활동에 불과하다. 각각의 오표기 사례에 대하여 올바른 표기를 기억하고 있는 학습자는 활동을 수행할 수 있고 그렇지 않은 학습자는 활동을 수행할 수 없다. 더구나 '뿌려씀니다, 조아해씀니다'는 '뿌렸습니다 좋아했습니다'의 표준 발음을 소리 나는 대로 표기해 놓은 것도 아니다. '뿌렸습니다'의 발음에 대한 표기는 '뿌렫씀니다'이고 '좋아했습니다'는 '조아핻씀니다'이다. 따라서 이 활동을 위한 성취 기준 "소리와 표기가 다를 수 있음을 이해한다."에 대한 적절한 활동 자료라고 하기 어렵다. 이와 같은 활동은 불룸(Bloom)의 인지 영역 '지식, 이해, 적용, 분석, 종합, 평가' 유형 가운데 '지식'의 소유 여부를 확인하는 가장 저차원적 사고 활동에 해당한다.

초등학교 1학년 입학과 함께 글자 공부를 시작했던 시대 때와 지금은 초기 문식성 발달 양상이 매우 다르다. 현재는 많은 학습자가 취학 전에 이미 글자를 읽고 쓰는 방법을 익힌 경우가 흔하다. 단어의 형태는 특별히 어려운 일부[9]를 제외하고는 중학년, 고학년으로 올라가면서 상당한 수준까지 자동적으로 습득된다. 따라서 초등학교 학습에서 필요한 것은 성취 기준에 제시된 대로 '소리와 표기가 다를 수 있음을 이해하는 것'에 초점이 맞춰져야 한다.

유사한 성취 기준을 실행하고 있는 교재가 초등학교 1학년, 2학년 《쓰

9 '되다'의 '-어/-어요/-어서/-었-' 결합형, '안녕히 가십시오'와 '안녕히 가십시요' 등이 대표적이다.

기》 교과서에서도 나타나고 있다. 다음 〈그림 3〉은 2학년 1학기 《쓰기》 교과서 72쪽에 제시된 활동 자료이다.

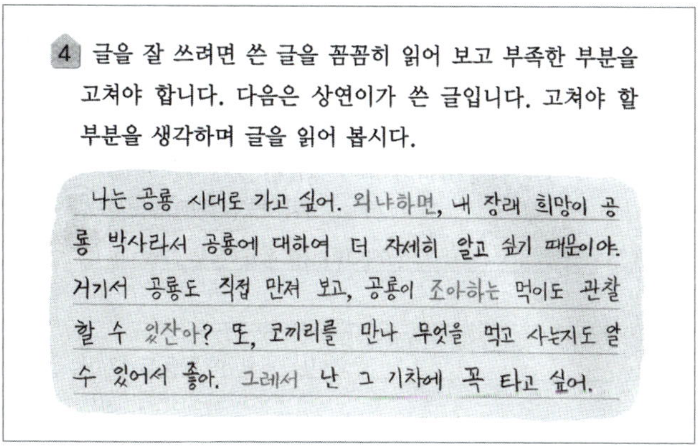

4 글을 잘 쓰려면 쓴 글을 꼼꼼히 읽어 보고 부족한 부분을 고쳐야 합니다. 다음은 상연이가 쓴 글입니다. 고쳐야 할 부분을 생각하며 글을 읽어 봅시다.

나는 공룡 시대로 가고 싶어. 외나하면, 내 장래 희망이 공룡 박사라서 공룡에 대하여 더 자세히 알고 싶기 때문이야. 거기서 공룡도 직접 만져 보고, 공룡이 조아하는 먹이도 관찰할 수 있잔아? 또, 코끼리를 만나 무엇을 먹고 사는지도 알 수 있어서 좋아. 그레서 난 그 기차에 꼭 타고 싶어.

〈그림 3〉 소리와 표기의 관계 2

〈그림 3〉의 활동은 다음 〈표 3〉의 성취 기준[10]을 위해 구성된 것이다.

〈표 3〉 성취 기준 및 내용 요소의 예(소리와 표기의 관계)

성취 기준	내용 요소의 예
문법(2) 표기와 소리가 다른 낱말을 정확하게 쓴다.	• 자주 사용하는 낱말의 바른 표기 알기 • 표기와 소리가 다른 낱말을 정확하게 표기하기

'외나하면'을 '왜냐하면'으로, '조아하는'을 '좋아하는'으로, '있잔아'를 '있잖아'로, '그레서'를 '그래서'로 고치는 활동 역시 재인, 기억 수준의 사고만을 필요로 한다. 더구나 '왜냐하면, 그래서'의 경우는 소리와 표기가 다른 예에 해당하지 않는다. '있잖아'도 소리대로 표기를 하면 '인짜나'가 되어야 한다. 단지 틀린 표현을 바르게 고치는 재인 수준의 활동이 아니라, 성취 기준에 부합하도록 소리와 표기의 관계를 인지하거나 이해할 수 있는 활동이 되어야 한다.

10 초등학교 국어 교사용 지도서(2학년 1학기) 336쪽 참고.

한편, 〈그림 4〉의 경우는 분석, 종합적 수준의 사고를 필요로 하는 활동에 가깝다고 할 수 있다.

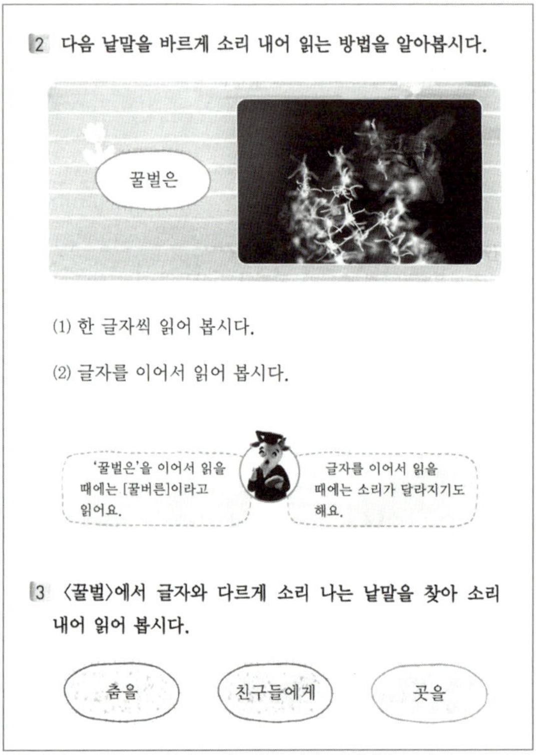

2 다음 낱말을 바르게 소리 내어 읽는 방법을 알아봅시다.

꿀벌은

(1) 한 글자씩 읽어 봅시다.

(2) 글자를 이어서 읽어 봅시다.

'꿀벌은'을 이어서 읽을 때에는 [꿀버른]이라고 읽어요.

글자를 이어서 읽을 때에는 소리가 달라지기도 해요.

3 〈꿀벌〉에서 글자와 다르게 소리 나는 낱말을 찾아 소리 내어 읽어 봅시다.

춤을 / 친구들에게 / 곳을

〈그림 4〉 소리와 표기의 관계 3

〈그림 4〉는 2007 개정 교육과정에 따른 초등학교 1학년 2학기 《읽기》 29쪽에 제시된 활동 자료로, 다음 〈표 4〉의 '읽기'와 '문법' 영역의 성취 기준을 통합적으로 교수·학습하기 위해 구안된 것이다.

〈표 4〉 성취 기준 및 내용 요소의 예(소리와 표기의 관계)

성취 기준	내용 요소의 예
읽기(1) 낱말과 문장을 정확하게 소리 내어 읽는다.	• 글자의 짜임 알기 • 변하는 소리에 주의하면서 소리 내어 읽기

문법(2) 소리와 표기가 다를 수 있음을 이해한다.	• 소리 나는 대로 적었을 때와 어법에 맞게 적었을 때의 차이 이해하기 • 한글 자모, 낱말을 바르게 발음하기

〈그림 4〉는 재인 수준의 사고 활동에서 나아가 국어의 소리 이음 원리를 이해하도록 구안해 놓았다. 다만 소리 이음에 따른 발음 방법을 학습자 주도적으로 찾아내도록 유도하는 것이 아니라 결과를 제시하여 설명하는 형식을 취하고 있다는 점이 문제라고 하겠다.

학습자의 사고 활동을 촉진하고 학습자가 주도적으로 소리대로 적는 표기와 한글 맞춤법에 따른 표기가 다른 단어가 있음을 이해하고 그 원리를 발견해 낼 수 있도록 활동 자료를 구성하여야 한다. 이를 고려하여 〈그림 5〉를 〈그림 6〉과 같이 제시하는 것이 더 효과적이다.[11]

〈그림 5〉 소리와 표기의 관계(수정 전)

〈그림 6〉 소리와 표기의 관계(수정 후)

11 2009 개정 국어과 교육과정에서는 소리와 표기의 관계에 대한 성취 기준은 1-2학년군 읽기 영역, 3-4학년군 문법 영역, 5-6학년군 문법 영역, 중 1-3학년군 문법 영역에 모두 제시되어 있다. 모든 학년군에 제시한 것으로 보아 소리와 표기 관계의 이해에 대한 교수·학습이 매우 강화되었다고 하겠다. 그러나 2015 개정 교육과정에서는 1-2학년군에서만 제시되고 있다.

3.1.3. 품사

다양한 국어 현상은 앞의 〈그림 1〉의 문장의 종류의 예에서처럼 한 가지로만 범주화되거나 설명될 수 있는 것은 아니다. 예컨대 품사는 단어들을 공통적인 속성에 따라 분류해 놓은 것으로 기능, 의미, 형태 중 무엇을 우선적인 분류의 기준으로 삼느냐에 따라 그 결과가 달라진다. 기능을 우선으로 하여 주어나 목적어의 기능을 하는 단어들을 '체언'이라고 하는데 다시 의미적 속성에 따라 명사와 대명사, 수사로 구분한다. 이들은 의미적으로 모두 어떤 대상이나 개념을 가리킨다는 점에서는 동일하다. 그 대상이 수이냐 어떤 대상의 이름을 대신 가리키느냐에 따라 구분된다.

어떤 대상을 가리키는 말의 무리(명사)도 구체적인 대상이냐 추상적인 대상이냐에 따라 구체명사, 추상명사로, 또 자립적인 대상이냐, 의존적인 대상이냐에 따라 자립명사와 의존명사로 구분하는 것도 가능하다. 그런데 왜 이들은 대명사, 수사와 같은 수준에서 구분하지 않는지에 대해서도 이견이 있을 수 있다. 특히 의존명사의 경우에는 대부분의 국어사전에서 명사, 대명사, 수사와 함께 품사 표시를 별도로 해 주고 있는 것으로 보아, 명사로서의 쓰임이 특별하다고 하겠다. 또 '가전제품'의 '가전', '원시 시대'의 '원시'와 같은 말은 국어사전에서 '명사'로 처리하고 있지만 격조사가 붙을 수 없으며 자립성도 없어 일반적인 명사의 특성과는 거리가 멀다.

특히, 초등학교 교육 문법 교육에서는 국어 단어를 그 공통적 속성에 따라 완전하게 분류하여 체계적으로 정리해 보는 것에 초점이 있지 않다. 초등 교육의 특성은 기본 교육, 기초 교육, 전인 교육의 특성을 띠기 때문에 기본적이고 기초적인 차원의 이해와 활동이면 충분하다. 따라서 품사 분류와 관련해서도 국어 단어는 공통적인 언어적 속성에 따라 같은 무리들로 나누어질 수 있다는 것을 이해하는 수준, 그리고 그 공통적 속성이 되는 기준은 한 가지만 있는 것은 아니라는 것, 공통적 속성으로서의 기준을 무엇으로 정하느냐에 따라서 결과, 즉 도출되는 문법 지식은 달라질 수 있다는 것 등을 사고하고 이해할 수 있는 활동이 이루어져야 할 것이다.

이러한 관점에서 사고성의 원리를 적용한 초등 품사 분류에 대한 학습의 예를 제시해 보면 (1)과 같다.

(1) 품사의 이해를 위한 탐구

ㄱ. 자료 제시: 가다, 나무, 먹다, 새 (집), 예쁘다, 의자, 책상, 토론, 헌 (집), 크다

ㄴ. 탐구 1: 나무, 의자, 책상, 토론 / 새 (집), 헌 (집) / 예쁘다, 크다 / 가다, 먹다

ㄷ. 탐구 2: 나무, 의자, 책상 / 가다, 먹다, 토론 / 새 (집), 헌 (집) / 예쁘다, 크다

ㄹ. 탐구 3: 나무, 의자, 책상, 토론 / 가다, 먹다, 예쁘다, 크다 / 새 (집), 헌 (집)

ㅁ. 탐구 4: 나무, 의자, 책상 / 가다, 먹다, 토론 / 새 (집), 헌 (집), 예쁘다, 크다

초등 학습자에게 품사를 가르치는 것은 듣기, 말하기, 읽기, 쓰기 기능을 신장시키는 것과는 거리가 멀다. 용언의 기본형을 이해시키는 것은 국어사전을 찾는 방법을 학습시키는 데 필요하지만, 개별 단어의 품사를 가르치는 것이나 단어를 분류해 보도록 하는 것은 이와도 크게 상관이 없다. 국어사전에는 단어 이외에도 접사, 어미, 구, 관용 표현 등도 수록되어 있다. 또 초등학교에서 많이 사용하는 국어사전 6종[12] 가운데 1종을 제외하고는 단어의 품사 정보가 제시되어 있지 않다. 이것은 품사에 대한 이해가 국어 사용 기능을 신장시키는 것에는 물론이고 국어사전을 찾는 데에도 별 도움을 주지 않는다는 것을 나타낸다.(이병규, 2015ㄱ 참고)

따라서 초등학교에서 품사 범주는 국어 사용 기반 지식으로서보다 탐구 활동을 통한 사고력 신장과 문법 의식 함양의 관점에서 다루어져야 한다. 이러한 관점에서 품사에 대한 성취 기준이 제시되어야 하고 교과서의 단원이나 활동 자료가 구성되어야 한다. (1)은 이를 반영한 활동 자료의 예를

12 교학사 출판부(1997/2014), 『초등학생 학습 국어사전(32쇄)』, (주)교학사.
김남준 편저(2001/2013), 『푸르넷 초등 국어사전(수정판 14쇄)』, (주)금성출판사.
민중서림 편집국 편(1998/2014), 『초등학교 으뜸국어사전(수정판 3쇄)』, 민중서림.
연세대학교 언어정보연구원 편(2014), 『동아 연세 초등국어사전(제2판 3쇄)』, 두산동아(주).
전광진 편저(2010/2013), 『초등교과 속뜻학습 국어사전(증보판 2쇄)』, LBH교육출판사.
토박이 사전 편찬실 엮음(2008/2014), 『보리 국어사전(개정판 1쇄)』, (주)도서출판 보리.

제시한 것이다.

3.1.4. 그 밖

이 밖에도 '그리고, 그런데, 그래서, 그러므로, 그러나, 하지만' 등과 같은 말은 부사인지 부사가 아닌지, 부사라면 그 특성이 다른 부사와 얼마나 같고 다른지, 부사가 아니라면 어떤 품사로 설정하여야 하는지에 대해서도 논의가 다양하다.

국어의 문장 성분 가운데 '보어'의 정체성은 무엇인지, '를'이 붙으면 모두 목적어인지, 국어에서 '목적어', '보어', '필수적 부사어'의 공통점과 차이점은 무엇인지, '영희의 동생'에서 '영희의'는 '동생'을 꾸며 주고 있기 때문에 관형어라고 하는데 '영희와 철수'에서 '영희와'는 어떤 기능을 하고 문장 성분은 무엇이라고 해야 하는지 등에 대해서도 다양한 견해가 있을 수 있다.

요컨대 국어 문법 가운데는 일반인들이 고정 불변의 지식으로 알고 있지만 실상은 그렇지 않은 것이 많다. 가변적인 지식을 절대적인 것인 양 제시하여 설명하는 방식은 학습자의 사고력 신장의 측면에서 효과적이지 않다. 국어과에서 교육 문법을 다룰 때는 학습자의 사고를 확장할 수 있는 내용을 선정하고, 탐구적 사고력을 신장할 수 있는 교재 구성과 교수·학습 방법이 모색되어야 한다. 이것이야말로 제5차 교육과정 이래 2015 개정 국어과 교육과정까지 강화되어 온 국어 현상과 국어 사용 현상에 대한 탐구를 통한 사고력을 향상시킬 수 있는 방안이 될 수 있을 것이다. 물론 탐구적 사고력을 신장하기 위하여 교수·학습 활동을 계획하거나 활동 자료를 구성할 때 그 결과로 생성된 문법 지식이 국어 활동 상황에 활용되어 국어 사용 능력을 신장하는 데 기여할 수 있도록 고려하는 것도 중요하다.

3.2. 도구성의 원리

국어과에서 '도구'라고 하면 주로 의사소통의 수단으로서의 도구와 다른 교과를 학습 하는 수단으로서의 도구를 의미한다. 이러한 특징 때문에 국어과를 도구 교과라고 말한다. 또 제5차 교육과정 이래 현재까지 국어과의 본질적인 목표를 고등 정신 기능 신장 즉 사고력 신장[13]에 두고 있어, 국어과에서 기르고자 하는 사고력은 타 교과 학습이나 창의적인 생활의 도구가 되기 때문에 이러한 국어과의 특징을 고려하여 도구 교과라고 하기도 한다.

그런데 문법의 도구적 기능은 도구 교과로서의 국어과의 성격을 설명할 때 '도구'와는 다르다. 문법 교육의 원리로서 '도구성'은 문법이 국어 사용 능력 신장을 위한 '도구'가 되는 측면이 강하기 때문에 문법의 이러한 속성을 일컫는다.

3.2.1. 문장의 접속

다음 예를 보자.

(2) ㄱ. 산으로 들어가서 소크라테스 호수에서 얼음썰매를 탔다. 그리고 숙소로 올라와서 올빼미 언덕에서 포대를 깔고 썰매를 탔다. 그리고 발구리 폭포에서 놀기도 했다. 그리고 연극도 하고, 장기자랑을 했다.

ㄴ. 그것은 무엇이냐면 어리광을 부렸고 또 말대꾸를 하고 말을 너무 많이 하였다. 그래서 이제부턴 잘하겠고 반성도 하겠고 이런 것도 잘 지키겠고 말대꾸 여러 가지 등을 잘 하겠다.

13 2009 개정, 2015 개정 교육과정을 포함시키지 않았다. 그 이유는 이들 두 교육과정에서의 국어과의 목표는 그 이전과 차이가 크고, 교육과정 개정 주체의 성격도 이전과 다르고, 교육과정 어디에도 2007년 개정 국어과 교육과정의 맥을 잇고 있다는 것을 확인할 수 없기 때문이다.

ㄷ. 이종성은 참 재미있고, 조한준은 먹성이 많아서 건강하고, 이의훈은 좀 머리가 좋은 것 겄다. 그리고 앞으로 잘 하려고 서로 노력해야 할 일은 남은 먼저 도우려고 노력해야 한다는 것이다.

(2ㄱ)~(2ㄷ)은 초등학생이 쓴 일기의 부분이다. (2ㄱ)은 문장과 문장을 나열할 때 '그리고'를 남용하여 전체 텍스트의 텍스트다움이 떨어지는 경우에 해당한다. 계기적 사건을 연결할 때 '그리고'를 사용하는 것이 문법에 어긋나는 것은 아니지만 자연스러운, 텍스트성이 높은 텍스트 구성 방법이라고 보기는 어렵다. 계기적 나열의 경우 접속 부사를 사용하지 않고 두 문장을 나열해도 자연스러우면 접속 부사를 사용하지 않을 수도 있으며, 계기적 순서에 따라 '먼저', '다음으로', '마지막으로'와 같은 표지를 사용하여 연결할 수도 있으며, '오전에는', '오후에는', '저녁 먹기 전에는' 등과 같은 시간을 나타내는 표현들을 사용하여 자연스럽게 연결하는 것도 문장의 연결을 통한 자연스러운 텍스트 구성 방법이 될 수 있다.

(2ㄴ)에서는 관련성이 없는 대등한 사건을 연결 어미 '-고'를 사용하여 연결하는 경우인데, 문법에는 어긋나지 않지만 '-고'의 남용으로 텍스트다움이 약화되는 경우이다. 글은 독자가 읽고 이해를 할 수 있도록 써야 한다는 측면, 그런 면에서 독자가 모르는 내용은 생략하면 안 된다는 것, 따라서 서술어에 호응하는 주어를 나타내 주어야 한다는 점 등에 대한 이해가 필요하다.

(2ㄷ)에서도 역시 독자가 모르는 내용은 생략하면 안 되기 때문에 두 번째 문장에서 주어를 밝혀 주어야 한다는 점, '먹성이 많다'를 '먹성이 좋다'로 문맥에 맞는 단어를 연결해 주어야 한다는 점, '노력하다'와 같이 한 문장 내에 같은 단어를 되풀이하지 말아야 한다는 점 등에 대한 이해가 필요하다.

3.2.2. 텍스트 문법

다음 (3)의 경우를 보자. (3ㄱ)과 (3ㄴ)은 고등학교 3학년 학생이 국내 한 은행에 취업을 하기 위하여 제출하려고 하는 자기 소개서의 일부분이다.

(3) ㄱ. 10년뒤 ○○은행인으로서의 귀하의 모습을 서술하시오. (600자 이내)

㉠10년 뒤 저는 ○○은행의 마크처럼 밝게 빛나는 별이 될 수 있도록 미래 지향적인 모습을 보여 지금은 취득하지 못한 재무위험관리사, 펀드투자 상담사 등 금융 관련 자격증들을 취득해 자신의 발전을 위해 시간을 아낌없이 써 금융 분야의 전문가가 되어 있을 것이며, 10년 동안 금융권에서 일하며 얻은 지식으로 요령을 터득하여 매년 좋은 성과를 낼 것입니다. ㉡똑같은 일을 반복하는 것이 아닌 변화되는 모습을 보여 주고 언제나 고객을 우선으로 생각하며 남의 일이라고 생각하지 않고 내 가족의 일처럼 열정적으로 문제를 해결하는, 누구나 불안해하지 않고 안전하게 돈을 맡길 수 있는 자신의 일은 책임감을 가지고 자신이 직접 하는 은행원일 것입니다. ㉢자신의 이익보다는 주변을 생각하여 같이 일하는 동료들에게는 프로페셔널한 모습을 보여 믿고 맡길 수 있는 후배, 언제든지 편안하게 부탁할 수 있는 선배일 것입니다. ㉣학교와 다른 낯선 환경으로 불안해하는 동료에게 제가 성공했던 것과 실패했던 일들을 말해주면서 불안감을 없에 자신감 있게 자신이 맡은 업무를 다할 수 있도록 도와주고 업무 외일에도 적극적으로 도와주는 그런 리더일 것입니다.

(3ㄱ)은 약 600자 분량의 텍스트가 4개의 문장으로 구성되어 있다. 하나의 문장이 너무 길기도 하거니와 문장의 구성, 문장의 연결, 문장의 안김, 문장 성분의 호응, 문장 성분의 생략, 성분의 수식 등과 관련된 이해가 매우 부족한 경우이다. 소개하는 글은 자신에 대한 객관적인 정보를 전달하고, 자신이 지원하는 회사에 적합한 인물임을 호소하여 자신이 채용될 수 있도

록 설득하는 목적의 글이라고 할 수 있다.

이러한 목적을 수행하기 위해서는 독자가 쉽게, 명확하게 그 내용을 이해할 수 있어야 한다. 그러나 ㉠~㉣의 문장은 그러한 점에서 매우 부족하다. (3ㄱ)과 같은 글을 쓰는 학생들은 내용 생성, 내용 조직에 대한 방법이나 전략을 학습하여 적용하는 능력을 신장하는 것도 중요하지만 그 이전에 문장 성분의 호응, 문장 구성, 문장의 연결, 텍스트의 개념, 텍스트의 기능, 텍스트의 목적, 텍스트 갈래의 특징 등 문법 지식에 대한 전반적인 이해가 선행되어야 한다.

(3) ㄴ. 귀하가 금융권에 입행하고자 하는 이유를 서술하시오. (600자 이내)
㉠아직도 고졸과 특성화고등학생이면 안 좋은 시선으로 바라보는 주변 사람들과 기업이 있는데 이러한 시선 속에서 제가 특성화고등학교를 다니면서 청년 실업에 대한 이야기를 자주 접하고 앞으로 저한테도 관련되어 있다고 생각하니 고민이 많았습니다. ㉡그런데 ○○은행에 선배가 지원을 했다는 말을 들었습니다. 그때 고졸 출신 학생들을 뽑는다는 것을 알게 되었습니다.
㉢고졸출신이라는 편견이 없이 인재양성을 위해 노력하는 ○○은행에 들어가 제 능력을 키우고 발휘하면서 고졸출신을 뽑기 잘했다고 생각 하실 수 있는 기회가 저로 인해 다시 한 번 더 생각 하는 계기가 되었으면 좋겠다고 생각 했습니다. ㉣입사 후 고객님들께서 '○○은행을 이용할 땐 걱정 없이 사용할 수 있어서 좋아'라는 말씀을 웃으면서 건네주시는 날이 더욱 빨리 오도록 계속해서 학원과 공부를 멈추지 않으며 크래커의 침입을 허용하지 않도록 보안과 해킹에 대해 끊임없이 고민하고 노력하여 능력을 키울 것입니다.

(3ㄴ) 역시 (3ㄱ)의 경우와 다르지 않다. ㉠은 고졸과 특성화고등학교 학생들에 대한 사회의 편견 문제를, ㉡과 ㉢은 자신을 뽑아 주면 그러한 편견을 불식시키겠다는 의지를, ㉣은 입사 후 자신이 하게 될 역할을 전달하고

자 한다. 600자라는 제한된 분량을 고려하면, 내용 생성이나 조직은 어느 정도 이루어져 있는 글이라고 할 수 있다. 그러나 (3ㄴ)도 (3ㄱ)과 마찬가지로 자신의 생각을 문법적인 지식을 활용을 하여 독자가 이해하기 쉽게 문장을 구성하고 문장을 연결하는 능력이 현저히 부족하다는 것을 알 수 있다.

많은 국어 선생님들과 예비 교사들 그리고 국어 교육학자들은 모어 화자들의 경우, 모어 사용 환경에 노출됨으로써 문법 지식을 자동적으로 습득하게 되는 것으로 이해한다. 그러나 (3ㄱ), (3ㄴ)을 통하여 전혀 그렇지 않다는 것을 알 수 있다. 자신이 취업을 하기 위하여 소개서를 쓰는 국어 활동은 전문 분야의 글 쓰기가 아니라 일상생활에 필요한 글 쓰기 활동의 하나이다. 그렇기 때문에 기초 교육과 기본 교육을 특징으로 하는 초등학교 국어과 교육에서 '소개하는 글' 쓰기 학습이 이루어진다.

이와 관련하여 2009년 개정, 2015 개정 교육과정 쓰기 영역에서는 다음과 같은 성취 기준을 제시하고 있다.

(4) 소개하는 글과 관련된 성취 기준

ㄱ. 1-2학년군

- 2009 개정: (3) 대상의 특징이 드러나게 짧은 글을 쓴다.

  해설: 주변의 대상에서 특징을 발견해 내고 그것을 드러나게 표현하는 것은 설명하는 글을 쓰기 위한 출발점이 될 수 있다. (중략) 소개할 대상은 사람이나 사물 등을 두루 다루되 주변의 친숙한 대상에서 선택하도록 하여, 학생들이 글 쓰기를 위한 내용 생성에 부담을 느끼지 않고 글쓰기에 쉽게 접근할 수 있도록 한다.

- 2015 개정: [2국03-03] 주변의 사람이나 사물에 대해 짧은 글을 쓴다

  해설) 이 성취기준은 자신의 주변에서 소재를 찾아 글로 표현하는 능력을 기르기 위해 설정하였다. 자신의 주변에 있는 사람이나 사물에 관심을 가지고 그 특징이 드러나도록 짧은 글로 나타내 보게 한다.

ㄴ. 3-4학년군

- 2009 개정: (3) 알맞은 낱말을 사용하여 설명하는 글을 쓴다.

  해설) 설명하는 글을 쓸 때에는 대상을 정확하고 자세히 기술해야 하는데, 이를 위해서는 설명하고자 하는 대상의 특징을 잘 드러내거나 상황에 알맞은 낱말을 사용하여야 한다. 자신이나 다른 사람이 쓴 글을 읽어 보고, 의미가 정확하지 않거나 대상을 제대로 표현하지 못하고 있는 낱말을 알맞은 낱말로 고쳐 쓰는 활동도 함께 하도록 한다. (후략)…

- 2015 개정: 제시되지 않음

ㄷ. 5-6학년군

- 2009 개정: (3) 적절한 설명 방법을 사용하여 대상의 특징이 드러나게 글을 쓴다.

  해설) 대상의 특징이 잘 드러나게 글을 쓰기 위해서는 설명할 대상이나 개념에 따라 적절한 설명 방법을 선택해야 한다. 이것은 1-2학년군의 '대상의 특징이 드러나게 글을 쓰게 하기', 3-4학년군의 '알맞은 낱말을 사용해 설명하는 글을 쓰는 능력'을 바탕으로 한 성취 기준이다. 일의 절차나 방법을 설명할 때는 일이 일어난 순서대로 설명하고, 두 가지 이상의 대상을 설명할 때는 공통점과 차이점을 중심으로 설명하며, 여러 대상을 설명할 때는 그 특징에 따라 분류를 할 수 있다. 사건을 설명할 때는 일이 일어난 순서나 원인과 결과를 중심으로 설명할 수 있다. 더 나아가 학생들이 설명 방법에 따라 내용의 전개나 글의 조직 방식이 달라질 수 있음을 깨닫도록 한다.

- 2015 개정: [6국03-03] 목적이나 대상에 따라 알맞은 형식과 자료를 사용하여 설명하는 글을 쓴다.

  해설) 제시되지 않음

ㄹ. 중 1-3학년군

- 2009 개정: (2) 설명하고자 하는 대상이나 개념에 맞게 적절한 설명 방법을 사용하여 독자가 이해하기 쉽게 글을 쓴다.

해설) 설명하고자 하는 대상이나 개념에 맞게 적절한 설명 방법을 사용하여 글을 써야 논리가 정연하고 독자가 이해하기 쉬운 글이 될 수 있음에 주목하여 글쓰기를 지도한다. 5-6학년군의 성취기준 '적절한 설명 방법을 사용하여 대상의 특징이 드러나게 글을 쓴다.'와 연계하되, 보다 심화된 수준으로 지도한다. 대상이나 개념에 맞게 다양한 설명 방식들(개념 정의, 부연 상술, 예시, 인용, 비교와 대조, 분석 등)을 사용하여 글을 쓰는 방법을 실제적인 예시 글을 통해 교육하고, 이를 학생들이 자신의 글쓰기에 직접 적용해 보도록 지도한다.

- 2015 개정: [9국03-02] 대상의 특성에 맞는 설명 방법을 사용하여 글을 쓴다.
  해설) 제시되지 않음

이상에서 볼 수 있는 것처럼 소개하는 글 쓰기 활동은 초등학교 1-2학년군부터 이루어지며, 관련된 활동이 매 학년군마다 지속적으로 이루어지고 있음을 확인할 수 있다. 그럼에도 불구하고 고등학교 3학년 수준의 학습자가 쓴 글이 (3ㄱ), (3ㄴ)과 같은 이유는 대용과 생략, 반복, 문장의 짜임, 문장의 호응, 문장의 연결, 문단의 개념 및 구성, 텍스트 갈래의 짜임, 텍스트 갈래의 내용 범주, 텍스트 갈래의 표지, 텍스트 갈래의 맥락 등 문법 지식에 대한 전반적인 이해가 되어 있지 않기 때문이다.

3.2.3. 문장 구성과 호응

문법 지식은 일상생활에서나 직업 세계, 전문 분야에서 요구되는 글 쓰기 목적에 맞게, 독자가 이해하기 쉽게 글을 쓰기 위해서 반드시 학습이 되어야 한다. 듣기, 말하기, 읽기, 쓰기 활동을 효과적으로 하기 위해서 문법 지식은 불필요한 것도, 저절로 습득되는 것도 아닌 엄밀한 계획 아래 체계적으로 교수·학습되어야 하는 요소이다.

그러나 지금까지의 문법 교육은 탈맥락적인 상황에서 단편적인 문법 지식을 암기하게 하고 이해하게 하는 수준에 머물러 있다. 문장의 구성, 문장의 연결, 문장의 호응 등과 같은 문법 지식의 이해와 적용의 중요성을 (3ㄱ), (3ㄴ)과 같은 맥락 속에서 인식하도록 하지 않았다.

2009 개정, 2015 개정 교육과정에서의 문장 구성, 성분의 호응, 문장의 연결, 문장 성분의 수식 등과 관련된 학습 내용은 〈표 5〉와 같다.

〈표 5〉 문장 이해에 대한 성취 기준

<table>
<tr><td rowspan="6">2009 개정</td><td>1-2</td><td>문장의 기본 구조를 이해하고 문장 부호를 바르게 쓴다.</td></tr>
<tr><td>3-4</td><td>문장을 끝내는 다양한 방식을 알고 자신의 의도에 맞게 문장을 사용할 수 있다.</td></tr>
<tr><td rowspan="2">5-6</td><td>절을 연결하는 다양한 방식을 알고 표현 의도에 맞게 문장을 구성한다.</td></tr>
<tr><td>국어의 기본적인 문장 성분을 이해하고 성분 사이의 호응 관계가 올바른 문장을 구성한다.</td></tr>
<tr><td>중1-3</td><td>문장의 구조를 탐구하고 자신의 생각을 다양한 구조의 문장으로 표현할 수 있다.</td></tr>
<tr><td rowspan="4">2015 개정</td><td>1-2</td><td>[2국03-02] 자신의 생각을 문장으로 표현한다.[1)]</td></tr>
<tr><td>3-4</td><td>[4국04-03] 기본적인 문장의 짜임을 이해하고 사용한다.</td></tr>
<tr><td>5-6</td><td>국어의 문장 성분을 이해하고 호응 관계가 올바른 문장을 구성한다.</td></tr>
<tr><td>중1-3</td><td>문장의 짜임과 양상을 탐구하고 활용한다.</td></tr>
</table>

주 1) 2015 개정 교육과정에서는 문장 구성 능력과 관련된 성취 기준을 문법 영역이 아니라 쓰기 영역에서 제시해 놓고 있으며 이 성취 기준을 "이 성취기준은 문장 구성 능력을 기르기 위해 설정하였다. 문장은 글을 구성하는 기본이다. 글을 잘 쓰려면 먼저 자신의 생각을 정확하게 문장으로 표현할 수 있어야 한다. …"와 같이 해설하고 있다.

〈표 5〉에 제시된 문법 지식에 대한 학습은 학습자의 발달 수준이나 국어 사용 실제를 고려하지 않고 작위적인 문장이나 텍스트를 구성하여 문법 지식만 단편적으로 이해하도록 이루어져 왔다.[14] 그 결과 국민 공통 기본

14 그 현황에 대해서는 제9장 교육 문법 교재의 구성 원리에서 자세히 다루어진다.

교육 기간 9년 또는 10년을[15] 마친 학습자들의 텍스트 생산 능력이 (3ㄱ), (3ㄴ)에 머물게 되는 결과를 초래하게 되었다.

문법 지식은 〈표 6〉, 〈표 7〉에서 볼 수 있는 것처럼 초등학교에서는 국어 사용 능력 신장을 위한 도구로서의 성격이 강조되고 있고, 중학교에서는 국어 문화적인 성격이 강조되고 있다. 2015 개정 국어과 교육과정의 경우를 보자.

〈표 6〉 문법 영역 내용 성취 기준(2015 개정 교육과정, 초등학교)

학교급	학년군	내용 성취 기준
초등학교	1-2	[2국04-01] 한글 자모의 이름과 소릿값을 알고 정확하게 발음하고 쓴다. [2국04-02] 소리와 표기가 다를 수 있음을 알고 낱말을 바르게 읽고 쓴다. [2국04-03] 문장에 따라 알맞은 문장 부호를 사용한다. [2국04-04] 글자, 낱말, 문장을 관심 있게 살펴보고 흥미를 가진다.
	3-4	[4국04-01] 낱말을 분류하고 국어사전에서 찾는다. [4국04-02] 낱말과 낱말의 의미 관계를 파악한다. [4국04-03] 기본적인 문장의 짜임을 이해하고 사용한다. [4국04-04] 높임법을 알고 언어 예절에 맞게 사용한다. [4국04-05] 한글을 소중히 여기는 태도를 지닌다.
	5-6	[6국04-01] 언어는 생각을 표현하며 다른 사람과 관계를 맺는 수단임을 이해하고 국어 생활을 한다. [6국04-02] 국어의 낱말 확장 방법을 탐구하고 어휘력을 높이는 데에 적용한다 [6국04-03] 낱말이 상황에 따라 다양하게 해석됨을 탐구한다. [6국04-04] 관용 표현을 이해하고 적절하게 활용한다. [6국04-05] 국어의 문장 성분을 이해하고 호응 관계가 올바른 문장을 구성한다. [6국04-06] 일상생활에서 국어를 바르게 사용하는 태도를 지닌다.

15 국민 공통 기본 교육 기간은 처음 설정된 제7차 교육과정, 2007 개정, 2015 개정 교육과정에서는 초등학교 6년, 중학교 3년, 고등학교 1년 모두 10년으로 설정한 데 비해, 2009 개정 교육과정에서는 초등학교 6년, 중학교 3년 모두 9년으로 설정하였다.

2009 개정 국어과 교육과정에서는 초등학교 1-2학년군의 "다양한 고유어(토박이말)를 익히고 소중히 여기는 태도를 기른다."와 5-6학년군의 "고유어, 한자어, 외래어의 개념과 특성을 알고 국어 어휘의 특징을 이해한다."와 같은 문화적인 측면의 성취 기준이 있었으나 2015 개정 교육과정에서는 대부분 도구적 성격을 띠는 성취 기준이 제시되어 있고 문화적 측면의 성취 기준은 제외된 것을 〈표 6〉을 통하여 확인할 수 있다.

이에 비해 중학교 1-3학년군에서는 국어의 체계(음운, 단어, 문장, 규범, 담화 등)나 구조, 원리 등, 국어 자체에 대한 이해가 초등에 비하여 강조되어 있음을 아래 〈표 7〉을 통하여 알 수 있다.

〈표 7〉 문법 영역 내용 성취 기준(2015 개정 교육과정, 중학교)

학교급	학년군	내용 성취 기준
중학교	1-3	[9국04-01] 언어의 본질에 대한 이해를 바탕으로 하여 국어 생활을 한다. [9국04-02] 음운의 체계를 알고 그 특성을 이해한다. [9국04-03] 단어를 정확하게 발음하고 표기한다. [9국04-04] 품사의 종류를 알고 그 특성을 이해한다. [9국04-05] 어휘의 체계와 양상을 탐구하고 활용한다. [9국04-06] 문장의 짜임과 양상을 탐구하고 활용한다. [9국04-07] 담화의 개념과 특성을 이해한다. [9국04-08] 한글의 창제 원리를 이해한다. [9국04-09] 통일 시대의 국어에 관심을 가지는 태도를 지닌다.

물론 중학교의 성취 기준에도 표현상으로는 국어 사용을 위한 도구로서의 성격을 드러내는 것이 전혀 없지는 않다. 예를 들면, "어휘의 체계와 양상을 탐구하고 활용한다.", "문장의 짜임과 양상을 탐구하고 활용한다." 등이 그러하다. 그러나 중등 학교급에서는 문법 영역의 성취 기준을 교과서로 실행하는 데 있어 대체로 사용적인(도구적인) 측면보다 문법 지식 그 자체의 이해 측면(문화적 측면)에 초점을 두어 왔던 것이 사실이다.

국어 문법이 듣기, 말하기, 읽기, 쓰기 능력을 신장시키는 데 도구가 된다는 점은 더 이상 강조할 필요가 없다. 그리고 이러한 능력을 신장시키는 데 요구되는 문법 지식이 국어과 교육적 가치가 크다는 것도 더 말할 필요가 없다. 그러나 국어 문법 가운데 국어 사용 기능 신장에 도구가 되는 문법 지식과 그렇지 않은 문법 지식을 구분해 내는 것, 도구적인 성격의 문법 지식을 아동의 발달 단계를 고려하여 학년의 수준에 맞게 배열하는 것[16]에 대해서는 많은 연구가 이루어져야 한다.

국어 사용 능력 신장을 위한 도구로서의 문법 지식에는 한글 맞춤법(띄어쓰기 포함), 표준어 · 표준 발음, 단어의 의미와 용법, 문법 요소의 의미와 용법, 문장 구성, 문장의 확대, 텍스트의 기능과 갈래, 텍스트 갈래의 구조(미시 구조, 거시 구조, 초거시 구조), 텍스트 갈래의 내용 범주, 텍스트 갈래의 사용의 맥락에 대한 지식 등이 포함된다.

3.3. 문화성의 원리

2015 개정 국어과 교육과정에 따른 국어과는 "~ 비판적이고 창의적인 국어 사용을 바탕으로 하여 국어 발전과 국어문화 창달에 이바지하려는 뜻을 세우며, 가치 있는 국어 활동을 통해 바람직한 인성과 공동체 의식을 함양하는 과목"으로서의 성격을 띠고 있다. 국어과의 성격을 이와 같이 규정한 것은 국어과가 문화 교과로서의 성격이 있다는 것을 나타낸다.

문화 가운데 핵심이 언어(국어)라는 것은 대부분 인정하는 바다. 국어과 교육을 통하여 국어의 발전과 국어 문화 창달에 이바지하려는 뜻을 세우게 하는 것은 물론이고 국어 활동을 통하여 바람직한 인성과 공동체 의식을

16 2007 개정 교육과정에서는 문장과 문장을 연결하는 '그리고, 그래서, 하지만, 그러나'의 각각의 기본 용법(그리고: 단어, 구, 절, 문장 등을 순조롭게 연결할 때 사용함. 그래서: 앞의 내용과 뒤의 내용이 원인, 근거, 조건 등이 될 때에 사용함. 하지만: 앞의 내용을 인정하면서 앞의 내용과 뒤의 내용이 대립될 때에 사용함. 그러나: 앞의 내용과 뒤의 내용이 상반된 내용일 때에 사용함.)이 6학년에서 처음 다루어진다. 이와 같은 수준의 내용이 6학년 수준에 적절한지 검토가 필요하다.

함양하도록 하는 것 역시 문화 교과로서의 성격을 나타낸다. 왜냐하면 특정 문화는 특정 지역에, 특정한 기간에 거주하는 사람들의 공통된 사고가 발현되어 만들어진 것이기 때문에 공동체 의식과 국민 정서를 함양하는 것은 결국 공통된 문화를 생산하는 것에 귀결된다고 하겠다.

3.3.1. 어휘

예컨대 제1장에서도 언급했듯이 한국 사람들은 하늘, 바다, 산, 들을 모두 '푸르다'라고 표현한다. 한국 사람들은 하늘, 바다, 산, 들을 나타내는 색깔을 모두 같은 또는 적어도 비슷한 색으로 인식하는 것이다. 그런데 각각을 어디서 바라보느냐, 또 어떤 부분을 보느냐, 누가 보느냐, 언제 보느냐, 어떻게 보느냐 등에 따라 '파랗다, 새파랗다, 퍼렇다, 시퍼렇다, 푸르다, 푸르스름하다, 파르스름하다, 검푸르다' 등과 같이 느낌을 달리하여 나타낸다. 이것은 한국 사람들과 다른 언어를 사용하는 사람들이 대상을 인식하는 양상이 다름을 보여 주는 것이라고 할 수 있다.

어떤 현상이나 대상의 인식은 언어로 명명될 때 구체적으로 개념화되고 범주화된다. 같은 현상을 두고도 언어로 명명하는 방식은 같지 않다. 예컨대 어떤 언어를 사용하는 사람은 무지개 현상을 빨주노초파남보 일곱 가지 색으로 인식하고, 또 어떤 언어를 사용하는 사람은 다섯 가지 색깔로 인식하며, 또 다른 사람들은 흰색과 검정색으로만 인식하는 경우도 있다. 이처럼 현상에 대한 인식은 어떤 언어를 사용하는 언중이냐에 따라 다르고 그 인식 양태에 따라 생산하고 수용하는 문화도 달라진다. 그러므로 한국어에는 한국어를 사용하는 사람들의 인식이 반영되어 있어 다른 언어를 사용하는 사람들의 인식과 차이를 나타내게 된다.

따라서 한국어를 사용하는 사람들의 인식이나 사고, 정서가 고유하기 때문에 이러한 사고와 정서의 작용으로 생산되는 문화도 고유하고 문화에 대한 이해도 고유한 것이다. 언어의 이와 같은 성질을 이 책에서는 '언어의 문화성'이라고 이름하고, 이 측면을 고려한 문법 교육의 원리를 '문화성의 원리'라고 명명하고자 한다.

3.3.2. 관용 표현

2009 개정 국어과 교육과정의 문법 영역 5-6학년군의 "관용 표현을 이해하고 적절하게 활용한다."라는 성취 기준을 교과서로 구현하는 경우를 생각해 보자. 이 성취 기준과 관련해서는 첫째, '관용 표현의 뜻과 관용 표현을 사용하면 좋은 점 알기', 둘째, '관용 표현에 담긴 우리 문화의 특성 알기', 셋째, '상황에 맞게 관용 표현 사용하기' 등을 차시별 학습 주제로 선정할 수 있다. 특히 첫째와 셋째에서는 관용 표현을 문법의 도구성의 원리와 관련지어 구현할 수 있다. 듣기, 말하기, 읽기, 쓰기의 특정 상황에서 관용 표현을 사용하는 경우와 그렇지 않은 경우의 의사소통의 효과에 대해 알게 한다. 이를 통해 특정 상황에 효과적인 관용 표현을 사용할 수 있는 능력을 길러 줌으로써 의사소통 능력이 신장될 수 있도록 한다.

한편, 둘째는 문법의 문화성의 원리와 관련지어 구현할 수 있다.(오유정, 2018 참고) '그림의 떡', '꿩 대신 닭' 등과 같이 관용구나 속담 같은 관용 표현에는 그것을 사용하는 사람들의 문화가 반영되어 있다.

〈표 8〉 관용 표현과 문화성

한국어	외국어
그림의 떡	a pie in the sky(하늘의 파이)
식은 죽 먹기	a piece of cake(케이크 한 조각)
남의 떡이 더 크다.	Die Kirschen in Nachbars Garten schmecken immer süßer.(남의 정원에 있는 체리가 항상 더 달다.)

〈표 8〉은 한국어와 영어, 독일어의 유사한 의미를 타나내는 관용 표현

을 제시한 것이다. '그림의 떡', '식은 죽 먹기', '남의 떡이 더 크다'에서는 모두 '쌀'이나 '떡'을 음식으로 하는 문화가 반영되어 만들어진 관용 표현이다. '하늘의 파이'나 '케이크 한 조각'은 '떡' 대신 '파이', '케이크'를 음식으로 하는 문화가 반영되어 만들어진 관용 표현이다.

독일어 'Die Kirschen in Nachbars Garten schmecken immer süßer.'는 '남의 떡이 더 크다'와 같은 관용적 의미를 가지고 있다. 한국어와 독일어 두 사례의 비교에서도 알 수 있듯이 각각의 속담에는 각 나라나 민족의 음식 문화가 반영되어 있음을 알 수 있다.

'꿩 대신 닭'이라는 속담이나 '시치미를 떼다'라는 관용구도 우리 문화가 반영되어 만들어진 대표적인 예이다. 우리나라에는 설날 아침에 떡국을 끓여 먹는 풍습이 있다. 떡국을 한 그릇 먹어야 비로소 나이를 한 살 더 먹는 것으로 생각했던 것이다. 떡국을 끓일 때에는 꿩고기로 국물 맛을 내면 맛이 좋아 과거에는 꿩고기로 국물을 냈다고 한다. 하지만 꿩고기를 구하기가 쉽지 않았기 때문에 꿩 대신 쉽게 구할 수 있는 닭을 잡아서 국물을 내는 경우가 많았다고 한다. 이로부터 '꼭 적당한 것이 없을 때 그와 비슷한 것으로 대신하는 경우'를 비유적으로 표현하면서 '꿩 대신 닭'이라는 관용 표현이 생겨나게 된 것이다.

한편, '시치미'는 사냥하는 데 쓰이는 매의 꽁지나 발목에 걸어 두는 명패를 의미한다. 매의 주인이 누구인지를 확인하기 위해 발목이나 꽁지에 표시를 해 두었던 것이다. 다른 사람의 매를 잡아 그 주인의 시치미를 떼고 자신의 시치미를 붙여서 마치 자신이 주인인 척 행동하는 경우가 있었다고 한다. 이로부터 '자기가 하고도 하지 아니한 체하거나 알고 있으면서도 모르는 체하다'의 뜻으로 '시치미를 떼다'라는 관용 표현이 생겨나게 되었다. 이러한 관용 표현들에는 모두 우리 조상들의 생활 문화가 반영되어 있다.

3.3.3. 그 밖

문법 영역에서 문화적인 측면의 내용은 국어에 대한 지식 자체(국어에 대한 전반적인 이해), 국어의 특질, 국어의 역사, 한글의 우수성·과학성, 국어와 사고, 국어와 문화, 국어와 한국인(민족 또는 국민), 국어의 보존과 발전, 국어의 세계화, 표준어와 방언, 남한어와 북한어, 국어의 어휘 체계(고유어, 한자어, 외래어/전문어, 유행어, 은어), 국어의 관용 표현, 국어의 높임법 등이 포함될 수 있다.

세계에는 7,000종의 언어가 사용되고 있다고 한다. 자국 또는 자기 민족, 부족의 언어를 사용할 때 그 언중들의 사고를 가장 잘 표현할 수 있는 것은 당연하다. 이러한 특성이 자국어 교육과 외국어 교육의 차이를 느러내는 본질이라고 할 만하다. 자국어를 다른 언어로 바꾸었을 때 언어의 변화로 인한 정신의 변화, 문화의 변화가 연쇄적으로 진행된다. 따라서 언어가 바뀐다는 것은 곧 언중들의 정체성이 바뀐다는 것과 같다. 그렇기 때문에 국어과 교육에서 한국어의 고유성, 한국어의 특성, 국어와 사고, 국어와 문화 등을 다루는 것은 한국 사람들의 정체성을 교육하는 것과 같다.

국어과 교육은 국어 사용 기능 신장을 목표로 하는 교과 즉 '도구 교과', '기능 교과' 그 이상의 의미가 있다고 하겠다. 자국어를 사용하는 나라마다 그 자국어의 기능은 차이가 있다. 한국 사람들에게 한국어의 기능과 프랑스 사람들에게 프랑스어, 중국 사람들에게 중국어, 영국 사람들에게 영어, 미국 사람들에게 영어, 호주 사람들에게 영어, 필리핀 사람들에게 영어와 타갈로그어의 기능은 차이가 있다. 따라서 다른 나라의 자국어 교육의 목표와 이에 도달하기 위해 재료로 삼는 교육 내용을 그대로 도입하여 한국과 한국사람, 한국어에 적용하는 것은 언어 교육의 보편성만 추구한 것으로 개별 언어 교육의 고유성과 개별성을 간과한 것이라고 하겠다.

다만 이와 같은 내용을 어떤 방식으로 교재화하고 교육을 할 것인지에 대해서는 더 깊은 연구가 필요하다. 지금까지와 같이 교사의 설명을 듣고 지식을 암기 또는 이해한 후 평가받도록 하는 교수·학습 방식은 개선되어야 한다. 이러한 주입식 방법은 그 내용에 대한 국어과 교육적 가치에 부정적인 인식을 주기까지 한다. 내용 자체가 무의미한 것이 아니라 어떤 방법으로 가르칠 것인가에 관심을 가져야 할 것이다.

지금까지 문법 교육은 초등학교의 경우는 국어 사용 기능 신장을 위한 도구로서의 성격에 초점이 맞춰져 온 것이 사실이다. 중등학교의 경우에는 문화성의 측면에서 국어 문법 체계 자체를 이해하는 것에 초점을 둔 교육이 이루어져 왔다. 왜 국어 문법 체계가, 그것도 절대적인 지식이라고 할 수 없는 문법 체계가 국어과의 내용이 되어야 하는지에 대해서는 우리말 문법이기 때문이라는 당위론적인 관점에서 받아들여졌다. 그러나 문법 체계에 대한 당위론적 주장에 대해서는 많은 논란이 있는 것도 사실이다. 당위론적인 측면에서라면 특정 관점이나 관점 간의 합의의 산물인 이른바 학교 문법 체계 자체에 대한 이해보다는 한국 사람과 국어 문법의 관계, 한국적인 사고와 국어 문법의 관계, 한국적인 문화와 국어 문법의 관계 등에 대한 이해를 구체적으로 교육 내용화하는 것이 필요하다.

제2부

국어 교육 문법 내용의 이해

제4장. 교육 문법 내용 연구 방법

이 장에서는 국어과의 문법 영역 또는 교육 문법의 내용을 선정하기 위한 방법을 살펴보기로 한다. 먼저 국어학적, 언어학적 체계를 기반으로 교육 문법의 내용을 선정하는 방법과 학습자들의 국어 사용 실태를 살펴 교육 문법의 내용을 선정하는 방법을 제시한다. 전자를 여기서는 '체계 중심적 접근법'이라고 하고 후자를 '자료 중심적 접근법'이라고 부르기로 한다.

4.1. 체계 중심적 접근법

먼저 이 절에서는 교육 문법의 내용을 선정하는 방법으로 체계 중심적 접근법을 살펴보자.

4.1.1. 체계 중심적 접근의 필요성

체계 중심적 접근법은 교육 문법의 내용을 선정하는 데 있어 국어학이나 언어학의 체계를 그 기준으로 삼는 방법을 말한다. 국어학과 언어학은 이미 그 연구 성과가 상당히 축적되어 학문적 체계가 상당한 수준까지 확립되어 있는 상황이다. 교육 문법 역시 문법을 교수·학습의 내용으로 삼는다는 점에서 교육 문법의 체계를 수립하거나 구체적인 교수·학습의 내용을 선정하고자 할 때 국어학적 체계나 언어학적 체계를 기준으로 삼는 것이 가능하다. 이미 국어학이나 언어학적 체계는 갖추어져 있기 때문에 교육 문법의 학습 내용을 쉽고 빠르게 선정할 수 있다는 장점이 있다. 특히 학습자에게 필요한 교육 문법이 학습자의 국어 사용 실태 분석을 통하여 발달 단계에 따라 구체적으로 선정되어 있지 않은 상황에서는 더욱 그러하다.

4.1.2. 체계 중심적 접근의 현황과 한계

그러나 국어학적, 언어학적 체계에 따른 문법 내용 모두가 교수·학습의 내용이 되기는 어렵다. 체계 중심적 방법은 어디까지 교육의 대상으로 삼아야 하는지 어떤 것을 삼지 말아야 하는지 또 학년별로 어떤 내용을 선정하여 위계화할 것인지가 모두 아동의 발달 실태와 상관없이 교육자나 국어 문법 교육 연구자의 주관에 의해 결정된다는 단점이 있다.

〈표 1〉이 이를 단적으로 보여 주고 있다.

〈표 1〉 문법 영역의 내용 배열 양상(제6차, 제7차 교육과정)

학습 내용	제6차 교육과정	제7차 교육과정
표준어와 방언	4학년	5학년
조어법	4, 5, 6학년	8학년(중2)
문장의 종류	3, 4학년	4학년
문장 성분	4, 5, 8(중2)	5, 9학년(중3)
문장의 연결 관계	3, 4, 5, 6, 9(중3)	3, 6, 8, 10(고1)
유의, 반의, 하의 관계	7학년(중1)	4학년
품사 분류 기준과 그 특성	7학년(중1)	9학년(중3)
음운 변동 규칙	7학년(중1)	9학년(중3)
옛말과 현재말의 비교	9학년(중3)	8학년(중2)
문법 요소들의 기능	9학년(중3)	10학년(고1)
어법에 맞는 국어 사용	9학년(중3)	10학년(고1)
조사의 쓰임	7학년(중1)	×

〈표 1〉은 문법 영역의 학습 내용 중 일부가 제6차, 제7차 교육과정에서 어떻게 배열되어 있는지를 정리한 것이다. 〈표 1〉에서 확인할 수 있듯이 제6차 교육과정과 제7차 교육과정의 학습 내용의 배열에 큰 차이가 있다. 특별한 이유나 근거 없이 초등학교에서 다루어지던 내용이 중학교에서 다루어지게 되고 중학교에서 다루어지던 내용이 초등학교에서 다루어지는 경우를 볼 수 있다. 또 중학교와 고등학교의 학습 내용의 배열에서도 마찬가지 현상이 나타나고 있다. 제6차에서는 두 개 이상의 학년에서 다루어지던 내용이 제7차에서는 한 개 학년에서만 다루어지는가 하면 아예 학습 내용이 없어지는 경우도 있다.[1] 이와 같은 현상은 비단 이 두 시기 교육과정에서만의 문제는 아니다. 2015 개정 교육과정에서도 나타나고 있다.[2]

학습 내용을 학년별, 수준별로 배열을 할 때 이와 같은 현상이 생기는 이유는 무엇인가? 교육과정을 개편할 때 무엇을 기준으로 하여 학습 내용을 배열하는지에 대한 객관적인 기준이 제시된 바 없다. 심지어 같은 교육과정 내에서도 어떤 요소는 몇 개 학년에 걸쳐서 몇 개의 영역에서 다루어지는 데 비해 어떤 내용은 한 개 학년 한 개 영역에서 다루어지는 것이 고작인 경우도 많다.

다음 〈표 2〉는 제7차 교육과정의 문법(국어 지식) 영역의 학습 내용 중 '문장과 문장의 연결 관계'의 배열 양상을 정리한 것이다.

〈표 2〉 문장 연결 관계 관련 성취 기준

제7차	3	듣기	내용의 연결 관계를 파악하며 듣는다. (기본: 문장과 문장 사이의 연결 관계에 유의하며 듣고, 내용의 흐름을 파악한다.)
		읽기	내용의 연결 관계를 파악하며 글을 읽는다. (기본: 문장과 문장, 문단과 문단을 이어 주는 말을 확인하며 읽는다.)
		문법	이어 주는 말의 기능을 안다. (심화: 이어 주는 말을 사용하여 문장과 문장을 연결한다.)

1 '표준어와 방언'은 5차 교육과정에서는 3학년에서 다루어지기도 했다.
2 2015 개정 교육과정 문법 영역의 성취 기준의 가감에 대해서는 이병규(2016) 참고.

제7차	6	문법	문장과 문장 사이의 연결 관계를 안다.(기본: 문장과 문장을 연결하는 여러 가지 방법을 안다.)[1]
	8	말하기	응집성 있게 내용을 조직하여 말한다.(기본: 문장과 문장이 긴밀하게 연결되도록 여러 가지 표지를 사용하여 말한다.)
		쓰기	일관성 있게 내용을 조직하여 글을 쓴다.(기본: 문장과 문장이 긴밀하게 연결되도록 여러 가지 표지를 사용하여 글을 쓴다.)
	10	문법	문장의 짜임새를 안다.(심화: 문장을 여러 가지 방식으로 결합시켜 주는 요소를 기능에 따라 정리한다.)

주 1) 실제 교과서에는 이러한 학습 내용이 반영되어 있지 않다.

〈표 2〉에서 볼 수 있는 것처럼 '문장과 문장의 연결 관계'는 3학년 듣기, 읽기, 문법 영역, 6학년 문법 영역, 8학년 말하기, 쓰기 영역, 10학년 문법 영역에서 다루어지고 있다.

이에 비해 '말 만들기'와 관련해서는 8학년 문법 영역에서 단 한 번 다루어지고 있다.

(1) 말 만들기 관련 성취 기준

8학년 문법 영역: 국어의 조어법을 안다.(기본: 낱말을 이루고 있는 요소를 알아보고, 낱말의 짜임에 따라 낱말의 종류를 나눈다.)

〈표 1〉, 〈표 2〉와 (1)에서 볼 수 있는 것처럼 문법 영역의 학습 내용 선정은 국어학적, 언어학적 체계를 근간으로 이루어져 왔다. 이러한 방식으로 선정된 내용의 조직 및 배열도 학습자의 언어 경험이나 언어 발달, 지적 발달 수준과는 무관하게 연구자들의 직관에 따라 이루어져 그 위계 설정이 주관적임을 알 수 있다.

한편, 교육 문법의 교수·학습 내용은 국어과 교육적 가치에 따라 차이가 있다. 1.2.3. 절에서 살펴보았듯이 문법 지식의 국어과 교육적 가치에 대한 관점은 네 가지로 나누어진다. 국어 사용 기능 신장을 위한 기반 지식적 관점, 독자적 관점, 포괄적 관점, 무용적 관점이 그것이다.

이 네 관점은 문법 지식에 대한 국어과 교육적 가치를 달리 판단하고 있기 때문에 교육 대상으로 삼는 내용도 차이가 있어야 한다. 즉 국어 사용 기능을 신장하기 위하여 기반 지식이 되는 문법 지식만 국어과 가치가 있는 것으로 보는 관점과 국어 사용 기능을 신장시키는 데 직접적으로 관련은 없지만 국어과 교육적 가치가 있는 문법 지식이 있다고 보는 관점과는 그 교수·학습의 내용이 같을 수가 없다. 그러나 5.1.절, 5.2.절에서 확인하게 되겠지만 무용적 관점을 제외한 나머지 세 관점에서 제시하고 있는 교육 문법의 내용 체계나 국어과 교육과정 문법 영역의 내용 체계는 별 차이가 없다. 네 가지 모두 국어학적 체계에서 크게 벗어나지 않는다.

이것이 의미하는 것이 무엇인가? 문법 지식의 성격이나 교육적 가치가 국어 사용 능력 신장을 위한 기반 지식으로 기능하는 것에 국한하여 국어과 교육적 의미가 있는 것으로 보든 그렇지 않든 간에 교수·학습 내용을 선정하여 체계화하면 대동소이하다. 이러한 현상이 생기는 이유는 교육 문법의 내용 체계 구성이나 교수·학습 내용 선정을 국어학과 언어학의 체계를 기준으로 하고 있기 때문이다.

문법 지식이 국어 사용 능력의 기반이 된다고 하면 어떤 지식이 그에 부합하는지 그에 부합하지 않는 것은 무엇인지 또 학년별, 수준별 차이는 무엇인지 밝혀져야 한다. 이러한 연구 없이는 국어 사용 능력의 기반이 되는 문법 지식을 발달 단계별로 선정하여 교육할 수가 없다. 혹자는 국어 구조에 대한 지식(국어의 이해와 탐구)과 국어의 규범에 관련된 지식은 모두 국어 사용 기능 신장의 기반이 되는 지식이라고 주장할 수 있다. 그러므로 국어학에서 밝혀진 국어 구조에 대한 지식과 국어 규범적 지식을 모두 교육 내용으로 다루어 학습하게 하면 유창하고 정확한 국어 사용 능력을 얻을 수 있다고 할 수도 있다. 과연 그러한가?

이 책에서는 국어학의 연구 결과인 국어 구조에 대한 지식과 규범적 지식이 모두 국어과 교육적으로 가치가 있는 문법 지식이라는 데에 동의하지 않는다. 한국인은 국어과 교육을 받기 전에 이미 가정에서, 또래 집단에서,

각종 매체들을 통해 상당한 수준의 문법 지식과 국어 사용 능력을 갖추게 된다. 초등학교에 입학하기 전에 유창하게 의사소통을 할 수 있을 만큼의 수준에 도달하게 된다. 이미 유창하게 사용하고 있는 문법 지식을, 그 개념을 설명할 수 없다고 해서 반복해서 학습시킬 필요는 없다.

예컨대 한국 사람들은 'ㄱ-ㅋ-ㄲ, ㄷ-ㅌ-ㄸ, ㅈ-ㅊ-ㅉ, ㅂ-ㅍ-ㅃ' 음가들의 대립을 자동적으로 습득하여 변별하게 된다. 따라서 이들 음소를 정확하게 발음하기 위하여 별도의 학습을 하지 않아도 된다. 한국어의 시제 표현 '-었-', '-겠-', '-는다'의 사용이나 한국어의 어순의 사용 등은 굳이 문법을 배우지 않더라도 저절로 습득하여 사용하는 데 불편함이 없게 된다.

그러나 한국어를 외국어로서 배우는 학습자들에게는 그렇지 않다. 외국인 학습자들은 '약한소리-거센소리-된소리' 세 계열의 소리들을 변별하여 인식하고 발음하는 데 매우 큰 어려움을 겪는다. 또 한국어의 시제를 정확하게 사용하고, 호응이 자연스러우며, 맥락에 맞는 어순을 사용하기 위해서는 반드시 이와 관련된 문법 지식을 학습하여야 한다. 이처럼 하나의 문법 지식이 그 학습 대상에 따라 교육적 가치가 매우 큰 경우도 있고 매우 낮은 경우도 있다.

한편 모어 화자 대상의 국어과 교육에서도 한국어의 음운 체계는, 문법 영역이 국어과 교육과정의 한 영역으로 설정된 제4차 교육과정 이래 지속적으로 교수·학습 내용으로 설정되어 왔다.

〈표 3〉 음운 체계 관련 성취 기준

교육과정	학년	성취 기준(학년별 내용)
제4차	8	음운 변화의 체계를 안다.
	10	음운의 종류와 그 체계를 안다.
제5차	10	현대 국어의 음운, 형태, 문장, 의미 상의 구조를 이해한다.
제6차	8	국어의 음운 체계에 대하여 알아보고, 음운이 바뀜에 따라 어감이나 의미가 달라지는 단어를 찾는다.

제6차	10	언어의 음운의 체계와 음운의 변동에 대해 알고, 정확하게 발음한다.
제7차	8	국어의 음운 체계를 안다.
2007 개정	9	국어의 음운 체계를 이해한다.
2009 개정	중1-3	음운 체계를 탐구하고 그 특징을 이해한다.
2015 개정	중1-3	음운의 체계를 알고 그 특성을 이해한다.

〈표 3〉에서 볼 수 있는 것처럼 주로 중학교와 고등학교 과정에서 음운 체계가 다루어지고 있다. 한국어의 음운 체계가 주로 중등 과정에서 다루어지는 것은 학습자가 한국어 각 음운의 정확한 소릿값을 학습하여 정확하게 소리 낼 수 있는 능력을 신장시켜 주기 위함이 아니다. 중등의 발달 단계에 있는 학습자들 대부분은 이미 한국어의 음운을 식별하여 인식하고 발음할 수 있게 된다. 따라서 이 단계에서는 한국어의 음운을 인식하여 정확하게 발음하는 데에 초점이 있다기보다는 국어 문화의 한 부분인 국어 문법을 체계적으로 이해시키는 활동의 일환으로 한국어 음운 체계를 학습하는 것으로 보아야 한다.

이상에서 알아본 것처럼 문법 지식에 대한 국어과 교육적 가치를 어떻게 설정하느냐에 따라 그 교수·학습 내용은 차이가 난다. 그러나 지금까지의 문법 교육을 위한 내용 선정 방법이나 내용 체계, 학습 내용 구성에서는 이에 대한 고려가 매우 부족했다는 것은 더 말할 필요가 없었다. 학습자에 대한 고려 없이 국어학의 연구 결과로서의 국어의 구조만을 고려하는 가장 쉽고 편한 방법으로 내용을 선정해 왔기 때문에 신정한 학습 내용이 어느 관점에서나 결과적으로 같을 수밖에 없다.[3] 이와 같은 단점에도 불구하고 체계 중심적 접근은 교육 문법의 내용 선정에 시간이 짧게 걸린다는 점, 비교적 수월하게 내용을 추출할 수 있다는 점 등의 장점이 있다.

3 전자는 학습자(인간) 중심, 경험 중심 교육과정과, 후자는 학문 중심 교육과정과 맥을 같이한다고 볼 수 있다.

이에 비해 다음 절에서 살펴볼 자료 중심적 접근법은 학습자의 언어 사용 실태를 분석하여 교육 문법의 내용을 선정한다는 점에서 시간이 오래 걸리고, 많은 양의 자료를 수집하여야 하며, 실태 분석을 위한 전문 인력과 비용이 많이 필요하다는 단점이 있다.

4.2. 자료 중심적 접근법

국어과에서는 학습자의 언어 경험을 매우 중요하게 다루고 있다. 그런데 학습자의 언어 경험은 학습에 대한 동기와 흥미 유발과 관련해서 강조되고 있을 뿐이다. 그러나 학습자의 언어 경험은 학습에 대한 동기와 흥미 유발은 물론이고 학습자의 발달 단계와 학습 수준에 맞는 학습 내용을 선정할 때 더 중요하게 고려되어야 한다. 이 절에서는 국어과에서 학습 내용을 선정할 때 자료 중심적 접근법이 필요한 이유와 자료 중심적 접근법[4]의 핵심 개념으로 교육용 말뭉치(educational corpus), 학습자 말뭉치(learners corpus) 그리고, 학습자 오류 분석의 의미를 살펴보도록 한다.

4.2.1. 자료 중심적 접근의 필요성

학습 내용을 선정할 때, 학습자의 언어 경험을 분석하는 것이 중요한 이유는 학습자의 언어 발달 수준에 맞는 학습 내용을 선정하여 배열할 수 있기 때문이다. 4.1.2. 절에서도 살펴보았지만 체계 중심적 접근법에 따른 교육 문법의 내용 선정은 비교적 시간이 짧게 걸리고 상대적으로 쉽다는 장점이 있다. 그러나 국어학이나 언어학에서 연구해 놓은 성과를 어디까지 교육 문법의 내용으로 선정하고, 학년별 내용의 위계를 어떻게 설정할 것인지 등

4 이러한 방법론에 따라 교육 문법을 연구한 성과로는 이병규 · 김정은(2015), 이병규 · 최선희(2016), 이병규 · 김정은(2016), 이병규 · 김정은(2017) 등이 있다.

이 모두 주관적으로 결정된다는 한계가 있다. 앞의 〈표 1〉, 〈표 2〉가 이를 잘 보여 준다. 그리고 국어 문법의 국어과 교육적 가치에 따라 그 교수·학습 내용의 체계나 내용 요소가 차이가 있어야 함에도 불구하고 대동소이하다는 것도 이를 잘 확인시켜 주는 경우이다.

한편, 제5차 교육과정 이래 지금까지 지속적으로 제기된 문제 가운데 하나가 학생들의 학습량이 지나치게 많다는 것이다. 국어학 체계와 연구자의 직관에 따라 학습 내용을 선정함으로써 학습자가 자동적으로 습득하는 것까지 교수·학습 내용으로 선정한 결과 학습량의 부담을 가중시킨 측면도 간과할 수 없다.

이러한 문제가 해결되지 않는 이유는 학습자의 언어 발달 수준에 대한 정확한 정보가 없기 때문이다. 학습자들의 언어 실태를 전면적으로 조사하여 발달 단계별로 언어 사용 양상에 어떤 차이가 있는지, 언어적 사고의 발달 양상은 어떠한지에 대한 조사 연구가 이루어져야 한다.

4.2.2. 교육용 말뭉치와 오류 분석

이 절에서는 학습자들의 객관적이고 타당한 언어 실태를 조사하고 분석하기 위한 방법을 알아보도록 한다.

4.2.2.1. 교육용 말뭉치의 의미

학습자들의 언어 사용 양상과 언어 발달 양상을 알아보기 위한 가장 적절한 방법은 '교육용 말뭉치(educational corpus)'와 '학습자 말뭉치(learners corpus)'의 구축·분석과 같은 말뭉치 언어학의 연구 방법론[5]을 활용하는 것이다. 말뭉치는 활용 목적이나 연구 목적에 따라 그 종류가 다양하다. 즉 그 목적에 따라 말뭉치를 구성하는 언어 자료의 성격이 다르다

5 말뭉치와 말뭉치 언어학 연구 방법론은 인공 지능의 개발, 음성 언어 인식, 전자 번역, 사전 편찬, 외국어로서의 한국어 교육 등에 적극적으로 활용되고 있다.

는 것이다.

국어 교육의 학습 내용 선정과 관련해서 필요한 말뭉치는 '학습자 말뭉치'와 '교육용 말뭉치'이다. '학습자 말뭉치'는 '학습자 오류 말뭉치'라고도 하는데 학습자들의 언어 사용 실태 곧, 음성·음운, 어휘, 문법, 텍스트 사용 양상과 관련된 제반 사항이 반영된 말뭉치를 말한다. 교육용 말뭉치란 학습자들의 언어 자료뿐만 아니라 일정한 비율에 따라 학습자들을 대상으로 발간한 각종 언어 자료를 포함시켜 교육용 어휘, 각종 텍스트 갈래의 특성 분석, 학습자용 국어사전 편찬, 교과서 개발 등 각종 교육 자료 개발을 위한 기반 자료로 활용할 수 있도록 구축해 놓은 말뭉치를 말한다.

단순히 언어 자료를 많이 모아 놓았다고 해서 말뭉치가 되는 것은 아니다. 목적에 적합한 언어나 언어 사용의 다양한 특성이 전반적으로 드러날 수 있도록 정확성과 균형성을 갖추어야 한다. 정확성과 균형성을 갖춘 말뭉치는 언어의 특징, 언어의 변화, 언어 사용자의 언어 사용 실태 등을 전면적으로 드러내게 된다. 그러므로 말뭉치는 '언어'와 '언어 사용자'의 현재 모습을 살피고 평가하는 데 더 없이 중요하다. 학습자 말뭉치나 교육용 말뭉치 역시 발달 단계에 따라 학습자가 사용하고 있는 언어의 특징, 언어 변화 등 학습자의 언어 경험 실태가 총체적으로 나타나도록 구축해야 한다.

이러한 성격의 말뭉치가 만들어지면 이를 이용하여 학습자의 언어 사용 실태와 텍스트의 갈래별 특성 등을 파악해야 한다. 학습자 말뭉치와 교육용 말뭉치에 대한 분석을 통하여 학습자의 발달 단계별 언어 사용상의 특성을 찾아내어야 한다. 학습자의 발달 단계별 언어 사용의 특성이나 담화나 글의 갈래별 특성을 발견해 가는 과정은 각 단계에서 가르쳐야 할 문법 지식을 찾아내는 과정과 같다.

지금까지 학습자의 언어 경험에 대한 분석이 전혀 이루어지지 않았던 것은 아니다. 권경안 외(1980), 홍선희(1986), 이송월(1989), 위호연(1990), 위호정(1990), 이미라(1991) 등이 학습자의 언어 자료를 분석한 논의이다. 이 논의들에서 분석 대상으로 삼은 말뭉치는 학습자 말뭉치와 가깝다. 학습자가 생산한 말뭉치를 구축하여 오류를 분석하고 그 개선 방안을 모색하고 있다. 한편 최근의 논의로는 이병규·김정은(2015), 이병규·김정은(2016), 이병규·최선희(2016), 최선희·이병규(2015) 등의 연구가 있다.[6] 이 논의에서 분석 대상으로 삼은 말뭉치는 교육용 말뭉치에 가깝다. 학습자가 생산한 모범적인 텍스트를 중심으로 말뭉치를 구축하여 모범적인 텍스트가 나타내는 텍스트의 전형적인 특징과 비전형적인 특징을 분석·정리하고자 한 논의들이다.

그러나 이들 연구는 몇 가지 점에서 한계를 가지고 있다. 첫째는 이 연구들은 대부분 일기, 독서 감상문, 설명문, 각종 공책 등 문어만을 대상으로 했다. 둘째는 자료의 양이 학습자의 언어 특성을 보여 줄 수 있을 만큼 충분하지 않다. 즉 학습자 말뭉치로서의 규모와 균형을 갖추지 못했다는 것이다. 셋째, 이들 연구는 주로 표기법, 어휘 사용, 텍스트의 갈래 특징에 대한 조사에 국한되어 총체적인 학습자의 언어 사용 실태를 분석하지 못했다. 넷째, 언어 자료 수집 과정에서 지역, 학년, 교육 환경, 성별, 계열 등 다양한 변인들에 대한 고려가 부족하다. 다섯째, 단편적이고 개인적인 단발성 조사에 그쳤다. 여섯째, 오류와 실수를 명확하게 구분하지 못한 면이 있다. 일곱째, 언어 발달 단계의 구분도 대부분 외국 연구 결과를 그대로 따르는 것에 지나지 않았다.

전산 언어학과 말뭉치 언어학의 발달로 국어(언어) 교육의 학습 내용 추출에 획기적인 전기를 맞고 있다. 균형 있는 교육용 말뭉치와 학습자 말뭉치 구축을 위해서는 먼저 구어와 문어의 비율 고려, 텍스트 갈래의 안배, 초등(저중고)·중등 수준 고려, 지역 고려, 국·공립 고려, 인문계·직업계 고려, 성별 고려, 교사 변인 고려, 부모 변인 고려 등이 필요하다. 또 학습자가 생산하는 언어 자료를 원문 그대로 입력하여 날말뭉치(raw-corpus)를 구축하고 목적에 맞게 가공한 후 학습자의 언어 특성에 대한 분석을 진행하

6 외국어로서의 한국어 교육에서도 학습자 말뭉치 분석을 통한 학습 내용 선정 방식을 활용하고 있다. 대표적인 논의로 김유미(2000), 이은경(2000), 강화진(2000), 유석훈(2001), 이정희(2003) 등이 있다.

여야 한다.

학습자의 현재 국어 사용 실태를 분석하여 학습자의 수준을 진단하고 이를 교수·학습 내용 선정에 활용하고자 한다면 학습자 말뭉치가 필요하다. 한편, 텍스트 갈래별 특징의 이해 등과 같은 학습자가 앞으로 도달해야 할 수준을 파악하는 데 초점을 맞추고자 하면 교육용 말뭉치가 더 적절할 것이다.

4.2.2.2. 학습자 오류 분석의 의미 및 방법

수준별, 발달 단계별 학습 내용을 선정하기 위해서는 학습자의 언어 사용 실태를 분석하여야 한다. 학습자의 전반적인 언어 사용 실태를 분석하기 위해서는 다양한 측면이 고려되어야 한다. 발음 실태, 어휘 사용 실태, 문장 구성 실태, 규범 사용 실태, 텍스트 구성 실태, 의미 구성 및 조직 실태 등 다양한 측면의 분석이 이루어져야 한다.

실태 조사가 이루어지기 위해서는 먼저 분석 기준과 분석 능력을 갖춘 인력이 필요하다. 분석 기준이 마련되면 '발음', '어휘', '문법', '규범', '텍스트', '의미' 각 범주별로 오류 분석을 실시하여 단계적 언어 발달 양상을 기술한다. 이러한 과학적이고 객관적인 방법을 통해 도구적 관점의 교육 문법의 학습 내용이 선정될 수 있다.

오류 분석은 교육자들과 언어 교육 연구자들에게 학습자의 언어 사용 수준을 파악하게 하여 학습자에게 무엇을 가르칠 것인지, 자신이 세운 학습 목표에 어느 정도 도달시켰는지를 알려 준다. 또 학습자가 어떤 방법과 과정을 이용하여 언어를 습득하는지, 어떤 학습 전략과 과정을 사용하는지도 이해할 수 있게 해 준다. 한편 학습자 자신에게는 배우고 있는 목표에 어느 정도 도달했는지를 알 수 있게 하여 자신의 언어 능력을 발전시켜 나갈 수 있도록 해 준다는 점에서 교육적 가치가 있다.(Corder, 1967: 179쪽 참고)

학습자 말뭉치의 오류 분석을 위해서는 몇 가지 고려해야 할 점이 있다. 첫째 '오류(errors)'와 '실수(mistakes)'의 구분, 둘째 개인적 오류와 일반적 오류의 구분, 셋째, 국부적 오류와 전국적 오류의 구분, 명시적 오류와 잠재적 오류의 구분, 체계적 오류와 비체계적 오류의 구분 등이 그것이다.

먼저 오류와 실수의 차이에 대해 살펴보자. 오류는 학습자가 알고 있는 언어 사용 규칙과 그 언어의 규칙(성인이 가지고 있는 규칙)이 다르기 때문에 생기는 교육적으로 의미 있는 과오이다. 언어에 대한 지식이 부족하거나 불완전하기 때문에 오류가 나타나게 되는데 학습자가 가지고 있는 언어능력의 발현이므로 말이나 글로 표출하는 과정에서 항상 체계적이다.

초·중·고 학생들에게 흔히 나타나는 오류 가운데 '됬다(←되었다)', 뵈요(←뵈어요)'가 있다. '되었다'와 '뵈어요'의 줄임형은 '됐다'와 '봬요'이지만 올바른 표기법을 아는 학습자는 많지 않다. 특히 후자의 경우는 성인의 경우에도 자주 나타나는 오류 현상이다. 또 '진리', '논리'류를 [진니], [논니]류로 발음하는 오류도 있다. 오류는 몇 가지 학습 요인에 의해 고정화되는 현상이 강하며 지속적으로 발생한다.

결국 오류는 학습자가 학습 과정의 어느 특정한 시기에 학습자가 사용하는 언어의 체계를 보여 주는 증거물이다. 학습자는 오류를 바른 것으로 인식하기 때문에 바로 정정하지 못한다. 이에 비해 실수는 단순한 잘못이나 부주의, 심리적, 육체적 불안정 상태로 말미암아 잘못 사용되는 언어 수행상의 잘못을 말한다. 실수는 우연한 것으로 체계가 없고 되풀이되지 않으며 학습자 자신이 곧 알아차릴 수 있기 때문에 쉽게 수정할 수 있다.(Corder, 1981: 10쪽 참고)

오류는 학습자의 불완전한 문법 지식 때문에 생기는 것으로 체계적이고 반복적이다. 따라서 규칙성을 나타내게 된다. 오류 지도는 어떻게 해서 그런 규칙을 가지게 되었는가를 규명하는 것에서부터 시작해야 한다. 잘못 형성된 규칙 자체를 교정해 주어야 오류가 되풀이되지 않는다. 이러한 오류를 생산하는 규칙은 학습자 한 명을 대상으로 하는 경우도 있고 여러 학습자들에게, 또는 특정 집단의 학습자들에게 공통적으로 나타나는 경우도 있다. 전자를 개인적 오류라고 하고, 후자를 일반적 오류라고 한다.

(2) 단오에 하는 놀이와 경기

단오에 사람들은 여러 가지 놀이와 경기를 하며 이날을 즐겼다. 어린이들은 누가 여러 가지 풀을 더 많이 뜯는가 내기를 하기도 하고, 풀싸움을 하기도 하였다. 풀싸움은 두 어린이가 질경이 줄기를 서로 얽고 잡아 당겨서 끊어지지 않는 편이 이기는 경기이다.

여자들은 그네를 뛰었다. 그네는 큰 나무에서 옆으로 뻗은 가지에 매거나, 큰 통나무 돌로 기둥을 세우고 매었다. 그네는 주로 소녀들이나 나이가 찬 처녀들이 즐겨 뛰었다. 우리 조상들은 여자들이 치맛자락을 날리며 그네를 뛰는 모습에서 선녀가 나는 듯한 아름다움을 느꼈다.

남자들은 씨름을 하였다. 이 경기는 마을에서 가까운 넓은 잔디밭이나 모래밭에서 벌어졌다. 씨름에서 우승한 사람은 상으로 황소를 받고 장사로 대접을 받았다. 그러므로 건강하고 힘센 남자들은 이러한 영광을 차지하기 위해 단오를 기다렸다. 시름 경기가 벌어지면, 마을 사람들은누가 장사가 되나, 어느 마을에서 장사가 나오나 가슴을 죄며 씨름을 구경하였다.

(2)는 '단오에 하는 놀이와 경기'를 설명하는 글이다. 설명하는 글은 사실성(객관성), 정보성, 용이성을 그 내용적 특징으로 한다. 다시 말하면 설명하는 글은 독자가 궁금해 하는 것에 대한 정보를 제공할 목적으로 쓰여진다. 따라서 독자가 이해할 수 있는 수준으로 쉽게 써야 하고, 독자가 궁금해 하는 것이 해소될 수 있도록 정보가 풍부해야 하며, 필자 자신의 생각이 아니라 객관적인 사실을 제시하여야 한다.

(2)의 '단오에 하는 놀이와 경기'라는 주제는 놀이나 게임의 종류를 나열하여 설명하는 방식이 일반적으로 활용할 수 있는 적절한 설명문의 구조가 될 수 있다. (2)는 게임의 단순 나열이 아니라 어린이, 여성, 남성으로 구분하여 각각의 세대별, 성별로 관련된 놀이와 게임을 설명하고 있어 전체적으로 설명문의 조건을 충족하고 있는 글이라고 할 수 있다.

한편 (3)의 경우는 텍스트의 특성과 관련된 오류가 많이 노출되고 있다.

(3) 여러 동물이 활동하는 곳

사람들과 언제나 함께하는 동물이 사는 곳은 여러 가지가 있다. 하늘을 나는 동물은 하늘, 땅위에서 이동하는 동물은 땅, 물속에서 헤엄치는 동물은 물, 내가 조사한 것은 여러 가지 동물들이 사는 곳이다.

여러 가지 동물이 사는 곳은 크게 3가지로 나눌 수 있다. 하늘, 물, 땅. 하늘을 나는 동물에는 조류, 땅위는 얼룩말, 호랑이, 사자, 타조, 개, 고양이 등. 물속은 물고기, 해파리, 돌고래, 고래 등이 있다.

이처럼 하늘 땅위, 물속 이렇게 동물이 사는 곳이 있다. 하지만 우리 사람들이 동물들이 사는 곳을 파괴하여 동물들이 살 곳이 점점 사라지고 있다. 우리 사람에겐 이익이 되어도 동물에게 해를 입히는 것이다. 우리 사람들이 이제부터라도 동물에게 해를 입히지 않았으면 좋겠다. (초등학교 4학년 학생의 글)

(3)은 동물이 활동하는 공간을 설명하는 글이다. 이 역시 설명을 목적으로 하고 있기 때문에 설명문의 형식적, 내용적 특성을 모두 충족하여야 한다. 그런데 동물이 활동하는 곳에 대한 정보로 '하늘', '땅', '물'이라는 것과 각각에서 활동하는 동물의 예를 일부 제시한 것 외에 충분한 설명이 제시되어 있지 않다. 또 설명문은 객관적인 사실을 전달하는 것으로 주관적인 내용이나 표현은 피해야 한다. 그럼에도 불구하고 마지막 문단에서는 필자의 생각을 나타내어 설명문의 내용적 특성을 충족시키지 못하는 오류를 범하고 있다. 따라서 정보성과 객관성이라는 특성을 충족시키지 못하는 오류를 범하고 있다.

다음 (4)의 경우를 보자.

(4) 화폐의 발전과 형태

경제생활에 편의를 주는 교환 수단인 동시에 국민 경제의 발전을 좌우하는 힘을 지녔으며, 또 개개 경제 단위의 경제 활동을 규제하고 안내하는 적극적 작용을 하는 것을 화폐라 할 수 있다. 화폐는 재화의 교환에 의하여 생성한 필연적 산물로서 교환 경제 단계에 이르러 발생하게 된 것이다. 그러면 오늘날의 화폐에 이르기까지 화폐의 생성 발전과 형태에 대하여 알아보도록 하자.

아주 오랜 옛날에는 화폐를 사용할 필요가 없었다. 수렵이나 채취로 생활을 하던 시대나 그 뒤 간단한 방법으로 농사를 짓기 시작하였을 때만 하더라도 토지와 도구나 가축 등은 모두 사회 공동체 재산이었고 생산물도 균등히 분배되고 있었다. 즉 화폐로 물건을 사고 팔 필요가 없었다.

그 뒤 사회생활이 발달하여 자급자족을 하게 된 시대에는 필요한 물건을 서로 바꾸는 물물 교환을 하게 되었다. 그러나, 여기에도 불편을 느끼게 되자 누구나 다 가지기를 원하는 물건을 골라서 그것을 화폐로 삼게 되었는데, 그때 화폐의 구실을 한 것은 곡물, 옷감, 소금, 조개 껍데기 따위였다. 이런 화폐를 '물품화폐', '상품화폐'라고 한다.

그러나 이러한 화폐는 운반과 보관이 어렵고 또 품질이 변하기 쉬운 결점이 있어 차차 그 결점을 메울 수 있는 금, 은, 동과 같은 화폐가 나타나게 되었는데 이것이 '금속화폐'로서 처음에는 거래를 할 때마다 일일이 그 무게를 달거나 품질을 검사하여 사용하였다. 그러다가 이것도 불편을 느끼게 되어 이러한 금속을 일정한 형태나 무게, 품질을 갖춘 화폐로 만들어 쓰게 되었는데 이것을 '주조화폐(주화)'라고 한다.

주화도 역시 불편한 점이 많았다. 부피가 클 뿐만 아니라 무겁기 때문에 운반에도 어려운 점이 많았다. 그 결과로 나타난 것이 오늘날 우리가 사용하는 종이돈 즉 '지폐'였다. 처음 이 지폐는 언제라도 금속화폐와 바꿀 수 있었으나(이것을 '태환지폐'라고 한다.) 오늘날에는 금속화폐와 교환할 수 없는 '불환지폐'가 사용되고 있다.

지금까지 다양한 화폐의 형태와 생성 발전을 살펴보았고, 또 미래에는 어떤 형태로 발전할지는 모르겠지만 화폐가 경제 사회에서 담당 · 수행하는 기능은 실로 막대하다. 그러나 그 가운데 가치 척도의 기능과 매개 수단으로서의 기능은 가장 중심적인 것이므로 그 두 기능을 화폐의 기본적 기능이라고 한다. (김종진, 1997)

(4)는 화폐의 발전과 형태에 대해 설명하는 글이다. 정보성, 객관성을 충

족시키고 있다고 볼 수 있으며, 중등 학생들이 대상이라고 할 때 용이성(수용성)의 측면도 큰 문제가 없는 것으로 판단된다. 화폐의 발전 과정과 형태에 대해서도 나열 구조의 형식으로 적절하게 짜여 있는 것으로 볼 수 있다.

그런데 이 설명문은 초거시 구조와 관련된 오류를 범하고 있다. 다시 말하면 모든 갈래의 글이 반드시 '서론-본론-결론' 또는 '처음-가운데-끝'의 구조로 전개되어야 하는 것은 아니다. (4)에서 보는 것처럼 많은 유능한 필자들도 이와 같은 오류를 범하는 경우가 많다. 김종진(1997)에서는 이 글의 구조를 '머리말, 본문(인과/시간적 순서 구조), 맺음말' 구조로 되어 있는 것으로 보고 있다. (4)의 첫 번째 문단이 머리말, 마지막 문단이 '맺음말'에 해당하는 것으로 처리한 것이다.

첫 문단과 마지막 문단은 불필요하다. 첫 문단과 마지막 문단을 삭제하더라도 '화폐의 발전과 형태'라는 주제에 대한 설명이 충분하다. 설명하는 목적의 글은 설명하는 내용만 충실히 알기 쉽게 기술되어 있으면 그것만으로도 정보성을 온전히 갖춘 텍스트로 기능하게 된다.

꼭 시작하는 부분을 넣고자 하면 "화폐는 재화의 교환에 의하여 생성한 필연적 산물로서 교환 경제 단계에 이르러 발생하게 된 것이다. 그러면 오늘날의 화폐에 이르기까지 화폐의 생성 발전과 형태에 대하여 알아보도록 하자." 또는 "오늘날의 화폐에 이르기까지 화폐의 생성 발전과 형태에 대하여 알아보도록 하자."만으로도 충분하다. 이를 보통 '개관 표지'라고 부른다.

(4)에서는 '마무리 단계'를 넣음으로써 오히려 글의 응집성이 약화되는 결과를 초래하고 있다. '화폐의 발전과 형태'에 대해 설명하는 글인데 마무리 단계에 '화폐의 기본적 기능'이 설명되고 있어 주제에서 벗어난 마무리가 되고 있다.

이렇듯 유능한 필자, 미숙한 필자 할 것 없이 대부분 글은 '처음-가운데-끝'의 구조를 반드시 갖추어야 하는 것으로 잘못 이해하고 있는 경우가 흔하다. 이 역시 많은 사람들에게서 나타나는 일반적인 텍스트 갈래에 대한 지식 오류 가운데 하나이다.

한편, 실수는 아니지만 학습자가 어떤 항목에 대해 체계가 있다는 것을 어렴풋이 지각하고 있을 뿐이어서 표현에 일관성 없이 오류를 범하는 경우가 있다. 일관성이 없는 오류는 지속적이지 않고 임시적인 경향이 강하다. 이 단계에서 시간이 어느 정도 지나면서, 또 일정한 학습을 받은 후부터는 특정한 양상의 오류만 지속적으로 나타내게 된다. 이 단계에서는 그 언어의 체계를 분간하기 시작하며 규칙의 내재화(internalizing of rules)가 일어나 규칙적인 오류를 보이게 된다. 전자를 비체계적 오류, 후자를 체계적 오류라고 한다.[7]

오류가 겉으로 나타나느냐 아니냐에 따라 외현적(overt) 오류와 은재적(covert) 오류로 나누어 볼 수 있다. 외현적 오류는 문법적으로 잘못된 요소를 찾아낼 수 있는 경우이고 은재적 오류는 겉으로 보기에는 전혀 문제가 없는 구성이지만 의사소통 상황에서 자연스럽게 해석하기 어려운 경우이다. 전자는 타당한 문법 장치를 사용하지 않아 발생하는 오류라면 후자는 문법 장치에는 문제가 없으나 의미적인 면 즉 텍스트의 응집성에 문제가 있어 오류로 판명되는 경우에 견주어 볼 수 있다.

(5) ㄱ. 산으로 들어가서 소크라테스 호수에서 얼름썰매를 탔다. 그리고 숙소로 올라와서 올빼미 언덕에서 포대를 깔고 썰매를 탔다. 그리고 말구리 폭포에서 놀기도 했다. 그리고 연극도하고, 장기자랑을 했다.

ㄴ. 그것이 무엇이냐면 어리광을 부렸고 또 말대꾸를 하고 말을 너무 많이 하였다. 그래서 이젠부턴 잘하겠고 반성도 하겠고 이런 것도 잘 지키겠고 말대꾸 여러 가지 등을 잘하겠다.

7 Corder(1974)에서는 오류를 체계 전 단계(presystematic stage), 체계적 단계(systematic stage), 체계 후 단계(postsystematic stage)로 구분하였다. 이 중 체계 후 단계에서는 학습자의 표현이 매우 일관성이 있으며 오류를 범했을 때 그것을 설명하고 수정할 수 있는 것으로 보았다. 여기서는 이 경우를 실수로 본다. 따라서 '오류'는 체계적 오류와 비체계적 오류로만 구분한다.

앞에서도 다룬 바 있지만 (5ㄱ)의 파란색 부분 '그리고'와 (5ㄴ)의 파란색 부분 '-고'는 모두 '계기적 나열'의 용법을 나타낸다. 문장과 문장을 계기적으로 연결하는 '문법 장치'로 문법적으로는 전혀 문제가 없다. 그러나 자연스러운 한국어 문장으로 수용하기는 어렵다. 문장과 문장을 나열의 의미로 연결할 때는 접속 부사 '그리고'나 접속 어미 '-고'로 연결한다. 그것을 충실히 따른 작문의 사례이다. 따라서 겉으로 보기에는 문제가 없는 구성으로 보이지만 의사소통 상황에서는 자연스럽게 해석하기 어려운 문장이다.

다음 (6)의 경우는 문제가 더 큰 경우이다.

> (6) 영호는 아침에 놀이공원에 갔다. 놀이공원은 하루를 보내기에 매우 재미있는 곳이다. 하루를 보내기에 재미있는 곳은 여러 곳이 있다. 동물원도 그중 하나이다. 동물원에는 호랑이가 살고 있다. 호랑이는 우리나라에서는 더 이상 야생 상태로 발견되지 않는다. 우리나라에서는 발견되는 야생동물은 그 수가 점점 줄고 있다.

(6)의 한 문장 한 문장은 문법적으로 전혀 문제가 없다. 한 문장의 앞뒤 문장의 연결까지는 해석이 가능하다. 그러나 텍스트 전체는 무엇을 목적으로, 무엇을 나타내려고 하는지 이해할 수 없다. 중심 문장과 뒷받침 문장의 이해와 관련된 오류를 나타내는 경우로 볼 수 있다. 이와 같은 경우에도 은재적 오류의 범주에 포함시킬 수 있다.

이뿐만 아니라 (5)와 (6)은 그날 자신이 했던 사건을 단순히 나열하거나 자신의 생각을 나열했을 뿐, 서사 구조 속, 이야기의 구성 요소(인물, 사건, 배경)나 이야기의 전개 과정(발단, 전개, 위기, 절정, 결말)에 대한 고려를 전혀 하지 않은 글이다. 따라서 이야기가 갖추어야 하는 조건을 충족시키지 않았다는 점에서 텍스트 문법 지식에 대한 은재적 오류를 범하고 있는 것으로 볼 수 있다.

마지막으로 국부적(local) 오류와 전국적(global) 오류가 있다. 국부적 오류는 맥락을 통하여 의미를 이해할 수 있기 때문에 의사소통에는 전혀 문제가 없는 오류를 말한다. 이에 반해 전국적 오류는 그 오류 때문에 청자나 독자가 무슨 뜻인지 이해할 수 없는 어떤 맥락에서도 해석되지 않는 오류를 말한다. (5ㄱ), (5ㄴ)에서 볼 수 있는 대부분의 오류는 국부적 오류인 데 비해, (6)의 예는 은재적 오류이면서 전국적 오류에 해당하는 예라고 볼 수 있겠다.

이상에서 설명한 오류의 예들은 규칙의 과잉 적용(overgeneralization), 규칙의 제약에 대한 인식 부족(ignorance of rule restrictions), 규칙의 불완전한 적용(incomplete application of rules) 등이 원인이 된다. 오류 분석을 바탕으로 교육 문법의 학습 내용이 선정되고 오류의 원인 분석이 이루어져야 지도 요소와 지도 방법이 결정된다.

4.2.2.3. 학습자 오류 분석의 한계

학습자 말뭉치에 대한 오류 분석의 논의에서 제기되곤 하는 한계에는 다음과 같은 것이 있다. 첫째, 학습자 말뭉치에 나타나는 오류를 학습자의 전체 오류 실태라고 할 수 있는가? 둘째 ,실수와 오류의 구별이 항상 가능한가? 셋째, 오류 판단에 개인적인 차이가 생길 수 있어 객관성이 결여될 수 있다. 넷째, 오류가 많이 나타나면 난도가 높고 오류가 적게 나타나면 난도가 낮다고 볼 수 있는가?

학습자는 스스로 어렵다고 생각하는 것은 잘 사용하지 않는 경향이 있다. 이를 학습자 회피 전략(avoidance strategy)이라고 한다. 학습자가 어렵다고 생각하여 좀처럼 사용하지 않는 것은 분석자가 알아낼 수 있는 방법이 없다. 학습자가 모르거나 어렵기 때문에 사용하지 않는 어휘, 표기법, 문장 구성 등에 대해 교사는 전혀 어려움을 느끼지 않는 것으로 생각하게 된다. 이런 경우는 학습 내용으로 선정하는 데 어려움이 따른다.

이와 관련해서 또 한 가지 문제를 제기할 수 있는 것은 오류 빈도가 높으면 난도가 높은 요소이고 오류 빈도가 낮으면 난도가 낮은 것이라고 볼 수 있느냐이다. 학습자가 회피 전략에 따라 사용하지 않은 요소는 그야말로 오류 빈도와 상관없이 난도가 높은 것이다. 이와 같은 사실을 간과한 오류 분석은 신뢰하기 어렵다.

다음으로 실수와 오류의 구분과 관련된 문제는 결국 오류의 빈도와 관련된다. 잘못 사용하는 빈도가 높은 경우는 오류라고 쉽게 단정할 수 있지만 너무 어렵기 때문에 즐겨 사용하지 않아 오류 빈도가 현저히 낮은 경우는 실수인지 오류인지 판단하기 어렵다.

오류 분석에서 문제가 되는 것 중의 하나로 어디까지가 오류이고 어디까지가 정상적인 사용인지 판단하기 불분명한 경우도 있다. 오류 판단에 대한 직관이 분석자마다 차이가 있을 수 있기 때문이다. 특히 문단과 문단을 접속할 때 사용하는 응집 장치로 무엇을 쓰느냐에 따라 전환 관계로도, 병렬 관계로도, 역접 관계로도 해석될 수 있는 경우가 종종 있다. 이런 경우 모두 정상적인 쓰임으로 보아야 하는지 가장 적절한 한 경우만 수용하고 나머지는 오류로 보아야 하는지 판단하기 쉽지 않다.

이상과 같은 문제는 모두 학습자 말뭉치의 규모와 균형성과 관련된다. 전반적인 학습자의 언어 사용 실태, 학습자의 언어적 특성을 나타내기에는 성별, 나이별, 지역별 등 균형을 갖추고 있지 못하며, 충분하지 않은 규모의 말뭉치를 분석 대상으로 했기 때문에 발생하는 문제들이다. 학습자 회피 전략 때문에 발생하는 문제의 경우 빈도가 낮아 일반성을 확보할 수 없을 정도의 말뭉치 규모인 경우 문제가 된다. 그러나 학습자의 수가 충분하고 말뭉치의 규모가 충분하다면[8] 이러한 문제는 해결될 수 있다.

오류 빈도와 난도 문제는 말뭉치 규모와 전체 빈도 대 오류 빈도의 비율을 통해 난도를 판단할 수 있다. 실수와 오류의 구분 역시 말뭉치의 규모와 관련된다. 지속적이고 반복적, 체계적으로 잘못이 나타나느냐 임시적이고 일회적으로 나타나느냐는 발생 빈도와 밀접한 관련을 맺는다.

8 균형 말뭉치 구축을 위해서는 어느 정도 규모의 말뭉치가 구축되어야 하고 어떤 장르의 언어 자료들이 어떤 비율로 구성되어야 하는지에 대한 논의는 또 다른 연구거리이다. 현대인의 어휘 사용 실태를 알아보고 학습자용 국어 사전 편찬을 위해 필요한 말뭉치의 규모에 대한 연구는 있어 왔으나 교육 문법의 학습 내용을 선정하기 위한 모어 학습자 오류 말뭉치나 교육 말뭉치의 구축에 대한 논의는 거의 이루어진 바 없다.

오류 판단에 대한 개인적인 편차의 문제는 전문 인력의 양성과 밀접한 관련이 있다. 국어적 직관이 뛰어난 전문 인력을 양성하고 객관적인 분석 기준을 마련하여 분석자를 훈련시킴으로써 이러한 문제는 최소화할 수 있다.

오류 분석의 논의에서 문제로 제기되었던 대부분의 문제는 말뭉치의 균형성과 말뭉치의 대표성에서 비롯된 것이었다. 균형성과 대표성을 갖춘 대규모의 말뭉치를 구축함으로써 이러한 문제는 해결할 수 있다. 정작 중요한 문제는 이러한 것들보다 오히려 오류가 몇 개 학년에서 지속적으로 나타나는 경우 이를 몇 학년에서부터 학습 내용으로 선정해야 하고 수준별로 학습 내용을 어떻게 조직해야 하는지와 관련된 것이다.

전산 언어학과 말뭉치 언어학의 발달로 국어 교육의 학습 내용 추출에서도 획기적인 전기를 맞고 있다. 균형 있는 학습자 말뭉치 구축을 위해 먼저 구어와 문어의 비율, 텍스트(담화)의 갈래, 초등·중등·고등, 초등에서는 다시 수준(저·중·고)·지역·사립·국·공립·인문계·직업계·성별·교사·부모 변인 등을 고려하여 말뭉치를 설계해야 한다. 다음으로 학습자가 생산하는 언어 자료를 원문 그대로 입력하여 날말뭉치(raw-corpus)를 구축하고 목적에 맞게 가공한 후 학습자의 언어 특성에 대한 분석을 진행한다.

학습자 말뭉치의 오류 분석을 바탕으로 하는 자료 중심적 학습 내용 선정 작업은 몇몇의 개인이나 소규모의 기관, 단체 등이 하기에는 한계가 있다. 교육은 백년지대계라는 인식 아래 국가 차원에서 추진이 되어야 한다.

제5장. 교육 문법의 내용 체계

이 책에서는 교육 문법의 가치를 보는 관점을 무용적 관점과 함께 네 가지로 나누어 살펴보았다. 문법 지식은 어떠한 경우에도 국어과 교육에서 다루어질 필요가 없는 것으로 보는 경우(Goodman: 1987), 문법 지식은 국어 사용 기능 신장에 기여하는 경우에 한해서만 가치가 있는 것으로 보는 경우, 국어 사용 기능 신장에 기여하는지에 상관없이 문법은 독자적으로 국어과 교육적 가치가 있는 것으로 보는 경우, 국어 사용 기능 신장에 기여하는 경우는 문법을 사용 기능과 관련지어 지도하고 그렇지 않은 경우는 독자적으로 가르치고자 하는 경우가 그것이다.

이 장에서는 교육 문법의 가치에 따른 내용 체계 설정이 어떻게 이루어졌는지 또 국어과 교육과정에서는 내용 체계의 모습이 어떠한지를 논의한다. 여기서는 국어과 문법 영역의 내용 체계와 교육 문법의 내용 체계를 구분한다. 교육 문법의 내용 체계는 국어과에서 다루어지는 문법 영역은 물론 고등학교 《문법》, 《독서와 문법》, 《언어와 매체》에서 다루어지는 문법을 포괄한다.[1]

1 2007 개정, 2009 개정 교육과정에 따른 고등학교 선택 과목에서 '문법'은 '독서'와 함께 하나의 교과를 이루었고, 2015 개정 교육과정에서는 '매체'와 함께 '언어'라는 명칭으로 하나의 교과를 이루고 있다. 2007 개정 교육과정 이전에는 이후의 검정 체제와 달리 국정 체제로 《문법》 독자적으로 단일 교과를 형성하였다.

5.1. 문법의 가치에 따른 내용 체계

여기서는 각 관점에 따른 문법 영역의 내용 체계와 조직 양상을 살펴보도록 한다. 무용적 관점은 거의 받아들여지지 않고 있기 때문에 논의에서 제외한다.

5.1.1. 기반 지식적 관점과 내용 체계

기반 지식적 관점에서는 국어과의 본질적인 목표를 국어 사용 기능 신장에 두기 때문에 국어 사용 기능 신장에 도움이 되는 문법 지식에 국한해서 내용으로 선정하고 체계화하여야 한다. 그런데 문법 지식 중 모어 화자를 위한 국어 교육에서 국어 사용 기능 신장에 기여하는 문법 지식은 무엇이고 그렇지 않은 문법 지식은 무엇인지에 대한 체계적이고 구체적인 논의가 없었다. 따라서 국어과에서 학습 내용으로 선정할 수 있는 문법 지식의 범위가 어디까지인지 불분명하고, 내용 체계의 구체적인 모습이 어떠해야 하는지도 충분히 논의되지 않았다.

국어 사용 기능 신장의 관점에서 교육 문법의 지도 내용을 고찰한 최영환(1995)에서는 문법 지식은 선정 근거, 선정 방법, 내용 체계, 지도 방법이 다른 두 유형으로 나누어질 수 있는 것으로 보았다. 국어 사용 기능 신장에 직접적인 지식 기반이 되는 국어 구조에 대한 지식과 국어의 본질 및 사용에 대한 지식이 그것이다. 따라서 교육 문법의 내용 체계 역시 크게 국어 구조에 대한 지식과 국어의 본질 및 국어 사용에 대한 지식으로 짜여질 수 있는 것으로 보았다.

교육 문법의 내용을 선정할 때 국어 구조에 대한 지식은 국어 사용 능력과 직접적인 관련이 있기 때문에 이를 고려해야 한다는 것이다. 듣기, 말하기, 읽기, 쓰기 기능과 직접적인 관련이 있는 문법 지식은 국어과 교육과정의 각 영역에서 가장 기본적이고 중요한 것으로 생각하는 요소들을 확인하는 선에서 내용을 먼저 선정하고, 그 이후에 일정한 체계를 가지고 국어학의 도움을 받아 내용을 선정할 수 있다고 하였다. 즉 문법 영역의 지도 내용은 국어에 대한 연구 결과에서 직접 추출하는 것이 가장 일반적인 방법인 것으로 보았다.

한편, 국어의 본질 및 사용에 대한 지식은 국어 구조에 대한 지식과 달리 듣기, 말하기, 읽기, 쓰기와 밀접한 관련이 없기 때문에 심리언어학, 사회언어학과 같은 학문의 도움을 받아 선정할 수 있을 것으로 보았다. 이러한 생각을 반영하여 교육 문법의 내용 체계를 〈표 1〉과 같이 제시했다.

〈표 1〉 교육 문법의 내용 체계(최영환, 1995)

언어 구조에 대한 지식	음운과 문자	음성과 음운, 국어 음운의 체계, 음절, 음운의 변동
	단어	단어의 개념, 단어의 분류와 특성, 단어의 구조, 단어의 의미와 의미 관계
	문장	문장의 개념, 문자의 구성, 문장의 종류, 어순, 문장의 확대, 문장 종결, 격, 대우 표현, 시간 표현, 사동 표현, 피동 표현, 부정 표현, 비교 표현
	담화	담화의 요소, 지시와 대용, 전제와 함축, 담화의 의미 관계
언어의 본질 및 사용에 대한 지식	언어의 본질	언어의 체계, 언어 기호의 특성, 언어의 기능, 음성 언어와 문자 언어, 비언어적 의사소통
	언어와 인간	언어와 사고, 언어와 문화, 언어 습득과 발달
	국어의 사용	표준어와 맞춤법, 언어 정책, 국어의 특질, 국어의 역사

이러한 방식으로 내용을 선정하는 것은 다음과 같은 문제가 있다. 첫째는 국어 사용 기능에 도움이 되는 문법 지식과 그렇지 않은 문법 지식을 어떻게 구분하고 그 범위를 어떻게 한정할 것인가이다. 국어 사용과 직접적으로 관련이 있는 국어 구조에 대한 지식 중에는 국어의 어순 구조, 문장 구조와 같이 모어 환경에 노출되면서 자동적으로 습득되는 것이 있고, 텍스

트 구조와 같이 학습을 통해서 습득해야 하는 것이 있다. 지식 기반적 관점에 대한 논의에서는 이에 대해서는 구체적인 논의가 이루어지지 않았다는 것이 한계이다. 국어 구조 모두를 국어과 교육을 통해서 가르칠 수 있는 것도 아니고, 이미 자동적으로 습득된 국어 구조에 대한 지식은 교육 내용에서 제외하여야 한다. 그럼에도 불구하고 이에 대한 고려 없이 〈표 1〉에서 볼 수 있는 것처럼 교육 문법의 내용을 국어 구조 전체를 포함시켜 놓고 있다.

이 문제는 최영환(1995: 198쪽~200쪽)에서 제시한 국어 사용 기능에 기여하는 교육 문법의 내용을 체계화한 것을 통해서 파악할 수 있다. 그 논의에서는 교육 문법의 체계화는 언어학의 체계에 따르는 것이 가장 일반적인 방법인 것으로 보았다. 이러한 방법은 뒤에서 다루게 될 국어학적 관점에서 교육 문법(문법 영역)을 체계화하여 독자적 관점으로 분류되는 권재일(1995)의 방법과 다르지 않다.

또 국어과의 본질적인 목표를 '국어 사용 기능 신장[2]'으로 설정함으로써, 국어 사용 기능과 무관한 국어 문화적 요소와 국어 현상에 대한 탐구를 통한 지식 발견 활동 등을 국어과 교육에서 배제하게 된다는 것이다. 최영환(1995: 177쪽)에서는 문법 교육이 독자적인 가치가 있다는 주장은 국어과 교육 속에서 논의되지 않는다면, 그 나름대로 타당성을 확보할 수 있지만, 국어과 교육 안에서 논의되는 한은 국어 교육의 본질적인 목표인 국어 사용 능력을 신장시키는 데 기여해야만 가치가 있는 것으로 보았다.

2 제5차 국어과 교육과정에서는 국어 사용 기능의 신장을 궁극적인 목표로 제시하였고(교육부, 1994: 27쪽), 제6차 국어과 교육과정에서도 "교육과정에 대한 특정 이론에 구속받지 않고, 언어 사용 기능의 신장이라는 국어과 교육의 본질 추구를 상위 목표로 하여 여러 가지 이론들을 국어과 교육의 실정에 맞게 통합적으로 수용하고자 하였다."고 밝히고 있다.(교육부, 1994: 40쪽) 제7차 국어과 교육과정에서도 "제7차 교육과정은 제6차 교육과정의 정신을 발전적으로 계승하되, 학습자의 창의적 국어 사용 능력 향상을 국어과 교육의 최상위 목표로 설정하고, 이 목표 달성에 필요한 교육 내용을 듣기, 말하기, 읽기, 쓰기, 언어, 문학의 여섯 영역으로 구분할 수 있다는 관점을 취하였다. …(중략)… 제7차 교육과정은 학습자의 창의적인 국어 사용 능력 향상을 최상위 목표로 설정하고, 이것이 발전 지향적인 국어 문화의 창조에 연계되어야 함을 강조하는 관점에서 국어과의 '성격'을 규정하였다"라고 제시하고 있다.(교육부, 1998ㄷ: 9쪽~10쪽) 이와 같은 큰 방향은 현재까지 이어지고 있다고 볼 수 있으나 2009년 개정 교육과정, 2015 개정 교육과정에서는 다소 변화의 모습도 보인다.(이에 대해서는 2장 참고)

이러한 견해는 국어과 교육에서 가치 있는 문법 지식은 국어 사용 기능 신장에 기여하는 경우로만 한정하는 입장이다. 그런데 〈표 1〉에서 볼 수 있는 것처럼 언어의 본질 및 사용에 대한 지식을 내용 체계에 포함시키고 있어 '표준어와 맞춤법'을 제외한 나머지가 국어과의 상위 목표와 어떻게 관련되는지 논의가 필요하다. 만약 이들을 국어 사용 기능과 관련된 것으로 보게 되면 국어 문법 지식 중 국어 사용 기능과 관련되지 않는 것에는 어떤 것들이 있다고 해야 하는지 의문이다. 한편 국어 사용 기능에 도움이 되지 않지만 교육할 만한 가치가 있는 요소들을 국어과 교육에 수용하게 되면, 상위(본질적인) 목표와 교육과정에서 제시한 목표 사이의 연계성이나 국어 사용 기능 영역과 문법 영역, 문학 영역과의 연계성을 찾을 수 없다는 점이 문제로 남는다.

국어(언어)에 대한 연구에서 직접 추출한 내용 즉, 국어 구조가 국어 사용 기능 신장에 관여하는 방식에 대해서도 더 심도 있는 논의가 필요하다. 인간은 언어 능력을 선천적으로 가지고 태어난다고 한다. 그래서 인간은 언어 구조에 대한 학습을 하지 않고도 일상생활에서 의사소통을 하는 데 큰 불편을 느끼지 않는다. 정규 공교육을 받기 전에 사회와 가정에서 자연스럽게 의사소통에 필요한 국어 구조에 대한 지식을 상당 부분 습득하게 된다. 초등학교에 입학하는 시기에는 이미 듣기, 말하기, 읽기, 쓰기에 필요한 국어 구조에 대한 지식이 일정 수준에 도달된다. 단지 학습자에게 내재화된 국어 구조에 대한 지식을 학습자 스스로 기술하거나 설명하지 못할 뿐 사용에는 큰 불편을 겪지 않는다. 학습자가 사용하고 있는 국어 구조에 대한 기술이나 설명은 학자의 몫이지 학습자의 몫이 아니다.

또 국어 구조에 대한 모든 지식이 국어 사용과 관련되는지도 의문이다. 국어의 음성과 음운, 음운 체계에 대한 지식이 국어 사용과 어떤 관련이 있는지, 단순히 '격', '부정 표현', '문장 종결' 등이 국어 사용에 어떤 관련이 있는지, 관련이 있다면 어떤 방식으로 관련되는지도 설명이 필요하다. 국어 구조에 대해 완벽하게 알고 있는 사람은 국어 사용을 정확하게 할 수 있는 것은 분명하지만 누구도 국어 구조를 완전히 알기란 쉽지 않다. 또 학습자에게 국어 구조에 대한 지식을 가르치는 것도 쉽지 않다. 국어 구조에 대한 지식보다는 각각의 개별 요소들의 용법에 대한 지식이 국어 사용과 밀접하게 관련되어 있고 학습하기에도 용이하다.

국어의 본질 및 사용에 대한 이해는 학습 동기를 유발하고, 학습을 촉진하는 것으로, 언어 내적인 것이 아니라 언어에 대한 연구 결과로 얻어지는 단언적 지식이기 때문에 국어 사용과 직접적인 관련이 없다. 국어의 본질 범주는 국어 문화, 국어 발전, 한국인의 사고 형성 등과 관련된 것으로 주로 정의적인 영역, 태도적인 측면과 관련이 깊다. 이처럼 국어 사용과 밀접한 관련이 없는데도 학습 내용으로 선정하여 내용 체계에 넣게 되면 오히려 교육 문법(문법 영역)과 국어과 교육의 정체성이 흐려질 우려가 크다.

결국 국어과의 목표를 국어 사용 기능 신장에 두면서 국어 사용 기능 신장과 직접적인 관련이 없는 것도 모두 교육 문법(문법 영역)의 내용으로 설정함으로써 독자적 관점이나 포괄적 관점과 내용 체계에서는 큰 차이가 없는 결과를 낳게 되었다.

한편, 국어 사용에 포함되는 '표준어와 맞춤법'은 정확한 국어 사용을 위하여 중요한 요소이다. 그럼에도 불구하고 국어 사용 기능 신장에 도움이 되지 않는 것으로 다룬 것도 이해하기 어렵다. 언어 정책, 국어의 특질, 국어의 역사 등은 '국어의 사용'과 어떤 관련이 있는지와 국어 사용 기능과 직접적인 관련이 없는 이들을 '국어 사용'으로 지칭한 것도 수긍하기 어려운 부분이다.

듣기, 말하기, 읽기, 쓰기 기능과 직접적인 관련이 있는 문법 지식은 각 영역에서 가장 기본적이고 중요한 것으로 생각하는 내용들을 먼저 선정한 후, 국어학이나 언어학 체계의 도움을 받아 선정하여야 한다고 한 것도 한계가 있다. 최영환(1995)에서 지적했듯이 각 영역과 관련이 있는 문법 지식은 일관성 있는 기준에 따라 선정된 것이 아니며, 그 문법 지식을 종합하면 결국 기존의 국어학적 체계에 따라 제시한 문법 영역의 지도 내용과 대동소이하다.

이뿐만 아니라 각 영역에서 제시한 국어 사용 기능과 관련된 문법 지식이 각 학년에 적합한지, 교육적 가치가 있는지에 대한 검증이 이루어진 적이 없다. 그럼에도 각 영역에서 기본적인 문법 지식을 선정한 후, 국어학적 체계를 고려하여 내용을 구체화하는 것은 학습자의 언어 경험이나 지적 발달 수준에 대한 고려가 부족하다는 비판을 면하기 어렵다.[3] 결국 이러한 내용 선정 방법은 관련 학문의 연구 결과로서의 학문의 구조를 바탕으로 학습 내용을 선정하는 학문 중심 교육과정과 맥을 같이한다고 하겠다.

5.1.2. 독자적 관점과 내용 체계

권재일(1995)에 따르면, 독자적 관점에서 교육 문법의 지도 내용을 선정할 때는 국어학의 모든 영역을 포괄해야 한다. 따라서 독자적 관점도 내용을 선정할 때 국어학적 체계를 기준으로 하고 있는 것으로 이해할 수 있다. 이러한 관점에서 교육 문법의 내용 범주를 크게 언어의 이해, 국어의 역사와 문자, 현대 국어의 구조(음운, 단어, 문장, 텍스트), 국어의 올바른 사용으로 나누었다. 각 범주의 구체적인 내용은 〈표 2〉와 같다.

〈표 2〉 교육 문법의 내용 체계(권재일, 1995)

대영역	중영역	소영역
언어의 이해	언어의 본질	언어의 가치·중요성, 언어의 본질, 언어의 기능, 비언어적 의사소통, 세계의 주요 언어
	언어와 인간	언어와 문화, 언어와 사회, 언어와 생각, 언어 습득과 발달
	국어의 특질	국어의 가치·소중함, 음운 특질, 어휘 특질, 문법 특질

3 최영환(1995)에 따르면 제6차 국어과 교육과정 '언어' 영역의 학교급별 내용은 개략적으로 언어 구조에 대한 지식을 모두 다루고 있다. 즉 듣기, 말하기, 읽기, 쓰기 등의 영역에서 다루는 것까지 포함시키면 학교급별로 다루는 요소는 차이가 없으며 다만 내용을 기술하고 설명하는 방식과 전문성의 정도에서 차이가 날 뿐이다.

언어의 이해	국어 연구의 발자취	
국어의 역사와 문자	국어의 계통	
	국어의 역사	시대 구분, 음운 변화, 어휘 변화, 문법 변화
	국어의 문자	문자 일반, 차자 표기, 훈민정음의 이해, 한글의 우수성과 가치
현대 국어의 구조	음운	음성과 음운, 자음 체계, 모음 체계, 운소 체계, 음운 변동, 음절 구조
	단어 (품사, 조어)	품사의 기준 · 분류 · 각 품사의 특질, 체언과 조사, 용언과 활용 어미, 어휘 일반 · 국어 사전, 형태소 분석, 단어의 구조, 파생어, 합성어, 한자어, 의성어 · 의태어
	문장	문장의 개념, 문장 성분, 성분의 재료, 어순
	의미	의미의 개념, 의미의 유형, 단어의 의미 관계
	담화	담화의 요소, 담화의 표현과 이해
국어의 올바른 사용	국어의 규범	규범의 필요성, 맞춤법의 원리, 맞춤법의 실제, 표준어 규정, 표준 발음, 방언(지리적, 사회적)
	올바른 국어 사용	발음, 어휘, 문장, 담화의 적절성, 고운말
	국어의 앞날	국어 발전을 위한 자세, 남북한 언어의 차이와 그 극복

독자적인 관점에서 교육 문법의 내용을 선정하고 이를 체계화할 때는 국어학의 체계를 바탕으로 한다. 국어학의 내용 체계를 기반으로 하여 교육 문법의 내용을 선정하는 방안이 국어과 교육적 의미를 가지기 위해서는 그 내용 각각이 국어과 교육적 가치가 있어야 한다. 그리고 그 교육적 가치가 국어과의 목표에 부합해야 한다.

앞에서 살펴보았듯이 권재일(1995: 160쪽~163쪽)에서 제시한 문법의 교육적 가치와 그 영역의 독자성에 대한 근거는 다음과 같다. 첫째, 국어와 국어에 대한 체계적인 지식을 갖추고, 국어의 발전과 민족의 언어문화 창조에 이바지하도록 교육하는 것은 각급 학교의 국어과 교육에서 당연히 필요하다.

둘째, 언어는 생각을 표현하는 수단이다. 그러나 언어는 단순히 그러한 수단에 그치고 마는 것이 아니다. 생각을 언어로 나타내기 위해서는 생각 그 자체를 언어 조직에 맞도록 조정하게 된다. 그렇게 하지 않고서는 생각을 언어로 나타낼 수 없다. 그러므로 언어 구조는, 이를 사용하는 사람들의 정신세계를 형성하는 중요한 구실을 한다. 그래서 한 국가나 민족은 이러한 공통된 언어 구조에 이끌려 공통된 정신, 생각을 가지게 되어, 공통된 문화를 형성하게 된다. 그러므로 언어는 이를 사용하는 국가 또는 민족, 그리고 그 문화와 밀접한 관계가 있다. 결국 우리말은 한국 사람다운 정신을 기르면서 우리의 문화를 형성하는 데 가장 중요한 구실을 맡아 내려온 것이다. 이렇게 우리는 우리말을 통하여 우리 문화를 형성해 왔고, 이를 바탕으로 우리 민족과 국가를 지탱해 왔다. 그러한 원동력이 된 국어, 그 자체를 지식 체계로서 이해하고, 또한 국어를 소중히 여기고 더욱 발전시켜 민족문화 창조에 이바지하도록 하는 것은 학교의 중요한 과제이다.

셋째, 학교 교육에서 국사에 대한 이해를 필요로 하듯이, 국어에 대한 체계적인 지식은 단순히 국어학자의 몫만이 아닌, 우리 민족 모두의 몫이다. 국어 사용 능력에 직접적인 도움이 되지 않는다고 하여 국어에 대한 체계적인 지식을 학교에서 배제할 수 없는 까닭이 여기에 있다. 국사에 대한 지식이 삶을 살아가는 데 직접적인 도움이 되지 않는다고 해서 이를 학교 교육에서 배제하지 않는 것과 같은 이치이다. 그뿐만 아니라, 우리가 학교 교육에서 사회나 자연 현상을 교육하는 것이 반드시 이들이 실제 생활에 활용되기 때문은 아닐 것이다. 물은 분해하면 수소 두 분자와 산소 한 분자로 구성이 되어 있다는 사실을 모르더라도 일상생활에서 물을 사용하는 데 아무런 지장이 없다. 그렇다고 과학 교육에서 이를 배제하지 않는다. 이와 마찬가지로 우리가 일상생활에서 소중하게 쓰고 있는 우리말에 대하여 과학적으로 접근해 보는 것은 학교 교육에서 당연하면서 필요한 것이다. 문법의 지도 내용을 주로 국어 사용 능력의 향상에 초점을 맞추어 설정한다 하더라도, 문법 지식 지도의 독자성은 확보될 필요가 있다.

넷째, 국어학사적인 이해 역시 국어 능력 향상에 도움이 되지 않는다고 해서, 세종대왕의 한글 창제, 그리고 한글의 과학성과 그 문화적 가치, 주시경 선생의 본받을 만한 국어에 대한 태도 등을 국어과 교육에서 다루지 말아야 한다고는 할 수 없다. 비록 국어 사용 능력의 향상에 기여하지 못한다 하더라도 이들은 국어에 대한 올바른 태도와 가치관을 형성하게 하여 국어의 발전과 민족의 국어 문화 형성에 이바지하는 데에 필요한 교육이다.

이상과 같은 근거를 들어 문법에 대한 지도는 독자성을 유지할 필요가 있다고 보았다.[4] 이와 같은 문법 지식의 교육적 가치에 대한 입장에는 다음과 같은 문제가 있다. 첫째, 교육과정의 목표는 교수·학습 과정을 거쳐 도달되어야 하는 것은 당연하다. 그런데 문법 영역 설정과 그에 부합하는 내용 선정의 기준은 국어과의 목표와 문법 교육의 목표가 되어야 한다. 국어 사용 기능 신장이라는 목표로 독자적 관점의 문법 지식을 모두 포함할 수 없다면 그 목표를 어떻게 설정해야 하는지 논의가 있어야 한다.

즉, 문법 영역과 관련된 목표를 어떻게 설정할 것인지가 먼저 논의되어야 하고 그 목표에 대한 설득력 있는 근거가 제시되어야 한다. 언어와 국어에 대한 체계적인 지식을 갖추어야 하는 이유는 무엇이고, 국어의 발전과 민족의 언어 문화 창조에 이바지하기 위해 왜 문법의 지도가 필요한지 그 관련성을 밝힐 때라야만 그 목표가 타당한 것으로 받아들여지고 따라서 문법 교육의 독자성도 확보될 수 있다.

둘째, 국사나 수학, 과학과 관련된 지식을 모르더라도 삶을 살아가는 데 아무런 어려움이 없음에도 불구하고 각 교과 교육에서 배제하지 않는 것과 마찬가지로, 국어 사용 기능에 도움이 되지 않는 문법 지식도 국어과에서 교육되어야 한다고 보는 것도 설득력이 약하다. 각 교과나 교과 영역의 교육적 가치는 그 교과 내에서의 동기와 필요성에 의해 판단되어야지 다른 교과에서 그러하니 국어과에서도 필요하다는 주장은 문법 교육의 독자성

4 이러한 관점은 국어과의 경우 학문 중심의 교육과정인 제4차 교육과정의 정신과 맥을 같이하는 것으로, 학생들의 상황이나 교육적 필요성을 진지하게 고려하지 않은 것이라 하여 비판되기도 한다.

의 근거로서 충분하지 않다.

셋째, 국어사나 한글 창제와 같은 국어학사적 내용의 이해, 그리고 국어에 대한 태도 등은 문법 영역의 내용이 될 수 있지만, 이것만으로 문법 영역의 독자성을 주장하기엔 충분하지 않다.[5] 그리고 이를 통해 문법 영역의 독자성이 확보되기 위해서는 국어과의 본질적인 목표는 물론 다른 목표들과의 관련성도 밝혀져야 한다. 그렇지 않으면, 서로 이질적인 영역이 모여 한 교과를 구성하게 되는 결과를 초래하게 된다. 이러한 문제들이 해결되지 않고는 문법 교육은 결국 국어학 교육이라는 기존의 비판을 면하기 어렵다.

그러나 언어 구조가 그 언어를 사용하는 사람들의 정신세계를 형성하는 중요한 구실을 하기 때문에 문법 교육이 필요하다고 하는 독자적인 관점은 매우 타당하다. 이와 관련한 세부적인 논의는 1.1.3. 절과 3.3. 절에서 이루어진 바이므로 여기서는 더 나루지 않는다.

5.1.3. 포괄적 관점과 내용 체계

포괄적 관점을 나타내고 있는 김광해(1997/2001: 103쪽)에서의 교육 문법의 학습 내용 체계를 살펴보자.

〈표 3〉 교육 문법의 내용 체계(김광해, 1997/2001)

성격	대영역	중영역	소영역
지식	우리말 알기	언어 규범	맞춤법, 표준어, 표준 발음, 한자
		언어 일반	언어의 본질, 언어와 사고, 언어 현상, 언어와 국어
		국어 문화	국어의 특질, 우리말의 역사, 한글의 역사 및 가치, 우리말을 빛낸 인물
		국어 탐구	말소리, 형태소, 단어, 품사, 어휘, 문장(문법 요소), 의미, 이야기

5 국어사, 국어학사적인 지식에 대한 학습은 대부분 중·고등학교 단계에서 이루어진다. 그렇게 되면 초등학교의 국어과 교육에는 문법 영역이 불필요하다는 것이 되고 만다.

태도	우리말 가꾸기	바른 언어 생활	정확한 단어 구사, 정확한 문장 구사, 논리적인 텍스트 생산
		풍부한 언어 생활 국어 사랑의 태도	풍부한 어휘 구사, 어휘력 증진의 방법, 국어 문제의 인식, 국어 발전을 향한 정신

포괄적 관점은 국어 교육의 하위 영역을 기능, 문학, 언어의 3대 영역으로 가른다고 전제할 때, '국어' 과목에서 반드시 다루어야 할 만한 내용들이지만 기능 영역이나 문학 영역에 속하기 어려운 나머지 내용들은 문법 영역에서 다루어질 수 있다고 보는 입장이다. 즉, 국어 사용 기능 신장의 기반 지식이 되는 문법 지식뿐만 아니라, 그렇지 않지만 교육할 만한 가치가 있는 문법 지식들도 교육 문법(문법 영역)에 포함시켜 지도하되, 국어 사용 기능에 기반이 되는 문법 지식은 국어 사용 기능과 관련시켜 지도하자는 입장이다.[6]

〈표 3〉에서 확인할 수 있듯이 국어 사용 기능 신장을 위한 기반이 되는 문법 지식과 그렇지 않은 문법 지식이 구분되어 있지 않다. 문법 영역의 성격 설정과 내용 선정에 있어 중요한 기준이 국어 사용 기능의 기반이 되느냐 그렇지 않느냐인데 이에 대한 고려 없이 지식과 태도로 성격을 구분해 놓았다. 대영역, 중영역, 소영역에서도 이러한 문제는 그대로 내재해 있다. 포괄적 관점의 취지대로라면, 국어 사용 기능 신장에 도움이 되는 문법 지식과 그렇지는 않지만 교육할 만한 가치가 있는 문법 지식을 구분하여 제시하여야 한다. 또한 구체적으로 제시한 내용이 국어학(언어학)의 체계에 따라 구성한 것과 별반 차이가 없다. 즉 독자적 관점의 내용 체계를 구성하는 요소와 어떻게 다른지도 설명이 필요하다.

이상에서 본 바와 같이 김광해(1997/2001: 103쪽)에서 제시한 교육 문법의 내용 체계는 소영역에서는 권재일(1995)나 최영환(1995)의 내용 체

6 포괄적인 관점에 대해서는 이성영(1995: 112쪽~113쪽), 김광해(1997/2001: 87쪽)에서 논의되고 있다. 포괄론의 입장도 국어 사용 기능 신장에 기반이 되는 문법 지식을 기능 영역에 포함시킬 것인지 문법 영역에 포함시킬 것인지에 따라 세부적인 차이를 나타낼 수 있다.

계와 크게 다르지 않다. 그 이유는 이 경우에도 내용 체계 구성이나 내용 선정 기준으로 국어학적 체계를 기반으로 하고 있기 때문이다.

5.2. 교육과정의 내용 체계

5.1. 절에서는 문법 지식의 교육적 가치에 대한 다양한 관점과 각각의 관점에서 제시한 교육 문법(문법 영역)의 내용 체계와 내용 선정 방식을 비판적으로 검토했다. 문법 지식이 국어 사용 기능 신장의 기반이 되는 경우에만 국어과 교육적 가치가 있는 것으로 보는 경우나 그렇지 않은 경우나 내용 선정 방식이나 내용 체계에 있어서는 결과적으로 큰 차이가 없었다. 내용 체계는 교수·학습 내용, 평가의 준거로서의 성취 기준을 도출해 내는 틀로서의 역할을 하는데 내용 체계에서 큰 차이가 없다면 구체적인 교육 문법의 내용 요소 역시 대동소이할 수밖에 없다.

이 절에서는 국어과 교육과정상에서는 교육 문법의 내용 체계가 어떻게 설정되어 왔는지 살펴본다. 〈표 4〉는 제7차 교육과정의 문법 영역의 내용 체계이다.

〈표 4〉 문법 영역의 내용 체계(제7차 교육과정)

국어의 본질	국어의 이해와 탐구	국어에 대한 태도
• 언어의 특성 • 국어의 특질 • 국어의 변천	• 음운 • 낱말 • 어휘 • 문장 • 의미 • 담화[1]	• 동기 • 흥미 • 습관 • 가치
국어의 규범과 적용 • 표준어와 표준 발음 • 맞춤법 • 문법		

주 1) 앞에서도 언급한 바 있지만 국어과 교육과정에서 '담화'라는 용어는 두 개념으로 혼용되고 있다. 이 경우는 이 책의 텍스트(구어 텍스트와 문어 텍스트 통칭)의 개념으로 사용된 것으로 볼 수 있다. 그러나 두 문장 이상의 연쇄인 텍스트로서의 '글'에 대립하여 '말'을 나타낼 경우에도 '담화'로 명명하고 있다.

창의적인 국어 사용 기능 신장이 본질적인 목표인 제7차 국어과 교육과정의 문법 영역의 내용 체계 역시 국어학적 체계와 크게 다를 바 없다. 단지 국어에 대한 태도 범주로 '동기, 흥미, 습관, 가치' 부분이 포함되었다는 것이 차이다.

그런데 국어에 대한 태도 범주의 하위 요소들은 다른 범주의 하위 요소들과 같은 차원의 개념이 아니라는 데 문제가 있다. 국어의 본질, 국어의 이해와 탐구, 국어의 규범과 적용 부분의 하위 요소들은 모두 국어학적 또는 국어적 개념이 대상이다. 이에 비해 국어에 대한 태도는 그 대상이 매우 불분명하다. 교과 특수적인 것이라기보다는 교육 보편적인 '동기, 흥미, 습관, 가치'가 국어에 대한 태도 범주의 하위 요소를 이루고 있어 매우 이질적이다. 이러한 요소들이 국어에 대한 태도 범주의 직접적이고 구체적인 대상이 될 수는 없다.[7]

국어의 규범과 적용도 무엇을 뜻하는지 불분명하다. 국어의 규범과 규범의 적용인지 국어의 본질, 국어의 이해와 탐구, 국어에 대한 태도와 관련된 지식을 국어 생활에 적용하는 것을 의미하는지 명확하지 않다.

교육부(1998ㄷ: 20쪽)에 따르면 '실제(국어의 규범과 적용 범주)'와 다른 범주들 간의 관계를 점선(……)으로 표시한 것은 본질, 원리, 태도 범주의 교육 내용과 유기적으로 통합되어야 함을 강조하기 위해서라고 밝히고 있다. 그런데 문법 영역의 경우에는 '국어의 규범과 적용'의 하위 요소로 표준어와 표준 발음, 맞춤법, 문법을 설정해 놓은 것으로 보아 기능 영역들과 달리 본질, 원리, 태도 범주와 유기적으로 통합되어 있다고 볼 수 없다. 왜냐하면 '국어의 규범과 적용 범주'와 본질, 원리, 태도 범주와의 관련성이 기능 영역에서 '실제' 범주와 본질, 원리, 태도 범주와의 관련성과 성격이 다르고 또 구체적으로 어떻게 관련을 맺게 되는지도 불분명하기 때문이다.

또 국어 규범에서 다루어지는 문법의 성격과 국어의 이해와 탐구에서 제

7 '태도' 범주의 이러한 문제는 듣기, 말하기, 읽기, 쓰기, 문학 영역에서도 마찬가지로 제기된다.

시된 문법의 성격이 어떻게 다른지도 의문이다. 국어의 규범과 적용 범주는 다른 범주와의 유기적인 통합보다는, 교육부(1998: 20쪽)에서 밝히고 있듯이, '국어 규범' 범주의 교육 내용은 맞춤법, 표준 발음 등과 관련된 각종 규범에 대한 지식 습득과 그 지식을 실제의 국어 생활에 활용하여 보다 향상된 국어 생활을 영위하는 데 도움을 주고자 설정된 것이다. 이러한 교육과정의 설명은 문법 영역의 내용 체계 설정 기준과 기능 영역의 내용 체계 설정 기준이 동일하지 않음을 나타내는 것이라 하겠다.

문법 영역의 이러한 문제점을 해결하기 위해 개정된 '2007 개정 국어과 교육과정의 내용 체계'를 살펴보기로 한다. 2007 개정 국어과 교육과정의 내용 체계는 이론적으로나, 국어과 내적 논리적으로나 가장 타당하다고 판단된다.

〈표 5〉 문법 영역의 내용 체계(2007 개정 교육과정)

<table>
<tr><td colspan="2">국어 사용의 실제
• 음운 • 단어 • 문장 • 담화/글</td></tr>
<tr><td>지 식
• 언어의 본질 • 국어의 특질
• 국어의 역사 • 국어의 규범</td><td>탐 구
• 관찰과 분석 • 설명과 일반화
• 판단과 적용</td></tr>
<tr><td colspan="2">맥 락
• 국어 의식 • 국어 생활 문화</td></tr>
</table>

2007 개정 국어과 교육과정의 내용 체계는 듣기, 말하기, 읽기, 쓰기, 문법, 문학 6개 영역 모두 실제, 지식, 기능, 맥락 범주로 체계화하였다. '지식' 범주는 주로 명제적 지식과 관련된 내용 요소가 포함되고 문법 영역의 '탐구', 듣기 · 말하기 · 읽기 · 쓰기 영역의 '기능', 문학 영역의 '수용과 생산' 범주는 주로 절차적 지식[8]과 관련된 내용 요소가 포함된다.

8 명제적 지식은 어떤 것이 사실임을 아는 것이며(knowing something), '어떤 것' 속에는 사실, 신념, 의견, 일반화, 이론, 가설 및 태도 등이 포함된다. 명제적 지식은 자기 자신, 남들, 세계에 대한 지식이며 재생 또는 재인 등의 기억 검사나 문장 확인 기법(sentence verification technique) 등을 이용하여 측정한다. 한

문법 영역의 내용 체계의 이해를 돕기 위해 기능 영역 가운데 '읽기' 영역과 '문학 영역'의 내용 체계를 먼저 살펴보자.

〈표 6〉 읽기 영역의 내용 체계(2007 개정 교육과정)

<table>
<tr><td colspan="2">읽기의 실제
• 정보를 전달하는 글 읽기 • 설득하는 글 읽기
• 사회적 상호 작용의 글 읽기 • 정서 표현의 글 읽기</td></tr>
<tr><td>지 식
• 소통의 본질
• 글의 특성
• 매체 특성</td><td>기 능
• 내용 확인
• 추론
• 평가와 감상</td></tr>
<tr><td colspan="2">맥 락
• 상황 맥락 • 사회 · 문화적 맥락</td></tr>
</table>

〈표 6〉에서 볼 수 있듯이 '실제' 범주는 읽기의 목적과 텍스트 그리고 읽기 활동이 결합된 형태로 제시된다.[9] 실제는 성취 기준을 도출하는 '일차 조직자'의 역할을 하고, 실제를 통하여 읽기 활동의 목적에 맞는 글이 정해지

편 절차적 지식은 인지적 활동을 어떻게 수행할지를 아는 것이다. 예컨대 학생이 나누기 문제나 서술형 수학 문제를 바르게 풀거나, 읽은 글을 요약하거나, 발췌문을 훑어 읽어 보거나 또는 화학 실험을 바르게 해낸다면 그는 적절한 절차적 지식을 갖고 있음을 보여 주는 것이다. 왜냐하면 이러한 과제에는 모두 과제 수행에 필요한 '어떻게'가 요구되기 때문이다. 이외에도 조건적 지식이 있는데 명제적 지식과 절차적 지식을 언제(어떤 조건에서) 사용하며 또한 그렇게 사용하는 것이 왜(어떻게 해서) 중요한지를 아는 것으로, 명제적 지식의 한 형태라고 볼 수도 있다. 절차적 지식도 지식이라는 측면에서 '어떤 것이 사실임을 아는 것'의 '어떤 것'에 포함되는 것으로 볼 수 있으므로 '절차적 지식'으로 명명하는 것에 대한 이견이 있다.

9 실제는 의사소통 기능을 기준으로 텍스트 장르(갈래)를 설정한 후 그에 따라 국어 사용 활동을 분류하고 있다. 듣기, 말하기, 읽기, 쓰기, 문학은 텍스트 차원에서 실제를 구성하고 있지만, 문법은 언어 (사용) 단위(음운에서부터 텍스트 차원까지)를 실제 구성의 기준으로 하고 있다는 점에서 차이가 있다. 문법이나 문학의 실제 범주의 하위 요소가 활동의 형태로 제시된 것이 아니라는 점에서 기능 영역도 이와 제시 방식을 통일하는 것이 일관성이 있다. 즉, '정보를 전달하는 글(말)', '설득하는 글(말)', '사회적 상호 작용의 글(말)', '정서 표현의 글(말)' 등과 같이 제시하는 것이 그것이다. 다른 한편으로는 문법 영역과 문학 영역의 '실제' 범주의 하위 요소를 활동의 형태로 제시하는 것이 가능하다. '음운'의 탐구와 적용 · '단어'의 탐구와 적용 · '문장'의 탐구와 적용 · '담화/글'의 탐구와 적용, '시(시가)'의 수용과 생산 · '소설(이야기)'의 수용과 생산 · '극(연극, 영화, 드라마)'의 수용과 생산 · '수필 · 비평'의 수용과 생산 등과 같은 방법으로 제시할 수 있을 것이다. 실제로 2015 개정 국어과 교육과정에서는 의사소통 기능과 글의 유형을 통합하여 핵심 개념 중 '목적에 따른 글의 유형' 범주를 ' 정보 전달, 설득, 친교 · 정서 표현'으로 하위 구분하여 제시하고 있다.

면, 그 글을 읽는 데 필요한 '지식'과 '기능'과 '맥락' 요소를 추출하여 학습 내용 요소로 선정하게 된다. 이와 같은 과정으로 학습 내용이 선정되기 때문에 '지식', '기능', '맥락' 범주를 내용 선정을 위한 '이차 조직자'라고 한다.

결국 일차 조직자인 '실제'는 이차 조직자인 내용 요소 범주(지식, 기능, 맥락)를 통어하게 되는 것이다. 성취 기준과 그 성취 기준을 도달하기 위하여 학습해야 하는 내용 요소를 선정하기 위한 이러한 원리는 쓰기, 듣기, 말하기 영역의 경우에도 다르지 않다.[10]

〈표 7〉 문학 영역의 내용 체계(2007 개정 교육과정)

<table>
<tr><td colspan="2">작품의 수용과 생산의 실제
• 시(시가) • 소설(이야기) • 극(연극, 영화, 드라마) • 수필 · 비평</td></tr>
<tr><td>지 식
• 문학의 본질과 속성
• 문학의 양식과 갈래
• 한국 문학의 역사</td><td>수용과 생산
• 내용 이해
• 감상과 비평
• 작품의 창조적 재구성
• 작품 창작</td></tr>
<tr><td colspan="2">맥 락
• 수용 · 생산의 주체 • 사회 · 문화적 맥락 • 문학사적 맥락</td></tr>
</table>

그러나 문학 영역의 '실제'는 문학 창작이나 감상 활동을 위한 문학 텍스트 갈래를 제시하고 있다. 실제를 제시하는 기준은 기능 영역과 차이가 있지만, 실제가 성취 기준을 도출하는 일차 조직자의 역할을 한다는 것, 실제를 통하여 문학 창작과 감상 활동을 위한 문학 갈래(텍스트 갈래)가 정해지면 그 갈래에 대한 창작이나 감상에 필요한 내용 요소를 '지식' 범주와 '수용과 생산' 범주 그리고 '맥락' 범주에서 선정하게 된다. 따라서 문학 영역 역시 실제는 성취 기준 도출을 위한 '일차 조직자'로 '지식', '수용과 생산', '맥

10 2015 개정 국어과 교육과정에서는 내용 체계를 조직하는 데 있어 2007, 2009 개정 교육과정의 논리와 차이가 있다. 국어과의 교수 · 학습 내용을 선정하는 데 국어과 고유의 내적 논리에 따라 조직된 것이 아니라 모든 교과에 공통적인 틀을 제공하고 있다.

락' 범주를 '이차 조직자'라고 할 수 있으며 '실제'가 내용 요소 범주를 통어한다고 말할 수 있다.

사실 작품의 창작과 감상 활동은 1.1.2.2. 절에서 살펴본 언어의 '(심)미적 기능'과 연결된다. 그렇기 때문에 '작품의 수용과 생산의 실제'의 상위 기능은 '(심)미적 기능'을 설정하는 것이 가능하다. 이를 고려하면 '실제'는 '심미적 목적의 작품 감상과 창작'을 설정하는 것이 가능하다. 이를 더 세분하면 '수용(감상)'의 실제를 (심)미적 목적을 위한 시(시가) 감상하기, 소설(이야기) 감상하기, 극(연극·영화·드라마) 감상하기, 수필·비평 감상하기로 구분할 수 있다. 한편 '생산(창작)'의 실제는 (심)미적 목적을 위한 시(시가) 창작하기, 소설(이야기) 창작하기, 극(연극·영화·드라마) 창작하기, 수필·비평 창작하기로 구분할 수 있다.

문학 영역의 실제를 이와 같이 파악하면 국어 활동의 목적(텍스트의 기능)에 따라 실제를 제시하고 있는 〈표 6〉의 읽기의 내용 체계를 비롯하여 듣기·말하기, 쓰기의 경우와 일맥상통한다고 볼 수 있다. 따라서 일차 조직자로서의 '실제'가 이차 조직자로서의 '지식', '수용과 생산', '맥락'을 통어하고 있다는 것이 더 명확하게 설명된다.

다음은 문법 영역의 경우를 살펴보자. 문법 영역의 실제를 제시하는 방식은 기능 영역과도 문학 영역과도 차이가 있다. 문법 영역의 실제를 제시하는 기준은 언어 (사용) 단위라고 이해할 수 있다. 작게는 말소리에서 크게는 텍스트까지 해당된다. '음운'이 '말소리'가 되어야 하는 것은 '단어', '문장', '담화/글'은 구체적인 실제를 나타내는 용어로 사용하고 있지만 '음운'은 추상적인 실제이기 때문이다. '실제'는 국어 사용의 실제이기도 하거니와 국어 현상 탐구와 문법 적용의 실제라는 점에서는 추상적인 실제보다 구체적인 실제로서의 언어 사용 단위가 제시되는 것이 합리적이다.

언어 (사용) 현상을 탐구하여 국어 문법 지식을 발견하고, 도출한 지식을 언어 사용 상황에 적용한다는 점에서 문법 영역(교육 문법)의 실제 범주는 말소리 사용 차원, 단어 사용 차원, 문장 사용 차원, 담화·글 사용 차원으로 구분하여 제시하는 것이 가능하다. 또 실제가 성취 기준을 도출하는 일차 조직자라는 측면에서도 이와 같이 구분하는 것은 가능하다.

그런데 국어과 교육과정에서 제시된 문법 영역이나 문학 영역의 실제 범주는 국어 활동의 목적을 기준으로 구분한 것도 아니며, 또 국어 활동의 형태로 제시한 것도 아니다. 국어과의 모든 영역의 실제 범주의 하위 요소를 제시하는 방식에 일관성을 유지하기 위하여서는 국어 사용 기능 영역을 문법이나 문학 영역과 일치시키는 것이 가능하다. 또 문법이나 문학 영역을 국어 사용 기능 영역과 일치시키는 것도 가능하다.

전자를 따르면 국어 사용 활동의 목적에 활동의 단위인 텍스트 갈래를 결합하여 '정보를 전달하는 글(말)', '설득하는 글(말)', '친교를 나타내는(사회적 상호작용하는) 글(말)', '정서 표현의 글(말)' 등과 같이 제시할 수 있다. 후자를 따르면, 문법 영역과 문학 영역의 '실제' 범주의 하위 요소를 활동의 형태로 제시하는 것이 가능하다. '말소리'의 탐구와 적용·'단어'의 탐구와 적용·'문장'의 탐구와 적용·'담화/글'의 탐구와 적용, '시(시가)'의 수용과 생산·'소설(이야기)'의 수용과 생산·'극(연극, 영화, 드라마)'의 수용과 생산·'수필·비평'의 수용과 생산 등과 같은 방법이 그것이다. 특히 문학 영역의 실제는 언어의 (심)미적 기능을 상위 범주로 하여 '실제'의 하위 범주를 구체적으로 제시하였다.

한편, 문법 영역의 실제 범주는 그 명칭이 타 영역과 비교하여 볼 때 적절하지 않은 면이 있다. 즉 듣기의 실제, 말하기의 실제, 읽기의 실제, 쓰기의 실제, 작품의 수용과 생산의 실제는 각 영역의 교수·학습 내용으로서 지식과 기능을 추출하는 상위 범주가 된다. 그러나 문법 영역의 실제 범주 명칭은 '국어 사용의 실제'로 명명되어 그 범위가 매우 포괄적일 뿐만 아니라 탐구 활동과 관련되는 절차적 지식(탐구 기능) 범주와 관련짓기도 쉽지 않다. 또한 국어 사용이라는 말은 국어과에서 주로 듣기·말하기·읽기·쓰기 활동을 가리키는 것으로 문법 영역의 실제만을 한정해서 가리키는 것으로는 적절하지 않다.[11] 따라서 문법 영역의 실제 부분은 국어 (사용) 현상에 대한 탐구와 문법 지식의 적용 활동이 이루어지는 것을 포괄해야 하므로 '국어 (사용) 현상의 탐구와 문법 적용의 실제'로 구체화하는 것이 적절하다.

〈표 8〉 문법 영역의 내용 체계(수정 1)

국어 (사용) 현상 탐구와 문법 적용의 실제 • 말소리 • 단어 • 문장 • 담화/글	
지 식 • 언어의 본질 • 국어의 특질 • 국어의 역사 • 국어의 규범	**탐 구** • 관찰과 분석 • 설명과 일반화 • 판단과 적용
맥 락 • 국어 의식 • 국어 생활 문화	

지금까지 문법 영역에서 지식 범주의 하위 구성 요소에 대해서는 대체적으로 큰 이견이 없었다. 언어의 본질, 국어의 특질, 국어의 역사, 국어의 규범 등은 모두 문법 영역의 명제적 지식이라고 할 만하다. 왜냐하면 명제적 지식은 이해와 재인, 기억의 대상이기 때문에 앞의 각각은 이에 해당하는 것으로 볼 수 있다. 또 실제의 '말소리', '단어', '문장', '담화/글'은 국어 (사용) 현상을 탐구하거나 문법 지식을 적용하기 위한 활동의 성취 기준을 도출하는 일차 조직자로 기능하는 것이 가능하고, 각 단위의 '국어의 특질, 국어의

11 국어 국민 공통 교육과정 최종 심의본 3쪽~4쪽 '내용 요소의 체계' 부분에 따르면 "문법 영역은 '지식'과 '탐구' 범주를 중심으로 하여 내용을 선정하되, '국어 사용의 실제'와 긴밀하게 관련짓도록 한다. '지식'은 언어의 본질, 국어의 특질, 국어의 역사, 국어의 규범에 관한 내용과 관련된다. '탐구'는 관찰과 분석, 설명과 일반화, 판단과 적용과 관련된다. '지식', '탐구'는 국어 의식의 고양과 국어 생활 문화의 진작을 지향하되, '국어 사용의 실제'를 중심으로 통합될 수 있도록 한다. '국어 사용의 실제'는 말소리, 단어, 문장, 담화 또는 글의 층위에서 다양한 언어 자료를 활용하여 이루어지도록 한다."고 서술되어 있다. 이를 통해 실제와 맥락, 지식, 탐구 범주의 관련성을 파악할 수 있다. 문법 영역의 실제는 기능 영역이나 문학 영역의 실제와 달리 문법 영역 고유의 '실제'라고 하기 어렵다. '맥락' 역시 다른 영역과 달리 그 기능이 같지 않다.

역사, 국어의 규범' 관련 지식 요소와 각 단위와 관련된 탐구와 적용 요소를 도출하는 것이 가능하다. 따라서 '지식'과 '탐구'를 성취 기준을 만들어 내는 이차 조직자의 기능을 하는 것으로 볼 수 있다. 그리고 실제가 지식 요소 범주를 통어한다고 말하는 것도 성립한다. 따라서 국어 사용 기능 영역, 문학 영역, 문법 영역의 내용 체계는 모두 같은 원리로 설명할 수 있게 된다.

그런데 〈표 5〉, 〈표 8〉의 내용 체계에서 지식 범주의 하위 요소에는 음운, 형태소, 단어, 문장, 담화(글)의 구조와 의미의 이해 등과 관련된 내용은 포함되어 있지 않다. '국어의 특질' 범주에 포함된다고 해석할 수 없는 것은 아니나 〈표 9〉에서 볼 수 있는 것처럼 제7차 교육과정을 비롯한 대부분의 논의들에서는 '국어의 특질'은 국어 문화의 한 요소로 다루고 있다.

〈표 9〉 국어의 특질 범주의 상위 범주 설정 현황

논저	상위 범주명	하위 범주명	
		논의 대상 범주	병렬 범주
제7차 교육과정	국어의 본질	국어의 특질	언어의 특성, 국어의 변천
	국어의 이해와 탐구	음운, 낱말, 어휘, 문장, 의미, 담화	
최영환 (1995)	언어의 본질 및 사용에 대한 지식	국어의 특질	표준어와 맞춤법, 언어 정책, 국어의 역사
	언어 구조에 대한 지식	음운과 문자, 문장, 담화 범주의 하위 요소	
권재일 (1995)	언어의 이해	국어의 특질	언어의 본질, 언어와 인간, 국어의 특질
	현대 국어의 구조	음운, 단어(품사, 조어), 문장, 의미, 담화	
김광해 (1997/2001)	국어 문화	국어의 특질	우리말의 역사, 한글의 역사 및 가치, 우리말을 빛낸 인물
	국어 탐구	말소리, 형태소, 단어, 품사, 어휘, 문장(문법 요소), 의미, 이야기	

〈표 9〉에서 볼 수 있듯이 '국어의 구조'에 대한 지식과 관련된 '말소리, 형

태소, 단어, 품사, 어휘, 문장, 의미, 담화' 등은 지식 범주의 별도 하위 범주로 구분해 왔다. 따라서 〈표 8〉의 '지식' 범주에 '국어의 구조와 의미'라는 하위 요소가 추가되어야 한다.[12] 제7차 국어과 교육과정이나 김광해(1997/2001) 등에서는 국어의 구조와 의미 관련 요소를 국어의 탐구 범주에 포함되는 것으로 보고자 했다. 이와 달리 2007 개정 국어과 교육과정에서는 '탐구' 범주의 구성 요소를 '관찰과 분석, 설명과 일반화, 판단과 적용'으로 제시하고 있으나 앞의 〈표 5〉에서 볼 수 있듯이 '지식' 범주에 '국어의 구조'가 빠져 있다. 지식 범주의 하위 범주로 '국어의 구조'를 제외한 것은 국어의 구조는 '탐구' 범주의 탐구 대상 또는 결과로 보고 있기 때문인 것으로 추측할 수 있다. 이러한 태도는 '탐구' 범주를 교수·학습의 내용으로서가 아닌 방법으로서 보는 것이 된다. 이와 같이 보게 되면 내용 체계와 탐구의 관계를 잘못 해석하게 된다. 내용 체계는 성취 기준 즉 교수·학습 내용을 도출하는 구실을 하는데 거기에 교수·학습 방법으로서의 탐구가 통합되는 결과가 초래되기 때문이다. 내용 체계에서 '탐구'는 교수·학습 내용으로서 '탐구 기능'을 의미하는 것인바, '국어의 구조'와 관련된 지식은 당연히 '지식' 범주에 포함되어야 한다. 필자의 이와 같은 비판(이병규, 2008ㄱ)이 2009 개정, 2015 개정 교육과정의 문법 영역 내용 체계에서는 수용되고 있다.

한편, 이병규(2008ㄱ: 261쪽~263쪽)에 따르면, 탐구 범주를 2007 개정 교육과정과 같이 제시하면 제7차 교육과정에서 '태도' 범주의 경우와 같은 문제가 생긴다. 즉 사회나 과학 등의 탐구와 적어도 내용 체계상으로는 변별되지 않는다는 것이다. 따라서 탐구 범주에서는 국어 현상에 대한 전반적인 것이 포함되어야 하므로 국어 (사용) 현상에 대한 관찰과 분석, 국어 (사용) 현상에 대한 설명과 일반화, 국어 (사용) 현상에 대한 판단과 결과의 적용으로 범위를 한정하여 제시하여야 국어과 교육의 고유성을 명확히 할 수 있다. 이러한 이병규(2008ㄱ)의 논의가 반영되어 5.3. 절의 〈표 10〉에서

12 2007 개정 국어과 교육과정 문법 과목의 내용 체계 구성에서도 국어의 구조는 '국어와 앎'에 포함되어 있어 지식 범주에 포함되어야 한다는 것을 단적으로 보여 주고 있다.

볼 수 있듯이 2009 개정 국어과 교육과정에서는 탐구 범주의 하위 요소가 '국어의 분석과 탐구', '국어 지식의 적용' 등으로 구체화되었다.

그리고 말소리, 형태소, 단어, 문장, 텍스트, 의미 등 국어의 구조에 대한 지식은 '지식' 범주의 하위 요소로 다루고 말소리, 형태소, 단어, 문장, 텍스트, 의미 등과 관련된 국어 현상이나 국어 사용 현상의 탐구 활동을 통하여 탐구 기능을 학습하는 것과 관련해서만 '탐구' 범주에서 다루어야 한다. 이렇게 하는 것이 문법 영역의 실제와 지식, 탐구 범주 사이의 일관성뿐만 아니라 다른 영역과 체계상의 일관성도 유지할 수 있다.

다음은 맥락 범주에 대해 살펴보자. 맥락은 본래 언어 단위(단어, 문장 등)의 의미 해석을 연구하는 분야인 어휘 의미론, 문장 의미론 등을 비롯한 언어학, 국어학에서 다루어지는 개념이다. 1.2.1.2. 절에서도 설명했지만 문법도 언어의 내용과 형식의 관계를 탐구한다는 점, 표현과 이해 활동도 언어를 매체로 하는 텍스트의 내용과 형식의 관계를 다룬다는 점에서 공통점을 가지고 있다. 표현 교육에서는 언어로 발신자가 전달하고자 하는 의미를 잘 구성해 내는 방법을 다루고, 이해 교육에서는 언어로 구성된 텍스트의 의미를 수신자가 잘 해석하는 방법을 다룬다. 결국 표현과 이해 과정에 대한 연구는 문법 연구의 과정과 다르지 않다. 이를 통하여 문법에서 맥락의 지위와 표현과 이해 과정에서 맥락의 지위가 다르지 않은 것이라는 것을 이해할 수 있다.

국어 사용 기능 영역의 경우 '상황 맥락, 사회·문화적 맥락', 문학 영역의 경우 '수용·생산의 주체, 사회·문화적 맥락, 문학사적 맥락', 문법 영역의 경우 '국어 의식', '국어 생활 문화'로 각각 제시하고 있다. 그런데 각 영역의 내용 체계에서 맥락 범주의 역할이 무엇인지 이해하기 쉽지 않다. 국어 사용 활동이나 탐구 활동, 문학 활동이 맥락을 고려하여 이루어져야 하고 학습 내용 선정도 맥락을 고려하여야 한다는 것 정도로 이해할 수 있다.[13]

13 국어 국민 공통 교육과정 최종 심의본 3쪽 '내용 요소의 체계' 참고.

그런데 '맥락'이라는 용어나 '상황', '상황 맥락', '사회 · 문화적 맥락'은 모두 동의 반복이나 마찬가지이다. 대부분의 국어 사용 행위나 문학 작품의 수용과 생산 행위는 모두 맥락이 전제되어 있다. 다시 말하면 국어 사용 기능 영역과 관련된 '표현과 이해의 과정', 문학 영역과 관련된 '작품의 수용과 생산의 과정', 문법 영역과 관련된 '언어 표현의 선택 및 언어 표현의 의미 부여, 해석의 과정'에는 모두 맥락이 개입된다.

따라서 문법 영역에서는 이와 같은 과정에 개입하는 맥락의 개념을 알고 맥락이 작용하는 과정을 탐색하여 활용할 수 있는 능력을 길러 줄 수 있어야 한다. 그렇기 때문에 문법 영역의 내용 체계에는 '지식'으로서 '맥락의 의해'와 '탐구와 적용'으로서 '맥락의 탐구와 적용'이 포함되는 것이 필요하다.

이병규 외(2017)에서는 맥락, 맥락 요소, 맥락화를 구분하고, 맥락 요소의 유형을 〈그림 1〉과 같이 제시하고 있다. 맥락은 구체적 실제인 텍스트의 성립과 밀접하게 관련되는 것으로, 고정되거나 외부에서 주어지는 것이라기보다는 의미 구성 주체의 선택과 인식 작용에 의해 활성화되는 것이다. 결국 맥락은 '개별 텍스트의 표현과 해석에 관여하는 다양한 맥락 요소 중 의미 구성 주체가 의미를 만들고 표현을 선택하는 과정에서 활성화시킨 요소'로 정의된다.

또한 기존 맥락 분류 논의의 문제점을 해결하기 위하여 맥락 요소를 〈그림 1〉과 같이 텍스트 내적 맥락 요소와 텍스트 외적 맥락 요소로 분류하였다. 이러한 다양한 맥락 요소 중 의미 구성 주체가 개별 텍스트의 표현과 이해를 위해서 활성화시킨 것이 맥락이다. 맥락 요소의 활성화 과정, 즉 맥락 요소를 적절하게 선택하고 활성화시키는 의미 구성 주체의 인지적 작용 과정이 '맥락화'이다. 이에 대해서는 12.4.2.2.1.절에서 자세히 설명된다.

- 맥락 요소
  - 텍스트 내적 맥락 요소(문맥)
    - 선행 문맥 요소
      - 지시[1]
      - 대용
      - 반복
      - 접속
      - 생략
    - 후행 문맥 요소
      - 지시
      - 대용
      - 반복
      - 접속
      - 생략
  - 텍스트 외적 맥락 요소(상황 맥락)
    - 목적[2]
      - 생산/수용
    - 참여자
      - 생산자
      - 수용자
      - 언급 대상
    - 배경
      - 공식
      - 격식
      - 시간
      - 공간
      - 사회 · 문화
      - 역사
    - 주제
      - 친숙성
      - 난이도
    - 매체[3]
      - 1차 매체
      - 2차 매체
      - 3차 매체
    - 상호텍스트
      - 아날로그 텍스트
      - 디지털 텍스트

주 1) 지시 대상이 텍스트 밖에 있는 경우는 텍스트 외적 맥락 요소라고 볼 수 있다.
주 2) 언어 사용 목적(텍스트의 기능) 분류는 이병규(2015ㄱ) 참고.
주 3) 매체의 유형 분류는 이병규(2013ㄴ, 2015ㄴ) 참고.

〈그림 1〉 맥락 요소 분류 체계

지금까지 국어과 교육에서는 학습 내용 선정 시에 이 맥락 범주의 기능에 대해 구체적으로 제시된 바가 없다. 특히 문법 영역의 경우 맥락으로 제시한 '국어 의식', '국어 생활 문화'를 맥락으로 볼 수 있는지, 이것이 의미하는 것이 무엇인지, 지식 범주와 탐구 범주와 어떻게 관련되는지도 설명되고 있지 않다.[14](이병규, 2008: 255쪽~263쪽 참고) 이병규 외(2017)에서는 맥락과 맥락 요소, 맥락화를 구분하고 개념화하고 있다. 이를 바탕으로 이희예(2018ㄱ)에서 텍스트 의미 구성 능력을 신장시키기 위한 '글쓰기 목적'과 '예상 독자' 지도 방안을 구체화하고 있다.

5.3. 교육 문법의 내용 체계 재수립

2009 개정 국어과 교육과정의 문법 영역의 내용 체계는 5.2. 절에서 제기한 문제와 대안이 일정 부분 반영되어 있다. 2009년 개정 국어과 교육과정의 문법 영역 내용 체계를 보이면 〈표 10〉과 같다.[15]

〈표 10〉 문법 영역의 내용 체계(2009 개정 교육과정)

<table>
<tr><td colspan="3">실 제
• 국어 문화와 자료
- 구어 자료, 문어 자료
• 다양한 매체와 국어 자료</td></tr>
<tr><td>지식
• 언어의 특성
• 국어의 구조
• 국어의 규범</td><td>탐구와 적용
• 국어의 분석과 탐구
• 국어 지식의 적용
• 국어 생활의 점검과 문제 해결</td><td>태도
• 국어의 가치와 중요성
• 국어 탐구에 대한 흥미
• 국어 의식과 국어 사랑</td></tr>
</table>

14 문법 영역의 맥락 범주에 대해서 국어 국민 공통 기본 교육과정 최종 심의본 3쪽~4쪽에서는 "'지식', '탐구'는 국어 의식의 고양과 국어 생활 문화의 진작을 지향하되, '국어 사용의 실제'를 중심으로 통합될 수 있도록 한다."라고 되어 있다. 이러한 설명을 통해서도 국어 의식과 국어 생활 문화가 맥락과 어떻게 관련되어 있는지 이해하기 어렵다. 기능 영역의 맥락 범주에 대한 설명 "듣기, 말하기, 읽기, 쓰기 영역은 언어 활동의 '실제' 즉, 담화나 글의 수용과 생산 활동에 필요한 '지식'과 '기능'을 다양한 맥락과 관련하여 내용 요소로 선정한다."와 비교해 보아도 문법 영역의 '국어 의식', '국어 생활 문화'가 맥락으로서 기능한다고 볼 수 없다.

15 2015 개정 교육과정의 내용 체계는 모든 교과가 동일하게 적용할 수 있는 것으로 편의상 그 체계 양식을 통일하였다. 따라서 국어과 교육의 내적 논리에 정합성을 가지지 못하기 때문에 여기서는 2015 개정 교육과정의 내용 체계는 다루지 않는다.

〈표 10〉에서는 문법 영역의 '실제' 범주에 '국어 문화와 자료(구어 자료, 문어 자료)'와 '다양한 매체와 국어 자료'를 설정하고 '지식' 범주에 '언어의 특성', '국어의 구조', '국어의 규범'을, '탐구와 적용' 범주에 '국어의 분석과 탐구', '국어 지식의 적용', '국어 생활의 점검과 문제 해결'을, '태도' 범주에 '국어의 가치와 중요성', '국어 탐구에 대한 흥미', '국어 의식과 국어 사랑'을 두었다.

이 체계의 문제는 실제 범주의 하위 요소가 매우 포괄적이라 문법 영역 고유의 범주로 적절하지 않다는 것이다. 국어과에서 다루는 자료 가운데 '국어 문화와 자료(문어 자료, 구어 자료)', '다양한 매체와 국어 자료'에 포함되지 않는 것이 없다. 또 '지식' 범주의 하위 요소 가운데 '국어의 특질'과 '국어의 변천', '언어와 주변 세계' 등에 대한 내용은 어떤 하위 요소와 관련되는지도 의문이다.

한편 '탐구와 적용' 범주의 하위 요소로 '국어 생활의 점검과 문제 해결' 범주가 포함된 것은 적절한 것으로 보인다. '태도' 범주는 제7차 교육과정에서 설정되었다가 2007 개정 교육과정에서는 삭제되었으며 2009 개정 교육과정에서 다시 도입되었다. 2007 개정 교육과정에서 삭제되었던 이유는 5.2. 절에서 논의한 바다. 그런데 다시 국어과 교육과정의 내용 체계에 '태도' 범주가 모든 영역에서 다시 설정된 것은 최근의 국어 환경, 국어 사용 환경과 관련이 있다. 즉 언어폭력 문제, 외래어·외국어 남용, 어법 파괴, 외계어 남발 등과 같은 문제에 기인한다.

교육과정이 교육 환경의 변화를 그때그때 반영하여야 한다고 볼 때, 태도 범주가 도입되는 것은 타당한 면이 있다. 그러나 교육과정에 도입이 될 때는 해당 교과의 교육적 보편성과 교과적 특수성이 함께 고려되어야 한다. 그러한 점에서 앞의 〈표 4〉의 제7차 국어과 교육과정의 태도 범주의 하위 요소인 '동기', '흥미', '습관', '가치'는 교육적 보편성을 가지는 것으로 국어과적 특수성으로서는 매우 명확하지 못한 측면이 있었다.[16] 이러한 점을

16 이에 대해서는 이병규(2008ㄱ: 255쪽~256쪽)에서 지적한 바 있다.

2009년 개정 국어과 교육과정에서는 보완하여 '국어의 가치와 중요성', '국어 탐구에 대한 흥미', '국어 의식과 사랑'으로 제시하여 교육적 보편성뿐만 아니라 교과적 고유성까지 확보하였다는 점에서 의미가 있는 것으로 평가할 수 있다.

내용 체계에 대한 지금까지의 논의를 바탕으로 2007 개정 교육과정의 수정된 내용 체계를 제시하면 다음 〈표 11〉과 같다.

〈표 11〉 문법 영역의 내용 체계(수정 2)

<table>
<tr><td colspan="2">국어 현상 탐구와 문법 적용의 실제
• 말소리 • 단어 • 문장 • 담화/글</td></tr>
<tr><td>지 식
• 언어의 본질
• 국어의 특질
• 국어의 구조
• 국어의 역사
• 국어의 규범</td><td>탐 구
• 국어 현상의 관찰과 분석
• 국어 현상의 설명과 일반화
• 탐구 결과의 판단과 적용</td></tr>
<tr><td colspan="2">맥 락
• 상황 맥락
• 국어 생활 문화적 맥락(사회 · 문화적 맥락)</td></tr>
</table>

그리고 앞에서 설명한 것처럼 2007 개정 국어과 교육과정 문법 영역의 '맥락' 범주가 모호하기 때문에 이를 문법 영역의 성격에 맞게 반영하고, 태도 범주를 다시 설정한 〈표 10〉의 2009 개정 교육과정을 이 책의 관점에서 수정하여 제시하면 〈표 12〉와 같다.

〈표 12〉 문법 영역의 내용 체계(수정 3)

<table>
<tr><td>국어 현상 탐구와 문법 적용의 실제
• 말소리 • 단어 • 문장 • 담화/글
• 다양한 매체와 국어 자료</td></tr>
</table>

지 식	탐구와 적용	태 도
• 언어의 본질 • 국어의 특질 • 국어의 구조 • 국어의 역사 • 국어의 규범 • 맥락의 이해	• 국어 현상의 관찰과 분석 • 국어 현상의 설명과 일반화 • 탐구 결과의 판단과 적용 • 맥락의 탐구와 적용	• 국어의 가치와 중요성 • 국어 탐구에 대한 흥미 • 국어 의식과 국어 사랑 • 국어 생활의 점검과 문제 해결

문법 영역(교육 문법)의 내용 체계를 〈표 12〉와 같이 설정하면 다른 영역의 경우와 설명의 일관성을 유지할 수 있다는 이점이 있다. '실제' 범주는 성취 기준을 도출하는 상위 범주로서 특정한 실제에서 제시한 국어 현상과 국어 사용 현상을 탐구하고 적용하는 데 필요한 '지식', '탐구 기능', '태도'를 도출하는 일차 조직자로서의 기능을 수행할 수 있다.

2009 개정 교육과정에서 너무 포괄적이라 무의미했던 실제 범주를 국어 현상과 국어 사용 현상에 대한 탐구와 문법 적용의 실제의 단위별로 제시함으로써 문법 영역의 고유성과 다른 영역과의 일관성을 확보할 수 있다. 듣기, 말하기, 읽기, 쓰기, 문학의 실제 범주는 각각 '국어 사용 활동'의 목적과 '문학 감상과 창작 활동'의 목적을 기준으로 하위 구분하여 제시하였다. 이와 마찬가지로 문법 영역의 경우도 국어 탐구 활동을 통하여 국어 (사용) 현상에 대한 이해와 적용의 목적을 기준으로 하위 구분한 것으로 설명할 수 있다. 즉 '말소리'에서 이와 관련된 음운론적 지식, 발음과 관련된 지식 또 이러한 지식을 도출하기 위한 탐구 기능 및 가치 요소를 도출할 수 있다. 이러한 일차 조직자와 이차 조직자의 관계는 '단어', '문장', '담화/글'에서도 공히 적용될 수 있다.

둘째, 각 실제마다 언어의 본질적인 요소, 국어의 특질적인 요소, 구조적인 요소, 변천적인 요소, 규범적인 요소, 탐구적인 요소, 태도적인 요소를 모두 도출할 수 있어 다른 영역의 경우와 설명의 일관성이 유지된다.

셋째, 국어의 특질과 국어의 구조, 국어의 역사 관련 요소를 모두 포함시켜 서로 대등한 차원의 국어 지식의 하위 범주로 다루었으며, '언어의 특성'

범주를 '언어의 본질'로 바꿈으로써 '언어의 특성'은 물론, '언어의 기능', '언어와 주변 세계와의 관계'까지 다룰 수 있도록 하였다.

넷째, 탐구 범주에서도 그 대상을 '국어 (사용) 현상'에 국한함으로써 국어과의 특수성이 드러나도록 하였으며 태도 역시 국어과의 특수성을 부각하고자 했다. 특히 2009 개정 교육과정에서 '탐구와 적용' 범주에 설정해 두었던 '국어 생활의 점검과 문제 해결'을 '태도' 범주 아래 두었다. 실제별 국어 지식에 대한 이해력과 탐구 능력이 신장되면 이를 바탕으로 국어 생활에 대한 점검이 가능하고 국어 및 국어 생활 문제도 해결할 수 있다고 본 것이다. 단지 지식의 이해와 지식의 발견 차원에 머무는 것이 아니라 국어 생활 속의 문제에 이를 적용하여 스스로 해결할 수 있는 태도를 함양하는 것이 중요하다고 보아 '태도' 범주 아래 포함시켰다.

제6장. 교육 문법의 내용

이 장에서는 국어과 문법 영역의 하위 범주별 내용(성취 기준)에는 어떤 것들이 있고 그 학년별 분포 양상은 어떠한지 살펴보기로 한다. 이를 위하여 여기서는 문법 영역 내용의 연계 방식, 듣기 · 말하기 · 읽기 · 쓰기 · 문학 등 다른 영역과의 관계, 문법 내용의 배열 위치를 등을 분석한다.[1]

6.1. 성취 기준 연계 방식

'문법 영역의 내용 연계 방식'은 크게 '반복'과 '연결'로 나눌 수 있다.[2] '반복'은 가르쳐야 할 문법 지식을 되풀이하여 제시하는 것으로 이미 배웠던 내용에 조금 더 심화된 내용을 덧붙이면서 학습할 내용을 연계하는 방식이고, '연결'은 교육과정에서 내용 중복은 피하고 '정선 집약'된 학습 내용을 학년과 학교 단계에 맞게 제시하는 것을 말한다. 여기에는 '학년 간 반복형', '학년 간 연결형', '학년군 반복형', '학년군 연결형'의 네 유형이 포함된다. 국어과 교육과정에 학년군이 도입된 것은 2009 개정 교육과정부터이다.

'다른 영역과의 관계'란 문법 영역을 듣기, 말하기, 읽기, 쓰기, 문학 영역과 관계 지으면서 내용을 조직하는 것을 말한다. 하나의 주제를 중심으로 문법 영역을 포함한 모든 영역의 내용을 그 주제에 통합하여 가르칠 수도

1 심영택(1995: 125쪽~129쪽)에서는 외국의 교육과정에 나타난 '언어 지식(문법)' 내용의 조직 방식을 비교하기 위하여 이 세 가지 기준을 적용하고 있다.

2 제7차 교육과정, 2007 개정 교육과정까지는 국민 공통 기본 교육과정 10년을, 2009 개정 교육과정까지는 9년을, 2015 개정 교육과정은 다시 10년을 하나의 단위로 제시하고 있는바, 학교급별을 구분하지 않고 국민 공통 기본 교육과정 내에서 '반복'의 개념을 적용하기로 한다.

있으며, 문법 지식을 몇몇 국어 사용 기능과 통합해서 가르칠 수도 있다. 전자는 '주제 중심 통합형', 후자는 '기능 중심 통합형'이며 이 둘을 묶어서 '주제 · 기능 중심의 통합형'이라고 부른다.

8.3. 절에서 살펴보게 되겠지만 제7차 교육과정에 따른 국어 교과서나 2007 개정 교육과정에 따른 국어 교과서는 분권형을 취하고 있으며 각 권이 주제나 제재 중심으로 상호 관련을 맺고 있다. 이에 비해 2009 개정 교육과정이나 2015 개정 교육과정에 따른 국어 교과서는 통권형을 취하고 있다. 따라서 분권형 국어 교과서는 '주제 중심 통합형'에 가까우며, 통권형 국어 교과서는 '기능 중심 통합형'에 가깝다고 할 수 있다.

한편 문법 지식이 지니고 있는 특성으로 말미암아 기능과는 별도로 그 내용을 가르칠 수도 있는데 이를 '문법 분리형'이라고 부른다. (심영택, 1995: 127쪽~128쪽 참고) 한 단원 내서의 문법 영역과 다른 영역의 구체적 통합 양상에 대해서는 8.3. 절을 참고할 수 있다.

'문법 내용의 배열 위치'란 교육과정 간에 같은 문법 내용이 배열된 위치가 학년별로 변동되어 온 모습과 관계된다. 예를 들어 '유의 관계, 반의 관계, 하의 관계'에 대한 학습 내용이 제6차 교육과정 때는 7학년(중 1)에서 제시되었던 것이 제7차 교육과정에서는 4학년에서 제시되는 것과 같은 양상을 살피는 것을 말한다.

여기서는 문법 영역의 학년별 교수 · 학습 내용, 평가의 준거로서의 성취기준을 제4차 교육과정 시기부터 논의를 한다. 그 이유는 문법이 독립된 영역으로 설정된 것이 제4차 교육과정부터이기 때문이다.

6.2. 성취 기준의 학년별 분포 양상 및 특징

성취 기준의 학년별 분포 양상 및 특징은 크게 '언어의 본질' 범주, '국어의 특질' 범주, '국어의 변천' 범주, '국어 및 국어 생활 태도' 범주, '국어 구조'

범주로 나누어 살펴본다. '국어 구조' 범주는 다시 음운(낱자 포함), 단어, 어휘, 문장, 문법 요소, 의미, 담화/글 부문으로, '국어 규범' 범주는 표기법, 표준말, 바른 문장 사용 부문으로 나누어 살펴본다.

6.2.1. '언어의 본질' 범주

제4차 교육과정 이래 2015 개정 교육과정까지 국어과 교육과정의 문법 영역에서 언어의 본질과 관련하여 다룬 내용은 다음과 같다. 언어의 본질의 이해, 유아의 언어 발달에 대한 이해[3], 언어와 사고의 관계에 대한 이해, 언어와 사회의 관계에 대한 이해, 언어와 문화의 관계에 대한 이해, 언어와 민족의 관계에 대한 이해, 언어와 국가의 관계에 대한 이해, 언어와 문자, 언어의 규칙성, 언어의 창조성, 언어의 사회성, 언어의 기호성, 언어의 역사성, 음성 언어와 문자 언어 등이 포함된다. 각 교육과정 시기별로 제시된 내용을 보이면 〈표 1〉과 같다.

〈표 1〉 '언어의 본질' 범주 내용

교육과정	학년	성취 기준(학년별 내용)
제4차	10	언어의 본질과 국어의 특질을 안다.
제5차	7	성장 단계에 따른 유아의 언어를 관찰하고 언어 발달에 관심 가지기
	9	여러 가지 언어 현상을 관찰하고, 언어의 본질과 국어의 특질을 이해하기
	10	언어의 본질과 국어의 특질을 파악한다.
		언어와 사고, 사회, 문화와의 관계를 이해한다.
		국어와 국자의 관계를 올바로 이해하고 사용한다.
		언어와 문자, 민족, 국가의 관계에 대하여 바른 생각을 가지고 국어 정책의 중요성을 이해한다.

3 5차 교육과정에서는 7학년에서 '유아의 언어 발달'에 대해서 다루다가 그 이후 사라졌다.

<table>
<tr><td rowspan="6">제6차</td><td>5</td><td>어법에 맞지 않는 말을 찾아보고, 국어에는 일정한 규칙이 있음을 안다.</td></tr>
<tr><td>6</td><td>주어진 상황에서 같은 목적으로 여러 사람이 하는 말을 비교하며 들어보고, 언어가 창조적으로 쓰임을 안다.</td></tr>
<tr><td>7</td><td>같은 뜻을 나타내는 국어의 단어와 외국어의 단어를 비교하여 보고, 언어가 사회 구성원 사이의 약속임을 안다.</td></tr>
<tr><td>8</td><td>어법에 어긋나는 말을 들어보고, 언어에는 일정한 규칙이 있음을 안다.</td></tr>
<tr><td rowspan="2">10</td><td>언어와 사회와의 관계를 안다.</td></tr>
<tr><td>언어의 본질과 국어의 특질을 안다.</td></tr>
<tr><td rowspan="6">제7차</td><td>5</td><td>언어가 창조적으로 쓰임을 안다.
[기본] 주어진 상황에서 같은 목적으로 여러 사람이 하는 말을 비교한다.
[심화] 주어진 상황에서 같은 목적으로 표현을 달리하여 말한다.</td></tr>
<tr><td rowspan="2">6</td><td>언어에는 규칙이 있음을 안다.
[기본] 문법에 맞지 않는 말을 찾아보고, 국어에 규칙이 있음을 발견한다.
[심화] 언어의 규칙이 왜 필요한지 친구들과 토의한다.</td></tr>
<tr><td>언어가 기호임을 안다.
[기본] 말과 사물의 관계를 알고, 언어가 기호인 이유를 설명한다.
[심화] 언어를 다른 여러 가지 기호와 비교하고, 언어가 기호인 이유를 설명한다.</td></tr>
<tr><td>7</td><td>음성언어와 문자언어의 관계를 안다.
[기본] 음성언어와 문자언어의 개념을 알고, 둘 사이의 관계를 말한다.
[심화] 음성언어를 사용할 때와 문자언어를 사용할 때의 장단점에 대해 토의한다.</td></tr>
<tr><td rowspan="2">8</td><td>언어의 사회성을 안다.
[기본] 현재 사용하고 있는 낱말을 임의의 다른 낱말로 바꾸어서 사용하면 어떤 일이 일어날지 말한다.
[심화] 모임별로 임의의 낱말을 특정한 의미로 사용하기로 약속하고, 그 약속에 따라 의사소통을 한다.</td></tr>
<tr><td>언어의 역사성을 안다.
[기본] 옛말과 현재 말을 비교하여 옛말과 다른 현재의 마을 조사하여 발표한다.
[심화] 자신이 살고 있는 지역의 방언에서 옛말의 흔적을 찾는다.</td></tr>
</table>

제7차	10	언어와 주변 세계의 관계를 안다. [기본] 언어와 사고, 사회, 문화의 관계를 말한다. [심화] 언어와 사고, 사회, 문화의 상호 영향 관계를 예를 들어 설명한다.
2007 개정	7	다양한 매체에 나타난 언어 사용 방식의 차이점을 파악한다. [예] 언어의 기능과 특성 이해하기, 다양한 매체에 나타난 언어 사용 방식 비교하기, 매체의 특성을 고려하여 음성언어와 문자언어 사용하기
	9	언어의 규칙성, 사회성, 역사성, 기호성, 창조성 등을 이해한다. [예] 언어의 규칙성, 사회성, 역사성, 기호성, 창조성 등의 개념 이해하기, 언어의 다양한 특성 이해하기, 언어와 문화의 관계 이해하기
2009 개정	중1-3[1)]	언어의 본질과 기능을 이해한다.
2015 개정	중1-3	언어의 본질에 대한 이해를 바탕으로 하여 국어 생활을 한다.
	10	국어가 변화하는 실체임을 이해하고 국어 생활을 한다.

주 1) 2007 개정 교육과정 때까지는 성취 기준(학습 내용)이 학년별로 제시되었으나 2009 개정 교육과정, 2015 개정 교육과정에서는 초등학교 1~2학년군, 3~4학년군, 5~6학년군, 중학교 1~3학년군, 고등학교 1학년과 같이 학년군별로 제시되어 있다.

먼저 언어의 본질과 관련된 내용이 다루어지는 학년을 보면, 제4차 교육과정에서는 10학년, 제5차 교육과정에서는 9학년, 10학년에서, 2007 개정 교육과정에서는 9학년에서 다루어지고 있다. 이에 비해, 제6차 교육과정과 제7차 교육과정에서는 5, 6, 7, 8, 10학년에서 언어의 규칙성 · 창조성 · 기호성 · 사회성 · 역사성 등이 각각 다루어지고 있다. 2009 개정 교육과정과 2015 개정 교육과정에서는 중1~3학년군을 한 단위로 설정하고 있기 때문에 언어의 본질의 하위 요소들을 학년별로 나누어 각각 다룰지, 특정 학년에서 한 번에 다룰지는 교육과정을 교과서로 실행하는 방식이나 교사의 수업 실행 방식에 따라 차이가 있을 수 있다. 2015 개정 교육과정에서는 언어의 특성 가운데 특별히 '언어의 역사성'을 국어의 변화와 관련 지어 10학년 즉 고등학교 1학년에 제시되어 있다.

한편 언어와 주변 세계의 관계, 다시 말하면, 언어와 사고, 언어와 사회,

언어와 문화, 언어와 민족, 언어와 국가 등에 대해서는 제5차부터 제7차 교육과정 시기까지는 주로 고등학교 1학년 국어과에서 다루어진 데 비해, 2007 개정 교육과정에서는 이러한 내용이 교육과정상에서 중요하게 다루어지고 있지 않음을 알 수 있다. 10학년(고등학교 1학년)에서 다루어지는 '언어의 본질' 관련 내용은 대부분이 초등학교, 중학교에서 다루어진 내용들을 종합하여 다시 다루도록 배열되어 있다는 것도 〈표 1〉에서 확인할 수 있다.

'언어의 본질' 범주의 내용에 대한 학년별 위계화 양상은 크게 두 가지로 나누어진다. 첫 번째는 고학년에서 한 번에 다루도록 하는 방식이고, 두 번째는 초등학교 고학년 즉 5학년부터 10학년까지 세부 내용을 한두 가지씩 제시하는 방식이 그것이다. 전자는 '연결'의 방식으로 문법 내용이 연계되어 있다고 볼 수 있으며, 후자는 '반복'의 방식으로 연계되어 있다고 하겠다.

'언어의 본질' 범주를 '연결'의 방식으로 배열한 시기는 제4차 교육과정, 2007 개정, 2009 개정, 2015 개정 교육과정에서이다. 모두 특정 한두 학년에서 다루고 있다.[4] 이와 같은 방식을 취한 이유는 학습량의 적정화와 밀접한 관련이 있다.

이에 비해 제6차 교육과정에서와 제7차 교육과정에서는 '반복'의 방식을 취하고 있어 제4차 교육과정이나 2007 개정, 2009 개정, 2015 개정 교육과정의 '연결' 방식과 뚜렷한 대조를 보이고 있다. 제6차 교육과정에서는 '언어의 특성'을 '규칙성(5학년) → 창조성(6학년) → 사회성/자의성(7학년) → 규칙성(8학년) → 사회성/언어의 본질(10학년)' 등과 같이 위계화함으로써 학년이 올라감에 따라 같은 상위 범주의 구성 내용이 심화·확대·반복되도록 구성해 놓고 있다. 제7차 교육과정에서는 '창조성(5학년) → 규칙성/기호성(6학년) → 사회성/역사성(8학년) → 언어와 주변 세계(10학년)'와 같이 배

4 주로 10학년(고 1)과 9학년(중 3)에서 한 번씩 다룬다.

열하고 있어 제6차와 유사한 모습을 나타내고 있다.[5] 제5차 교육과정은 '언어의 특성(9학년) → 언어와 주변 세계(10학년)'와 같이 배열하여 '반복'과 '연결'의 절충적인 방식을 띠고 있다.

제4차 교육과정 이래 문법 영역은 교육과정상에서는 독립적 영역으로 설정되어 있다. 따라서 교육과정상에서는 주제나 기능과 분리된 '문법 분리형'을 띤다고 할 수 있다. 그러나 교과서 집필 상에서는 '연결'의 방식은 '문법 분리형'을 띠는 경우가 일반적이고 '반복'의 방식은 '주제 · 기능 중심 통합형'을 띠는 경우가 일반적이다.

이것은 〈표 1〉에서 제시한 학습 내용에서도 확인할 수 있다. 2007 개정 교육과정에서 "언어의 규칙성, 사회성, 역사성, 기호성, 창조성 등을 이해한다."와 같이 언어의 여러 가지 특성을 하나의 성취 기준에 포함시켜 제시한 것은 언어의 특성을 기능이나 다른 주제에 통합하여 단원을 구성하는 방식보다 여러 가지 언어 특성을 직접 설명해 놓은 제재 글을 포함한 단원 구성 방식을 채택할 가능성이 높다.

이에 비해 제6차 교육과정 6학년의 "주어진 상황에서 같은 목적으로 여러 사람이 하는 말을 비교하며 들어보고, 언어가 창조적으로 쓰임을 안다."와 같은 방식으로 기술해 놓은 성취 기준은 듣기 기능이나 말하기 기능과 통합적으로 다루어질 것임을 짐작하게 한다. 또 "어법에 맞지 않는 말을 찾아보고, 국어에는 일정한 규칙이 있음을 안다."에서는 쓰기 기능과 통합적으로 다루어질 것임을 짐작할 수 있다. 문법 지식과 다른 영역의 내용 요소와의 관계에 대한 양상은 이병규(2004: 44쪽~45쪽)에서 정리한 바가 있다.

초등학교에서는 대부분의 문법 지식이 듣기 · 말하기 · 읽기 · 쓰기 기능에 통합되는 형식으로 다루어지고 있으며, 선정한 학습 내용 자체만으로 한 단원을 구성하는 경우는 드물다. 이에 비해, 중학교, 고등학교에서는 문

5 제7차 교육과정에서는 10학년에서 '언어와 주변 세계'를 다루고 있어 규칙성, 창조성, 사회성 등과 같은 언어 자체의 특성을 다루고 있는 것으로 보기 어렵다. 따라서 8학년과 10학년은 '연계'의 방식을 취하고 있는 것으로 볼 수도 있으나 '언어와 주변 세계'도 제7차 교육과정의 '국어 지식(문법)' 영역의 내용 체계를 이루는 하위 범주 가운데 '언어의 특성' 범주에 포함된다고 보아 '반복'의 방식으로 배열된 것으로 처리한다.

법 영역의 학습 내용 자체가 한 단원을 이루어 주제나 기능 영역과 분리하여 독자적으로 다루어지는 경우가 많다.[6] 문법 영역의 학습 내용 연계 방식이 이와 같은 양상을 나타내는 것은 저학년 단계에서는 국어 사용 기능의 기반 지식에 초점을 둔 문법 교육을, 고학년 단계에서는 문화에 초점을 둔 문법 교육을 강조하는 것과 무관하지 않다.[7]

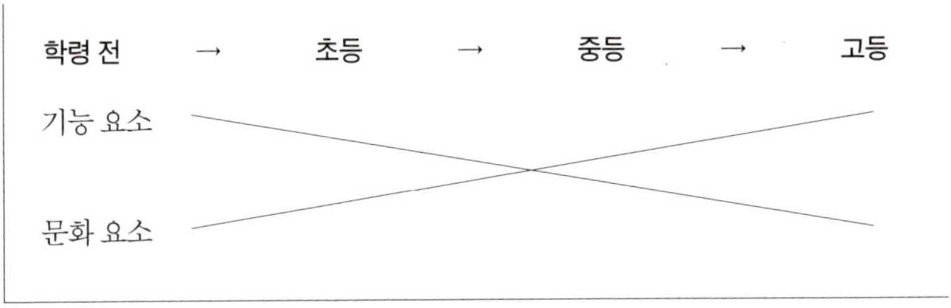

〈그림 1〉 성장 단계에 따른 기능 요소와 문화 요소의 배당

각 교육과정 시기별로 선정된 개별 내용의 학년 변동 양상을 살펴보면, 제6차에서는 언어의 규칙성이 5학년과 8학년에서 다루도록 배열되어 있는데 제7차에서는 6학년, 제5차와 2007년 개정 교육과정에서는 9학년에서 다루도록 되어 있다. 언어의 창조성의 경우는 제6차에서는 6학년, 제7차에서는 5학년, 제5차와 2007 개정 교육과정에서는 9학년에서 제시되어 있다. 2009 개정 교육과정과 2015 개정 교육과정에서도 9학년에서 다루어지고 있으며, 2015 개정 교육과정에서 언어의 역사성만 10학년에서 다루어지고 있다. 언어의 사회성은 제6차에서는 7학년, 제7차에서는 8학년, 제5차와 2007년 교육과정에서는 9학년에서, 언어의 기호성은 제7차에서는 6학년, 2007년 개정 교육과정에서는 9학년에서 다루어지고 있으며 다른

6 중학교, 고등학교의 경우도 기능 영역과 통합 학습이 이루어지도록 구성된 경우가 일부 있으나 초등학교의 경우와 양상이 다르다. 초등학교의 경우에는 기능 중심으로 통합되어 있는 데 비해 중·고등 학교에서는 문법 중심으로 통합되어 있다.

7 이 책에서는 성장 단계에 따라 문법 지식에 대한 기능 요소와 문화 요소의 배당을 〈그림 1〉과 같이 보는 것에 동의하지 않는다. 이 책 12장, 13장에서 볼 수 있듯이 국어 사용 기능 신장을 위한 문법 지식이 초등 못지않게 중등 과정에서 학습되어야 하는 경우가 매우 많다. 이 책에서는 문화적 소양 함양을 위한 문법 지식과 기능 신장을 위한 문법 지식이 초등, 중등 할 것 없이 균형 있게 다루어져야 한다는 입장이다.

교육과정 시기에는 기호성은 다루어지고 있지 않다. 제4차 교육과정에서는 10학년에서 모두 다루어지고 있는 것으로 볼 수 있다.

2007 개정 교육과정 이래 언어의 특성에 대한 내용이 한두 학년에서 일괄적으로 다루어지도록 배열된 것은 제6차 교육과정기와 제7차 교육과정기의 국어과의 학습 내용이 많다는 지적에 따라 초등학교에서 제외된 것이라고 볼 수 있다. 그러나 제6차 교육과정, 제7차 교육과정기에 줄곧 다루어지던 내용이 학습량 적정화라는 이유로 삭제되는 것은 설득력이 약하다.

제6차 교육과정 이래 현재까지 교육과정에서 제시한 학년별 학습 내용을 줄여왔음에도 여전히 학습량 적정화라는 문제가 해결되지 않고 있다. 학습량의 문제가 교육과정에서 제시한 '학년별 학습 내용 요소(성취 기준)'의 수가 많은 것에서 비롯된 것인지 다른 요인에서 비롯된 것인지 면밀한 분석이 있어야 한다.

그리고 동일한 내용이 교육과정이 바뀔 때마다 위계화 단계가 달라지는 이유와 제6차 교육과정에서 '언어의 규칙성'은 5학년과 8학년 두 개 학년에서 다루어지는 데 비해, 다른 교육과정기에는 한 개 학년에서만 다루어지는 이유 등에 대해서도 설명되어야 한다. 이러한 학년별 내용 요소(성취 기준)들을 적정하게 위계화하기 위해서는 해당 내용에 대한 학생들의 반응 평가와 교사들의 반응 조사가 함께 이루어져야 한다.

6.2.2. '국어의 특질' 범주

대체적으로 국어의 특질 범주의 내용은 다음과 같이 정리될 수 있다. 한국어는 그 유형이 첨가어라는 것, 주어-목적어-서술어 어순을 기본으로 하지만 비교적 성분들의 순서가 자유롭다는 것, 이중주어, 이중목적어 구문이 있다는 것, 명사는 격변화가 없고 의존명사와 분류사가 발달했다는 것, 대명사가 발달하지 않았고 그 쓰임이 자연스럽지 못하다는 것, 의문대명사와 부정대명사의 형태가 같다는 것, 조사와 어미가 발달했고, 접속사는 발달하지 않았으며, 형용사가 서술어로 쓰인다는 것, 관사는 없는데 지시, 속성, 부정, 수 관형사 등이 발달했다는 것, '이다'가 있다는 것, 흉내말이 발달했다는 것, 높임법이 발달하고, 주어나 목적어의 생략이 빈번하다는 것, 주어나 목적어를 찾기 어려운 경우가 많다는 것, 유·무성의 대립이 아니라 'ㄱ-ㅋ'처럼 '기(氣, aspiration)의 세기'에 따른 대립, 'ㄱ-ㄲ'처럼 '후두 긴장의 강도'에 따른 대립이 있다는 것, 말 첫머리에 'ㄹ'이나 'ㄴ'의 쓰임이 제약적이라는 것, 어두자음군이 없다는 것 등이 한국어의 형태, 단어, 문장, 텍스트, 음운 상의 특징으로 제시될 수 있다.

국어의 특질에는 이와 같이 다양한 내용들이 포함되나 교육과정에서 성취 기준으로 다루어지고 있는 내용은 그러하지 못하다. 교육과정에서 다루어지고 있는 내용들을 정리하면 〈표 2〉와 같다.

〈표 2〉 '국어의 특질' 범주 내용

교육과정	학년	성취 기준(학년별 내용)
제4차	10	언어의 본질과 국어의 특질을 안다.
제5차	9	여러 가지 언어 현상을 관찰하고, 언어의 본질과 국어의 특질을 이해하기
	10	언어의 본질과 국어의 특질을 파악한다.
제6차	10	언어의 본질과 국어의 특질을 안다.
제7차	없음	
2007 개정	9	한국어의 언어 문화적 특성과 가치를 이해한다.
2009 개정	5-6	고유어, 한자어, 외래어의 개념과 특성을 알고 국어 어휘의 특징을 이해한다.
	중1-3	음운 체계를 탐구하고 그 특징을 이해한다.
2015 개정	중1-3	음운의 체계를 알고 그 특성을 이해한다.
		품사의 종류를 알고 그 특성을 이해한다.
		담화의 개념과 특성을 이해한다.
	고1	문법 요소의 특성을 탐구하고 상황에 맞게 사용한다.

〈표 2〉에서 확인할 수 있는 것처럼 제4차 교육과정에서는 10학년, 제5차 교육과정에서는 9학년, 10학년에서, 제6차 교육과정에서는 10학년에서, 2007 개정 교육과정에서는 9학년에서, 2009 개정 교육과정에서는 5-6학년군과 중1-3학년군, 2015 개정 교육과정에서는 중1-3학년군, 고1학년군에서 '국어의 특질' 범주와 관련된 내용이 제시되어 있다. 제7차 교육과정에서는 국어의 특질이 학년별 내용에서는 아예 제시되지 않았다. 2007 개정 교육과정에서도 '한국어의 언어 문화적 특성'이라고 해서 국어의 특질 가운데 한국 문화와 관련된 언어 특징, 예를 들면 높임법의 발달, 색채어의 발달, 개인보다는 공동체 중심의 표현 사용, 수 개념의 불명확화 등에 한정해서만 다루도록 되어 있다.

다음은 '국어의 특질' 범주의 '학습 내용의 연계 방식'과 '타 영역과의 관계'를 살펴보도록 하자. 학습 내용의 연계 방식은 제5차 교육과정, 2009 개정, 2015 개정 교육과정은 반복의 방식, 그 밖은 연결의 방식인 것으로 볼 수 있다. 제5차 교육과정에서는 9학년과 10학년에서, 2009 개정 교육과정에서는 5-6학년군, 중1-3학년군, 2015 개정 교육과정에서는 중1-3학년군, 고1학년에서 반복·심화되고 있고, 다른 교육과정 시기에는 9학년이나 10학년에서만 한 번 다루도록 되어 있다.

타 영역과의 관계는 교육과정상으로도 문법 영역이 분리 제시되어 있으며, 교재 구성상으로도 9학년, 10학년에서 문법 영역이 분리 제시되는 방식을 취하고 있다. 즉 대단원이나 소단원으로 '언어의 본질', '국어의 특질' 부분이 다루어져 왔다. 대개 하나의 대단원에서 국어의 특질을 설명적 텍스트로 제시하고 있다.

그러나 앞에서 언급했듯이 '흉내말이 발달했다는 것, 높임법이 발달하고, 주어나 목적어의 생략이 빈번하다는 것, 주어나 목적어를 찾기 어려운 경우가 많다는 것' 등을 단순히 국어 사용의 기반 지식으로서만이 아니라 국어의 특질로서의 성격에도 교육적 가치를 부여한다면 기능과의 통합 형태로 다루는 것이 가능하다.

한편, 제7차 교육과정과 2007 개정 교육과정의 학습 내용 체계에서는 '국어의 특질'이 매우 중요한 위치를 차지하고 있다. 제7차 교육과정에서는 '국어의 본질' 범주에 '언어의 특성', '국어의 변천'과 함께 '국어의 특질'이 포함되어 있다. 2007년 개정 교육과정에서도 역시 '지식' 범주가 '언어의 본질', '국어의 특질', '국어의 역사', '국어의 규범'으로 구성되어 있다. 그러나 2009 개정, 2015 개정 교육과정의 내용 체계에서는 '지식'의 하위 범주로 '국어의 특질' 범주가 제외되었다.

그런데 제7차 교육과정과 2007 개정 교육과정은 문법 영역의 내용 체계상으로는 '국어의 특질'이 비중 있게 다루어짐에도 불구하고 성취 기준에서는 그 교육적 가치가 약화되어 있고 2009 개정, 2015 개정 교육과정에서는 그와 반대되는 양상을 보이고 있다.

국어의 특질은 문화적으로 매우 중요한 가치가 있다. 한국 문화의 핵심이자 한국 문화의 이해와 생산 도구가 한글이고 한국어이다. 한국인에게 한국어는 한국적인 사고 형성 · 한국인의 정체성 확인 · 한국인의 공동체 형성을 위한 수단이 된다. 이처럼 한국인에게 한국어는 떼려야 뗄 수 없는 관계에 있다. 그렇기 때문에 한국인이 한국어의 특질에 대해 이해하는 것은 자신의 정체성을 이해하는 과정의 하나라고 할 수 있다. 그러므로 앞에서 제시한 한국어의 형태, 단어, 문장, 텍스트, 음운 등의 특징을 학년별 수준을 고려하여 다루어야 한다.

그러나 제4차, 제5차, 제6차 교육과정에서 볼 수 있는 '국어의 특질'에 관련된 내용은 저학년, 중학년, 고학년에서 단계적으로 다루어지는 것이 아니라, 9학년이나 10학년에 한 번에 다루어지고 있다. 이러한 양상이 나타나는 이유는 김광해(1997/2001)에서 제시했던 것처럼 문법 영역은 저학년에서는 주로 국어 사용 기능 신장의 기반이 되는 요소를 중심으로 다루고 고학년으로 갈수록 문화 부분이 학습 내용의 중심이 되어야 한다는 관점이 반영된 것으로 볼 수 있다.

그러나 한국어가 한국인의 사고 형성, 문화 형성의 핵심 수단이라는 점에서 한국어의 특질을 통하여 한국적인 사고의 특성, 한국 문화와의 관계 등을 어린 시절부터 이해하고 인식하도록 하는 것이 중요하다. 단지 지식으로서 이해하는 수준을 넘어서 저학년 단계부터 국어와 한국적 사고·한국 사람·한국 문화의 관계를 체득하게 함으로써 우리 말과 글에 대한 사랑·가치와 중요성에 대해 인식하고, 우리말의 발전을 위한 태도를 함양하고, 바르고 건전한 국어 문화를 생산하도록 하는 것이 필요하다.

한편, 국어학에서 통상적으로 국어의 특질로 다루어 온 '흉내 내는 말', '꾸미는 말', '어순', '문장의 구조', '이어 주는 말', '음운', '음절 구조', '높임말' 등과 관련된 학습 내용은 지금까지 교육과정에서 학년별 연계를 고려하여 제시되어 왔다. 이런 문법 내용 요소들은 저학년에서는 정확하게 국어를 사용하는 능력을 길러 주기 위하여, 국어 문법 구조를 이해시키기 위하여 학습되어 있다. 그러나 이 내용들은 국어의 특질로서의 가치도 있기 때문에 두 측면의 성격들이 통합적으로 다루어져야 한다.

따라서 국어의 특질과 관련된 내용 요소를 9학년, 10학년 등 고학년에서 일괄적으로 다룰 것이 아니라 저·중·고 학년별로 위계화하여 해당 학년에서 정확한 국어 사용 능력을 신장시키기 위해서뿐만 아니라 국어의 특질로서의 가치를 인식시키고, 국어를 소중히 여길 수 있는 태도를 함양할 수 있도록 고려하여야 한다.

그렇게 하기 위해서는 교육과정의 문법 영역에서 '흉내 내는 말, 꾸미는 말, 어순, 문장의 구조, 이어 주는 말, 음운, 음절 구조, 높임말' 등과 관련된 내용을 배열하는 경우에 이들의 국어적 특성과 가치, 소중히 여기는 태도 등도 함께 제시하여 교과서 집필 등에 반영될 수 있도록 하여야 한다.

6.2.3. '국어의 변천' 범주

교육과정에서 국어의 변천 범주는 주로 언어의 역사성, 옛말과 현재말 비교, 언어 변천의 이해, 국어의 역사 등을 다루어 왔다. 이를 보이면 〈표

3〉과 같다.

〈표 3〉 '국어의 변천' 범주 내용

교육과정	학년	성취 기준(학년별 내용)
제4차	10	국어사의 개략을 안다.
제5차	10	국어의 역사를 개략적으로 이해한다.
제6차	9	옛말과 현재의 말을 비교하여 보고, 언어가 변화함을 안다.
	10	국어의 역사를 개괄적으로 알고, 국어의 발전 방향에 대해 토의한다.
제7차	8	언어의 역사성을 안다. [기본] 옛말과 현재 말을 비교하여 옛말과 다른 현재의 말을 조사하여 발표한다. [심화] 자신이 살고 있는 지역의 방언에서 옛말의 흔적을 찾는다.
	10	국어의 개략적인 역사를 안다. [기본] 현대국어과 옛날 국어의 차이점에 대하여 말한다. [심화] 국어의 음운, 어휘, 문법, 의미상의 시대적 변화를 예를 들어 설명한다.
2007 개정	10	국어의 역사를 이해한다.
2009 개정	없음	
2015 개정	고1	국어가 변화하는 실체임을 이해하고 국어 생활을 한다.

국어의 변천과 관련된 학습 내용 역시 국어의 특질 범주와 마찬가지로 고학년에서 일괄적으로 다루도록 되어 있다. 제4차, 제5차 교육과정 때는 10학년, 제6차 교육과정 때는 9학년, 10학년, 제7차 교육과정에서는 8학년, 10학년에서, 2007년 개정 교육과정에서는 10학년에서 각각 다루도록 되어 있다. 그러나 국민 공통 기본 교육 기간이 9년으로 줄었던 2009 개정 교육과정에서는 국어의 변천과 관련된 내용이 삭제되었고, 2015 개정 교육과정에서는 다시 10학년에서 제시되고 있다.

제4차, 제5차, 2007 개정, 2015 개정 교육과정에서는 학습 내용이 '연결'

의 연계 방식 형태를 취하고 있고 제6차, 제7차는 '반복'의 방식을 취하고 있음을 〈표 3〉을 통해 확인할 수 있다. '국어의 변천'과 관련된 내용은 교육과정에서 제시한 내용으로나 교재의 구성으로나 모두 '문법 분리형'을 띠고 있다.

'국어의 변천'과 관련된 학습에서는 '한국어'도 개별 언어의 하나로 다른 언어들과 마찬가지로 시대에 따라 변화된다는 것을 이해시키는 것이 중요하다. 국어의 개략적인 역사, 즉 특정한 음운이나 어휘, 문법이 어떻게 변화되었는지를 암기하도록 유도하는 내용 구성은 경계해야 한다. 여기서는 모든 언어가 그러하듯이 한국어도 음운, 어휘, 문법 면에서 시간이 흐름에 따라 변화되어 왔고 변화되어 감을 이해시키는 데 주안점을 두고 내용을 구성해야 한다.[8] 이를 통해 사람과 마찬가지로 언어도 뿌리가 있으며 언어의 변천과 함께 사고도 문화도 변화될 수 있다는 것도 이해시키는 것이 중요하다.

음운의 경우 현대어에서 맞춤법상으로는 구분하지만 음가로는 거의 구분하지 못하는 /ㅐ/와 /ㅔ/나 지역에 따라서는 /ㅡ/와 /ㅓ/ 등에 대한 변천 모습 등도 좋은 교육 자료가 될 수 있다. 초등학교를 비롯한 저학년에서는 어휘를 중심으로 그 변천 과정을 다루고 고학년에서는 음운, 문법 등을 다루어 학년별 연계성과 위계성을 유지할 수 있다.

이 밖에도 '새말의 생성과 소멸', '인터넷 언어의 생성과 변천', '신어', '방언', '한자어', '외래어' 등과 연결하여 국어의 변천을 다루는 것도 흥미 있는 학습 내용이 될 수 있을 것이다. 이처럼 '국어의 변천'과 관련된 학습 내용을 세분화하여 다양하게 다루기 위해서는 학년별로 반복의 방법으로 학습 내용을 연계시키는 것이 효과적이라 하겠다.

8 이러한 면을 상조하게 되면 언어의 특질 가운데 언어의 역사성과 유사하다는 지적을 할 수 있다. 언어의 역사성과 국어의 변천은 본질적으로 내용이 다르지 않다. 따라서 언어의 역사성은 창조성, 사회성, 기호성 등과 함께 언어의 보편적(일반적) 특성으로서 교수·학습이 이루어지도록 하는 것에 주안점을 두고 국어의 변천은 개별 언어로서의 '(한)국어의 역사'에 초점을 맞추어야 할 것이다.

6.2.4. '국어 및 국어 생활 태도' 범주

국어과 교육과정의 국어 및 국어 생활 태도 범주의 내용에는 주로 다음과 같은 요소들이 포함되어 있다. 우리 글자(한글)를 소중히 여기는 태도, 국어 순화의 태도, 곱고 품위 있는 말을 사용하고자 하는 태도, 표준어와 방언을 상황에 맞게 구분하여 사용하려는 태도, 어법에 맞는 말을 사용하고자 하는 태도, 국어를 발전시키고자 하는 태도 등이 그것이다. 국어 및 국어 생활 태도에 해당하는 내용들은 대부분 망라된 것으로 보인다.

태도 요소는 제6차 교육과정에서부터 본격적으로 중요성이 인식되어 대부분의 학년에서 학년별 내용으로 제시되었다. 〈표 4〉에서 볼 수 있는 것처럼 제7차 교육과정에 와서는 '국어에 대한 태도' 범주가 '국어의 본질', '국어의 이해와 탐구', '국어의 규범과 적용'과 함께 문법(국어 지식) 영역의 내용 체계를 구성하는 하나의 상위 내용 범주로 다루어지기까지 했다. 태도 범주는 2007 개정 교육과정에서는 내용 체계상에서 삭제되었다가 2009 개정, 2015 개정 교육과정에서 다시 설정되었다. 국어 및 국어 생활 태도와 관련된 내용을 정리하면 〈표 4〉와 같다.

〈표 4〉 '국어 및 국어 생활 태도' 범주 내용

교육과정	학년	성취 기준(학년별 내용)
제4차	없음	
제5차	없음	
제6차	1	우리말을 기록하는 우리 글자가 있음을 인식하고, 우리 글자를 소중히 여긴다.
	2	다른 사람의 마음을 상하게 하는 말의 예를 들어 보고, 고운 말을 쓰려는 태도를 가진다.
	3	다른 나라에서 쓰이는 말들을 찾아 보고, 우리말을 아끼고 널리 쓰는 태도를 가진다.
	4	표준어와 방언을 비교하며 들어 보고, 필요한 경우에 표준어로 말하려는 태도를 가진다.

제6차	5	상황에 어울리지 않게 쓰인 말의 예를 들어 보고, 효과적으로 말하려는 태도를 가진다.
	6	품위를 떨어뜨리는 말을 예를 들어 보고, 국어를 품위 있게 사용하려는 태도를 가진다.
	7	표준어 사용의 필요성을 알고, 표준어와 표준 발음으로 말하는 태도를 가진다.
	8	일상의 언어생활에서 바르고 곱지 않은 말을 예를 들어 보고, 국어를 순화하려는 태도를 가진다.
	9	우리말의 어법에 맞게 국어를 바르게 사용하는 태도를 가진다.
제7차	1	우리말이 있음을 알고, 우리말을 소중히 여기는 태도를 기른다.
	2	고운 말을 사용하려는 태도를 지닌다.
	3	바른 말을 사용하려는 태도를 가진다.
	4	문화유산인 우리말과 우리글을 소중히 여기는 태도를 지닌다.
	5	상황에 따라 방언과 표준어를 구별해서 사용하려는 태도를 지닌다.
	6	상황에 따라 표준 발음으로 말하려는 태도를 지닌다.
	7	국어를 순화하려는 태도를 지닌다.
	8	국어 사용에서 발견되는 문제를 파악하려는 태도를 지닌다.
	9	맞춤법에 맞게 국어를 사용하려는 태도를 지닌다.
	10	문법에 맞게 국어를 사용하려는 태도를 지닌다.
		국어를 발전시키려는 태도를 지닌다.
2007 개정	없음	
2009 개정	1-2	다양한 고유어(토박이말)를 익히고 소중히 여기는 태도를 기른다.
	3-4	표준어와 방언의 가치를 알고 상황에 따라 효과적으로 사용한다.
	중1-3	표준어와 방언의 가치를 알고 상황에 따라 효과적으로 사용한다.
2015 개정	1-2	글자, 낱말, 문장을 관심 있게 살펴보고 흥미를 가진다.
	3-4	한글을 소중히 여기는 태도를 지닌다.
	5-6	일상생활에서 국어를 바르게 사용하는 태도를 지닌다.
	중1-3	동일 시대의 국어에 관심을 가지는 태도를 지닌다.
	고1	국어를 사랑하고 국어 발전에 참여하는 태도를 지닌다.

〈표 4〉에서 볼 수 있듯이 제4차, 제5차, 2007 개정 교육과정에서는 '국어나 국어 생활 태도'에 대한 학습 요소는 교육과정상으로는 전혀 제시되어 있지 않다. 제6차 교육과정에서는 10학년을 제외하고 9개 학년에서 모두 다루어졌으며 제7차 교육과정에서는 10개 학년에서 11개의 학습 요소가 제시되어 있으며 2009 개정 교육과정에서는 1-2학년군, 3-4학년군, 중 1-3학년군에, 2015 개정 교육과정에서는 학년군별로 각 1개씩의 태도 요소가 제시되어 있음을 확인할 수 있다. 제6차, 제7차, 2009 개정, 2015 개정 교육과정에서 태도 요소의 내용 연계는 '반복'의 방식을 취하고 있고, 모두 '주제 · 기능 중심의 통합형'을 띠고 있다.

한편, 〈표 4〉에서 보는 바와 같이 2007 개정 교육과정에서는 '태도'와 관련된 내용을 성취 기준에서 삭제하였다. 2007 개정 교육과정이 제7차 교육과정 승계와 부분적 보완을 표방했다는 점에서 납득하기 어렵다. 교육의 결과가 내면화되고 그 효과가 행동으로 나타나 습관화됨으로써 진정한 교육이 완성됨에도 불구하고 내용의 적정화를 이유로 삭제한 것은 재고되어야 한다. 다만 각 성취 기준을 도달하는 데 활용할 수 있는 내용 요소의 예를 성취 기준별로 3~4 가지를 제시하고 있는데 여기에 태도와 관련된 내용 요소의 예를 1가지씩 제시하고 있다.

2007 개정 교육과정의 '국어 및 국어 생활 태도'와 관련된 성취 기준과 '내용 요소의 예[9]'를 제시하면 다음 〈표 5〉와 같다.

〈표 5〉 2007 개정 교육과정의 태도 관련 내용

교육과정	학년	성취 기준(학년별 내용)	내용 요소의 예
2007 개정	1	한글 자모의 이름과 소리를 안다.	한글을 소중히 여기는 태도 기르기[1)]
	2	소리를 혼동하기 쉬운 낱말을 정확하게 발음한다.	낱말을 정확하게 발음하려는 태도 가지기

9 2007 개정 교육과정에서는 '학년별 학습 내용' 대신에 '성취 기준'을 제시하고 각 성취 기준에 도달하기 위해 다루어야 하는 '내용 요소의 예'를 들어 주고 있다.

2007 개정	6	고유어, 한자어, 외래어, 외국어의 개념을 알고 국어 어휘의 특징을 이해한다.	고유어를 살펴 쓰는 태도 기르기
		한글의 의의를 알고 우수성을 설명한다.	한글을 바르게 사용하고 가꾸려는 태도 가지기
	10	국어의 로마자 표기법과 외래어 표기법을 알고 정확하게 사용한다.	국어를 정확하게 표기하려는 태도 기르기
		한글의 창제 원리와 한글의 독창성을 안다.	국어를 가꾸고 발전시키고자 하는 태도 기르기

주 1) 하나의 성취 기준당 내용 요소의 예는 4~5가지 정도가 제시되어 있으나 여기서는 태도와 관련된 예만 보인다.

〈표 5〉에서 볼 수 있는 것처럼, 2007 개정 교육과정에서는 해당 '성취 기준'마다 '내용 요소의 예'가 제시되어 있는데 이것은 어디까지나 예이지 필수적인 학습 요소가 아니다. 그뿐만 아니라 태도 요소는 '내용 요소의 예'에서조차 제6차 교육과정이나 제7차 교육과정과는 비교할 수 없을 정도로 축소되었음을 확인할 수 있다.[10]

지금까지는 대체적으로 교육과정에서 제시하고 있는 학년별 학습 내용 또는 성취 기준, 내용 요소의 예 등의 단순한 통계적 수치의 많고 적음으로 학습량의 규모를 판가름한 경향이 있다. 수업 현장에서 학습해야 할 내용이 많아 교사와 학생에게 교수·학습의 부담이 가중된다는 지적에 따라 교육과정의 성취 기준의 숫자를 줄이곤 했다.

10 제4차 교육과정 때의 학년별 학습 내용은 1학년~6학년이 30개, 7학년~9학년이 12개, 10학년이 7개로 모두 49개이다. 제5차 교육과정 때의 학년별 학습 내용은 1학년~6학년이 23개, 7학년~9학년이 26개, 10학년이 7개로 모두 56개이며, 제6차 교육과정 때는 1학년~6학년이 32개, 7학년~9학년이 21개, 10학년이 10개로 모두 63개이며, 제7차 교육과정 때는 1학년~6학년이 26(기본+심화=52)개, 7학년~9학년이 21(42)개, 10학년이 8(16)개로 모두 55(110)개이며, 2007 개정 교육과정에서는 1학년~6학년이 20(내용 요소의 예=60)개, 7학년~9학년이15(46)개, 10학년이 5(15)개로 모두 40(121)개이다. 2007 개정 교육과정의 성취 기준이 40개로 제7차 교육과정의 학년별 내용이 55개였던 데 비해 15개가 줄어들었다. 제7차 교육과정에서 태도와 관련된 내용이 11개임을 감안하면 줄어든 것의 대부분이 태도와 관련된 내용임을 알 수 있다. 실질적으로 제7차 교육과정의 기본 학습 내용과 심화 학습 내용을 합한 것이 110개이고 2007 개정 교육과정에서 '내용 요소의 예'의 합이 121개이기 때문에 결국 학습량에서는 비슷하거나 오히려 2007 교육과정에서 더 늘어난 것으로 볼 수 있다. 따라서 단순히 성취 기준의 수의 많고 적음으로 학습량의 많고 적음을 판단하는 것은 한계가 있다.

제4차 교육과정 때 전체 성취 기준에 해당하는 학습 내용이 49개였던 것이 제5차 교육과정 때는 56개로 늘었고 제6차 교육과정 때는 63개로 늘어 학습량이 많다는 지적이 있었다. 이에 따라 제7차 교육과정 때는 학년별 내용의 수를 55개로 줄이는 대신 수준별 학습 개념을 도입하여 기본 학습 내용과 심화 학습 내용을 구분하여 제시하였다. 기본 학습 내용과 심화 학습 내용은 학생의 수준에 따라 선택적으로 교수·학습이 이루어지도록 의도되었다. 그러나 수업 현장의 특성상 기본 학습 내용과 심화 학습 내용을 모두 다루게 됨으로써 실제적으로는 학습해야 할 내용이 더 많아지게 되는 결과를 초래하였다.

그 결과 제7차 교육과정 역시 학습량이 많다는 비판이 있었으며, 2007 개정 교육과정에서는 '학년별 학습 내용'을 '성취 기준'으로 바꾸고 제7차 교육과정에서 매우 중요한 것으로 생각하여 설정한 '본질, 원리, 실제, 태도'의 내용 체계 범주 중 '태도' 범주를 삭제하기에 이르렀다. 국어나 국어 생활에 대한 태도 범주를 삭제하여 수치상으로 학습 내용(성취 기준) 40개를 제시하여 줄이는 효과를 거두었지만 실제 학습량이 줄어들었다고 보기 어렵다. 왜냐하면, 2007 개정 교육과정의 학습량이 여전히 많다는 지적에 따라 2009 개정 교육과정에서 더 축소해야 한다는 논의가 있었기 때문이다.

2009 개정 교육과정에서는 국민 공통 기본 교육 기간을 10년에서 9년으로 축소하고 9개 학년을 발달 단계에 따라 초등 1-2학년군, 3-4학년군, 5-6학년군, 중 1-3학년군 모두 4개 학년군으로 나뉘었다. 그 결과 전반적으로 성취 기준의 수는 축소되었지만, 학년군별로 성취 기준을 어떻게 배치하여 실행하느냐에 따라 학습량이 결정될 수 있어 단순히 성취 기준의 수만으로 학습량의 증감을 말하기는 어렵다고 하겠다. 이와 같은 양상은 국민 공통 기본 교육 기간이 다시 10년으로 설정된 2015 개정 교육과정의 경우도 마찬가지이다.[11]

11 2015 개정 교육과정이 이를 잘 말해 주고 있다. 2009 개정 교육과정에서도 여전히 학습량이 많다는 지적에 따라 2015 개정 교육과정에서도 학년군별로 성취 기준을 재조정하기에 이르렀다. 문법 영역의 각 범주

교육과정의 이론적 배경이나 '국어 및 국어 생활 태도' 범주에 대한 교수·학습 현장의 요구가 부정적이지 않음에도 일방적으로 삭제한 것은 설득력이 약하다. 국어과 교육의 목표는 '국어 능력 신장[12]' 또는 '국어 사용 능력 신장'이다. 이러한 목표는 인지적으로는 사고력의 신장을, 정의적으로는 국어나 국어 생활에 대한 올바른 태도 함양을 지향한다. 국어적으로 높은 지적 수준을 가지고 있다고 하더라도 행동이나 태도가 그에 부응하지 못한다면 교육과정에서 추구해 온 인간상과는 거리가 먼 인재를 길러내게 된다.

교육과정의 내용 체계·학습 내용·성취 기준에서 태도 요소를 제시하는 것과 그렇게 하지 않은 것은 교과서, 교육 자료 개발, 교수·학습의 계획과 운용에서 차이가 매우 크다. 성취 기준이나 내용 요소의 예에 태도 요소가 포함이 되어 있으면 단원을 구성할 때 단원 학습 목표나 차시 학습 목표 차원 또는 학습 활동 차원에서 반영하지 않을 수 없다. 그러한 점에서 제6차, 제7차 교육과정에서 중요하게 다루어졌던 요소가 2007 개정 교육과정에서 내용 체계뿐만 아니라 성취 기준(학년별 내용)에서도 전혀 제시되지 않았고, 2009 개정 교육과정에서는 내용 체계에서는 재설정되었으나 성취 기준상에서는 큰 변화가 없었다는 점에서 비판을 면할 수 없다. 2015 개정 교육과정에서는 다행스럽게도 내용 체계상에서, 성취 기준상에서 '태도'가 다시 강조되고 있다.

세계화(globalization) 시대에 영어가 세계어의 지위를 확고히 자리 삽아 가고 있고, 일본, 중국은 물론, 프랑스, 독일, 영국 등이 자국어의 사용권역을 넓히기 위해 문화 전쟁, 언어 전쟁을 벌이고 있다. 유네스코는 앞으로 100년 내에 전 세계 언어의 90%가 소멸될 것이라고 예측한 바가 있기도 하다. 한국어는 그 사용 인구수로 보면 세계 13위 정도에 해당하는 언어

별로 줄어든 성취 기준에 대한 비판적 논의로는 이병규(2016ㄴ)을 참고할 수 있다.

12 국어과의 본질적인 목표를 '국어 능력 신장'으로 보고 그 개념을 논의한 것으로는 이병규(2005: 260쪽~266쪽) 참고

이다. 그런 만큼 한국어의 사용권역을 확대하고 한국어의 발전을 도모하기 위하여 우리나라도 한국어 해외 보급을 강화하고 있다. 그러나 뒤에서 볼 수 있는 것처럼 한국어의 발전과 동시에 위기 상황도 맞고 있다.(이병규, 2008ㄹ, ㅁ 참고)

국내로는 전문 분야를 중심으로 외국어의 범람이 심각한 지경에 이르고 있고, 인터넷 언어, 전자 메일, 각종 메신저로 주고받는 온라인 대화, 휴대전화나 스마트폰 등으로 주고받는 문자 대화 등에서 우리말 어법 파괴와 관련하여 논란이 되고 있다. 이뿐만 아니라 젊은이들의 비어, 은어, 속어 사용 역시 심각한 상황이다. 이와 같은 언어 사용의 문제, 언어 예절의 문제, 언어폭력의 문제, 차별적 언어 사용의 문제, 성적 언어 사용의 문제 등[13]의 심각성을 인식하고 2012 개정 교육과정에서는 국어 사용의 태도와 관련된 내용들이 다시 반영되기에 이르렀다. 이와 관련된 2012 개정 국어과 교육과정의 영역 성취 기준을 보이면 〈표 6〉과 같다.

〈표 6〉 국어과 '영역 성취 기준'의 변화

학년	영역	2009 개정	2012 개정	수정·보완 및 신설의 근거
초등 1-2	듣기·말하기	일상생활이나 학습 상황에서 바르고 적극적인 자세로 귀 기울여 듣고 말하며, 고운 말, 바른말을 사용하려는 태도를 지닌다.	일상생활이나 학습 상황에서 상대를 배려하면서 바르고 적극적인 자세로 귀 기울여 듣고 말하며, 고운 말, 바른말을 사용하려는 태도를 지닌다.	대인 관계 차원의 타인 존중 의식 강화
초등 5-6	쓰기	쓰기 과정에 따라 알맞은 핵심적 전략을 체계적으로 익혀 다양한 목적의 글을 쓰고, 이를 통해 쓰기의 가치를 인식하고 글쓰기를 생활화한다.	쓰기 과정에 따라 알맞은 핵심적 전략을 체계적으로 익혀 독자를 존중하는 태도로 다양한 목적의 글을 쓰고, 이를 통해 쓰기의 가치를 인식하고 글쓰기를 생활화한다.	대인 관계 차원의 '타인 존중' 역량 추가

13 이에 대한 국어과 교육적 수용에 대해서는 13.4. 절 참고.

중학 1-3	듣기 · 말하기	개인적, 공식적 상황에서 이루어지는 다양한 듣기 · 말하기에 대한 지식과 기능을 갖추고, 상황에 대한 종합적 안목을 바탕으로 듣기 · 말하기에 적극적으로 참여한다.	개인적, 공식적 상황에서 이루어지는 다양한 듣기 · 말하기에 대한 지식과 기능을 갖추고, 상황에 대한 종합적 안목을 바탕으로 적절한 언어 예절을 갖추어 듣기 · 말하기에 적극적으로 참여한다.	대인 관계 차원의 언어 예절 강조
	쓰기	쓰기의 본질과 특성에 대한 이해를 바탕으로 맥락과 목적에 맞게 적절하고 효과적으로 글을 쓰고, 쓰기의 윤리를 지켜 책임감 있는 태도로 글을 쓴다.	쓰기의 본질과 특성에 대한 이해를 바탕으로 맥락과 목적과 독자를 고려하여 적절하고 효과적으로 글을 쓰고, 쓰기의 윤리를 지켜 책임감 있는 태도로 글을 쓴다.	대인 관계 차원의 '타인 존중' 역량, 공동체 차원의 '책임' 역량 강화
	문법	국어 운용의 원리에 대한 이해와 탐구를 통해 문법을 체계적으로 이해하고, 국어에 대한 사랑을 바탕으로 국어 발전에 대한 능동적인 태도를 기른다.	국어 운용의 원리에 대한 이해와 탐구를 통해 문법을 체계적으로 이해하고, 국어에 대한 사랑을 바탕으로 국어 발전에 참여하려는 능동적인 태도를 기른다.	참여 의식 강화

2009 개정 교육과정의 부분 개정인 2012 개정 국어과 교육과정의 성취 기준은 '학년군별 성취 기준', '영역 성취 기준', '내용 성취 기준'의 세 차원이 있는데, 〈표 6〉은 그 가운데 '영역 성취 기준'의 변화 양상을 제시한 것이다.

한편, 국어 사용 태도와 관련된 '내용 성취 기준'은 초등 1-2학년군 듣기 · 말하기 (3), (6), (7), (8)항과 문학 (4)항, 초등 3-4학년군 듣기 · 말하기 (6), (8), 쓰기 (6)항, 5-6학년군 듣기 · 말하기 (1), (5), (7), (8), (9), 쓰기 (4)항, 중학 1-3학년군 듣기 · 말하기 (1), (2), (3), (6), 읽기 (9), 쓰기 (5), (7), (8), 문법 (10), 문학 (8)항의 성취 기준 해설 부분과 '국어 자료의 예', '교수 · 학습 방법', '평가' 부분이 일부 수정이 되었다. 중학 1-3학년군은 듣기 · 말하기 내용 성취 기준 (12)항 "폭력적인 언어 사용의 문제를 인식하고, 바람직한 언어 표현으로 순화하여 말한다."가 신설된 것 외에 내용 성취 기준 자체가 변화된 것은 없다.

1.1.2.2. 절에서 언어의 외형적 기능을 살펴보았다. 어떤 말을 사용하느냐를 보고 그 사람의 됨됨이를 가늠할 수 있다. 그래서 말은 그 사람의 인격이라고 말하곤 한다. 한국어 사용 환경에 대한 국내외의 사정을 정확히 인식하고 한글과 한국어를 소중히 여기고 바르게 사용함은 물론 논리적이고 아름다운 우리말을 사용함으로써 국어의 발전에 기여하고자 하는 자세를 지녀야 한다. 이를 위하여 관련된 교수·학습 내용이 문법 영역에서 충분히 다루어질 수 있어야 한다.

학습량을 교육과정의 학습 내용이나 성취 기준의 통계적 수치를 줄임으로써 형식상 축소할 것이 아니라[14], 교과서를 포함한 교재 개발이나 수업 운용을 통하여 성취 기준을 실행할 때, 기능·문학·문법 영역의 관련 성취 기준들을 유기적으로 통합하고, 각 영역 내에서도 관련 요소들을 적절하게 통합하여 실질적인 학습 내용의 적정화를 이룰 수 있어야 한다.

6.2.5. '국어 구조' 범주

문법 영역이 처음 국어과의 하위 범주로 설정된 제4차 교육과정 이래 2015 개정 교육과정까지 국어과 교육과정의 문법 영역의 국어 구조 범주는 음운(낱자 포함[15]), 단어, 어휘, 문장, 문법 요소의 기능, 의미, 담화 등을 다루어 왔다. 교육과정에서 이들 각각의 학습 내용을 어떻게 조직해 왔는지 살펴보도록 한다.

14 물론 제5차 교육과정에서 중학교 1학년 문법 영역의 내용 가운데 하나였던 '유아의 언어 발달'과 같이 타 요소들과의 연계가 약하고 교육적 시급성이나 상대적 가치가 약한 내용들을 삭제함으로써 교수·학습 내용을 줄이는 것은 당연히 필요하다.

15 '낱자'를 여기에 포함시킨 이유는 관련 성취 기준에서 낱자를 그 음가와 함께 다루고 있으며, 낱자가 모여 이루어지는 '글자'도 일정한 구조를 가지고 있기 때문이다.

6.2.5.1. '음운(낱자 포함)' 부문

이 부문에서 다루어 온 내용은 낱자의 모양, 낱자의 이름, 자음자와 모음자의 구별, 낱자의 음가, 글자의 짜임, 글자와 소리의 관계, 음운과 음절의 이해, 음운 교체, 음운의 변동 규칙, 국어의 음운 구조, 음운의 종류와 그 체계 등이다. 각 교육과정 시기별로 제시된 내용을 보이면 〈표 7〉과 같다.

〈표 7〉 '음운' 부문의 내용

교육과정	학년	성취 기준(학년별 내용)
제4차	1	한글 낱자의 모양, 이름 순서를 안다.
		낱자가 모여서 소리를 나타내게 됨을 안다.
	2	받침이 있음을 안다.
		글자와 말음이 달라지는 것이 있음을 안다.
	3	받침이 다른데 발음이 같게 나는 것이 있음을 안다.
	4	받침이 다음 음절에서 발음되는 때가 있음을 안다.
	5	받침이 발음되는 때와 발음되지 않는 때가 있음을 안다.
	6	말에는 된소리로 발음되는 것이 있음을 안다.
		말에는 표기와 발음이 다른 것이 있음을 안다.
	7	음운 변화의 주요 규칙을 안다.
	8	음운 변화의 체계를 안다.
	9	음운 변화의 주요 원인을 안다.
	10	음운의 종류와 그 체계를 안다.
제5차	1	기본 음절표를 활용하여 한글 낱자의 모양과 음가, 글자의 짜임을 익힌다.
		글자와 발음이 다른 경우를 찾는다.
	2	글자와 발음이 다른 경우를 찾는다.
	7	음운 변동의 주요 규칙을 알고, 그 원인을 밝히기
	8	음운 변동의 주요 규칙을 알고, 그 원인을 밝히기
	9	음운 변동의 주요 규칙을 알고, 그 원인을 밝히기

<table>
<tr><td>제5차</td><td>10</td><td>현대 국어의 음운, 형태, 문장, 의미 상의 구조를 이해한다.</td></tr>
<tr><td rowspan="8">제6차</td><td rowspan="2">1</td><td>한글 낱자의 모양과 이름을 안다.</td></tr>
<tr><td>낱자가 모여서 이루어진 글자의 짜임을 알고 바르게 읽는다.</td></tr>
<tr><td>2</td><td>낱말을 소리 내어 읽어 보고, 글자와 발음이 다른 경우를 찾는다.</td></tr>
<tr><td>3</td><td>글자와 발음이 다른 경우를 찾아 보고, 정확하게 발음한다.</td></tr>
<tr><td>7</td><td>글에서 표기와 발음이 다른 경우를 찾아 보고, 음운 변동의 주요 규칙을 안다.</td></tr>
<tr><td>8</td><td>국어의 음운 체계에 대하여 알아보고, 음운이 바뀜에 따라 어감이나 의미가 달라지는 단어를 찾는다.</td></tr>
<tr><td>10</td><td>언어의 음운의 체계와 음운의 변동에 대해 알고, 정확하게 발음한다.</td></tr>
<tr><td rowspan="5">제7차</td><td>1</td><td>한글 낱자의 음가를 안다.</td></tr>
<tr><td>2</td><td>자음과 모음을 구별한다.</td></tr>
<tr><td>7</td><td>음절의 개념을 안다.</td></tr>
<tr><td>8</td><td>국어의 음운 체계를 안다.</td></tr>
<tr><td>9</td><td>국어의 음운 변동 규칙을 안다.</td></tr>
<tr><td rowspan="4">2007
개정</td><td rowspan="2">1</td><td>한글 자모의 이름과 소리를 안다.</td></tr>
<tr><td>소리와 표기가 다를 수 있음을 안다.</td></tr>
<tr><td>9</td><td>국어의 음운 체계를 이해한다.</td></tr>
<tr><td>10</td><td>국어의 음운 규칙을 안다.</td></tr>
<tr><td rowspan="5">2009
개정</td><td>1-2</td><td>한글 낱자(자모)의 이름과 소리값을 알고 정확하게 발음하고 쓴다.</td></tr>
<tr><td>3-4</td><td>소리와 표기가 다를 수 있음을 알고 낱말을 바르게 발음하고 쓴다.</td></tr>
<tr><td>5-6</td><td>발음과 표기, 띄어쓰기가 혼동되는 낱말을 올바르게 익힌다.</td></tr>
<tr><td rowspan="2">중
1-3</td><td>음운 체계를 탐구하고 그 특징을 이해한다.</td></tr>
<tr><td>음운 변동의 규칙성을 탐구하고 자연스러운 발음의 원리를 이해한다.</td></tr>
</table>

2015 개정	1-2	한글 자모의 이름과 소릿값을 알고 정확하게 발음하고 쓴다.
		소리와 표기가 다를 수 있음을 알고 낱말을 바르게 읽고 쓴다.
		글자, 낱말, 문장을 관심 있게 살펴보고 흥미를 가진다.
	중 1-3	음운의 체계를 알고 그 특성을 이해한다.
		단어를 정확하게 발음하고 표기한다.
	고1	음운의 변동을 탐구하여 올바르게 발음하고 표기한다.

음운 부문의 내용 연계 방식은 전형적인 반복의 방식을 취하고 있다. 초등학교 1학년, 2학년 단계에서 한글 낱자의 모양, 낱자의 이름, 낱자의 음가 파악에서 시작하여, 표기와 발음의 관계, 음절, 변동 규칙, 음운 체계 등으로 학년이 올라감에 따라 반복·심화된다.

제4차 교육과정 이래 문법 영역은 교육과정상에서는 독립적 영역으로 제시해 오고 있다. 따라서 기능과 분리된 '문법 분리형'을 띤다. 그러나 음운 부분은 말하기 기능, 쓰기 기능(맞춤법)과 밀접하게 관련되어 있기 때문에 실제 교과서 구성에서는 '주제·기능 중심의 통합형'을 띠는 경우가 많다.

저학년의 경우에는 한국어의 발음, 한글 맞춤법 등이 주요 학습 내용으로 다루어지는데 초등학교에서 문법은 주로 기능 영역의 기반 지식이 된다. 이에 비해 중학교, 고등학교 단계 즉 학교급이 올라갈수록 기반 지식으로서보다 한국어의 구조 이해 즉 문화 부분으로서의 성격이 강화된다. 따라서 중등 교육 문법의 교과서 구성은 주제나 기능과 분리된 '문법 분리형'을 취하는 경우가 많다.

교육과정의 9학년, 10학년에서 제시하고 있는 음운 부문의 항목을 통해서도 짐작할 수 있다. 2007 개정 교육과정의 9학년 "한국어의 음운 체계를 이해한다.", 10학년 "국어의 음운 규칙을 안다." 등과 같은 내용이 그러하다. 9학년, 10학년 단계는 정확한 한국어 발음, 소리와 표기와의 관계 등에 대해서 내면화 단계에 접어든 시기라고 할 수 있다. 따라서 한국어의 음운 체계를 전반적으로 이해시키고, 변동 규칙을 이해시키기 위한 교수·학습이 한국어의 발음이나 표기를 더 유창하고 정확하게 하도록 하기 위해서라고 볼 수 없다. 한국어의 음운 체계와 변동 규칙을 조망하여 한국어 음운과 발음 구조의 전반적인 모습을 이해시키고자 하는 것에 목적을 둔다. 그렇기 때문에 이 경우는 기능이나 주제와 통합 형태로 교재가 집필된다기보다는 '문법 분리형'을 띠기가 쉽다.[16]

6.2.5.2. '단어' 부문

단어 부문에서 주로 다루는 내용은 용언의 활용 및 국어사전 찾기, 형태소와 단어의 개념, 단어 구성(조어법), 단어 형성 규칙, 단어의 분류와 품사의 특성 등이다. 그 구체적인 교육과정 내용을 보이면 다음 표와 같다.

〈표 8〉 '단어' 부문의 내용

교육과정	학년	성취 기준(학년별 내용)
제4차	3	낱말에는 모양이 바뀌는 것과 바뀌지 않는 것이 있음을 안다.
	4	모양이 바뀌는 말에서 바뀌지 않는 부분과 바뀌는 부분을 구별하고, 그 으뜸이 되는 말을 찾는다.
	5	낱말에는 이름을 나타내는 것과 그 말을 대신하는 것이 있음을 안다.
		낱말에는 높임을 나타내는 것이 있음을 안다.
	6	낱말에는 소리나 모양을 시늉하는 것이 있음을 안다.
		낱말에는 한 음절로 된 것과 여러 음절로 된 것, 두 낱말이 합쳐져서 한 낱말로 된 것이 있음을 안다.
		낱말에는 뜻이 같고 느낌이 다른 것이 있음을 안다.
	7	품사의 뜻과 종류를 안다.
	8	체언과 조사의 기능을 안다.
		용언의 어간과 어미의 기능을 안다.

16 중·고학년의 음운 부문과 관련된 교육과정 내용 선정과 내용 진술 그리고 교과서 집필 방향이 적절한지에 대해서는 별도의 논의가 필요하다.

제4차	9	짜임에 따른 단어의 종류를 안다.
		여러 품사의 특성을 안다.
	10	품사의 전성과 그 기능을 안다.
		단어의 구조를 알고 형태를 분석한다.
제5차	4	모양이 바뀌는 낱말과 바뀌지 않는 낱말을 구별하고, 모양이 바뀌는 낱말의 으뜸이 되는 말을 사전에서 찾는다.
	5	낱말을 몇 개의 요소로 나누어 보고, 문장의 각 부분을 다른 말로 대치하여 새로운 문장을 만든다.
	6	낱말을 몇 개의 요소로 나누어 보고, 어느 한 요소를 바꾸어 새로운 낱말을 만든다.
	7	단어를 품사로 분류해 보고, 각 품사의 특성을 밝히기
		단어의 짜임새를 살펴보고, 우리 말의 단어 형성 방법을 이야기하기
	8	단어를 품사로 분류해 보고, 각 단어의 특성을 밝히기
		단어의 짜임새를 살펴보고, 우리 말의 단어 형성 방법을 이야기하기
	9	단어를 품사로 분류해 보고, 각 단어의 특성을 밝히기
		단어의 짜임새를 살펴보고, 우리 말의 단어 형성 방법을 이야기하기
	10	현대 국어의 음운, 형태, 문장, 의미상의 구조를 이해한다.
제6차	1	글자가 모여 낱말이 됨을 알고, 글자 수가 같은 낱말을 찾아서 말한다.
	4	모양이 바뀌지 않는 낱말과 모양이 바뀌는 낱말을 구별하고 모양이 바뀌는 낱말의 으뜸이 되는 말을 사전에서 찾는다.
		낱말과 낱말이 합해져서 새로운 낱말이 만들어짐을 알고, 그러한 낱말을 찾는다.
	5	낱말을 몇 개의 요소로 나누어 보고, 그러한 요소들이 들어 있는 낱말을 찾는다.
	6	낱말을 몇 개의 요소로 나누어 보고 어느 한 요소를 바꾸어 문장을 여러 가지로 만든다.
	7	단어들을 품사 분류 기준에 따라 나누어 보고, 각 품사의 특성을 안다.

제6차	7	단어들을 이루고 있는 요소를 알아보고, 짜임에 따라 단어의 종류를 나누어 본다.
		조사의 쓰임을 알아보고, 다양한 의미의 문장을 만든다.
	8	용언의 활용에 대하여 알아보고, 이를 바탕으로 하여 잘못된 문장을 바르게 고쳐 쓴다.
	9	첫 글자나 끝 글자가 같은 단어들을 찾아보고, 그 의미에 대하여 알아본다.
	10	국어 단어 형성의 규칙을 알고, 단어들을 품사에 따라 분류한다.
제7차	4	용언의 기본형을 안다.
	7	형태소와 낱말의 개념을 안다.
	8	국어의 조어법을 안다.
	9	품사 분류 기준과 각 품사의 특성을 안다.
2007 개정	3	국어사전에서 낱말 찾는 방법을 안다.
	7	품사의 개념, 분류 기준, 특성을 이해한다.
	8	국어 단어 형성법을 이해하고 활용한다.
2009 개정	3-4	국어의 낱말 확장 방법을 알고 다양한 어휘를 익힌다.
		낱말들을 분류해 보고 국어 사전에서 낱말을 찾아본다.
	중 1-3	단어의 짜임을 분석하고 새말이 만들어지는 원리를 이해한다.
		품사의 개념과 특성을 이해하고 단어를 적절하게 사용한다.
2015 개정	3-4	낱말을 분류하고 국어사전에서 찾는다.
	5-6	국어의 낱말 확장 방법을 탐구하고 어휘력을 높이는 데에 적용한다.
	중 1-3	품사의 종류를 알고 그 특성을 이해한다.

단어 부문 역시 내용 연계 방식은 전형적인 반복의 방식을 취하고 있다. 타 영역과의 관계도 음운 부문과 크게 다르지 않다. 즉, 교육과정상으로는 문법 영역을 독립적으로 제시해 놓았기 때문에 '문법 분리형'을 취했다.

그러나 교재 구성과 관련하여서는 초등학교의 경우에는 '주제 · 기능 통합형'으로 중·고등학교로 단계가 올라갈수록 '문법 분리형'으로 단원을 구성하는 경향이 강하다. 초등학교의 경우에도 8.2.2. 절에서 확인할 수 있듯이 단원 구성의 측면에서 보면 주제·기능 통합형을 띠나, 차시별 구성에서는 문법 분리형인 경우가 많다. 다시 말하면 문법 성취 기준을 차시 목표로 하거나 교수·학습 활동의 내용으로 하는 경우 기능이나 문학의 내용과 유기적으로 통합되지 않고 문법만 이질적인 차시나 활동으로 구성된 경우가 많다.

중학교에서 주로 다루어지는 품사의 개념, 단어 분류 기준, 품사 특성, 국어 단어 형성법, 형태소와 단어의 개념 이해 등은 한국어 구조의 이해라는 측면에서 다루어진다. 따라서 이들 내용은 표현과 이해의 기반 지식으로서의 성격보다 문화적인 측면이나 탐구적인 측면의 성격이 강하다.

단어 부문은 〈표 8〉에서 확인할 수 있듯이 초등학교 1학년, 2학년에서는 거의 다루어지지 않는다. 용언의 활용과 국어사전 활용에 대해서 학습하는 3학년 또는 4학년부터 단어에 대한 내용이 처음 선정되어 그 이후로 초등 고학년, 중학교, 고등학교에서 많이 다루어진다.

6.2.5.3. '어휘' 부문

어휘 부문이 교육 내용으로 설정된 것은 제7차 교육과정에서부터라고 볼 수 있다. 그 이전에는 국어과 교육에서 어휘 분야에 대한 구별이 특별히 없었다.

〈표 9〉 '어휘' 부문의 내용

교육과정	학년	성취 기준(학년별 내용)
제4차	어휘 분야가 설정되지 않음	
제5차	3	자음이나 모음이 바뀜으로써 뜻은 같으나, 느낌이 달라지는 낱말을 찾는다.
제6차	3	다른 나라에서 쓰이는 말들을 찾아보고, 우리말을 아끼고 널리 쓰는 태도를 가진다.

제7차	4	어휘의 개념을 안다.
	6	고유어, 한자어, 외래어, 외국어의 개념을 알고 국어 어휘의 특징을 이해한다.
	7	은어, 전문어, 속어 , 비어, 유행어의 개념을 안다.
2007 개정	6	고유어, 한자어, 외래어, 외국어의 개념을 알고 국어 어휘의 특징을 이해한다.
2009 개정	1-2	다양한 고유어(토박이말)를 익히고 소중히 여기는 태도를 기른다.
	5-6	고유어, 한자어, 외래어의 개념과 특성을 알고 국어 어휘의 특징을 이해한다.
	중1-3	어휘의 유형과 의미 관계를 이해하고 활용한다.
2015 개정	중1-3	어휘 체계와 양상을 탐구하고 활용한다.

〈표 9〉에서 볼 수 있는 것처럼 지금까지 다루어 온 내용도 어휘의 개념, 고유어 · 한자어 · 외래어 · 외국어의 개념 및 국어 어휘의 특징, 은어 · 전문어 · 속어 · 비어 · 유행어 등이 고작이다. 이처럼 어휘 분야에서 가르쳐야 할 내용이 다른 부문들에 비해 다양하게 개발되어 있지 않을 뿐만 아니라 가르쳐야 할 내용이 명확하지 않다.[17]

어휘 부문의 내용 연계 방식은 제7차 교육과정이나 2009 개정 교육과정은 반복의 방식이라고 할 만하나, 2015 개정 교육과정을 비롯한 그 밖에는 내용 자체가 제시되지 않거나 1개가 제시되어 있기 때문에 연결의 방식을 취하고 있는 것으로 볼 수 있다. 어휘 분야는 주로 국어 순화, 국어 사용과 관련되기 때문에 다른 영역과의 관계는 '주제 · 기능 통합형'으로 보아 무방하다.

17 여기서는 '단어들의 의미 관계'는 '의미'에서 '어휘의 여러 종류'는 '어휘' 부문에서 다루었다. 이들을 통합하여 하나의 범주에서 다루어야 할지 여기서처럼 별도로 다루어야 할지는 단어, 어휘, 단어 의미 부문을 포함하는 범주 설정과 관련되어 있다. 교육과정의 내용 체계에서의 부문이나 범주 설정과 관련해서는 별도의 논의가 필요하다.

6.2.5.4. '문장' 부문

문장 부문은 어느 시기의 교육과정 할 것 없이 가장 비중이 높고 여러 학년 및 학교급에 고르게 분포되어 있다. 그러나 앞에서 볼 수 있었던 것처럼 제6차 교육과정 시기까지는 다루는 내용이 계속 늘었으나 제7차 교육과정부터 2015 개정 교육과정에 이르기까지는 점차 줄어들고 있다. 의미, 담화 부문이 계속 강조되는 것과 대조적이다.

문장 부문에서 주로 다루어진 내용은 단문의 구조(문장의 기본 형식), 문장의 확장 및 축소, 문장의 종류, 어순, 문장 성분의 이해, 꾸미는 말, 이어 주는 말, 문장 구성의 원리, 문장의 여러 가지 호응 규칙, 문장의 구조 등이다.

〈표 10〉 '문장' 부문의 내용

교육과정	학년	성취 기준(학년별 내용)
제4차	3	낱말이 일정한 순서로 모여야 문장이 됨을 안다.
		문장은 크게 두 부분으로 이루어짐을 안다.
		문장에는 풀이하는 문장, 묻는 문장, 시키는 문장이 있음을 안다.
		두 문장이 이어져 한 문장이 될 수 있음을 안다.
	4	문장이 확장됨을 안다.
		문장에는 풀이하는 문장 묻는 문장, 시키는 문장, 감탄을 나타내는 문장, 권유하는 문장이 있음을 안다.
		두 문장이 이어져 한 문장이 되거나, 한 문장이 나뉘어 두 문장이 될 수 있음을 안다.
	5	문장이 확장됨과 문장의 각 부분이 다른 말로 대치될 수 있음을 안다.
		문장에는 풀이하는 문장, 묻는 문장, 시키는 문장, 감탄을 나타내는 문장, 권유하는 문장, 약속하는 문장이 있음을 안다.
	6	문장에는 꾸미는 부분이 있음을 안다.
	7	문장의 성분을 안다.

제4차	7	짜임에 따른 문장의 종류를 안다.
	8	문장 성분의 기능을 안다.
	9	문장의 여러 가지 호응 규칙을 안다.
	10	문장의 구조와 그 성분의 확장을 안다.
제5차	1	문장은 크게 두 부분으로 이루어짐을 알고, 두 부분을 바르게 연결하여 문장을 만든다.
		주어진 문장에 꾸미는 말을 덧붙여 긴 문장을 만든다.
	2	문장은 크게 두 부분으로 이루어짐을 알고, 두 부분을 바르게 연결하여 문장을 만든다.
		주어진 문장에 꾸미는 말을 덧붙여 긴 문장으로 만든다.
		소리나 모양을 시늉하는 말을 찾아 짧은 글을 짓는다.
	3	풀이하는 문장, 묻는 문장, 시키는 문장, 감탄을 나타내는 문장, 권유하는 문장 등을 찾아보고, 그 차이를 밝힌다.
	4	문장에 쓰인 낱말의 순서를 바꾸어 보고, 낱말이 일정한 순서로 모여야 문장이 됨을 안다.
		풀이하는 문장, 묻는 문장, 시키는 문장, 감탄을 나타내는 문장, 권유하는 문장 등을 찾아보고, 그 차이를 밝힌다.
		문장을 몇 개의 부분으로 나누어 보고, 각 부분을 다른 말로 대치하여 새로운 문장을 만든다.
	5	낱말을 몇 개의 요소로 나누어 보고, 문장의 각 부분을 다른 말로 대치하여 새로운 문장을 만든다.
		두 문장을 이어 주는 말의 기능을 알고 활용한다.
		문장을 몇 개의 부분으로 나누어 보고, 문장의 각 부분을 다른 말로 대치하여 새로운 문장을 만든다.
	6	두 문장을 한 문장으로, 한 문장을 두 문장으로 만들면서 문장을 축소시키거나 확장시킨다.
	7	문과 비문을 구별하고, 문장이나 글에서 비문 찾기
		문장의 성분을 분석하고, 각 성분 사이의 관계와 문장의 구성 원리를 파악하기
	8	문과 비문을 구별하고, 문장이나 글에서 비문 찾기

<table>
<tr><td rowspan="6">제5차</td><td rowspan="2">8</td><td>문장의 성분을 분석하고, 각 성분 사이의 관계와 문장의 구성 원리를 파악하기</td></tr>
<tr><td>문장과 문장 간의 호응 관계 따지기</td></tr>
<tr><td rowspan="3">9</td><td>문과 비문을 구별하고, 문장이나 글에서 비문 찾기</td></tr>
<tr><td>문장의 성분을 분석하고, 각 성분 사이의 관계와 문장의 구성 원리를 파악하기</td></tr>
<tr><td>문장과 문장 사이의 연결 관계를 따져 보고, 글의 구성 원리를 파악하기</td></tr>
<tr><td>10</td><td>현대 국어의 음운, 형태, 문장, 의미 상의 구조를 이해한다.</td></tr>
<tr><td rowspan="12">제6차</td><td>1</td><td>문장에 꾸미는 말을 덧붙여 자세한 문장을 만든다.</td></tr>
<tr><td rowspan="3">2</td><td>문장에 꾸미는 말들을 넣어 보고, 각 문장의 뜻의 차이를 말한다.</td></tr>
<tr><td>소리나 모양을 흉내 내는 말을 찾아 보고, 그 말들을 활용하여 생각이나 느낌을 재미 있게 표현한다.</td></tr>
<tr><td>문장은 크게 두 부분으로 이루어짐을 알고, 두 부분을 바르게 연결하여 문장을 만든다.</td></tr>
<tr><td rowspan="2">3</td><td>한 문장에 쓰인 낱말의 순서를 바꾸어 보고, 낱말이 일정한 순서로 모여야 바른 문장이 됨을 안다.</td></tr>
<tr><td>문장에 풀이하는 문장, 묻는 문장, 감탄을 나타내는 문장이 있음을 알고, 이를 표시하는 문장 부호도 안다.</td></tr>
<tr><td>4</td><td>문장을 몇 부분으로 나누어 보고, 각 부분에 다른 말을 대치하여 새로운 문장을 만든다.</td></tr>
<tr><td rowspan="2">5</td><td>문장을 몇 부분으로 나누어 보고, 각 부분에 다른 말을 대치하여 새로운 문장을 만든다.</td></tr>
<tr><td>이어 주는 말의 기능을 알고, 두 문장을 한 문장으로, 또는 한 문장을 두 문장으로 만든다.</td></tr>
<tr><td rowspan="3">6</td><td>두 문장을 한 문장으로 또는 한 문장을 두 문장으로 바꾸어 문장을 여러 가지로 만든다.</td></tr>
<tr><td>각 문장에서 전달하고자 하는 내용을 말하여 보고 문장 사이의 연결 관계를 살핀다.</td></tr>
<tr><td>뜻이 바르게 전달되지 않는 문장을 찾아 그 이유를 말해 보고 바른 문장으로 고친다.</td></tr>
</table>

<table>
<tr><td rowspan="8">제6차</td><td rowspan="4">8</td><td>어법에 어긋나는 말을 들어 보고, 언어에는 일정한 규칙이 있음을 안다.</td></tr>
<tr><td>용언의 활용에 대하여 알아보고, 이를 바탕으로 하여 잘못된 문장을 바르게 고쳐 쓴다.</td></tr>
<tr><td>문장의 기본 형식에 대하여 알아보고, 이에 따라 문장을 분류한다.</td></tr>
<tr><td>문장을 몇 부분으로 나누어 각 부분의 기능을 알아보고, 각 성분 사이의 관계와 문장의 구성 원리를 파악한다.</td></tr>
<tr><td rowspan="3">9</td><td>여러 문장을 하나의 문장으로, 하나의 문장을 여러 문장으로 만들어 보고, 전달하고자 하는 내용을 효과적으로 표현한다.</td></tr>
<tr><td>여러 문법 요소들의 기능을 알아보고, 이들의 쓰임이 바르지 못한 문장을 찾아 고쳐 쓴다.</td></tr>
<tr><td>글의 각 문장에서 전달하고자 하는 내용을 말하여 보고, 문장과 문장 사이의 연결 관계가 적절하지 못한 부분을 찾아 고쳐 쓴다.</td></tr>
<tr><td>10</td><td>국어 문장의 구조와 문장 성분 사이의 호응 관계를 알고, 정확한 문장을 구사한다.</td></tr>
<tr><td rowspan="9">제7차</td><td>2</td><td>문장 안에서 꾸며 주는 말의 기능을 안다.</td></tr>
<tr><td rowspan="2">3</td><td>우리말에는 어순이 있음을 안다.</td></tr>
<tr><td>이어 주는 말의 기능을 안다.</td></tr>
<tr><td>4</td><td>문장의 종류를 안다.</td></tr>
<tr><td>5</td><td>문장 성분의 개념과 기능을 안다.</td></tr>
<tr><td>6</td><td>문장과 문장 사이의 연결 관계를 안다.</td></tr>
<tr><td rowspan="2">9</td><td>각 문장의 성분의 특성과 문장의 구성 원리를 안다.</td></tr>
<tr><td>문장의 구조로 말미암아 의미가 여러 가지로 해석되는 현상을 안다.</td></tr>
<tr><td>10</td><td>문장의 짜임새를 안다.</td></tr>
<tr><td rowspan="4">2007
개정</td><td>3</td><td>의도에 따라 여러 종류의 문장으로 표현할 수 있음을 설명한다.</td></tr>
<tr><td>4</td><td>문장을 구성하는 성분을 분석한다.</td></tr>
<tr><td>6</td><td>문장의 연결 관계를 이해한다.</td></tr>
<tr><td>9</td><td>문장의 짜임새를 설명한다.</td></tr>
</table>

2009 개정	1-2	문장의 기본 구조를 이해하고 문장 부호를 바르게 쓴다.
	3-4	문장을 끝내는 다양한 방식을 알고 자신의 의도에 맞게 문장을 사용할 수 있다.
	5-6	절을 연결하는 다양한 방식을 알고 표현 의도에 맞게 문장을 구성한다.
		국어의 기본적인 문장 성분을 이해하고 성분 사이의 호응 관계가 올바른 문장을 구성한다.
	중1-3	문장의 구조를 탐구하고 자신의 생각을 다양한 구조의 문장으로 표현할 수 있다.
2015 개정	1-2	문장에 따라 알맞은 문장 부호를 사용한다.
	3-4	기본적인 문장의 짜임을 이해하고 사용한다.
	5-6	국어의 문장 성분을 이해하고 호응 관계가 올바른 문장을 구성한다.
	중1-3	문장의 짜임과 양상을 탐구하고 활용한다.

문장 부문의 내용 연계 방식은 반복 · 심화라고 할 수 있다. 단문에 대한 이해, 꾸미는 말의 활용, 문장의 종류(평서문, 의문문, 명령문, 청유문, 감탄문), 어순 등은 주로 초등학교 저 · 중학년에서 다루어진다. 초등학교 중 · 고학년부터 이어 주는 말의 이해, 문장의 확장과 축소, 문장 성분의 이해가 주된 학습 내용이 된다. 중학교부터는 문장 성분의 이해, 문장의 짜임, 문장의 구성 원리, 현내 국어의 분장 구조 등의 내용이 심화 · 반복되고 있음을 〈표 10〉에서 확인할 수 있다.

이러한 학습 내용의 심화 · 반복은 제7차 교육과정부터는 다소 약화되었으며, 특히 2007 개정, 2009 개정, 2015 개정 교육과정에서는 더더욱 그러하다. 3학년에서 문장의 종류, 4학년 문장 성분 이해 및 분석, 6학년 문장의 연결 관계 이해, 9학년에서는 이를 종합하여 단문, 복문, 문장의 확대 등 문장의 짜임새 전반을 종합적으로 다루고 있다.

문장 부문 역시 교육과정 자체는 문법 영역이 별도로 제시되어 있기 때문에 다른 영역에 독립적이다. 그러나 문장 부문은 특히 쓰기 기능 영역과 밀접하게 관련되어 있기 때문에 단원 구성에서는 '주제 · 기능 통합형'을 취한다. 현대 국어 문장 구조의 이해라는 내용으로 국어학적인 설명이 주가 된다면 '문법 분리형'이라고도 볼 수 있다.

6.2.5.5. '문법 요소' 부문

이 부문에서는 주로 시간을 나타내는 표현, 높임말, 사동과 피동, 원근, 부정, 양태 등이 다루어지고 있다. 제4차 교육과정에서 제7차 교육과정까지는 주로 시간 표현, 높임 표현, 사동과 피동 표현이 학습 내용으로 다루어졌으며 2007 개정 교육과정에서는 부정 표현, 양태 표현, 원근 표현 등이 추가되었다. 2009 개정, 2015 개정 교육과정에서는 문법 요소들의 담화적 사용에 초점을 맞추어 문법 지식 자체보다는 그 사용 방법을 강조하고 있다. 이 부문 역시 내용의 연계 방식은 심화 · 반복의 방식으로 되어 있다.

〈표 11〉 '문법 요소' 부문의 내용

교육과정	학년	성취 기준(학년별 내용)
제4차	5	문장의 두 큰 부분이 시간상으로 어울려야 함을 안다.
	6	문장의 두 큰 부분이 높임과 낮춤이나 논리상으로 어울려야 함을 안다.
제5차	3	높임을 나타내는 말을 찾아 예삿말과 짝지어 보고, 국어 예절에 대하여 이야기한다.
	6	의미, 시간, 높임이나 낮춤 등의 호응 관계를 알고, 문장이나 글에서 잘못된 부분이 있는지 찾는다.
	7	문장이나 글 속에서 사동, 피동, 시간 표현, 높임 · 낮춤 등에 관계되는 문법 요소를 찾아 그 의미와 기능을 이야기하기
	8	문장이나 글 속에서 사동, 피동, 시간 표현, 높임 · 낮춤 등에 관계되는 문법 요소를 찾아 그 의미와 기능을 이야기하기
	9	문장이나 글 속에서 사동, 피동, 시간 표현, 높임 · 낮춤 등에 관계되는 문법 요소를 찾아 그 의미와 기능을 이야기하기

제6차	3	높임을 나타내는 말을 찾아 예삿말과 짝지어 보고, 그 말을 사용하여 예절 바르게 말한다.
	4	높임이나 낮춤의 호응 관계를 알고, 말이나 글에서 바르게 사용한다.
	5	문장에서 시간 표현과 관계된 부분을 찾아보고, 말이나 글에서 바르게 사용한다.
	9	여러 문법 요소들의 기능을 알아보고, 이들의 쓰임이 바르지 못한 문장을 찾아 고쳐 쓴다.
	10	문법 요소들의 기능을 알고, 의미가 바르게 전달되도록 이야기를 생성한다.
제7차	3	우리말에는 높임법이 있음을 안다.
	5	우리말에는 시간을 표현하는 말이 있음을 안다.
	10	문법 요소들의 기능을 안다.
		장면에 따른 표현 방식을 안다.
2007 개정	4	국어의 높임법을 이해한다.
	5	시간 표현 방식을 이해한다.
	7	표현 의도에 따라 사동 · 피동 표현이 달리 사용됨을 안다.
	10	장면에 따른 표현 방식을 안다. (원근, 부정, 양태)
2009 개정	3-4	높임법을 알고 언어 예절에 맞게 사용한다.
	중1-3	문법적 기능을 담당하는 요소들의 특징을 이해하고 담화 상황에 맞게 사용할 수 있다.
2015 개정	3-4	높임법을 알고 언어 예절에 맞게 사용한다.
	고 1	문법 요소의 특성을 탐구하고 상황에 맞게 사용한다.

문법 요소 부문의 내용은 국어학적 설명에 중점을 두기보다 각 문법 요소의 기능을 정확하게 사용하여 올바른 문장을 구사할 수 있도록 하는 것에 중점을 두고 있음을 교육과정 내용을 통해 이해할 수 있다. 따라서 다른 영역과의 관계는 '주제 · 기능 중심의 통합형'을 띠고 있다고 하겠다.

6.2.5.6. '의미' 부문

다음 국어의 구조 범주의 하위 부문 가운데 의미 부문을 살펴보자. 의미 부문에서 주로 다루는 내용은 단어의 의미 관계(유의 관계, 반의 관계, 하의 관계 등), 동음이의어의 이해, 동형어의 이해[18], 다의어의 이해, 단어의 사전적 의미와 문맥적 의미 구분, 문장을 구성하는 요소들 간의 의미상 호응, 관용 표현의 용법 이해, 중의 표현의 이해, 모호 표현의 이해, 현대 국어 의미 구조의 이해 등이 있다.

〈표 12〉 '의미' 부문의 내용

교육과정	학년	성취 기준(학년별 내용)
제4차	4	문장의 두 큰 부분이 의미상으로 어울려야 함을 안다.
	6	낱말에는 뜻이 같고 느낌이 다른 것이 있음을 안다.
제5차	6	의미, 시간, 높임이나 낮춤 등의 호응 관계를 알고, 문장이나 글에서 잘못된 부분이 있는지 찾는다.
	7	하나의 단어를 중심으로 이와 관련되는 여러 단어들을 찾아보고 각 단어의 의미 관계 분석하기
	8	하나의 단어를 중심으로 이와 관련되는 여러 단어들을 찾아보고 각 단어의 의미 관계 분석하기
	9	하나의 단어를 중심으로 이와 관련되는 여러 단어들을 찾아보고 각 단어의 의미 관계 분석하기
	10	현대 국어의 음운, 형태, 문장, 의미 상의 구조를 이해한다.
제6차	7	동음이의, 유의, 반의, 상하의 관계가 성립하는 단어들을 말하여 보고, 같은 관계가 성립하는 단어들을 찾는다.
	8	일상의 말 중에서 중의적이거나 관용적으로 쓰이는 말의 예를 들어 보고, 그 말들을 상황에 따라 바르게 사용한다.
	9	하나의 단어가 여러 가지 의미로 사용될 수 있음을 알아보고, 그 의미를 상황이나 문맥에 따라 파악한다.

18 '동음이의어'와 '동형어'는 같은 개념이 아니다. 기상 현상으로서의 '눈'과 신체 기관으로서의 '눈'은 동형어이지만 동음이의어는 아니다. 초등 국어 교과서에서는 2007 개정 교육과정까지는 동음이의어의 사례로 이러한 쌍들을 구분하지 않고 다루었다. 그러나 2009 개정 교육과정부터는 '동음이의어'와 '다의어'를 '동형어'와 '다의어'로 바꾸어 이론적 오류를 제거하였다.

제6차	10	단어의 여러 가지 의미 관계를 알고, 국어의 다양성을 효과적으로 활용한다.
제7차	4	낱말과 낱말 사이의 유의 관계, 반의 관계, 하의 관계를 안다.
	7	동음이의어와 다의어의 개념을 안다.
	8	관용어의 개념을 안다.
2007 개정	2	낱말과 낱말 간의 의미 관계를 이해한다.
	3	소리가 동일한 낱말들이 여러 가지 의미로 사용되는 현상을 분석한다.
	5	단어의 사전적 의미와 문맥적 의미를 구별하고 효과적으로 사용한다.
	6	문장에 쓰인 호응 관계의 적절성을 판단한다.
	7	관용 표현의 개념과 효과를 이해한다.
	8	문장이 여러 가지 의미로 해석되는 현상을 이해한다.
2009 개정	1-2	낱말과 낱말의 의미 관계를 알고 활용한다.
	3-4	낱말이 상황에 따라 다양하게 해석됨을 이해하고 효과적으로 표현할 수 있다.
	5-6	관용 표현의 특징을 알고 담화 상황에 맞게 사용한다.
	중1-3	어휘의 유형과 의미 관계를 이해하고 활용한다.
2015 개정	3-4	낱말과 낱말의 의미 관계를 파악한다.
	5-6	낱말이 상황에 따라 다양하게 해석됨을 탐구한다.
		관용 표현을 이해하고 적절하게 활용한다.

〈표 12〉에서 볼 수 있듯이 제4차 교육과정에서는 의미 부문의 내용이 많지 않다. 특히 단어의 의미 관계 등이 다루어지지 않았는데 국어 의미론 분야의 학문적 발전 과정과 관계가 있을 것으로 짐작할 수 있다. 단어 의미와 문장 의미 이해는 표현과 이해 능력 신장에 매우 중요한 요소가 된다. 따라서 의미 분야에서 제시된 내용은 대체적으로 국어 사용 기능의 기반 지식으로서의 성격을 가지는 것으로 볼 수 있다.

특히 의미 부문에서 제시되고 있는 내용 가운데서 단어나 문장의 의미론적 설명 자체에 대한 학습 내용은 거의 찾아볼 수 없다. 비록 교육과정상에서는 문법 영역이 듣기, 말하기, 읽기, 쓰기 영역과 분리되어 제시되어 있으나 단원 구성이나 수업은 '주제 · 기능 통합형'으로 다루어지고 있음이 〈표 12〉에서 확인된다. 의미 분야의 내용 연계 방식도 반복 · 심화의 방식을 띠고 있다.

의미 부문의 내용은 제4차 교육과정에서부터 제7차 교육과정 때까지는 1학년에서 3학년까지는 다루어지지 않았다. 2007 개정 교육과정에서 단어 간의 의미 관계가 2학년에서, 동음이의어(동형어)와 다의어의 이해가 3학년에서 제시되어 있다. 2009 개정 교육과정에서도 크게 다르지 않다. 그러나 제7차 교육과정에서 낱말 간의 의미 관계는 4학년에서, 제5차 교육과정에서는 7, 8, 9학년에서, 제6차 교육과정에서는 7학년, 10학년에서 각각 다루어졌고, 동음이의어(동형어), 다의어의 이해는 제6차에서는 7학년, 9학년, 10학년에서, 제7차 교육과정에서는 7학년에서 각각 다루어졌다. 이전의 교육과정에서는 대체적으로 중학교, 고등학교에서 다루어졌던 것을 2007 개정, 2009 개정 교육과정에서는 초등학교 저학년에 배열해 놓고 있다. 그런데 2015 개정 교육과정에서는 이들을 초등학교급에서만 다루되 3-4학년군, 5-6학년군에만 제시해 놓고 있다. 언어 발단 단계에 대한 충분한 고려가 있어야 한다.

6.2.5.7. '담화/글' 부문

다음은 담화/글 부문의 내용 조직 양상을 살펴보자. 담화/글 부문은 담화와 글의 구성, 발화의 기능, 장면에 따른 표현 방식, 반언어적 표현, 지시어와 글의 구조, 의미와의 관계, 상황 맥락과 의미 해석과의 관계 등이 학습 내용으로 다루어지고 있다.

〈표 13〉 '담화/글' 부문의 내용

교육과정	학년	성취 기준(학년별 내용)
제4차	없음	
제5차	8	상황에 따라 언어 사용이 달라짐을 알고 적절하게 사용하기
제6차	없음	
제7차	7	담화[1]의 구성을 안다.
	8	발화의 기능을 안다.
	10	장면에 따른 표현방식을 안다.
2007 개정	5	반언어적 표현의 특성을 알고 의사소통에서의 역할을 이해한다.
		말하는 이, 듣는 이, 상황, 매체 등에 따라 언어 사용 방식이 달라짐을 안다.
	7	지시어가 글의 구조와 의미에 미치는 영향을 분석한다.
	8	담화나 글의 의미 해석에 상황 맥락이 관여함을 이해한다.
	9	담화 또는 글 구성의 기본 개념을 이해한다.
	10	장면에 따른 표현 방식을 안다.
2009 개정	중 1-3	담화의 개념과 특성을 이해하고 담화 상황에 적합한 국어 생활을 한다.
2015 개정	중 1-3	담화의 개념과 특성을 이해한다.

주 1) 이 표에 제시된 학년별 내용이나 성취 기준에 사용된 '담화'는 구어만을 가리키는 경우도 있고 구어, 문어를 통칭하는 이 책의 '텍스트'의 개념으로 사용된 경우도 있다. 예를 들어 2007 개정 교육과정에서는 '담화'를 '글'과 구분하여 구어만을 가리키는 것으로 사용하고 있다. 제7차, 2009 개정, 2015 개정 교육과정에서는 구어와 문어의 경우를 통칭하여 이 책의 텍스트의 개념으로 사용하고 있다. '발화'도 구어와 문어의 경우를 통칭하는 개념으로 사용하고 있다. 담화와 발화의 개념에 대해서는 12장 참고.

담화/글과 관련된 문법 영역의 내용상 특성은 다음과 같이 정리할 수 있다. 첫째, 담화와 글 부문은 제7차 교육과정 때부터 본격적으로 다루어지기 시작했다. 제4차 교육과정과 제6차 교육과정에서는 전혀 다루어지지 않았고 제5차 교육과정에서는 1개의 내용이 다루어졌다. 그러던 것이 제7차 교육과정에서는 중학교 2개, 고등학교 1개가 다루어졌으며 2007 개정 교육과정에서는 초등학교 1개, 중학교 3개, 고등학교 1개로 담화의 비중이 높아졌다. 2009 개정, 2015 개정 교육과정에서는 담화 문법과 직접적으로 관련된 요소는 중1-3학년군에 1개 요소만 제시되고 있다.

그러나 〈표 11〉과 〈표 12〉의 제7차 교육과정부터 2015 개정 교육과정의 성취 기준에서 확일할 수 있는 것처럼 문법 요소의 기능이나 단어의 의미 등과 관련된 여러 성취 기준의 내용을 상황을 통해 파악하도록 의도함으로써, 국어 사용에 실질적으로 담화/글과 맥락이 중요함을 강조하고 있다. 이처럼 담화/글 교육이 강화된 것은 담화/글에 대한 연구 성과가 많이 축적된 것과 표현과 이해 기능의 기반 지식으로서 국어 담화(텍스트) 문법에 대한 지식이 매우 중요함을 인식한 것에 기인하는 것으로 이해할 수 있다.

둘째, 담화/글과 관련된 지식이 초등학교의 문법 영역에서는 거의 다루어지지 않는다는 것도 특징이다. 2007 개정 교육과정에서 5학년에서 다루어지기는 했으나 대체적으로 중학교, 고등학교에서 다루는 것으로 조직되어 있다. 담화/글에 대한 지식은 다음에서 설명하는 것처럼 초등학교에서는 주로 문법 영역이 아니라 기능 영역에 통합되어 다루어지고 있다.

셋째, 그동안 담화나 글 단위의 교육 내용은 문법 영역에서보다 기능 영역과 관련지어 제시되어 왔다. 다음 〈표 14〉를 통하여 이와 같은 양상을 이해할 수 있다.[19]

〈표 14〉 텍스트(글) 단위 교육 내용 양상(초등)

	기능 영역		문법 영역		합계
	텍스트성	텍스트 구조, 기능, 유형	텍스트성	텍스트 구조, 기능, 유형	
제4차	3	11	0	0	14
제5차	5	2	0	0	7
제6차	6	15	2	0	23

19 이하 내용은 정혜름(2012: 59쪽~63쪽)의 내용에 2009 개정, 2015 개정 국어과 교육과정의 내용을 추가하여 논의한 것이다.

제7차	1	17	1	1	20
2007 개정	0	41	1	0	42
2009 개정	8	6	1	0	15
2015 개정	8	2	1	0	11

제4차, 제5차에서는 주로 글과 관련해서는 문단과 문단의 연결 관계를 중심으로 내용이 설정되었고, 제6차에서는 지시어, 문장의 연결 관계, 문단, 글의 구조 이해, 글의 전개 방식 등 다양한 요소가 제시되었다. 제7차에서는 문법 영역의 내용 체계의 실제 범주에 '담화' 단위가 명시적으로 제시되었으며, 텍스트 중심 교육과정과 교과서를 표방한 2007 개정 교육과정에서는 글의 구조, 글의 특성, 글의 전개 방식 등과 관련된 내용이 모든 학년에서 현저히 늘어나게 되었다.

그 결과 12.3.1.절에서 볼 수 있는 것처럼 교육과정에 '글의 갈래'를 구체적으로 제시해 두었던 제1차~제3차 교육과정과 다를 바 없다는 비판을 받게 되었다. 그러나 문종 중심의 제1차~제3차 교육과정은 글의 갈래가 주로 읽기의 자료로 활용되는 것이 일반적이다. 글의 갈래적 특성 자체가 읽기, 쓰기의 내용이 되는 경우는 독서 감상문이나 논설문 등 일부에 국한되었다고 말할 수 있다. 듣기, 말하기의 경우도 마찬가지이다. 담화 갈래를 분석하여 그 결과를 듣기, 말하기의 교수 · 학습 내용으로 삼는 경우는 거의 없었다.

이 책 12장에서 확인할 수 있는 것처럼 텍스트 언어학적 방법론에 따라 담화와 글의 갈래적 특성을 분석한 결과를 듣기, 말하기, 읽기, 쓰기 교수 · 학습 내용에 본격적으로 통합하게 된 것이 2007 개정 교육과정부터이다. 과정 중심의 언어 교육에 요구되는 기능이나 전략만으로는 구체적인 텍스트 갈래를 생산하고 이해하는 데 한계가 있다는 비판에 따른 것이다.

2007 개정 국어과 교육과정의 초등학교급에서 다루고 있는 글의 갈래는 다음 〈표 15〉와 같다. 국어과에서 다루고 있는 글의 갈래는 2015 개정 교

육과정까지도, 학년 또는 학년군 간의 가감은 있으나, 대체로 이 범위에서 크게 벗어나지 않는다.

〈표 15〉 학년별 글의 갈래(2007 개정 교육과정, 초등)

학년	읽기	쓰기
2학년		요청하는 글, 제안하는 글
3학년	설명서, 감상문	절차, 방법을 설명하는 글, 감사의 글, 감상문
4학년	기행문	제안하는 글, 편지, 감상문
5학년	사건을 기록한 글, 광고, 서평, 전기문	기사문, 사과글
6학년	설득하는 글, 참여를 요구하는 글, 웃음을 유발하는 글	연설문, 축하글, 기행문

담화/글 단위의 교육 내용을 선정하여 배열하는 데 있어 다음과 같은 점을 고려하여야 한다. 첫째, 담화나 글의 수준, 학습자의 수준을 종합적으로 고려하여 학년별 담화나 글을 제시하여야 한다. 예컨대, 소재의 경우, 저학년에서는 친숙하고, 학습자 주변에서 가깝고, 구체적인 대상을 다루도록 하고, 고학년에서는 낯설고, 학습자 주변에서 멀고, 추상적인 소재를 다루도록 한다. 그리고 주제나 내용의 경우, 저학년에서는 친숙하고 간단하고 가벼운 주제를, 고학년에서는 생소하고 추상적이고 복잡한 주제를 다루도록 한다. 담화나 글의 길이도 저학년에서 비교적 간단하고 짧은 것에서 시작하여 중·고학년으로 갈수록 긴 형태를 다루도록 한다.

둘째, 담화나 글의 형식성, 공식성을 고려하여 저학년에서는 비형식적, 비공식적인 담화나 글을, 고학년에서는 형식적, 공식적인 담화나 글을 제시하여야 한다. (교과부, 2007: 20쪽 참고)

셋째, 담화나 글의 갈래적 특성이 전형적인 것을 먼저 다루어 학습하게 한 후 비전형적인 갈래로 응용하도록 유도한다. 저학년에서는 학습자의 흥미와 동기 유발을 이유로 설명문, 기행문, 주장하는 글의 성격을 띠는 텍스트를 편지나 일기 또는 이야기의 형식으로 제시하는 경우가 흔하다. 이런 경우는 텍스트 생산과 수용의 목적(맥락)에 맞지 않는 제재 글을 제시하는 것으로 학습자가 글의 갈래와 맥락의 관계를 이해하는 데에 오개념을 형성할 수 있게 한다. 비문학 텍스트 갈래에 대한 흥미를 유발하기 위하여 불가피한 측면이 없지 않으나 텍스트 중심 교육과정의 취지에는 부합하는 것으로 보기 어렵다. 따라서 저학년에서 학습 텍스트를 제시할 경우 흥미 유발과 텍스트의 특성 이해 사이에서 각별한 주의가 필요하다.

넷째, 동일한 갈래의 담화나 글의 경우 저학년의 이해 과정에서 읽기 자료로 먼저 제시하여 글의 갈래적 특성을 접하게 한 후, 중·고 학년으로 가면서 표현 과정의 쓰기 갈래로 도입하여야 한다. 따라서 국어 교과서를 만들 경우에 구어 상황과 문어 상황 모두 이에 대한 고려를 바탕으로 텍스트나 담화 갈래의 학습이 이루어져야 한다. 이렇게 하는 것이 담화나 글의 갈래 학습에 효과적이다. 예컨대 설명문의 경우 저학년의 읽기 과정에서 먼저 그 갈래의 특성을 경험하도록 한 후 중·고 학년에서 갈래의 특성에 맞는 설명문을 써 보게 하는 것이 그것이다. 읽기 과정에서 글의 갈래를 활용하는 방안에 대해서는 이 책 14장을 참고할 수 있다.

담화/글 부문의 내용 연계는 〈표 13〉에서 볼 수 있는 것처럼 반복·심화의 방식을 띠고 있으며 다른 영역과의 관계도 대체적으로 '주제·기능 통합형'을 취하고 있다.[20]

6.2.6. '국어 규범' 범주

다음은 국어 규범 범주의 내용 조직 양상을 교육과정별로 살펴본다. 국어 규범 범주는 표기법, 표준말, 올바른 문장 사용 부문으로 나눌 수 있다.

20 제7차 교육과정 및 2009 개정, 2015 개정 교육과정의 '담화의 구성 이해', '발화의 기능 이해'와 같은 내용의 학습은 중학교, 고등학교에서 다루게 되어 국어학적, 언어학적 설명의 형태로 교재가 구성될 수 있다. 이러한 경우에는 '주제-기능 통합형'보다는 '문법 분리형'으로 나타날 수 있다.

6.2.6.1. '표기법' 부문

표기법 부문에는 한글 맞춤법, 외래어 표기법, 국어의 로마자 표기법이 있다. 이전에는 표기법 분야에서 주로 한글 맞춤법에 대한 내용을 선정하여 배열한 데 비해, 2007 개정 교육과정에서 처음으로 10학년에서 국어의 로마자 표기법과 외래어 표기법이 학습 내용에 포함되었다. 2009 개정 교육과정에서는 중1-3학년군에서 어문 규범의 원리가 전반적으로 다루어지도록 배열되어 있다.

〈표 16〉 '표기법' 부문의 내용

교육과정	학년	성취 기준(학년별 내용)
제4차	2	받침이 있음을 안다.
		글자와 발음이 달라지는 것이 있음을 안다.
	3	받침은 다른데 발음이 같게 나는 것이 있음을 안다.
	6	말에는 표기와 발음이 다른 것이 있음을 안다.
제5차	1	글자와 발음이 다른 경우를 찾는다.
	2	글자와 발음이 다른 경우를 찾는다.
제6차	2	낱말을 소리 내어 읽어 보고 글자와 발음이 다른 경우를 찾는다.
	3	글자와 발음이 다른 경우를 찾아보고, 정확하게 발음한다.
	7	글에서 표기와 발음이 다른 경우를 찾아보고, 음운 변동의 주요 규칙을 안다.
제7차	9	맞춤법에 맞게 국어를 사용한다.
2007 개정	1	소리와 표기가 다를 수 있음을 이해한다.
		문장 부호의 이름과 쓰임을 안다.
	2	표기와 소리가 다른 낱말을 정확하게 표기한다.
	10	국어의 로마자 표기법과 외래어 표기법을 알고 정확하게 사용한다.
2009 개정	1-2	한글 낱자(자모)의 이름과 소릿값을 알고 정확하게 발음하고 쓴다.

2009 개정	1-2	문장의 기본 구조를 이해하고 문장 부호를 바르게 쓴다.
	3-4	소리와 표기가 다를 수 있음을 알고 낱말을 바르게 발음하고 쓴다.
	5-6	발음과 표기, 띄어쓰기가 혼동되는 낱말을 올바르게 이해한다.
	중1-3	어문 규범의 기본 원리와 내용을 이해한다.
2015 개정	1-2	한글 자모의 이름과 소릿값을 알고 정확하게 발음하고 쓴다.
		소리와 표기가 다를 수 있음을 알고 낱말을 바르게 읽고 쓴다.
		문장에 따라 알맞은 문장 부호를 사용한다.
	중1-3	단어를 정확하게 발음하고 표기한다.
	고1	음운의 변동을 탐구하여 올바르게 발음하고 표기한다.
		한글 맞춤법의 기본 원리와 내용을 이해한다.

이 부문에서 주로 다루고 있는 내용은 글자와 발음이 다른 것, 문장 부호의 이름과 쓰임, 국어의 로마자 표기법과 외래어 표기법 등이다. 한글 맞춤법의 이해와 관련해서는 1학년부터 10학년까지 지속적으로 학습이 이루어질 수 있도록 제시하고 있음을 〈표 16〉에서 확인할 수 있다.

표기법 분야의 내용 연계 방식 역시 전형적인 반복의 형식을 나타내고 있으며 타 영역과의 관계는 '주제·기능 통합형'을 띤다고 하겠다. 한글 맞춤법, 국어 로마자 표기법, 외래어 표기법은 쓰기 능력 신장을 위한 기반 지식이 되기 때문이다.

6.2.6.2. '표준말' 부문

표준말 부문에서는 표준어와 방언의 이해, 표준 발음, 표준어의 사용 상황 등을 다루어 왔다. 주로 초등학교 중학년 이상에서 제시되었는데 제7차 교육과정에서나 2007 개정 교육과정에서는 중학교, 고등학교에서는 전혀 다루어지지 않는다.

〈표 17〉 '표준어와 표준 발음' 부문의 내용

교육과정	학년	성취 기준(학년별 내용)
제4차	10	방언과 그 분포에 대하여 안다.
제5차	3	표준어와 방언을 비교해 보고, 표준어의 필요성에 관하여 이야기 한다.
	10	표준어에 대하여 바르게 이해한다.
제6차	4	표준어와 방언을 비교하며 들어 보고, 필요한 경우에 표준어로 말하려는 태도를 가진다.
	7	표준어 사용의 필요성을 알고 표준어와 표준발음으로 말하는 태도를 가진다.
	10	표준어와 방언에 따른 언어의 차이를 알고, 국어의 다양성을 효과적으로 활용한다.
제7차	5	표준어와 방언의 개념을 안다.
		공적인 상황에서 표준어를 사용한다.
		상황에 따라 방언과 표준어를 구별해서 사용하려는 태도를 지닌다.
	6	표준 발음법에 맞게 발음한다.
		상황에 따라 표준 발음으로 말하려는 태도를 지닌다.
2007 개정	2	소리를 혼동하기 쉬운 낱말을 정확하게 발음한다.
	4	표준어와 방언의 사용 양상을 이해한다.
2009 개정	1-2	한글 낱자(자모)의 이름과 소릿값을 알고 정확하게 발음하고 쓴다.
	3-4	소리와 표기가 다를 수 있음을 알고 낱말을 바르게 발음하고 쓴다.
		표준어와 방언의 가치를 알고 상황에 따라 효과적으로 사용한다.
	5-6	발음과 표기, 띄어쓰기가 혼동되는 낱말을 올바르게 익힌다.
	중1-3	어문 규범의 기본 원리와 내용을 이해한다.
		음운 변동의 규칙성을 탐구하고 자연스러운 발음의 원리를 이해한다.
2015 개정	1-2	한글 자모의 이름과 소릿값을 알고 정확하게 발음하고 쓴다.
		소리와 표기가 다를 수 있음을 알고 낱말을 바르게 읽고 쓴다.

2015 개정	중1-3	단어를 정확하게 발음하고 표기한다.
	고1	음운의 변동을 탐구하여 올바르게 발음하고 표기한다.

표준말 부문에서는 특히 상황에 따라 표준어와 방언을 구별하여 말할 수 있도록 교육과정상의 내용이 제시되어야 할 뿐만 아니라 표준어와 방언의 가치 및 기능에 대한 균형적인 인식과 태도를 가질 수 있도록 교육되어야 한다. 표준어에 비해 방언을 열등하게 생각한다든지, 방언 사용을 꺼려 특정한 상황에서 자유롭게 표현하지 못하는 경우가 나타나지 않도록 방언의 중요성을 문화유산적 가치와 함께 강조하여 제시하는 것이 필요하다.

이에 대한 학습 내용으로 줄곧 다루어져 온 '표준어와 방언의 가치와 올바른 사용'에 대한 성취 기준이 2015 개정 교육과정에서는 제외된 것을 〈표 17〉을 통하여 확인할 수 있다. 언어가 그것을 사용하는 사람의 정체성을 형성해 주고 변별해 주는 기능을 한다는 점에서, 언어문화가 획일화되고 있다는 점에서, 방언은 우리말의 역사적 보고라는 점 등에서 이에 대한 교수·학습이 강화되어야 할 것이다. (이병규, 2016ㄴ 참고)

〈표 17〉에서 볼 수 있는 것처럼 내용의 연계 방식은 반복·심화의 형태를 나타내고 타 영역과의 관계는 '주제·기능 통합형'을 띤다.

6.2.6.3. '바른 문장 사용' 부문

끝으로 바른 문장 사용 부문을 살펴보자. 바른 문장 사용과 관련된 규범이 정해져 있는 것은 아니지만 올바른 문장과 그른 문장의 사용에 대한 내용을 선정하여 제시한다는 점에서 국어 규범 범주의 하위 부문으로 나누었다. 여기서는 문장이나 글에서 틀린 부분 찾기, 정문과 비문의 구별, 어법에 맞지 않는 말 찾기, 정확한 문장 구사 등을 다루고 있다.

〈표 18〉 '바른 문장 사용' 부문의 내용

교육과정	학년	성취 기준(학년별 내용)
제4차	없음	
제5차	6	의미, 시간, 높임이나 낮춤 등의 호응 관계를 알고, 문장이나 글에서 잘못된 부분이 있는지 찾는다.
	7	문과 비문을 구별하고, 문장이나 글에서 비문 찾기
	8	문과 비문을 구별하고, 문장이나 글에서 비문 찾기
	9	문과 비문을 구별하고, 문장이나 글에서 비문 찾기
제6차	5	어법에 맞지 않는 말을 찾아보고 국어에는 일정한 규칙이 있음을 안다.
	6	뜻이 바르게 전달되지 않는 문장을 찾아 그 이유를 말해 보고 바른 문장으로 고친다.
	8	어법에 어긋나는 말을 들어 보고, 언어에는 일정한 규칙이 있음을 안다.
	9	여러 문법 요소들의 기능을 알아보고, 이들의 쓰임이 바르지 못한 문장을 찾아 고쳐 쓴다.
	10	국어 문장의 구조와 문장 성분 사이의 호응 관계를 알고, 정확한 문장을 구사한다.
		문법 요소들의 기능을 알고, 의미가 바르게 전달되도록 이야기를 생성한다.
제7차	10	문법에 맞게 국어를 사용한다.
2007 개정	없음	
2009 개정	5-6	국어의 기본적인 문장 성분을 이해하고 성분 사이의 호응 관계가 올바른 문장을 구성한다.
	중1-3	문법적 기능을 담당하는 요소들의 특징을 이해하고 담화 상황에 맞게 사용할 수 있다.
2015 개정	3-4	기본적인 문장의 짜임을 이해하고 사용한다.
		높임법을 알고 언어 예절에 맞게 사용한다.
	5-6	국어의 문장 성분을 이해하고 호응 관계가 올바른 문장을 구성한다.
	중1-3	일상생활에서 국어를 바르게 사용하는 태도를 지닌다.
	고1	문법 요소의 특성을 탐구하고 상황에 맞게 사용한다.

바른 문장 사용 부문의 내용은 주로 초등학교 고학년에서 다루기 시작하여 10학년까지 분포되어 있다. 제4차 교육과정에서는 이 분야와 관련된 내용이 전혀 없다가 제5차, 제6차 교육과정에서는 강화되었으며 제7차 교육과정에서는 고등학교 1학년에서만 집중적이고 종합적으로 다루어졌다. 그러나 2007 개정 교육과정에서는 바른 문장 사용과 관련된 항목이 제4차 때와 마찬가지로 아예 삭제되었다가, 2009 개정 교육과정부터 2015 개정 교육과정에서는 문법 범주나 문법 요소를 문화적인 측면에서 이해만 하는 것이 아니라 국어 사용 상황에서 올바르게 사용할 수 있도록 제시하고 있다. 그 이전의 교육과정에서는 특정 문법 범주나 문법 요소와 관련시키지 않고 문법적인 문장과 비문법적인 문장의 구별과 사용, 어법에 맞는 국어 사용에 대한 성취 기준을 별도로 제시하였다는 점에서 차이가 있다고 하겠다.

바른 문장 사용 분야의 내용 연계 방식 역시 반복 · 심화로 볼 수 있으며, 다 영역과의 관계는 '주제 · 기능 통합형'을 나타낸다고 하겠다.

제3부

국어 교육 문법 교재와 교수 · 학습의 이해

제7장. 문법 영역 내용의 교과서 실행 유형
제8장. 문법 영역 내용의 단원 실행
제9장. 교육 문법 교재 구성의 원리
제10장. 교육 문법 교수 · 학습 방법

제7장. 문법 영역 내용의 교과서 실행 유형

이 장에서는 교육과정에서 선정해 놓은 문법 영역의 성취 기준(학년별 내용)이 교과서에 어떻게 실현되는지 그 유형을 살펴본다. 이 장을 비롯해서 이 책에서는 제7차 교육과정과 2007 개정, 2009 개정 교육과정에 따른 교과서를 주로 분석 대상으로 삼는다. 그 이유는 제7차 교육과정까지는 초등, 중등 모두 국어 교과서가 국정 체제하에서 개발된 데 비해, 2007 개정부터는 중등 교과서는 검정 체제로 전환되었기 때문이다. 초등의 경우는 지금까지 계속 국정 체제가 유지되고 있기 때문에 한 교육과정 내에서는 개발된 교과서가 일관성 있게 설명될 수 있다. 그러나 중등의 경우는 검정을 통과한 교과서 사이에 차이가 있어 중등을 예를 들거나 초등과의 비교가 필요할 때는 제7차 교육과정에 따른 교과서를 분석의 대상으로 삼는다.

교육과정의 성취 기준이 교과서에 실현되는 유형은 크게 4가지로 나누어 볼 수 있다. 교육과정에는 있는데 교과서에 반영되지 않은 경우, 교육과정의 내용이 교과서에 구현될 때 확대되거나 축소된 경우, 어떤 한 영역이 다른 영역과 통합하여 교과서에 반영된 경우, 마지막으로 교육과정상의 내용이 교과서에 반영될 때 내용이 확대되거나 축소된 것이 아니라 유사한 내용으로 바뀐 경우가 그것이다.

첫 번째의 경우와 두 번째, 네 번째의 경우는 그렇게 흔하지 않은 경우이고, 세 번째는 일반적인 경우이다. 각 교과의 교육과정은 그 교과의 교수·학습 목표와 내용, 방법, 평가의 기준이 된다. 교사에게는 교육 실행의 기준이 되는 것이 교육과정이다. 이에 비해 교과서는 교육과정을 실행해 놓은 교육 자료의 일종으로 전범적인 성격을 띤다. 따라서 교사는 교육과정을 기준으로 또 그것을 기반으로 교과서를 자신이 가르치는 학습자의 수준에 맞게 재구성하여 수업을 운영한다. 교과서는 교사의 재량으로 재구성하는 것이 가능하며 교육과정의 내용을 완전히 삭제하거나 새로운 것을 임의로 추가하는 재구성은 특별한 경우가 아니면 있어서는 안 된다.[1]

7.1. 내용의 삭제

'내용의 삭제'라는 것은 교육과정에서 성취 기준으로는 설정되어 있는데 교과서에는 반영되어 있지 않은 경우를 말한다. 교육과정의 성취 기준을 교과서에 구현할 때는 재해석 과정을 거치게 되는데 이 과정에서 간접적으로든 직접적으로든 그 내용이 반영되지 않은 경우이다. 여기서는 제7차 교육과정과 그에 따른 교과서를 분석 대상으로 한다. 교육과정 학년별 내용을 표로 정리하면 다음과 같다.

〈표 1〉 성취 기준(학년별 내용)이 교과서에 반영되지 않은 경우

학년	교육과정의 학년별 내용
4	(3) 어휘의 개념을 안다. [기본] 낱말과 어휘의 차이점을 말한다. [심화] 어휘력을 기르려면 어떻게 하여야 할지 토의한다.
5	(1) 언어가 창조적으로 쓰임을 안다. [기본] 주어진 상황에서 같은 목적으로 여러 사람이 하는 말을 비교한다. [심화] 주어진 상황에서 같은 목적으로 표현을 달리하여 말한다.
6	(1) 언어에는 규칙이 있음을 안다. [기본] 문법에 맞지 않는 말을 찾아보고, 국어에는 규칙이 있음을 발견한다. [심화] 언어의 규칙이 왜 필요한지 친구들과 토의한다.

1 정혜승(2002: 109쪽)에서는 교과서가 교육과정을 반영하는 방식으로 외형적 대응 관계에 따라 일대일, 일대다, 다대일로 구분하고, 내용의 반영 정도에 따라 반영, 부분 반영, 미반영으로, 내용의 변형 방식에 따라 변형(확장, 축소, 추가, 삭제)과 비변형으로, 내용의 반영 방법에 따라 직접적, 간접적 반영으로 구분하였다.

6	(2) 언어가 기호임을 안다. [기본] 말과 사물의 관계를 알고, 언어가 기호인 이유를 설명한다. [심화] 언어를 다른 여러 가지 기호와 비교하고, 언어가 기호인 이유를 설명한다.
	(4) 문장과 문장 사이의 연결 관계를 안다. [기본] 문장과 문장을 연결하는 여러 가지 방법을 안다. [심화] 문장이 전달하고자 하는 내용을 말하고, 문장 사이의 연결 관계가 자연스러운지 말한다.
	(6) 상황에 따라 표준 발음으로 말하려는 태도를 지닌다. [기본] 표준 발음에 맞게 말을 하면 어떤 점이 좋은지 친구들과 토의한다. [심화] 표준 발음으로 말해야 하는 상황의 예를 든다.

제7차 교육과정 1학년에서 10학년에 설정된 학년별 내용 중 독자적으로든 통합적으로든 그 내용이 해당 학년 교과서에 구현되지 않은 경우는 전체 55개 항목 중 6개 항목이다. 먼저, 4학년의 "어휘[2]의 개념을 안다.", "[기본] 낱말과 어휘의 차이점을 말한다. [심화] 어휘력을 기르려면 어떻게 하여야 할지 토의한다."에 해당하는 내용은 4학년 교과서 어디에서도 찾아볼 수 없다. '낱말'의 개념에 대해서는 7학년에서 학습하도록 되어 있고, 은어, 속어, 비어, 유행어와 같은 어휘에 대한 학습 역시 7학년에서 다루어지도록 구성되어 있다.

언어의 특성 범주에 해당하는 항목은 1학년에서 10학년 동안 배워야 할 것으로 모두 6개가 설정되어 있다. 그중 3개 항목이 초등학교 5학년, 6학년의 교육과정 내용에 배열되어 있다. 즉 5학년에서는 '언어의 창조성'에 대해서 6학년에서는 '언어의 규칙성', '언어의 기호성'에 대해서 학습하도록 되어 있다. 이처럼 교육과정상으로는 학습 내용으로 선정되어 있음에도 불구하고 이에 대한 내용이 교과서에는 통합적으로든 독자적으로든 전혀 반영되어 있지 않다.

2 〈표준국어대사전〉에 따르면, '어휘'의 사전적인 개념은 "어떤 일정한 범위 안에서 쓰이는 낱말의 수효. 또는 낱말의 전체", "[어] 어떤 종류의 말을 간단한 설명을 붙여 순서대로 모아 적어 놓은 글"을 나타낸다.

이와 같은 교육과정의 실행 양상은 8학년에서 '언어의 사회성', '언어의 역사성', 10학년의 '언어와 세계'와 관련한 교육과정 내용의 실행 양상과 상당한 차이를 보인다. 교육과정상 5학년, 6학년에서 학습하도록 되어 있는 언어의 창조성, 언어의 규칙성, 언어의 기호성은 독자적으로든 통합적으로든 교과서에 구현되지 않는다. 그에 비해, 8학년 언어의 사회성, 언어의 역사성, 그리고 언어와 사고, 언어와 문화, 언어와 세계와의 관계를 나타내는 10학년의 언어와 세계 부분은 대단원 또는 소단원 전체가 이에 대한 내용을 다룰 만큼 직접적이고 독자적으로 실행되고 있다.

언어의 특성이라는 측면에서 보면 같은 가치를 가지고 있음에도 불구하고 교과서에 반영되는 양상은 매우 차이가 큼을 알 수 있다. 이 역시 10년간을 단일 체제로 보고 있지만, 학교급별 상이한 교과서 체제를 나타내는 사례라고 하겠다.

특이한 점은 6학년의 문법 영역의 학년별 내용은 모두 6개 항목인데 이 가운데 4개 항목이 교과서에 구현되어 있지 않다는 것이다. 앞에서 언급한 언어의 규칙성, 언어의 기호성 이외에 (4)항 "문장과 문장 사이의 연결 관계를 안다[3]", (6)항 "상황에 따라 표준 발음으로 말하려는 태도를 지닌다"는 6학년 교과서의 어느 부분에서도 학습 활동으로 다루어지고 있지 않다.

성취 기준은 학생들이 학습을 통하여 도달해야 하는 목표가 된다. 따라서 성취 기준을 선정하고 학년별로 위계화하여 배정을 할 때는 그 발달 단계에 있는 학생에게 반드시 학습이 이루어져야 한다는 것이 전제가 된다. 학습 목표나 학습 활동, 교과서를 비롯한 활동 자료는 재구성할 수 있지만 성취 기준의 범위 내에서 이루어져야 한다. 성취 기준은 존재하나 교과서나 교수 · 학습 상황으로 실행되지 않는 경우가 있어서는 안 된다.

3 문장과 문장 사이의 연결 관계에 대해서는 3학년 1학기 읽기 교과서 셋째 마당 '생각하는 생활'에서 "이어 주는 말의 쓰임을 알고 문장과 문장을 어떻게 연결하였는지 생각하며 글을 읽는다." 8학년 듣기 영역 (2)항, 읽기 영역 (2)항, 쓰기 영역 (3)항에서도 각각 다루고 있다. 그러나 6학년에서는 교육과정에 제시되어 있음에도 불구하고 교과서에는 구현되어 있지 않다.

7.2. 내용의 확대와 축소

교육과정의 학년별 내용이 교과서에 반영될 때 교육과정에서는 없던 내용이 교과서의 학습 목표나 학습 활동으로 제시되는 경우가 있다. 이러한 경우를 내용의 첨가라고 할 수 있다.

예를 들면, 7학년 문법 영역의 (5)항 "동음이의어와 다의어의 개념을 안다."는《생활 국어》교과서 2학기 5단원 '낱말의 의미'에서 첫 번째 소단원과 두 번째 소단원에 구현되어 있다. 첫 번째 소단원은 '동음이의어', 두 번째 소단원은 '다의어'가 단원의 제목이다. 그런데 5단원의 학습 목표는 "동음이의어와 다의어의 개념을 알 수 있다."와 "문맥 속에서 낱말의 의미를 파악할 수 있다."를 제시하고 있다. 첫 번째 학습 목표는 교육과정 내용과 직접적으로 관련되어 있지만 두 번째 학습 목표는 그렇지 않다. 두 번째 학습 목표는 문법 영역 이외의 다른 영역의 교육과정 내용과도 무관하다. 그러나 '다리', '길'과 같은 단어는 문맥이 주어져야만 정확하게 사용 의미를 해석해 낼 수 있다. 즉 이들 단어는 동음이의어적 특성과 다의어적 특성을 가지고 있기 때문에 그 자체만으로는 어떤 의미로 사용되고 있는지 알 수 없다. 따라서 어떤 단어의 동음이의어적 특성과 다의어적 특성은 문맥을 통해 파악 가능하므로 문맥 속에서 낱말의 의미를 파악하는 학습 활동이 추가된 것이다.

7학년《생활 국어》4단원 '국어 생활의 반성'은 제1 소단원 '외래어, 은어, 비속어, 유행어'로, 제2 소단원 '국어 생활 반성하기'로 이루어져 있다. 제1 소단원과 관련된 문법(국어 지식) 영역의 성취 기준(학년별 내용)은 (4)항 "은어, 전문어, 속어, 비어, 유행어의 개념을 안다."이다. 이것이 제1 소단원의 학습 목표, "외래어, 은어, 비속어, 유행어의 뜻을 알 수 있다."로 구현되어 있다.

그런데 교육과정의 성취 기준(학년별 내용)과 학습 목표는 다소간의 차이가 있다. 교육과정에 제시되어 있는 '전문어'는 학습 목표에서는 삭제되어 있는 데 반해, 학습 목표에는 제시되어 있는 '외래어'는 교육과정의 내용에는 없다는 것을 발견할 수 있다. 즉, 전문어와 관련된 내용은 교육과정이 교과서로 실현되는 과정에서 사라지게 되었고, 외래어와 관련된 내용은 새로 추가된 것이다. 이 경우 전자는 교육과정 내용 구현이 축소된 것이라 할 수 있겠고, 후자의 경우는 확대된 것이라 할 수 있겠다. 성취 기준의 통합 실행에 대해서는 다음 장에서 자세히 다루어진다.

7.3. 내용의 통합

다음은 문법 영역의 내용과 기능 영역이나 문학 영역의 내용이 통합적으로 반영되어 단원 학습 목표를 이루는 경우가 있다.[4] 이런 경우가 가장 일반적이다. 문법 영역의 내용이 기능 영역이나 문학 영역과 통합적으로 교과서에 반영되는 경우도 하나의 학습 목표에 통합되어 있느냐, 별개의 학습 목표나 학습 활동을 포함하는 소단원으로 나누어져 하나의 대단원에 통합되어 있느냐로 구분해 볼 수 있다.

예를 들면, 10학년 (1)항은 "언어와 주변 세계의 관계를 안다."이며 이 내용이 실현된 국어 (상) 8단원의 학습 목표는 "언어와 사고, 문화, 사회의 관계를 안다.", "문학 작품에 드러난 사회 · 문화적 상황을 파악할 수 있다.", "문학 작품을 수용할 때 사회 · 문화적 상황을 능동적으로 활용하는 태도를 기른다."이다.

8단원은 '동국신속삼강행실도(東國新續三綱行實圖)'와 '삼대(三代)'의 두 소단원으로 구성되어 있는데 앞의 소단원에서는 옛날의 언어를 통해 당시 사람들의 가치관과 문화를 알아보는 활동을 하고, 뒤의 소단원에서는 당대의 삶과 사회상을 이해하여 문학 작품을 능동적으로 수용하는 태도를 갖게 하는 활동을 한다. 이처럼 하나의 대단원 안의 각각의 소단원에 관련

4 문법 영역끼리 통합되어 하나의 학습 목표에 반영되는 경우도 있는데, 인지적 지식과 정의적 지식이 하나의 학습 목표에 구현되는 경우가 여기에 해당한다.

있는 교육과정 내용을 통합적으로 반영하여 대단원을 구성하는 통합의 한 유형을 볼 수 있다.

여러 영역의 성취 기준이 통합되어 하나의 소단원을 구성하는 경우도 있다. 예컨대, 3학년 1학기 《말하기 · 듣기》 교과서 첫째 마당 '함께 열어 가는 세상'의 학습 목표는 "듣는 이의 홍미나 관심을 생각하며 말할 수 있다."와 "웃어른께 알맞은 말을 써서 말할 수 있다."이다. 앞의 것은 첫 번째 소단원 '서로를 생각하며'의 학습 목표이고 뒤의 것은 두 번째 소단원 '알맞은 말'의 학습 목표이다. 이 중 두 번째 소단원은 문법 영역 (2)항, "우리말에는 높임법이 있음을 안다."와 말하기 영역 (5)항, "어법에 맞게 말한다.", 쓰기 영역 (6)항, "알맞은 낱말을 선택하여 글을 쓴다."가 각각 통합하여 이루어져 있다.

이에 더해 '한 걸음 더'의 '더 나아가기'에서는 첫 번째 학습 목표와 두 번째 학습 목표를 통합하여 학습 활동을 구성하고 있다.[5] 이것은 곧, 말하기 영역의 (6)항 "상대의 홍미나 관심을 끌면서 말하려는 태도를 지닌다."와 문법 영역 (2)항 "우리말에는 높임법이 있음을 안다.", 그리고 말하기 영역 (5)항 등을 통합하여 하나의 학습 활동을 구성한 것이라 할 수 있다.

이처럼 교과 내 통합은 영역 간 통합이 이루어지는 경우와 영역 내 통합이 이루어지는 경우로 나눌 수 있다. 언어 사용은 듣기, 말하기, 읽기, 쓰기, 문법, 문학 중 몇몇 영역의 기능이나 지식이 동시에 또는 계기적으로 적용되어 이루어지기 때문에 총체적이라고 한다. 이러한 언어 사용 활동의 특성을 '언어의 총체성(whole language)'이라고 한다. 이를 고려하여 영역 내 통합, 영역 간 통합이 이루어진다.

5 '한 걸음 더'의 '더 나아가기'에서는 "1. 부모님이나 선생님의 홍미나 관심을 생각하며 말하여 봅시다. 그리고 높임말을 바르게 써서 말하여 봅시다", "2. 높임말을 바르게 써서 말하여 봅시다. 그리고 듣는이의 홍미나 관심을 생각하며 이야기하여 봅시다"의 두 가지 학습 활동 중 하나를 선택하여 공부하도록 배열해 놓았다.

7.4. 내용의 전이

교육과정의 학년별 내용이 그대로 교과서에 반영되어 있는 것 같지만 실제로는 상당한 내용상의 변화를 겪게 되는 경우도 있다. 3학년 읽기 영역 (2)항은 "소리와 모양이 같은 낱말이 어떤 의미로 쓰였는지 (생각하며)[6] 글을 읽는다."이다. 이 내용은 기본 과정으로 "글에 여러 번 나오는 하나의 단어가 각각 어떤 뜻으로 쓰였는지 말한다."와 심화 과정으로 "여러 가지 의미를 가진 낱말을 넣어 짧은 글을 짓는다."를 통해 학습 하도록 배열해 놓았다.

그런데 이에 대한 교과서 구현 양상을 살펴보면 교육과정 내용이 변화되었다는 점을 발견할 수 있다. 《읽기》 1학기 첫째 마당 첫 번째 소단원 '서로를 생각하며'의 학습 목표는 "글자는 같지만 뜻이 다른 낱말에 대하여 알아봅시다."로 제시되어 있다. 이 단원에서 제시한 낱말은 '눈/눈, 전기/전기, 불었습니다/불었습니다, 말/말, 물어/물어, 말라서/말라서, 쓴/쓴'의 어휘 쌍 등이다. 이들 어휘 쌍은 모두 글자는 같으나 뜻은 다른 것으로 단원 학습 목표에는 부합한다. 그러나 이들은 교육과정 내용과는 맞지 않다. "소리와 모양이 같은 낱말이 어떤 의미로 쓰였는지 (생각하며) 글을 읽는다."는 동음이의어와 동형어를 모두 일컫는 말이다. '눈:'과 '눈'은 같은 소리가 아니고 '말:'과 '말', '전:기'와 '전기'도 같은 소리가 아니다. 이 경우는 학습 목표와는 맞지만 교육과정 내용과는 완전히 일치하는 것이라 볼 수 없다. 따라서 학습 내용이 전이된 경우에 해당한다고 하겠다.[7]

---

6 '생각하며'에 괄호 표시를 한 이유는 교육과정상에는 이 부분이 빠져 있어 비문을 이루고 있기 때문이다. 그러나 이 부분을 넣어야 문법적인 문장을 이루므로 괄호 속에 필자가 넣은 것이다.

7 같은 소단원 뒷부분에 '말 못 할 양반이로군.'과 '말을 못 타다니?'의 비교가 제시되어 있다. 엄밀히 말하자면 소리가 같은 경우에 해당하지 않지만, 이 두 표현을 통해 '말을 못 하다'와 '말을 못 타다'를 학습시키고자 했다면 이 경우는 학습 목표와 일치하지 않기 때문에 적합한 사례라 하기 어렵다. 이 경우 역시 '말'의 발음은 장단의 차이가 있어 완전히 동일한 소리가 아니다. 같은 소단원에 제시되어 있는 '늘이다/느리다, 목걸이/목거리, 졸이다/조리다'는 소리는 같지만 형태와 뜻이 다른 경우이다.

제8장. 문법 영역 내용의 단원 실행

제7차 교육과정, 2007 개정, 2015 개정 교육과정은 국민 공통 기본 교육 기간 10년을, 2009 개정 교육과정은 9년을 설정하고 단일한 내용 체계를 조직하였다는 것은 앞에서 언급했다. 제7차 교육과정과 2007 개정, 2009 개정 교육과정기는 초등학교 6년, 중학교 3년, 고등학교 3년을 학교급별로 나누지 않고 초등학교 6년, 중학교 3년, 고등학교 1년을 합쳐 10년을, 2009 개정 교육과정은 초등학교 1-2학년군, 3-4학년군, 5-6학년군과 중1-3학년군 모두 9년을 공통 기간으로 삼았다. 이에 따라 국어과 교육과정의 성취 기준을 국어과의 목표 아래 학교급별이 아닌 학년별로 또는 학년군별로 선정하여 배열해 놓았다.

그런데 교육과정은 국민 공통 기본 교육 기간을 정하여 단일화한 데 비해 국어 교과서 단원 및 차시 구성은 학교급별로, 교과서 개발 주체별로 차이를 보인다. 초등학교 교과서, 중학교 교과서, 고등학교 교과서는 그 집필 기관, 내용 구성, 체제 등이 각각 다르다.

이 장에서는 문법 영역의 성취 기준이 제7차 교육과정에 따른 국어 교과서에서 학교급별로 어떻게 실행되고 있는지를 주로 살펴본다. 그리고 2009 개정 교육과정에 따른 초등학교 3, 4학년의 국어 교과서에서 문법 영역의 성취 기준이 어떻게 실행되고 있는지도 함께 살펴본다. 여기서 자료로 삼은 것은 제7차 교육과정 시기의 국어 교과서와 2009 개정 교육과정에 따른 국어 교과서이지만 다른 시기의 경우에도 그 분석 원리는 공통적으로 적용할 수 있다.

8.1. 국어 교과서 체제

국어 교과서는 제7차 교육과정까지는 초등학교, 중학교, 고등학교 모두 국정 편찬 체제였다. 2007 개정 교육과정부터 2015 개정 교육과정까지 초등학교는 국정, 중학교, 고등학교 교과서는 검정 체제 방식으로 편찬되어 다양한 교과서가 개발되어 사용되고 있다.

국어과는 창의적인 국어 능력 신장이라는 본질적인 목표 아래 듣기, 말하기, 읽기, 쓰기, 문법, 문학까지 여섯(2009 개정, 2015 개정 교육과정에서는 다섯) 영역으로 구성되어 있다. 각 영역이 실현되는 국어 교과서는 초등학교, 중학교, 고등학교가 차이가 있다.

제7차 교육과정 시기의 초등학교 국어 교과서는 1학년에서 3학년까지 《듣기 · 말하기》, 《읽기》, 《쓰기》 교과서로, 3권으로 분책되어 있다. 4학년에서 6학년까지는 《듣기 · 말하기 · 쓰기》, 《읽기》 교과서로, 2권으로 분책되어 있다. 중학교의 경우는 국어 교과서가 《국어》와 《생활 국어》 2권으로 나누어져 있다. 《국어》는 읽기 영역과 문학 영역의 내용을 다루고, 《생활 국어》는 듣기, 말하기, 쓰기, 문법 영역의 내용을 다룬다. 고등학교의 경우(10학년)는 '국어' 교과서가 《국어》 한 권으로 되어 있다. 이처럼 국어 교과서는 학교급별로 분책한 방법이 같지 않다.

한편 2007 개정 교육과정에서는 초등학교에서는 분책의 방식으로, 중등에서는 《국어》로 통권의 방식으로 편찬하여 교과서 편찬 정책에 변화가 생겼다. 2009 개정, 2015 개정 교육과정에서는 국민 공통 기본 교육 기간 중의 모든 학교급 교과서가 《국어》로 통합 · 편찬되고 있다.

분권형 교과서와 통권형 교과서는 각각 장단점이 있다. 제1차 교육과정부터 제4차 교육과정까지는 통권형 국어 교과서 체제를 지향했지만, 독본(읽기) 위주였기 때문에 듣기, 말하기, 쓰기 능력 신장을 위한 활동이 미흡한 점이 있었다.

이것은 제4차 국어과 교육과정에 따른 3학년 1학기 국어 교과서의 표지와 차례를 제시한 〈그림 1〉을 통해 이해할 수 있다. 〈그림 1〉이 독본 위주라는 것은 그 차례가 '1. 우리들의 노래, 2. 훌륭한 분들, 3. 여행을 다녀와서, 4. 주장하는 글, 5. 연극하는 글, 6. 설명하는 글, 7. 아름다운 이야기, 8. 생활과 글, 9. 일기와 편지, 10. 이야기의 세계'와 같이 문학, 비문학 읽기 제재로 구성되어 있다는 점에서 확인할 수 있다.

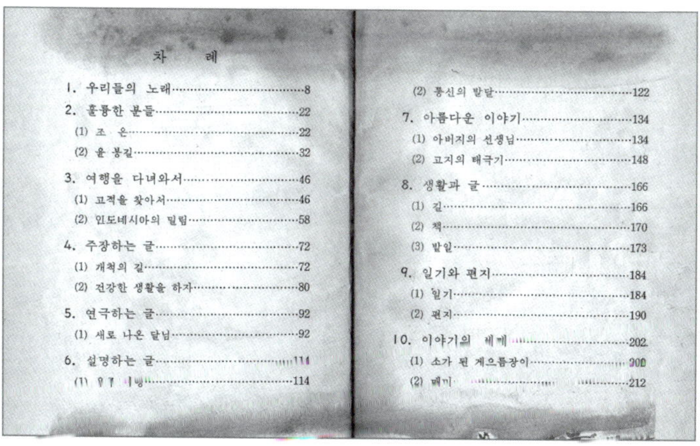

차 례

〈그림 1〉 제4차 교육과정에 따른 5-1 《국어》

이에 비해 제5차 교육과정부터 2007 개정 교육과정까지의 국어 교과서는 《읽기》, 《듣기 · 말하기》, 《쓰기》 또는 《읽기》, 《듣기 · 말하기 · 쓰기》로 분권형을 취하고 있다.

〈그림 2〉 분권형 교과서 표지

분권형은 기존의 독본 위주의 교과서를 영역을 고려하여 구성하고 편찬함으로써 읽기뿐만 아니라 영역별로 균형 있는 교수·학습이 이루어질 수 있게 하는 기반을 제공했다는 점에서 의미가 있다.

그러나 분권형 교과서는 국어 사용의 실제 상황을 고려하고 있지 않다는 점에서 한계가 있다. 실제 언어 사용 상황은 듣기, 말하기, 읽기, 쓰기 활동이 분리되어 별개로 이루어지는 것이 아니다. 말하기 활동과 듣기 활동은 동시에 이루어지며, 쓰기도 자료 수집을 위한 읽기나 면담 등과 동시에 이루어지는 경우가 흔하다. 이와 같은 언어 활동의 특성을 언어의 총체성이라고 한다. 분권형 교과서는 이와 같은 언어 활동의 총체성을 반영하기 어렵다.

이러한 문제를 해결하기 위하여 2009 개정, 2015 개정 교육과정을 기반으로 하는 국어 교과서는 다시 통권형 교과서 《국어》를 편찬하게 된다.

〈그림 3〉 통권형 교과서 표지

이전의 통권형 교과서가 '읽기' 활동에 초점이 맞춰진 독본형 교재였던 것에 비해, 이 시기의 통권형 교과서 《국어》는 영역별 균형을 갖추어 언어의 총체성을 반영하여 편찬한 교과서라는 점에서 차이가 있다. 2015 개정 교육과정에 따른 3학년 1학기 《국어》 교과서의 차례 〈그림 4〉와 앞의 〈그림 1〉을 비교해 보면 쉽게 이해할 수 있다.

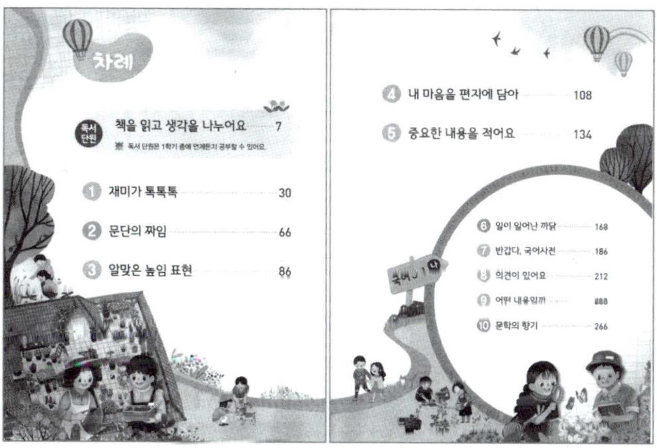

〈그림 4〉《국어》 3-1 차례

그림에도 불구하고 통권형 교과서는 성취 기준들이 유기적으로 통합되지 못한 부분이 많다는 점, 성취 기준들 사이의 교과서 실행에 있어 그 비중의 차이가 크다는 점 등이 문제이다. 이와 같은 점은 특히 문법 영역의 성취 기준과 타 영역의 성취 기준 간의 통합에서 더욱 그러하다. 이에 대해서는 뒤에서 구체적으로 보기로 한다.

문법 영역의 내용을 교과서에 반영하는 방법은 학교급별로 같지 않을 뿐만 아니라, 통권형 교과서에서조차도 실질적인 통합이 이루어졌다고 보기 어려운 점이 있다. 제7차 교육과정부터 2007 개정 교육과정까지 초등학교는 《듣기 · 말하기》, 《읽기》, 《쓰기》 교과서에 문법 지식이 포함되어 있다. 즉, 교육과정상으로는 문법 영역이 독립되어 있지만, 교과서상으로는 문법 부분이 독립되어 있지 않다. 《듣기 · 말하기》, 《읽기》, 《쓰기》 교과서 속에서 문법을 다루고 있다는 것은, 문법을 표현과 이해의 기능을 신장하는 데 필요한 기반 지식으로서 다루고 있다는 것을 말해 준다.

이에 비해 제7차 교육과정의 경우 중학교는 문법 영역의 내용이 《생활국어》 교과서에서 다루어지고 있다. 다루어지는 방법은 말하기 영역의 내용과 통합적으로 다루어지는 경우, 듣기 영역의 내용과 통합적으로 다루어지는 경우, 쓰기 영역의 내용과 통합적으로 다루어지는 경우, 말하기, 쓰기, 문법 3개 영역의 내용이 통합적으로 다루어지는 경우, 문법 영역의 내용만 독자적으로 다루어지는 경우 등이 있다.

초등학교 교과서에는 교육과정상의 해당 영역이 표시되어 있지 않기 때문에 일일이 학습 목표를 하나하나 대조해 보아야 어느 영역의 내용이 학습 활동으로 전개되고 있는지 확인할 수 있다.[1] 그러나 중학교 교과서는 '차례' 부분에 교육과정상의 해당 영역이 모두 표시되어 있기 때문에 몇 번째 대단원의 어떤 소단원에서 어떤 영역의 학습 내용이 전개되는지 쉽게 확인할 수 있다.

제7차 교육과정 고등학교의 경우는 교과서가 초등학교처럼 기능 영역별

1 교사용 지도서에는 영역 간의 통합이 이루어질 경우 각 영역의 어떤 성취 기준들이 통합되어 단원 목표가 구성되는지 제시되고 있다.

로 분책되어 있지도 않고, 중학교처럼 '차례' 부분에 해당 영역이 따로 표시되어 있지도 않다. 그러나 10학년 교육과정의 학년별 내용과 소단원의 학습 목표와의 대응이 비교적 분명하기 때문에 문법 영역이 교과서에서 어떻게 실행되고 있는지 쉽게 알 수 있다. 이에 비해 초등학교의 경우는 기능 영역의 내용과 통합적으로 설계된 학습 활동이 많고 문법 영역의 내용이 독자적으로 교과서에 반영되어 있는 경우는 드물다.

8.2. 단원 구성 체제

여기서는《국어》교과서의 단원 구성 방식을 외직 구성과 내적 구성으로 나누어 살펴본다.

8.2.1. 단원의 외적 구성

제7차 국어과 교육과정에 따른 교과서의 단원의 외적 구성을 보자. 초등학교 국어 교과서의 단원 체제는《말하기·듣기》,《쓰기》,《읽기》할 것 없이 모두 '대단원 → 대단원의 학습 목표 → 소단원 → 소단원 활동 → 한 걸음 더(되돌아보기) → 한 걸음 더(더 나아가기) → 쉼터'로 구성되어 있다. 중학교의《생활 국어》는 '대단원 → 단원의 길잡이 → 소단원1 → 소단원2 → 보충·심화 → 이 단원을 마치며'로 구성되어 있으며,《국어》는 '대단원 → 단원의 길잡이 → 소단원 → 생각 넓히기 → 보충·심화 → 한자 공부 → 이 단원을 마치며'로 되어 있다. 고등학교《국어》는 '대단원 → 단원의 길잡이 → 준비 학습 → 소단원 학습 → 단원의 마무리 → 보충 학습, 심화 학습 → 사진으로 보기'의 순서로 되어 있다.

대단원은 2~3개의 소단원으로 구성되는데 대단원 내 소단원은 각각의 성취 기준이 소단원 학습 목표로 구현되는 것이 일반적이다. 그런데 초등학교 문법 영역의 경우는 이와 양상이 다르다. 문법 영역의 성취 기준이 소단원의 학습 목표로 구현되는 경우는 다른 영역에 비해 많지 않다. 이에 대해서는 8.3.1. 절에서 자세하게 다루기로 한다.

한편 2007 개정 교육과정 시기의 초등학교 국어 교과서는 학년에 따라 다소 차이가 있지만 한 단원은 1차시 40분으로 진행되는 6개 차시[2] 정도로 구성된다. 대단원 속의 소단원 구성 방식이 아니라 전체 단원이 하나의 단일 단원 체제로 되어 있다. 대단원 구성 체제는 한 교과서 내 대단원의 수가 적은 데 비해 단일 단원 구성 체제는 한 교과서 내 단원의 수가 많다는 차이가 있다. 대단원 구성 체제의 소단원들은 공통된 학습 소재나 내용상 공통된 주제를 다루어 단원의 통일성을 기하는 경우가 많다.

2009 개정 교육과정 시기나 2015 개정 교육과정 시기는 8.3.2. 절에서 볼 수 있는 것처럼 한 단원이 10차시 안팎의 단일 단원(중규모 단원)으로 구성된다. 한 학기 교과서는 보통 11~12개 단원 정도로 이루어져 있으며, 서로 다른 영역의 성취 기준 2~3개를 통합하여 1개 단원의 학습 목표를 구성하고 있다는 점에서 이전 시기보다 영역 간 통합을 실질적으로 추구하고 있다고 할 수 있다.

8.2.2. 단원의 내적 구성

한 단원의 내적 구성 방식 역시 교육과정 시기마다 다소 차이가 있다. 여기서는 초등학교의 경우를 중심으로 제7차 교육과정부터 2015 개정 교육과정에 중점을 두고 살펴보기로 한다.

제7차 교육과정 기반의 초등 국어 교과서의 단원 구성 체제는 〈그림 5〉와 같다.

2 한 단원이 6차시로 구성된다고 하는 것은 한 단원의 시수가 6시간이라는 것을 의미한다. 별개의 학습 목표가 있는 차시가 6개라는 것을 의미하지 않는다. 10~12시간으로 구성된 2009 개정, 2015 개정 교육과정에서도 차시 목표는 5~6개 정도로 이루어져 있다. 학습 목표는 같지만 2~3시간 연속적으로 이루어지는 차시도 있기 때문이다. 이를 구분하여야 한다.

<table>
<tr><td>대단원
도입</td><td colspan="3">소단원 1</td><td colspan="3">소단원 2</td><td colspan="2">한 걸음 더</td></tr>
<tr><td></td><td>활동1</td><td>활동2</td><td>활동3</td><td>활동4</td><td>활동5</td><td>활동6</td><td>되돌아
가기</td><td>더 나아
가기</td></tr>
<tr><td colspan="2">1차시</td><td>2차시</td><td>3차시</td><td>4차시</td><td>5차시</td><td>6차시</td><td colspan="2">7~9차시</td></tr>
<tr><td rowspan="2">도입
학습</td><td colspan="6" rowspan="2">이해(원리) 학습+적용 학습</td><td rowspan="2">평가
활동</td><td>보충</td></tr>
<tr><td>심화</td></tr>
</table>

〈그림 5〉 초등 국어 교과서 단원 내적 구성(제7차 교육과정)

특히, 소단원은 원리 학습과 적용 학습의 연속으로 이루어져 있다. 원리 학습은 명제적 지식(언어의 본질, 문법 지식, 언어 사용의 본질, 문학의 본질, 문학 지식 등), 절차적 지식(표현의 과정 · 방법, 이해의 과정 · 방법, 탐구의 기능), 조건적 지식(언어 · 언어 사용의 필요성 · 중요성, 언어 적절한 사용 상황, 언어 사용의 조건 등)을 알 수 있게 하는 학습 단계이다. 적용 학습은 원리(이해) 학습에서 배운 명제적 지식, 절차적 지식, 조건적 지식을 다양한 상황에 적용하여 체화 또는 내면화하고, 실제 국어 생활에 습관화할 수 있도록 하는 학습 단계를 말한다.

이해 학습에서는 주로 지식을 알게 하는 것에 목표가 있기 때문에 목표 지식을 교사가 직접 설명하여 이해시키는 방법과 학습자가 스스로 탐구하여 터득하도록 하는 방법이 있다. 교사의 지식 전달의 역할이 직접적이냐 간접적이냐에 따라서 전자를 직접 교수 방법, 후자를 간접 교수 방법으로 구분한다. 직접 교수 방법에는 교사의 설명과 시범을 핵심으로 하는 직접 교수법과 현시적 교수법 등이 있고, 간접 교수 방법에는 학습자의 탐구와 지식 발견을 핵심으로 하는 지식 탐구 학습법, 문제 해결 학습법, 가치 탐구 학습법, 토의 · 토론 학습법, 전문가 협력 학습법 등이 있다. 전자는 지식을 교사가 가르치는 행위가 중심이기 때문에 '교수법'으로, 후자는 학습자가 지식을 탐구하고 발견하는 행위가 중심이기 때문에 '학습법'으로 명명한다.

문법 교수·학습 방법에 대해서는 뒤에서 구체적으로 다루게 된다.

지식 교과의 경우는 이와 같은 학습 과정이 필수적이고, 기능 교과, 내용 교과, 도구 교과, 문화 교과 등 그 성격이 어떠하든 간에 명제적 지식이든 절차적 지식, 조건적 지식, 가치 등을 인지적으로 이해한 후 이를 숙달 또는 내면화, 습관화하도록 하는 것이 대부분의 학습 과정이다. 그렇기 때문에 이러한 과정을 단원의 내적 구성 과정에 적용하여 단원을 조직하였다는 점은 매우 타당하다고 하겠다. 이러한 단원 내적 구성 원리는 〈그림 6〉, 〈그림 7〉에서 확인할 수 있는 것처럼 2009 개정 교육과정까지 유지되어 왔다.

2007 개정 국어과 교육과정과 2009 개정 국어과 교육과정에 따른 교과서는 중규모 단원[3] 체제를 보이고 있다.

1차시	2차시	3차시	4차시	5차시	6차시	
이해 학습			적용 학습		정리	놀이터
도입	지식·기능·맥락의 이해		지식·기능·맥락의 적용		정리 평가 실천	사고 학습

〈그림 6〉 초등 국어 교과서 단원 내적 구성(2007 개정 교육과정)

도입 학습	이해 학습	적용 학습	정리
도입	지식·기능·태도의 학습	지식·기능·태도의 적용	정리 평가

〈그림 7〉 초등 국어 교과서 단원 내적 구성(2009 개정 교육과정)

2007 개정, 2009 개정 교육과정에 따른 초등 국어 교과서는 제7차 교육과정 시기의 '원리' 학습이 '이해' 학습으로 바뀐 것과 차시 학습 목표 하나

3 독립된 하나의 단일 단원이 6차시 이상으로 구성되어 있기 때문에 중규모 단원이라고 이름하기로 한다.

를 2~3시간 연속해서 수업을 진행할 수 있도록 구성한 것이 단원 내적 구성상의 특징이라고 할 수 있다. 〈그림 6〉, 〈그림 7〉의 점선 부분은 연속 차시[4]로 이루어질 수 있다는 것을 나타낸 것이다. 그리고 대단원-소단원 체제가 단일 단원 체제로 바뀐 것 역시 변화라고 할 수 있다.

1차시	2차시	3차시	4차시	5차시	6차시	7차시	8차시	9차시	10차시
준비 학습		기본 학습						실천 학습	
도입 · 준비		지식 · 기능 · 태도 학습						심화 · 확장 · 정리	

〈그림 8〉 초등 국어 교과서 단원 내적 구성(2015 개정 교육과정)

2015 개정 국어과 교육과정에 따른 초등학교 국어 교과서의 내적 구성 원리는 큰 변화가 있다. '이해 학습-적용 학습'의 학습 단계가 '준비 학습-기본 학습-실천 학습'의 단계로 변화된 것이 특징이다. 그런데 준비 학습과 기본 학습, 실천 학습 각각의 단계는 그 성격이 분명하지 않다는 것이 문제이다.

한국교원대학교 · 서울교육대학교 국정도서국어편찬위원회(2018: 26쪽)[5]에 따르면 제6차 교육과정에 따른 국어 교과서에 '도입 학습-원리 학습-적용 학습-발전 · 심화 학습'체제가 본격적으로 적용된 후, 2009 개정 교육과정의 '도입 학습-이해 학습-적용 학습-정리 학습'에 이르기까지 교과서는 '이해(원리) 학습-적용 학습'을 중심축으로 삼아 단원이 구성되어 왔다. 이러한 단원 구성 체제의 기본 관점에는 이해 학습에서 사실적 · 개념적 · 방법적 · 상위 인지적 지식을 습득한 뒤, 적용 학습에서 이를 실제 상황에 활용하여 반복 연습함으로써 국어 능력을 기를 수 있다는 가정이 깔려 있다.

한국 · 서울(2018: 26쪽)에 따르면, 이해 학습과 적용 학습 이라는 틀은

4 연속 차시는 하나의 차시 학습 목표에 대해 2~3 시간 이어서 이루어지는 수업을 말한다. 블록 타임 수업은 40분 수업을 연속해서 80분, 120분 진행하는 것을 말하는데 연속 차시 수업은 꼭 블록 타임으로 진행하라는 것을 의미하지는 않는다.

5 이하에서는 한국 · 서울(2018)로 명명하도록 한다.

방법 중심 국어 교육관을 교과서에 반영하는 데 효과적이라는 점에서 순기능도 많았다. 그러나 국어과에서 길러 주고자 하는 국어 능력이 언어 사용 능력을 기르는 데 한정되지 않으며, 이해 학습을 한 뒤에 적용 학습을 하도록 한 정형화되고 획일화된 틀로는 창의성·인성·태도 같은 정의적 측면과 언어 사용의 실제적인 맥락이나 통합적 언어 활동을 다루기에 제약이 많았다는 점에서 문제를 안고 있는 것으로 보고 있다. 2015 개정 국어과 교육과정에 따른《국어》교과서에서는 오랫동안 관성화되고 고착화된 이해 학습과 적용 학습의 틀을 해체하고 〈그림 8〉과 같은 틀로 다양하고 유연한 교수·학습을 전개하고자 했다.

'이해 학습-적용 학습'의 틀이 정의적인 측면을 다루는 데 한계가 있다는 점에 대해서는 공감 가는 바가 없지 않다. 그러나 그 대안으로 제시하고 있는 〈그림 8〉과 같은 '준비 학습-기본 학습-실천 학습'의 틀이 이를 해결해 준다는 것에는 동의하기 어렵다. 그리고 '이해 학습-적용 학습'의 틀이 언어 사용의 실제적인 맥락이나 통합적 언어 활동을 다루기에 제약이 많다는 점도 어떤 점에서 그러한지 이해하기 어렵다. 〈그림 8〉이 그 대안이 된다는 것 역시 설득력이 약하다. 이에 대해서는 뒤에서 더 자세하게 알아보도록 한다.

'준비 학습'에서는 주로 단원의 주요 내용과 관련된 학습자의 배경 지식을 활성화하고 동기를 유발하며 학습을 위한 계획을 세우는 단계이다. 그런데 배경 지식을 활성화한다는 것이 무엇을 의미하는지 모든 단원이 배경 지식을 활성화해야 하는 것인지, 동기를 유발하고 학습 계획을 세우는 것이 두 차시에 걸쳐서 이루어져야 하는 것인지, 준비 학습을 위한 차시의 학습 목표는 어떻게 설정되는 것인지 등 기본 학습을 위한 준비 학습의 성격이 명확하지 않고 그 범위와 내용 설정의 기준이 객관적으로, 구체적으로 제시된 바가 없다.

예건대 2015 개정 교육과정에 따른 국어 교과서 4학년 2학기 5단원[6]의

6 이하에서 학년, 학기, 단원을 표시할 경우에는 그것을 차례대로 '4-2-5'으로 표시하기로 한다.

차시 전개 과정은 〈표 1〉과 같다.

〈표 1〉 4-2-5 단원 차시 전개 과정

단원	단원 학습 목표	차시 학습 목표	학습 성격
5. 의견이 드러나게 글을 써요.	문장의 짜임을 생각하며 의견을 제시하는 글을 쓸 수 있다.	1~2. 문장의 짜임에 맞게 말할 수 있다.	준비 학습
		3~4. 문장의 짜임에 맞게 문장을 쓸 수 있다.	기본 학습
		5~6. 자신의 의견을 제시하는 글을 쓸 수 있다.	기본 학습
		7~8. 의견을 제시하는 글을 쓰고 친구들과 의견을 나눌 수 있다.	실천 학습
성취 기준	[4국03-03] 관심 있는 주제에 대해 자신의 의견이 드러나게 글을 쓴다. [4국04-03] 기본적인 문장의 짜임을 이해하고 사용한다.		

〈표 1〉에서 볼 수 있는 것처럼 1~2 차시는 '문장의 짜임에 맞게 말하기'이고, 3~4 차시는 '문장의 짜임에 맞게 문장 쓰기'이다. 그런데 1~2 차시는 준비 학습이고 3-4 차시는 기본 학습으로 제시하고 있다. 1~2 차시, 3~4 차시 사이의 학습 성격의 차이가 무엇인지 이해하기 어렵다. 앞서 언급한 것과 같이 준비 학습에서는 주로 단원의 주요 내용과 관련된 학습자의 배경지식을 활성화하고 동기를 유발하며 학습을 위한 계획을 세우는 단계이다. 〈표 1〉의 1~2 차시가 준비 학습의 성격에 부합하는지, 3~4차시는 기본 학습의 성격에 부합하는지 의문이다.

1~2 차시 구성을 보면 '주어부'와 '서술부'의 이해 학습이 이루어진 후 주어부와 서술부를 분석하고 연결해 보도록 하는 활동으로 구성되어 있다. 더구나 "'누가/무엇이+어찌하다'에서 '어찌하다'는 '달리다, 먹는다'와 같이 움직임을 나타내요. '누가/무엇이+어떠하다'에서 '어떠하다'는 '누가/무엇이'의 성질이나 상태를 나타내는데 '빨갛다, 둥글다' 따위가 해당해요"와 같

이 설명하고 있다. 성취 기준에 도달하는 데 필요한 지식에 대한 가장 기본적인 설명이자 학습임을 알 수 있다. 다음의 기본 학습의 성격 설명과 차이가 없다.

'기본 학습'에서는 단원의 성취 기준 도달에 필요한 지식, 기능, 태도 같은 기본적인 학습 내용 요소를 충분히 익힐 수 있도록 습득 중심 학습과 활용·수행 중심 학습을 하도록 하고, '실천 학습'에서는 기본 학습에서 익힌 지식, 기능, 태도 같은 학습 내용을 통합해 실제적이고 통합적인 국어 능력을 기를 수 있도록 의도된 단계이다.

그런데 기본 학습의 설명에서 '지식', '기능', '태도' 같은 기본적인 학습 내용 요소라는 것은 무엇을 가리키는지, 이를 '습득'하는 것과 '활용·수행'하는 것과 차이는 무엇인지, '지식', '기능', '태도'를 충분히 익힐 수 있도록 습득하는 것이 활용·수행 과정 없이 가능한 것인지 이해하기 어렵다. '활용·수행'과 '실천'의 차이가 무엇인지도 불분명하다.

지식, 기능, 태도의 습득은 명제적 지식과 절차적 지식, 조건적(맥락적) 지식의 이해를 바탕으로 한다. 이를 바탕으로 활용·수행 즉 적용 학습이 이루어진다. 인간이 지식과 기능을 습득하는 과정이 그러하다. 뒤에서 설명하게 되겠지만 '태도', '마음가짐', '가치', '습관' 등과 같은 정의적 요소 역시 인지적 이해를 바탕으로 이루어지거나 인지적 이해와 동시에 습득될 수 있다. 따라서 지식, 기능, 태도에 대한 내용 요소를 습득하는 것을 이해 학습이 이루어지는 과정으로, 이를 활용·수행하는 과정을 적용 학습이 이루어지는 과정으로 생각해 볼 수 있다. 이를 고려하면 성격이 불분명한 준비 학습을 제외하고 기본 학습과 실천 학습이 이전 '이해-적용-실천' 학습의 틀과 차이가 무엇인지도 설명이 필요하다.

그러나 2015 개정 교육과정에 따른 초등 국어 교과서의 단원 구성 단계로서 '기본 학습'은 이러한 학습 성격의 단계를 명확하게 구분 짓지 않고 있다. 그렇기 때문에 이해 학습이 이루어지지 않은 상태에서 활용·수행 학습에 해당하는 활동이 이루어지는 등 교수·학습의 내용 요소(인지적 요소)가 무엇인지 구체적이지 않은 경우가 있다. 이 과정을 통해 교수·학습되는 요소가 무엇인지 명확하지 않기 때문에 교육의 효용성, 교육적 가치에 대한 논란과 회의를 야기할 수 있다.

교과의 성격을 얘기할 때 주로 '도구 교과', '기능 교과', '사고 교과', '지식 교과', '내용 교과', '문화 교과', '예술 교과'를 든다. '내용 교과'의 성격을 제외하고 '명제적 지식'이든 '절차적 지식', '맥락적(조건적) 지식'이든 인지적 측면의 이해를 바탕으로 하지 않는 정의적인 측면(가치관, 인성 등)을 다루는 교과 성격은 없다.

국어과도 문학 영역을 중심으로 내용 교과적 성격이 없는 것은 아니나 국어과는 도구 교과, 기능 교과, 사고 교과, 지식 교과, 문화 교과의 성격을 핵심으로 한다. '내용 교과'적 성격을 일부 띤다고 해서 이를 위해 '이해-적용-실천·심화'의 체제를 '준비-기본-실천'의 틀로 바꾸는 것은 이해하기 어렵다.

이삼형(2000)에서는 '알고 따지기, 알고 느끼기, 알고 즐기기, 느끼고 알기, 느끼고 따지기, 느끼고 즐기기, 따지고 알기, 따지고 느끼기, 따지고 즐기기, 즐기고 알기, 즐기고 느끼기, 즐기고 따지기 등'을 정의 중심적 사고의 이해·표현 활동으로 보고 인지와 정의가 함께 공존하며 작동함을 극명하게 보여 주는 경우로 제시하고 있다. 이 사례들은 인지와 정의가 이분법적으로 경계 지어지는 것이 아니며 인지 과정이 정의 과정을 항상 선행하는 것이 아니라는 것을 보여 준다.[7]

'태도', '마음가짐', '가치', '습관' 등과 같은 정의적 요소 역시 인지적 이해를 바탕으로 이루어지거나 인지적 이해와 동시에 습득될 수 있다. 이와 같은 교수·학습 활동의 경우에 국한해서 단원 구성을 위한 방안이 모색될 필요가 있다.

한국·서울(2018: 26쪽)에서 밝히고 있듯이 이해 학습을 한 뒤에 적용

7 인지와 정의의 관계에 대한 이와 유사한 관점으로는 심영택(2003: 473쪽), 노명완 외(2003: 245쪽~246쪽), 이 책 2.1.3.절, 2.2.1.절 참고.

학습을 하도록 한 정형화되고 획일화된 틀로는 창의성 · 인성 · 태도 같은 정의적 측면을 다루기에 제약이 많다는 점 때문에 '준비 학습-기본 학습-실천 학습' 체제로 단원을 구성하는 것이 이를 해결해 줄 수 있는 대안이 되기 어렵다. 창의성 · 인성 · 태도와 같은 정의적 측면은 한두 단원의 학습으로 성격화, 가치화될 수 있는 것이 아니기 때문이다. 즉 정의적 측면에 대한 학습이 '이해 학습-적용 학습'의 단원 구성 체제로 해결하는 데 제약이 많고 '준비 학습-기본 학습-실천 학습' 체제가 그 대안이 될 수 있다는 것은 어디에서도 확인하기 어렵다.

한편, '이해 학습-적용 학습'의 틀이 왜 언어 사용의 실제적인 맥락이나 통합적 언어 활동을 다루기에 제약이 많다는 것인지 구체적인 설명이 없어 파악하기 어렵다. 짐작건대 실제적인 맥락이나 통합적 언어 활동은 국어과의 몇 가지 영역의 통합을 전제해야 하는 데 이해 학습에서 이를 각각 가르친 후 적용 학습에서 통합하여 숙달해야 하기 때문에 이에 대한 한계를 지적한 것으로 이해할 수 있다.

예컨대 '설명하는 글 쓰기'를 지도해야 한다고 하면 설명하는 글 읽기 활동을 통하여 설명하는 글의 특성을 탐색하게 하여 설명하는 글의 특성을 이해시킨 후 과정 중심 쓰기 활동의 절차에 따라 설명하는 글을 쓰도록 하는 방법을 생각해 보자. 이 과정은 텍스트 갈래 중심 언어 교육과 과정 중심 언어 교육의 통합을 전제하고 있다. 그리고 읽기, 쓰기, 문법 영역의 내용 요소를 중심으로 통합을 하되 성취 기준의 성격에 따라 듣기 · 말하기 영역도 통합이 가능하다.

이 과정에서 이해 학습은 여러 편의 설명문 자료를 활용하여 설명문 읽기나 쓰기의 맥락적 지식의 이해 · 설명문의 갈래적 특성 이해 등 텍스트 문법의 이해와 규범 문법, 발음 · 어휘 · 통사 문법에 대한 이해, 글 쓰기 과정에 대한 절차적 지식의 이해가 이루어지게 된다. 적용 학습에서는 이해 학습에서 배운 지식을 활용하여 맥락에 맞는 한 편의 설명문을 써 보는 활동을 함으로써 설명문 쓰기 능력이 길러질 수 있다. 물론 학습 내용 배열 원리에 따라 이미 선수 학습이 이루어진 부분은 확인만 하는 정도에 그칠 수 있다. 이러한 '이해 학습-적용 학습'의 틀이 왜 실제적인 맥락이나 통합적 언어 활동을 다루기에 제약이 많다는 것인지, '준비 학습-기본 학습-실천 학습'의 틀이 왜 대안이 될 수 있는 것인지 이해하기 어렵다.

정의적인 측면이나 실제적인 맥락 및 통합적 언어 활동을 효과적으로 다루기 위해서는 〈그림 9〉와 같이 단원의 내적 구성을 '기본 학습-심화(발전) 학습-실천 학습'의 틀을 설정하되 각 학습 성격 내부의 도입-전개-정리의 성격을 구체화하는 것을 고려해 볼 수 있다.

1차시	2차시	3차시	4차시	5차시	6차시	7차시	8차시	9차시	10차시
도입	기본 학습			심화(발전) 학습				실천 학습	정리
	지식 · 기능 · 태도 학습			지식 · 기능 · 태도 학습				확장 · 문제해결	
	이해 학습			(이해 학습)					
	적용 학습			적용 학습					

〈그림 9〉 대안적 단원 구성의 내적 체제

기본 학습과 심화(발전) 학습의 차이는 학습 내용의 수준, 텍스트의 수준, 상황의 수준, 비계의 수준 등에 있다. 양쪽 모두 온전한 하나의 텍스트를 수용하고 생산하는 과정이라는 것은 마찬가지이다. 그렇기 때문에 실제적인 맥락과 통합적인 언어 활동이 나누어질 수밖에 없다. 기본 학습에서는 단원의 도입으로 본 학습과 관련된 선수 학습을 확인하고, 본 학습과 후속 학습의 관계를 확인하는 등 단원 학습 계획을 수립한다. 물론 필요한 경우 배경지식을 떠올리는 활동도 이루어질 수 있다. 그리고 명제적, 절차적, 조건적 지식을 중심으로 교수 · 학습이 이루어진다. 심화 학습에서는 단순히 이를 적용하는 학습만 이루어지는 것이 아니다. 이진처럼 기본 학습 단계에서 통합적인 언어 활동을 배제한, 탈맥락적인 학습이 이루어지고 심화

(발전) 학습과 실천 학습에서 기본 학습에서 배운 지식을 활용하는 방식의 전개를 의미하는 것은 아니다.

〈그림 9〉는 지식의 이해와 적용의 과정을 통한 학습은 각각의 다른 성격의 학습 단계 내의 차시를 '이해 활동-적용 활동'으로 구분하여 전개함으로써 가능하다. 특히 심화 학습의 이해 학습 과정을 '( )' 표시한 것은 심화 학습에서는 새로운 심화된 내용 요소는 없이 기본 학습의 내용 요소를 텍스트의 수준, 상황의 수준, 비계의 수준 등에 차이를 두어 심화 학습이 이루어질 수 있도록 하는 것도 포함함을 나타낸다. 이 경우에는 기본 학습에서 이루어지는 '교사에 의해 안내된 적용' 활동보다 더 심화된 적용 활동이 이루어지는 것으로 이해할 수 있다. 즉, 교수·학습의 책임이 교사에서 학습자에게로 이양이 많이 되어 학습자 주도적으로 심화된 적용 활동이 이루어지는 것을 의미한다.

사실 단원의 구성 체제를 '기본 학습-심화 학습'을 골격으로 할 때 성취기준이나 학습 내용 요소를 기준으로 모든 학습자가 기본 학습과 심화 학습 과정을 수행해야 하는지, 학습자의 수준별로 선택적으로 수행해할 수 있는 것인지 설명이 되어야 한다. 제7차 교육과정에서처럼 교육과정이 수준별로 되어 있지 않는 한은 기본 학습 단계나 심화 학습 단계 모두 모든 학습자에게 적용되는 것으로 보아야 한다. 왜냐하면 교육과정은 국민 공통 기본 교육을 지향하고 있기 때문이다.

따라서 〈그림 9〉의 단원 구성 체제에서 기본 학습과 심화 학습의 구분은 다음의 경우에 해당한다. 첫째, 교육과정의 성취 기준의 범위 내에서 내용 요소를 기본적인 것과 심화적인 것으로 구분하여 학습해야 하는 경우, 둘째, 내용 요소는 동일한지만 텍스트(담화)에 등장하는 어휘의 난도, 문장의 양, 문단의 수, 텍스트의 길이, 주제나 제재 난도, 비계 제공 정도, 책임 이양의 수준 등 교수·학습 자료와 교수·학습 운용 측면의 차이에서 기본과 심화를 구분하는 경우, 셋째, 성취 기준을 통합하여 한 단원을 구성할 때 주 성취 기준에 해당하는 '이해 학습' 요소는 기본 학습에서 다루고 부속 성취 기준에 해당하는 '이해 학습' 요소는 심화 학습 단계에 통합하여 다루는 경우가 그것이다. 특히 심화 학습 단계에서 이루어지는 이해 학습 요소는 하나의 연속 차시의 목표에 통합되어 이를 위한 '학습 활동' 가운데 한 학습 활동으로 구현될 수 있다.

그리고 '기본 학습-심화(발전) 학습'에서 반복적인 학습 과정을 통하여 심화·발전시킨 지식, 기능, 태도를 실천 학습을 통하여 실제 언어생활 속에서 나타나는 문제나 과제들을 해결하는 경험을 해 봄으로써 실제적인 맥락과 통합적 언어 활동을 더 심화할 수 있다.

국어과의 주요 성격 중 하나는 국어를 통한 의사소통 기능을 숙달하는 것이다. 듣기 기능, 말하기 기능, 읽기 기능, 쓰기 기능의 숙달은 명제적 지식과 절차적 지식의 이해나 인지를 바탕으로 숙달이 될 때까지 반복적으로 연습하는 것이 필요하다. 단순히 '이해-적용', '이해-적용-실천', '준비-기본-실천'의 구성으로는 기능 숙달을 위한 연습이 충분하지 않다는 것을 학습자들의 학습 수행 결과를 통해 확인할 수 있다.

앞에서도 설명했지만 〈그림 9〉는 이전의 다른 경우들보다 동일한 시수에 기능을 숙달할 수 있는 기회를 더 많이 제공하고 지식의 학습을 실제와 분리시키지 않으며 총체적 언어 학습도 기본-심화-실천 단계 모두에서 고려된다는 점에서 강점이 있다고 하겠다.

이 밖에도 정의적인 측면이나 실제적인 맥락과 통합적 언어 활동을 효과적으로 다루기 위해서 교육과정 성취 기준 진술 방식을 개선하는 방안과 단원의 외적 구성 체제—대단원 체제, 중단원 제제, 소단원 체제—를 개선하는 방안을 고려하는 것도 가능하다.

2015 개정 교육과정에 따른 초등 국어 교과서의 '준비 학습-기본 학습-실천 학습'의 단원 구성 체제는 오히려 '지식'과 '기능'에 대한 인지적 측면의 교수·학습의 성격까지 모호하게 한다는 점에서 문제이다. 인간이 지식을 습득하여 전승하는 과정은 계기적으로든 동시적으로든 반드시 이해 과정과 적용 과정을 거쳐야 한다. 따라서 지식이나 기능의 습득 과정을 모

형화해 놓은 '이해 학습-적용 학습'의 틀을 정형화되고 획일화된 것으로 비판하는 것은 적절하지 않다.

'지식이나 기능'을 습득하는 과정에서 이해와 적용의 과정을 명시적으로 수행하는 경우가 있고 암시적으로 수행하는 과정이 있는 것이지 이해와 적용을 거치지 않고 지식과 기능을 습득하는 경우를 생각하기는 어렵다.

2009 개정 교육과정까지 단원의 내적 구성 원리로 삼은 '이해'와 '적용'은 서로 대립되는 개념으로 그 학습 단계가 타당하지만 '준비-기본-실천'의 단계는 단계의 개념이 대립되는 것이 아니며 그 성격이 이론적 정합성을 가지고 있는 것으로 보기 어렵기 때문에 단원의 내적 구성으로 적절하지 않다. '기본'에 대립되는 개념은 〈그림 9〉에서 볼 수 있는 것처럼 '심화'인데 '기본'을 가운데 두고 그 전 단계를 '준비'로 하고 그 다음 단계를 '실천'으로 설정한 것은 설명력이 매우 약하다고 하겠다.

특히 학습 목표는 성취 기준에서 도출되는바, 성취 기준들을 통합하여 단원의 학습 목표를 설정하고 다시 차시 학습 목표로 세분화하는 과정에서 준비 학습의 차시 목표와 기본 학습의 차시 목표, 실천 학습의 차시 목표를 세분화하는 과정도 자의적이다.

예를 들어서 〈표 1〉에서 볼 수 있는 것처럼 "문장의 짜임을 생각하며 말을 할 수 있다."를 준비 학습의 목표로 설정하고, "문장의 짜임을 생각하며 글을 쓸 수 있다."를 기본 학습의 목표로 설정한 기준이 무엇인지 불분명하며, 이것이 한국·서울(2018: 26쪽)에서 설명하고 있는 준비 학습과 기본 학습의 성격에 부합하는 것인지 의문이다. 그렇기 때문에 성취 기준에서 차시 학습 목표까지 도출되는 과정의 설명력이 약하다는 한계가 있다.[8]

---

8 문학 작품의 감상, 읽기 기능 등 기능 교과적 성격과 내용 교과적 성격이 큰 교과의 경우 이해 학습에서 다루어야 하는 '지식'을 구체적으로 도출해 내기 어려운 경우가 있다. 명제적 지식이든 절차적 지식이든, 긍정적 가치이든 부정적 가치이든 연구의 부족으로 구체적으로 지식화하지 못했기 때문에 전체 단원 구성 체제에서 '이해 학습' 단계를 설정하지 않는 것은 납득되기 어렵다. 이해의 과정이 없는 적용이나 실천으로 이어지는 것은 해당 교과 교육 및 학교 교육의 무용론을 야기할 수 있어 신중해야 한다.

8.3. 성취 기준[9]의 단원 실행 양상 및 유형

이 절에서는 국어 교과서를 분권형으로 개발한 제7차 교육과정과 통권형으로 개발한 2009 개정 교육과정을 중심으로 학습 목표나 학습 활동, 교육과정의 성취 기준(학년별 내용)의 대응 양상과 그 유형을 살펴보기로 한다.

제7차 교육과정에 따른 초등학교 국어 교과서는 대단원 체제와 분권형 교과서 체제로 이루어져 있다. 따라서 대단원의 학습 목표는 설정하지 않고 소단원의 학습 목표를 두세 영역의 성취 기준을 통합하여 제시하고 있다. 이에 비해 2009 개정 교육과정에 따른 초등학교 국어 교과서는 중규모의 단일 단원 체제와 통권형 교과서 체제를 띠고 있으며, 2015 개정 교육과정에 따른 초등학교 국어 교과서 역시 마찬가지이다. 초등학교 교과서는 대체적으로 주제 · 영역 통합형 단원 구성인 데 비해, 중 · 고등학교 국어 교과서 단원 구성의 경우에는 분리 · 독자형 단원 구성인 경우가 많다.

8.3.1. 주제 · 영역 통합형 단원 구성

대단원 체제를 지향한 2007 개정 교육과정까지는 초등학교 국어 교과서는 분권형 교과서를 체제를 띠고 있다. 분권은 《듣기 · 말하기》, 《쓰기》, 《읽기》 기능별로 되어 있다. 이들 분권은 단원별로 같은 주제로 연결되어 있다. 따라서 기능별로 분권 체제이지만 주제 중심 통합을 지향하고 있다고 볼 수 있다. 단원 내에서는 각 기능 영역의 성취 기준에 문법 영역과 문학 영역의 성취 기준이 통합되어 분권 교과서 내에서는 부분적으로 영역별 통합을 지향한다고 할 수 있다. 그럼에도 불구하고 기능별로는 분리되어 있다는 것은 언어 활동의 총체성과는 거리가 있다고 하겠다.

9 2007 개정 교육과정, 2009 개정 교육과정의 성취 기준은 이전 교육과정의 '학년별 내용'과 유사한 개념이라고 하겠다.

8.3.1.1. 분권형 교과서의 문법 영역

제7차 교육과정에 따른 초등학교 국어 교과서의 경우는 문법(국어 지식[10]) 영역의 성취 기준(학년별 내용)을 위해 독자적으로 소단원을 설정해 놓았거나 독자적으로 학습 활동이 이루어지도록 구성해 놓은 것은 전체 26항목 중 6항목에 불과하다. 이를 표로 나타내면 〈표 2〉와 같다.

〈표 2〉 성취 기준과 학습 목표의 대응 양상(1학년~6학년)

학년	제7차 교육과정의 학년별 내용(성취 기준)	교과서 학습 목표, 학습 활동	
		단원	목표, 활동
4	(1) 용언의 기본형을 안다. [기본] 모양이 바뀌지 않는 낱말과 모양이 바뀌는 낱말을 구별하고, 모양이 바뀌는 낱말의 기본형을 쓴다. [심화] 모양이 바뀌는 낱말의뜻을 사전에서 찾는다.	읽기 2학기 셋째 마당, 2소단원	모양이 바뀌는 낱말을 국어 사전에서 찾는 방법을 알아봅시다.
	(2) 문장의 종류를 안다. [기본] 여러 종류의 문장을 보고 각 문장이 풀이하는 문장, 묻는 문장, 느낌을 나타내는 문장, 시키는 문장, 제안하는 문장 중에서 어떤 종류의 것인지 말한다. [심화] 풀이하는 문장, 묻는 문장, 느낌을 나타내는 문장, 시키는 문장, 제안하는 문장을 구분하고, 그 차이를 비교한다.	말·듣·쓰 1학기 넷째 마당 2단원	문장의 종류를 알아봅시다.
	(4) 낱말과 낱말 사이의 유의 관계, 반의 관계, 하의 관계를 안다. [기본] 유의 관계, 반의 관계, 하의 관계가 성립하는 낱말들을 찾는다. [심화] 유의 관계, 반의 관계, 하의 관계가 성립하는 낱말들을 이용하여 짧은 글을 쓴다.	읽기 2학기 셋째 마당 2단원	낱말 사이의 관계에 대하여 알아봅시다.

10 제7차 교육과정에서는 지금의 '문법' 영역에 해당하는 영역을 '국어 지식'이라는 명칭을 사용하였다.

5	(2) 우리말에 시간을 표현하는 말이 있음을 안다. [기본] 글에서 과거, 현재, 미래 등의 시간을 표현하는 말을 찾는다. [심화] 시간을 표현하는 말을 사용하여 짧은 글을 쓴다.	말·듣·쓰 1학기 첫째 마당 2단원	시간을 나타내는 여러 가지 말에 대하여 알아봅시다.
	(3) 문장 성분의 개념과 기능을 안다. [기본] 문장을 몇 개의 성분으로 나누고, 각 성분이 문장에서 어떤 기능을 하는지 말한다. [심화] 여러 문장에서 같은 기능을 담당하는 성분을 찾는다.	읽기 2학기 둘째 마당 1단원	문장을 구성하는 부분을 알아봅시다.
6	(3) 고유어, 한자어, 외래어, 외국어의 개념을 안다. [기본] 고유어, 한자어, 외래어, 외국어의 차이점을 안다. [심화] 글에서 한자어, 외래어, 외국어를 찾고, 알맞은 고유어로 바꾼다.	말·듣·쓰 1학기 다섯째 마당 1단원	고유어, 한자어, 외래어, 외국어를 구별하여 사용할 수 있다.

〈표 2〉는 1학년에서 6학년까지의 문법 영역의 교육과정 성취 기준에 대응하는 학습 목표나 학습 활동을 제시한 것이다. 여기에 제시된 6항목을 제외한 나머지 20항목은 모두 독자적으로 학습 목표나 학습 활동이 설정되어 있지 않고 기능 영역과 통합적으로 제시되어 있다. 즉 교육과정의 문법 영역 성취 기준이 직접적으로 학습 목표나 학습 활동으로 제시되어 있지 않고 간접적으로나 잠재적 또는 암시적으로 제시되어 있을 뿐이다. 이처럼 문법 영역은 성취 기준을 교과서로 실행하는 과정에서 다른 영역의 성취 기준에 비해 비중을 낮게 다루는 양상을 나타낸다.

2007 개정, 2009 개정 교육과정에 따른 국어 교과서의 경우에도 상황은 다르지 않다. 다음 절에서는 통권형 국어 교과서 체제를 띠는 2009년 개정 교육과정의 3-4학년군의 성취 기준이 교과서 학습 목표, 학습 내용으로 실행되는 양상을 살펴보도록 하자.

8.3.1.2. 통권형 교과서의 문법 영역

2009 개정 교육과정에 따른 국어 교과서는 통권 체제를 취하고 있다. 제5차 교육과정에서부터 2007 개정 교육과정까지 이어져 온 분권 체제에서 크게 변화된 교과서 체제라고 하겠다. 제1차 교육과정부터 제4차 교육과정기까지도 초등학교 국어 교과는《국어》교과서 한 권으로 편찬되어 통권 체제를 채택했던 시기가 오랫동안 유지되어 왔었다.

그러나 그 당시에는 독본 위주의 교과서, 문법과 문학에 대한 지식을 교수·학습의 중심 내용으로 하는 교과서였던 데 비해, 제5차 교육과정, 제6차 교육과정, 제7차 교육과정, 2007 개정 교육과정을 거쳐 오면서 듣기, 말하기, 쓰기 영역의 교수·학습의 내용과 방법, 평가 등에서도 괄목할 만한 성과가 있었다.

특히 국어 교과를《듣기·말하기》,《쓰기》,《읽기》로 분권함으로써 각 영역의 독자성을 강화해 왔다. 그 결과 읽기 위주의 국어 교육이 읽기, 듣기, 말하기, 쓰기, 문법, 문학 등 영역 간의 균형을 이루게 되었다. 즉, 듣기, 말하기 읽기, 쓰기 기능 중심의 교수·학습 내용이 강화됨으로써 문법과 문학 지식 중심의 교수·학습 내용과 균형을 이루게 되었다.

분권형 교과서의 이와 같은 기여에도 불구하고 비판을 받아온 것 가운데 하나는 앞에서 언급했듯이 언어의 총체성을 고려하지 못했다는 것이다. 언어 활동은 듣기, 말하기, 읽기, 쓰기 활동이 서로 별개로 이루어지는 것이 아니라, 통합적으로 이루어지는 것인데 마치 듣기, 말하기, 읽기, 쓰기가 별개로 이루어지는 것처럼 별도의 교과서로 독립해 놓았기 때문이다.

이러한 문제점을 해결하기 위하여 2009 개정, 2015 개정 교육과정을 실행하고 있는 초등학교 국어 교과서는 통권형《국어》교과서의 체제를 띠게 되었다. 특히 국어과의 영역을 '듣기·말하기', '읽기', '쓰기', '문법', '문학' 다섯으로 조정하고 각 영역의 내용 성취 기준 간의 통합을 꾀하고자 하였다. 문법 영역 역시 다른 영역의 성취 기준과 통합을 이루어 언어의 총체성이 교과서 실행상에서 구현되도록 의도하였다.

8.3.1.2.1. 성취 기준의 단원 배정 현황

그럼에도 불구하고 2009 개정 국어과 교육과정에 따른 국어 교과서에서 문법 영역의 통합 취지가 충분히 드러나지 않는 경우가 있어 개선이 필요하다. 2009년 개정 교육과정에 따른 국어 교과서는 영역 간의 성취 기준을 통합할 때 성취 기준 간의 비중에 따라 '중점 성취 기준'의 기능을 하는 경우, '부속 성취 기준'의 기능을 하는 경우, '지속 성취 기준'의 기능을 하는 경우로 구분하여 단원을 구성하였다.[11]

중점 성취 기준은 단원 목표의 핵심이 되는 성취 기준으로 대부분의 차시에 개입이 된다. 부속 성취 기준은 중점 성취 기준을 기반으로 하는 단원 목표를 도달하기 위하여 대체적으로 한두 차시에서만 통합 실행되고 있으며 가급적 차시 목표에 반영시키고자 하였다. 반면에 지속 성취 기준은 여러 단원에서 단원 목표를 도달하기 위하여 여러 층위에서 지속적으로 다루되 학습 목표 차원에 반영하는 것이 아니라 학습 활동 차원에서 다루도록 하고 있다. 이상에서 언어의 총체성을 고려하여 한 단원을 구성하는 데 중심이 되는 성취 기준은 중점 성취 기준임을 알 수 있다. 교과서 편찬 시에 모든 성취 기준은 최소한 1회 이상의 중점 성취 기준의 기능을 하도록 배정하는 것을 원칙으로 하고 있다.

이와 같은 원칙 아래 단원별 성취 기준을 배정하였음에도 실질적으로 문법 영역의 내용 성취 기준은 영역 간 비교에서 상대적으로 그 비중에 문제가 있다. 문법 영역의 내용 성취 기준의 통합 현황을 다른 영역과 비교하여 3-4 학년군 3학년 1학기, 2학기, 4학년 1학기, 2학기 《국어》 교과서를 대상으로 살펴보자.

〈표 3〉에 따르면 3-4 학년군 듣기 · 말하기 영역의 성취 기준이 8개, 읽기

---

11 교육과정의 성취 기준을 단원 학습 목표로 실행을 할 때 그 비중을 동일하게 다루지 않는다. 2~3개의 성취 기준이 통합하여 한 단원을 구성할 때 그 가운데서 교수 · 학습의 중심이 되는 성취 기준을 '중점 성취 기준', 학습 활동의 부차적인 성취 기준을 '부속 성취 기준', 매우 약하게 다루어지지만 여러 단원에 지속적으로 다루어지는 성취 기준을 '지속 성취 기준'으로 구분하여 실행하고 있다. 12차시로 한 단원이 구성된다고 하면 중점 성취 기준과 관련된 학습 활동은 거의 50%~90% 정도의 비중을, 부속 성취 기준은 20%~30%, 지속 성취 기준은 10% 이하의 비중을 차지한다.

영역의 성취 기준 6개, 쓰기 영역 6개, 문법 영역 6개, 문학 영역 6개로 구성되어 있다. 듣기·말하기 영역은 두 개 영역이었던 것이 한 개의 영역으로 통합되었다는 점에서 다른 영역들에 비하여 성취 기준의 수가 더 많다.

3학년의 경우, 1, 2학기 합쳐 듣기·말하기 영역은 중점 성취 기준 6개, 지속 성취 기준 3개, 읽기 영역은 중점 성취 기준 6개, 부속 성취 기준 3개, 지속 성취 기준 2개, 쓰기 영역은 중점 성취 기준 5개, 부속 성취 기준 2개, 지속 성취 기준 2개, 문법 영역은 중점 성취 기준 3개, 부속 성취 기준 2개, 문학 영역은 중점 성취 기준 4개, 부속 성취 기준 3개 지속 성취 기준 3개를 할당하고 있다.

4학년의 경우, 1, 2학기 합쳐 듣기·말하기 영역은 중점 성취 기준 4개, 부속 성취 기준 6개, 지속 성취 기준 1개, 읽기 영역은 중점 성취 기준 3개, 부속 성취 기준 7개, 지속 성취 기준 2개, 쓰기 영역은 중점 성취 기준 4개, 부속 성취 기준 4개, 지속 성취 기준 2개, 문법 영역은 중점 성취 기준 3개, 부속 성취 기준 3개, 지속 성취 기준 1개, 문학 영역은 중점 성취 기준 5개, 부속 성취 기준 1개 지속 성취 기준 1개를 할당하고 있다.

3-4 학년군의 영역별 성취 기준을 모두 합하면 다음 〈표 3〉과 같이 정리할 수 있다.

〈표 3〉 3-4학년군 영역별 성취 기준의 배정 현황

영역	학년	학기	중점 성취 기준 수	부속 성취 기준 수	지속 성취 기준 수
듣기·말하기 (8개)	3	1	3	0	2
		2	3	0	1
	4	1	2	2	1
		2	2	4	0
	합계		10	6	4
읽기 (6개)	3	1	3	1	1
		2	3	2	1

읽기 (6개)	4	1	1	6	1
		2	2	1	1
	합계		9	10	4
쓰기 (6개)	3	1	3	1	1
		2	2	1	1
	4	1	2	2	1
		2	2	2	1
	합계		9	6	4
문법 (6개)	3	1	2	1	0
		2	1	1	0
	4	1	2	1	0
		2	1	2	1
	합계		6	5	1
문학 (6개)	3	1	2	1	2
		2	2	2	1
	4	1	3	0	1
		2	2	1	0
	합계		9	4	4

3-4 학년군에서 듣기 · 말하기는 성취 기준 8개 가운데 중점 성취 기준으로 사용된 단원 수는 10개 단원, 읽기는 6개 성취 기준 가운데 중점 성취 기준으로 사용된 단원 수는 9개, 쓰기, 문학 영역 역시 6개 성취 기준 가운데 중점 성취 기준으로 사용된 단원 수가 9개인 데 비해 문법 영역은 같은 6개 성취 기준을 포함하고 있지만 6개 단원에서만 중점 성취 기준으로 실행되고 있다. 이뿐만 아니라 부속 성취 기준으로 사용된 경우도 5개 단원에 불과하고 지속 성취 기준은 1개 단원에서만 실행되고 있다.

이상에서 볼 수 있는 것처럼 문법 영역의 성취 기준이 다른 영역의 성취 기준에 비하여 학습 목표화하는 데 있어 매우 불균형적으로 다루어지고 있음을 확인할 수 있다.

8.3.1.2.2. 성취 기준의 단원 실행 현황

〈표 4〉는 2009 개정 교육과정에 따른 3학년 1학기 문법 영역이 반영된 단원 구성 내용을 정리한 것이다. 문법 (6), 문법 (1) 모두 중점 성취 기준의 비중으로 실행되도록 되어 있다. 그런데 3학년 1학기에서는 문법 성취 기준이 중점 성취 기준으로 실행된 단원 모두에서 통합된 다른 영역 성취 기준 역시 중점 성취 기준으로 실행되고 있음을 〈표 4〉를 통해 확인할 수 있다. 다른 영역의 경우는 그러한 경우가 많지 않으나 유독 문법 영역 성취 기준은 다른 영역의 성취 기준과 함께 둘 다 중점 성취 기준으로 실행되는 경우가 많다. 따라서 문법 영역 성취 기준의 교과서 실행 비중이 다른 영역의 성취 기준에 비해 매우 작다.

기능 영역이나 문학 영역의 경우는 한 단원 내에서 다른 영역의 성취 기준과 함께 각각 중점 성취 기준으로 실행될 때, 그 성취 기준이 다른 단원에서 한 번 더 중점 성취 기준으로 다루어지도록 배정되고 있다. 이에 비하여 문법 영역의 성취 기준은 그러하지 않다. 이처럼 문법 영역은 중점 성취 기준, 부속 성취 기준, 지속 성취 기준 배당과 관련해서도 다른 영역에 비해 비중이 상대적으로 매우 작다.

〈표 4〉 문법 영역 통합 단원(2009 개정 교육과정에 따른 3학년 1학기 《국어》)

단원	성취 기준	단원 목표	차시 목표 및 "국어 활동" 학습 요소	
4. 높임말을 바르게 사용해요.	**쓰기(5) 읽는 이를 고려하여 자신의 마음을 표현하는 글을 쓴다.**[1]	높임말을 바르게 사용하여 자신의 마음을 표현하는 글을 쓸 수 있다.	국어	1. 높임말을 사용하는 경우를 안다. 2. 높임말을 사용하는 방법을 안다. 3~4. 높임말을 상황에 알맞게 사용할 수 있다. 5~6. 마음을 전하는 글을 쓰는 방법을 안다.

4. 높임말을 바르게 사용해요.	**문법(6) 높임법을 알고 언어 예절에 맞게 사용한다.**		국어	7~8. 높임말을 알맞게 사용하여 마음을 전하는 글을 쓸 수 있다.
			국어 활동	9~10. '높임말과 예사말 짝 카드 맞추기 놀이'를 할 수 있다. • 더 찾아 읽기: 반말 왕자님 • 우리말 다지기: 높임말 바르게 사용하기
8. 마음을 전해요.	**문법(1) 소리와 표기가 다를 수 있음을 알고 낱말을 바르게 발음하고 쓴다.** **쓰기(5) 읽는 이를 고려하여 자신의 마음을 표현하는 글을 쓴다.**	소리와 글자가 다른 낱말을 정확하게 사용하며, 읽는 이를 고려하여 자신의 마음을 표현하는 글을 쓸 수 있다.	국어	1~2. 소리와 글자가 다른 낱말에 대하여 안다. 3~4. 소리와 글자가 다른 낱말에 주의하며 글을 읽을 수 있다. 5~6. 읽는 이를 고려하여 마음을 표현하는 글을 쓰는 방법을 안다. 7~8. 읽는 이를 고려하여 마음을 표현하는 글을 쓸 수 있다.
			국어 활동	9. '마음 쪽지' 모음 판 만들기를 할 수 있다. • 더 찾아 읽기: 무녀리네 엄마 개순이 • 우리말 다지기: 낱말의 뜻을 정확하게 알고 사용하기

주 1) 진하게 표시된 성취 기준은 '중점 성취 기준'을 그렇지 않은 성취 기준은 '부속 성취 기준' 또는 '지속 성취 기준'을 가리킨다.

다음 〈표 5〉는 3학년 2학기 문법 영역 실행 단원이다. 이 경우에도 3학년 1학기와 큰 차이가 없다. 5단원은 문법 영역이 중점 성취 기준으로 실행되는 단원이다. 이 경우도 쓰기 영역의 성취 기준을 중점 성취 기준의 비중으로 통합하여 제시함으로써 문법 영역 성취 기준이 실질적인 중점 성취 기준의 비중으로 실행되지 않는 결과를 초래하고 있다.

〈표 5〉 문법 영역 통합 단원(2009 개정 교육과정에 따른 3학년 2학기 《국어》)

단원	성취 기준	단원 목표	차시 목표 및 "국어 활동" 학습 요소	
2. 띄어쓰기를 잘 해요.	**쓰기(1) 맞춤법에 맞게 문장을 쓴다.** 쓰기(4) 알맞은 이유를 들어 자신의 의견이 드러나게 글을 쓴다. 문법(6) 높임법을 알고 언어 예절에 맞게 사용한다.	띄어쓰기에 주의하며 알맞은 까닭을 들어 부탁하는 글을 쓸 수 있다.	국어	1~2. 부탁하는 글을 쓰는 방법을 안다. 3~4. 알맞은 까닭을 들어 부탁하는 글을 쓸 수 있다. 5~6. 문장을 바르게 띄어 쓰는 방법을 안다. 7~8. 부탁하는 글을 띄어쓰기에 맞게 쓸 수 있다.
			국어 활동	9~10. 띄어쓰기에 맞게 부탁하는 글을 쓸 수 있다. • 더 찾아 읽기: 왜 띄어 써야 돼? • 우리말 다지기: 띄어쓰기 바르게 하기
5. 낱말의 짜임	**문법(3) 국어의 낱말 확장 방법을 알고 다양한 어휘를 익힌다.** **쓰기(3) 알맞은 낱말을 사용하여 설명하는 글을 쓴다.**	낱말의 짜임을 알아보고, 읽는 이가 알기 쉽게 일의 순서나 방법을 설명하는 글을 쓸 수 있다.	국어	1~2. 낱말의 짜임에 대하여 안다. 3~4. 낱말의 짜임을 파악하며 글을 읽을 수 있다. 5~6. 읽는 이가 알기 쉽게 일의 순서나 방법을 설명하는 글을 쓰는 방법을 안다. 7~8. 읽는 이가 알기 쉽게 일의 순서나 방법을 설명하는 글을 쓸 수 있다.
			국어 활동	9~10. 낱말의 짜임을 생각하며 낱말 놀이를 할 수 있다. • 더 찾아 읽기: 내 손으로 그리는 명화 • 우리말 다지기: 쪼갤 수 있는 낱말 찾기

3학년 국어 교과서는 1학기 10개 단원, 2학기 9개 단원으로 이루어져 있다. 전체 19개 단원 중 성취 기준 1개만 중점 성취 기준으로 기능하는 단원

은 14개 단원이고, 2개가 중점 성취 기준으로 기능하는 단원이 5개 단원이다. 5개 단원 중에서도 문법 영역의 성취 기준이 중점 성취 기준으로 기능하는 단원은 3개 단원인데 모두 중점 성취 기준이 복수로 구성되어 있다. 다시 말하면, 문법 영역 성취 기준이 독자적인 중점 성취 기준으로 배정된 경우는 단 한 단원도 없다. 따라서 3학년의 경우에는 성취 기준 배정에 있어 문법 영역은 다른 영역에 비해 매우 약화되어 있다고 할 수 있다.

2009 개정 교육과정에 따른 4학년 1학기 국어 교과서 일부 단원의 경우를 보자.

〈표 6〉 문법 영역 통합 단원(2009 개정 교육과정에 따른 4학년 1학기 《국어》)

단원	성취 기준	국어 단원 목표	차시 목표 및 "국어 활동" 학습 요소	
3. 문장을 알맞게	**문법(5) 문장을 끝내는 다양한 방식을 알고 자신의 의도에 맞게 문장을 사용할 수 있다.** 쓰기(5) 읽는 이를고려하여자신의 마음을 표현하는 글을 쓴다.	자신의 뜻을 정확하게 전하기 위해서는 알맞은 문장을 사용하여야 합니다. 여러 종류의 문장을 사용하여 자신의 생각을 효과적으로 전하는 글을 써 봅시다.	국어	1~2. 문장의 종류에 대하여 알아봅시다. 3. 자신의 의도를 바르게 전하기 위한 문장 사용 방법을 알아봅시다. 4. 같은 문장이 상황에 따라 의미가 어떻게 달라지는지 알아봅시다. 5. 말하는이의 의도에 따라 문장의 끝맺음이 어떻게 다른지 알아봅시다. 6~7. 알맞은 문장을 사용하여 이야기를 꾸며 봅시다. 8~9. 상황에 어울리는 문장을 사용하여 전하고 싶은 내용을 글로 써 봅시다.
			국어 활동	9~10. 상황에 알맞은 문장을 사용하여 역할극을 해 봅시다. • 더 찾아 읽기(사람과 세상을 잇는 다리)

			국어 활동	• 우리말 다지기(문장을 끝내는 방식에 따라 문장 쓰기 • 놀며 생각하며(우리 놀이, 우리 노래) • 글씨 연습('ㄱ', 'ㄲ', 'ㅋ'의 모양에 주의하며 글씨 쓰기)
9. 국어사전과 함께	**문법(4) 낱말들을 분류해 보고 국어사전에서 낱말을 찾아본다.** 읽기(1) 글을 읽고 대강의 내용을 간추린다. 읽기(4) 글을 읽고 중심 생각을 파악한다.	낱말의 뜻을 국어사전에서 찾아 글의 내용을 정확히 파악할 수 있다.	국어	1~2. 낱말의 종류에 대하여 알아봅시다. 3~4. 낱말의 뜻을 국어사전에서 찾는 방법에 대하여 알아봅시다. 5~6. 모르는 낱말의 뜻을 국어사전에서 찾으며 글을 읽어 봅시다.
			국어 활동	7~8. 국어사전에서 낱말을 찾는 방법을 떠올리며 낱말 찾기 놀이를 해 봅시다. • 더 찾아 읽기(숨 쉬는 그릇, 옹기) • 우리말 다지기
10. 감동을 표현해요	**문학(6) 작품을 듣거나 읽거나 보고 느낌 점을 다양한 방식으로 표현한다.** 문법(5) 문장을 끝내는 다양한 방식을 알고 자신의 의도에 맞게 문장을 사용할 수 있다. 문학(2) 재미있거나 감동적인 부분에 유의하며 작품을 이해한다.	시나 이야기 작품을 읽고 공감하거나 느낀 점을 여러 가지 방법으로 표현할 수 있다.	국어	1. 시를 읽고 생각이나 느낌을 나타내는 방법을 안다. 2~3. 자신의 경험과 생각을 살려서 시를 바꾸어 쓰는 방법을 안다. 4~5. 시를 읽고 느낀 점을 여러 가지 방법으로 표현하여 봅시다. 6~7. 이야기를 읽고 표현 의도에 알맞은 문장을 사용하여 느낀 점을 글로 쓸 수 있다. 8~9. 이야기를 읽고 느낀 점을 여러 가지 방법으로 표현하여 봅시다.

			국어 활동	10~11. 작품을 읽거나 보고 느낀 점을 여러 가지 방법으로 발표할 수 있다. • 더 찾아 읽기: 그 아이, 늦게 피는 꽃, 하늘 나라 우체부 • 우리말 다지기: ‘ㄴ’과 ‘ㄹ’이 이어서 나오는 낱말 발음하기

4학년 1학기의 경우에는 문법 영역의 성취 기준이 실행되고 있는 단원은 모두 3개 단원이다. 그 가운데 2개 단원은 문법 영역 성취 기준이 중점 성취 기준으로, 나머지 1개 단원은 부속 성취 기준으로 기능하고 있다. 다른 영역에 비하여 중점 성취 기준으로 기능하는 경우는 적지만 3학년에서와는 달리 중점 성취 기준이 독자적으로 실행되고 있다.

그러나 4학년 1학기에는 다음과 같은 문제가 있다. 3단원의 경우에는 문법 성취 기준이 중점 성취 기준임에도 불구하고 차시별 학습 내용은 부속 성취 기준에 대한 활동과 대등하게 구성되어 있다는 것이다. 성취 기준 배정에서는 하나의 중점 성취 기준을 배정해 놓았지만 실질적인 단원 구성은 중점 성취 기준이 2개인 것과 같이 구성해 놓았다.

9단원의 경우에도 문법 영역의 성취 기준만 중점 성취 기준으로 기능하도록 배정해 놓았다. 그리고 차시별 내용도 중점 성취 기준에 비중을 두어 구성해 놓았다는 것을 확인할 수 있다. 그러나 다른 단원은 대부분이 10차시~11차시로 구성되어 있는데 비해 유독 이 단원만 8차시로 이루어져 있어 실질적으로 학습 내용이나 학습 활동량이 약화되었다고 하겠다. 대부분의 문법 영역 성취 기준이 중점 성취 기준인 단원은 한두 차시, 많은 경우에는 세 차시까지 축소하여 구성해 놓았다는 것을 확인할 수 있다.

〈표 7〉은 4학년 2학기 문법 영역 통합 단원을 제시한 것이다. 아래 표에

서 볼 수 있듯이 성취 기준 문법 (4) "낱말들을 분류해 보고 국어사전에서 낱말을 찾아본다."가 1단원과 4단원에서 부속 성취 기준으로 기능하도록 배정해 놓았다. 이 성취 기준의 취지는 품사 분류의 개념을 이해하고 낱말들의 갈래를 고려하여 사전을 찾아보도록 하는 것이다. 1단원은 어려운 낱말의 뜻을 이해하는 데에 초점을 두고 활동을 구성하여 성취 기준의 취지를 전혀 살리지 못하고 있음을 확인할 수 있다. 1단원에서는 오히려 지속 성취 기준인 읽기 (1) "글을 읽고, 대강의 내용을 간추린다."가 중점 성취 기준으로 기능하도록 구성을 해 놓고 있다.

〈표 7〉 문법 영역 통합 단원(2009 개정 교육과정에 따른 4학년 2학기 《국어》)

<table>
<tr><th>단원 순서</th><th>단원 성취 기준</th><th>국어 단원 목표</th><th colspan="2">차시 목표 및 "국어 활동" 학습 요소</th></tr>
<tr><td rowspan="2">1. 이야기를 간추려요</td><td rowspan="2">문학(4) 작품 속 인물, 사건, 배경에 대해 설명한다.
문법(4) 낱말들을 분류해 보고 국어사전에서 낱말을 찾아본다.
읽기(1) 글을 읽고, 대강의 내용을 간추린다. (지속)</td><td rowspan="2">이야기를 읽고 인물, 사건, 배경을 중심으로 내용을 간추릴 수 있다.</td><td>국어</td><td>1~2. 이야기를 읽고 사건의 흐름을 파악하는 방법을 알아봅시다.
3~4. 이야기를 읽고 사건을 중심으로 줄거리를 간추리는 방법을 알아봅시다.
5~6. 드라마를 보고 사건을 중심으로 내용을 간추려 봅시다.
7~8. 어려운 낱말의 뜻을 찾으며 이야기를 읽고 줄거리를 간추려 봅시다.</td></tr>
<tr><td>국어 활동</td><td>9~10. 줄거리를 간추리며 이야기 기차를 만들어 봅시다.
• 더 찾아 읽기(덜덜이와 비단주름과 큰손발이)
• 우리말 다지기(이중모음 'ㅢ'가 들어 있는 낱말 발음하기)
• 놀며 생각하며(이야기 꾸미기)
• 글씨 연습</td></tr>
</table>

3. 대화를 나누어요	**듣말(4) 말차례를 지키면서 바른 태도로 대화를 나눈다.** 문법(6) 높임법을 알고 언어 예절에 맞게 사용한다.(지속)	대화 예절을 지키며 말을 주고받을 수 있다.	국어	1~2. 대화를 주고받을 때에 지켜야 할 예절을 알아봅시다. 3~4. 높임말 사용에 주의하며 웃어른과 대화할 때에 주의할 점을 알아봅시다. 5~6. 친구들과 함께 예절을 지키며 대화를 나누어 봅시다. 7~8. 대화 예절을 지키며 여러 상황에 알맞게 대화하여 봅시다.
			국어 활동	9~10. 상황에 알맞은 대화 예절을 알아보고, 대화 예절 모음집을 만들어 봅시다. • 더 찾아 읽기(생일 초대) • 우리말 다지기(상황에 알맞은 인사말 하기) • 놀며 생각하며(내가 받고 싶은 칭찬 카드는?) • 글씨 연습
4. 글 속의 생각을 찾아	**읽기(4) 글을 읽고 중심 생각을 파악한다.** 문법(4) 낱말들을 분류해 보고 국어사전에서 낱말을 찾아본다.	낱말의 뜻을 생각하며 글을 읽고 중심 생각을 파악할 수 있다.	국어	1~2. 의견을 제시한 글을 읽고 중심 생각을 파악하는 방법을 알아봅시다. 3~4. 이야기 글을 읽고 주제를 파악하는 방법을 알아봅시다. 5. 한 낱말이 여러 가지 뜻으로 사용되는 경우를 알아봅시다. 6~7. 한 낱말이 여러 가지 뜻을 사용되는 경우를 생각하며 글을 읽어 봅시다. 8~9. 낱말의 뜻을 생각하며 글을 읽고 중심 생각을 파악하여 봅시다.
			국어 활동	10~11. 주제가 잘 드러나게 그림책을 만들어 봅시다. • 더 찾아 읽기(작은 돈도 소중하게 여긴 부자) • 우리말 다지기(겹받침이 들어 있는 낱말 발음하기)

				• 놀며 생각하며(중심 생각을 담은 재미있는 문장 만들기) • 글씨 연습
6. 우리말 여행을 떠나요	**문법(2) 표준어와 방언의 가치를 알고 상황에 따라 효과적으로 사용한다.** 듣말(8) 다양한 매체를 보거나 듣고 생각과 느낌을 나눈다.	표준어와 방언에 대하여 알고, 표준어와 방언을 상황에 알맞게 효과적으로 사용할 수 있다.	국어	1~2. 표준어와 방언에 대하여 알고, 표준어와 방언을 상황에 알맞게 사용하면 좋은 점을 알아봅시다. 3~4. 표준어와 각 지역에서 사용하는 방언에 대하여 알아봅시다. 5~6. 표준어와 방언을 상황에 알맞게 사용하여 봅시다. 7~8. 표준어와 방언을 조사하여 역할극을 꾸미고 발표하여 봅시다.
			국어 활동	9~10. 표준어와 방언에 대하여 공부한 내용을 떠올리며 우리 모둠 방언사전을 만들어 봅시다. • 더 찾아 읽기(엄마의 런닝구, 사투리 경연대회) • 우리말 다지기(여러 지역의 방언으로 역할극 하기) • 놀며 생각하며(우리말? 우리말!) • 글씨 연습

이외에도 문법 영역 성취 기준과 타 영역 성취 기준의 통합의 긴밀성 또는 통합의 유연성과 관련해서도 더 많은 연구가 필요하다. 앞에서도 언급했듯이 2009 개정 교육과정에서 국어 교과서를 분권형에서 통권형으로 전환한 이유 가운데 하나는 영역 간의 유기적 통합을 통하여 총체적인 언어 사용 환경을 반영하기 위한 것이다. 그런데 문법 영역이 반영된 단원은 이와 같은 취지가 충분히 드러나지 않고 있다. 예컨대 〈표 4〉의 8단원, 〈표 5〉의 5단원, 〈표 6〉의 9, 10단원, 〈표 7〉의 1단원, 4단원, 6단원 등 여러 단원에서 문법 영역의 성취 기준과 타 영역의 성취 기준 간에 유기적인 통합

이 부족함을 확인할 수 있다.

이상에서 살펴본 것과 같이 문법 영역 성취 기준의 단원 배정 양상의 특징과 단원 실행 양상의 특징은 비단 3-4학년군에만 국한된 것이 아니다. 5-6학년군에서도 별반 차이가 없다. 2015 개정 교육과정에 따른 초등《국어》교과서의 경우에도 크게 바를 바가 없다. 오히려 문법 영역 성취 기준의 단원 실행 비중은 더 약화되어 있다고 말할 수 있다. 이뿐만 아니라, 언어의 총체성을 고려한 교수·학습이 이루어질 수 있도록 문법 영역과 타 영역의 유기적인 통합 방안도 강구되어야 한다.

8.3.2. 분리·독자형 단원 구성

교육과정상에서는 문법 영역이 별도로 설정되어 있어 문법이 분리·독자형을 나타내고 있다. 교육과정상에서 문법 영역이 처음 설정된 것은 제4차 교육과정으로 제3차 교육과정까지는 주제·영역 통합형을 취하고 있었다.

교과서 실행상에서 분리·독자형은 주로 중등학교에서 취해 온 방식인데 제7차 교육과정의 7학년에서 9학년의 단원 구성 방식을 통해 이해해 보도록 하자. 7학년에서 9학년의 문법 영역의 성취 기준(학년별 내용)은《국어》나《생활 국어》에 대단원이나 소단원의 제목으로 노출되는가 하면, 단원 학습 목표로 직접 제시되고 있다.

〈표 8〉 성취 기준(학년별 내용)과 소단원의 대응 양상(7학년~8학년)

학년	성취 기준(학년별 내용)	교과서	소단원 명
7	(1) 음성 언어와 문자 언어의 관계를 안다.	국어 1학기	6-(1) 음성 언어와 문자 언어
	(2) 음설의 개념을 안다.	생국 2학기	2-(1) 음절과 어절, 낱말
	(3) 형태소와 낱말의 개념을 안다.	생국 2학기	2-(2) 형태소

7	(4) 은어, 전문어, 속어, 비어, 유행어의 개념을 안다.	생국 1학기	4-(1) 외래어, 은어, 비속어, 유행어
	(5) 동음 이의어와 다의어의 개념을 안다.	생국 2학기	5-(1) 동음 이의어, 5-(2) 다의어
	(6) 담화의 구성을 안다.	생국 1학기	6. 상황에 맞게 말하기
	(7) 국어를 순화하려는 태도를 지닌다.	생국 1학기	4-(2) 국어 생활 반성하기
8	(1) 언어의 사회성을 안다.	국생 1학기	3-(1) 국어의 언어적 특징
	(2) 언어의 역사성을 안다.	국생 1하기	3-(1) 국어의 언어적 특징
	(3) 국어의 음운 체계를 안다.	국생 1학기	3-(2) 국어의 음운
	(4) 국어의 조어법을 안다.	국생 2학기	2-(1) 낱말 형성법
	(5) 관용어의 개념을 안다.	국생 2학기	2-(2) 국어의 관용어
	(6) 발화의 기능을 안다.	국생 2학기	5. 발화의 기능과 표현
	(7) 국어 사용에서 발견되는 문제를 파악하려는 태도를 지닌다.	국생 2학기	6. 바르게 쓰기

〈표 8〉에서 확인할 수 있듯이 중학교에 해당하는 7학년, 8학년의 경우는 초등학교의 경우와 매우 큰 차이가 있다. 초등학교의 경우는 문법 영역의 성취 기준이 독자적으로 대단원이나 소단원 전체에 반영되는 경우가 많지 않다. 기껏해야 차시 학습 목표 또는 학습 활동으로 제시되는 경우가 고작이다. 이에 비해 중학교는 1, 2학년에서는 성취 기준(학년별 내용)이 거의 대부분 단원 학습 목표, 차시 학습 목표, 학습 활동으로 제시되어 있는 것은 물론이고 그 자체로 독자적인 대단원이나 소단원을 이루고 있다. 초등학교 문법 영역의 단원 구성은 전반적으로 '주제 · 영역 통합형'의 형태를 띠는 데 비해, 중학교의 경우는 '분리 · 독자형'을 취했기 때문이다.

10년간[12]을 국민 공통 기본 교육 기간으로 설정하여 학교급에 관계없이 성취 기준을 설정하여 배치하였음에도 불구하고 그 학습 내용이 교과서에

12 제7차, 2007 개정, 2015 개정 교육과정은 국민 공통 기본 교육 기간을 10년으로 설정하였고, 2009 개정 교육과정에서는 9년으로 설정하였다.

반영되는 양상은 초등학교와 중학교에서 이렇듯 차이가 있다.

다음은 고등학교, 즉 10학년의 경우를 살펴보자.

〈표 9〉 학년별 내용과 소단원의 대응 양상(10학년)

학년	성취 기준(학년별 내용)	교과서	소단원 명
10	(1) 언어와 주변 세계의 관계를 안다.	국어(상)	8. 언어와 세계
	(2) 국어의 개략적인 역사를 안다.	국어(하)	1. 국어가 걸어온 길
	(3) 문법 요소들의 기능을 안다.	국어(하)	3-(1) 역사 앞에서
	(4) 문장의 짜임새를 안다.	국어(상)	2-(2) 나의 소원
	(5) 장면에 따른 표현 방식을 안다.	국어(상)	3-(2) 봉산 탈춤
	(6) 문법에 맞게 국어를 사용한다.	국어(상)	4. 바른말 좋은 글
	(7) 문법에 맞게 국어를 사용하려는 태도를 지닌다.	국어(상)	4. 바른말 좋은 글
	(8) 국어를 발전시키려는 태도를 지닌다.	국어(상)	1-(1) 황소개구리와 우리말
		국어(하)	7. 전통과 창조

10학년, 고등학교의 경우는 교육과정 성취 기준(학년별 내용)이 대단원이나 소단원의 제목에 반영된 것이 10개 항목 중 3개 항목이다. 나머지 7개 항목은 제목과 직접적인 관련이 없다. 그런데 교과서를 살펴보면, 교육과정 성취 기준이 단원 학습 목표로 직접 제시되지 않은 경우는 거의 없음을 알 수 있다. (1)항은 국어(상) 8 단원 학습 목표, "언어와 사고, 문화, 사회의 관계를 안다.", (2)항은 국어(하) 1 단원의 학습 목표, "국어의 역사를 안다.", "국어의 음운, 문법, 의미, 표기법의 시대별 변화상을 안다.", "국어의 변화 과정을 현대 국어와 비교하여 설명한다.", (3)항은 국어 (하) 3단원의 학습 목표, "문법 규칙을 이해하며, 그러한 규칙을 바르게 활용할 수 있도록 한다.", (4)항은 국어 (상) 2단원, "문장의 짜임새를 알고 짜임새 있는 타당한 문장으로 내용을 조직해 보는 활동을 한다.", (5)항은 국어 (상) 3단원

"장면에 따라 말의 효과를 높이는 다양한 표현 방식에 대해 알아본다.", (6)항은 국어 (상) 4단원, "문법에 맞게 국어 활동을 할 수 있다.", (7)항은 국어 (상) 4단원, "바르고 좋은 표현을 하려는 태도를 기른다.", (8)항은 국어 (상) 1단원의 학습 목표, "이 글에 사용된 외래어나 외국어를 순화하여 써 보자.", 국어 (하) 7단원의 학습 목표, "전통을 창조적으로 계승함으로써 국어를 발전시키려는 태도를 기른다."로 구현되어 있다.

이처럼 고등학교의 경우는 교육과정의 성취 기준(학년별 내용)이 대단원이나 소단원의 제목에 직접적으로 드러나는 경우가 중학교의 경우에 비해 적지만, 대단원의 단원 학습 목표와는 철저히 대응되는 양상을 보이고 있다. 교육과정의 학년별 내용(성취 기준)이 곧 단원 학습 목표라고 할 수 있을 정도이다. 고등학교에서 문법 영역의 단원 구성은 일부 단원은 '주제 · 기능 통합형' 특히 '주제 통합형'이나 성취 기준은 철저하게 단원 학습 목표와 대응되고 있기 때문에 '문법 분리형' 및 '독자형'이라고 말할 수 있다.

요약하면, 초등학교의 경우 문법 영역의 내용이 독자성을 갖는 경우는 26항목 중 6항목에 불과하다. 중학교의 경우는 대부분이 독자성이 강하다. 곧 문법 영역의 내용이 기능 영역의 내용과 통합적으로 학습되는 경우는 드물다. 고등학교의 경우는 학습 목표와 학년별 학습 내용과의 대응 양상이 뚜렷하지만, 중학교와 같이 독자적으로 문법 지식만 학습하도록 구성된 경우는 전혀 없다. 총 8개 항목 모두 기능 영역이나 문학 영역과 통합적으로 학습하도록 구성해 놓았다. 7, 8학년의 경우나 10학년의 경우 모두 단원의 학습 목표와 교육과정의 학년별 내용의 대응 관계가 밀접함에도 불구하고 중학교는 독자성이 강하며, 고등학교의 경우는 통합성이 강하다.

이러한 양상은 단원명의 설정을 통해서 이해할 수 있다. 중학교의 경우는 문법 영역의 학년별 내용이 직접 단원명으로 노출되어 있는 데 비해, 고등학교의 경우는 단원명에 학년별 내용이 그대로 노출된 경우는 두 경우뿐이다. 이 두 경우도 교육과정상의 읽기 영역의 내용을 학습하는 활동을 통해 문법 지식을 익히도록 구성해 놓았다는 점이 중학교의 '분리 · 독자형'의 경우와 다르다.

제7차, 2007 개정 교육과정에서는 국민 공통 기본 교육 기간으로 10년간을 설정하고 교육과정의 성취 기준(학년별 내용)을 10년간을 단일한 내용 체계를 바탕으로 선정 · 배열해 놓았다. 그럼에도 불구하고 교과서는 체제(분권, 통권)나 단원 구성 등에서 학교급별로 차이가 있을 뿐만 아니라, 학년별 교육과정 내용과 교과서의 단원이나 학습 목표와의 대응 양상도 학교급별로 상당한 차이가 있다. 여기서 다룬 단원 구성 방식이나 그 분석 방법을 2009 개정, 2015 개정 교육과정에 따른 초등 《국어》 교과서와 중등 《국어》 검인정 교과서 단원에 적용하는 것이 가능하다.

제9장. 교육 문법 교재 구성의 원리

이 장에서는 국어 교과서나 교사용 지도서에 제시해 놓은 문법 교수·학습을 위한 활동 자료들을 분석하여 그 실태를 파악하고, 이를 바탕으로 국어 교과서를 포함하여 효과적인 문법 교수·학습 자료를 개발하는 데 요구되는 원리를 제시하고자 한다. 여기서는 그 원리로 과정성의 원리, 맥락화의 원리, 실제성의 원리, 위계성의 원리, 초점화의 원리, 통합성의 원리를 살펴본다.

9.1. 과정성의 원리

제5차 교육과정 이래 국어과 특히 문법 영역에서는 탐구 활동을 강조해 왔다.[1] 탐구 활동이 강조되어 온 것은 제5차 교육과정 이후 국어과 교육과정에 기반 사조로 작용한 구성주의와 경험주의에 따른 변화라고 할 수 있다. 앞에서도 설명한 바가 있듯이 절대주의적 지식관에서 상대주의적 지식관으로 변화된 것에 기인하는 것으로 해석할 수 있다.

문법 영역에서 탐구 활동의 중요성이 강조되었다는 것은 내용 체계의 내

1 언어에 관한 지식은 그 자체로서 의미 있다기보다는 국어를 바르게 사용할 수 있는 기능을 기르는 데 도움이 되는 것이어야 하며, 언어에 관한 지식의 전달 역시 교사 위주의 일방적인 것이 아니라 학습자가 언어 현상에서 규칙을 발견할 수 있는 탐구 능력을 기를 수 있는 쌍방향적인 것이어야 한다. 곧, 언어에 관한 지식의 적절한 활용으로 국어를 보다 정확하고 효과적으로 사용하는 능력과 함께 언어 현상에서 규칙과 원리를 발견하는 탐구 능력을 기르고, 국어의 중요성을 깨닫게 하여 국어를 소중히 여기며, 민족의 언어인 국어를 발달시키는 데 이바지하겠다는 태도를 기르는 데 주안점을 두고 있는 것이다.(교육부ㄴ, 1992: 41쪽)

용 범주의 변천에서 확인할 수 있다.

〈표 1〉 문법 영역의 내용 범주의 변천

<table>
<tr><th>교육과정</th><th>영역명</th><th colspan="4">내용 범주</th></tr>
<tr><td>제6차</td><td>언어</td><td>1. 언어의 본질</td><td colspan="2">2. 국어의 이해</td><td>3. 국어 사용의 실제</td></tr>
<tr><td rowspan="2">제7차</td><td rowspan="2">국어 지식</td><td>• 국어의 본질</td><td colspan="2">• 국어의 이해와 탐구</td><td>• 국어에 대한 태도</td></tr>
<tr><td colspan="4">• 규범과 적용</td></tr>
<tr><td rowspan="3">2007 개정</td><td rowspan="3">문법</td><td colspan="4">국어 사용의 실제</td></tr>
<tr><td colspan="2">지식</td><td colspan="2">탐구</td></tr>
<tr><td colspan="4">맥락</td></tr>
<tr><td rowspan="2">2009 개정</td><td rowspan="2">문법</td><td colspan="4">실제</td></tr>
<tr><td>지식</td><td colspan="2">탐구와 적용</td><td>태도</td></tr>
<tr><td rowspan="5">2015 개정</td><td rowspan="5">문법</td><td>핵심 개념</td><td>일반화된 지식</td><td>학년군별 내용 요소</td><td>기능</td></tr>
<tr><td>국어의 본질</td><td></td><td></td><td rowspan="4">• 문제 발견하기
• 자료 수집하기
• 비교·분석하기
• 분류·범주화하기
• 종합·설명하기
• 적용·검증하기
• 언어생활 성찰하기</td></tr>
<tr><td>국어 구조의 탐구와 활용</td><td></td><td></td></tr>
<tr><td>국어 규범과 국어 생활</td><td></td><td></td></tr>
<tr><td>국어에 대한 태도</td><td></td><td></td></tr>
</table>

〈표 1〉에서 볼 수 있는 것처럼 문법 영역의 내용 범주를 보면, 내용 체계가 처음 교육과정에 도입된 제6차 교육과정에서는 탐구 관련 요소가 내용 체계상에는 반영되어 있지 않았다. 제7차 교육과정에서는 제6차 교육과정에서의 '국어의 이해' 범주가 '국어의 이해와 탐구' 범주로, 2007 개정 국어과 교육과정에서는 '탐구' 범주로, 2009 개정 국어과 교육과정에서는 '탐구와 적용' 범주로 변천되어 왔다. 2015 개정 교육과정에서는 핵심 개념 범주의 하위 범주로 '국어 구조의 탐구와 활용' 범주가 설정되었으며 문법 영역

을 통하여 도달하고자 하는 탐구 기능으로 '문제 발견하기, 자료 수집하기, 비교 · 분석하기, 분류 · 범주화하기, 종합 · 설명하기, 적용 · 검증하기' 등을 제시하고 있다. 내용 범주는 성취 기준을 선정하는 역할을 하며 제6차 교육과정 이래로 내용 체계상에서 탐구 활동은 점점 강화되어 왔다고 볼 수 있다.

그러나 탐구 활동이나 탐구 학습이 성취 기준 설정 단계와 교재 구성 단계와 교수 · 학습 계획 단계에서는 제대로 구현되었다고 보기 어렵다. 많은 문법 지식이 절대적인 것이 아니라 가변적임에도 불구하고 특정한 기준에 따라 도출된 지식을 절대적인 것으로 제시하여 설명하고 있다. 특정한 기준이나 관점에 따라 도출된 문법 지식을 제시하고 설명하여 이해하도록 하는 것은 교육적 효과가 크지 않다. 이에 대한 자세한 설명은 다음 장 문법 영역의 교수 · 학습 방법에서 이루어진다.

다음 〈그림 1〉은 2007 개정 국어과 교육과정에 따른 3학년 1학기 《쓰기》 교과서의 문장의 유형에 대한 설명이고, 〈그림 2〉는 문장의 유형별 특성을 암기하여 응용해 보는 활동이다.

3 **2에서 쓴 문장은 다음 문장의 종류 가운데 어디에 해당하는지 생각하여 봅시다.**

풀이하는 문장은 어떤 사실을 설명하거나 풀이할 때에 씁니다. 문장의 끝에는 온점(.)을 씁니다.

묻는 문장은 궁금한 것을 직접 물을 때에 씁니다. 문장의 끝에는 물음표(?)를 씁니다.

감탄을 나타내는 문장은 기쁨, 슬픔, 놀람 등의 느낌을 나타낼 때에 씁니다. 문장의 끝에는 느낌표(!)를 씁니다.

권유하는 문장은 어떤 일을 같이 하자고 권할 때에 씁니다. 문장의 끝에는 온점(.)을 씁니다.

시키는 문장은 누구에게 명령할 때에 씁니다. 문장의 끝에는 온점(.)을 씁니다.

〈그림 1〉 문장의 종류(3학년 1학기 《쓰기》 233쪽)

문장의 유형은 형태적으로 분류하느냐, 통사적으로 분류하느냐, 화용적으로 분류하느냐에 따라 그 유형이 매우 다양하다. 그런데 〈그림 1〉에서는 '평서문, 의문문, 명령문, 청유문, 감탄문' 5개의 문장의 유형에 대해 일반적인 발화 기능(발화 의도)과 문장 부호와의 연관 관계를 제시하여 설명하고 있다.

〈그림 2〉에서는 〈그림 1〉에서 제시한 문장의 유형을 이해하고 이를 확인하는 활동으로 구성해 놓고 있다.

3 이야기를 다시 읽고 문장의 종류를 구분하여 선으로 이어 봅시다.

얘들아, 가자.	묻는 문장
장미꽃보다 조화가 더 예뻐?	풀이하는 문장
아, 알았다!	감탄을 나타내는 문장
누나가 칭찬해 주었어요.	권유하는 문장
그러니까 아빠도 그리세요.	시키는 문장

〈그림 2〉 문장의 종류(3학년 2학기 《읽기》 88쪽)

그런데 〈그림 2〉에 제시된 문장의 발화 기능이 무엇인지는 순전히 문장 부호만을 통하여 확인할 수 있다. 문장 부호를 제외하면 "장미꽃보다 조화가 더 예뻐", "아, 알았다", "누나가 칭찬해 주었어요"는 모두 풀이하는 문장으로 해석하는 것도 가능하다. 더구나 구어에서는 문장 부호를 사용하지 않기 때문에 더욱 〈그림 1〉과 〈그림 2〉와 같은 방식의 기술은 문장의 유형을 이해하고 바르게 사용하는 데 효과적이지 않다.

〈그림 1〉과 〈그림 2〉와 같이 문장의 유형을 제시하여 가르치게 되면 다음 〈그림 3〉의 경우에는 모순을 일으킨다.

이야기를 다시 읽고, 밑줄 그은 문장의 종류를 바꾸어 봅시다.

"잠이 안 와?"
아래층 침대에서 누나가 물었어요.
"응."
"<u>우리, 두더지놀이 할래?</u>"
"와, 좋아!"
나는 자리에서 후다닥 일어나 아래층으로 내려갔어요.
"<u>조용히 놀아야 해.</u> 엄마, 아빠 깨시니까……."

처음 문장	우리, 두더지놀이 할래?	
바꾼 문장	우리, 두더지놀이 하자.	권유하는 문장
처음 문장	조용히 놀아야 해.	풀이하는 문장
바꾼 문장		권유하는 문장

〈그림 3〉 문장의 종류(3학년 2학기 《읽기》 92쪽)

〈그림 3〉은 같은 의도(소통 기능)도 문장의 유형을 달리하여 나타낼 수 있다는 것을 교수·학습하기 위하여 구성한 자료이다. 즉 '묻는 문장'의 형식이지만 "우리, 두더지놀이 할래?"의 전달 의도는 '권유'하는 뜻을 나타내기 때문에 "우리, 두더지놀이 하자."와 같이 권유하는 문장으로 나타낼 수 있다는 것이다. 또 "조용히 놀아야 해."도 풀이하는 문장의 형식이지만 "조용히 놀자."와 같은 의도를 나타내기 때문에 권유하는 문장으로 바꾸어 쓸 수 있다는 것이다. '문 열어.', '문 좀 열어 줄래?', '좀 덥지 않아?', '문 좀 열자.' 등은 표현된 문장의 유형은 다르지만 특정한 상황에서는 '문을 열어 달라.'는 의도를 전달하는 표현으로 쓰일 수 있다는 것이다. 다만, 어떤 표현을 사용하느냐에 따라 공손성의 정도가 달라 표현 효과에서는 차이가 있다. (한국·서울ㄷ, 2010: 287쪽 참고)

같은 문장 형식이지만 전달 의도가 완전히 다른 경우도 있다. "좀 덥지 않니?"는 어떤 상황에서 발화되느냐에 따라 앞에서와 같이 청유의 의도(문을 열자.)를 나타낼 수도 있고, 명령의 의도(문을 열어.)를 나타낼 수도 있고, 단순히 더운지 아닌지에 대한 질문의 의도를 나타낼 수도 있다.

문장의 유형을 형태론적으로 나눌 때 종결 어미의 형태를 일차적인 기준으로 하고 여기에 화자의 '의도'나 '의향'의 존재 여부를 고려한다.(이에 대해서는 김석득: 1992, 허웅: 1995 참고) 〈그림 1〉에서 제시하고 있는 다섯 가지 문장의 유형은 모두 화자의 의향이나 의도와 문장 부호를 고려한 구분으로 종결 어미 즉 형태론적 고려가 되어 있지 않다. 다섯 가지 각각의 문장 유형은 그 의도나 의향이 같지 않다.

그런데 〈그림 3〉에서는 같은 의도나 의향을 다른 유형의 문장으로 표현한다고 해야 하므로 모순이다. 이러한 모순된 현상은 문장의 유형을 가르는 기준을 구분해서 적용하지 않은 데서 기인하는 것으로 결국 학습자에게 혼란을 준다. 〈그림 1〉에서는 의도나 의향과 문장 부호에 따라 문장의 유형을 구분하여 제시하고, 〈그림 3〉에서는 종결 어미의 형태와 문말 억양에 따라 문장의 유형을 구분하고 있다.

소통 의도를 기준으로 문장의 유형을 구분하여 교수·학습의 내용으로 삼고자 하면, 소통 빈도가 높은 의도의 유형(대상의 설명, 놀람, 감탄, 부탁, 제안, 설득, 사실 전달, 명령, 요청, 권유, 약속, 질문 등)을 나눈 후, 각 의도 유형이 어떤 문장 형태로 쓰이는지를 교수·학습하여야 한다. 상황에 따라 같은 의도가 형태론적으로 다른 문장으로 전달될 수 있다는 것을 이해하고, 상황에 맞는 형태의 문장을 생성할 수 있도록 교수·학습하여야 한다. 형태에 따라 구분하여 그 사용 양상을 교수·학습의 내용으로 삼고자 하면 형태론적으로 같은 형태이지만 상황에 따라 다른 의도를 나타낼 수 있음을 이해하고 이를 적절하게 사용할 수 있도록 하여야 한다. 또 통사론적으로 구분하려면 같은 통사적 특징을 나타내는 문장들을 탐구하도록 해야 한다.

이처럼 문장의 유형에 대한 지식은 기준을 무엇으로 하느냐에 따라 그 결과가 달라진다. 그러므로 〈그림 1〉과 〈그림 2〉처럼 절대적인 지식인 양 제시하여 설명 형식으로 학습 자료를 구성할 것이 아니라, 몇몇 기준에 따라 학습자가 지식을 구성해 가는 과정을 중심으로 전개하는 것이 필요하다. 이러한 문법 교재 구성 원리 및 교수·학습 계획의 원리를 이 책에서는 '과정성의 원리'라고 이름한다. 이 원리에 따른 교재 구성 및 교수·학습 방법에 대해서는 이 책 10장과 이병규·김정은(2017)에서 자세히 다루어진다.

9.2. 맥락화의 원리

〈그림 1〉에서 다룬 문장들은 그 형식이 같지만 어떤 상황에서 발화되느냐에 따라 그 발화 기능이 달라지는 경우가 많다. 문법 지식을 직접적으로 설명하는 방식이나 탈맥락적인 문장 하나를 제시하여 그 쓰임을 이해하도록 하는 것은 국어 사용 능력 신장을 위해서는 크게 효과적이지 않다.

〈그림 1〉과 같은 방식으로 문장의 유형을 학습하는 이유는 상황에 맞게 의도를 전달할 수 있도록 문장의 유형을 사용하기 위해서이다. 그런데 국어 사용 기능을 신장시키기 위하여 국어 문법 지식을 교수·학습하는 경우에는 탈맥락적인 단어나 문장을 제시하고 그것을 이해하도록 하는 방법이 아니라 맥락이 주어진 담화나 글 속에서 문장의 유형을 이해하도록 하는 것이 필요하다.

문법을 가르치는 중요한 이유 중의 하나는 효과적이며 정확하게 국어를 사용할 수 있는 능력을 신장시켜 주기 위한 것이다. 이를 위한 문법의 학습은 당연히 그 문법 지식이 실제 요구되는 맥락 속에서 이루어져야 한다. 그럼에도 불구하고 문법 지식에 대한 교수·학습 자료는 대체적으로 탈맥락적인 상황에서 제시가 되고 있다. 그뿐만 아니라 문법 지식의 개념을 〈그림 4〉, 〈그림 5〉와 같이 설명문 텍스트를 제시하여 설명하고 이해시키는 방식이 대부분이다.

다음 〈그림 4〉는 제7차 교육과정의 5학년 2학기 《읽기》 교과서 42쪽의 문장 성분에 대한 교수·학습 활동 자료이고, 〈그림 5〉는 2007 개정 교육과정의 4학년 1학기 《듣기·말하기·쓰기》 교과서 106쪽의 문장 성분에 대한 교수·학습 활동 자료이다.

문장을 구성하는 부분을 알아봅시다.

문장은 여러 부분들이 한데 모여서 이루어집니다. 예를 들어, "나는 밥을 먹는다."라는 문장에서 밑줄 그은 부분들이 모여서 문장을 이룹니다. '나는'처럼 '무엇이'에 해당하는 부분을 주어라고 하고, '먹는다'처럼 '어찌한다'에 해당하는 부분을 서술어라고 합니다. 그리고 '밥을'처럼 '무엇을'이나 '누구를'에 해당하는 부분을 목적어라고 합니다.

1. 문장이 어떤 부분으로 구성되어 있는지 생각하며 '무엇이, 무엇을, 어찌한다'를 읽어 봅시다.

무엇이, 무엇을, 어찌한다

〈그림 4〉 문장 성분(제7차 5학년 2학기 《읽기》)

1 문장 성분이 무엇인지 생각하며 〈무엇이 무엇을 어찌한다〉를 읽어 봅시다.

무엇이 무엇을 어찌한다

우리가 일상생활에서 주로 쓰는 문장은 (가)~(마)와 같은 형식을 가지고 있습니다. 각 형식과 그에 해당하는 문장을 예로 들면 다음과 같습니다.

(가) 무엇이 무엇이다: 동생은 초등학생이다.
(나) 무엇이 어떠하다: 날씨가 따뜻하다.
(다) 무엇이 어찌한다: 말이 달린다.

'동생은', '날씨가', '말이'처럼 '무엇이'에 해당하는 성분을 '주어'라고 하고, '초등학생이다', '따뜻하다', '달린다'처럼 '무엇이다', '어떠하다', '어찌한다'에 해당하는 성분을 '서술어'라고 합니다.

(라) 무엇이 무엇을 어찌한다: 민수가 밥을 먹는다.
(마) 무엇이 누구를 어찌한다: 재호는 현아를 좋아한다.

한편, '밥을', '현아를'처럼 '무엇을', '누구를'에 해당하는 문장 성분도 있습니다. 이것을 '목적어'라고 합니다.

이처럼 '무엇이', '무엇을', '어찌한다'에 해당하는 주어, 목적어, 서술어는 중요한 문장 성분입니다.

〈그림 5〉 문장 성분(4학년 1학기 《듣기 · 말하기 · 쓰기》)

〈그림 4〉와 〈그림 5〉에서 볼 수 있는 것처럼 문장 성분에 대한 교수·학습 활동 자료 역시 주어, 목적어, 서술어에 대하여 직접 설명이 되어 있다. 문장 성분에는 주어, 목적어, 서술어만 있는 것도 아니고, 문장 성분의 종류도 문장 성분을 정의하는 기준에 따라 다르게 분류된다.

문장의 짜임과 문장 성분의 호응, 문장 성분의 생략 등에 대한 국어과 교육적 가치는 학습 목표를 어떻게 설정하느냐에 따라서 차이가 있다. 국어 현상에 대한 탐색을 통하여 사고력을 신장시키고자 하는 것이 목적이라면 설명문의 형식으로 제시해 놓은 〈그림 4〉와 〈그림 5〉와 같은 자료 구성 방식은 적절하지 않다.

절대적이지 않은 지식을 제시하여 외우도록 하는 것보다, 여러 문장들에서 같은 역할을 하고 있는 성분들을 학습자 스스로 탐구하여 지식을 생성하도록 구성하는 것이 바람직하다. 즉 한 자리 서술어 문장, 두 자리 서술 문장, 세 자리 서술어 문장과 같이 기본형 문장을 다양하게 제시하고 각 문장에서 같은 역할을 수행하고 있는 성분들을 분류하도록 하는 것이 가능하다. 또 장소를 나타내는 말, 시간을 나타내는 말이 나와 있는 문장을 제시하고 이 성분들과 다른 성분들과의 차이가 무엇인지를 협동 학습을 통하여 발견하도록 하는 것도 가능할 것이다. 문장 성분이란 단어가 문장에서 하는 역할 곧 문장에서의 기능이기 때문에 이러한 과정을 통하여 같은 역할을 하는 문장 성분들을 변별할 수 있는 사고 과정을 경험하게 된다. 주어, 목적어, 서술어라는 용어의 개념을 알아야 문장 성분에 대한 학습을 할 수 있는 것도, 했다고 볼 수 있는 것도 아니다.

이러한 과정을 통하여 문장은 몇몇 특정한 역할을 하는 성분들이 모여서 이루어짐을 인식시키는 것도 중요하다. 문법 지식 자체를 직접 제시하고 설명하여 한 가지만을 외우도록 하는 것이 아니라, 학습자의 발달 수준을 고려하여 지식을 생성하는 과정을 경험할 수 있도록 하는 것[2]이 교육적

2 '된소리되기'를 예로 들어 보자. 된소리되기의 환경은 매우 다양하다. 다양한 환경 모두가 고려된 교수·학습 자료를 구성하여 규칙을 발견하도록 하는 것은 초등학교 수준에 맞지 않다. 중등 이상의 수준에서나 가

인 의미가 더 크다고 하겠다. 구체적인 사례는 '9.4. 초점화의 원리'에서 자세히 다루도록 한다.

또 문장의 짜임을 익혀 올바른 문장 구성 능력을 신장시키고자 한다면 문장의 짜임을 효과적으로 구성하는 것이 왜 중요한지, 어떻게 하면 문법에 맞게 문장을 구성할 수 있는지, 어떻게 구성해야 의사소통에 효과적인지에 대한 학습이 이루어져야 한다.

(1) 그것은 무엇이냐면 어리광을 부렸고 또 말대꾸를 하고 말을 너무 많이 하였다. 그래서 이제부턴 잘하겠고 반성도 하겠고 이런 것도 잘 지키겠고 말대꾸 여러 가지 등을 잘 하겠다.

(1)은 초등학생이 쓴 글의 일부분이다. (1)의 문장에는 주이가 나타나 있지 않다. 글 쓰기의 목적이 독자에게 필자의 의도를 전달하고자 하는 것인데 주어가 없기 때문에 독자가 의미를 파악하기 어렵다. 또 "말대꾸 여러 가지 등을 잘 하겠다."는 목적어와 서술어의 호응이 이루어지지 않아 전달하려고 하는 의도와 반대되는 의미를 나타내는 문장이 되고 말았다. 이뿐만 아니라 글은 독자가 읽고 이해를 할 수 있도록 써야 한다는 측면, 그런 면에서 독자가 모르는 내용은 생략하면 안 된다는 것, 따라서 서술어에 호응하는 주어와 목적어를 나타내 주어야 한다는 점 등에 대한 이해가 필요하다.

이처럼 맥락화된 언어 현상을 통하여 문장 성분을 갖추어서 써야 하는 것이 왜 중요한지, 문장 성분들 사이의 호응이 왜 중요한지를 학습할 수 있어야 한다. 그렇게 해야 문법 지식에 대한 내면화가 쉬으며 문법 지식, 문장 성분에 대한 이해가 국어 생활에 왜 필요한지 체득할 수 있게 된다. 이를 고려한 문법 교재 구성 및 교수·학습 계획의 원리를 '맥락화의 원리'라고 한다.

능하다. 초등학교 그것도 저학년 단계에서는 '학교, 국가, 국기, 축구, 악기'와 같이 받침 'ㄱ' 다음에 'ㄱ'이 연결될 때 뒤의 음절 첫소리가 'ㄲ'으로 발음된다는 정도의 규칙을 경험하는 것으로도 충분하다. 국어에는 동일한 대상을 가리키는 말을 발음대로 적을 때와 맞춤법에 맞게 적을 때 그 표기 형태가 다른 경우가 있다. 그래서 가독성을 높이기 위해 기본 형태를 고정하여 표기하는 방식을 취하고 있다. 이러한 표기 방법에는 일정한 원리나 규칙이 작용한다는 것을 인식시키는 것이면 목표는 달성되었다고 하겠다. 초등학생의 발달 수준을 고려하여 지식을 생성하는 과정을 경험하도록 한다는 것은 이를 의미한다.

9.3. 실제성의 원리

문법 영역의 성취 기준에는 '문장 안에서 꾸며 주는 말의 기능을 안다, 우리말에 어순이 있음을 안다, 문장의 종류를 안다, 어휘의 개념을 안다, 우리말에는 시간을 표현하는 말이 있음을 안다, 문장 성분의 개념과 기능을 안다, 음절의 개념을 안다, 형태소와 단어의 개념을 안다, 관용어의 개념을 안다, 동음이의어와 다의어의 개념을 안다, 국어의 음운 체계를 안다' 등과 같은 내용이 포함되어 있다. 지금까지 국어 교육에서는 국어학의 특정한 관점과 기준에 따른 연구 결과를 국어 문법의 이해 측면에서 다루어왔다.

교육 문법에 대한 국어 교육적 가치에 따른 구분인 독자적 관점, 기반 지식적 관점, 포괄적 관점에서 제시한 교육 문법의 내용 체계 역시 여기에서 크게 벗어나지 않는다. 최영환(1995)에서 제시한 교육 문법의 내용 체계를 다시 보자.

〈표 2〉 교육 문법의 내용 체계(최영환, 1995)

언어 구조에 대한 지식	음운과 문자	음성과 음운, 국어 음운의 체계, 음절, 음운의 변동
	단어	단어의 개념, 단어의 분류와 특성, 단어의 구조, 단어의 의미와 의미 관계
	문장	문장의 개념, 문장 구성, 문장의 종류, 어순, 문장의 확대, 문장 종결, 격, 대우 표현, 시간 표현, 사동 표현, 피동 표현, 부정 표현, 비교 표현
	담화	담화의 요소, 지시와 대용, 전제와 함축, 담화의 의미 관계
언어의 본질 및 사용에 대한 지식	언어의 본질	언어의 체계, 언어 기호의 특성, 언어의 기능, 음성 언어와 문자 언어, 비언어적 의사소통
	언어와 인간	언어와 사고, 언어와 문화, 언어 습득과 발달
	국어의 사용	표준어와 맞춤법, 언어 정책, 국어의 특질, 국어의 역사

기반 지식적 관점에서 문법 영역의 내용 체계를 제시한 〈표 2〉는 언어학

과 국어학의 체계와 크게 다르지 않다. 국어 사용을 위한 기반 지식으로 기능하는 요소이건, 국어적 사고력 신장을 위한 요소이건, 국어 문화적 요소이건 교육 문법으로 다루어지기 위해서는 학생들의 수준, 학생들의 국어 생활 맥락과 실제적으로 관련된 것이 중심이 되어야 한다. 또 실제 학생들의 국어 사용 실태를 고려한 내용을 선정하여 교수·학습이 이루어져야 학생들의 국어 능력, 국어적 사고력 신장 즉 국어과의 목표에 부합한다. 이를 고려한 문법 교재 구성 및 교수·학습 계획 수립의 원리를 '실제성의 원리'라고 부르고자 한다.

예컨대, 이어 주는 말의 교수·학습 자료 구성의 경우를 보자. 2007 개정 국어과 교육과정에서는 '이어 주는 말'을 사용하여 문장을 연결하는 방법과 관련한 교수·학습이 6학년에서 처음 다루어진다.

〈표 3〉 문장의 연결 관련 성취 기준

성취 기준	내용 요소의 예
문법(2) 문장의 연결 관계를 이해한다.	• 문장과 문장을 이어 주는 방법 알기 • 문장과 문장을 이어 주는 말의 종류 알기 • 문장과 문장을 이어 주는 말을 알맞게 사용하기

이 성취 기준은 6학년 1학기 《읽기》 6단원 '타당한 근거'에서 실행되고 있다. 6학년에서는 초등학교 학습자의 인식 범주를 고려하여 그 예는 보편적 수준에 속한다고 할 수 있는 '그리고, 그래서, 하지만, 그러나' 정도를 다루고 있다. 부수적 수준에서 다양한 이어 주는 말과 그 쓰임새를 지도하도록 되어 있다.[3]

이를 교수·학습 하기 위해 6학년 1학기 《읽기》 교과서 121쪽에는 다음과 같은 활동 자료가 제시되어 있다.

3 서울교육대학교·한국교원대학교 국정도서국어편찬위원회(2011: 287쪽), 지도의 유의점 참고.

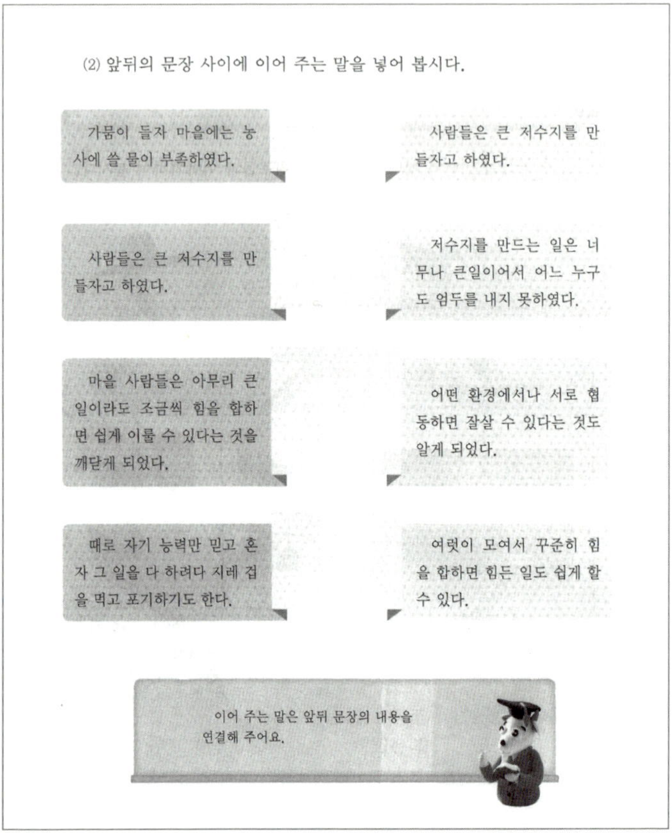
(2) 앞뒤의 문장 사이에 이어 주는 말을 넣어 봅시다.

가뭄이 들자 마을에는 농사에 쓸 물이 부족하였다.

사람들은 큰 저수지를 만들자고 하였다.

사람들은 큰 저수지를 만들자고 하였다.

저수지를 만드는 일은 너무나 큰일이어서 어느 누구도 엄두를 내지 못하였다.

마을 사람들은 아무리 큰 일이라도 조금씩 힘을 합하면 쉽게 이룰 수 있다는 것을 깨닫게 되었다.

어떤 환경에서나 서로 협동하면 잘살 수 있다는 것도 알게 되었다.

때로 자기 능력만 믿고 혼자 그 일을 다 하려다 지레 겁을 먹고 포기하기도 한다.

여럿이 모여서 꾸준히 힘을 합하면 힘든 일도 쉽게 할 수 있다.

이어 주는 말은 앞뒤 문장의 내용을 연결해 주어요.

〈그림 6〉 이어 주는 말(6학년 1학기 《읽기》 121쪽)

첫 번째에는 '그래서', 두 번째는 '하지만', 세 번째는 '그리고', 네 번째는 '그러나'가 각각 알맞은 것으로 설명되어 있다. 초등학교 1학년에서 6학년까지 문장과 문장을 연결해 주는 말은 연결 어미를 포함하여 이 네 가지가 전부이거니와 각각에 대하여 다음과 같이 풀이하고 있다.(서울교대 외 국정도서편찬위원회, 2011: 291쪽)

(2) ㄱ. 그리고: 단어, 구, 절, 문장 등을 순조롭게 연결할 때 사용함.
ㄴ. 그래서: 앞의 내용과 뒤의 내용이 원인, 근거, 조건 등이 될 때에 사용함.

ㄷ. 하지만: 앞의 내용을 인정하면서 앞의 내용과 뒤의 내용이 대립될 때에 사용함.

ㄹ. 그러나: 앞의 내용과 뒤의 내용이 상반된 내용일 때에 사용함.

(2ㄱ)에서 볼 수 있는 것처럼 '그리고'의 용법을 '순조롭게 연결한다'라고 풀이하고 있는데 '순조롭다'는 것이 무엇인지도 불분명하며 뒤의 (4ㄱ), (4ㄴ)과 같이 문법적으로는 틀리지 않으나 용인성이 낮은 경우나, (4ㄴ), (4ㄷ)에서처럼 '그리고'나 '그래서'의 오류 양상에 대해서도 전혀 고려되어 있지 않다. 또 '그리고'는 '공간적 나열'뿐만 아니라 '동시적 나열', '계기적 나열'의 용법도 있는데 이러한 사항에 대한 교수·학습 자료나 활동도 전혀 반영되어 있지 않다.

〈그림 6〉에 대한 활동은 '이어 주는 말' 가운데 문장과 문장을 이어 주는 '접속 부사'가 무엇인지에 대해 교수·학습이 이루어지는 사례에 불과하다. 도구적 측면에서 '이어 주는 말'을 교수·학습하는 데는 실제성이 결여되어 있다. 6학년 학생의 국어 생활에서 이어 주는 말과 관련하여 어떤 문제가 있고, 이를 해결하기 위하여 학습되어야 하는 것이 무엇인지 전혀 고려되어 있지 않다. 따라서 실제성의 원리에 부합하지 않는다고 말할 수 있다.

(2ㄱ)~(2ㄹ) 등의 자료나 활동이 6학년의 수준에 적절한지를 포함해서 용법에 대한 기술 방식, 용법에 대한 기술 범위 등이 전반적으로 재검토되어야 한다. 기술 내용이나 방식이 6학년 수준에 맞지 않는다는 측면에서도 실제성의 원리를 지키지 않고 있다고 볼 수 있다.

이뿐만 아니라 〈그림 6〉이나 (2)와 같이 맥락이 제거된 상황에서 단어의 의미를 학습하게 함으로써 단어의 뜻만 이해할 뿐 맥락적인 상황에서 자연스러운 텍스트를 생산할 수 있는 능력을 신장시키는 것까지는 나아가지 못한다는 점에서 한계가 있다. 따라서 맥락화의 원리도 충족되어 있다고 보기 어렵다.

또 (2)에서는 '하지만'과 '그러나'도 뜻을 다른 것으로 풀이하고 있으나[4] 《표준국어대사전》에서는 '그러나'와 '하지만'의 용법을 다음과 같이 기술하고 있다.

(3) ㄱ. 그러나: 앞의 내용과 뒤의 내용이 상반될 때 쓰는 접속 부사. ¶ 우리는 열심히 손을 흔들었다. 그러나 선수 중 아무도 돌아보는 사람이 없었다./아내는 조용히 그러나 단호하게 말했다./성기는 잠자코 밥숟가락을 들었다. 그러나 밥은 반도 먹지 않고 상을 물려 버렸다.《김동리, 역마》/근심스러운 소식, 듣기 싫은 소식, 그러나 또한 십중팔구는 반드시 나올 소식을 그들은 겁먹은 마음으로 기다리고 있는 것이었다.《김동인, 운현궁의 봄》

ㄴ. 하지만: 서로 일치하지 아니하거나 상반되는 사실을 나타내는 두 문장을 이어 줄 때 쓰는 접속 부사. ¶ 그의 행동에는 잘못된 점이 많다. 하지만 그럴 수밖에 없는 이유가 있다는 것도 인정해야 한다./아버지가 무엇을 묻고 있는가는 명백했다. 하지만 나는 얼른 대답하지 못했다.《이동하, 장난감 도시》/곽 형사는 당장 여관 구석구석을 뒤져 보고 싶은 충동을 느꼈다. 하지만 성급하게 굴다가는 오히려 일을 망쳐 버릴 것이다.《유재용, 성역》

(3)의 《표준국어대사전》의 풀이에서 볼 수 있듯이 '하지만'과 '그러나'는 비슷한 뜻으로 대부분은 서로 교체하여 사용할 수 있다. (3ㄱ)과 (3ㄴ)에서 제시된 예에서도 모두 서로 교체가 가능하다. 그럼에도 이 둘을 서로 의미적인 관련성이 없는 것처럼 설명하는 것은 문제이다.

이상에서 본 것처럼 문법 영역의 교수·학습 내용의 많은 경우는 학습자의 입장에서가 아니라 교사와 성인의 입장에서 제시하고 설명해 왔다. 초등학생들의 문법 지식 적용 및 사용에 대한 양상을 분석하여 이를 교육 내용과 연결시켜야 한다. 학생들이 실제 사용한 자료를 바탕으로 학습 내용

4 이 두 가지 이어 주는 말의 용법과 관련하여 실제 교수·학습 상황에서 교사와 학생 모두에게 혼란을 야기했다는 것을 교사들에게서 확인할 수 있었다.

을 도출하여 학생들의 실제적인 국어 능력을 신장시키는 데 기여할 수 있어야 한다. 그리고 학생들의 실제 사용한 자료를 분석하여 그 결과를 바탕으로 교수 · 학습 자료를 구성하고, 그 수준도 학습자의 인지 수준에 부합하도록 구성하여야 한다. 그렇게 함으로써 교수 · 학습 자료의 실제성을 높이고 학습자의 동기 유발에도 도움을 줄 수 있다.

예컨대, 초등학생이 쓴 (4ㄱ)~(4ㄷ)의 글을 다시 보자.

(4) ㄱ. 산으로 들어가서 소크라테스 호수에서 얼음썰매을 탔다. 그리고 숙소로 올라와서 올빼미 언덕에서 포대를 깔고 썰매을 탔다. 그리고 말구리 폭포에서 놀기도 했다. 그리고 연극도 하고, 장기자랑을 했다.

ㄴ. 그것이 무엇이냐면 어리광을 부렸고 또 말대꾸를 하고 말을 너무 많이 하였다. 그래서 이제부턴 잘하겠고 반성도 하겠고 이런 것도 잘 지키겠고 말대꾸 여러 가지 등을 잘 하겠다.

ㄷ. 이종성은 참 재미있고, 조한준은 먹성이 많아서 건강하고, 이의훈은 좀 머리가 좋은 것 겄다. 그리고 앞으로 잘하려고 서로 노력해야 할 일은 남은 먼저 도우려고 노력해야 한다는 것이다.

(4ㄱ)~(4ㄷ)에서 볼 수 있는 것처럼, 초등학생 가운데 미숙한 필자는 절과 절, 문장과 문장을 연결할 때 연결 어미 '-고'나 접속 부사 '그리고'를 남발하는 경향이 있다. (4ㄱ)의 경우 '그리고'가, (4ㄴ)의 경우 '-고'가 자주 사용되었다. '그리고'로 연결한 문장과 '-고'로 연결한 전체 문장과 절은 각각을 분리해서 보면 의미적으로나 문법적으로 문제가 전혀 없다. 즉 텍스트의 응결성(cohesion)과 응집성(coherence)에서는 거의 문제가 없다고 말할 수 있다. 그러나 텍스트다움(텍스트성, textuality)은 응결성과 응집성만 갖추었다고 높아지는 것은 아니다. (4ㄱ)~(4ㄷ)은 텍스트다움을 구성하는 조건 가운데 정보성(informativeness)과 의도성(intentionality), 상호텍스트성(intertextuality) 등이 떨어져 수용성(acceptability)이 높지 않은

텍스트가 된 경우이다.[5] 텍스트는 그 수용자에게 흥미를 줄 수 있어야 하고, 가치 있는 정보를 담고 있어야 한다. 그러나 (4ㄱ)은 한 일이 단순하게 나열이 되어 있고, (4ㄴ)과 (4ㄷ)은 피상적으로 몇 가지 문장을 나열한 수준에 그쳤다는 점에서 독자의 흥미를 끌기 어렵다.

이처럼 초등학생, 특히 중·고학년의 경우는 (2ㄱ)~(2ㄹ)의 '그리고', '그래서', '그러나', '하지만'의 기본 의미(중심 의미)를 몰라 제대로 사용하지 못하는 경우는 드물다. 오히려 (4)에서와 같이 의미도 알고 있고, 일이 일어난 순서대로 '그리고'나 '-고'를 사용하여 문장과 문장, 절과 절을 연결하여 문법적인 문장을 구성하는 방법도 정확하게 알고 있지만, 수용성이 떨어지는 텍스트를 구성하는 경우가 많다. 이와 같은 학생들의 국어 사용 실태 분석을 바탕으로 실질적으로 학생들의 국어 능력을 신장시켜 줄 수 있는 내용이 다루어져야 한다. 이와 같은 방법으로 교육 문법의 내용을 선정하는 방법을 4.2. 절에서 '자료 중심적 접근법'이라고 하였다.

9.4. 초점화의 원리

제3장에서 문법 교육의 원리를 사고성의 원리, 도구성의 원리, 문화성의 원리를 제시하였다. 사고력을 신장시키기 위해서든, 의사소통 능력을 신장시키기 위해서든, 국어문화적 소양을 신장시키기 위해서든 학습자의 발달 수준에 맞는 내용을 제시하여야 한다. 같은 내용이더라도 학습자의 인지 발달 수준을 고려하여 학습량과 학습 범위를 적정화하여야 한다.

'된소리되기' 규칙의 경우를 보자. 된소리되기는 받침 /ㄱ/, /ㄷ/, /ㅂ/가 다음 음절 첫소리 /ㄱ/, /ㄷ/, /ㅂ/, /ㅅ/, /ㅈ/를 만나면 음절 첫소리가 /ㄲ/, /ㄸ/, /ㅃ/, /ㅆ/, /ㅉ/로 바뀌는 현상을 말한다. 이 변동은 보편적이고 필연

5 텍스트성(textuality)에 대해서는 12.1.2. 절에서 자세히 다루어진다.

적인 변동이다. 그렇기 때문에 된소리되기 규칙은 국어 사용 환경에 노출되어 일정 기간이 지나면 자동적으로 습득될 수 있는 음운 변동이다.

기초 문식성 단계에 해당하는 초등학교 1~2학년 수준은 글자 그대로를 발음하고자 하는 경향이 있기 때문에 학습이 필요할 수도 있다. 앞에서 제시한 된소리되기 환경에서 뒤 음절 첫소리가 된소리가 되기 때문에 이를 정확하게 발음할 수 있도록 학습시키고자 할 때 그 학습 내용을 어떻게 설정하는 것이 적절한지 논의가 필요하다. 1~2학년 수준의 학습자가 받침 /ㄱ/, /ㄷ/, /ㅂ/가 /ㄱ/, /ㄷ/, /ㅂ/, /ㅅ/, /ㅈ/를 만나면 뒤 음절 첫소리가 /ㄲ/, /ㄸ/, /ㅃ/, /ㅆ/, /ㅉ/로 바뀐다는 것을 모두 이해하는 데 인지 부담량이 매우 크기 때문이다.

이를 해결하기 위하여 두 가지 방법을 생각해 볼 수 있다. 첫 번째는 모어 화자의 경우 보편·필연적 변동은 자동적으로 습득되기 때문에 도구적인 측면에서는 학습 대상으로 삼지 않은 것이다. 모어 환경에 일정 기간 노출되면 자동적으로 습득되는 보편·필연적 변동을 도구적인 측면에서 즉, 국어의 표준 발음을 학습시키기 위하여 학습 요소로 삼아야 하는지는 의문이다. 2009 개정, 2015 개정 교육과정에 따른 국어 교과서에서는 된소리되기가 학습 요소로 다루어지고 있지 않다.

두 번째는 받침 /ㄱ/, /ㄷ/, /ㅂ/를 각각 별개로, /ㄱ/, /ㄷ/, /ㅂ/, /ㅅ/, /ㅈ/를 각각 별개로 분리하여 여러 단원에 배치함으로써 한 단원에서 학습하는 내용에 대한 인지 부담을 낮추는 방법을 생각해 볼 수 있다. 각각은 된소리되기 규칙으로 묶일 수 있지만 어금닛소리의 된소리되기, 혀끝소리의 된소리되기, 입술소리의 된소리되기, 입천장소리의 된소리되기 등으로 규칙을 하위 구분하여 그 발음 방법을 학습시키는 것도 가능하다.

중등에서는 받침소리 '/ㄱ/, /ㄷ/, /ㅂ/'가 다음 음절의 첫소리 '/ㄱ/, /ㄷ/, /ㅂ/, /ㅅ/, /ㅈ/'를 만나면 첫소리가 '/ㄲ/, /ㄸ/, /ㅃ/, /ㅆ/, /ㅉ/'로 되는, 전체를 탐구할 수 있는 국어 (사용) 현상을 제시하고 공통적인 음운 현상을 발견하게 하는 것까지 학습 대상으로 삼는 것이 가능하다. 보편·필연적인 된소리되기 현상 전반을 학습의 대상으로 삼는 것이 가능하다는 것이다.

이에 비해 초등 학습자를 대상으로 할 경우에는 된소리되기 현상 전반을 다루는 것은 학습량의 측면과 인지 부담량의 측면에서 무리가 될 수 있다. 이 경우에는 받침소리 /ㄱ/와 다음 음절 첫소리 /ㄱ/가 만나면 /ㄲ/로 변동되는 경우, /ㄱ/와 /ㄷ/가 만나면 /ㄸ/로, /ㄷ/와 /ㄱ/가 만나면 /ㄲ/로 변동되는 경우 등, 각각을 별개의 탐구 과제로 삼는 것도 가능하다. 이 학습의 목적을 '된소리되기' 현상을 탐구하여 표준 발음을 익히게 하려는 것이 아니라, 문법 지식을 탐구하는 과정을 통하여 탐구적 사고력을 신장시키거나 소리와 표기의 관계를 이해시키는 것에 둘 경우 이와 같은 방식이 고려될 수 있다. 이것은 된소리되기의 하위 규칙들을 초점화하여 다루는 방식인데, 이를 '초점화의 원리'라고 이름하고자 한다.

한편, 도구적 측면에서도 뒤의 위계성의 원리에서 다루게 될 〈그림 7〉, 〈그림 8〉, 〈표 6〉과 같이 다양한 변동 현상이 나타나는 자료를 산발적으로 제시하는 경우가 흔하다. '옌날(→옛날), 뿌려씀니다(→뿌렸습니다), 누러케(→누렇게), 조아해씀니다(→좋아했습니다)'는 소리와 표기의 관계가 모두 다른 사례이고 심지어 한 사례에 두세 가지 변동 규칙이 적용되는 경우도 포함되어 있다. 이 역시 학습자의 인지 발달에 초점을 맞추어 제시한 자료라고 할 수 없다. 다양한 오류 유형을 산발적으로 제시하는 것이 아니라 학습자의 수준과 인지 발달을 고려하여 초점화된 자료를 제시하여야 한다. (김정은 · 이병규, 2017 참고)

문화성의 원리에 따라 학습 요소를 선정해야 하는 후자의 경우에도 마찬가지이다. 우리 말과 글에서 된소리되기 변동과 관련하여 소리와 표기와의 관계에 대한 특징을 이해시키기 위한 목적에서, 또 그 경우 어떻게 표기하는지를 이해시키기 위한 목적에서 학습 요소를 선정해야 하는 경우도 생각해 볼 수 있다. 이 경우에도 반드시 된소리되기 전체를 학습 요소로 삼을 필요는 없다. 그 가운데 조음 위치에 따른 변동 현상 어느 하나에 초점을 맞추어 소리와 표기와의 관계를 이해시키면 된다. 어차피 형태를 밝혀 적어야 하는 모든 경우를 다룰 수는 없기 때문이다. 지금까지 인지 수준과 교수·학습의 목적에 상관없이 관행적으로 학습 내용의 범위를 설정해 왔던 것을 교수·학습의 목적과 학습자의 인지 수준에 따라 학습 내용의 범위를 차이를 두어 제시하여야 한다.

요컨대, 사고적인 측면에서는 국어의 발음 현상에서 규칙을 발견하는 과정을 경험하게 하여 탐구적 사고력을 신장시키는 데에 초점이 있다. 그리고 문화적인 측면과 도구적인 측면에서는 한국어에는 발음대로 적으면 의미 이해에 혼란이 있을 수 있기 때문에 발음대로 표기하지 않는 말이 있다는 것을 이해시키는 데에 초점이 있다. 전자는 된소리되기 전체를 알게 하는 데 초점이 있는 것이 아니라 학습자의 인지적 수준에 따라 된소리되기 현상을 다루는 범위를 다양하게 제시할 수 있다. 기초 문식성 단계의 학습자에게는 앞에서 제시했던 것처럼 된소리되기 현상을 조음 위치별로 나누어 그중 한두 가지를 초점화하여 규칙을 탐구하는 과정을 경험해 보게 하는 것이다. 인지적 수준이 높은 학습자에게는 조음 위치별 소리와 상관없이 된소리되기 변동 전체를 학습 내용 요소로 다룰 수 있다. 인지적 발달 수준에 따라 내용 요소 범위를 한정하고 학습 요소가 무엇인지 명확하게 인식할 수 있도록 제시하는 원리를 여기서는 '초점화의 원리'라고 부른다.

9.5. 위계성의 원리

여기서는 교육 문법 교육을 위한 교수·학습 자료를 만들 때 학년별 내용 간의 위계성을 고려하여야 함을 살펴본다. 위계성의 원리는 문법 영역에만 국한되는 것이 아니라 다른 영역과 다른 과목에서도 일반적으로 고려되는 원리이다. 그런데 교육 문법이 교수·학습 자료 구성의 원리로 새삼 강조하여 제시하는 것은, 문법 영역의 내용을 선정하여 교수·학습 활동을 구성할 때 이에 대한 고려가 매우 부족한 경우가 있기 때문이다.

여기서는 발음과 표기와의 관계에 대한 교수·학습 내용의 위계성을 중심으로 살펴보기로 한다. 〈그림 7〉은 발음과 표기와의 관계를 교수·학습하기 위하여 구성한 2007 개정 교육과정에 따라 편찬된 1학년 1학기 《쓰기》 교과서의 내용이다. 〈그림 8〉은 동일한 목표를 위해 구성된 2학년 1학기 《쓰기》 교과서의 내용이다.

5 글을 읽고, 틀린 글자를 찾아 바르게 고쳐 봅시다.

옌날에 토돌이 형제가 살았습니다. 어느 따스한 봄날, 형제는 밭에 씨를 뿌려씀니다. 여름 내내 형제는 정성껏 곡식을 가꾸었습니다. 가을이 되자 곡식이 누러케 익었습니다. 형제는 곡식을 거두어 이웃에게도 나누어 주었습니다. 마을 사람들은 조아해씀니다.

(1) 옌날 → 옛날　(2) 뿌려씀니다 →

(3) 누러케 →　(4) 조아해씀니다 →

〈그림 7〉 소리와 표기의 관계 1

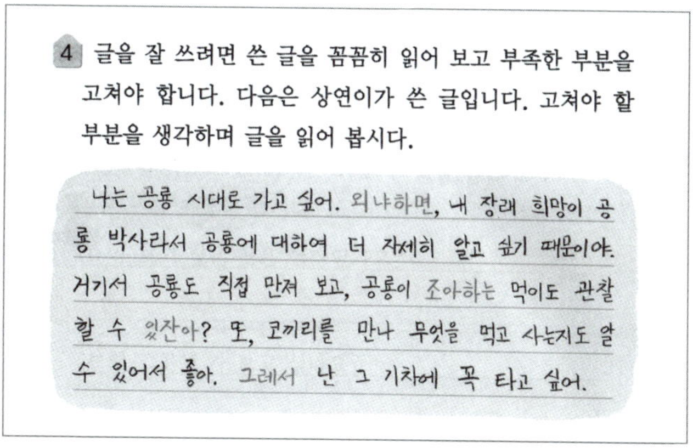

4 글을 잘 쓰려면 쓴 글을 꼼꼼히 읽어 보고 부족한 부분을 고쳐야 합니다. 다음은 상연이가 쓴 글입니다. 고쳐야 할 부분을 생각하며 글을 읽어 봅시다.

나는 공룡 시대로 가고 싶어. 외냐하면, 내 장래 희망이 공룡 박사라서 공룡에 대하여 더 자세히 알고 싶기 때문이야. 거기서 공룡도 직접 만져 보고, 공룡이 조아하는 먹이도 관찰할 수 있잔아? 또, 코끼리를 만나 무엇을 먹고 사는지도 알 수 있어서 좋아. 그래서 난 그 기차에 꼭 타고 싶어.

〈그림 8〉 소리와 표기의 관계 2

〈그림 7〉은 〈표 4〉의 1학년 문법 영역의 성취 기준을, 〈그림 8〉은 2학년 문법 영역의 성취 기준을 각각 실행한 활동 자료이다.

〈표 4〉 성취 기준 및 내용 요소의 예

학년	성취 기준	내용 요소의 예
1학년	문법(2) 소리와 표기가 다를 수 있음을 이해한다.	• 소리 나는 대로 적었을 때와 어법에 맞게 적었을 때의 차이 이해하기 • 한글 자모, 낱말을 바르게 발음하기
2학년	문법(2) 표기와 소리가 다른 낱말을 정확하게 쓴다.	• 자주 사용하는 낱말의 바른 표기 알기 • 표기와 소리가 다른 낱말을 정확하게 표기하기

1학년, 2학년 성취 기준에 대한 활동 자료 〈그림 7〉과 〈그림 8〉 사이에는 위계상의 차이가 있다고 보기 어렵다. 같은 활동을 두 개 학년에 걸쳐 되풀이해 놓은 것에 불과하다.

다음 〈그림 9〉와 〈그림 10〉의 경우는 소리와 표기의 관계를 이해시키기 위하여 '읽기'와 통합하여 제시한 활동 자료이다.

글을 바르게 소리 내어 읽는 방법을 알아봅시다.

1 파란색으로 쓴 낱말의 발음에 주의하며 〈꿀벌〉을 소리 내어 읽어 봅시다.

꿀벌

꿀벌은 춤을 잘 춥니다. 그렇다고 아무런 까닭 없이 춤을 추지는 않습니다. 친구들에게 꿀이 있는 곳을 알려 주기 위하여 춤을 춥니다.

꿀이 가까운 곳에 있으면 빙글빙글 돌면서 춤을 춥니다. 또, 꿀이 멀리 있으면 8자 모양을 그립니다. 다른 꿀벌들은 춤의 모양을 보고 꿀이 있는 곳으로 날아가 함께 꿀을 모읍니다.

〈그림 9〉 소리와 표기의 관계 3

정확한 발음으로 글을 읽는 방법을 알아봅시다.

1 파란색으로 쓴 낱말에 주의하며 '작은 것도 소중해'를 읽어 봅시다.

작은 것도 소중해

학교 수업을 마치고 집으로 돌아오던 길이었습니다. 이웃집 형이 동전을 떨어뜨리고 지나갔습니다. 나는 얼른 달려가 동전을 주웠습니다. 십 원짜리 동전이었습니다.

"형, 동전을 떨어뜨렸어요."

나는 형에게 동전을 가져다주었습니다. 형은 웃으면서 말하였습니다.

"나도 떨어진 거 알고 있어."

형은 그냥 가 버렸습니다. 나는 참 이상하였습니다.

〈그림 10〉 소리와 표기의 관계 4

〈그림 9〉는 2007 개정 국어과 교육과정에 따른 1학년 2학기 읽기 수업을 위한 것이고, 〈그림 10〉은 2학년 1학기 읽기 수업을 위한 것이다. 〈그림 9〉는 〈표 5〉의 1학년 문법 영역의 성취 기준을, 〈그림 10〉은 2학년 문법 영역의 성취 기준을 실행해 놓은 것이다.

〈표 5〉 성취 기준 및 내용 요소의 예

학년	성취 기준	내용 요소의 예
1학년	문법(2) 소리와 표기가 다를 수 있음을 이해한다.	• 소리 나는 대로 적었을 때와 어법에 맞게 적었을 때의 차이 이해하기 • 한글 자모, 낱말을 바르게 발음하기
2학년	문법(1) 소리를 혼동하기 쉬운 낱말을 정확하게 발음한다.	• 표준 발음에 대한 규정이 있음을 알기 • 자주 사용하는 낱말의 표준 발음 알기 • 낱말을 정확하게 발음하려는 태도 가지기

여기에서도 역시 1학년 교수·학습 활동 자료와 2학년 교수·학습 활동 자료 사이의 위계적 차이를 전혀 느낄 수 없다. 〈그림 7〉과 〈그림 8〉의 쓰기 수업을 위한 자료와 비교하면 오히려 난도가 더 낮은 수준[6]이라는 것을 알 수 있다.[7] 이뿐만 아니라 2학년 문법 (1) 성취 기준에 해당하는 사례로 〈그림 10〉은 부적절하다. 2학년 문법 (1)은 소리를 혼동하기 쉬운 단어를 정확하게 발음할 수 있도록 하는 것이 목표이자 내용인데 〈그림 10〉의 '돌아오던', '웃으면서', '떨어진'은 소리가 혼동되는 사례가 아니다. 따라서 성취 기준을 제대로 구현한 교수·학습 자료라고 할 수 없다.

2007 개정 국어과 교육과정에 따른 《쓰기》 교과서에서 표기와 발음의 관계를 교수·학습하기 위하여 제시한 단어들을 정리하면 다음과 같다.

6 한국교원대학교 국정도서편찬위원회(2010ㄱ: 387쪽~388쪽)에서는 받아쓰기 지도 단계 중 발음과 표기가 불일치하는 경우의 가장 쉬운 단계를 소리 이음(연음) 현상과 관련된 표기로 보고 있다.

7 〈그림 10〉은 2학년 1학기 《읽기》 교과서(72쪽) 6단원에 제시된 것이다. 《쓰기》 교과서(22쪽~23쪽)에서도 같은 활동이 되풀이되고 있는데 그 예는 다음과 같다. 깨끄시(깨끗이), 꼬치(꽃이), 나드리(나들이), 마는(많은), 가치(같이), 보앗다(보았다)

〈표 6〉 발음과 표기의 관계 관련 교과서 제시 단어

1-1	1-2
생년필(색년필), 알림짱(알림장), 줄넘끼(줄넘기), 생이리야(생일이야), 하라버지(할아버지), 갈께요(갈게요), 지우게(지우개), 주사이(주사위), 빌통(필통), 색쫑이(색종이), 국쑤(국수), 꼬치(꽂이), 꼬츨(꽃을), 꼬체(꽃에), 꼳꽈(꽃과), 가치(같이), 따라감니다(따라갑니다), 노랐습니다(놀았습니다), 씨씀니다(씻습니다), 먹씀니다(먹씁니다), 닥씀니다(닦습니다), 씀니다(씁니다), 노리터(놀이터), 느져서(늦어서), 숙재(숙제), 만흔데(많은데), 옌날(옛날), 뿌려씀니다(뿌렸습니다), 누러케(누렇게), 조아해씀니다(좋아했습니다)	왜삼촌(외삼촌), 풀립(풀잎), 그런대(그런데), 꽂꼬지(꽃꽂이), 여덜(여덟), 시게(시계), 오래(올해), 마나(많아), 조아(좋아), 깨끗히(깨끗이), 꺼꾸로(거꾸로), 여르메(여름에), 힘드러따(힘들었다), 지그믄(지금은), 따뜨타고(따듯하고), 나문닙(나뭇잎), 머글(먹을)
2-1	**2-2**
외냐하면(왜냐하면), 조아하는(좋아하는), 있잔아(있잖아), 그레서(그래서)	안았어요(않았어요), 실었는데(싫었는데), 겉모습(겉모습), 단풍닙(단풍잎), 지우게(지우개), 이러케(이렇게), 노라타(노랗다) 않 보여(안 보여), 괜찬겠다(괜찮겠다), 재미있을꺼야(재미있을 거야)

〈표 6〉에서 확인할 수 있는 것처럼 학년별 위계성이 전혀 고려되어 있지 않다. 오히려 1학년 1학기의 교수·학습 대상 단어의 수준이 가장 난도가 높아 보이기까지 한다. 이뿐만 아니라 '지우게, 주사위, 필통, 숙제'는 표기와 소리가 다른 경우가 아니며, '노랐습니다(놀았습니다), 뿌려씀니다(뿌렸습니다), 좋아해씀니다(좋아했습니다)'는 '노란씀니다, 뿌련씀니다, 좋아핸씀니다'라고 해야 표준 발음에 대한 정확한 표기가 된다. 이러한 자료 구성의 오류는 모두 관련 성취 기준과 그 성취 기준을 도달시키기 위하여 요구되는 자료에 적용되어야 하는 국어 문법을 정확하게 이해하지 못한 데서 비롯된 것이다.[8] 그리고 변동 규칙과 관련된 다양한 오류를 산발적으로 제

8 엄밀하게 말해서 1학년 2학기의 '왜삼촌, 그런대, 오래, 깨끗히, 힘들러따, 꺼꾸로, 따뜨타고', 2학년 1학기

시하여 초점화의 원리에도 어긋나는 사례들이다.

사실, 한국교원대학교 국정도서편찬위원회(2010ㄱ: 387쪽~388쪽)에서는 받아쓰기 지도 단계의 구분 기준을 '의미 난이도'와 '표기 난이도'로 설정하고 있다. 의미 난이도는 결국 단어의 사용 빈도가 좌우한다. 사용 빈도가 높은 단어가 더 친숙하여 의미가 쉽게 기억되기 때문이다. 그렇지만 '의미 난이도'에 대한 판단은 주관적인 데 비해 '빈도'는 객관적이기 때문에 '빈도'를 고려하는 것이 더 적절하다.

한편, '표기 난이도'는 해당 표현에 적용되는 음운의 변동과 받침의 유무에 따라 설정될 수 있는 것으로 보았다. 이러한 기준을 토대로 표기와 발음이 일치하는 경우와 일치하지 않은 경우를 구분하고 다음과 같이 12단계를 설정하고 있다.

(5) 받아쓰기 지도 단계

① 표기와 발음이 일치하는 경우

1단계: 초성+단모음(나비, 개나리[9], 뿌리)

2단계: 초성+이중 모음(겨우, 계시다[10])

3단계: 초성+중성+종성(가족, 건물, 소방차)

② 표기와 발음이 불일치하는 경우

4단계: 한 낱말 안에서 연음되는 낱말(걸음, 국어, 놀이)

5단계: 받침+(모음으로 시작되는) 조사 결합(책을, 구름은, 흙이)

6단계: 용언 어간 받침+(모음으로 시작되는) 어미 결합(굳어도, 낮아서, 늙으면)

7단계: 받침 규칙(꽃, 숲, 무릎)

8단계: 비음화(국물, 먹는, 앞마당)

의 '외냐하넌, 있잔아, 그레서', 2학년 2학기의 '안았어요, 실었는데, 걷모습, 지우게, 않 보여, 괜찬겠다'도 모두 성취 기준에 부합하는 표준 발음에 대한 표기 사례라고 할 수 없다.

9 '개나리'의 발음과 표기가 일치하듯이 〈표 6〉의 '지우개, 숙제, 그런데, 왜냐하면, 그래서'도 발음과 표기가 일치하는 사례이다

10 '계시다'는 표준 발음이 [계:시다], [게:시다] 두 가지가 있다. 따라서 발음과 표기가 반드시 일치하는 사례라고 할 수 없다.

9단계: 구개음화(같이, 굳이, 밭이)
10단계: 경음화(길가, 신고, 눈동자)
11단계: 격음화(국화, 입학, 좁히다)
12단계: 음운 첨가(색연필, 솜이불, 한여름)

(5)는 받아쓰기 자료에 대하여 위계화를 시도했다는 점에서는 의미가 있으나 각 단계가 적절하게 설정되었는지는 재검토되어야 한다. 1단계의 '개나리', 2단계의 '계시다'의 경우는 발음과 표기가 유사한 다른 형태가 있어 저학년 학생들이 표기에 많은 오류를 보인다. 그럼에도 1단계에 제시된 것이라든지, 입천장소리되기, 된소리되기, 거친소리되기를 비교적 높은 단계에 설정한 것, '같이'나 '먹는'과 같은 빈도가 높아 의미적 난이도가 낮은 것을 높은 단계에서 제시한 것 등이 그렇다.

이뿐만이 아니라 〈표 6〉에서 제시한 자료들이 (5)에 제시되어 있는 받아쓰기 자료 선정을 위한 기준과 단계에 입각하여 선정된 것인지 의문이다. 2009 개정 국어과 교육과정에서는 소리와 표기의 관계에 대한 성취 기준이 1-2학년군 읽기 영역, 3-4학년군 문법 영역, 5-6학년군 문법 영역, 중 1-3학년군 문법 영역에 각각 제시되어 있다. 모든 학년군에서 교수·학습 되도록 선정해 놓았다. 따라서 학년군별 위계화를 위한 선행 작업이 요구된다.

발음과 표기의 관계를 교수·학습하기 위한 내용의 위계화를 위하여 크게 두 가지 기준을 고려해 볼 수 있다. 어휘 학습을 위한 단어 선정의 일반적인 기준과 소리와 표기의 관계 학습을 위한 단어 선정의 기준으로 나누어 볼 수 있다. 발음과 표기의 관계를 교수·학습하기 위한 내용을 위계화하는 데는 이 두 가지 기준이 동시에 고려되어야 한다.

어휘 학습을 위한 일반적인 기준은 다시 세 가지로 하위 구분하는 것이 가능하다. 첫째, 고빈도의 단어에서 저빈도의 단어, 둘째, 구체적인 지시물이 있거나 그 지시물의 행위나 상태와 직접 관련되는 단어에서 추상적인 개념을 나타내는 단어, 셋째, 음절의 수가 적은 단어에서 음절의 수가 많은 단어가 그것이다.

다음으로 발음과 표기의 관계에 국한된 단어 선정 기준은 어휘 학습을 위한 일반적인 기준 세 가지에다가 다시 여섯 가지를 더 고려하여야 한다. 첫째, 형태와 소리가 일치하는 단어에서 형태와 소리가 일치하지 않은 단어, 둘째, 받침이 없는 등 형태가 단순한 단어에서 홑받침, 겹받침 등을 포함하고 있어 형태가 복잡한 단어, 셋째, 유사한 소리나 형태가 없는 단어에서 유사한 소리나 형태가 많은 단어, 넷째, 변동 규칙이 한 번 적용되는 단어에서 여러 번 적용되는 단어, 다섯째, 보편·필연적 변동이 적용되는 단어에서 한정·필연적 변동이 적용되는 단어, 여섯째, 명사·부사·관형사 등 활용을 하지 않는 단어에서 동사·형용사 등 활용하는 단이가 그것이다. 이를 고려하여 이병규·김혜진(2019ㄱ~ㄹ)은 소리와 표기의 관계에 대한 학습 단계를 73단계로 세분화하고 초점화하여 기초 문식성 함양을 위한 교수·학습자료를 개발하였다.

9.6. 통합성의 원리

국어과 내에서 통합은 영역 간 통합, 영역 내 통합, 성취 기준 간 통합[11], 학습 내용 간 통합 등을 일컫는다. 문법 영역의 경우에도 이와 같은 통합의 개념이 적용된다. 문법과 쓰기 영역의 통합으로 '어법에 맞는 글쓰기, 상황과 문맥에 맞는 어휘·표현의 사용, 문장의 논리적 연결, 글쓰기와 텍스트의 구조, 텍스트의 갈래, 텍스트의 기능, 텍스트 표지, 텍스트 관련 맥락 등이 함께 교수·학습되는 것은 모두 문법과 쓰기 영역의 통합을 통하여 이루어질 수 있다.[12]

11 문법 영역과 타 영역 간의 성취 기준의 통합 양상에 대해서는 8.3.2.1.2.을 참고할 수 있다.

12 문법과 쓰기의 통합에 대해서는 이병규 외(2017), 이병규·김정은(2016), 이병규·최선희(2016), 이병규·김정은(2015), 이병규·선혜선(2014), 정은진(2017), 최가진(2017), 허윤희(2017) 등을 참고할 수 있다.

문법과 말하기·듣기(화법) 영역의 통합으로는 표준어, 방언, 표준 발음, 담화의 구조, 담화의 유형, 담화의 기능, 담화 표지, 담화와 관련된 맥락, 높임법을 고려하는 화법, 반언어적 표현과 비언어적 표현을 고려한 화법을 관련 지은 수업을 생각해 볼 수 있다.

문법과 읽기 영역의 통합은 단어의 정확한 발음, 글자의 짜임, 띄어 읽기, 단어의 의미 관계 파악, 텍스트의 구조에 따른 내용 간추리기, 읽기와 텍스트의 구조, 텍스트 유형별 읽기, 텍스트의 기능과 읽기, 텍스트 표지를 활용한 읽기 방법 이해, 국어 운동, 한글 창제에 대한 이해 등은 모두 문법 영역과 읽기 영역을 통합하여 지도할 수 있는 부분이다.[13] 지금까지 문법 영역은 이와 같은 방식으로 통합 지도가 되어 왔다.

이외에 여기서는 국어과에서 간과되어 온 한 가지를 통합에 포함시켜 논의하고자 한다. 바로 문어와 구어의 통합 교육이 바로 그것이다. 앞의 〈그림 1〉의 문장의 유형에 대한 설명은 문어 중심으로 되어 있다. 문장 부호는 표기와 관련된 규정이기 때문이다. 실제로 문장의 유형을 설명하는 데 사용한 예는 문어체가 아니라 구어체이다. 청유문, 의문문, 명령문, 감탄문 등은 엄밀히 말해 구어이다. 그런데도 구어와 문어에서 통용되거나 각각에서 문장 유형을 식별하는 방법을 제시한 것이 아니라 문어 중심으로 설명하고 있다.

다음 〈표 7〉은 제7차 교육과정 시기에 쓴 초등학생의 일기장에서 나타나는 초등학생의 접속 부사 사용 양상[14]을 나타낸 것이다.

〈표 7〉 초등학생의 접속 부사 사용 양상(단위: 회)

학년 / 이음씨	1	2	3	4	5	6
하지만	37	40	96	142	156	130
그러나	13	3	41	27	16	24

13 문법과 읽기 교육과의 통합에 대해서는 이 책 14장 참고.
14 이 자료는 초등학교 1학년에서 6학년까지 각 1개 반의 1달 일기를 분석하여 정리한 것이다.

그렇지만	16	9	34	14	15	17
그러므로	0	0	0	4	3	0

〈표 7〉에 따르면 초등학생들이 가장 많이 사용하는 접속 부사는 '하지만'이다. 인과 관계를 나타내는 '그러므로'는 사용 빈도가 매우 낮다. 그런데 제7차 교육과정의 3학년 1학기 《읽기》 교과서에서는 접속 부사 '그래서, 그리고, 왜냐하면, 그러나'에 대한 용법만 다루고 있고, 3학년 1학기 《쓰기》 교과서와 《말하기 · 듣기》 교과서에서는 '그래서, 왜냐하면, 그러므로, 때문에'의 용법만을 다루고 있다. '그러므로'는 전형적인 문어 표현이지만 《말하기 · 듣기》 교과서에서 다루어지고 있는 것도 문제이다. 이뿐만 아니라 '하지만'은 사용 빈도가 가장 높음에도 불구하고 그 용법이 나누어지지 않는 것은 문어 중심적으로 언어 자료를 제시한 데서 비롯된 것으로 볼 수 있다.

초등학교 단계의 학생들이 글을 쓸 때는 구어체를 많이 사용하는 경향이 있다. 문어체와 구어체에 대한 분리 인식이 아직 완전하게 형성되어 있지 않기 때문이다. 그렇기 때문에 초등학생들의 일기를 준구어로 일컫기도 한다. 그러나 '설명하는 글, 주장하는 글' 등에 구어체가 혼용되어 있으면 좋은 글, 텍스트성이 높은 글이라고 하기 어렵다. 텍스트 갈래에 맞는 표현을 사용하지 않았기 때문이다. 같은 사전적 의미를 가지고 있는 표현이더라도 말에서 주로 사용되는 것과 글에서 주로 사용되는 것을 기초 문식성 단계에서부터 구분해서 쓰도록 가르쳐야 한다. 문법 영역의 학습 내용을 선정하거나 교수 · 학습을 위한 자료를 개발할 때 문어뿐만이 아니라 구어에 대한 사용 양상도 충분히 고려하여 이 두 영역을 통합하여 지도함으로써 균형 있는 문법 교육이 이루어져야 한다. 이처럼 영역 간 통합, 영역 내 통합, 구어와 문어의 통합을 고려하여 문법 교재를 구성하고 교수 · 학습 계획을 수립하는 원리를 '통합성의 원리'라고 이름하고자 한다.

제10장. 교육 문법 교수 · 학습 방법

교육과정상에서 문법의 교수 · 학습 방법에 대한 변화의 시발점은 제5차 교육과정에서부터이다. 뒤에서 보게 되겠지만 교육 문법 교육에 탐구 학습이 도입되기 시작했기 때문이다. 탐구 학습의 특징 가운데 하나는 지식을 탐구하고 발견하는 주체가 학습자라는 것이다. 지식을 학습자 스스로 발견해 낸다고 해서 이러한 교수 방법을 통칭하여 '간접 교수법'이라고 한다.

문법 교육에서 탐구 학습은 제5차 교육과정 이래 지금까지 교육과정상에서 지속적으로 강조되어 오고 있다. 그럼에도 불구하고 실제 교육 현장에서 이루어지는 문법 교수 · 학습과 교재[1] 구성 양상은 이를 충분히 반영하고 있지 못한 실정이다.

여기서는 교육 문법의 하위 범주 가운데 문법의 교수 · 학습 방법[2]이 제5차 교육과정을 전후로 교육과정상에서 어떻게 변화되어 왔는지 그 실태를 알아보고, 문제가 무엇인지, 어떻게 변화되어야 하는지에 대해 살펴보도록 한다. 이를 위해 문법 교육을 위한 교수 · 학습 방법의 유형과 그 적용 실태, 문법 교수 · 학습 방법을 고려한 문법 교재의 기술 양상을 분석한다. 이를 바탕으로 국어과 교육이 추구하는 바를 달성하는 데 효과적인 문법 교수 · 학습 방법과 그에 부합하는 문법 교재 기술 방안에 대해 살펴보기로 한다.

1 이 책에서 '문법 교재'라는 것은 국어과 교육과정에 따른 교과서 가운데 문법 영역의 성취 기준이 구현된 교과서, 단원, 차시 등을 통칭하는 용어이다. 교육과정 시기에 따라서 또는 학교급에 따라서 독립적인 문법 교과서가 있는 경우도 있고, 국어 교과서 속에 문법 단원이나 차시로 구현되는 경우도 있고, 《독서와 문법》, 《언어와 매체》와 같이 다른 영역과 통합하여 별도의 교과서로 존재하는 경우도 있다.

2 문법 교수 · 학습 방법과 불가분의 관계에 있는 것이 그 교재이다. 어떤 교수 방법을 적용하느냐에 따라 거기에 맞는 교재가 마련되어야 하기 때문이다. 따라서 문법 교수 · 학습 방법의 실태와 개선점을 다루는 이 글에서는 문법 교재 구성의 실태를 포함하여 살펴보기로 한다.

10.1. 지식관의 변화와 문법 교수 · 학습 방법의 유형

문법 교수 · 학습의 방법으로 탐구 학습과 탐구 과정이 도입된 것은 지식관에 대한 패러다임의 변화에서 기인하는 것으로 이해할 수 있다. 절대주의적 지식관에서 상대주의적 지식관으로의 변화가 그것이다. 여기서는 지식관의 변화 양상을 알아보고 그와 관련되는 교수 · 학습 방법에는 어떤 것들이 있는지 그 유형을 살펴보도록 한다.

10.1.1. 지식관의 변화

전통적인 사회에서 지식과 유용한 정보는 특정 계층과 특정인의 전유물이었으며 그것이 곧 힘이자 권력이었다. 현대와 미래 사회에서도 역시 지식과 정보는 힘과 권력의 근원(source)임은 변함이 없다. 그러나 현대사회에서 지식과 유용한 정보에 대한 특정인이나 특정 계층의 전유물로서의 성격이 많이 약화되었다고 할 수 있다. 그 양과 범위가 무한대에 가깝기 때문에 이를 특정인이 다 보유할 수 없을 뿐만 아니라 통신과 매체의 발달로 대량의 지식과 정보가 기관 대 기관, 기관 대 개인, 개인 대 개인 간에 쉽게 소통이 되고 있기 때문이다. 따라서 미래 사회에서는 무한대로 쏟아지는 지식과 정보를 당면한 문제 해결에 얼마나 빠르고 정확하게 찾아내어 활용할 수 있는지, 또 이러한 능력을 바탕으로 문제 해결을 위하여 필요한 새로운 지식이나 유용한 정보를 창출해 낼 수 있는지가 힘과 권력의 근원이 된다.

현대 사회에서의 지식과 정보는 전통 사회에서와 달리 특정 개인에 의해서만 만들어진다기보다는 개인과 공동체 간의 상호작용 즉 사회 구성원(공동체)의 합의의 산물이며 시대나 공간, 상황에 따라 달라질 수도 있다. 유능한 개인이 남들과 다른 경험이나 사고를 바탕으로 다양한 현상들을 설명해 줄 수 있는 원리를 발견하고 이를 일반인들은 진리로 수용하는 것이 전통 사회에서 말하는 지식이다. 이와 같은 지식은 고정 불변이고 절대적인 것으로 이해된다. 그렇기 때문에 지식과 유용한 정보를 창출하는 계층이나 소수의 개인이 절대적인 힘과 권력을 소유하게 된다.

그러나 현대 사회, 미래 사회는 전통 사회와 달리, 절대적이고 고정 불변의 지식의 성격을 띠는 것이 많지 않다. 같은 현상도 무엇을 기준으로 하느냐에 따라, 관점이 무엇이냐에 따라 그것을 다른 원리로 설명할 수 있다. 이러한 지식관을 상대주의적 지식관이라고 할 수 있다.

개인에 의해 생성된 정보가 지식의 가치를 획득하기 위해서는 공동체의 동의가 있어야 한다. 동일한 현상이나 문제를 설명해 주는 다양한 원리나 정보 가운데 사회 구성원들이 합의하거나 선택하는 것, 다수가 옳다고 믿는 것이 지식으로 기능하는 것이다. 여기에 변화가 생기면 지식은 변화될 수 있다. 그것을 개인은 학습을 하고 학습한 결과를 통해 문제를 해결해 나가는 등 다시 개인 차원에서 새로운 정보를 생산하게 된다. 각 개인이 생산한 정보가 다시 공동체의 동의를 얻으면 지식으로 자리매김을 하게 된다. 그렇기 때문에 지식의 생산과 소비는 개인과 공동체의 상호작용을 통해 이루어진다고 하는 것이다.

〈표 1〉~〈표 3〉을 보자.

〈표 1〉 두 가지 표기를 모두 표준어로 인정한 경우

추가된 표준어	기존 표준어
택견	태껸
품새	품세
짜장면	자장면

〈표 2〉 기존 표준어와 같은 뜻으로 추가한 표준어

추가된 표준어	기존 표준어
간지럽히다	간질이다
남사스럽다	남우세스럽다
등물	목물

맨날	만날
묫자리	묏자리
복숭아뼈	복사뼈
세간살이	세간
쌉싸름하다	쌉싸래하다
토란대	고운대
허접쓰레기	허섭스레기
흙담	토담

〈표 1〉은 추가된 표준어 항의 단어 표기가 틀린 표기로 간주되어 왔던 것이고, 〈표 2〉는 추가된 표준어 항의 단어가 언중에 의해 많이 사용되어 왔지만 비표준어로 다루어 있던 것들이다. 〈표 1〉과 〈표 2〉의 추가된 표준어 항의 단어는 언중들이 표준어 이상으로 많이 사용해 왔기 때문에 언중들의 합의를 통해 표준어의 자격을 획득한 것이다. 이 경우 추가된 표준어는 기존 표준어와 뜻의 차이는 없다. 개인 차원의 정보에서 공동체 차원의 지식으로 성격이 전환되는 사례들이다.

한편, 다음 〈표 3〉의 추가된 표준어 항 역시 기존 표준어 항의 비표준어로 간주되어 오던 것들이다. 이 경우 역시 추가된 표준어 항을 언중들이 많이 사용해 왔기 때문에 표준어의 자격을 획득한 경우에 해당한다. 그런데 〈표 1〉, 〈표 2〉의 경우와 다른 점은 〈표 3〉의 추가된 표준어 항은 어휘적 의미에서건, 상황적 · 문맥적 · 화용적인 의미에서건 기존 표준어와 뜻의 차이가 있는 경우이다.

〈표 3〉 기존 표준어와 별도의 표준어로 추가한 경우

추가된 표준어	기존 표준어	뜻 차이
-길래	-기에	-길래: '-기에'의 구어적 표현
개발새발	괴발개발	'괴발개발'은 '고양이의 발과 개의 발'이라는 뜻이고, '개발새발'은 '개의 발과 새의 발'이라는 뜻임

나래	날개	'나래'는 '날개'의 문학적 표현
내음	냄새	'내음'은 향기롭거나 나쁘지 않은 냄새로 제한됨.
눈꼬리	눈초리	• 눈초리: 어떤 대상을 바라볼 때 눈에 나타나는 표정. 예) 매서운 눈초리 • 눈꼬리: 눈의 귀 쪽으로 째진 부분
떨구다	떨어뜨리다	'떨구다'에 '시선을 아래로 향하다'라는 뜻이 있음
뜨락	뜰	'뜨락'에는 추상적인 공간을 비유하는 뜻이 있음
먹거리	먹을거리	먹거리: 사람이 살아가기 위하여 먹는 음식을 통틀어 이름
메꾸다	메우다	'메꾸다'에 '무료한 시간을 적당히 또는 그럭저럭 흘러가게 하다.'라는 뜻이 있음
손주	손자(孫子)	• 손자: 아들의 아들. 또는 딸의 아들 • 손주: 손자와 손녀를 아울러 이르는 말
어리숙하다	어수룩하다	'어수룩하다'는 '순박함/순진함'의 뜻이 강한 반면에, '어리숙하다'는 '어리석음'의 뜻이 강함
연신	연방	'연신'이 반복성을 강조한다면, '연방'은 연속성을 강조
휭하니	힁허케	힁허케: '휭하니'의 예스러운 표현
걸리적거리다	거치적거리다	자음 또는 모음의 차이로 인한 어감 및 뜻 차이
끄적거리다	끼적거리다	자음 또는 모음의 차이로 인한 어감 및 뜻 차이
두리뭉실하다	두루뭉술하다	자음 또는 모음의 차이로 인한 어감 및 뜻 차이
맨숭맨숭/맹숭맹숭	맨송맨송	자음 또는 모음의 차이로 인한 어감 및 뜻 차이
바둥바둥	바동바동	자음 또는 모음의 차이로 인한 어감 및 뜻 차이
새초롬하다	새치름하다	자음 또는 모음의 차이로 인한 어감 및 뜻 차이
아웅다웅	아옹다옹	자음 또는 모음의 차이로 인한 어감 및 뜻 차이
야멸차다	야멸치다	자음 또는 모음의 차이로 인한 어감 및 뜻 차이
오손도손	오순도순	자음 또는 모음의 차이로 인한 어감 및 뜻 차이
찌뿌둥하다	찌뿌듯하다	자음 또는 모음의 차이로 인한 어감 및 뜻 차이
추근거리다	치근거리다	자음 또는 모음의 차이로 인한 어감 및 뜻 차이

〈표 1〉~〈표 3〉은 표준어 지식이 고정 불변이며 절대적인 것이 아니라 변화될 수 있다는 것을 보여 주는 사례이다. 그리고 지식의 생성이 특정 개인의 사고 작용을 통해 이루어지는 것이 아니라, 개인과 사회 공동체(언중)의 상호작용을 통하여 생성되는 것임을 단적으로 보여 준 것이다. 지식의 성격을 이와 같이 규정하는 지식관을 상대주의적 지식관이라고 한다.

지식관에 대한 패러다임이 절대적인 관점에서 상대주의적인 관점으로, 고정 불변적인 관점에서 가변적인 관점으로, 결과주의적인 관점에서 구성주의적인 관점으로 전환되었기 때문에 교육, 더 구체적으로는 국어 현상과 국어 사용 현상에 대한 지식 그리고 그 생성을 다루는 문법 교육 역시 여기에 부합하는 교수·학습 방법과 교재 구성이 요구된다.

10.1.2. 문법 교수·학습 방법의 유형

교수·학습 방법[3]은 교수자에 초점을 둘 때 크게 두 가지 유형으로 나누어진다. 직접 교수 방법과 간접 교수 방법이 그것이다. 직접 교수 방법은 문법 교육 내용으로서의 지식을 교사가 직접 학습자에게 전달해 주는 방식을 말하고, 간접 교수 방법은 문법 지식을 학습자가 문법 교수·학습을 위하여 구안된 자료(국어 현상)에서 찾아내도록 하는 방식을 말한다.

직접 교수법은 결과로서의 지식 학습에 초점이 있고 간접 교수법은 결과로서의 지식 그 자체뿐만 아니라 지식을 발견해 내는 과정에도 학습의 초점이 있다. 현대 사회를 지식 정보화 사회, 지식 사회라고 하고 미래 사회를 지능 정보화 사회라고 명명하곤 한다. 모두 지식과 지식을 생성하는 지능의 중요성을 강조한 것이라고 할 수 있다.(이병규, 2017ㄴ 참고)

각각의 특징을 살펴보자. 먼저 교수·학습의 참여자(교사와 학생)의 측

3 '교수·학습 방법'이라는 말은 같은 수업에 대해 '교수자'와 '학습자' 양쪽을 모두 고려한 표현이다. 교수자에 초점을 두면 '교수 방법'으로 학습자에 초점을 두면 '학습 방법'이라고 할 수 있다. 여기서는 이 용어를 구분하지 않아도 되는 경우에는 '교수·학습 방법'이라는 말로 표현하지만 주로 '교수 방법'에 초점을 두어 논의한다.

면에서 보면, 직접 교수 방법은 수업의 중심이 교사에게 있고 학생은 수동적인 입장이 된다. 따라서 직접 교수 방법에서는 학습자의 교수·학습 활동에 적극적으로 참여할 수 있도록 유도하는 것이 중요하다. 간접 교수 방법은 수업의 중심이 학생에게 있으며 학생은 능동적인 수업 참여자가 된다. 한편 교사는 지식을 직접 전달하거나 설명하는 것이 아니라 학생이 지식을 찾을 수 있도록 안내하고 도와주는 안내자와 조력자가 되며, 때로는 함께 지식을 찾아가는 협력자의 역할을 하게 된다.

수업 참여자들 사이의 상호작용적인 측면에서는 직접 교수 방법은 교사와 학생의 상호작용이나 학생과 학생 사이의 상호작용이 활발하지 않다. 교사는 문법 지식을 일방적으로 설명하고 학생은 그 설명을 이해만 하면 되기 때문이다. 학생과 학생 사이의 협동이나 토론도 거의 없기 때문에 학생들 사이의 상호작용도 중요하지 않다. 이에 비해 간접 교수 방법은 교사와 학생 사이나 학생과 학생 사이의 상호작용이 활발하다. 수업의 중심이 학생에게 있고 학생이 지식을 발견하는 과정에서 문제에 부딪히게 되면 교사의 안내를 받거나 도움을 받아서 해결하거나 학생들 사이의 토론이나 협력을 통하여 해결을 하게 된다. 따라서 교사와 학생, 학생과 학생 사이의 상호작용이 활발하게 이루어질 수밖에 없다.

다음은 교수·학습의 효율성의 측면을 살펴보자. 수업의 효율성은 같은 시간의 수업에서 얼마나 많은 양의 내용을 다룰 수 있느냐와 관련된다. 직접 교수 방법은 같은 학습량을 다루는 데 소요되는 시간이 짧다는 면에서 효율적이라고 하겠다. 이에 비해 간접 교수 방법은 학습자가 스스로 지식을 발견해 가야하기 때문에 직접 교수 방법에 비해 시간이 오래 걸린다는 측면에서 비효율적이라고 말할 수 있다. 그렇기 때문에 간접 교수 방법은 자기 주도 학습 능력이 뛰어난 학습자에게 더 적합하다.

한편 직접 교수 방법은 수업은 효율적이지만 학생이 지식을 이해하고 내면화하는 정도가 간접 교수 방법에 비해 덜 하다고 하겠다. 문제 해결 과정을 통하여 스스로 발견한 지식은 교사로부터 주입받은 지식에 비해 이해나 내면화의 정도가 더 깊을 수밖에 없다. 이뿐만이 아니라 간접 교수 방법은 학생이 수업에 주도적으로 참여하여 문제를 해결해 가기 때문에 수업에 흥미를 느끼고 더 적극적으로 참여하게 된다는 특징을 가지고 있다.

직접 교수 방법에는 교사의 설명과 시범을 중심으로 진행되는 직접 교수법, 현시적 교수법 등이 있다. 특히 교사의 설명과 시범은 단지 명제적인 문법 개념을 설명하고 그 문법 개념을 활용하거나 새로운 자료에서 설명한 문법 개념을 적용하는 것을 시범 보이는 것 이상이다. 탐구 과정을 설명하고 시범을 보일 수 있어야 하고, 구체적인 문법 지식을 찾아내는 과정을 시범 보일 수 있어야 한다. 그리고 지식을 찾아내는 과정을 수행하는 동안 머릿속에서 이루어지는 사고의 과정을 사고 구술법을 활용하여 설명해 줄 수 있어야 한다.

이러한 교수·학습 과정 대부분이 교사 중심으로 이루어지기 때문에 학생이 수업에 적극적으로 참여할 수 있도록 유도하는 것이 중요하다. '설명하기'와 '시범 보이기' 단계에서는 교사 중심으로 이루어지지만 '질문하기'와 '일반화하기'에서는 학습자의 능동적인 참여를 적극적으로 유도하여야 한다. 교수·학습의 도입 단계에서는 교수·학습의 책임이 교사에게 무게 중심이 놓이지만 전개 과정이 진행되어 갈수록 교수·학습의 책임이 학생에게로 옮겨 갈 수 있도록 수업을 계획하고 운영할 수 있어야 한다. 이러한 교수·학습의 원리를 '책임 이양의 원리'라고 부른다.

간접 교수 방법에는 자료 제시와 자료 탐색을 중심으로 진행되는 지식 발견 학습법, 지식 탐구 학습법, 문제 해결 학습법, 토의·토론 학습법 등이 있다. 뒤에서 이와 같은 직접 교수 방법과 간접 교수 방법이 문법 교수·학습에서 어떻게 적용되어 왔는지 살펴보기로 한다.

10.2. 문법 교육의 성격과 탐구

이 절에서는 문법 교육의 성격을 간단히 요약하고 문법 교육의 성격에 따른 교수·학습 방법이 어떠해야 하는지를 알아본다. 특히 여기서는 제6차 교육과정 이래 강조되어 온 '탐구'의 문법 교육적 가치와 위상에 대해 자세하게 알아보도록 한다.

10.2.1. 문법 교육의 성격

초·중등학교에서 이루어지는 문법 교육의 성격은 크게 세 가지로 정리해 볼 수 있다. 자세한 것은 1.3. 절에서 다룬 바이므로 여기서는 짧게 언급하도록 한다. 국어로 이루어지는 의사소통의 능력을 신장시키기 위하여 그 기반이 되는 문법 지식을 학습하는 것이 있다. 문법을 알지 못하면 생각을 말이나 글로 표현할 수 없다. 생각을 표현하는 데 필요한 어휘를 선택하고, 그 어휘들을 연결하여 상황과 맥락에 어울리는 구나 문장, 텍스트를 만들고, 만든 어휘나 문장을 한국어의 발음에 맞게 발음을 하고, 상황에 어울리는 어휘나 표현을 선택하여 사용하는 것 등은 모두 문법 지식을 바탕으로 가능하다.

여기에 필요한 문법 지식 중 상당한 부분은 자동적으로 습득된다. 자동적으로 습득되는 문법 지식은 의사소통 능력을 신장시키기 위한 교수·학습 내용으로는 가치가 약하다. 예를 들면 한국어의 관형어는 특별한 경우가 아니고는 그것이 꾸며 주는 말 앞에 놓인다. 한국에서 태어난 사람들은 한국어를 말하게 되면서부터 저절로 이와 같은 문법 규칙에 따라 구나 문장을 구성하여 사용한다. 이렇게 저절로 습득되는 한국어 문법 지식은 의사소통 능력 신장을 위한 교육 내용으로서 가치가 약하거나 없다.

이에 비해 국어의 주체 높임법과 관련된 문법 지식은 저절로 습득되지 않는다. 서술어에 의해 서술되는 행위의 주체나 속성의 대상이 말하는 사람보다 나이가 많거나 직위가 높거나 하여 존대를 해야 할 경우에는 용언의 어간에 주체 존대를 나타내는 어미 '-시-'를 붙여 주어야 한다.

(1) ㄱ. 삼촌, 언제 왔어요?
ㄴ. 우리 가게는 95 사이즈는 없으십니다.

(1ㄱ), (1ㄴ)에서 볼 수 있는 것처럼 존대의 대상임에도 불구하고 '-시-'를 사용하지 못한다든지, 행위의 주체나 속성, 상태, 존재의 대상이 높여야 하는 대상이 아님에도 불구하고 '-시-'를 사용하는 경우가 있다. 이들은 모두 '-시-'에 대한 용법을 정확히 이해하고 있지 못하여 생기는 오류이다. 이와 같은 경우에는 문법 교육적 가치가 매우 크다고 할 수 있다.

국어 문법 지식은 국어학적으로는 더 중요하고 더 가치가 있거나 덜 중요하고 덜 가치가 있는 것이 없다. 어느 하나 할 것 없이 우리말을 이루고, 우리말을 정확하게 사용하는 데 없어서는 안 될 것이기 때문이다. 그렇지만 문법 교육적으로는 그렇지 않다. 국어를 효과적으로 사용하는 데 이미 습득된 것은 국어 사용 교육의 기반 지식으로서 가치가 낮고 습득이 되지 않아 오류가 빈번히 생기는 것은 가치가 더 높다고 할 수 있다.

다음은 국어 현상에 대한 탐구적 사고력을 신장시키기 위한 문법 지식의 교수 · 학습의 경우가 있다. 국어과 문법 영역에서 탐구적 사고력이 본격적으로 대두된 것은 제6차 교육과정에서부터임을 다음에서 확인할 수 있다.

(2) 7. 국어과의 방법(제6차 국어과 교육과정)

"'언어' 영역은 학생들이 이미 상당한 수준의 국어 사용 능력을 지니고 있다는 점을 감안하여 언어 지식을 직접 제시하거나 설명하는 방법을 지양하고, 구체적인 국어 자료부터 규칙을 노출하고, 예외 현상을 걸러 내는 탐구 과정 중심으로 지도하도록 하였다. 이는 '언어' 영역의 수업이라도 학생 활동이 주가 되어야 한다는 점을 암시한다. …(중략)…

국어에 대한 규칙(지식)을 구체적인 언어 자료로부터 스스로 도출해 내는 학습은 언어 현상에 대한 인식을 높이고, 규칙에 대해 정확하게 이해할 수 있도록 해 준다."

(3) 8. 국어과의 평가 영역(6차 국어과 교육과정)

언어 영역의 평가는 언어 지식 그 자체보다는 언어 자료로부터 지식을 도출하는 과정 및 언어 지식의 활용 측면에 중점을 두도록 하였다.

(2), (3)에서 볼 수 있듯이 6차 국어과 교육과정의 '국어과의 방법' 중 '나. 교수 · 학습 원리에 관한 사항'에서는 문법 영역의 '교수 · 학습 방법'으로 문법 지식을 직접 설명하는 방법을 지양하고, 국어 자료에서 학습자가 규칙을 직접 도출하는 과정을 강조하고 있다. 그리고 그 과정과 그 과정에서 찾아낸 지식을 활용하는 측면에 중점을 두어 평가하도록 하고 있다. 문법 영역의 교수 · 학습 방법과 평가에 대한 이와 같은 관점은 2015 개정 국어과 교육과정까지 유지되어 오고 있음을 교육과정을 통하여 확인할 수 있다.

문법의 교수 · 학습을 통하여 국어 문화적 소양을 높여 주고자 하는 경우가 있다. 이에 대한 교육 내용으로는 국어의 특성, 국어의 본질, 국어사랑, 한글의 우수성 등이 여기에 해당한다고 할 수 있다. 이상과 같이 문법 교수 · 학습의 성격은 크게 세 가지로 정리될 수 있다. 국어 사용 능력을 신장시키기 위하여, 국어적 탐구 능력을 신장시키기 위하여, 국어 문화적 소양을 신장시키기 위하여 문법의 교수 · 학습이 이루어지는 것으로 요약할 수 있다. 이러한 교수 · 학습의 성격을 고려하여 문법 교재가 구성되어야 하는 것은 물론 문법 교수 · 학습 방법이 선택되어야 한다.

10.2.2. 문법 교육과 탐구

다음은 문법 교수 · 학습에서 '탐구'의 성격에 대해 살펴보자.

10.2.2.1. 탐구, 내용 그리고 방법

제6차 교육과정 이래 2015 개정 교육과정까지 문법 교육에서 '탐구'가

지속적으로 강화되어 왔다는 것은 국어과 문법 영역의 성격, 목표, 내용 체계 등을 통하여 이해할 수 있다. 문법 교육에서 '탐구'가 어떻게 적용되어 왔는지 교수·학습 방법과 관련지어 알아보기로 한다.

(4) 교육과정별 문법 영역의 내용 체계[4]

<table>
<tr><td>국어의 본질</td><td>국어의 이해와 탐구
• 음운 • 낱말
• 어휘 • 문장
• 의미 • 담화</td><td>국어에 대한 태도</td></tr>
<tr><td colspan="3">국어의 규범과 적용</td></tr>
</table>

〈표 1〉 국어 지식 영역(제7차 국어과 교육과정)

<table>
<tr><td colspan="2">국어 사용의 실제
• 음운 • 단어 • 문장 • 담화/글</td></tr>
<tr><td>지 식
• 언어의 본질 • 국어의 특질
• 국어의 역사 • 국어의 규범</td><td>탐 구
• 관찰과 분석 • 설명과 일반화
• 판단과 적용</td></tr>
<tr><td colspan="2">맥 락
• 국어 의식 • 국어 생활 문화</td></tr>
</table>

〈표 2〉 문법 영역(2007 개정 국어과 교육과정)

<table>
<tr><td colspan="3">실 제
• 국어 문화와 자료
- 구어 자료, 문어 자료
• 다양한 매체와 국어 자료</td></tr>
<tr><td>지식
• 언어의 특성
• 국어의 구조
• 국어의 규범</td><td>탐구와 적용
• 국어의 분석과 탐구
• 국어 지식의 적용
• 국어 생활의 점검과 문제 해결</td><td>대도
• 국어의 가치와 중요성
• 국어 탐구에 대한 흥미
• 국어 의식과 국어 사랑</td></tr>
</table>

〈표 3〉 문법 영역(2009 개정 국어과 교육과정)

4 교육과정별 문법 영역의 내용 체계를 탐구를 중심으로 구성한 것이며, 제7차 국어과 교육과정에서는 문법 영역에 해당하는 영역을 '국어 지식'이라는 명칭을 사용하였다.

핵심 개념	일반화된 지식	내용 요소	기능
▸국어의 본질	…	…	• 문제 발견하기 • 자료 수집하기 • 비교 · 분석하기 • 분류 · 범주화하기 • 종합 · 설명하기 • 적용 · 검증하기 • 언어 생활 성찰하기
▸국어 구조의 탐구와 활용 • 음운 · 단어 · 문장 · 담화	… 이들에 대한 탐구를 통해 국어 지식을 얻고 이를 언어생활에 활용할 수 있다.		
▸국어 규범과 국어 생활 …	…		
▸국어에 대한 태도 …	…		

〈표 4〉 문법 영역(2015 개정 국어과 교육과정)

〈표 1〉~〈표 4〉에서 볼 수 있는 것처럼, 제7차 교육과정에서는 내용 체계의 상위 범주명만 '국어의 탐구와 이해'로 제시하고 있다. 그런데 2007 개정 교육과정에서는 상위 범주명을 '탐구'로 그 하위 범주명을 '관찰과 분석', '설명과 일반화', '판단과 적용'으로 제시하고 있으며, 2009 개정 교육과정에서는 탐구 과정에 수반되는 하위 기능들을 통틀어 '국어의 분석과 탐구'로 범주화하고 태도 범주의 하위 범주로 '국어 탐구에 대한 흥미'를 설정하고 있다는 점에서 2007 개정 교육과정에 비해 강화되었다고 할 수 있다.

한편, 2015 개정 교육과정에서는 가장 상위 범주인 '핵심 개념' 범주에 '국어 구조의 탐구와 활용'을 설정하고 있으며 '기능' 범주의 하위 범주에 국어 현상의 탐구 과정에 동원되는 탐구 기능—문제 발견하기, 자료 수집하기, 비교 · 분석하기, 분류 · 범주화하기, 종합 · 설명하기, 적용 · 검증하기, 언어 생활 성찰하기—을 구체적으로 제시해 두고 있다.

탐구 기능을 내용 체계에 구체적으로 제시하고 있다는 것은 이를 문법 영역의 교수 · 학습 요소로 삼겠다는 의도로 파악된다. '일반화된 지식' 범주에서 밝히고 있듯이, 문법 영역에서는 국어 현상을 탐구하는 데 요구되는 탐구 기능을 익혀 이를 통해 국어 지식을 얻고 언어생활에 활용할 수 있는 능력을 길러 주고자 하는 것이다.

이상에서 볼 수 있는 것처럼 제5차 교육과정 이래 2015 개정 교육과정까지 국어과 문법 영역에서 탐구 과정과 탐구 기능은 교수·학습 내용적인 측면에서도 교수·학습 방법적인 측면에서도 지속적으로 강화되어 왔다.

그러나 탐구 과정에 수반되는 탐구 기능을 구체적으로 교수·학습 내용화하여 성취 기준으로 제시하고, 교과서와 수업에 적용하는 데는 문제가 있다. 그것은 문법 영역의 탐구 과정과 탐구 기능에 대한 교수·학습상의 정체성과 관련된 문제이다. 문법 영역에서 '탐구'의 성격이 탐구적 사고력을 신장시키고자 하는 것인지, 문법 지식을 내면화하기 위한 교수·학습 방법으로 활용하고자 하는 것인지, 아니면 둘 다를 포괄하는 것인지 불분명하다.

문법 영역의 교수·학습이 탐구적 사고력을 신장시키는 것에 중점을 둔다면 문법 지식이나 국어 현상은 그를 위한 수업 재료가 되어야 한다. 그렇지 않고 문법 지식의 이해에 초점이 있는 것이라면 탐구 과정은 그 자체가 교수·학습의 내용이 되는 것이 아니라 문법 지식을 이해하기 위한 방법이 되어야 한다.

제5차 교육과정 이래 2015 개정 교육과정까지 문법 영역의 교육과정은 '문법' 교수·학습의 정체성에 혼란상을 보이고 있다. 2015 개정 국어과 교육과정의 성격 부분에서는 문법 영역의 성격을 "국어가 쓰이는 실제 현상을 탐구하여 국어를 깊이 있게 이해하고 반성적으로 인식하는 활동"을 하는 영역으로 규정하고, 교과 목표에서도 "… 문법 탐구 …에 도움이 되는 기본 지식을 갖춘다."라고 제시하여 탐구 기능을 익히기 위한 절차적 지식의 교수·학습을 강조하고 있다. 이처럼 국어과 교육과정의 성격, 목표, 내용 체계, 교수·학습 방법, 평가 등에서는 탐구 과정과 기능을 교수·학습 내용으로서뿐만 아니라 교수·학습 방법으로서 다루고 있다. '성격'에서는 '탐구'가 문법 지식을 이해하는 교수·학습 방법으로 이해되는 데 비해, '목표'에서는 '탐구 기능' 자체가 교수·학습의 내용이 되는 것으로 파악된다.

2015 개정 국어과 교육과정에서는 문법 영역의 교수·학습 내용을 도출하는 틀로 작용하는 내용 체계에서 핵심 개념 범주로 '국어 구조의 탐구와 활용'을 설정하고 교수·학습 내용으로서 '탐구 기능'을 구체적으로 제시하고 있음에도 불구하고 이들 기능을 익히는 것에 대한 성취 기준은 제시되어 있지 않다. 즉 구체적인 교수·학습 내용 선정과 직접 관련되어 있는 성취 기준에서는 대부분이 탐구 과정이 문법 지식을 이해하는 데 교수·학습 방법으로만 활용되고 구체적인 교수·학습 내용으로서의 탐구 기능이 제시된 것을 찾기 어렵다.

(5) 2015 개정 국어과 교육과정 문법 영역의 성취 기준 일부

ㄱ. [6국04-03] 낱말이 상황에 따라 다양하게 해석됨을 탐구한다.

ㄴ. [10국04-01] 국어가 변화하는 실체임을 이해하고 국어 생활을 한다.

ㄷ. [10국04-02] 음운의 변동을 탐구하여 올바르게 발음하고 표기한다.

ㄹ. [10국04-03] 문법 요소의 특성을 탐구하고 상황에 맞게 사용한다.

(5)에서 볼 수 있듯이 문법 영역의 성취 기준은 '성격', '목표', '내용 체계'에서와 달리 국어 현상의 '탐구 과정'이나 '탐구 기능'을 중심 내용으로 하는 경우는 1학년에서 10학년까지 단 한 항목도 제시되어 있지 않다. (5ㄱ)의 파란색 글씨 '탐구한다'는 다의어의 쓰임을 탐구하는 경우이고, (5ㄷ)의 '탐구하여'는 음운 변동 현상을 탐구하는 경우이다. 다시 말하면 '다의어의 쓰임'과 '음운 변동 현상'을 이해하기 위하여 탐구의 방법을 이용하는 것이다. 성취 기준이 이와 같이 진술되어 있기 때문에 교과서나 수업의 실제 장면에서는 '탐구'가 교수·학습 방법의 일부로만 다루어지고 있다.

지금까지 문법 영역에서 '탐구'는 문법 지식을 발견하여 그 결과를 적용하는 방법으로 활용되어 왔지 그 방법 자체가 교수·학습의 대상이 되지는 않았음을 성취 기준을 통해 확인할 수 있었다. 〈표 4〉의 2015 개정 교육과정의 문법 영역 내용 체계에서는 '탐구 과정'의 하위 기능이 구체적으로 제시되고 있으나 내용 체계를 바탕으로 조직되는 성취 기준에서는 '탐구한다'

라는 포괄적인 진술이 일부 있을 뿐 그 하위 기능에 대해서는 제시된 것이 없다는 점에서 이전 교육과정의 성취 기준과 큰 차이가 없다.

10.2.2.2. 문법, 내용 그리고 재료

탐구 기능을 문법 교육의 내용으로 보는 관점에서는 문법 지식 자체는 교수·학습의 내용이라기보다 교수 · 학습의 재료가 된다. 탐구 기능 신장이나 탐구적 사고력 신장을 위하여 탐구한 결과로서의 문법 지식은 꼭 국어학 개론이나 소위 고등학교 국어 문법 교과에서 다루는 문법—학교 문법—의 내용과 동일하지 않아도 상관없다. 초등학교 국어과에서 재료로 활용하는 문법 지식과 중등학교 국어과나 문법 과목에서 재료로 활용하는 문법 지식은 그 수준과 범위가 같지 않다. 즉 탐구 기능 신장을 위한 재료로서 문법 지식이나 탐구 결과로 도출한 문법 지식의 수준과 범위는 초등학교에서는 초등학교 학습자의 인지 발달 수준에 적합한 형태여야 하고, 중등학교에서는 중등학교 학습자의 인지 발달 수준에 적합한 형태여야 한다.

한편, 탐구 기능 즉 탐구적 사고력을 신장시키면서 탐구의 결과를 국어 사용의 기반 지식으로 활용하는 것도 가능하다. 전자의 관점에서 탐구 결과로서의 '문법 지식'은 문법 교육의 재료가 되고 문법 교육의 내용은 '탐구의 기능'이 된다. 이에 비해 후자의 관점에서는 탐구 결과로서의 '문법 지식'이 국어 사용의 기반 지식의 학습을 위한 문법 교육의 내용이 되고 '탐구 과정'은 문법 교수 · 학습의 방법이 된다. 이 경우에는 탐구 결과로서의 '문법 지식'은 문법 교육의 재료이자 내용이 되고, '탐구 과정'은 문법 교육의 내용이자 문법 지식 학습을 위한 교수 · 학습의 방법이 된다고 할 수 있다

10.3. 문법 교재와 교수 · 학습 방법

여기서는 문법 교재의 구성 양상을 살펴보고 이를 통하여 문법 교수 · 학

습 현황도 알아보기로 한다. 문법 교재가 어떻게 구성되어 왔는지를 살펴보면 그 교수·학습 양상을 짐작하는 것이 가능하다. 물론 문법 교재가 어떻게 구성되든 교사는 학습 목표와 학습자, 교사 요인을 고려하여 교재를 재구성하는 것이 가능하다. 학습 목표나 학습자의 흥미나 수준을 고려하여 재구성을 하는 경우도 있지만 많은 경우 교재가 어떻게 구성되었는지에 따라서 수업을 전개한다는 점을 고려할 때 교재 구성이 교수·학습 방법에 미치는 영향이 크다고 하겠다.

10.3.1. 문법 교재와 교수·학습 방법의 현황

간접 교수 방법을 적용하기 위한 교재 구성과 직접 교수 방법을 적용하기 위한 교재 구성은 차이가 있을 수밖에 없다. 문법의 교수·학습에 간접 교수 방법을 적용한 교재는 '자료(국어 현상) 제시 및 탐색 → 가설 설정 → 추가 자료 제시 및 탐색 → 규칙 및 원리 도출 → 일반화를 위한 자료(국어 현상) 제시', '가설 설정 → 기본 자료(국어 현상) 제시 및 탐색 → 가설 확인 → 추가 자료 제시 및 탐색 → 규칙 및 원리 도출'이나 '문제 발견 및 확인 → 자료 제시 및 탐색 → 문제 해결 → 일반화'의 과정이 이루어질 수 있도록 구성되어야 한다.

〈표 4〉는 초등학교 1학년 학습자에게 소리와 표기의 관계를 가르치기 위하여 구성한 교수·학습 과정안의 일부이다. 이 과정안은 간접 교수법의 하나인 지식 발견 교수·학습 방법에 따라 진행되도록 계획되어 있다.

〈표 4〉 소리와 표기의 관계에 대한 학습 내용(김정은·이병규, 2017 참고)

학습 목표		두 번째 글자의 발음이 어떻게 바뀌는지 이해하고 바르게 읽어 봅시다.
교수·학습 과정	문제 확인	• 한글 회전판으로 글자 만들어 읽어 보며 흥미 유발하기 • 학습 문제 및 학습 활동 안내하기

교수·학습 과정	자료 탐색	[활동1] ㄱ 받침과 만났어요. • '국기', '국경', '국수', '국자'를 발음하며 공통점 찾기 • '미역국', '벽돌'을 발음하며 공통점 찾기 [활동2] ㄷ 받침과 만났어요. • '돋보기', '걷다', '얻다'를 발음하며 공통점 찾기 [활동3] ㅂ 받침과 만났어요. • '밥상', '밥그릇', '밥반찬' 발음하며 공통점 찾기 • '집밥', '눕다'를 발음하고 공통점 찾기
	지식 발견	• '벽돌', '돋보기', '밥상'을 발음하고 발음의 공통점 찾기
	지식 적용	• 소리 나는 대로 쓰인 경우와 글자로 쓸 때의 경우 빨리 찾기 게임하기

〈표 4〉의 '활동 1'에서는 받침 ㄱ 소리와 다음 음절의 첫소리 ㄱ, ㅅ, ㅈ가 만나 뒤 음절 첫소리가 된소리로 바뀌는 자료를 제시하고, 이들의 공통점을 찾게 한다. 그리고 발음대로 표기한 경우와 한글 맞춤법에 맞게 표기한 경우의 차이를 탐색해 보게 함으로써 소리대로 적은 표기와 한글 맞춤법에 맞게 표기한 것이 차이가 있을 수 있다는 것을 이해할 수 있도록 진행한다.

'활동 2'에서는 받침 ㄷ 소리와 다음 음절의 첫소리 ㅂ, ㄷ가 만나 뒤 음절 첫소리가 된소리로 바뀌는 자료를 제시하고, '활동 3'에서는 받침 ㅂ와 다음 음절의 첫소리 ㅅ, ㄱ, ㅂ가 만나 뒤 음절의 첫소리가 된소리로 바뀌는 자료를 제시한다. 각각의 자료 내에서 발음상의 공통점과 '활동 1', '활동 2', '활동 3'의 발음상의 공통점, 그리고 발음대로 적을 경우와 한글 맞춤법에 맞게 적을 경우의 차이점에 대해 탐색한 후 그 결과를 정리해 보도록 구성하고 있다.

이러한 교수·학습 과정에서 교사는 자료 제시자, 안내자, 조력자의 역할을 하고 지식을 직접 설명하거나 가르쳐 주는 역할을 하지 않는다. 학생은 교사가 제시한 자료에서 각각의 소리 현상에 대하여 공통점을 찾고, 소리대로 적은 표기와 한글 맞춤법에 맞게 적은 표기가 같은지 다른지를 탐색하고 결과로서의 지식을 도출해 내게 된다. 학습자는 지식 탐색 과정에서 궁금한 사항이 있으면 교사에게 질문을 하거나 동료 학습자에게 질문을 하여 협동적으로 과제를 수행한다. 따라서 학습자는 교수·학습 과정에 능동적이고 적극적으로 참여하게 되고 교사와 학생, 학생과 학생 사이의 상호작용도 활발하게 이루어지게 된다.

한편 문법 교수·학습을 위하여 직접 교수 방법을 적용하기 위한 교재는 '규칙이나 원리에 대한 설명 또는 규칙이나 원리를 발견해 내는 과정 설명 및 시범 → 이해한 규칙이나 원리를 적용하고 일반화하기 위한 자료 제시'의 과정이 이루어질 수 있도록 구성되어야 한다.

다음 〈그림 1〉과 〈그림 2〉는 고등학교 《문법(1995: 150쪽~151쪽)》 교과서의 일부분이다. 〈그림 1〉과 〈그림 2〉는 모두 문장 성분에 대한 교수·학습을 위해 구성해 놓은 교재이다. 〈그림 1〉에서는 문장 성분과 서술어의 개념에 대해 설명하고 있고, 〈그림 2〉는 〈그림 1〉에서 이해한 것을 적용하여 문제를 해결하도록 구성해 놓은 것이다.

2. 문장 성분의 종류

문장은 문장 안에서 일정한 문법적 기능을 하는 부분들로 이루어진다. 이러한 각 부분들을 **문장 성분**(文章成分)이라고 한다. 문장 성분은 문장을 이루는 데 골격이 되는 **주성분**, 주로 주성분의 내용을 수식하는 **부속 성분**, 다른 문장 성분과는 직접적인 관련이 없는 **독립 성분**으로 나뉜다. 주성분에는 서술어, 주어, 목적어, 보어가 있고, 부속 성분에는 관형어, 부사어가 있으며, 독립 성분에는 독립어가 있다.

(1) 서술어와 주어

서술어(敍述語)는 주어의 동작, 상태, 성질 따위를 풀이하는 기능을 하는 문장 성분이다. 서술어는 '날아가다, 예쁘다'처럼 동사나 형용사로 이루어지는 것이 보통이나 '학생이다'처럼 체언에 서술격 조사 '이다'가 결합되어 이루어진 경우도 있다. 일반적으로 국어 문장은 서술어의 종류에 따라 '무엇이 어찌한다, 무엇이 어떠하다, 무엇이 무엇이다'의 유형으로 나뉜다. 여기서 '어찌한다', '어떠하다', '무엇이다'에 해당하는 것이 바로 서술어이다. 다음 문장에서 밑줄 친 '날아간다, 예쁘다, 학생이다'가 서술어에 해당한다.

〈그림 1〉《문법》의 문장 성분 기술 일부(제7차 교육과정)

〈그림 1〉과 같이 구성된 교재로 이루어지는 교수·학습 상황은 간접 교수 방법보다 직접 교수 방법이 적용될 것임을 짐작하는 것은 어렵지 않다. 이미 교과서에 문장 성분이 무엇인지, 서술어가 무엇인지 설명이 되어 있기 때문이다. 교사의 역할은 이 설명문을 학생들에게 읽히고 그 개념을 이해시키는 역할을 하게 된다.

탐구

1 **다음 예로 서술어를 탐구하여 보자.**

- 왜 한글날이 국경일이 되지 않았는가?
- 관악구 보건소에서는 환절기를 맞이하여 독감 예방 접종을 다음과 같이 실시합니다.
- 누군가 나에게 뭔가를 해 주길 기다리지 말고, 내가 먼저 누군가에게 뭔가를 해 주자.

〈그림 2〉《문법》의 탐구 사례(제7차 교육과정)

〈그림 2〉는 문장 성분, 서술어를 탐구하기 위하여 제시된 사례이다. 〈그림 1〉에서 문장 성분을 학습한 후, 〈그림 2〉에서 서술어를 탐구해 보도록 구성해 놓은 것이다. 〈그림 1〉과 〈그림 2〉를 통해 국어과의 문법 영역과 《문법》 교과서에서 '탐구'가 어떻게 적용되고 있는지 이해할 수 있다.

〈그림 1〉과 〈그림 2〉의 관계에서 알 수 있는 것처럼 이 경우의 탐구는 국어 현상에서 문법 지식을 찾아내는 과정이 아니다. 설명의 방식으로 제시된 문법 지식을 이해하고 이를 활용하여 문법 지식을 다른 자료에 적용하여 심화하는 것을 '탐구'로 보고 있다.

〈그림 1〉의 과정에서 학습자는 교과서와 교사가 전달하는 문장 성분의 개념과 종류, 서술어와 주어의 개념과 종류를 수동적으로 받아들이기만 하면 된다. 이 과정에서 학습자에게 요구되는 사고는 '사실적 이해'에 그친다. 이에 비해 〈표 4〉에서 제시되고 있는 '탐구 기능'이나 〈표 5〉의 교수·학습

과정을 통해서 추론적 사고, 분석적 사고, 종합적 사고 등 훨씬 고차적인 사고를 경험할 수 있게 된다. 따라서 학습자의 지적 성장과 교육적 의미를 생각하면 〈표 4〉의 과정에 적용되고 있는 간접 교수 방법에 따른 교수 · 학습이 직접 교수 방법에 따른 교수 · 학습보다 효과적이라고 볼 수 있다.

그런데 학교에서 이루어지는 문법 교육 양상은 이와 같지 않다. 어느 교육과정 시기 할 것 없이, 학교급에 관계 없이 간접 교수 방법보다 직접 교수 방법으로 문법 수업이 이루어져 왔음은 〈그림 1〉~〈그림 4〉를 통해 확인할 수 있다.

〈그림 3〉, 〈그림 4〉는 2009 개정 교육과정에 따른 《독서와 문법》 교과서의 사례이고, 〈그림 5〉는 2009 개정 교육과정에 따른 초등학교 《국어》 교과서의 문장 성분을 교수 · 학습하기 위하여 구성된 사례이다.[5]

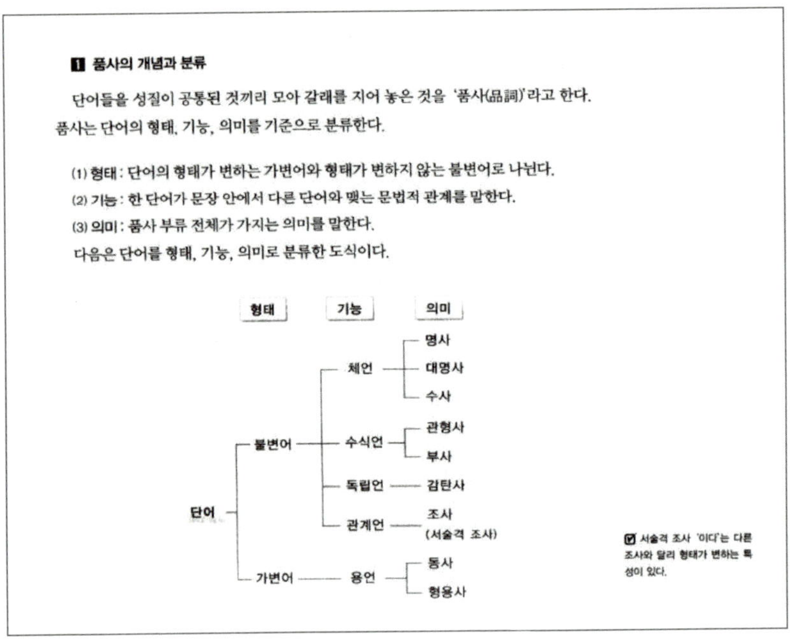
1 품사의 개념과 분류

단어들을 성질이 공통된 것끼리 모아 갈래를 지어 놓은 것을 '품사(品詞)'라고 한다. 품사는 단어의 형태, 기능, 의미를 기준으로 분류한다.

(1) 형태 : 단어의 형태가 변하는 가변어와 형태가 변하지 않는 불변어로 나뉜다.
(2) 기능 : 한 단어가 문장 안에서 다른 단어와 맺는 문법적 관계를 말한다.
(3) 의미 : 품사 부류 전체가 가지는 의미를 말한다.
다음은 단어를 형태, 기능, 의미로 분류한 도식이다.

〈그림 3〉《독서와 문법》의 예 1(2009 개정 교육과정)

5 문법 영역의 교수·학습을 위한 교과서 기술 방식은 학교급별로나 교육과정 시기별로 큰 차이를 발견하기 어렵다.

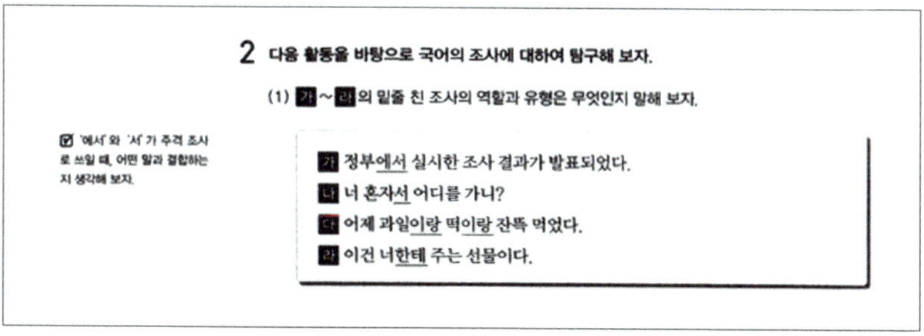

2 다음 활동을 바탕으로 국어의 조사에 대하여 탐구해 보자.

(1) 가~라의 밑줄 친 조사의 역할과 유형은 무엇인지 말해 보자.

☑ '에서'와 '서'가 주격 조사로 쓰일 때, 어떤 말과 결합하는지 생각해 보자.

가 정부<u>에서</u> 실시한 조사 결과가 발표되었다.
나 너 혼자<u>서</u> 어디를 가니?
다 어제 과일<u>이랑</u> 떡<u>이랑</u> 잔뜩 먹었다.
라 이건 너<u>한테</u> 주는 선물이다.

〈그림 4〉《독서와 문법》의 예 2(2009 개정 교육과정)

〈그림 3〉과 〈그림 4〉에서 확인할 수 있는 것처럼 탐구 과정과 탐구 기능이 강화된 2009 개정 교육과정에 따른 《독서와 문법》 교과서의 경우도 제7차 교육과정에 따른 《문법》 교과서와 그 기술 방법이 동일하다. 다시 말하면 문법 지식을 직접 설명하고 이에 대한 이해를 바탕으로 새로운 언어 자료에서 확인하는 과정을 '탐구'로 명명하고 있는 것이다. 제5차 교육과정 이래 지금까지 지속적으로 강조해 온 문법 탐구는 〈그림 2〉, 〈그림 4〉에서 볼 수 있는 것처럼 직접 교수 방법에 따라 이해한 지식을 다른 언어 자료에 적용하여 이해를 심화시키는 문제 풀이 활동에 불과하다.

문장 성분을 알아봅시다.

1 문장 성분이 무엇인지 생각하며 〈무엇이 무엇을 어찌한다〉를 읽어 봅시다.

무엇이 무엇을 어찌한다

우리가 일상생활에서 주로 쓰는 문장은 (가)~(마)와 같은 형식을 가지고 있습니다. 각 형식과 그에 해당하는 문장을 예로 들면 다음과 같습니다.

(가) 무엇이 무엇이다: 동생은 초등학생이다.
(나) 무엇이 어떠하다: 날씨가 따뜻하다.
(다) 무엇이 어찌한다: 말이 달린다.

'동생은', '날씨가', '말이'처럼 '무엇이'에 해당하는 성분을 '주어'라고 하고, '초등학생이다', '따뜻하다', '달린다'처럼 '무엇이다', '어떠하다', '어찌한다'에 해당하는 성분을 '서술어'라고 합니다.

(라) 무엇이 무엇을 어찌한다: 민수가 밥을 먹는다.
(마) 무엇이 누구를 어찌한다: 재호는 현아를 좋아한다.

〈그림 5〉 5학년 1학기 《국어(106쪽)》(2007 개정 교육과정)

〈그림 5〉는 초등학교 《국어》 교과서의 문장 성분에 대한 기술이다. 이 역시 중등에서처럼 문법 개념이 설명의 방식으로 구성되어 있다. 심지어 〈그림 1〉의 고등학교 문법 교과서의 서술어 기술과 내용면에서나 형식면, 수준면에서 큰 차이가 없다. 이러한 교과서 구성은 학교급별, 교육과정별로 문법 수업이 어떻게 이루어져 왔고, 현재 어떻게 이루어지고 있는지를 보여 준다.

10.3.1. 문법 교재와 교수 · 학습 방법의 지향

4차 산업 혁명으로 일컬어지는 미래 사회에 요구되는 인재를 양성하기 위하여 문법 교수 · 학습 방법과 문법 교재가 지향해야 할 방향에 대해 살펴보자. 특히 인공 지능(AI)으로 대표되는 4차 산업 혁명 시대에는 고차적인 사고 능력을 갖춘 사람이 경쟁력을 갖게 된다. 따라서 모든 교육은 여기에 중점을 두고 이루어져야 한다. 문법 교육도 마찬가지이다. 앞에서 살펴본 것처럼 문법의 교수·학습 방법은 이에 부합하지 않은 면이 있다.

국어 (사용) 현상에서 발견해 낸 문법 지식은 그 기준을 어떻게 설정하느냐에 따라 그 결과가 달라지는 경우가 많다. 예를 들어 국어의 품사를 어떻게 설정하느냐는 그 일차적 기준과 하위 기준을 형태, 통사, 의미 중 무엇으로 잡느냐에 따라서 또 하위 기준을 어느 수준까지 적용하느냐에 따라 그 결과가 달라진다.

따라서 국어의 품사를 9품사로 설정한 후 각 품사의 개념을 설명하고 이를 이해시키는 것은 탐구 역량이 뛰어난 학습자를 양성하는 데 효과적이지 않다. 왜냐하면 이러한 수업 방법은 이해적 사고 역량을 기르게 하는 데 그치기 때문이다.

교육 보편적인 목표는 학습자의 사고력을 신장시키는 것이다. 대부분이 교사가 설명하는 개념을 듣고, 교과서에 설명된 개념을 읽고 이해하는 방식으로 학습이 이루어져 왔다. 문법 교수·학습이 제6차 교육과정 이래로 학습자의 사고력을 신장시키는 것을 강화해 왔음에도 불구하고 교재 구성 방식과 교수·학습 방법은 이를 효과적으로 수용하지 못했음을 앞에서 확인했다.

미래 사회가 요구하는 인재를 양성하는 데 부합하는 문법 교재와 교수·학습 방법은 다음과 같은 원리가 충족되어야 한다. 첫째, 문법 교재 구성과 교수·학습 방법은 학습자의 사고력을 신장시켜 줄 수 있어야 한다. 이를 효과적인 문법 교수·학습 방법 구안을 위한 '사고성의 원리'라고 명명할 수 있겠다. 지식, 이해 차원의 사고뿐만 아니라 추론, 분석, 평가, 종합 차원의 사고 능력이 길러질 수 있도록 교재를 구성하고 교수·학습 방법이 적용되어야 한다.

둘째, 문법의 교재 구성과 교수·학습 방법은 국어학 연구의 결과로서 문법 지식을 가르치고 이해시키는 것에서 나아가 다양한 국어 (사용) 현상에서 지식을 직접 찾아내는 과정을 경험할 수 있도록 해 주어야 한다. 이를 '과정성의 원리'라고 명명할 수 있다. 기준을 어떻게 수립하느냐에 따라 국어 (사용) 현상에서 도출되는 지식이 달라질 수 있음을 이해하고, 지식의 가치가 동일한 것이 아니기 때문에, 같은 현상에서 더 가치 있는 지식을 발견해 내는 것이 중요함을 인식할 수 있는 교재 구성과 교수·학습 방법이어야 한다.

셋째, 학습자의 수준에 적절하고 학습자의 실제 언어생활을 반영한 교재와 교수·학습 방법이어야 한다. 이를 '실제성의 원리'라고 부를 수 있다. 앞의 〈그림 1〉과 〈그림 5〉에서 보았듯이 고등학교 문법 교과서에서 문법 개념을 기술한 수준이나 초등학교에서 기술한 수준이 큰 차이가 없다면 위계에도 맞지 않고 인지 발달이나 언어 발달 수준에도 맞지 않다. 따라서 실제 수준에 맞는 교재 구성과 교수·학습 방법이어야 한다.

넷째, 많은 경우 문법 교수·학습을 위한 교재의 언어 자료는 학습자의 실제 언어 경험에서 도출한, 맥락화된 것이어야 한다. 이를 '맥락화의 원리'라고 부를 수 있다. 문법 교수·학습에 제공되는 국어 자료는 탈맥락적인 경우가 많다.

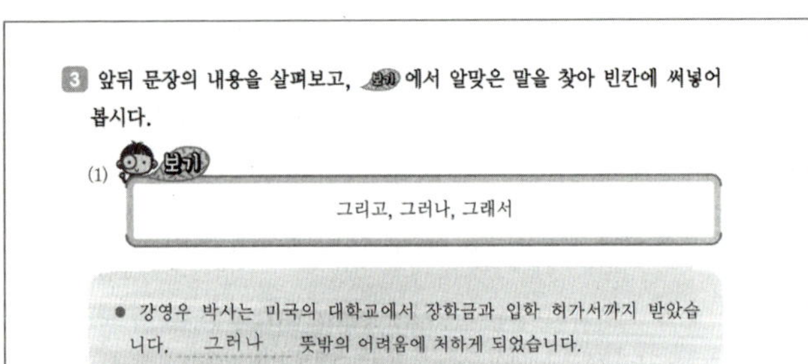
3 앞뒤 문장의 내용을 살펴보고, 보기 에서 알맞은 말을 찾아 빈칸에 써넣어 봅시다.

(1) 보기

그리고, 그러나, 그래서

● 강영우 박사는 미국의 대학교에서 장학금과 입학 허가서까지 받았습니다. 그러나 뜻밖의 어려움에 처하게 되었습니다.

〈그림 6〉 탈맥락화된 '이어 주는 말' 교수·학습 자료

〈그림 6〉은 2009 개정 교육과정에 따른 《국어》 6학년 2학기 219쪽에 '이

어 주는 말'을 교수 · 학습하기 위하여 제시한 자료이다. 〈그림 6〉에서 제시한 두 문장은 어떤 맥락에서 사용되느냐에 따라 '그리고', '그러나', '그래서' 모두가 가능하다. 탈맥락화된 두 문장만으로는 이어 주는 말의 용법을 효과적으로 학습하는 데 한계가 있다. 이뿐만이 아니라 탈맥락화된 자료를 활용한 교수 · 학습은 〈그림 7〉에서 나타나는 문제도 해결할 수 없다.

> 양반과 말뚝이가 춤을 추고 뒤에서 여러 악기를 가지고 연주하니 실감난다. 그리고 옛날 노래가 나와 조선시대라는 것을 알게 된다. 그리고 탈이 우스꽝스러워서 웃기고 북, 피리 등의 악기가 양반이 신났다는 것을 알게 되고 그리고 말뚝이가 양반이라는 뜻이 혼자 잘난 체 하고 어리석은 사람이라고 하고 양반 앞에서는 돈 많고 똑똑한 사람이라고 하니 양반이 바보같이 덩실덩실 추는 것을 보고 웃겼고 그리고 그 값진 담배를 꿀물에다가 담갔다고 하니 양반이 덩실덩실 추는 것을 보고 말뚝이가 양반은 바보 같고 잘난체하는 것을 알려주고 약 올리는 것을 알게 되었다. 그래서 옛날에는 가난한 사람은 돈 많은 사람을 싫어한다는 것을 알았다.

〈그림 7〉 맥락화된 '이어 주는 말' 교수 · 학습 자료

〈그림 7〉의 밑줄 친 '그리고'와 '그래서'의 쓰임은 문법적으로 틀리지 않다. 〈그림 6〉에서와 같은 방법으로 판단을 하면 〈그림 7〉의 밑줄 친 접속부사는 모두 그 앞뒤 문장을 문법적으로 옳게 연결하고 있다. 그럼에도 불구하고 〈그림 7〉의 문장 연결은 자연스럽지 않다. 〈그림 6〉과 같이 탈맥락화된 교수 · 학습 자료와 교수 · 학습 방법으로는 〈그림 7〉과 같은 글을 생성하는 것을 막을 수 없다. 따라서 문법 교수 · 학습은 맥락화된 자료로 이루어져야 한다.

여기서는 문법 교수 · 학습 방법과 그에 요구되는 교재에 대해 살펴보았다. 문법 교수 · 학습 방법을 크게 직접 교수 방법과 간접 교수 방법으로 나누어 설명하고, 문법 교육의 성격과 교수 · 학습 방법의 현황을 살펴보았다. 국어 현상이나 국어 사용 현상에 대한 '탐구적 사고력'을 신장시키고자 할 때, 직접 교수 방법은 국어 현상을 탐구하는 과정을 설명하고 시범 보이는 과정을 통하여, 간접 교수 방법은 국어 현상을 제시하고 탐색하도록 하고 직접 결과를 도출하는 경험을 통하여 가능하다.

'국어 사용 능력'을 신장시키고자 할 때, 직접 교수 방법은 문법 요소를 교사가 직접 설명하고 국어 현상을 나타내는 자료에서 그 문법 요소를 추출하는 과정을 시범 보인 후, 학습자의 질문 과정을 거쳐 지식을 교수·학습하게 된다. 다음 과정으로 학습자에게 새로운 자료를 제공하여 그 자료에 배운 지식을 적용해 보게 함으로써 내면화 또는 일반화 과정을 거친다. 이렇게 습득한 지식이 국어 사용 활동에 올바르게 활용됨으로써 국어 사용 능력이 신장되게 된다. 간접 교수 방법은 옳은 것이 포함된 자료와 그른 것이 포함된 자료를 제시하고 차이를 이해하도록 하며 그 차이가 어디에서 연유하는지 발견하도록 한 후 추가 제시된 자료에서 옳고 그른 것을 찾아내게 하는 과정으로 이루어진다. 이 과정을 통하여 옳고 자연스러운 텍스트가 되기 위해 문법이 어떻게 작용해야 하는지를 인지하게 함으로써 국어 사용 능력이 신장될 수 있다.

'한글의 우수성 이해'와 같은 '국어 문화적 소양'을 함양시키고자 할 때, 직접 교수 방법은 한글의 우수성을 설명하고 있는 글을 읽고 이해하는 과정을 통하여, 간접 교수 방법은 한글과 다른 문자의 제자 원리와 사용 원리를 비교해 볼 수 있는 자료를 제시하고 어떤 것이 더 사용하기 쉬운지, 더 편리한지, 더 과학적인지를 경험하게 함으로써 그 우수성을 느끼도록 하는 과정을 통하여 이루어질 수 있다.

직접 교수 방법은 짧은 시간에 많은 지식을 전달할 수 있다는 점에서 효율적이기는 하나, 수업이 교사 중심이고 학습자는 수동적인 존재라는 점이 단점이다. 따라서 문법 차시의 학습 활동을 전개해 나갈 때 교수·학습의 책임이 교사에서 학생으로 점진적으로 이양될 수 있도록 수업을 설계하고 운영하여야 한다.

반면에 간접 교수 방법은 수업의 중심이 학습자이고 학습자들 사이에, 학습자와 교사 사이에 상호작용이 활발하다는 점에서 효과적이다. 그러나 시간이 오래 걸리고 학습자가 일정 수준 이상의 자기 주도 학습 능력을 갖추고 있어야 한다는 점에서 부담이 된다.

결국 문법의 교수·학습은 교육 내용에 따라, 교육 환경에 따라, 학습자에 따라 직접 교수 방법과 간접 교수 방법이 선택되어 효과적으로 이루어져야 한다. 아울러 문법 교수·학습 자료도 어떤 교수 방법으로 수업을 운영할지를 고려하여 그에 맞게 구성하여야 한다. 하지만 미래 사회가 요구하는 인간상을 고려하면 간접 교수 방법의 문법 교육적 가치가 직접 교수 방법보다 더 크다고 할 수 있다.

제4부

국어 교육 문법 기술의 탐색과 확장

제11장. 문장 유형의 교육 문법

국어 교육 문법의 내용은 국어학적 연구 결과와 같지 않다. 국어 현상은 어떤 눈으로 바라보느냐에 따라 다르게 설명될 수 있다. 그렇기 때문에 하나의 현상을 설명하는 절대적인 질서나 규칙은 존재하기 어렵다. 그럼에도 불구하고 지금까지 국어 문법 교육의 내용은 국어학의 내용을, 그것도 어느 특정한 관점에 따른 문법 지식을 절대적인 지식인 것처럼 제시하고 가르쳐 왔다.

국어학적 연구 결과로서의 문법 지식은 가치의 유무나 정도를 말할 수 없다. 국어학적으로 모두 대등한 가치를 가지고 있기 때문이다. 그러나 교육 문법의 내용은 그렇지 않다. 교육적으로 더 가치가 있는 것이 있고 상대적으로 가치가 덜한 것도 있다. 국어학적 성과로서의 내용이 교육 문법의 내용으로서 가치가 있기 위해서는 국어 교육 문법의 성격과 국어 문법 교육의 목표에 부합해야 한다. 국어학의 연구 결과 가운데는 그 자체로 국어 교육 문법의 내용이 될 수 있는 것도 있을 것이고, 국어학의 연구 결과이지만 국어 교육 문법의 내용이 되기 어려운 것도 있다. 국어 문법 지식을 도출하는 과정 자체가 교육 문법의 내용이 될 수도 있다. 이것은 모두 문법 교육의 성격과 목표에 기대어 판단할 수 있을 뿐이다.

여기에서는 제1차 교육과정부터 2015 개정 교육과정까지 거의 대부분의 교육과정에서 다루어온 문장 유형에 대한 내용을 국어 문법 교육의 성격과 목표에 비추어 그 교육적 가치를 살펴본다. 그리고 그동안 다루어 온 문장 유형에 대한 내용을 국어 문법 교육적으로 전환하여 국어과 교육과정에서 어떻게 제시되어야 하는지를 살펴본다. 이러한 과정을 통하여 교육 문법의 내용이 어떻게 도출되고 어떻게 제시되어야 하는지를 알아본다.

11.1. 교육과정의 문장 유형 기술 양상 분석

먼저 교육과정에서 문장 유형에 대한 교육 문법의 내용 구성 현황을 교육과정별로 살펴보고, 국어 교육 문법의 성격과 문법 교육의 목표에 비추어 그 교육적 가치를 알아보자.

11.1.1. 문장 유형 내용 구성 현황

제1차 교육과정부터 2015 개정 국어과 교육과정까지 거의 빠지지 않고 등장한 것 가운데 하나가 문장의 종결 방식에 따른 문장의 유형[1]에 대한 것이다. 그 구체적인 내용을 정리하면 다음과 같다.

(1) 문장 유형에 대한 교육과정 내용

① 제1차, 제2차 교육과정: 문장의 여러 가지 종류와 그 특징에 대한 이해

② 제4차 교육과정: 문장에는 풀이하는 문장, 묻는 문장, 시키는 문장, 감탄을 나타내는 문장, 권유하는 문장, 약속하는 문장이 있음을 이해

③ 제5차, 제6차 교육과정: 풀이하는 문장, 묻는 문장, 감탄을 나타내는 문장, 시키는 문장, 권유하는 문장을 찾아보고 그 차이 이해

④ 제7차 교육과정: 풀이하는 문장, 묻는 문장, 느낌을 나타내는 문장, 시키는 문장, 제안하는 문장의 이해

⑤ 2007 개정 교육과정: 의도에 따라 여러 종류의 문장으로 표현할 수 있음을 설명(의도에 따라 문장의 종류가 달라짐을 이해, 평서문, 의문문, 청유문, 명령문, 감탄문 등 종류가 다른 문장들을 찾아 분류,

1 국어과 교육에서는 이를 '문장의 종류'라는 말로 지칭하여 왔다. 여기서는 '문장의 유형'이라는 말로 부르기로 한다. 이에 대한 자세한 논의는 11.3. 절에서 이루어진다.

표현 의도에 맞게 문장의 종류를 달리하여 표현)

⑥ 2009 개정 교육과정: 문장을 끝내는 다양한 방식을 알고 자신의 의도에 맞게 문장을 사용

국어과 교육과정에서 문장의 유형은 제3차 교육과정과 2015 개정 교육과정을 제외하고 모든 시기에 교육 내용으로 선정되었다. 교육과정마다 진술의 차이가 있는데 제1차, 제2차 교육과정에서는 문장의 여러 유형에 대한 이해에 초점이 맞춰져 있다. 그러나 그 내용이 교과서에서 실행되고 있지 않기 때문에 교육과정의 내용이 추구하는 바를 명확하게 알기는 어렵다.

또 제1차, 제2차 교육과정에서는 다른 시기와 달리 문장의 유형에 대한 내용이 '읽기' 영역에서 제시되어 있다. 제4차 교육과정부터 문법 관련 내용만 다루는 영역[2]이 설정되어 문장의 유형이 이 영역에서 다루어진 데 비해, 제1차, 제2차에서는 이 영역이 존재하지 않았기 때문이다.

문장의 유형과 관련된 내용은 2007 개정, 2009 개정 교육과정에서는 주로 쓰기 활동과 통합하여 교수·학습이 이루어지는 데 비해, 제1차, 제2차 교육과정에서는 '읽기' 영역에서 다루어지는 것으로 보아 문장의 유형에 대한 지식의 이해에 초점이 맞춰진 것으로 이해할 수 있다.

제4차 교육과정에서도 문장의 유형을 단지 문법 지식 차원에서 이해하는 것에 초점이 맞춰져 있다. 이를 위해 교육과정에서는 문장 유형 여섯 가지를 제시하고 교과서에서도 여섯 가지 문장 유형을 이해하는 활동으로 구성해 놓았다. 제4차 교육과정의 문장 유형과 관련된 내용의 특징은 교수·학습 대상으로서의 문장의 유형을 여섯 가지로 제시하고 있다는 것이다.

제5차, 제6차 교육과정에서는 제4차 교육과정에서 제시한 문장의 유형 가운데 '약속하는 문장'이 제외된다. 제4차 교육과정에서 여섯 가지를 다루

2 문법 관련 내용을 다루는 영역을 제4차~제6차 교육과정까지는 '언어'로, 제7차에서는 '국어 지식'으로, 2007 개정 교육과정부터 현재까지는 '문법'으로 명명하고 있다.

었지만 그 후로는 다섯 가지 문장의 유형을 다루고 있다. 문장 유형 교육은 국어 문장 유형의 이해에 초점이 있는데 어떤 시기에는 여섯 가지의 유형을 다루고, 어떤 시기에는 다섯 가지를 다루는 것은 설득력이 약하다. '약속하는 문장'을 포함하여 여섯 가지를 학습하는 것과 그것을 제외한 다섯 가지를 학습하는 것의 차이는 무엇인지, 어느 것이 국어 문장 유형을 제대로 이해한 것인지, 또 국어 문장 유형을 다섯 가지 또는 여섯 가지로 초등학생들에게 가르치는 이유는 무엇인지 등에 대한 국어과 교육적 의미, 문법 교육적 의미가 깊이 있게 논의될 필요가 있다.

제7차 교육과정에서도 이전의 '감탄을 나타내는 문장'을 '느낌을 나타내는 문장'으로, '권유하는 문장'을 '제안하는 문장'으로 바꾸어 지칭하고 있다는 것 외에는 크게 다른 점이 없다고 하겠다.

한편, 2007 개정 교육과정, 2009 개정 교육과정에서는 문장의 유형 학습에 상당한 변화가 있다. 교육과정에 제시한 내용을 통하여서도 그 차이를 확인할 수 있다. 이전의 교육과정에서는 국어 문장 유형의 이해에만 초점이 맞춰져 있었던 데 비해, 2007 개정 교육과정부터는 여기에서 나아가 의도에 맞게 문장의 유형을 사용할 수 있는 능력을 갖출 것을 요구하고 있다. "표현 의도에 맞게 문장의 종류를 달리하여 표현하기", "자신의 의도에 맞게 문장을 사용할 수 있다."와 같은 내용 진술이 이러한 취지를 반영하고 있다.

제7차 교육과정까지는 다섯 가지에서 여섯 가지의 국어 문장 유형을 구분하고 그 차이를 이해하는 것에 초점이 맞춰져 있었다면, 2007 개정 교육과정부터는 그러한 이해는 물론이고 의도를 고려하여 알맞은 문장 유형으로 표현하는 것까지 교수·학습 내용이 확대된 것으로 이해할 수 있다. 실제로 이와 같은 교육과정의 의도를 반영하여 2007 개정 교육과정을 토대로 편찬된 국어 교과서에서는 같은 문장의 유형이지만 전달 의도가 다른 경우와 문장의 유형이 다르지만 같은 전달 의도를 담고 있는 경우에 대한 교수·학습이 이루어지도록 구성해 놓았다.

또 국어 문장 유형을 단순히 이해하는 것에서 나아가 다양한 문장의 유형을 상황에 맞게 사용할 수 있는 능력을 신장시키고자 의도하고 있다. 쓰기 활동과 통합하여 상황에 맞게 적절한 문장의 유형을 선택하여 사용할 수 있도록 확대하고 있다는 점에서 큰 변화가 있었다고 하겠다.

이처럼 2009 개정 교육과정까지 초등학교에서 문장의 유형 교육은 매우 비중 있게 이루어져 왔다. 앞에서도 언급했듯이 단순히 평서문, 의문문, 명령문, 청유문, 감탄문, 약속문 등 5~6개의 문장의 종류를 설명하고 이해하게 하는 것은 국어 교육적 가치가 크지 않다. 그러나 2007 개정, 2009 개정 교육과정에서처럼 '직접 표현'과 '간접 표현'을 문장의 유형과 관련시켜 상황에 맞게 효과적으로 사용하도록 구성하는 것은 중요하다. 예컨대 문장의 유형에 대한 이해는 배려적 말하기, 배려적 쓰기 등 청자나 독자를 고려한 표현하기와 관련하여 매우 중요한 문법 요소가 된다. 듣기 · 말하기, 쓰기 영역에서도 이러한 문법 사항과 직접적으로 관련된 성취 기준은 찾아볼 수 없다.

이뿐만이 아니라 문장의 유형에 대한 교수 · 학습은 국어 현상에 대한 탐구적 사고력을 신장시키고자 하는 관점에서도 중요한 내용으로 다루어져야 한다. 즉 탐구 활동을 통하여 문장의 유형을 이해하게 함으로써 탐구적 사고력을 신장시키고, 이 과정에 통합하여 직접 표현, 간접 표현을 상황에 맞게 사용할 수 있도록 지도함으로써 국어 사용 능력도 신장시킬 수 있다. 그럼에도 불구하고 2015 개정 국어과 교육과정에서는 문장의 유형에 대한 성취 기준이 삭제되었다.

이상에서 문장의 유형에 대한 교육과정의 내용 제시 양상이 교과서 편찬은 말할 것도 없거니와 교수 · 학습 전반에서 중요한 변화가 있었음을 알 수 있다.

11.1.2. 문법 교육의 목표와 문장 유형

교육과정에서 제시된 내용은 그와 관련된 교수 · 학습의 방향을 결정한다. 교육과정의 내용 즉 성취 기준은 국어 수업을 통하여 도달해야 할 국어 능력의 내적·외적 특성을 의미하는 것으로, 국어 수업에서 무엇을 가르치고 배울 것인지에 대한 명료한 지침이자 평가의 기준이 된다. 이를 어떻게 제시하느냐에 따라 교수·학습의 방향이나 교과서 개발 방향, 평가의 방향이 달라지게 된다. 교육과정의 내용은 그 영역 또는 그 교과의 성격과 목표에 부합하여야 한다. 따라서 교수·학습 전반과 교과서 개발의 방향은 결국 교육과정 내용의 진술 양상에 따라 상당히 달라질 수 있다.

국어과에서 교육 문법의 성격이나 가치는 크게 국어 사용 능력을 신장하는 데 요구되는 기반 지식으로서의 관점과 국어적 사고력 신장의 관점, 국어 문화적 관점이 있음을 앞에서 보았다. 첫 번째는 국어과에서 다루는 문법 내용의 선정과 그 교수·학습의 중점을 초등학생들의 듣기, 말하기, 읽기, 쓰기 능력을 향상시키는 데 둔다. 두 번째는 문법의 내용과 교수·학습의 중점을 국어적 사고력, 즉 탐구 능력을 신장시키는 데 두며, 세 번째는 국어문화 유산으로서의 국어 문법 자체를 이해시키는 것에 중점을 둔다. 3장에서는 첫 번째와 관련된 문법 교육의 원리를 '도구성의 원리', 두 번째와 관련된 문법 교육의 원리를 '사고성의 원리', 세 번째와 관련된 원리를 '문화성의 원리'로 구분하여 설명했다.

이와 같은 교육 문법의 성격은 국어과 교육과정의 목표에도 반영되어 있다. 2009 개정 국어과 교육과정의 목표 전문은 다음과 같다.[3]

> "국어 활동과 국어와 문학을 총체적으로 이해하고, 국어 활동의 맥락을 고려하여 국어를 정확하고 효과적으로 사용하며, 국어를 사랑하고 국어 문화를 누리면서 국어의 창의적 발전과 국어 문화 창조에 이바지할 수 있는 능력과 태도를 기른다."(교육과학기술부, 2011: 3쪽)

3 이와 같은 문법 교육의 성격은 2007 개정 국어과 교육과정 해설서의 국어과의 성격을 해설한 부분(16쪽)을 통해서도 이해할 수 있다. "'문법' 학습은 언어 현상의 규칙을 찾아내는 탐구 활동을 강조하고, 학습한 지식을 국어 사용 실제에 적용하는 활동을 중심으로 이루어져야 함을 명시하였다. 즉, 문법에 대한 학습은 교사 위주의 일방적인 전달이 아니라 학습자가 주체적으로 언어 현상을 탐구하는 과정에서 규칙을 발견하게 하고, 이렇게 습득한 지식을 국어 사용 과정에서 활용하는 활동을 강조하였다. 이는 단편적인 지식 전달 위주의 문법 학습을 개선하려는 의도이다."

국어과 교육과정에 제시된 목표 가운데 '국어를 총체적으로 이해하고'는 문법 현상에 대한 탐구적 사고력 신장의 관점과 문화적 관점이, '국어를 정확하고 효과적으로 사용하며'는 문법의 국어 사용의 기반 지식적 관점이, '국어를 사랑하고 … 국어의 창의적 발전과 국어 문화 창조에 이바지할 수 있는 능력과 태도를 기른다.'는 문화적 관점이 반영되어 있다고 할 수 있다. 앞의 둘은 인지적 측면이, 마지막은 정의적 측면이 강조되고 있다.

문법 교육의 이와 같은 성격은 교육과정에 제시된 교수·학습 운용, 평가 운용의 다음과 같은 설명을 통해서도 이해할 수 있다.

> "'문법' 지도에서는 … 다양한 국어 현상을 원리 중심으로 탐구하여 언어 지식을 생성하는 경험을 강조하고, 학습한 내용이 바람직한 국어 생활에 활용될 수 있도록 한다. …"(앞의 책: 72쪽)

> "'문법' 영역의 평가 목표는 문법 지식의 이해와 탐구 및 적용 중심으로 설정하되, 문법 지식의 단순한 암기가 아닌 국어의 구조와 문법의 작동 원리를 파악하고 생활 속에 적용, 실천하는 능력에 중점을 두어 설정한다. …"(앞의 책: 75쪽)

한편, 2015 개정 국어과 교육과정의 목표에는 국어 현상의 탐구를 통한 탐구적 사고력 신장과 탐구 기능에 대한 학습이 더욱 강조되고 있음을 이 책의 2장에서 확인할 수 있다.

교육 문법의 내용 즉, 성취 기준은 앞에서 살펴본 문법 교육의 성격과 목표에 부합할 수 있는 것이 선정되어 진술되어야 한다. 문법 영역의 성취 기준의 교수·학습은 앞에서 논의한 문법 교육의 성격과 목표에 부합해야 하기 때문에 국어학이나 언어학의 연구 결과가 그대로 교육 문법의 내용이 될 수는 없다.

교육과정 시기마다 늘 교수·학습의 대상이 되어온 문장의 유형도 이와 같은 교육 문법의 성격이나 가치 중 최소한 어느 한 측면을 충족시킬 수 있어야 한다. 교육과정에서 제시된 내용은 일차적으로 교과서로 실행되는데 그 실행 결과는 국어과 문법의 성격이나 목표에 부합하여야 한다.

그런데 제7차 교육과정까지의 문장의 유형에 대한 교육과정의 진술 내용은 문법 교육의 목표나 성격 중 적어도 어느 하나를 충족한다고 보기 어렵다. 다루고 있는 문장의 유형이 다섯 가지인 경우도 있고 여섯 가지인 경우도 있으며 그 분류 기준이 형태론적인 것이냐, 통사론적인 것이냐, 화용론적인 것이냐에 따라 더 많게도 더 적게도 유형을 나눌 수 있다. 이처럼 가변적인 지식을, 또 가변적이기 때문에 교육과정에서 다섯 가지 또는 여섯 가지로 다루었던 지식을 우리 문화에 대한 이해의 하나로 교수·학습하는 것은 문법 교육의 성격과 맞지 않다.

국어 사용적 측면에서도 의미가 크지 않다. 문장의 유형은 주로 3학년 이상에서 설명하는 문장, 질문하는 문장, 권유하는 문장, 시키는 문장, 감탄을 나타내는 문장, 약속하는 문장을 다루어 왔다. 그런데 3학년 수준에서는 이 문장 유형들의 직접적인 전달 의도를 몰라서 이해와 표현에 어려움을 겪는 경우는 거의 없다. 따라서 단순히 다섯 가지 또는 여섯 가지 문장의 유형을 익혀서 표현과 이해 능력을 신장시킨다는 것은 설득력을 얻기가 어렵다. 단순히 문장 유형의 직접 표현으로서의 도구적 가치만을 고려한 나머지 2015 개정 교육과정에서는 이와 관련된 성취 기준을 삭제하기에 이르렀다.

탐구력 신장의 측면에서 문장 유형의 적절성을 생각해 보자. 앞에서도 언급한 것이지만 문장의 유형은 그 기준에 따라서 적게는 네 가지에서 많게는 수십 가지로 나눌 수 있다. 그런데 다섯 가지에서 여섯 가지의 문장 유형을 제시하고 그 차이를 이해하도록 하는 것은 탐구적 사고력 신장의 측면에서도 효과적이라고 하기 어렵다. 이들 문장의 유형이 어떤 차이가 있어 다섯 가지 또는 여섯 가지로 나누어진 것인지 명확한 설명이 없다. 문장 부호와 종결 방식의 차이를 기준으로 하고 있는 것 같지만, 구어에서는 문장 부호가 나타나지 않는다는 점, 문어에서도 풀이하는 문장, 권유하는 문장, 시키는 문장은 모두 같은 문장 부호를 사용한다는 점 등 때문에 문장 부호로 문장의 유형을 구분하는 것은 한계가 있다. 또 다섯 가지 또는 여섯 가지 문장 유형의 종결 방식의 차이가 무엇인지를 구체적으로 제시한 바가 없다.

예컨대, 2007 개정 교육과정 3학년 1학기 《쓰기》 233쪽에서는 문장의 다섯 가지 유형을 다음과 같이 설명하고 있다.

> "풀이하는 문장은 어떤 사실을 설명하거나 풀이할 때에 씁니다. 문장 끝에는 온점(.)을 씁니다. 묻는 문장은 궁금한 것을 직접 물을 때에 씁니다. 문장의 끝에는 물음표(?)를 씁니다. 감탄을 나타내는 문장은 기쁨, 슬픔, 놀람 등의 느낌을 나타낼 때에 씁니다. 문장의 끝에는 느낌표(!)를 씁니다. 권유하는 문장은 어떤 일을 같이 하자고 권할 때에 씁니다. 문장의 끝에는 온점(.)을 씁니다. 시키는 문장은 누구에게 명령할 때에 씁니다. 문장의 끝에는 온점(.)을 씁니다."

이와 같은 설명 방식은 의도나 문장 부호에 따른 문장의 유형을 구분한 것이지 종결 방식에 따라 문장의 유형을 구분한 것이 아니다. 문장의 종결 방식에 대해서는 설명되어 있지 않기 때문이다.

의도에 따라 문장의 유형을 구분하게 되면 수십 가지 문장의 유형을 생각할 수 있다. 의도는 주관적인 것이라 이를 객관적으로 한정할 수 있는 기준을 마련할 수 없기 때문이다. 따라서 문장의 유형을 다섯 가지에서 여섯 가지로 제시하여 암기하도록 하는 지금까지의 방식은 언어에 대한 탐구적 사고력을 신장시키는 것과도 거리가 멀다. 성취 기준 제시 단계에서부터 학생들이 독성한 기준에 따라 국어 현상(국어 지료)에서 문장의 유형을 직접 분류하여 지식을 도출해 보는 경험을 할 수 있도록 설계하여야 한다.

이와 같은 문제는 2007 개정, 2009 개정 교육과정의 경우도 크게 다르지 않다. 다만 이 두 시기 교육과정의 성취 기준은 문장 유형의 국어 사용적인 성격이 표현되어 있다는 점에서 이전보다 국어 문법 교육의 성격이나 목표에 좀 더 부합한다고 하겠다. 그러나 교육과정 성취 기준의 내용이 그 이전

교육과정들에서 제시한 것보다 명확하지 않아 교육과정 실행 주체가 이해하는 데에 어려움이 있다. 2007 개정 국어과 교육과정을 토대로 개발한 교과서 3-1《듣기 · 말하기 · 쓰기》233쪽, 3-2《읽기》82쪽~92쪽을 통해 이를 잘 확인할 수 있다.(이병규, 2012: 235쪽~238쪽 참고)

11.2. 문장 유형 교육 문법 기술의 탐색

교육과정 실행 주체가 문장의 유형에 대한 교육 내용을 이해하는 데에 혼란을 주지 않고 교수 · 학습의 방향을 명확하게 이해하기 위해서는 문장의 유형에 대한 내용 자체에 대한 것, 내용의 진술 방식에 대한 것, 문장의 유형과 관련된 용어에 대한 것이 함께 고려되어야 한다. 먼저 내용 자체에 대한 측면을 살펴보자.

11.2.1. 내용에 대한 이해

앞에서도 언급한 것처럼 국어 문법 교육에서는 국어학의 연구 결과 자체가 그대로 교육 내용이 되기는 어렵다. 많은 문법 지식이 가변적이고, 특정한 관점에 기대어 있기 때문이다. 교육 문법의 내용이 국어과 교육적 가치를 지니기 위해서는 국어적 사고력을 신장시키는 데 기여하든지, 국어 사용 능력을 신장시키는 데 기여하든지, 국어 문화적 소양을 신장시키는 데 기여할 수 있어야 한다. 따라서 국어학의 연구 결과 그 자체를 대상으로 하는 교육이 이와 같은 세 측면에 부합하는지 면밀한 검증이 있어야 한다.

교육 문법의 내용은 궁극적으로 이 세 측면 중 어느 한 측면에서 효과를 거둘 수 있도록 국어학의 성과를 교육적으로 변환한 것이어야 한다. 문장의 유형에 대한 교육 내용을 선정하여야 할 경우에도 교육적 변환을 고려한 것이어야 함은 당연하다.

형태론적 관점에서의 문장의 종결 유형은 네 가지(평서문, 명령문, 의문문, 청유문), 다섯 가지(평서문, 명령문, 의문문, 청유문, 감탄문), 여섯 가지(평서문, 명령문, 의문문, 청유문, 감탄문, 약속문), 여덟 가지(설명문, 의문문, 감탄문, 명령문, 허락문, 청유문, 약속문, 경계문) 등으로 설정될 수 있다. 이 가운데 어느 하나를 절대적인 지식인 것처럼 제시하여 가르치는 것은 앞에서 언급한 문법 교육의 세 측면에서 그리 효과가 있는 것 같지 않다. 이와 같은 활동은 고차적인 사고력을 신장시키는 것에도, 국어 사용 능력을 신장시키는 것에도, 국어 문화적 소양을 신장시키는 것에도 기여하기 어렵다는 것은 앞에서 설명한 바이다.

따라서 문장의 유형을 교수·학습하기 위하여 관련된 내용을 선정하고자 하면 앞에서 제시한 세 가지 교육적 측면을 고려하여 어떤 한 측면에 초점을 둘지, 아니면 세 가지 측면을 모두 교육 대상으로 할지에 따라 내용 진술이 달라져야 할 것이다.

국어적 사고력을 신장시키기는 것이 목표라면, 국어 현상(말과 글 자료)에서 종결 방식에 따라 문장의 유형을 탐구하도록 할 것인지, 종결 방식과 상관없이 전달 의도를 고려하여 문장을 탐구하도록 할 것인지 명확하게 그 내용을 구분하여 제시하여야 한다. 이를 바탕으로 이해 학습 활동을 구성해야 문장의 유형이 무엇을 기준으로 하는가에 따라 달리 범주화될 수 있다는 것을 이해할 수 있게 된다. 당연히 무엇을 기준으로 문장의 유형을 이해하도록 교수·학습할 것인가에 따라 제시해 주어야 하는 국어 현상(탐구 활동 자료)도 달라져야 한다.

글의 경우와 말의 경우에는 종결 방식의 양상이 다르다. 따라서 종결 방식에 따라 문장 유형을 구분할 경우, 문어 측면과 구어 측면이 각각 고려되어야 한다. 따라서 문장 유형과 관련된 성취 기준을 선정할 때는 이에 대한 것도 고려되어야 한다.

국어적 사고의 측면보다 유창하고 정확한 국어 사용 능력을 신장시키는 것에 초점이 있다면, 단순히 종결 방식에 따라 문장의 유형을 분류해 보는 활동은 큰 의미가 없다. 왜냐하면 상대방에게 자신의 의향을 전달하는 데 필요한 종결 방식을 몰라서 의사소통에 곤란을 겪는 경우는 이 시기 학생들에게는 흔치 않은 일이기 때문이다. 국어 사용 능력을 신장시키는 것이 목표라고 하면, 다음 (2)~(4)에 제시된 사례들과 같은 '직접 표현'과 '간접 표현'의 관계 이해, '직접 표현'을 사용해야 하는 상황과 '간접 표현'을 사용해야 하는 상황에 대한 이해가 있어야 한다.

(2) ㄱ. 나 학교에 간다.
ㄴ. 나와 같이 갈래?
ㄴ'. 나와 같이 가자.
(3) ㄱ. 우리 아이가 일등을 했어요.
ㄴ. 얼마나 행복하세요?
ㄴ'. 아주 행복하시겠군요!
(4) ㄱ. 다음 순서로 넘어가시지요.
ㄴ. 우리 다 같이 애국가를 부르시겠습니다.
ㄴ'. 우리 다 같이 애국가를 부릅시다.

(2ㄴ), (3ㄴ)은 질문의 형식이지만 각각 '제안'과 '감탄'의 의도를 나타내고 있으며, (4ㄴ)은 설명하는 문장의 형식이지만 '제안'의 의도를 전달하고 있다. (2ㄴ')~(4ㄴ')은 문장의 형식과 의도가 일치하는 경우이다. (2ㄴ)~(4ㄴ)을 '간접 표현', (2ㄴ')~(4ㄴ')을 '직접 표현'이라고 한다.

나아가 이를 바탕으로 상황에 따라 직접 표현과 간접 표현을 구분하여 사용할 수 있는, 즉 적용 활동이 가능한 내용이 제시되어야 한다. 이해 학습을 위해서는 탐구 학습을 위한 활동 자료나 문제 해결 학습을 위한 활동 자료 구성이 고려될 수 있다.

직접 표현과 간접 표현은 문장의 유형과만 관계되어 있는 것이 아니다.

(5) 학생 A: 교실이 너무 시끄럽지 않니?
학생 B: ㄱ. 얘들아, 조용히 좀 해.

ㄴ. 얘들아, 조용히 좀 해 줘.

ㄷ. 얘들아, 조용히 좀 해 줄래.

ㄹ. 얘들아, 조용히 좀 해 줬으면 좋겠어.

(5)의 학생 B의 발화는 모두 '요청'이나 '부탁'의 의도를 나타낼 수 있다. (5ㄱ)~(5ㄹ)은 종결 방식을 기준으로 하면 모두 같은 유형의 문장이다. 그러나 (5ㄱ)이 가장 직접적인 표현으로 '명령'의 의도로도 '요청'의 의도로도 해석될 수 있다. (5ㄴ), (5ㄷ), (5ㄹ)의 순으로 '요청'이나 '부탁', '권유'의 의도에 대한 완곡함의 정도가 강화된다. 완곡함의 정도의 차이 즉, 전달 의도의 차이는 종결 방식에서 비롯되는 것이 아니라 '-어 주다', '-면 좋다'에서 기인한다. 즉, 문장의 종결 방식만 달리함으로써 간접 표현으로 진환되는 경우도 있기는 하지만, 서술어를 구성하는 단어 자체가 바뀌게 됨으로써 간접 표현이 되기도 한다. 엄밀히 말해서 이와 같은 경우는 문장 유형의 차이라기보다 문장 구성 자체가 다른 경우라고 할 수 있다. 따라서 전달 의도와 문장의 유형을 관련시켜 학습 내용을 선정할 때는 이러한 점에 유의하여야 한다.

다음으로 같은 문장의 형태이지만 전달하고자 하는 의도가 다른 경우에 대한 이해와 적용을 위한 내용이 필요하다. 주로 종결 어미 '-어', '-지', '-다' 등으로 문장이 종결되는 경우가 여기에 해당한다. 이 경우에도 구어에서는 '문말 억양'이 달라지고, 달라진 문말 억양은 문어의 문장 부호의 기능과 유사하다고 하겠다. 지금까지의 교육과정이나 교과서는 문장의 유형과 관련된 학습 내용이나 활동은 주로 문어 중심으로 다루어 왔다. 쓰기 단원이나 읽기 단원에서 이해나 적용 활동을 하도록 구성해 놓은 것을 통해 그런 양상을 파악할 수 있다. 같은 어미가 문말 억양의 차이로 다른 의도를 전달하는 경우에는 문말 억양의 차이가 어떠한지를 말하기 단원이나 듣기 단원에서 이해나 적용 활동을 할 수 있도록 하는 것 역시 필요하다.

이상과 같은 내용을 교수·학습하기 위한 활동은 탐구 학습이나 문제 해결 학습의 형태를 통한 이해 활동과 적용 활동이 필요하다. 이를 위해서 필요한 문장의 유형이 네 가지이든, 다섯 가지이든, 여섯 가지이든, 일곱 가지이든 크게 중요하지 않다. 초등학생 수준에서는 문장의 유형에 대한 탐구를 통하여 국어적 사고력을 신장시키기 위한 활동을 국어학자와 같은 수준에서 할 필요는 없다. 초점화의 원리를 적용하여 종결 방식에 따라 문장의 유형이 구분될 수 있다는 인식을 갖게 해 주고, 그 활동을 통해 탐구력이 신장되도록 해 주는 것으로 충분하다. 즉 문장 유형과 관련된 문법 의식이 생기게 해 주는 것으로서 충분하다는 것이다.

한편 국어 사용 능력을 향상시키기 위해서는 동일한 명제[4]가 상황에 따라서 문말 억양, 문장의 종결 방식, 서법(양태)을 달리함으로써 문장의 전달 의도가 어떻게 변화되는지 이해하도록 하여야 한다. 이것을 통하여 상황에 맞게 문장의 유형을 사용할 수 있는 능력을 갖추도록 해 주어야 한다.

국어 문화적 소양을 신장시켜 주기 위한 내용으로서 문장의 유형을 살펴보자. 이 경우에는 국어 문법의 한 부분으로서 문장의 유형을 공부하여 다른 언어와 구분되는 한국어 문장 유형의 특징을 이해할 수 있도록 하는 내용과 교재 구성이 필요하다. 나아가 한국어 문장 유형이 한국인의 사고나 문화와 어떤 관련성이 있는지를 탐구하는 것도 여기에 포함될 수 있다.

그런데 국어 문화적 소양을 신장시켜 주기 위한 내용으로 문장의 유형을 다섯 가지나 여섯 가지를 제시하여 이를 이해하고 암기하도록 하는 것은 큰 효과가 없다. 한국어의 문장 유형이 다섯 가지나 여섯 가지로 확정되는 것이 아니기 때문이다. 통사적으로는 네 가지, 형태적으로는 다섯 가지에서 여덟 가지가 존재한다. 따라서 문화적 소양으로서 한국어 문법의 이해를 위해서는 통사적인 것이든 형태적인 것이든 기준을 명확하게 제시해 주고, 그에 따른 문장의 유형을 이해하도록 하는 것이 필요하다. 다른 언어와의 비교를 통하여 한국어 문장 유형의 특징을 교수·학습할 수 있다면 더

4 여기서의 명제란, 문장의 의미가 명제(proposition)와 양태(modality)로 이루어진다고 볼 때, 양태를 제외한 부분을 지칭한다.

바람직할 것이다. 이 경우는 초등학생의 수준보다 국어 문법과 외국어 문법에 대한 이해가 있는 중등학생 수준에 더 적절할 것이다.

이와 같은 문장 유형에 대한 교육 문법의 내용은 국어학자들이 연구한 결과가 그대로 될 수는 없다. 국어학자들의 탐구 활동을 학습자 수준으로 변환하여 탐구 활동을 경험하게 함으로써 국어적 사고력을 신장할 수 있도록 재구성하여야 한다. 또 문장의 유형에 대하여 학습자가 쉽게 이해하여 국어 생활에 활용할 수 있도록 국어학의 연구 결과를 재구성하여야 한다. 즉, 변환하여 제시한 내용을 통하여 사고력을 신장시키려고 하는지, 국어 사용 능력을 신장시키려고 하는지, 국어 문화적 소양을 신장시키려고 하는지가 분명히 파악되어야 활동 자료의 구성이나 단원의 구성이 명확하게 이루어질 수 있다.

제1차 교육과정에서 제7차 교육과정까지는 직접 교육과정에 제시된 다섯 가지에서 여섯 가지 정도의 문장 유형을 단순히 이해하도록 하는 수준에서 내용이 진술되어 있다. 따라서 이 시기까지의 활동 자료 및 단원 구성은 대여섯 가지의 문장 유형에 대한 개념을 교과서에 직접 소개하고 이를 외워서 그 차이를 이해하는 활동이 중심이었다. 문장 유형에 대한 이해 학습이 주가 되었는데 이와 같은 활동은 문법 교육의 세 측면에 기여하는 바가 매우 낮다는 것은 더 언급할 필요가 없겠다.

2007 개정 국어과 교육과정에서는 "의도에 따라 여러 종류의 문장으로 표현할 수 있음을 설명한다."와 같이 진술함으로써 문법 교육의 세 측면 가운데 국어 사용 능력을 신장시키는 데 초점을 맞추고 있다. 이와 같은 진술 내용은 (6)의 교과서 단원 구성에서도 그대로 반영되고 있다.

(6) ㄱ. 3학년 1학기 《쓰기》 8단원, 우리끼리 오순도순

<table>
<tr><td rowspan="2">학습
목표</td><td>• 문장의 종류를 알아봅시다.</td></tr>
<tr><td>• 문장 부호에 주의하며 전하려는 내용이 잘 드러나게 글을 써 봅시다.</td></tr>
</table>

ㄴ. 3학년 2학기《읽기》5단원, 주고받는 마음

학습 목표	• 문장의 종류를 구분하여 봅시다.
	• 글의 내용에 따라 문장이 어떻게 쓰이는지 알아봅시다.
	• 문장의 종류를 생각하며 글을 읽어 봅시다.
	• 상황에 알맞은 문장의 종류를 생각하며 글을 읽어 봅시다.

2009 개정 교육과정에서는 "문장을 끝내는 다양한 방식을 알고 자신의 의도에 맞게 문장을 사용할 수 있다."로 제시하여 '문장의 종결 방식의 이해'와 '의도에 맞게 문장을 사용'하는 것에 초점을 두고 있다. 제7차 교육과정 때까지 '이해'에 초점을 두었던 것과 2007 개정 교육과정에서 '사용'에 초점을 둔 것을 통합한 형태라고 할 수 있다. 교수·학습 활동 자료나 단원을 구성할 때는 교육과정의 이와 같은 내용이 제대로 구현될 수 있어야 할 것이다.

11.2.2. 내용 진술 방식

교육과정에서 제시하는 내용, 즉 성취 기준은 국어과의 성격이나 목표가 충실히 반영되는 단원이 구성될 수 있도록 가급적 명확하게 설명 또는 제시되어야 한다. 성취 기준 진술 원리에서도 이와 같은 취지가 드러나 있다.

> "첫째, 성취 기준은 ① 담화 또는 글의 유형+② 주요 내용 요소(지식, 기능, 맥락)+③ 행동(분석, 해석, 평가, 조사 등)을 결합하여 진술한다. 둘째, 성취 기준은 개별적인 지식, 기능, 맥락보다는 한 편의 담화 또는 글을 수용하거나 생산하는 활동에 맞추어 기술한다. 셋째, 성취 기준에 포함되는 지식, 기능, 맥락 관련 내용 요소는 해당 담화 또는 글을 생산, 수용하는 데 매우 중요하다고 생각되는 내용 요소로 한다. 넷째, 성취 기준은 교육과정 실행 주체가 이해하기 쉽도록 명료하고 구체적으로 진술한다."(교육과학기술부, 2008: 23쪽)

문장의 유형은 담화와 글의 수용과 생산에 공통적으로 관여한다. 따라서 둘째와 셋째 원리는 모든 담화와 글의 수용과 생산 활동에 전제되어 있기 때문에 특별히 설명하지 않아도 무방하다. 문장의 유형에 대한 지식의 이해 학습과 적용 학습, 교사 중심의 설명 방식을 통한 학습, 학생 중심의 탐구 방식의 학습 등은 첫째 원리의 '행동'으로 구체화되어야 한다.

또 문장의 유형은 문어와 구어에 모두 관여되는 것으로 이에 대해서는 담화 또는 글의 유형을 통하여 구체화되어야 한다. 그리고 2007 개정 교육과정, 2009 개정 교육과정과 달리 교육과정 실행 주체가 이해하기 쉽도록 명료하고 구체적으로 진술되어야 한다.

아울러 교육과정의 문법 영역의 내용(교육 문법)은 문법 교육의 세 측면 즉 사고적 측면, 도구적 측면, 문화적 측면을 고려하고, 이해 학습, 적용 학습, 다른 영역과의 통합 학습을 고려하여 진술하여야 한다. 그렇게 함으로써 이를 실행하는 교과서 단원의 구성이나 활동 자료 구성의 방향이 정해질 수 있을 뿐만 아니라 효과적인 문법 교육이 이루어질 수 있다.

이상을 고려하여 문장의 유형에 대한 내용을 제시하면 (7)과 같다.

(7) 문장의 유형에 대한 교육 내용

① 성취 기준: 말과 글에서 문장의 종결 방식을 탐구하여 문장의 유형을 분류해 보고, 문장의 종결 방식과 문장의 전달 의도의 관계를 이해하며, 상황에 맞게 문장을 사용할 수 있다.

② 내용 요소

㉠ 말에서 문장의 종결 방식 탐구를 통한 문장의 유형 이해
- 종결 어미에 따른 탐구
- 같은 종결 어미의 문말 억양의 차이 탐구

㉡ 글에서 문장의 종결 방식 탐구를 통한 문장의 유형 이해
- 종결 어미에 따른 탐구
- 같은 종결 어미의 문장 부호의 차이 탐구

㉢ 말과 글에서 문장의 종결 방식의 공통점과 차이점의 이해

㉣ 문장의 종결 방식과 문장의 전달 의도의 관계 탐구

- 상황과 종결 방식이 일치하는 경우: 특정한 종결 방식이 특정한 전달 의도와 일대일의 대응 관계를 맺는 경우
- 상황과 종결 방식이 일치하지 않는 경우
  · 특정한 종결 방식이 그 문장 유형의 일반적인 전달 의도와 다른 의도를 전달하는 경우
  · 같은 전달 의도가 서로 다른 종결 방식이나 표현으로 나타나는 경우
- 직접 표현과 간접 표현을 사용해야 하는 상황과 각각의 기능 이해

㉤ 문장의 종결 방식과 문장의 전달 의도와의 관계에 주의하며 말과 글에서 상황에 맞게 문장을 사용하기

- 문장의 종결 방식과 문장의 전달 의도에 주의하며 듣고 말하기
- 문장의 종결 방식과 문장의 전달 의도에 주의하며 읽기
- 문장의 종결 방식과 문장의 전달 의도에 주의하며 글 쓰기

11.3. 용어 사용의 문제

교육과정 내용을 진술하거나 교과서 단원을 구성할 때 용어의 사용에도 신중을 기해야 한다. 지금까지 교육과정과 교과서에서는 종결 어미나 의도에 따른 문장의 유형을 '문장의 종류'로 명명해 왔다. 그런데 '종류'라는 말은 '사물의 부분을 나누는 갈래'라는 뜻이며, '문장의 종류'는 문장을 단문과 복문으로 나누어 각각을 하위 분류할 때 주로 사용되는 등 그 내포하는 의미가 다양하다. 이에 비해 '유형'은 '성질이나 특징 따위가 공통적인 것끼리 묶은 하나의 틀'이라는 뜻을 나타낸다. 이 글에서 다루는 대상은 문장을 종결 어미, 종결 방식 또는 의도를 공통적인 기준으로 나누는 것이기 때문에 '종류'라는 표현보다 '유형'이라는 표현이 더 적합하다. 엄밀하게 말하면 '단

문의 유형'이겠지만 '단문'이라는 용어는 초등 국어 문법 교육에서는 사용되지 않아 초등 교육 현장에 낯설다. 따라서 '문장의 유형'이라는 용어를 사용하는 것이 적절하다. 중등의 경우에는 '단문의 유형'이라는 용어도 가능하다.

문장 유형의 사례를 교육과정에서 직접 제시한 것은 제4차 교육과정에서부터이다. 제4차 교육과정에서는 '풀이하는 문장', '묻는 문장', '시키는 문장', '감탄을 나타내는 문장', '권유하는 문장', '약속하는 문장'으로 명명되고 있다. 이러한 이름은 제5차 교육과정, 제6차 교육과정에서도 이어져 왔다.[5] 그런데 제7차 교육과정에서는 '감탄을 타나내는 문장'이 '느낌을 나타내는 문장'으로, '권유하는 문장'이 '제안하는 문장'으로 바뀌었다. 2007 개정 교육과정에서는 '풀이하는 문장'이 '평서문'으로, '묻는 문장'이 '의문문'으로, '권유하는 문장'이 '청유문'으로, '시키는 문장'이 '명령문'으로, '감탄을 나타내는 문장'이 '감탄문'으로 각각 사용되고 있다. 또 2009 개정 교육과정에서는 '설명하고, 묻고, 명령하고, 부탁하고, 감탄하는'으로 각각 제시되고 있어 '풀이'가 '설명'으로 '권유'가 '부탁'으로 명명되고 있다. 이처럼 각각의 문장 유형을 가리키는 용어가 통일되어 있지 않다.

먼저 '평서문', '청유문' 계열의 용어는 초등학생들이 이해하기 어렵다. 따라서 문장의 유형을 이와 같은 계열의 용어로 명명하는 것은 적절하지 않다. 또 종결 어미에 따라 문장의 유형을 분류하는 경우에는 '느낌'과 '감탄', '권유'와 '제안', '부탁', '풀이'와 '설명'의 용어상의 차이가 크게 문제가 되지 않으나, '의도'를 기준으로 문장의 유형을 구분하고자 할 경우에는 문제이다. 왜냐하면 이들 용어는 같은 의도를 나타내는 것으로 보기 어렵기 때문이다.

(8) ㄱ. 함께 맛있는 것을 먹자./함께 맛있는 것을 먹는 것이 어때?
ㄴ. 공부를 열심히 해서 성적을 향상시키자./공부를 열심히 해서 성적

5 '약속하는 문장'은 제5차 교육과정부터는 학습 내용에서 제외되었다.

을 향상시키는 것이 어때?

(9) ㄱ. 그런 사람은 다시 만나지 말자./그런 사람은 다시 안 만나는 것이 어때?

ㄴ. 그만 울고 밥을 먹자./그만 울고 밥을 먹는 것이 어때?

(10) ㄱ. 그를 속이기로 하자./그를 속이기로 하는 것이 어때?

ㄴ. 그것을 몰래 훔쳐 오자./그것을 몰래 훔쳐 오는 것이 어때?

(8)~(10)은 모두 종결 방식이 같은 문장의 유형이다. 그런데 (8)과 (9)는 모두 '제안'과 '권유'의 의도로 해석될 수 있다. 그러나 (10ㄱ)과 (10ㄴ)은 '제안'의 의도로는 해석되지만 '권유'의 의도로는 해석되기 어렵다. (8)은 긍정적인 의도, (9)는 중립적인 의도, (10)은 부정적인 의도가 내포되어 있다. '제안'은 긍정적이든 부정적이든 상관없이 사용할 수 있는 것임에 비해, '권유'는 부정적인 경우에는 나타내기 어렵다.

'부탁'이라는 용어도 적절하지 않다. (8)~(10)의 예들은 일차적으로 '부탁'의 의도로 해석되지도 않는다. 오히려 명령형 어미로 종결되는 경우와 '부탁'의 의도가 더 관련이 깊다. 따라서 '-자', '-ㅂ시다'의 형태로 대표되는 종결의 방식은 '권유'나 '부탁'이 아니라 '제안'이라는 용어로 통일하는 것이 합리적이다. 물론 '의도'에 따라 문장의 유형을 구분할 경우에는 '권유', '부탁', '제안'은 모두 구분해야 할 것이다.

'감탄을 나타내는 문장'과 '느낌을 나타내는 문장'이라는 용어도 같은 문제를 가지고 있다. '감탄'과 '느낌'은 다른 뜻이다.

(11) ㄱ. 정말 날씨가 좋구나!

ㄴ. 가을은 매우 좋은 계절이구나!

ㄷ. 아, 놀라워!

(12) ㄱ. 그녀는 아름답다.

ㄴ. 가을은 매우 좋은 계절이다.

ㄷ. 영희는 슬펐다.

(11)은 '느낌'과 '감탄'을 함께 나타내지만 (12)는 '느낌'만 나타내지 '감탄'

을 나타내지는 않는다. 따라서 '느낌'과 '감탄'의 의도는 명확하게 차이가 있고 특히 문장의 종결 어미 '-구나', '-군'은 '감탄'에 국한해서 인정되어야지 '느낌'으로 확대하면 (12)와 같은 경우를 배제할 수 없기 때문에 부적절하다.

'-구나', '-군'으로 종결하는 문장의 유형은 전통적으로 '감탄'의 의도와 연결 지어 왔는데 이 경우에는 다음과 같은 경우가 문제이다.

(13) ㄱ. 정말 애통하고 원통하구나!
ㄴ. 하늘이 무너지는 것 같군!
ㄷ. 정말 나쁜 사람이로군!

'감탄'은 '마음속 깊이 느끼어 탄복함'을 나타낸다. 그런데 (13)은 '-구나'와 '-군'으로 종결되는 문장의 유형이지만 '감탄'의 의미를 전달하지는 않는다. 그런 이유로 '느낌'이라는 용어를 사용한 듯하지만, 앞에서 보았듯이 '느낌'이라는 용어가 대안이 되기 어렵기 때문에 여기서는 종래의 방식대로 '감탄'이라는 용어로 통일하여 사용하기로 한다.

끝으로 '풀이'와 '설명'이라는 용어의 혼용에 대한 정리도 필요하다. '평서문'을 교육과정과 교과서에서는 '풀이하는 문장' 또는 '설명하는 문장'으로 사용해 오고 있다. '풀이'라는 말이 교과서나 교육용 어휘로는 고빈도를 나타낼지 모르나 문장의 유형의 하나로 '풀이하는 문장'은 쉽게 이해되지 않는다. 주로 교육의 맥락에서 '풀이'는 '모르거나 어려운 것을 알기 쉽게 밝히는 것.' 또는 '어떤 문제가 요구하는 결과를 얻어 내는 것. 또는 그 결과.'를 나타낸다. 문장의 유형을 나타낼 때 '풀이'는 이와 같은 뜻으로 사용되지 않고 '어떤 사실이나 내상을 설명하는 것.'이라는 뜻으로 사용된다. 따라서 '풀이'라는 용어보다 '설명'이라는 용어가 개념의 혼란도 덜하고 상대적으로 이해하는 데에 더 수월하다고 보아 이 용어를 사용할 것을 제안한다.[6]

6 2007 개정 국어과 교육과정의 국어 《쓰기》 교과서 3학년 1학기 233쪽에서는 "풀이하는 문장은 어떤 사실을 설명하거나 풀이할 때에 씁니다."로 기술해 놓고 있다. '풀이하는 문장은 어떤 사실을 설명할 때 쓴다.'라는 말은 이해가 비교적 쉬우나 '풀이하는 문장은 어떤 사실을 풀이할 때 쓴다.'라는 말은 이해가 쉽지 않다.

이상과 같이 초등학교에서 문장의 유형을 명명하는 용어로 '설명하는 문장', '묻는 문장', '시키는 문장', '제안하는 문장', '감탄하는 문장', '약속하는 문장'을 사용하는 것이 적절하다.[7]

7 이외의 '경계문', '허락문' 등의 유형은 초등생들의 이해와 표현 활동에서 접하는 빈도가 낮기 때문에 다루지 않는다.

제12장. 텍스트 갈래 지식의 교육 문법

이 장에서는 텍스트[1]의 국어과 교육적 의미와 개별 텍스트를 수용하고 생산하는 데 있어 고려해야 하는 교육 문법의 내용의 하나로서 텍스트 갈래의 범주적 특성이 무엇인지, 어떤 요소로 구성될 수 있는지, 텍스트 갈래와 종류에는 어떤 것들이 있는지, 이들이 국어 교육과 어떤 관계에 있는지를 알아보고자 한다.

이를 위하여 여기서는 먼저 텍스트와 텍스트 갈래의 개념을 정의하고, 텍스트가 갖추어야 하는 특성이 무엇인지를 살펴본다. 그리고 텍스트 갈래를 구분하는 기준으로서 텍스트의 기능과 그에 따른 텍스트 갈래와 종류를 알아본다. 그 후 초등학교 국어 교과서에서 다루어지고 있는 '설명하는 글'과 '제안하는 글', '주장하는 글', '기행문' 등을 자료[2]로 각 텍스트 갈래의 특성(지식)을 구성하는 요소를 살펴본다.

특히 텍스트 차원의 교육 문법 내용으로 텍스트 갈래의 특성을 범주화하는 데 초점을 둔다. 이를 바탕으로 개별 텍스트 갈래의 특성을 규명하는 것이 가능하다. 텍스트 갈래의 특성이 밝혀지면 텍스트 갈래 하나하나가 하위 텍스트 종류의 교육 문법이 된다. 텍스트 갈래의 특성 범주화와 이에 내

1 여기서 '텍스트'는 '음성 텍스트', '문자 텍스트'를 통칭하는 용어로 사용한다. 담화 대신 텍스트라는 용어를 사용하는 이유는 국어 교육이나 담화 연구 분야에서 구어를 '담화'로, 문어를 '글'로 지칭하고 있다는 점, '발화'와 '담화'에 대한 구분이 명확하게 이루어지지 않았다는 점, '담화'와 '텍스트'를 같은 뜻으로 혼용해서 사용하고 있다는 점 등을 고려하여 '텍스트'라는 용어를 사용한다.

2 '설명하는 목적'의 글과 '설득하는 목적'의 글은 서로 다른 텍스트 갈래로 구분하는 것이 일반적이다. 그런데 이 논의에서 분석 자료로 사용하고 있는 '제안하는 글', '주장하는 글'은 모두 '설득하는 목적'의 글에 포함되기 때문에 텍스트의 목적(기능)이 같은 범주에 속하는 것으로 파악한다. 그러나 이들은 쓰기와 읽기의 교육적 측면에서 서로 다른 갈래로 더 하위 구분되어야 함을 텍스트 갈래에 대한 지식 범주를 바탕으로 논의한다.

한 설명은 이병규·선혜선(2014), 이병규(2018) 등을 바탕으로 한다.

이 책에서 제시하는 기준에 따라 텍스트의 하위 갈래의 특성을 규명한 논의와 텍스트 갈래 지식을 활용한 논의로는 다음과 같은 것이 있다. 김정(2012), 선혜선(2012), 김영신(2014), 신현진(2014), 길연희(2015), 김나연(2015), 김정은(2015), 최선희(2015), 송진선(2016), 신혜영(2016), 이성과(2016), 임나경(2016), 이선경(2017), 정은진(2017), 홍명종(2017), 최지윤(2018), 김지혜(2019) 등이 있다. 그리고 텍스트 갈래에 대한 지식이 초등학교 국어 교과서에 어떻게 수용되고 있는지를 살펴 그 개선점을 제시한다.

12.1. 텍스트의 의미와 국어 교육

이 절에서는 텍스트의 국어과 교육적 가치가 무엇인지, 텍스트의 개념이 그동안 어떤 관점에서 논의되어 왔는지를 살펴본다. 그리고 국어 교육적 관점에서 텍스트가 어떻게 정의되어야 하는지를 알아보기로 한다.

12.1.1. 텍스트의 국어과 교육적 의미

국어과에서 국어 사용 기능(듣기, 말하기, 읽기, 쓰기) 영역의 목적은 텍스트를 생산하고 수용하는 능력을 길러 주는 것이다. 그렇기 때문에 텍스트는 국어과 교육의 자료로서뿐만이 아니라 내용으로서도 가치가 있다. 제1차 교육과정부터 제3차 교육과정까지는 이 책의 텍스트 갈래와 유사한 개념의 문종 중심 국어 교육을 강조했다. 그런데 이 시기에 다루어진 문종의 종류는 12.3.1.절을 참고할 수 있는데, 말 그대로 독본 자료의 성격을 띠고 있으며 그 선정 기준이 무엇인지도 분명하지 않다. 이뿐만 아니라 문종별 특징이 무엇인지 문종과 읽기, 쓰기, 말하기, 듣기의 관계가 어떠한지, 문종별 교수·학습 내용이 무엇인지 구체적으로 제시되는 데 한계가 있었다.

따라서 2007 개정 국어과 교육과정 이후로 강조되어 온 텍스트 중심 국어 교육과는 본질적으로 차이가 있다고 하겠다.[3]

국어 사용 기능 교육은 제1차 교육과정부터 지금까지 줄곧 강조되어 왔지만 제5차 교육과정부터 그 교수 학습 내용의 측면에서 패러다임의 전환이 있었다고 볼 수 있다. 즉 결과 중심적 국어 사용 교육에서 과정 중심적 국어 사용 교육, 즉 구성주의적 국어교육으로의 전환이 그것이다. 2007 개정 국어과 교육과정을 기점으로 또 한 번의 국어 사용 교육의 패러다임이 바뀌었다고 보는 것이 가능하다. 과정 중심 국어 사용 교육과 텍스트 중심 국어 사용 교육이 통합된 것이 그것이다. 2007 개정 교육과정부터 국어 사용 교육에 텍스트의 특성, 텍스트 갈래적 특성이 실제적으로 강조되었기 때문이다.[4] 이를 학습하여 듣기, 말하기, 읽기, 쓰기 능력을 신장하는 데 활용해야 한다는 것이다.

이것은 교육과정에서 국어 사용 기능 영역의 각 내용 체계상의 두 가지 큰 변화와 '국어 자료의 예[5]'를 제시하고 있다는 점을 통해 이해할 수 있다. 내용 체계상에서의 변화로는 첫째는 성취 기준(교수 · 학습 내용)을 조직하는 데 국어 활동의 목적(정보 전달의 목적, 설득적 목적, 친교적 목적, 정서 표현의 목적)이 일차 조직자의 역할을 하게 되었다는 것이다. 이것을 기준으로 국어과 교육의 대상이 되는 텍스트 갈래가 결정되고 각각의 하위 종류가 선정된다. 하위 텍스트의 종류가 선정되면 그 목적별 의사소통 상황에 맞게 생산하고 수용할 수 있도록 각 종류별 텍스트의 특성을 교수 · 학습해야 한다.

결국 국어 사용 기능 교육은 문어 텍스트와 구어 텍스트를 상황에 맞게 만들어 내고, 또 다른 사람이 생산한 문어 텍스트와 구어 텍스트를 상황을 고려해서 수용할 수 있는 있는 능력을 길러 주는 것이 목적이다.

3 텍스트 중심 교육과정에 대한 논의로는 황린(2015) 참고.
4 제1차 교육과정부터 제3차 교육과정까지도 문종 중심 교육과정을 표방하고 있다.
5 2009 개정 교육과정과 2015 개정 교육과정에서는 '국어 자료의 예'라는 표현을 사용하고 있고 2007 개정 교육과정에서는 '담화의 수준과 범위'라는 표현을 사용하고 있다.

두 번째는 이러한 목적을 달성하기 위하여 내용 체계를 구성하는 범주 중 지식 범주 하위에 '담화의 유형(특성)', '글의 유형(특성)', 즉 텍스트 갈래의 특성이 주요 교수·학습 내용 범주에 포함되었다는 것이다.

텍스트를 강조하고 있다는 것은 해당 학년이나 학년군에서 학습해야 할 텍스트의 예들을 '국어 자료의 예'로 제시하고 있다는 것에서도 알 수 있다. 그렇기 때문에 개별 텍스트의 특성뿐만 아니라 공통적인 특성을 나타내는 텍스트들로 이루어지는 텍스트 갈래의 특성을 교수·학습하는 것이 국어과 교육의 핵심 내용 가운데 하나라고 하겠다. 이러한 점에서 텍스트와 텍스트 갈래는 국어과 교육적 가치를 가지고 있다고 할 수 있다.

12.1.2. 텍스트의 개념과 텍스트의 특성

여기서는 텍스트가 그동안 어떻게 정의되어 왔는지를 각 관점의 한계와 함께 살펴보도록 한다. 각각의 정의에서 제기되는 문제를 해결하기 위해서 텍스트가 어떻게 정의되어야 하는지를 알아본다. 그리고 이 책에서 정의하는 텍스트의 개념에 부합하는 텍스트의 특성은 무엇인지, 국어과 교육에서는 이를 어떻게 다루고 있는지도 살펴보도록 한다.

12.1.2.1. 텍스트의 개념

일반적으로 텍스트는 화자(필자)가 청자(독자)에게 의도를 전달하고자 표현하는 문장보다 더 큰 언어 단위라고 한다.[6]

다음 (1)을 보자.

(1) ㉠사물이나 인물에 대하여 발표를 할 때에는 그 특성이 잘 드러나도록 해야 합니다. ㉡사물을 설명할 때에는 모양이나 쓰임새 또는 그 대상을 이해할 수 있는 내용을 고릅니다. ㉢상대방이 관심을 가질 만한 것을 찾아

6 텍스트는 통상적으로 이와 같이 정의되곤 한다. 이 책에서는 텍스트의 개념을 이와 같이 보지 않는다. 이에 대해서는 뒤에서 설명한다.

알기 쉽게 설명하여야 합니다. ㉣인물을 설명할 때에는 그 사람의 특징적인 모습이나 성격, 일대기, 일화, 업적 등을 생각합니다. ㉤친구들이 들어 보았음 직한 인물에 대하여 설명할 때에는 그 사람의 일대기나 업적, 그 사람과 관련된 재미있거나 중요한 일화를 이야기합니다. ㉥또, 친구들이 모르는 인물에 대하여 설명할 때에는 그 사람의 특징적인 모습이나 성격을 중심으로 이야기합니다.

(1)은 모두 여섯 개의 문장으로 이루어져 있으며, 주제는 '사물이나 인물에 대해 발표할 때의 방법'이고, 사물과 사람을 설명할 때 필요한 내용을 세부적으로 설명하고 있다. 이처럼 일반적으로 텍스트는 둘 이상의 문장이 하나의 주제를 향하여 기술되어 있는 것을 말한다. 둘 이상의 문장 연쇄라는 것은 통사론적인 측면이고, 하나의 주제를 나타낸다는 것은 의미론적인 측면을 말한다. 전자는 텍스트의 응결성(cohesion)과, 후자는 텍스트의 응집성(coherence)과 관련된다. 전통적으로 쓰기 교육에서는 텍스트 구성의 이 두 측면이 강조되어 왔다. 이처럼 텍스트는 통사론적으로 문장보다 더 큰 단위로 두 개 이상의 문장으로 이루어지는 것으로 정의되기도 하고[7] 의미론적으로는 하나의 주제를 향하여 기술되어 있는 것, 즉 의미적 완결성[8]을 갖추어야 하는 것으로 정의되기도 한다.

이와 같은 정의들은 다음을 설명할 수가 없다. 먼저 통사론적 정의의 문제를 살펴보도록 하자.

(2) ㄱ. (건물에 불 난 것을 보고) 불이야.
ㄴ. (학교 앞) 서행
ㄷ. (강의동) 정숙

(2ㄱ)은 '불이 났음'을 알리기 위하여 소리치는 장면에서 이루어지는 발

7 텍스트를 이와 같이 보는 관점은 언어 체계 중심의 텍스트관으로, 문장 위의 단위로 텍스트를 세워 그 구조를 밝히고자 한 초기의 텍스트 문법이 여기에 해당한다. 이에 대해서는 고영근(1999: 3쪽~6쪽 참고).

8 문장의 의미적 완결성에 대해서는 유현경 · 이정택(2014)를, 단어의 의미적 완결성(단일한 의미를 가지는 소리의 결합체)에 대해서는 구본관(2014) 참고.

화이고, (2ㄴ)은 '학교 앞의 도로에서 차를 천천히 운전해야 함'을 알리는 표지판에 사용된 발화이며, (2ㄷ)은 '강의동 건물 앞이니까 조용히 해 달라'는 의미를 전달하기 위하여 사용된 발화이다. (2ㄱ)~(2ㄷ)의 표현은 문장보다 더 큰 단위가 아니다. (2ㄱ)은 명사와 조사가 결합한 구이고 (2ㄴ), (2ㄷ)은 단어 차원의 발화이다. 비록 문장보다 더 작은 언어 표현이지만 이들은 특정한 상황에서 발신자가 수신자에게 특정한 의도, 의미를 전달하고 있다. 국어 생활 속에는 이와 같이 문장보다 작은 단위이지만 완결된 의도(생각)를 전달하는 경우를 흔히 볼 수 있다.

한편, 문법적인 문장의 연쇄이지만 텍스트로 보기 어려운 경우도 얼마든지 있다.

(3) ㉠영호는 아침에 놀이공원에 갔다. ㉡놀이공원은 하루를 보내기에 매우 재미있는 곳이다. ㉢하루를 보내기에 재미있는 곳은 여러 곳이 있다. ㉣동물원도 그중 하나이다. ㉤동물원에는 호랑이가 살고 있다. ㉥호랑이는 우리나라에서는 더 이상 야생 상태로 발견되지 않는다. ㉦우리나라에서 발견되는 야생동물은 그 수가 점점 줄고 있다.(김봉순, 2002)

(3)은 모두 일곱 개의 문장이 연결되어 있다. 일곱 개의 문장은 모두 문법적이고, 바로 직전 문장과 직후 문장들 사이의 의미적인 관계도 문제가 없다. 그런데 일곱 개 문장 전체 연쇄는 무엇을 전달하고자 하는지 이해하기 어렵다. 문법적인 문장의 연쇄이지만 의미 전달이 명확하지 않은 사례를 들어 주는 상황에서는 온전한 텍스트로 수용할 수 있겠지만 일반적인 경우에는 텍스트로 수용되기 어려운 경우이다.

(4) ㉠원숭이 엉덩이는 빨개. ㉡빨간 것은 사과. ㉢사과는 맛있어. ㉣맛있는 것은 바나나. ㉤바나나는 길어. ㉥긴 것은 기차. ㉦기차는 빨라. ㉧빠른 것은 비행기. ㉨비행기는 높아. ㉩높은 것은 백두산.

(4)는 유년 시절 많이 들어본 노래 가사이다. 이 노래 가사는 글자 그대

로의 뜻만으로는 응집성과 정보성이 거의 없다. 노래를 부르는 사람이 이 가사를 통하여 전달하고자 하는 의도나 의미가 무엇인지 글자 그대로의 뜻으로는 파악하기 어렵다. 필자가 글을 쓰거나 말을 하는 이유는 자신의 생각이나 의도를 나타내기 위해서이다. 일반적으로 (4)와 같은 글이나 말은 글자 그대로는 특별한 의미를 구성하기 어렵다. 이처럼 여러 개의 문법적인 문장이나 발화가 모여 있다고 해서 텍스트가 되는 것은 아니라는 것을 알 수 있다.

그러나 (4)는 '언어 교육의 맥락'에서는 텍스트로 성립할 수 있다. 축자적인 의미는 성립하지 않지만 어휘 교육을 위한 텍스트로는 성립하는 것으로 볼 수 있다. 이처럼 단지 문법적인 문장이 둘 이상이 연결되어 있다고 해서 모두 텍스트가 되는 것은 아니며 특정한 상황 속에서 성립한다는 것을 알 수 있다.

텍스트를 통사론적으로 정의하게 되면 이와 같은 문제가 생기기 때문에 의미론적으로 완결성을 갖추어야 할 것을 요구한다. 그런데 의미론적 정의는 주관을 배제하기 어렵다는 데 문제가 있다. 의미론적으로 (2ㄱ)~(2ㄷ)과 (3), (4)는 하나의 주제를 향하여 의미적 완결성을 갖춘 것인지, 갖추지 않은 것인지 판단하기 쉽지 않다. 뒤에서 논의되겠지만 텍스트를 구성하는 발화 가운데는 문법적으로 적격하지 않은 문장조차도 사용되는 경우가 있다. 이처럼 텍스트를 통사론적으로나 의미론적으로 정의하는 것에는 한계가 있다.

이상에서 알 수 있는 것처럼 문장 단위보다 더 작은 언어 단위라고 해서 텍스트가 되지 못하는 것은 아니며, 문장 단위보다 더 크다고 해서 항상 텍스트가 될 수 있는 것도 아니다. 그렇기 때문에 텍스트는 통사론적으로 문장의 연쇄나 문장보다 더 큰 단위라고 정의한 것이나 의미론적으로 완결성을 갖춘 언어 단위라고 정의한 것만으로는 충분하지 않다. 그러면 도대체 텍스트는 무엇인가?

"오늘 왜 이렇게 덥지!"라는 발화는 독백의 경우와 '에어컨이 있으며 창문이 모두 닫힌 강의실 안에서 강의하는 선생님의' 발화의 경우 그 발화 의도가 같지 않다. 발화 맥락을 고려하지 않으면 두 경우의 발화는 모두 형식과 의미가 다르지 않다. 그러나 발화 맥락을 고려하면 비록 같은 형식이지만 그 전달 내용은 같지 않다.

다음 (5), (6)의 대화를 보자.

(5) 상황 1

여자친구: 오늘 날씨 너무 춥네!

남자친구: (음, 감탄문이군) 그러게, 정말 춥다, 그지! 일기 예보에서 오늘 엄청 춥다고 하더라.

여자친구: (뾰로통해지며) 오늘 그냥 헤어지는 게 좋겠어.

(6) 상황 2

여자친구: (액세서리 가게에서) 이 머리핀 나한테 잘 어울리지 않아?

남자친구: (음, 의문문이군) 응, 너무 잘 어울려.

여자친구: (뾰로통해지며) 나 다른 약속 있어 가 봐야겠어.

(5)의 "오늘 날씨 너무 춥네!"는 맥락을 고려하지 않는다면 느낌을 진술하는 문장이 된다. 그러나 맥락을 고려하면, 화자가 단순히 '춥다'는 느낌을 전달하고자 한 것이 아니라 '추우니까 옷을 벗어 주든지, 껴안아 달라'는 의도로 발화한 것임을 알 수 있다. (6)의 "이 머리핀 나한테 잘 어울리지 않아?"라는 발화도 단순히 '어울리는지 어울리지 않는지'를 물어 보는 것이 아니라, '예쁘니까 사 달라'는 의도를 나타내고 있는 것이다. 이처럼 같은 언어 형식일지라도 탈맥락적인 의미와 맥락 의존적인 의미가 차이가 있는 경우가 많다.

즉 통사·의미론적인 관점, 형식주의적인 관점에서는 같은 문장이지만 화용론적인 관점, 기능주의적인 관점에서는 다른 문장(발화)이 된다. 따라서 형식주의적인 관점에서 형식과 내용의 관계를 파악하는 경우와 기능주의적인 관점에서 그 관계를 파악하는 경우를 엄격하게 구분하여야 형식과 내용 간의 관계가 명확하게 설명될 수 있다.(이에 대해서는 이병규, 2018;

이병규 외, 2018 참고)

이처럼 발화자의 발화 의미를 정확하게 파악하기 위해서는 단지 언어 표현과 그 표현의 사전적 의미 총합만으로는 한계가 있다. 발화 의도(내용)와 형식의 관계를 정확하게 파악하기 위해서는 반드시 맥락[9]을 고려해야 한다. 발화의 경우뿐만 아니라 하나의 발화 또는 발화의 연쇄로 이루어지는 텍스트 역시 맥락 의존적인 개념이라고 할 수 있다.

발화나 발화의 연쇄가 텍스트로 기능하기 위해서는 텍스트에 관여하는 화자(필자)-발신자, 청자(독자)-수신자, 장면, 전달 내용(메시지, 의미), 전달 매체로서의 언어가 있어야 한다.

의사소통의 장면을 떠올려 보자. 의사소통이 이루어지기 위해서는 발신자와 수신자[10]가 있어야 한다. 그리고 의사소통은 일정한 시간에 일정한 장소에서 어떤 목적을 달성하기 위하여 이루어진다. 이를 의사소통의 장면이나 상황이라고 한다. 또 어떤 의도나 생각, 내용도 그것을 전달하는 매체가 있어야 한다. 이러한 조건을 갖추어 발신자는 자신의 생각이나 의도를 발화하여 수신자에게 전달한다. 전달한 발화를 수신자는 장소와 시간, 발신자 등을 고려하여 해석하게 된다. 이러한 조건하에 있는 발화체를 텍스트라고 부를 수 있다. 이를 도식화하면 〈그림 1〉과 같다.

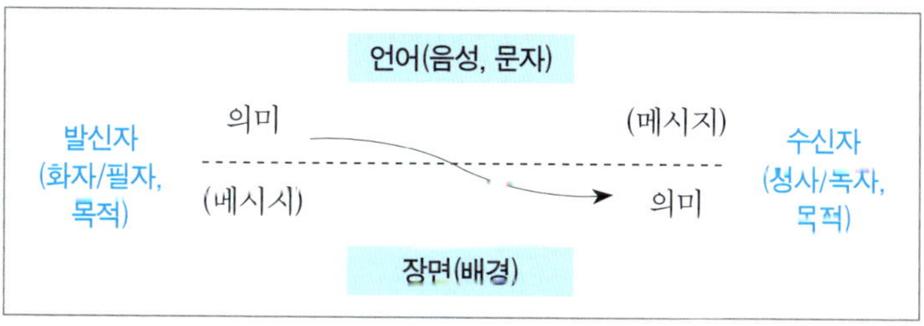

〈그림 1〉 텍스트 구성 요소

9 '맥락'은 '텍스트 내적인 맥락'과 '텍스트 외적인 맥락'으로 나눌 수 있고, '텍스트 내적인 맥락'은 다시 문어 맥락인 '문맥'과 구어 맥락인 '화맥'으로 나눌 수 있다. 맥락의 개념과 내용에 대해서는 12.4.2.2.에서 구체적으로 다루어진다.

10 발신자는 매체로 의도를 전달하는 사람으로 화자와 필자를 통칭하는 용어이고, 수신자는 매체를 통해 전달되는 내용을 수용하는 사람으로 청자와 독자를 통칭하는 용어이다.

화자(필자)는 발화나 발화를 생산하는 역할을, 청자(독자)는 발화를 이해하는 역할을, 장면은 발화나 발화가 이루어지는 시간적 · 공간적 배경, 독자 · 청자가 처한 상황이나 사회 · 문화 · 역사적 배경, 공동체의 가치나 신념 등을 의미한다. 앞에서 언급했듯이 똑같은 문장일지라도 어떤 장면에서 발화하느냐에 따라 그 의미는 달라질 수 있다. 언어를 통해 전달되는 내용은 발신자가 수신자에게 전달하고자 하는 생각, 의미, 의도, 메시지를 뜻한다. 이러한 조건이 갖추어진 상태에서 소통되는 발화나 발화의 연쇄가 텍스트가 된다.

요컨대, 텍스트는 발신자가 ①발화 목적과 의도를 가지고 ②의미 있고 어울리는 ③가치 있는 정보를 ④특정한 장면, 상황과 ⑤언어 관습에 맞게 ⑥적절한 언어 표현으로 발화하여 ⑦수신자가 수용할 수 있는 하나 이상의 발화[11]나 그 연쇄로 정의한다.[12]

이와 같은 관점에서 텍스트는 고정적인 것이 아니라 가변적인 것이며, 절대적인 것이 아니라 상대적인 것이다. 이 책에서는 의미나 지식을 보는 관점, 텍스트를 보는 관점, 맥락을 보는 관점, 나아가 문법을 보는 관점 등이 모두 이와 같다.

12.1.2.2. 텍스트의 특성과 국어교육

이러한 정의에 따르면 텍스트는 다음의 일곱 가지 특성을 갖출수록 텍스트다움, 텍스트성(textuality)[13]이 높아진다. 발신자의 발화의 텍스트성

11 여기서의 '발화'는 문자에 대해 음성 형식을 나타내는 것이 아니다. 발화는 의사소통의 최소 단위로 구체적인 개념에 대해서는 뒤에서 논의하기로 한다.

12 이와 같은 텍스트관을 언어 체계 중심의 텍스트관에 대비하여 통보적 텍스트관이라고 한다. 단어이든, 문장이든, 문장의 연결체이든, 물음과 대답이든 인간의 통보 행위의 단위가 되면 텍스트가 될 수 있다고 본다. 고영근(1999: 8쪽)에서는 텍스트를 사람이 어떤 의도를 가지고 산출하는 언어적 표현이라고 규정하고 있다. 따라서 "나는 이 책보다 그 책이 더 마음에 든다.", "비가 온다." 등도 담화로 보았다. 그러나 이 논의에서는 이와 같은 발화는 담화로 보지 않는다. 왜냐하면 제시한 발화만으로는 발신자의 의도가 누구에게, 왜, 어떤 목적을 수행하기 위해 발화되었는지 구체적으로 파악하기 어렵기 때문이다. 담화를 성립시키는 요소인 발신자, 수신자, 장면을 확인할 수 없기 때문에 제시된 발화만으로는 그것이 담화로 성립할 수 없다. 이에 대해서는 이병규(2013ㄱ) 참고.

13 텍스트성은 먼저 Beaugrande(1980)에서 제안되고 Beaugrande & Dressler(1981)에서 상세하게 논의되었다. (조원형, 2013)

을 높여 주는 특성은 의도성(intentionality), 응집성(coherence), 응결성(cohesion), 정보성(informativeness), 상황성(situationality), 수용성(acceptability), 상호텍스트성(intertextuality) 일곱 가지가 있다.[14] 앞에서 제시한 텍스트의 개념에서 ①은 담화의 '의도성'과, ②는 응집성과, ③은 정보성과, ④는 상황성과, ⑤는 상호텍스트성과, ⑥은 응결성과, ⑦은 수용성과 관련된다. 이처럼 텍스트의 구성 요소를 도식화한 〈그림 1〉과 텍스트의 개념, 텍스트의 특성은 서로 의존 관계에 있다.

텍스트성을 구성하는 일곱 가지 특성을 더 구체적으로 알아보고 국어과 교육에서 어떻게 수용되고 있는지 2007 개정, 2009 개정, 2015 개정 국어과 교육과정의 성취 기준과 해설을 간단히 살펴보도록 하자.(이병규 · 구세민, 2018 참고)

응결성(cohesion)은 텍스트를 구성하는 하나의 형식적 요소가 같은 텍스트에 존재하는 다른 형식적 요소에 의존함으로써 생겨나는 텍스트의 특성을 말한다. 이러한 형식적인 의존 관계를 문법적 장치들의 의존 관계라고 말할 수 있다. 응결성이란 이같이 일정한 문법적 수단들을 통해 텍스트의 표층 요소들이 서로 관련되는 성질을 의미한다.

(7) ㄱ. 조용히, 연구실 교수 → 교수 연구실, 조용히
ㄴ. 식탁 위에 음료수가 놓여 있었다. 그래서 나는 그것을 마셨다.
ㄷ. 거북이는 계속 걸었다. 그래서 거북이는(그는, 또는 생략) 토끼보다 빨리 도착할 수 있었다.

(7ㄱ)의 '조용히, 연구실 교수'는 쉽게 의미가 선날되지 않는다. 그 이유는 응결성이 떨어지는 표현이기 때문이며, '교수 연구실, 조용히'로 재배열하면 의미 파악이 쉽게 된다. 즉 텍스트다움이 높아지게 된다. 응결성은 (7ㄴ), (7ㄷ)에서 볼 수 있는 것처럼 '대용'이나 '접속', '반복', '지시', '생략' 현

14 텍스트의 일곱 가지 특성을 가리키는 용어들은 다양하게 번역되고 있다. 이에 대해서는 이병규(2013ㄱ) 참고.

상으로 대표된다.

이처럼 응결성은 문법적 의존 관계에 바탕을 둔 것이기 때문에 발화 형식상의 연결 국면을 가리키는 것으로 볼 수 있다. 주로 동사의 선택 제한, 병렬 형식, 지시 표현, 반복과 어휘 연쇄, 생략, 접속 등의 양상이 그것이다.

따라서 초등 국어과 교육과정의 성취 기준에서 다음과 같은 표현을 포함하고 있는 것은 대체적으로 응결성과 관련된 것으로 보아도 무방하다.

(8) 응결성 관련 성취 기준 표지

"'사건의 순서에 따라', '인과 관계'" 등에 나타난 텍스트 표지와 관련된 학습, '어휘 사용의 적절성', '올바른 문장 부호', '높임법 사용', '문장 성분과 호응', '시간 표현 방식', '문장의 연결 관계', ……

응결성이 문법적인 의존 관계의 양상을 나타내는 것임에 비해 응집성은 의미적인 의존 관계의 양상을 말한다.

(9) ㄱ. 철수는 벽에 부딪쳤다. 우유는 바닥에 쏟아졌다.

ㄴ. 민재: 형, 전화.

민준: 나 화장실.

민재: 알았어.

ㄷ. 민준이는 포천에 산다. 포천은 서울과 가깝다. 서울은 대한민국의 수도이다. 대한민국은 자유민주주의 국가이다.

(9ㄱ), (9ㄴ)은 응결성을 갖추지 않은 발화의 연쇄이다. 그러나 (9ㄱ)의 '철수가 벽에 부딪쳤다'와 '우유는 바닥에 쏟아졌다'라는 두 사건을 별개로 인식하는 것이 아니라, 인과 관계로 인식하게 된다. 이와 같은 발화들 사이의 의미적인 의존 관계, 연결 관계 양상을 응집성이라고 한다. 텍스트의 응집성은 실제 맥락 속에서 의사소통 목적이나 의도와 관련하여 파악된다.

(9ㄴ)의 경우 '전화', '화장실'은 어휘 의미적으로는 응집성이 있는 단어의 연쇄로 보기 어렵다. 그러나 실제 언어 사용 맥락을 고려하면 그 응집성을

쉽게 파악할 수 있다. 의미 파악에 맥락이 중요한 이유이기도 하다.

한편 (9ㄷ)은 일반적인 의사소통 상황에서는 응결성은 있으나 응집성이 떨어지는 발화체이다. 이와 같이 응집성은 흔히 인과 관계에 포함되는 일련의 관계에 의해 잘 드러나는데 하나의 상황이나 사태가 어떤 다른 상황이나 사태의 조건들에 영향을 미치는 것과 관련된다.(이병규 외, 2018)

초등 국어과 교육과정의 성취 기준에서 다음과 같은 표현을 포함하고 있는 것은 대체적으로 응집성과 관련된 것으로 보아도 무방하다.

(10) 응집성 관련 성취 기준 표지

'인과관계가 잘 드러나도록', '이어질 내용 예측 또는 상상하기', '중심 내용(중심 문장)과 세부 내용(뒷받침 문장) 파악하기(짜임새 있게 구성하기)', '일의 절차에 따라 설명하기', '내용을 요약하기', '사건 사이의 관계', '중요한 부분 바꾸어 쓰기', ……

응결성과 응집성은 텍스트의 기본적 특성으로, 특히 문장 이상의 발화에서 문법적, 의미적 결속을 나타낸다는 점에서 의사소통에 중요한 의미를 가진다. 앞서 예문을 통해 보았듯이 응결성이 떨어지는 경우나, 응집성이 부족하여 의사소통이 효과적으로 이루어지지 않는 경우가 많다. 이러한 이유로 여러 연구들에서는 응결성과 응집성을 일곱 가지 텍스트성 중 가장 필수적이고 중요한 것으로 보기도 한다. 이에 대해서는 뒤에서 다시 알아보기로 한다.

응결성과 응집성이 〈그림 1〉에서 텍스트를 구성하는 '언어 형식과 내용' 중심의 특성이라 한다면, 발신자와 수신자 중심의 특성으로 의도성과 수용성이 있다. 먼저 의도성이란 발신자가 발화 행위를 통하여 어떤 목표를 이루겠다는 의식이나 생각을 가짐을 말한다.

(11) ㄱ. 부장: (방향이 같으면 바래다주고자 하는 의도로) 정은 씨 어디 살아요?

정은: 네, 저는 가락동에 살고 있습니다.

부장: 그럼 세현 씨와 같이 가면 좋겠군요.

ㄴ. 부장: (다른 회사에 전달할 물건을 들고, 도움을 요청하고자 하는 의도로) 그 회사가 가락동에 있는데……. 참, 정은 씨 어디 살아요?

정은: 아, 제가 퇴근길에 가져다주겠습니다.

(11ㄱ), (11ㄴ)에서 보듯이, 같은 발화나 텍스트라도 어떤 의도로 발화하는지에 따라 그 함축적 의미, 맥락적 의미가 달라진다. 그렇기 때문에 의사소통 상황에서 의도성은 매우 중요한 특성이라고 할 수 있다. 이러한 함축적, 맥락적, 화용적 의미를 잘 사용하고 잘 이해하는 것이 대화 참여자들 사이의 부담을 줄일 수 있다.

2007 개정, 2009 개정, 2015 개정 국어과 교육과정의 성취 기준과 해설에서 다음과 같은 진술은 의도성 학습을 포함하고 있는 것으로 볼 수 있다.

(12) 의도성 관련 성취 기준 표지

'글쓴이의 관점이나 의도 파악하기', '의도에 따라(자신의 의도에 맞게, 표현 의도에 맞게) 여러 종류의 문장으로', '반어적 표현의 특성을 알고', '뉴스를 듣고 정보 전달자의 관점을', '적절한 표정, 몸짓, 말투로', '자신의 의견이 드러나게', ……

한편, 수용성은 텍스트 수용자와 관련된 것으로, 발화자의 입장에서 수신자가 텍스트의 의미를 수용하고 이해할 수 있는지를 고려하여 발화해야 하는 것과 관련된다. 수용성은 성공적인 의사소통을 위해 반드시 갖추어야 하는 조건인데, 이를 갖추지 못했다는 것은 수용자에 대한 이해가 없다는 것을 의미한다. 따라서 그 의사소통의 목적이 빗나갈 수밖에 없다.

(13) 아빠: 어제 드라마 재밌었니?

아들: 갓수애 어제 포텐 완전 빵빵 터짐. 완전 세젤예. 어제 케미 진짜

터졌다니까. 키스 씬 봤는데 나 완전 커밍아웃 할 뻔.

아빠: ?

(13)의 아들의 발화는 수용성을 갖추고 있다고 보기 어렵다. 응결성, 응집성, 의도성을 갖추고 있지만 아빠가 이해하지 못하는 표현들을 사용함으로써 대화에 실패하게 된다. 이와 같은 현상은 수용성과 관계가 깊은 문제이다. 아들의 언어 사용은 같은 또래들 사이의 친교적 대화로는 적절하지만 아버지가 청자라고 할 때 주고받는 대화로는 수용성 조건을 충족하지 않아 소통이 어렵게 되는 것이다. 이러한 통신 언어나 인터넷 언어, 은어의 사용은 사용 그 자체가 문제인 것이 아니라 맥락을 고려해서 사용하지 않는 것이 문제이다. 이에 대해서는 뒤에서 다시 설명하도록 한다.

교육과정의 성취 기준과 해설의 다음과 같은 표현들은 수용성과 관련된 것으로 볼 수 있다.

(14) 수용성 관련 성취 기준 표지

'듣는 이(읽는 이)가 알기 쉽게(이해하기 쉽게)', '읽는 이를 고려하여', '독자가 이해하기 쉽게 글을 개선', ……

정보성(informativeness)은 발화의 내용이 얼마나 알려져 있는 것인지, 수용자에게 얼마나 정보적 가치가 있는 것인지의 정도를 의미한다. 수용자에게 정보적 가치가 있다는 것은 수용자가 필요로 하는 새로운 정보를 담고 있어야 한다는 것을 의미한다. 만약 텍스트 수용자가 어떤 발화가 포함하고 있는 내용을 모두 알고 있다면 그 발화의 정보성은 매우 낮으며 텍스트로서의 가치도 매우 낮기 때문에, 결국 이러한 텍스트는 수용자로부터 거부당할 수 있다. 텍스트 수용자는 정보성의 정도에 따라 자료 처리의 난이도나 흥미의 정도를 결정하게 된다.

(15) 우리나라에는 봄, 여름, 가을, 겨울의 사계절이 있습니다. 그중에서도 가장 더운 계절은 여름입니다. 여름에는 기온이 높고 햇빛이 강해 무척

덥습니다. 그래서 사람들은 여름에 산이나 바다, 강으로 피서를 갑니다.

(15)는 초등학교 1학년에게는 흥미를 일으키거나 새로운 정보를 줄 수도 있다. 그러나 텍스트 수용자가 초등학교 6학년이라면, 정보성이 떨어진다고 볼 수 있다. 새로운 정보를 담고 있지 않으므로, 텍스트 수용자에게 어떤 의미도 되지 못한다. 의사소통이란 서로 의미 있는 텍스트를 주고받아야 한다는 점에서, 정보성 역시 의사소통의 장면에서 텍스트가 갖추어야 할 매우 중요한 특성이라고 할 수 있다.

교육과정에 제시된 정보성과 관련된 성취 기준이나 해설의 내용은 다음과 같은 것들이다. 정보성과 관련된 내용으로는 단순히 무언가를 알리거나 설명하는 텍스트가 모두 포함되는 것이 아니라, 정보의 중요도나 텍스트 수용자를 고려하여 전달 내용을 선정하는 것과 관련한 진술이 포함되어 있어야 한다.

(16) 정보성 관련 성취 기준 표지

'설명 대상에 따른 중요한 내용', '목적과 상황에 따른 정보의 중요도', '중요한 내용 중심으로 메모', '듣는 이가 궁금해 하는 내용', '정확한 설명의 중요성', '중요한 내용 간추려 쓰기', '중요한 사건 선정하여 기사문 쓰기', ……

상황성(situationality)이란 '한 텍스트가 어떤 의사소통 상황에 관련되도록 해 주는 요인의 총체'를 가리키는 말로(이병규 외, 2018), 쉽게 말해 텍스트가 되기 위해서는 발화 상황에 적합해야 한다는 것이다. 텍스트의 의미는 상황에 의해 규정되기 때문에 상황성은 텍스트의 적절성에 매우 본질적인 기준이 된다. (17ㄱ)과 (17ㄴ)을 비교해 보면 어느 것이 더 상황에 적절한 텍스트인지 이해할 수 있다.

(17) ㄱ. (학교 놀이터 앞 도로 안내판) 운전자들은 차의 속도를 늦추어야 합니다. 여기는 어린이 놀이터여서 어린이들이 도로로 뛰어들지도 모르기 때문입니다.

ㄴ. (학교 놀이터 앞 도로 안내판) 어린이 놀이터, 천천히!

(18) 현교: 누가 볶음밥이지?

해솔: 나는 자장면이야.

한편, (18)은 문법적으로 성립할 수 없는 문장으로 대화가 이루어지고 있다. 그러나 이것이 음식점에서 음식을 주문하고 있는 상황에서 이루어지는 발화임을 고려하면 이 대화는 응집성을 갖게 되고, 의사소통도 가능하다는 것을 이해할 수 있다. 이렇듯 상황성은 의사소통의 가능 여부를 결정하는 매우 중요한 텍스트의 특성이라고 할 수 있다.

엄밀히 말하면 교육과정과 교과서에 구성된 모든 활동과 학습은 상황성과 관련된다고 볼 수 있겠으나, 여기서는 직접적인 학습 상황을 구분하기 위하여 상황에 따라 달라지는 의미, 표현과 관련된 학습이 일어나는 경우만을 상황성 관련 교수·학습 내용으로 보고 텍스트성 관련 내용 구분에 포함하였다. 성취 기준의 구체적 진술의 예는 다음과 같다.

(19) 상황성 관련 성취 기준 표지

'상황에 따른 적절한 인사', '감정을 나타내는 낱말의 사용', '듣는 이의 처지에 맞게', '공식적 · 비공식적 상황에서', '역사적 배경, 맥락 등에 비추어', '글을 쓸 때의 상황 맥락 파악', '상황에 따른 언어 사용 방식의 변화', '낱말이 상황에 따라 다양하게 해석됨', '관용 표현의 적절한 사용', ……

상호텍스트성(intertextuality)이란 어떤 텍스트를 사용함에 있어서, 사전에 경험한 하나 또는 그 이상의 텍스트에 대한 지식에 의존하도록 만드는 요인을 말한다. 다시 말해 텍스트 수용자가 새로운 텍스트를 처리하는 과정에서 기존에 접한 텍스트의 특징이나 자질을 인식하게 된다면 이는 상호텍스트성에 기반한 이해가 있었다고 볼 수 있다.

(20) 남: 그 소문이 사실일까?

여: 아니 땐 굴뚝에 연기 났겠어?

특정 유형의 텍스트에서는 상호텍스트성에 대한 의존도가 매우 높게 나타나기도 한다. 예를 들어 댓글, 비평이나 풍자, 반박 또는 보고와 같은 유형의 텍스트에서는 선행 텍스트에 대한 텍스트 수용자의 이해가 반드시 필요하다. 텍스트의 갈래 구분도 상호텍스트성의 개념을 전제로 한 것이라고 할 수 있다. 앞의 여섯 가지 텍스트성과 마찬가지로, 특정 장면에서는 상호텍스트성 역시 의사소통에 필수적인 텍스트성이 될 수 있다.

교육과정 성취 기준, 해설 부분에서 다음과 같은 내용이 포함된 진술은 상호텍스트성과 관련된 교수・학습 내용인 것으로 볼 수 있다.

(21) 상호텍스트성 관련 성취 기준 표지

'온라인 대화를 일상 대화와 비교', '관련된 이야기나 속담 조사하기', '다양한 서평 읽기', '중요한 부분을 바꾸어 쓰기', '다른 문학 갈래로 바꾸어 쓰기', '관용 표현의 특징', '타 교과 학습과 관련한 글을 찾아 읽고', ……

기존의 텍스트성 관련 연구를 살펴보면, 대체로 일곱 가지 텍스트성 중에서 어떤 텍스트성이 더 중요한 텍스트성인지를 따지거나 또는 필수적인 텍스트성은 무엇이며 수의적인 텍스트성은 무엇인지를 밝히고자 하는 연구가 많았다. 서혁(1998ㄱ, ㄴ)에서는 응집성이 가장 본질적인 텍스트성으로, 의도성, 용인성, 상황성, 정보성, 상호텍스트성은 주변적인 텍스트성으로 보고 있다. 고영근(2011)에서는 의도성, 용인성, 상황성, 정보성 등을 응집성의 범주에 포함시킬 수 있으며 상호텍스트성의 경우 응결성과 응집성의 성격을 함께 가진다고 보았다. 한편 이재원(2001)에서는 의도성, 용인성, 상황성, 정보성은 계량화할 수 없는 주관적인 개념이므로 텍스트성에서 제외하여야 하는 것으로 보았다. 이처럼 다양한 논의가 있지만 대체로 응집성과 응결성을 강조하고 있으며, 그중에서도 응집성을 가장 필수적인 텍스트성으로 보는 견해가 다수이다.

텍스트성을 판단하는 기준으로 응집성과 응결성만을 필수적인 것으로 보는 것은 텍스트의 개념을 어떻게 정의하느냐와 밀접하게 관련되어 있다.

텍스트를 의미적 완결성을 갖추고 있는 두 문장 이상으로 구성된 언어 단위로 정의하는 통사·의미론적인 관점에서는 응결성과 응집성이 텍스트성을 결정하는 가장 중요하고 필수적인 요소가 될 수밖에 없다. 그리고 응집성은 의미의 연속성이라는 측면에서 아무리 긴 텍스트라 하더라도 의미가 연결되지 않으면 수용성, 정보성, 상황성 등 다른 텍스트성 역시 충족될 수 없다고 볼 수 있기 때문이다. 그러나 이와 같은 관점에서는 앞의 응결성이나 응집성에 문제가 있는 (2), (3), (4), (6), (9), (11), (13), (15), (17), (18), (20) 등이 텍스트로 기능하는 경우를 설명할 수 없다.

또 텍스트성을 응결성과 응집성만을 필수적인 것으로 보는 관점은 특히 문어 텍스트의 경우에 적용할 수 있는 견해라는 점에서도 한계가 있다. 사실 의사소통 상황에서 그 효과는 일곱 가지 텍스트성 중 무엇이 가장 중요한지, 무엇이 가장 필수적인지 나누어 생각할 수 없다. 대화의 장면에서는 오히려 의도성, 수용성, 정보성 등의 텍스트성이 더 중요할 수도 있다.

예를 들어 아래 (22ㄱ)에서는 발화자(아들)가 상대 발화자(어머니)의 발화 내용에 부응하지 않는 전혀 다른 발화를 함으로써 의도적으로 응집성을 떨어뜨린다. 그렇게 함으로써 대화 참여자들 간의 부담을 최소화하고 발화 의도를 효과적으로 전달하게 된다. 또 (22ㄴ)의 단어 하나로 이루어진 텍스트의 경우 응결성은 약하지만 의사소통은 완전하게 이루어진다. 요컨대 맥락이 고려되는 실제 의사소통 상황에서는 어떠한 텍스트성 한두 가지만 필수적이고 그 밖의 것은 그렇지 않다고 말할 수 없다.

(22) ㄱ. 어머니: 너 그 문제에 대해 어떻게 생각하니?
아들: 아, 피곤하다. 잠 좀 자야지.
어머니: 그래, 다음에 얘기하자.
ㄴ. '정숙', '불조심', '천천히' 등

텍스트다움의 판단은 한두 가지의 필수적인 텍스트성을 충족시켰는지의 여부가 아니라, 참여자들 간의 의사소통이 실현될 수 있는지의 여부로 이루어져야 한다. 이것은 결국 이병규(2017ㄴ)에서 정의한 텍스트의 개념과도 맥을 같이한다. 상황에 따라서는 의도성, 용인성, 상황성, 정보성, 상호텍스트성과 같은 텍스트성이 응집성, 응결성보다도 더 필수적인 텍스트성으로서 기능할 수 있다.

조원형(2013)에서도 텍스트성이란 실제로 일어나는 개별적 의사소통 사건을 다층적인 측면에서 분석하고 해석하기 위해 도입한 개념으로, 각각의 기준이 서로 상관관계를 가지고 맞물려 있을 수는 있어도 어느 한쪽이 본질적이고 다른 한쪽은 부차적인 것이라고 할 수 없는 것이라 밝힌 바 있다. 이 책에서도 일곱 가지 텍스트성을 필수적, 부차적으로 구분하는 관점이 아니라 의사소통의 맥락 안에서 각각의 필요성을 인식할 수 있는 교육이 필요하다는 관점에 있다.

12.1.2.3. 텍스트의 특성과 다시 텍스트의 개념

이 책에서는 특정한 시·공간에서 발신자의 발화가 수신자에게 수용될 때 그 발화를 텍스트라고 한다. 이처럼 텍스트를 역동적이고, 가변적이고, 개인적이며, 상황 의존적인 것으로 파악한다. 텍스트는 결국 맥락 의존적인 개념인 것이다. 텍스트는 특정 맥락 속에서만 존재하는 것이며 그 맥락을 떠나서는 존재할 수 없거나 다른 텍스트가 되는 것이다. 다시 말하면 동일한 발화가 발신자 이외의 나머지 맥락이 다른 조건에서는 다른 텍스트가 되거나 텍스트가 되지 않을 수도 있다.

(23), (24) 각각은 같은 의미를 띠는 매체가 다른 발화이다. 이것은 수용자, 시간, 공간에 따라 텍스트로서의 성격이나 자격이 달라질 수 있다는 것을 말해 준다.

(23) ㄱ. 是月, 上親制諺文二十八字, 其字倣古篆, 分爲初中終聲, 合之然後乃成字, 凡于文字及本國俚語, 皆可得而書, 字雖簡要, 轉換無窮, 是謂《訓民正音》。

ㄴ. 이달에 임금이 친히 언문(諺文) 28자(字)를 지었는데, 그 글자가 옛 전자(篆字)를 모방하고, 초성(初聲)·중성(中聲)·종성(終聲)으로 나누어 합한 연후에야 글자를 이루었다. 무릇 문자(文字)에 관한 것과 이어(俚語)에 관한 것을 모두 쓸 수 있고, 글자는 비록 간단하고 요약하지마는 전환(轉換)하는 것이 무궁하니, 이것을 훈민정음(訓民正音)이라고 일렀다.(세종실록 102권)

(24) ㄱ. 泰山(태산)이 놉다 ᄒᆞ되 ᄒᆞ늘 아래 뫼히로다
오르고 ᄯᅩ 오르면 못 오를 理(리) 업건마는
사름이 제 아니 오르고 뫼흘 놉다 하ᄂᆞ니

ㄴ. 태산(泰山)이 높다 하지만 하늘 아래 산이로다
오르고 또 오르면 못 오를 리 없건만
사람이 자기 스스로 오르지 않고 산을 높다 하는구나

(23), (24)는 수용자 맥락과 시간 맥락, 공간 맥락에 따라 텍스트 성립 여부에서 차이가 있다. 발신자가 생성한 같은 발화이지만 수용자가 한자를 아는 사람이냐, 시대가 조선 시대이냐, 공간이 중국이냐 등에 따라 그 텍스트다움이 달라진다. 텍스트가 텍스트다우려면 응집성, 응결성, 수용성, 상황성, 의도성, 정보성, 상호텍스트성을 갖추고 있어야 한다. 그런데 (23ㄱ), (24ㄱ)은 수용자에 따라서 텍스트성이 떨어지거나 텍스트로 성립하기 어려운 경우가 생긴다. 그렇지만 발화로서는 기능을 하고 있다.

다음 (25)를 보자.

(25) (4교시 강의 후, 친구에게)
ㄱ. 해솔: 나, 배고파.
ㄴ. 해솔: 우리 점심 먹으러 가자.

(25ㄱ), (25ㄴ)은 서로 다른 발화이다. 그런데 수용자에게 수용성은 비슷한 텍스트이다. 발화 형태(상호텍스트성)와 정보성에서는 차이가 있지만 다른 맥락이 모두 같기 때문에 의도성, 수용성, 응집성, 응결성, 상황성

은 크게 다르지 않다.

(25ㄱ)은 발화의 명제적 의미는 '내가 배가 고프다'이고, 함축적 의미는 '점심 먹으러 같이 가자'이다. 이에 비해 (25ㄴ)은 발화의 명제적 의미가 '점심 먹으러 같이 가자'이다. 이 경우는 상호텍스트성과 정보성이 서로 다른 발화이지만 텍스트 기능은 다르지 않다고 할 수 있다. (25ㄱ), (25ㄴ)이 비록 같은 텍스트 기능을 띠고 있지만 정보성과 상호텍스트성은 다른, 서로 다른 텍스트이다. 이상에서 본 것처럼 텍스트는 고정 불변이거나 항존적이거나 탈맥락적인 개념이 아니다.

12.2. 텍스트의 기능과 텍스트 갈래의 의미

12.1.절에서는 텍스트의 국어 교육적 의미와 텍스트의 개념, 텍스트성의 개념과 국어과 교육적 의미에 대해서 살펴보았다. 여기서는 텍스트의 기능과 텍스트 갈래의 의미, 텍스트 갈래와 그 하위 종류에 대해 알아보도록 한다.

12.2.1. 텍스트의 기능

인간이 의사소통을 하는 것은 어떤 목적을 수행하기 위해서이다. 발신자(화자, 필자)의 입장에서는 '누군가를 설득하기 위하여', '누군가에게 새로운 정보를 알려 주기 위하여', '누군가와 관계를 형성하기 위하여' 등, 수신자(청자, 독자)의 입장에서는 '누군가로부터 문제 해결을 위한 방안을 얻기 위하여', '누군가에게서 필요한 정보를 얻기 위하여', '누군가와 관계를 형성하기 위하여' 등 여러 가지 목적을 가지고 다양한 형태의 의사소통을 하게 된다.

이러한 의사소통 목적을 수행하기 위하여 매체를 사용하게 되는데 음성과 문자가 대표적이다. 음성이나 문자를 활용하여 의사소통 목적을 수행하는 과정을 텍스트 생산과 수용의 과정이라고 할 수 있다. 따라서 의사소통의 목적은 결국 텍스트 생산과 수용의 목적이라고 할 수 있으며 이를 흔히 텍스트의 기능[15]이라고 표현한다. 의사소통 목적이라는 것은 텍스트 구성 요소 가운데 발신자에 초점을 둔 표현이고 텍스트의 기능은 언어에 초점을 둔 표현으로 볼 수 있다.

텍스트의 기능에 대한 논의는 설(Searle, 1969)에서 비롯되는 것으로 볼 수 있다. 이후 설(Searle, 1979, 1987)에서 화행 기능으로 유형화하면서 영미권에서는 담화 기능으로, 유럽에서는 텍스트 기능으로 발전해 왔다. 그런데 담화 기능이든 텍스트 기능이든 그 기능의 종류는 논의마다 다를 정도로 구체적이고 객관적인 기준을 제시하는 데 한계가 있었다. 이병규(2015ㄷ)에서는 친교적 기능, 표현적 기능, 선언적 기능, 제보적 기능, 설득적 기능, 책무적 기능 여섯 가지로 구분하고 그 기준을 제시하고 있다.

국어 교육에서는 제6차 국어과 교육과정부터 국어 활동의 목적, 텍스트 기능이 국어 사용 기능 교육에 도입되기 시작하였다. 제6차 교육과정과 제7차 교육과정에서는 텍스트의 기능이 학년별 내용 선정의 부차적인(이차 조직자) 역할을 한 데 비해, 2007 개정 교육과정부터는 국어 사용 기능 교육의 핵심 개념으로 자리매김하게 되었다.

앞에서도 언급했듯이 2007 개정 국어과 교육과정부터는 국어 활동의 목적(텍스트 기능)이 성취 기준을 선정하는 일차 조직자(상위 범주)의 역할을 하고, 지식, 기능, 태도 범주가 이차 조직자(하위 범주)의 역할을 했음은 널리 알려진 사실이다.(교육인적자원부, 2007ㄴ: 15쪽 참고) 텍스트의 기능이 교수·학습에 요구되는 텍스트 갈래를 결정하고 이 텍스트 갈래를 생산하거나 이해하는 데 필요한 지식, 기능, 태도가 결합하여 성취 기준이 만들어지기 때문에 텍스트 기능을 일차 조직자라고 한다.

15 텍스트와 담화의 구분, 텍스트와 담화의 기능, 담화와 발화의 개념 구분 등에 대한 자세한 논의는 이병규(2013ㄱ, 2014ㄴ, 2015ㄱ)에서 이루어지고 있다.

국어과에서 텍스트 갈래를 구분하는 기준으로 활용된 텍스트의 기능은 정보 전달의 기능, 설득의 기능, 친교적 기능, 정서 표현의 기능이 주로 다루어졌다. 그런데 국어과 교육에서 텍스트 갈래를 선정하는 기준이 되는 텍스트 기능이 어떻게 도출되는 것인지에 대해서는 논의가 거의 없다. 이병규(2015ㄱ)에 따르면 텍스트 기능은 다음과 같이 정리할 수 있다.

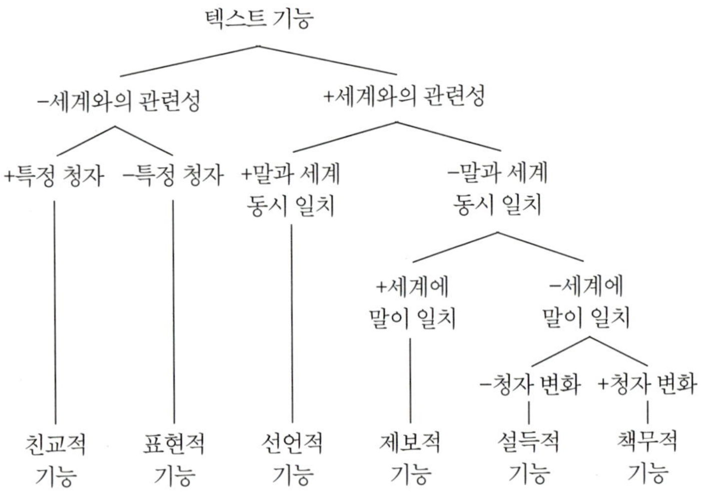

〈그림 2〉 텍스트 기능 체계

언어적 의사소통 행위의 기능 즉 텍스트의 기능은 설(Searle, 1979)에서 제시한 것처럼 세계와의 관련성 여부에 따라 먼저 제보적 기능, 설득적 기능, 책무적 기능, 선언적 기능과 표현적 기능, 친교적 기능으로 구분하는 것이 가능하다. 전자는 외부 세계와 관련성을 가지고 있고 후자는 외부 세계와 관련성을 가지고 있지 않다.

제보적 기능의 경우는 진술한 내용이 외부 세계의 현실에 일치하도록 하는 언어 사용의 유형이며, 화자는 진술 내용이 사실이라는 믿음을 갖는다. 설득적 기능은 화자의 진술 내용에 맞추어 청자가 미래에 특정 행동을 취함으로써 외부 세계의 사실이 되도록 화자가 소망하는 경우이다. 따라서 진술 내용 즉 말에 외부 세계가 일치하도록 소망하는 경우이다. 책무적 기능 역시 화자의 진술 내용에 외부 세계가 일치할 것을 요구한다는 점에서 설득적 기능과 같다. 그러나 설득적 기능의 진술 내용이 청자의 태도의 변화를 겨냥하는 데 비해, 책무적 기능은 화자의 태도 변화를 겨냥한다는 점에서 구분된다. 선언적 기능은 진술 내용이 곧 세계가 되는 경우로 말과 세계가 동시에 일치(성립)할 것이라는 것을 화자가 확신하는 언어 사용의 유형이라는 점에서 다른 경우와 구분된다.[16]

한편 표현적 기능은 화자의 특정한 느낌이나 생각, 감정을 전달하고 청자가 이를 공감하기를 희망하는 언어 사용으로 설(Searle, 1987)은 말과 세계와의 일치 방향과 무관한 것으로 보고 있다. 그러한 면에서는 두 기능을 통합하는 것이 가능하나 이 책에서는 설(Searle, 1987)의 표현적 기능을 정서 표현 기능과 친교적 기능으로 구분한다. 친교적 기능은 반드시 특정 청자를 겨냥해야 하는 데 비해, 정서 표현 기능은 주로 불특정, 비한정적인 청자를 겨냥한다는 점에서 구분 가능한다.

이러한 원리를 설득적 기능과 책무적 기능에도 똑같이 적용할 수 있다. 즉 [±청자 변화]라는 점에서는 두 기능을 구분하는 것이 가능하지만 [–세계에 말이 일치]라는 점에서 두 기능을 통합하는 것도 가능하다.

12.2.2. 텍스트 갈래의 의미와 국어 교육적 함의

텍스트 갈래는 텍스트 유형, 텍스트 장르라고도 부를 수 있다. 이 말들은 모두 공통된 상황이나 맥락에서 관습적으로 사용해 온 언어 사용 관습을 의미한다. 이러한 의미로 이 책에서는 '텍스트 갈래'라는 용어를 사용하기로 한다.

개별 텍스트를 온전하게 수용하고 생산하기 위해서는 텍스트를 수용하

16 텍스트의 기능을 여섯 가지로 구분하는 기준과 그 구체적인 예에 대해서는 이병규(2015ㄱ)에서 자세하게 이루어지고 있다.

거나 생산하는 데 요구되는 기능이나 전략을 익혀야 한다는 것은 더 강조할 필요가 없다. 기능이나 전략은 대부분 텍스트의 갈래와 상관없이 범용적으로 사용된다. 예컨대, 읽기 과정에 요구되는 전략(최영환, 1996)으로는 연상하기, 예측하기, 미리 보기, 훑어보기, 중심 생각 찾기, 글 구조 파악하기, 추론하기, 건너뛰며 읽기, 요약하기, 비판적으로 읽기, 창조적으로 읽기 등을, 쓰기 과정에 요구되는 전략으로는 브레인스토밍, 다발 짓기, 마인드 맵 만들기, 개요 짜기 등을 생각해 볼 수 있다. 다소간의 차이는 있으나 이들 전략 대부분은 특정 텍스트 갈래에만 적용된다고 보기 어렵다.

개별 기능이나 전략이 텍스트 갈래와 상관없이 범용적이라는 것은 국어과 교육과정에서 제시하고 있는 국어과의 목표의 변화 과정을 통해서도 이해할 수 있다. 제5차, 제6차, 제7차 국어과 교육과정에서 국어과의 목표를 '국어 사용 기능 신장'이 아니라 '언어 사용 기능 신장'이라고 부른 것이나 '국어 사용 기능 영역'이 아니라 '언어 사용 기능 영역'이라고 표현한 것에서 알 수 있다.

기능이나 전략에 대한 이와 같은 생각은 (26)의 제7차 국어과 교육과정의 국어과 목표 전문에서 확인할 수 있다.

(26) 국어과 목표(제7차 교육과정)

> 언어 활동과 언어와 문학의 본질을 총체적으로 이해하고, 언어 활동의 맥락과 목적과 대상과 내용을 종합적으로 고려하면서 국어를 정확하고 효과적으로 사용하며, 국어 문화를 바르게 이해하고, 국어의 발전과 민족의 언어 문화 창달에 이바지할 수 있는 능력과 태도를 기른다.
>
> 가. 언어 활동과 언어와 문학에 대한 기본적인 지식을 익혀, 이를 다양한 국어 사용 상황에 활용하는 능력을 기른다. (후략)…

(26)에서 '언어 활동', '언어 문화 창달'이라는 용어를 사용한 것은 말하기 활동, 듣기 활동, 읽기 활동, 쓰기 활동에 사용되는 기능이나 전략은 언어와 상관없이 범용적으로 활용할 수 있는 것으로 본 것임을 나타낸다. 이러한

생각은 제5차 교육과정, 제6차 교육과정에서도 같다.

언어 사용 기능이나 전략의 교수·학습이 과정 중심 국어 교육이 시작된 제5차 국어과 교육과정부터 2015 개정 교육과정까지 국어 사용 능력을 신장시키기 위한 토대가 되어 왔음은 주지의 사실이다. 그런데 2007 개정 국어과 교육과정에 이르러 기능과 전략의 교수·학습만으로는 실질적으로 국어 사용 능력을 신장시키는 데 한계가 있다는 것을 확인하게 되었다.

제5차 국어과 교육과정부터 제7차 국어과 교육과정까지는 표현 과정이나 이해 과정에 필요한 개별적인 기능이나 전략을 분절적으로 교육하면 텍스트의 갈래와 상관없이 구어 텍스트든 문어 텍스트든 잘 생산하고 이해할 수 있을 것으로 보았다. 이러한 생각은 표현 과정이나 이해 과정에 요구되는 기능이나 전략은 범용적이라고 보기 때문에 가능하다.

물론 이들 가운데 비판적 읽기, 창조적 읽기, 사실적 읽기, 감상적 읽기를 위한 전략들은 특정한 텍스트 갈래에서 더 중요한 읽기 전략으로 작용하기도 한다. 이에 대해서는 14장에서 자세하게 다루어진다. 그러나 같은 텍스트 갈래이지만 읽기 목적이나 매체의 종류, 메시지 내용에 대한 독자의 태도 등에 따라 읽기 전략이나 방법이 달라질 수 있고, 다른 텍스트 갈래도 같은 읽기 전략이나 방법을 적용하여 읽어야 하는 경우도 있다. 그러나 대부분의 기능이나 전략은 대체적으로 텍스트 갈래와 상관없이 범용적인 특성이 강하다고 할 수 있다.

그런데 텍스트를 효과적으로 생산하고 수용하는 데 있어 범텍스트적인 기능이나 전략만으로는 한계가 있다. 제5차 교육과정부터 제7차 교육과정까지 국어 사용 기능 교육의 문제가 바로 이와 관련되어 있다. 이러한 문제를 해결하기 위하여 2007 개정 교육과정부터 텍스트 중심 국어 사용 교육이 과정 중심 언어 교육에 통합되게 되었다.[17] 이러한 변화는 국어과의 목표에도 반영되어 (26)이 (27)과 같이 수정·진술되고 있다.

17 과정 중심 교육과 텍스트 갈래 중심 교육을 쓰기 교육에 통합하는 방안을 제시한 연구로는 이병규·김정은(2016) 참고.

(27) 국어과 목표(2007 개정 교육과정)

국어 활동과 국어와 문학의 본질을 총체적으로 이해하고, 국어 활동의 맥락을 고려하면서 국어를 정확하고 효과적으로 사용하며, 국어 문화를 바르게 이해하고, 국어의 발전과 민족의 국어 문화 창조에 이바지할 수 있는 능력과 태도를 기른다.

가. 국어 활동과 국어와 문학에 대한 기본적인 지식을 익혀, 이를 다양한 국어 사용 상황에 활용하면서 자신의 언어를 창조적으로 사용한다. (후략)…

이러한 변화는 범용적인 기능과 전략만으로는 텍스트의 수용과 생산에 한계가 있다는 것에서 기인한 것으로 이해할 수 있다. 따라서 텍스트 갈래를 구분해 주는 갈래별 특성이 중요한 교수·학습 내용으로 대두되게 되었다. 다시 말하면 유사한 상황이나 맥락에서 이에 적절한 언어 사용 관습을 교수·학습하는 것이 기능 및 전략과 함께 핵심적인 교육 내용이 되었다.

이 언어 사용 관습은 개별 언어마다 차이가 있을 수밖에 없다. 개별 언어의 특정 텍스트 갈래를 결정짓고 다른 갈래의 텍스트와 변별해 주는 요소는 전략이나 기능이라기보다 그 텍스트의 형식적, 내용적, 맥락적 특성으로 구성되는 언어 사용 관습과 관련된 지식이다. 이에 대해서는 12.4.절에서 자세히 알아보도록 한다.

12.3. 텍스트 갈래와 종류

텍스트 갈래를 구분하는 일차적인 기준을 무엇으로 삼느냐에 따라서 텍스트 갈래와 그 하위 종류는 다양하게 구분할 수 있다. 일차적인 기준을 매체의 종류로 하면 문자 매체의 경우에는 문어 텍스트, 음성 매체의 경우에는 구어 텍스트, 그림 매체의 경우에는 그림 텍스트, 멜로디를 매체로 하면 음악 텍스트, 이들 매체들의 결합으로 이루어진 텍스트는 복합 매체 텍스트 등으로 명명할 수 있다. 매체에 따라 텍스트 갈래를 구분할 때 국어 교육의 대상이 되는 텍스트 갈래는 문어 텍스트와 구어 텍스트 그리고 복합 매체 텍스트가 된다. 이에 대해서는 13장에서 자세하게 다룬다. 이뿐만이 아니라 국어 활동의 목적, 즉 의사소통 목적-텍스트의 기능에 따라 텍스트의 갈래를 구분하기도 한다.

여기서는 국어과 교육의 내용이자 제재로서 제시되어 온 텍스트 갈래에는 어떤 것들이 있고 그 선정 원리나 기준은 무엇인지 알아보도록 한다.

12.3.1. 텍스트 갈래 제시 양상

국어과 교육은 구어 텍스트든 문어 텍스트든 이를 상황에 맞게 생산하고 수용할 수 있는 능력을 신장시켜 주는 것이 주요 목적 가운데 하나이다. 따라서 상황에 따라 요구되는 다양한 텍스트 갈래를 생산하고 수용하는 학습 경험을 통해 실제 국어 생활에 활용할 수 있는 능력을 길러 주어야 한다. 이러한 국어과 교육의 목적은 제1차 교육과정부터 지금까지 줄곧 이루어져 왔다. 이를 위해 제1차 교육과정부터 국어과 교육을 통해 교수·학습해야 할 텍스트의 갈래와 종류를 제시하고 활용해 왔다.

제1차 초등학교 교육과정 국어과에서는 언어 경험의 요소를 음성 언어와 문자 언어로 나누어 다음과 같이 제시하고 있다.

〈표 1〉 텍스트 갈래와 종류(제1차 교육과정)

1. 언어 경험의 요소
   가. 음성 언어(말하기, 듣기)의 경험
      1) 혼자 말하기: 강연, 보고, 연구, 발표, 설명, 이야기, 낭독, 라디오, 확성기 등
      2) 서로 말하기: 인사, 대화, 문답, 토의, 소개, 방문, 전화 등
      3) 회의: 어린이회, 위원회 등
      4) 극: 연극, 영화, 그림 연극 등

나. 문자 언어(읽기, 쓰기)의 경험
1) 기록
2) 일기
3) 편지
4) 게시: 광고, 고시, 간판, 명패
5) 설명: 논설, 보고, 해설
6) 문학: 소설, 동화, 동요, 시, 전설, 수필, 전기
7) 신문, 잡지
8) 참고서: 사전, 참고자료

제1차 교육과정에서 언어 경험 요소로 제시하고 있는 구어 텍스트 종류는 강연, 보고, 연구, 발표, 설명, 이야기, 낭독, 라디오, 확성기, 인사, 대화, 문답, 토의, 소개, 방문, 전화, 어린이회, 위원회, 연극, 영화, 그림 연극 등이 있다. 문어 텍스트 종류에는 기록, 일기, 편지, 게시에는 광고, 고시, 간판, 명패를, 설명에는 논설, 보고, 해설을, 문학에는 소설, 동화, 동요, 시, 전설, 수필, 전기를, 그리고 신문, 잡지와 참고서에 사전, 참고 자료 등을 제시하고 있다. 이상과 같이 언어 경험 요소로 제시한 구어 텍스트 종류와 문어 텍스트 종류를 어떤 근거로 선정한 것인지는 확인할 수 없다.

제1차 교육과정에서 제시한 텍스트 종류에는 라디오, 확성기, 전화, 연극, 영화, 간판, 명패, 신문, 잡지, 참고서, 사전 등과 같이 매체라고 볼 수 있는 것도 포함되어 있어 텍스트 종류만을 제시한 것으로 보기 어렵다. 그리고 소설, 동화, 시, 수필 등 문학 텍스트 종류도 함께 제시되어 있다. 아마 문학 영역이 별도로 설정되어 있지 않았기 때문인 것으로 짐작할 수 있다.[18]

이와 같은 상황은 교육과정상에 언어 경험 요소로 텍스트 종류를 제시한 제2차 교육과정, 제3차 교육과정의 경우도 크게 다를 바가 없다. 제2차 중

18 국어과의 영역 구분은 다음과 같다.
제1차 교육과정~제3차 교육과정: 말하기, 듣기, 읽기, 쓰기
제4차 교육과정: 기능(말하기, 듣기, 읽기, 쓰기), 언어, 문학
제5차 교육과정~제6차 교육과정: 말하기, 듣기, 읽기, 쓰기, 언어, 문학
제7차 교육과정: 말하기, 듣기, 읽기, 쓰기, 국어 지식, 문학
2007 개정 교육과정: 듣기, 말하기, 읽기, 쓰기, 문법, 문학
2009 개정 교육과정~2015 개정 교육과정: 듣기·말하기, 읽기, 쓰기, 문법, 문학

학교 교육과정 국어과에서는 언어 사용의 기술을 음성 언어와 문자 언어로 나누어 그 종류를 다음과 같이 제시하고 있다.

〈표 2〉 텍스트 갈래와 종류(제2차 교육과정)

2. 언어 사용의 기술
   (ㄱ) 말하기, 듣기를 주로 하는 기술
      a. 음성 언어에 의한 발표 및 전달(보고, 강연, 연설)
      b. 인사 및 소개
      c. 문답(問答)
      d. 회의 및 좌담
      e. 방송
      f. 전화
      g. 연극, 영화
   (ㄴ) 쓰기(글짓기)를 주로 하는 기술
      a. 기록, 노오트
      b. 문자 언어에 의한 발표 및 전달
      c. 편지
      d. 일기
      e. 서식
      f. 편집
   (ㄷ) 읽기를 주로 하는 기술
      a. 신문, 잡지
      b. 편지
      c. 규약, 게시, 공고
      d. 독서
      e. 사전, 참고서
      f. 도서관의 이용

제2차 교육과정에서는 언어 사용 기술을 말하기 · 듣기, 쓰기, 읽기 활동에 주로 활용되는 텍스트 종류들을 구분하여 〈표2〉와 같이 제시하고 있다. 여기서는 문학 텍스트는 제시되지 않고 있다.

제3차 교육과정에서는 각 학년의 교수 · 학습의 내용을 영역별로 '지도 사항과 형식'으로 나누어 제시하고 있다. 텍스트의 종류는 '형식'이라는 범주로 제시하고 있는데 이를 학년별, 영역별로 정리하면 〈표 3〉과 같다.

〈표 3〉 텍스트 갈래와 종류(제3차 교육과정)

학년	영역	텍스트 종류
1학년	말하기	인사, 문답, 전언, 그림 설명, 생활 경험담, 우화, 극
	듣기	문답, 전언, 지시, 설명, 발표, 생활 경험담, 우화, 동화, 설화, 극
	읽기	그림일기, 생활 경험, 설명, 우화, 동화, 설화, 동시(동요), 극본
	쓰기	그림일기, 경험 소개, 그림 설명
2학년	말하기	인사, 문답, 전언, 설명, 생활 경험담, 우화, 동화, 설화, 극
	듣기	문답, 전언, 지시, 설명, 발표, 생활 경험담, 우화, 동화, 설화, 전기, 극
	읽기	그림일기, 생활 경험, 생활 기록, 편지, 설명, 우화, 동화, 설화, 동시(동요), 극본
	쓰기	그림일기, 편지, 생활 경험, 생활 기록, 설명, 이야기(내용)
3학년	말하기	문답, 전언, 설명, 발표, 우화, 동화, 설화, 전기, 극 ※ 전화
	듣기	문답, 전언, 보고, 설명, 발표, 우화, 동화, 설화, 전기, 극 ※ 방송, 전화
	읽기	생활문, 감상문, 편지, 일기, 관찰 기록, 광고, 설명문, 기록문, 보고문, 설화, 동화, 전기, 동시(동요), 소년 소설, 극본
	쓰기	일기, 편지, 생활문, 관찰 기록, 설명, 이야기(내용), 동시(동요)
4학년	말하기	소개, 보고, 설명, 발표, 좌담, 회의, 동화, 전기, 극 ※ 방송, 전화, 마이크
	듣기	소개, 보고, 설명, 발표, 좌담, 회의, 동화, 전기, 극 ※ 방송, 전화
	읽기	생활문, 감상문, 기행문, 편지, 일기, 서식, 광고, 게시·고시, 표어·포스터, 설명문, 기록문, 보고문, 관찰 기록, 논설적인 글, 어록, 기사문, 동화, 전기, 소년 소설, 극본, 동시(동요), 설화
	쓰기	일기, 편지, 생활문, 감상문, 표 만들기, 편집, 게시·고시, 표어·포스터, 설명문, 기사문, 기록문, 관찰 기록, 이야기(내용), 전기의 요약 및 감상, 동시(동요)
5학년	말하기	소개, 보고, 설명, 발표, 좌담, 회의, 동화, 전기, 극 ※ 방송, 전화, 마이크
	듣기	소개, 보고, 설명, 강연(연설), 좌담, 회의, 동화, 전기, 극 ※ 방송, 전화

5학년	읽기	생활문, 감상문, 기행문, 편지, 일기, 서식, 선전·광고, 게시·고시, 표어·포스터, 설명문, 보고문, 기록문, 관찰 기록, 논설문, 어록, 기사문, 동화, 전기, 소년 소설, 극본, 동시(동요), 시조
	쓰기	일기, 편지, 생활문, 감상문, 기행문(소풍기), 표 만들기, 편집, 게시·고시, 표어·포스터, 서식, 선전·광고, 설명문, 기사문, 기록문, 관찰 기록, 강연의 요지, 이야기(내용), 전기의 요약·감상, 동시(동요), 극본(각색)
6학년	말하기	보고, 설명, 발표, 좌담, 회의, 전기, 극, ※ 방송, 전화, 마이크
	듣기	보고, 설명, 강연(연설), 좌담, 회의, 전기, 극, ※ 방송, 전화
	읽기	생활문, 감상문, 기행문, 편지, 일기, 서식, 선전·광고, 게시·고시, 표어·포스터, 설명문, 보고문, 기록문, 관찰 기록, 논설문, 어록, 기사문, 전기, 소년 소설, 극본, 동시(동요), 시조
	쓰기	일기, 편지, 생활문, 감상문, 기행문(소풍기), 표 만들기, 편집, 게시·고시, 표어·포스터, 서식, 선전·광고, 설명문, 기사문, 기록문, 강연의 요지, 이야기(내용), 전기의 요약·감상, 동시(동요), 극본(각색)

제3차 교육과정에서는 교수·학습의 내용을 담는 구어와 문어 텍스트 형식이 〈표 3〉과 같이 다양하게 등장하고 있다. 이 경우 역시 다양한 텍스트 종류가 어떻게 선정되었는지에 대해서는 확인할 수 없다. 이러한 양상은 제4차, 제5차 교육과정의 경우에서도 크게 다르지 않다.

한편, 최근 개정된 2015 개정 국어과 교육과정에서는 구어 텍스트로는 인사말, 대화, 회의, 토의, 토론, 발표, 면담, 협상 등을, 문어 텍스트로는 설명하는 글, 주장하는 글, 감상을 표현한 글, 보고하는 글, 감동이나 즐거움을 주는 글, 설득하는 글, 정서를 표현하는 글 등을 다루고 있다.

이상에서 볼 수 있는 것처럼, 제1차 교육과정부터 2015 개정 국어과 교육과정까지 의사소통을 위하여 다루는 텍스트 종류가 모두 다르다. 심지어 2015 개정 국어과 교육과정에서는 설명하는 글, 주장하는 글, 감상을 표현하는 글, 보고하는 글, 감동이나 즐거움을 주는 글, 설득하는 글, 정서를 표현하는 글 등 텍스트 종류를 매우 포괄적인 명칭으로 제시하고 있다. 주장하는 글과 설득하는 글의 공통점과 차이점이 무엇인지, 감상을 표현하는 글과 감동이나 즐거움을 주는 글, 정서를 표현하는 글의 공통점과 차이점이 무엇인지 불분명하다.

12.3.2. 텍스트 갈래 선정의 원리

다음 〈표 4〉는 2007 개정 국어과 교육과정 쓰기 영역의 내용 체계이다.[19]

〈표 4〉 쓰기 영역의 내용 체계(2007 개정 교육과정)

<table>
<tr><td colspan="2">쓰기의 실제
• 정보를 전달하는 글 쓰기 • 설득하는 글 쓰기
• 사회적 상호 작용의 글 쓰기 • 정서 표현의 글 쓰기</td></tr>
<tr><td>지 식
• 소통의 본질
• 글의 특성
• 매체 특성</td><td>기 능
• 내용 생성
• 내용 조직
• 표현과 고쳐 쓰기</td></tr>
<tr><td colspan="2">맥 락
• 상황 맥락
• 사회 · 문화적 맥락</td></tr>
</table>

〈표 4〉에서 볼 수 있듯이 '실제' 범주는 쓰기의 목적에 따른 쓰기 활동의 유형으로 구성되어 있다. 교육과학기술부(2008: 18쪽)에 따르면 국어 교육이 개별적이고 독립적이며 단편적인 지식이나 기능을 익히는 활동보다는 담화와 글을 수용하고 생산하는 활동을 지향해야 한다는 관점에서 내용 체계를 구성하였다.

제7차 교육과정의 내용 체계에서는 내용 범주(본질, 원리, 태도)가 상위 범주였고, 실제 범주는 하위 범주였다. 그러나 2007 개정 교육과정에서는

19 여기서 2007 개정 교육과정의 내용 체계를 예로 제시하는 것은 이 시기 교육과정 내용 체계가 국어과의 교수·학습 대상이 되는 내용을 선정하는 틀로 가장 교과내적 정합성을 가지고 있기 때문이다. 즉 실제 범주를 일차 조직자로 하고 '지식', '기능', '맥락' 범주를 이차 조직자로 하는 것이 그것이다. 정의적인 측면의 태도 범주는 별도의 범주로 설정하기보다 모든 범주에 공통적으로 적용되는 상위 범주로 보는 것이 합리적이다.

실제 범주를 상위 범주 즉 성취 기준을 도출하는 일차 조직자로 설정하고, 내용 요소 범주(지식, 기능, 맥락)를 실제 범주의 규정을 받는 하위 범주(이차 조직자)로 설정하였다. 즉 '실제'를 통하여 쓰기 활동의 목적에 맞는 글쓰기 활동이 정해지면, 그 글을 쓰는 데 필요한 '지식'과 '기능'과 '맥락' 요소를 추출하여 학습 내용 요소로 선정하게 된다.

예컨대 다음 (28)을 보자.

(28) ㄱ. [3-쓰-(4)]글을 읽고, 자신의 생각과 느낌을 표현하는 글을 쓴다.

ㄴ. [내용 요소의 예]

- 감상문의 특성 이해하기
- 자신의 경험과 글의 내용을 관련짓기
- 글에 대한 자신의 생각과 느낌을 정리하기
- 글에 대한 자신의 생각과 느낌을 다른 사람과 공유하려는 태도 가지기

(28ㄱ)은 성취 기준이며 (28ㄴ)은 (28ㄱ)을 도달하기 위하여 제시한 학습 요소의 예이다. (28ㄱ)은 '실제' 범주 중 '정서 표현' 목적의 글 쓰기 능력을 신장시키기 위하여 구성한 성취 기준이다. 이러한 정서 표현 목적의 글쓰기 능력을 신장시키기 위하여 교수·학습의 대상으로 삼아야 할 내용은 '지식' 범주에서 '감상문의 특성 이해', '기능' 범주에서 '자신의 경험과 글의 내용 관련짓기'와 '글에 대한 자신의 생각과 느낌을 정리하기'를 선정하여 제시하였다.[20] '감상문'이라는 텍스트 갈래는 이와 같은 원리로 선정되는 것이다. 이처럼 일차 조직자인 실제는 이차 조직자인 내용 요소 범주를 통어하게 된다. 성취 기준과 그 성취 기준을 도달하기 위하여 학습해야 하는 내용 요소 선정을 위한 이러한 원리는 읽기, 듣기, 말하기 영역의 경우에도 다

20 '글에 대한 자신의 생각과 느낌을 다른 사람과 공유하려는 태도 가지기'는 제7차 교육과정과 2009 개정 교육과정의 '태도' 범주에 해당하는 것으로 2007 개정 교육과정에서는 삭제하여 내용 체계상의 범주와 연결되지는 않는다. 또 2007 개정 교육과정에서는 '태도' 범주가 삭제되고 '맥락' 범주가 설정되었으나 (28)에서는 '맥락'에 해당하는 내용 요소는 표면적으로 제시되어 있지는 않다.

르지 않다.

한편, 국어 활동(듣기 활동, 말하기 활동, 읽기 활동, 쓰기 활동)의 목적으로는 '정보 전달', '설득', '사회적 상호 작용[21]', '정서 표현' 네 가지 유형을 제시하고 있다. 국어 활동 목적은 곧 국어를 통한 의사소통 목적을 뜻한다. 발신자는 수신자에게 의사소통 상황에서 텍스트를 통하여 특정한 의도나 목적을 드러내게 되는데 이를 텍스트 기능이라고도 한다. 앞의 논의에서 확인할 수 있듯이 이 네 가지 의사소통 활동의 목적 즉 텍스트 기능이 결국 국어과 교육의 내용을 결정하는 역할을 한다고 할 수 있다.

'실제'와 내용 요소 범주 사이의 구체적인 관계는 교육과학기술부(2008: 19쪽)에 더 구체적이고 명확하게 제시되어 있다.

〈표 5〉 실제와 내용 요소 범주의 관계

"가) '실제'는 성취 기준 선정 범주에 해당하며, 담화와 글[1)]의 수용 · 생산 활동을 의미한다. 실제 범주를 구성하는 정보 전달, 설득, 사회적 상호 작용, 정서 표현은 언어 활동의 목적을 기준으로 설정하였다.

나) '지식', '기능', '맥락'은 내용 요소 선정 범주에 해당하며, 내용 요소는 실제, 즉 담화와 글의 수용생산 활동에서 요구되는 세부적인 지식, 기능, 맥락을 의미한다. 학년별 내용에 제시한 '내용 요소의 예'는 이들 세 가지 범주에서 각각 선정하였다.

다) '지식'은 '담화와 글의 수용 · 생산 활동에서 요구되는 형식적, 본질적, 명제적 지식'을 의미한다. 하위 요소로 듣기 · 말하기 · 읽기 · 쓰기 영역은 소통의 본질, 담화 특성 … (중략) …

라) '기능'은 '담화와 글의 수용 · 생산 활동에 관여하는 사고의 절차나 과정'을 의미한다. … (중략) …

바) '실제' 범주는 내용 요소의 범주를 규정하고 통어한다. 즉, 내용 요소는 실제와의 관계 속에서만 그 의미를 갖는다. 이러한 관계는 학년별 내용에 제시한 성취 기준(실제 범주에서 선정)과 내용 요소의 예(내용 요소 범주에서 선정)를 통해 구체적으로 드러난다. 즉 내용 요소는 학습자가 해당 성취 기준에 도달하기 위해서 학습하고 익혀야 할 요소로서 기능한다.

21 '사회적 상호 작용'의 목적은 제7차 교육과정의 '친교'라는 범주명을 달리 명명한 것이다. (2008: 19쪽 참고)

사) 지식, 기능, 맥락은 담화와 글의 수용·생산 활동에서 긴밀하게 교섭하고 상호 작용한다."

주 1) 국어과 교육과정에서는 '담화'는 구어의 경우로, '글'은 문어의 경우로 구분하여 사용하고 있다. 이 책에서는 구어의 경우와 문어의 경우를 통칭하여 텍스트라는 용어를 사용한다. 이를 구분할 때는 구어 텍스트, 문어 텍스트라는 표현을 사용한다. 여기서의 담화는 교육과정이나 교과서에서 사용하는 개념과 같다.

이상에서 국어과의 교수·학습의 대상이자 내용인 텍스트의 갈래 및 종류가 국어 활동의 목적 즉 의사소통의 목적에서 도출된다는 것을 확인하였다. 결국 의사소통 목적의 유형은 어떤 것들이 있는지를 밝혀, 이들을 체계화하는 것이 국어과 교수·학습의 내용을 체계화하는 것이라고 할 수 있다. 따라서 국어과에서 다루게 되는 텍스트의 갈래를 선정하는 기준이 되는 국어 활동 목적에는 어떤 것이 있고 이들이 어떤 관계 속에서 체계화되는지에 대한 논의는 국어과 교육의 내용 체계화를 위해 중요하다.

12.3.3. 텍스트 기능에 따른 텍스트 갈래와 종류

의사소통 목적(텍스트 기능)의 유형을 제시하고 있는 '실제' 범주가 국어과에 도입된 것은 제6차 교육과정부터이다. 제6차 교육과정에서 처음으로 실제 범주가 등장하여 2015 개정 국어과 교육과정까지 설정되어 오고 있다. 물론 '실제' 범주의 성취 기준 도출을 위한 일차 조직자로서의 기능은 교육과정 시기마다 그 비중이 같지 않다. '실제' 범주가 상위 범주가 되는 2007 개정, 2009 개정 교육과정에서는 실제 범주가 일차 조직자로서의 역할이 내용 체계상으로는 유지되어 왔으니 제7차 교육과정[22]과 핵심 역량을

22 제7차 교육과정에서도 '실제' 범주를 결과적으로는 불완전했지만 일차 조직자로서 기능하도록 의도했음을 '내용 체계' 구성의 기본 관점으로 제시한 다음을 통해 이해할 수 있다. "(가) 듣기, 말하기, 읽기, 쓰기, 국어 지식, 문학의 교육활동은 각 영역의 '본질', '원리', '태도' 범주의 교육 내용과 '실제' 범주의 교육 내용이 유기적으로 관련되어야 의도한 교육 목표를 달성할 수 있다고 보고 '내용 체계'를 구조화하였다. 예를 들어, 쓰기 능력을 향상시키기 위해서는 '쓰기'를 보다 잘 수행하는 데 필요한 쓰기의 필요성, 목적, 방법, 상황 등 '본질'에 관한 학습, 실제의 쓰기 수행과 직접적으로 관련되는 '원리'에 관한 학습, 바람직한 글쓰기의 '태도'에 관한 학습이 구체적인 언어 자료(텍스트)의 산출과 통합되어야 함을 중시하여 '내용 체계'를 구조화하였다. 이런 점에서 '학년별 내용'은 '실제' 범주의 교육 내용을 일차적인 준거로 '본질', '원리', '태도'

강조하는 2015 개정 교육과정에서는 그렇지 않다. 그러나 〈표 6〉에서 확인할 수 있듯이 '실제' 범주가 국어과 교수·학습 내용 및 자료 선정에 중요한 역할을 하고 있음은 분명하다.

'쓰기' 영역을 예로 들어 정리하면 〈표 6〉과 같다.

〈표 6〉 텍스트 기능에 따른 쓰기 활동의 유형

교육과정	실제
제6차[1]	1) 정보 전달을 위한 글 쓰기 2) 설득을 위한 글 쓰기 3) 친교 및 정서 표현을 위한 글 쓰기 4) 기초적인 글 쓰기의 태도 및 습관
제7차	- 정보를 전달하는 글 쓰기 - 설득하는 글 쓰기 - 정서 표현의 글 쓰기 - 친교의 글 쓰기
2007 개정	- 정보를 전달하는 글 쓰기 - 설득하는 글 쓰기 - 사회적 상호 작용의 글 쓰기 - 정서 표현의 글 쓰기
2009 개정	다양한 목적의 글 쓰기 - 정보를 전달하는 글 - 설득하는 글 - 친교 및 정서 표현의 글
2015 개정	목적에 따른 글의 유형 - 정보 전달 - 설득 - 친교·정서 표현

주 1) 제6차 교육과정의 내용 체계는 초, 중등이 단일한 체계가 아니었다. 따라서 초등과 중등의 국어과 내용 체계의 하위 범주에 다소 차이가 있었다. 실제 범주의 경우 텍스트 기능을 나타내는 1), 2), 3)은 학교급에 상관없이 같고, '태도'를 나타내는 4)의 경우만 차이가 있다. 〈표 6〉의 4)는 초등 쓰기 영역의 실제에 포함된 것이고 중학교의 경우에는 "4) 정확한 글 쓰기의 태도 및 습관"이 제시되어 있다.

〈표 6〉은 의사소통 목적 즉 텍스트의 기능에 따른 글쓰기 활동의 유형을

범주의 교육 내용을 정교화하고, 이를 상호 관련지어 제시하였다. 이 원리를 완벽하게 구현하지는 못하였지만, 제7차 교육과정의 '학년별 내용'은 그러한 관점을 유지하면서 제시하고자 하였다.

제6차 교육과정부터 2015 개정 교육과정까지 어떻게 제시하고 있는지를 보인 것이다. 〈표 6〉의 특징은 세 가지로 요약할 수 있다. 첫째, 텍스트의 기능을 세 가지 혹은 네 가지로 제시하고 있다는 점, 둘째, '친교'를 '사회적 상호 작용'으로 바꾸어 명명하기도 했다는 점, 셋째, 정서 표현과 친교를 통합하여 하나의 목적으로 제시하기도 하고 2007 개정 교육과정에서처럼 완전히 별개로 구분하여 제시하기도 했다는 점이 그것이다.

이러한 실제 범주의 하위 범주 제시는 텍스트 기능의 체계화와 관련하여 다음과 같은 문제가 있다. 텍스트 기능은 몇 가지로 나눌 수 있는가? 세 가지 또는 네 가지가 텍스트 기능의 전부인가? 이밖에도 더 있다면 왜 이것만 선택되었는가? 친교 목적과 정서 표현 목적의 텍스트 기능은 통합될 수 있는 것인가? 등이 그것이다.

또한 2007 개정 교육과정에서는 '친교적 기능' 대신 '사회적 상호 작용 기능'을 설정하였는데 2009 개정 교육과정에서 사라지고, 친교 기능을 정서 표현 기능과 통합하여 한 범주로 제시하고 있다. 여기에는 두 가지 문제가 있다. 첫째는 사회적 상호 작용이라는 기능이 너무 포괄적이라는 것이다. 둘째는 친교적 기능과 정서 표현 기능을 같은 범주로 묶고 있다는 것이다.

인간의 의사소통은 독백의 경우를 제외하고는 상호 작용이 아닌 것이 없다. 정보 전달의 목적도, 설득의 목적도, 정서 표현의 목적도 모두 발신자와 수신자 간의 상호 작용을 전제로 이루어진다. 그렇기 때문에 인간의 의사소통 기능의 하위 기능의 하나로 상호 작용 기능을 설정하는 것은 적절하지 않다.

다음으로 친교적 기능과 정서 표현의 기능은 세계와의 관련성이 없다는 점에서, 즉 개인의 느낌이나 감성을 드러낸다는 점에서는 공통점이 있다. 그렇기 때문에 이러한 측면에서는 같은 기능으로 묶는 것도 가능하다. 그러나 친교적 기능은 특정 대상을 전제로 하고 정서 표현의 기능은 반드시 그러지는 않다는 점에서 구분하는 것도 가능하다. 또 이러한 기능에 따라 텍스트 종류도 구분이 가능하다. 따라서 이 책에서는 이 둘의 기능을 하위 구분하도록 한다.

의사소통 능력을 신장시켜 주기 위하여 국어과에서 다루어야 하는 텍스트의 기능이나 텍스트의 종류, 텍스트의 갈래는 그 범위가 합일된 바가 없다. 앞에서도 알아보았지만 텍스트의 갈래나 종류는 대체적으로 매체에 따라 또는 텍스트 기능에 따라 설정하곤 한다. 이렇게 설정된 텍스트 갈래는 다시 텍스트 구성 맥락의 차이로 더 하위 구분되곤 한다.

예를 들면 정보를 전달하는 텍스트는 그 맥락의 차이에 따라 다음과 같이 하위 구분할 수 있다.[23]

〈표 7〉 정보 전달 목적 텍스트 갈래의 하위 종류 구분(김정은 · 이병규, 2015: 106쪽)

맥락 요소	특성		설명문	설명서	소개문	안내문
목적	주 기능		정보 전달	정보 전달	정보 전달	정보 전달
	부차적 기능		·	설득	설득	설득
참여자	특정성	필자	다소 높음	다소 높음	높음	낮음
		독자	낮음	다소 높음	다소 높음	낮음
	한정성	독자	낮음	다소 높음	높음	낮음
	군집 · 집합성	필자	가능	가능	주로 개인	가능
		독자	대다수 군집	가능	개인/군집 가능	대다수 군집
배경	공식성		공식	공식	공식/비공식	공식
	격식성		격식	격식	격식/비격식	격식
	시 · 공간성		다양	근접	근접	근접
주제	친숙성		낮음	낮음	낮음	다소 높음
	난이도		어려움	어려움	쉬움	쉬움

이처럼 텍스트 갈래나 종류를 구분하기 위해서는 앞에서 살펴본 인간의

23 정서 표현 텍스트 갈래를 맥락의 차이에 따라 기행문, 견학기록문, 답사기로 구분한 논의로는 이병규 · 최선희(2016) 참고.

의사소통의 목적, 즉 텍스트 기능 그리고 맥락 요소를 이해하는 것이 필요하다.

국어과에서 제6차 교육과정 이래 국어과의 교수·학습 내용 선정의 핵심 역할을 한 실제 범주는 바로 이와 같은 텍스트 기능을 기반으로 설정된 것이다. 국어과에서 다루어지는 의사소통 목적은 앞에서 본 바와 같이 정보 전달(제보), 설득, 정서 표현(표현적 기능), 친교만을 대상으로 하고 있다. 그런데 이 밖에도 선언적 기능과 책무적 기능이 더 있다는 것은 12.2.1. 절에서 확인하였다. 그런데 왜 이들은 제외되었는지 확인할 수 없다.

이상과 같이 국어과의 내용 체계의 실제 범주의 범위와 유형은 텍스트 기능을 대범주로 해서 맥락 요소의 맥락화 차이에 따라 하위 종류로 구분될 수 있다. 이에 따라 텍스트의 갈래와 하위 종류를 구분하고자 한 논의로는 길연희(2015), 김나연(2015), 김정은(2015), 최선희(2015), 송진선(2016), 임나경(2016), 김지혜(2017), 이선경(2017), 홍명종(2017) 등이 있다.

앞에서 설명하였듯이 텍스트 기능에는 제보적 기능, 설득적 기능, 책무적 기능, 선언적 기능, 표현적 기능, 친교적 기능이 있다. 따라서 텍스트 기능에 따른 텍스트의 갈래도 제보적 기능의 텍스트, 설득적 기능의 텍스트, 책무적 기능의 텍스트, 선언적 기능의 텍스트, 표현적 기능의 텍스트, 친교적 기능의 텍스트로 나눌 수 있다. 또 각 텍스트 갈래는 매체를 고려하면 다시 문어 텍스트 갈래와 구어 텍스트 갈래로 나누어질 수 있다.

그리고 다음 절에서 알아볼 텍스트 갈래를 하위 변별해 주는 텍스트 갈래 지식의 차이에 따라 〈표 8〉에서 볼 수 있는 것처럼 각 텍스트 갈래의 하위 종류를 구분하는 것이 가능하다.

〈표 8〉 텍스트 갈래와 종류

텍스트의 갈래	구어 텍스트	문어 텍스트
제보적 텍스트	뉴스, 일기예보, 보도, 강의, 보고, 소개, 면담, 대담, 좌담	보고서, 안내문, 서평, 진단 소견서, 설명문, 설명서, 소개서, 기사문
설득적 텍스트	광고 선전, 홍보, 논평, 설교, 연설[1], 토론, 호소	광고문, 작업 안내서, 연설문, 논설문, 설교문, 논평, 사용 지침서, 처방전, 법률, 지원서, 탄원서, 청원서, 교통 법규
책무적 텍스트	맹세, 선서, 약속	계약서, 보증서, 서약서, 합의서, 반성문
선언적 텍스트	계엄령 선포, 개회 선언, 선전 포고, 유언	임명장, 선전 포고문, 유언장, 판결문, 성혼선언문, 혼인신고서, 출생신고서
표현적 텍스트	감탄의 말, 탄식의 말, 놀람의 말	독서 감상문, 기행문, 수필, 일기, 전기, 자서전
친교적 텍스트	잡담, 인사, 환영 인사, 위로말, 축하말, 격려말, 사과말, 대화, 자랑 · 칭찬, 비난	축하 편지, 조문, 문안 편지, 인사문, 연애편지, 초대글, 사과글

주 1) '연설', '대화', '편지', '면담', '좌담', '대담' 등과 같은 텍스트 갈래는 다양한 텍스트 기능을 수행하기도 한다. 또 '연설', '대화', '편지', '면담', '좌담', '대담' 등의 텍스트 갈래는 다양한 텍스트 기능을 수행하는 갈래가 될 수 있다는 점에서 상위 텍스트 갈래로 처리하는 것도 가능하다. 그리고 텍스트 기능에 따라 '친교적 대화', '정보적 대화', '설득적 대화' 등으로 하위 구분하는 것도 가능하다. 그럼에도 불구하고 이 책에서는 '연설'은 '설득적 기능', '대화'는 '친교적 기능'이 가장 일반적이기 때문에 각각에 포함시켜 분류하였다. 이에 대해서는 이선경(2017)을 참고할 수 있다. 〈표 8〉에 제시한 텍스트 갈래 중에는 이와 같은 특성을 보이는 것이 있다.

텍스트 갈래의 하위 종류 가운데는 텍스트 기능이 두 가지 이상이 드러나는 경우도 있다. 예를 들어 독서 감상문은 책의 내용에 대한 사실적 정보와 그에 대한 느낌이 공존하고 있고, 기행문의 경우에도 여정, 견문에 대한 사실적 정보와 여행 과정과 후에 얻는 느낌이 공존하는 텍스트 종류이다. 또 뒤에서 보게 되겠지만 같은 정보 전달 목적의 텍스트 갈래로 다루어지는 설명문과 소개서, 안내문의 경우도 그 기능이 동일하지 않다. 설명문은 객관적인 정보만을 담고 있는 데 비해, 소개서나 안내문은 느낌과 같은 주관적인 내용을 포함하는 것이 가능하다.

이와 같은 텍스트 갈래를 텍스트 기능과 관련지어 설명하는 방법은 두 가지가 있다. 첫째, 앞에서 제시한 여섯 가지 텍스트 기능으로 그 갈래를 하위 구분하되, 두 가지 이상이 포함되는 텍스트 종류는 그 가운데 주된 기능과 부차적인 기능을 구분하여 부차적인 기능의 차이에 따라 텍스트 종류를 하위 구분하는 방법이 있다. 〈표 7〉이 그러한 관점에 따라 분류한 것이다.

둘째, 모든 현상이 그러하듯이 어떤 현상이든 그 양 극단 사이에 여러 가지 단계가 있다. 따라서 두 가지 이상의 텍스트 기능이 공존하는 여섯 가지 기능과 기능 사이의 중간 단계, 중간 범주를 인정하는 방법이 그것이다. 어떤 방법으로 설명하든 텍스트 기능의 차이에 따라 텍스트 형식과 내용의 차이를 수반하게 되고 그것이 텍스트 갈래를 변별해 주는 특성으로 작용하게 된다.

다음 절에서는 개별 텍스트를 수용하고 생산하는 데 요구되는 교수·학습 내용으로서 텍스트 갈래의 지식 범주에는 구체적으로 어떤 것이 포함될 수 있는지를 살펴본다.

12.4. 텍스트 갈래 지식과 그 범주

이 절에서는 텍스트 갈래의 하위 종류를 구별해 주는 지식과 그 범주들에는 무엇이 있는지, 그 지식들은 어떻게 설정될 수 있는지를 알아보기로 한다.

12.4.1. 텍스트 갈래 지식의 의미

여기서 알아보고자 하는 텍스트 갈래에 대한 지식은 국어과 교육과정 내용 체계를 구성하는 '지식' 범주와는 다소 차이가 있다. 국어과 교육과정 내용 체계의 '지식' 범주는 제6차, 제7차 교육과정에서는 '본질' 범주로 명명되었다. 제6차 교육과정부터 2009 개정 교육과정까지의 〈쓰기〉 영역[24]의 '지식' 범주를 정리하면 다음 〈표 9〉와 같다.[25]

〈표 9〉 쓰기 영역의 지식 범주

교육과정 범주	제6차	제7차	2007 개정	2009 개정
쓰기 영역 지식(본질) 범주	- 쓰기의 중요성 - 쓰기의 기본 과정 - 쓰기의 기본적 상황	- 필요성 - 목적 - 개념 - 방법 - 상황 - 특성	- 소통의 본질 - 글의 특성 - 매체 특성	- 쓰기의 본질과 특성 - 글의 유형 - 쓰기와 맥락

국어과 교육과정에서 내용 체계가 처음 수립된 것은 제6차 교육과정부터이다. 제6차, 제7차 교육과정에서 쓰기 영역 지식 범주의 하위 요소는 개별 텍스트의 특성으로서의 지식이 아니라 쓰기 활동과 관련된 일반적인 지식을 가리킨다. 지식 범주의 하위 요소가 쓰기 활동에 일반적으로 적용되는 것을 가리킨다는 것은 제6차 교육과정의 '쓰기의 중요성', '쓰기의 기본 과정', '쓰기의 기본적 상황'이라는 표현을 통해 이해할 수 있다. 여기에 포함되는 제6차 교육과정의 학년별 내용[26]을 제시하면 다음과 같다.

24 여기서는 〈쓰기〉 영역을 예로 제시하였지만, 〈듣기〉, 〈말하기〉, 〈읽기〉 영역의 지식 범주의 하위 요소도 〈쓰기〉 영역의 하위 요소와 동일하다.

25 2015 개정 교육과정에서는 내용 체계를 구성하는 범주가 '핵심 개념', '일반화된 지식', '내용 요소', '기능'으로 구성되어 있다. 이 가운데 '핵심 개념' 범주는 '명제적 지식', '절차적 지식', '조건적 지식'을 모두 포함하고 있는 것으로 볼 수 있다. 이에 비해 제6차 교육과정부터 2009 개정 교육과정까지의 본질이나 지식 범주에서는 명제적 지식과 조건적 지식만을 대상으로 하고 있다는 점이 차이이다.

26 중학교의 학년별 내용 역시 이와 다르지 않다.

[1-쓰-(1)] 다른 사람이 하는 말을 글로 옮겨 보고, 말과 글의 차이를 안다.

[2-쓰-(1)] 글을 쓰기 위하여 한 일을 적어 보고, 쓰기 과정과 절차에 대하여 안다.

[3-쓰-(1)] 하나의 주제에 대하여 초등학생과 고등학생을 대상으로 쓴 글을 비교하며 읽어 보고, 글을 쓴 목적과 읽는 이에 따라 내용이나 표현 등이 달라짐을 안다.

〈표 10〉 초등학교 쓰기 영역 본질 범주 내용(제6차 교육과정)

학년	본질 범주의 성취 기준(학년별 내용)
1	말을 글자로 옮겨 보고, 글자의 기능을 안다.
2	말을 글자로 옮겨 보고, 말이 글이 됨을 안다.
3	지난 일을 생각나는 대로 말하여 보고, 쓰기의 필요성을 안다.
4	자신의 생각을 말과 글로 다른 사람에게 전하여 보고, 말과 글의 차이점을 안다.
5	한 편의 글을 쓰기 위해 한 일을 말해 보고, 글쓰기에는 일련의 과정이 있음을 안다.
6	하나의 주제에 대하여 선생님과 친구를 대상으로 쓴 글을 비교하며 읽어 보고, 예상 독자에 따라 글의 내용과 표현이 달라야 함을 안다.

〈표 10〉의 본질 범주의 학년별 내용은 모두 특정 텍스트 갈래에만 적용되는 것으로 보기 어렵다. '글자의 기능', '쓰기의 필요성', '말과 글의 차이', '글쓰기의 과정', '예상 독자에 따라 글의 내용과 표현이 다름' 등은 모든 텍스트 갈래에 공통적으로 적용되는 것이다.

제7차 교육과정의 경우도 제6차 교육과정의 경우와 크게 다르지 않다. 교육부(1998: 19쪽)에서는 "'쓰기'를 보다 잘 수행하는 데 필요한 쓰기의 필요성, 목적, 방법, 상황 등"을 '본질'로 보았다. 이들이 구체적으로 교육과정에 반영된 예는 아래와 같다.

〈표 11〉 초등학교 쓰기 영역 본질 범주 내용(제7차 교육과정)

학년	본질 범주의 성취 기준(학년별 내용)
1	쓰기가 인간의 삶에서 필요함을 안다.
2	쓰기에는 여러 가지 목적이 있음을 안다.
3	글을 쓸 때에는 지식이나 경험을 활용해야 함을 안다.
4	쓰기에는 과정이 있음을 안다.
5	쓰기 상황에는 주제, 목적, 예상 독자 등이 관련되어 있음을 안다.
6	쓰기가 의미 형성 과정임을 안다.

〈표 11〉의 내용은 모두 글쓰기에 범용적으로 고려해야 하는 것이다. 제6차 교육과정의 '쓰기의 기본 과정', 제7차 교육과정의 '방법'은 일반적인 쓰기 과정의 절차적 지식을 의미하고, 2009 개정 교육과정의 지식 범주의 '쓰기의 본질과 특성' 역시 쓰기의 중요성, 필요성, 쓰기의 개념, 쓰기의 과정, 쓰기의 특성 등을 포괄하는 것으로 볼 수 있다. 특정한 텍스트 갈래의 고유한 지식이 되기 위해서는 쓰기 활동 전반에 적용되는 것이 아니라 특정 텍스트 갈래에 대하여 구체적으로 적용되는 것들이어야 하고, 이를 바탕으로 교과서 활동 자료가 구성되어야 한다.

한편, 2007 개정 국어과 교육과정의 '지식' 범주는 "'담화와 글의 수용·생산 활동에서 요구되는 형식적, 본질적, 명제적 지식'을 의미한다."(교육과학기술부, 2009: 19쪽)[27] 특정한 담화와 글 즉 텍스트의 갈래나 개별 텍스트를 수용하거나 생산하는 데에 요구되는 지식은 개별 텍스트마다 차이가 있다. 그렇기 때문에 '실제' 범주가 내용 요소의 범주를 규정하고 통어하며, 내용 요소는 실제와의 관계 속에서만 그 의미를 갖는다고 하는 것이다. 2007 개정 교육과정 내용 체계의 '지식' 범주에 '글의 특성'이 포함된 것이나 2009 개정 교육과정 내용 체계의 '지식' 범주에 '글의 유형'이 포함된 것은 모두 '지식'의 이러한 측면을 고려했기 때문이다.

따라서 제6차, 제7차 교육과정 내용 체계의 지식 범주와 2007 개정, 2009 개정 교육과정의 지식 범주가 함의하는 범위는 차이가 있다고 하겠다. 2015 개정 교육과정 내용 체계의 '핵심 개념' 범주에서는 '목적에 따른 글의 유형'을 '본질' 범주와 별도로 설정해 놓고 있다. 이것은 '글의 유형'과 관련된 지식과 '본질'로서의 지식 범주를 구분하고 있는 것이라고 하겠다.

제6차, 제7차 교육과정 내용 체계의 지식 범주는, 2007 개정, 2009 개정

27 제7차 교육과정의 '본질' 범주를 구성하는 하위 항목과 2007 개정 교육과정의 '지식' 범주를 구성하는 하위 항목은 동일하지 않다. 제7차 교육과정의 '본질' 범주에 포함된 '필요성', '목적', '상황'은 2007 개정 교육과정에서는 '맥락' 범주에서 다루어진다. 한편 2007 개정 교육과정에서 별도로 설정되었던 '맥락' 범주는 2009 개정 교육과정에서 다시 '지식' 범주의 하위 항목에 포함되었다. 따라서 이 책에서는 텍스트 갈래의 지식 범주에는 '맥락' 요소를 포함시켜 설명한다.

교육과정[28]에서 볼 수 있는 '글의 특성'이나 '글의 유형'에 대한 지식 요소와 글의 맥락에 대한 지식 요소를 포함하고 있지 않다.

〈표 12〉 쓰기 영역 6학년 성취 기준(2007 개정 교육과정)

성취 기준	내용 요소의 예
(2) 문제에 대한 자신의 관점과 해결 방안이 잘 드러나게 연설문을 쓴다.	• 연설문의 특성 이해하기 • 문제와 해결의 짜임으로 내용 정리하기 • 청중을 고려하여 쓰기 • 연설문을 바탕으로 연설하기
(3) 읽는 이의 마음을 고려하면서 축하하는 글을 쓴다.	• 축하하는 글의 특성 이해하기 • 축하할 일을 중심으로 쓸 내용 정리하기 • 읽는 이의 마음을 고려하여 쓰기 • 내용과 표현의 진실성을 고려하여 고쳐 쓰기
(4) 여정, 견문, 감상이 잘 드러나게 기행문을 쓴다.	• 기행문의 특성 이해하기 • 여행을 한 경험 떠올리기 • 여정, 견문, 감상을 중심으로 내용 정리하기 • 읽는 이의 경험, 관심, 흥미 고려하기

〈표 12〉의 파란색 글씨 부분은 텍스트 갈래에 대한 지식에 해당한다. '청중 고려하기', '읽는 이의 마음 고려하기', '읽는 이의 경험, 관심, 흥미 고려하기'는 연설문, 축하하는 글, 기행문 각각의 맥락 요소 중 참여자 요소와 관련된 지식이라고 하겠다. 또 '문제와 해결의 짜임'은 연설문 구조의 특성에 관한 지식이며, '내용과 표현의 진실성'은 축하하는 글의 내용적 특성에 관한 지식, '여정, 견문, 감상'은 기행문의 내용적 특성에 관한 지식이라고 할 수 있다.

이처럼 2007 개정 교육과정과 2009 개정 교육과정에서는 개별 텍스트 갈래의 지식에 대한 요소가 교수·학습 내용으로 제시되어 있는 데 비해, 제6차 교육과정, 제7차 교육과정에서는 이러한 지식 요소가 제시되어 있지 않다.

28 2009, 2015 개정 교육과정도 2007 개정 교육과정과 마찬가지로 텍스트 중심 교육과정의 맥을 잇고 있다고 할 수 있다. 그러나 학습 내용으로 구현될 성취 기준에는 텍스트 갈래와 관련된 지식이 구체적으로 드러나지 않는 경우가 대부분이다. 다만 각 성취 기준의 해설과 국어 자료의 예에서 구체적인 텍스트 갈래가 제시되어 있다.

12.4.2. 텍스트 갈래 지식 범주

이 절에서는 텍스트 갈래 범주를 텍스트 맥락 범주, 텍스트 구조 범주, 텍스트 내용 범주, 텍스트 표지 범주, 텍스트 의미 범주로 나누어 살펴본다. 그 전에 이 다섯 가지 범주가 어떻게 설정되게 되는지 그 설정 과정을 살펴보자.

12.4.2.1. 범주 설정 과정

앞의 12.1.2.1. 절에서 다룬 텍스트의 구성 요소에 대한 도식 〈그림 1〉에서 볼 수 있는 것처럼 텍스트는 발신자(화자 · 필자)와 수신자(청자 · 독자), 매체(문자 · 음성 · 그림 · 동영상 · 도표), 장면의 상호작용으로 만들어진다. 텍스트는 이 상황 속에서만 존재하는 것이다.

동일한 언어 표현도 맥락이 달라지면 구성되는 의미도 달라지기도 하고, 같은 언어 표현을 같은 발화나 텍스트라고 할 수 없음을 12.1.2. 절에서 자세하게 알아보았다. 따라서 텍스트가 텍스트답기 위해서는 텍스트 구성 요소와 관련된 여섯 가지 특성을 충족하여야 한다. 발신자 요소와 관련된 의도성 · 정보성, 장소 · 시간 등 장면과 관련된 상황성, 수신자 요소와 관련된 수용성, 발신자 · 수신자 모두와 관련된 정보성 · 응집성, 매체와 관련된 응결성이 충족되어야 한다.

따라서 국어 사용 능력 신장을 위한 교육에서는 텍스트의 특성을 이해하고 이를 텍스트의 수용과 생산 과정에서 활용할 수 있는 능력을 길러 주어야 한다. 이를 위해서 국어과 교육에서는 텍스트성을 구성하는 각각의 요소를 고려하여 텍스트를 생산하고 수용할 수 있도록 구체적인 교수 · 학습 내용을 제시하고 학습할 수 있도록 해야 한다. 단지 텍스트의 개념이 무엇인지와 텍스트 구성 요소에는 어떤 것이 있는지를 아는 것만으로는 텍스트 특성을 갖춘 텍스트를 생산하고 수용하는 데에 한계가 있다.

이러한 문제를 해결하기 위하여 여기서는 텍스트성을 갖춘 텍스트를 생산하고 수용하는 능력을 기르는 데 필요한 구체적인 교수·학습 내용의 범주를 설정한다. 이를 이 책에서는 텍스트 갈래 지식 범주라고 명명한다.

2007 개정, 2009 개정 교육과정 내용 체계의 지식 범주의 하위 항목 가운데 '소통의 본질', '쓰기의 본질과 특성'은 제6차, 제7차 교육과정의 지식 범주와 마찬가지로 개별 텍스트 고유한 것이 아닌 쓰기 활동 전반에 관련된 것이기[29] 때문에 텍스트 갈래 고유의 지식과 거리가 멀다. 또 2007 개정, 2009 개정 교육과정의 '매체의 특성' 역시 개별 텍스트에 대한 지식이 아니다. 메시지를 전달하는 수단인 문자, 음성, 이미지, 동영상, 도표, 방송, 인터넷 등과 같은 매체 역시 텍스트 갈래가 아니다.[30]

국어과 교육과정 성취 기준과 그 해설, 그리고 국어 교과서에서조차 텍스트와 매체를 혼동하는 경우가 흔한데 이들은 명확하게 구별될 뿐만 아니라 구별하여야 하는 개념이다. 그런데 내용 체계의 지식 범주 중 텍스트의 맥락은 텍스트 갈래마다 수용과 생산의 맥락에 차이가 있기 때문에 텍스트 갈래에 대한 지식의 하위 항목으로 포함시키는 것이 가능하다.

이와 함께 12.1.2.절에서 알아본 것처럼 텍스트를 구성하는 요소—필자(화자), 독자(청자), 메시지, 언어, 맥락—와 텍스트를 텍스트답게 하는 특성(textuality)—응집성, 응결성, 의도성, 수용성, 상황성, 정보성, 상호텍스트성—이 2007 개정, 2009 개정, 2015 개정 교육과정에 따른 초등 국어 교과서에서 개별 텍스트를 생산하거나 이해하는 데에 어떻게 작용하고 있는지를 살펴, 개별 텍스트의 갈래를 특징 지어 주는 지식으로 '텍스트 갈래의 맥락', '텍스트 갈래의 구조', '텍스트 갈래의 표지', '텍스트 갈래의 내용', '텍스트 갈래의 의미'를 설정한다. 이들이 구체적으로 텍스트 구성 요소, 텍스트의 일곱 가지 특성과 어떻게 관련되는지를 살펴보자.

---

29 2009년 개정 교육과정 쓰기 영역에서 여기에 해당하는 사례를 제시하면 다음과 같다.
쓰-5-6-(1) 쓰기의 과정을 이해하고 과정에 따라 글을 쓴다.
쓰-5-6-(2) 목적과 주제를 고려하여 내용을 조직하여 글을 쓴다.
쓰-중-(1) 주제, 목적, 독자를 고려하여 쓰기 과정을 계획하고, 점검하고 조정한다.

30 13장에서 살펴보겠지만 온라인 대화, 문자 메시지, 뉴스, 드라마, 애니메이션 등은 텍스트 갈래에 포함된다. 매체와 텍스트는 정확하게 구분되어야 하는 개념이다.

먼저 '텍스트 갈래의 맥락'은 텍스트의 구성 요소 중 발신자, 수신자, 발화 목적, 발화 배경, 주제 등과 관련된 것으로 '의도성', '수용성', '상황성', '상호텍스트성' 등과 관련된 지식 범주이다. 텍스트 갈래별로 생산의 의도와 수용의 목적이 다르다. 그리고 생산과 수용의 상황도 다르며 참고해야 할 관련 텍스트들도 차이가 있다. 이들은 모두 텍스트 외적 맥락과 관련된 요소들이다.

텍스트의 수용과 생산 과정에서 텍스트 갈래의 맥락을 고려한다는 것은 발신자의 텍스트 생산 의도와 표현 선택, 수신자의 텍스트 수용에 관여하는 요소를 비롯하여 의미 구성에 영향을 주는 다양한 텍스트 외적 상황을 고려하는 것을 뜻한다. 이에 대해서는 뒤에서 구체적으로 살펴보도록 한다.

'텍스트 갈래의 구조'는 언어 표현을 통하여 전달되는 의미들 사이의 수평 관계와 수직 관계를 말한다. 여기에는 초거시 구조, 거시 구조, 미시 구조가 있다. 이 역시 텍스트의 갈래별로 고유성을 띠는 것이 일반적이다. 다음 절에서 세부적으로 설명되겠지만 이 범주는 텍스트 구성 요소 중 '메시지'와 관련된 것으로 '응집성', '정보성'과 관련된 지식 범주를 가리킨다.

다음으로 '텍스트 갈래의 표지'는 텍스트 구성 요소의 매체, 즉 '언어(음성, 문자)'와 '응결성'과 관련된 지식 범주를 말한다. 텍스트 갈래 표지, 문법적 장치 역시 텍스트 갈래마다 고유한 특징을 가지고 있다. 텍스트 갈래 표지는 주로 텍스트의 구조를 드러내는 문법 장치이기 때문에 이 역시 텍스트 갈래를 구분해 주는 기능을 하는 것이 가능하다.

'텍스트 갈래의 내용'과 텍스트 구성 요소 및 텍스트 특성과의 관련성을 살펴보자. 텍스트 갈래의 내용적 특성은 텍스트 구성 요소의 특성면에서 보면 '메시지'와 관련되고, 텍스트의 특성으로는 '응집성', '정보성' 등과 관련된 지식 범주를 가리킨다. 텍스트 갈래의 내용적 특성은 갈래 일반적인 특성이라고 볼 수 있는 초거시적 구조와 관련된 특성과 거시 구조나 미시 구조와 관련된 특성으로 구분하는 것이 가능하다. 이에 대해서도 다음 절에서 상세하게 살펴보도록 한다.

끝으로 '텍스트 갈래의 의미'는 특정 텍스트 갈래의 개념을 정의하는 지식 범주를 말한다. 텍스트 갈래의 의미 정의는 해당 텍스트 갈래의 특성을 잘 드러내 줄 수 있어야 한다. 따라서 텍스트 갈래의 맥락적 특성, 구조적 특성, 내용(범주)적 특성, 표지적 특성의 결합으로 기술하는 것이 효과적이다.

지금까지 살펴본 텍스트 갈래의 지식 범주를 텍스트 구성 요소와 텍스트의 특성과 관련지어 도식화하면 〈그림 3〉과 같다.

갈래 지식 범주	텍스트의 구성 요소	텍스트성
텍스트 갈래의 맥락	장면, 발신자, 수신자	의도성, 수용성, 상황성, 상호텍스트성
텍스트 갈래의 구조	의미(메시지)	응집성, 정보성
텍스트 갈래의 표지	음성, 문자	응결성
텍스트 갈래의 내용	의미(메시지)	응집성, 정보성

⇓

텍스트 갈래의 의미

〈그림 3〉 텍스트성과 갈래 지식 범주 관계

12.4.2.2. 텍스트 갈래 범주

앞에서도 설명했지만 텍스트는 상황 의존적인 개념이기 때문에 응결성과 응집성만 갖추고 있다고 해서 텍스트가 되는 것이 아니다. 상황 의존적이고 맥락 의존적이기 때문에 응결성과 응집성을 갖춘 발화가 텍스트가 되기 위해서는 텍스트의 구성 요소를 갖추고 있어야 하며, 그와 관련된 텍스트의 일곱 가지 특성을 만족시킬수록 텍스트다움이 높아진다.

그런데 국어과 교육에서는 텍스트성이 높은 텍스트를 생산하고 수용하는 능력을 신장시키기 위해서 텍스트성의 일곱 가지 개념을 아는 것으로는 부족하다. 따라서 텍스트 생산과 수용 능력을 신장시키기 위하여 텍스트 구성 요소와 텍스트성을 기반으로 구체적인 교수·학습 내용이 되는 텍스트 갈래 지식 다섯 가지를 설정한 것이다. 다음에서는 텍스트 갈래 지식 다섯 가지를 구체적으로 살펴보도록 한다.

12.4.2.2.1. 텍스트 갈래의 맥락

이병규 외(2017)에서는 발신자의 의미 구성과 언어 표현 선택을 위하여, 또 수신자의 의미 구성을 위하여 맥락 요소를 <그림 4>와 같이 체계화한 바가 있다.

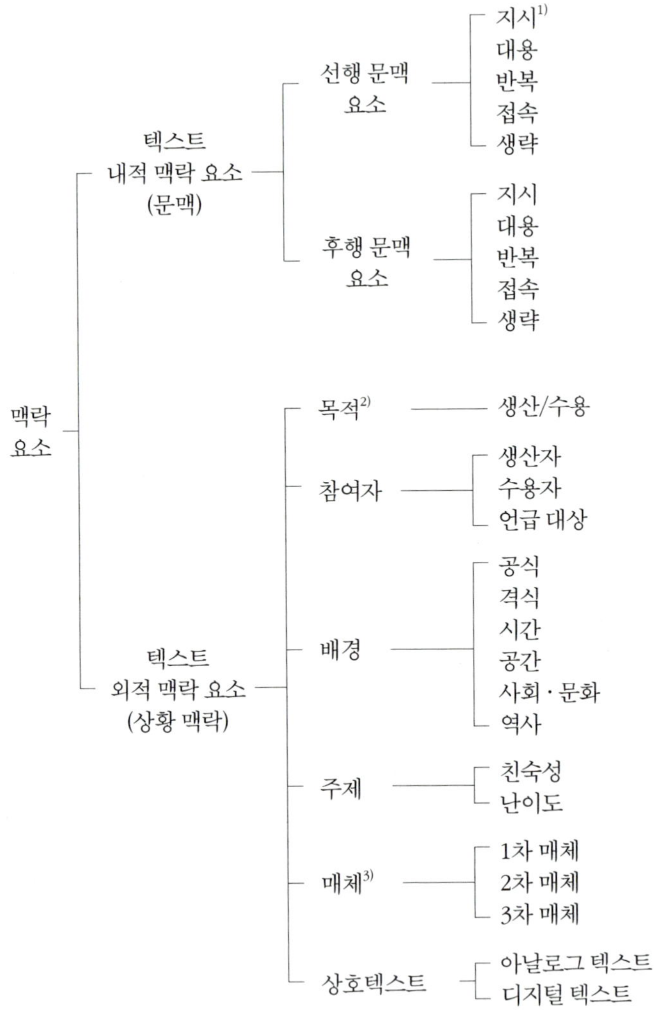

주 1) 지시 대상이 텍스트 밖에 있는 경우는 텍스트 외적 맥락 요소라고 볼 수 있다.
주 2) 언어 사용 목적(텍스트의 기능) 분류는 이병규(2015ㄱ) 참고.
주 3) 매체의 유형 분류는 이병규(2013ㄴ, 2015ㄴ) 참고.

<그림 4> 텍스트 갈래 맥락 요소 체계

이병규 외(2017)에서는 맥락과 맥락 요소와 맥락화를 구분하고 있다. 맥락은 〈그림 4〉의 맥락 요소가 맥락화 과정을 통하여 개별 의사소통 장면에서 즉발되며, 의사소통 주체 개개인의 의미 구성과 표현 선택에 개입한다. 맥락은 구체적 실재인 텍스트의 성립과 밀접하게 관련되는 것으로, 고정되거나 외부에서 주어지는 것이라기보다는 의미 구성 주체의 선택과 인식 작용에 의해 활성화된 것이다.

결국 〈그림 4〉의 맥락 요소 중 의미 구성 주체가 개별 텍스트의 표현과 이해를 위해서 활성화시킨 것이 맥락인 것이다. 따라서 맥락은 '개별 텍스트의 표현과 해석에 관여하는 다양한 요소 중 의미 구성 주체가 의미를 만들고 표현을 선택하는 과정에서 활성화시킨 요소'로 정의할 수 있다. 그리고 '잠재적 맥락'의 성격을 갖는 다양한 요소들을 '맥락 요소'로 맥락과 구별할 수 있으며, 〈그림 4〉와 같이 체계화할 수 있다. 이러한 활성화 과정, 즉 맥락 요소를 적절하게 선택하고 활성화시키는 의미 구성 주체의 인지적 작용 또는 그 과정이 '맥락화'이다.[31]

〈그림 4〉에서 제시한 맥락 요소 가운데 텍스트 내적 맥락 요소는 텍스트 갈래마다 특성을 나타낸다기보다 범텍스트적인 성격을 가지고 있다고 볼 수 있다. 따라서 이 경우는 텍스트 갈래를 구분해 주는 지식 범주로서 맥락 또는 맥락 요소에서는 제외된다. 텍스트 외적 맥락 또는 맥락 요소 중 특히 개별 텍스트가 어떤 경우에, 어떤 목적으로 쓰여지는지 또 해당 텍스트가 어떤 상황에서 필요한지 등에 대한 지식으로서의 맥락 요소가 텍스트 갈래별 지식 범주로서의 맥락 요소에 포함될 수 있다.

텍스트 외적 맥락 요소를 더 구체화하면 〈그림 5〉와 같이 나타낼 수 있다.

31 맥락과 맥락화, 맥락 요소에 대한 구체적인 논의는 이병규 외(2017) 참고

요소	내용	
목적	제보	…
	설득	제안
		주장
		요청
		호소
		찬반
		…
	친교	…
	정서 표현	…
	선언	…
	⋮	…

요소	내용
참여자·발신자·수신자·언급 대상	나이
	지위
	성별
	학력
	직업
	특정성
	한정성
	군집·집합성
	결정권
	⋮

요소	내용
배경	공식성
	격식성
	시·공간성
	공동체의 가치
	⋮
매체	문자·음성
	인터넷·휴대폰
	⋮
주제	친숙성
	난이도
	⋮

〈그림 5〉 텍스트 갈래의 맥락 요소 지식 체계

〈그림 5〉의 맥락 요소에 대한 지식 요소는 확정적인 것이 아니다. 텍스트의 갈래나 종류에 따라 하위 범주에서는 차이가 난다. 〈그림 5〉는 개별 텍스트를 수용하거나 생산할 때 고려해야 하는 맥락 요소에 대한 지식 요소의 예를 제시한 것인데, 이러한 맥락과 관련된 지식들이 구체적인 교수·학습 내용으로 구현되어야 한다.[32]

텍스트 갈래 맥락 요소는 개별 텍스트 생산의 목적이나 필요성과 관련된 지식 그리고 텍스트를 생산하는 상황에 관련된 지식으로 구분할 수 있다. 예컨대, '설명하는 글'은 어떤 대상에 대하여 자세하고 알기 쉽게 설명하여, 독자로 하여금 그 대상을 잘 이해하도록 하는 목적이 있다. 독자가 궁금해하는 내용이나 알릴 만한 가치가 있는 정보를 제공하고자 하는 경우 그러한 목적으로 생산되는 글을 말한다. 또 독자 측면에서는 어떤 사실이나 현

32 글쓰기 목적 요소와 예상 독자 요소를 교수·학습 내용화하고 그 지도 방안을 제시한 논의로는 이희애(2018)이 있다.

상, 대상에 대하여 알고자 할 때 접하게 되는 글이다. 이에 대해 '제안하는 글'은 '설득'을 목적으로 하는 글에 포함되는 것이나 어떤 문제 상황을 해결하기 위한 방법을 제시하여 그것을 바탕으로 상대방의 생각이나 행동이 변화되어 그 문제 상황이 해결되기를 바랄 때 필요한 글이다.

정보 전달을 목적으로 하는 설명문은 어떤 대상을 독자가 알기 쉽게 설명하여, 그 글을 읽는 사람이 그 대상을 잘 이해하도록 써야 한다. 따라서 독자의 이해 수준, 독자의 나이 등 전달하고자 하는 정보와 관련된 독자 상황도 맥락을 구성하는 중요한 지식이 된다. 독자 상황이 고려되어야 어떤 어휘를 사용할 것인지, 전달하는 지식의 수준을 어느 정도로 할 것인지 등이 결정되기 때문이다.

'제안하는 글'은 어떤 문제 상황에 대한 해결 방안을 제시하여 그 방안을 선택하도록 설득하고자 하는 맥락에서 사용된다. '주장하는 글'이 어떤 문제 상황에 대한 자신의 의견을 표명하여 독자가 자신의 의견을 따르도록 하는 데 초점을 두는 것임에 비하여, '제안하는 글'은 여러 가지 제시된 방안 가운데 독자가 가장 적절한 것을 선택하도록 하는 데 초점을 둔다. '제안하는 글'을 써야 하는 맥락에서 '주장하는 글'을 쓴다든지, '주장하는 글'을 써야 하는 맥락에서 '제안하는 글'을 쓰면 문제 해결을 위한 바람직한 글쓰기라고 볼 수 없다.

12.4.2.2.2. 텍스트 갈래의 구조

텍스트 갈래의 구조는 텍스트 생산자의 입장에서는 효과적으로 내용을 전개해 가기 위한 말이나 글의 짜임과 관련된 지식을 말한다. 텍스트 수용자의 입장에서는 말이나 글을 효과적으로 이해하고 회상할 수 있게 하여 이해를 쉽게 한다. 이것이 가능한 것은 텍스트 갈래별로 텍스트 구조가 특징을 드러내기 때문에 그 구조를 통해 전체 내용을 머릿속에 도식화하는 것이 가능하기 때문이다. 텍스트 구조는 명제들의 의미적 위계 관계로, 반 다이크(van Dijk)에 따르면 미시 구조, 거시 구조, 초거시 구조 세 층위가 있다.

미시 구조는 문장의 명제들 사이의 연결 관계를 말한다. 대등적 연결 구조, 동시적 연결 구조, 계기적 연결 구조, 인과적 연결 구조, 대립적 연결 구조, 대조적 연결 구조, 전환적 연결 구조, 양보적 연결 구조 등이 있다. 이들은 모두 문장이 나타내는 명제와 명제의 의미적인 연결 관계를 나타낸다.

거시 구조는 문장의 명제들로 이루어지는 문단들 사이의 의미적 연결 구조를 말한다. 그런데 거시 구조는 문단들 사이의 단순한 논리적인 연결 관계를 뜻하는 것이 아니라 초거시 구조 내의 각 부분의 문단들 사이의 논리적인 연결 관계를 의미한다. 다시 말하면 초거시 구조가 서론-본론-결론 구조라고 할 때 서론의 거시 구조, 본론의 거시 구조, 결론의 거시 구조를 설정하는 것이 가능하다. 왜냐하면 텍스트 구조는 명제들 사이의 위계적인 관계를 나타내기 때문이다. 여기에는 나열 구조(대등적 나열 구조, 계기적 나열 구조, 시간적 나열 구조, 동시적 나열 구조), 비교(-대조) 구조, 문제-해결 구조, 주장-근거 구조, 핵술 구조(핵심-부연, 핵심-상술, 핵심-예시) 등이 있다.

초거시 구조는 텍스트의 갈래를 구별해 주는 텍스트 전체의 의미적 관계를 나타낸다. 예컨대 '서론-본론-결론'의 초거시 구조는 설득하는 목적의 텍스트(논설문, 주장하는 글 등)에, '나열 구조'의 초거시 구조는 정보를 제공하는 목적의 텍스트(설명문, 설명서 등)에 일반적으로 나타난다. 한편 초거시 구조 가운데 자주 제시되는 것에 '(처음)-가운데-(끝)'의 구조가 있다.[33] 그런데 '(처음)-가운데-(끝)'으로 제시되는 초거시 구조는 텍스트 구조로서 정보적 가치가 크지 않다. 초거시 구조는 텍스트의 최상 층위의 의

33 "~글의 짜임을 이해하면 효과적으로 요약할 수 있다. 글의 짜임이란 글쓴이의 생각, 의견, 사상 등의 내용을 효과적으로 전달하기 위해 알맞은 방법으로 구조화한 논리적 형식을 말한다. 글의 짜임은 글의 종류와 유형에 따라 조금씩 다를 수 있지만 대체로 일정한 짜임을 가진다. 설명문은 '머리말-본문-맺음말', 논설문은 '서론-본론-결론', 이야기 글은 '발단-전개-절정-결말'로 구성된다. 다양한 유형의 짜임을 인식하고 글의 짜임을 그림으로 구조화하는 습관을 기를 수 있도록 지도한다. 요약하기는 궁극적으로 재구성 활동이므로, 글의 내용을 그대로 옮기지 말고 글의 짜임을 바탕으로 자신의 언어로 재구성하도록 한다.(교육부, 2009: 3-4학년군, 5-6학년군 읽기 내용 성취 기준(2))

미적 · 논리적 관계를 나타낼 수 있어서 텍스트 유형을 변별해 줄 수 있어야 한다. 그런데 '(처음)-가운데-(끝)'이라는 구조는 이러한 의미적인 관계를 나타내지 못하고 있기 때문이다. 특히 정보 전달 목적의 글은 '처음' 부분이 없는 초거시 구조도 있고, '끝' 부분이 없는 초거시 구조도 있다.(김정은 · 이병규, 2015 참고)

'서론-본론-결론'의 경우는 '처음-가운데-끝'에 각 부분의 의미적 특성이 함께 제시되어 있기 때문에 초거시 구조로서 정보성을 가지고 있다. '서론'은 텍스트의 처음 부분이지만 '말이나 글 따위에서 본격적인 논의를 하기 위한 실마리가 되는 부분'을, '본론'은 텍스트의 가운데 부분이지만 '말이나 글에서 주장이 있는 부분'을, '결론'은 '말이나 글의 끝을 맺는 부분'을 내용으로 하고 있다. 단순히 초거시 구조를 '처음-가운데-끝'으로 제시하는 것과는 차이가 있다.

특히 초거시 구조는 특정한 텍스트의 갈래를 다른 텍스트의 갈래와 구별해 줄 수 있어야 한다. 따라서 글 전체의 구조에 다음 절에서 설명할 텍스트 구조별 내용적 특성이 함께 제시되어야 텍스트 갈래별 초거시 구조로서 정보성을 갖게 된다.

한편 모든 텍스트에 서로 구별되는 미시 구조, 거시 구조, 초거시 구조가 반드시 나타나는 것은 아니다. 두 개의 단어 차원이나 문장 차원의 발화로 이루어지는 텍스트는 미시 구조와 거시 구조, 초거시 구조가 같다. '학교 앞 서행'은 세 개의 단어로 이루어진 텍스트이다. 이 텍스트는 '학교 앞이니까 차의 속도를 늦추'라는 의미이다. 그렇기 때문에 인과적 연결 구조를 띠는 텍스트라고 할 수 있다. 이 텍스트는 미시 구조, 거시 구조, 초거시 구조가 같다. 또 어떤 대상의 특성을 나열의 구조로 설명하는 텍스트는 그 거시 구조와 초거시 구조가 같다. 이처럼 텍스트 구조의 위계는 고정 불변인 것이 아니라 텍스트상에서 상대적으로 적용되는 개념이다. 이뿐만이 아니라 거시 구조를 구성하고 있는 미시 구조는 거시 구조와 같은 구조를 띨 수도 있다. 예를 들면 문단들 사이의 관계가 나열 관계인 거시 구조를 구성하는 미시 구조, 즉 문장의 명제와 명제들 사이의 관계가 나열의 관계인 것도 가능하다. 거시 구조나 초거시 구조가 상술 관계인 텍스트의 하위 구조가 나열의 구조를 띠는 것도 가능하다.

이상에서 살펴본 것처럼 텍스트 구조는 명제와 명제의 논리적인 연결 관계와 위계적인 논리 관계를 나타낸다. 따라서 텍스트의 구조를 파악한다는 것은 작게는 문장이 나타내는 명제와 명제 사이의 의미 관계를 이해하는 것에서 문장의 명제와 문단 의미 사이의 위계적인 관계, 문단과 문단 사이의 의미적인 연결 관계, 문단들 사이의 위계적인 의미 관계, 텍스트 전체와 문단들 사이의 위계적인 의미 관계를 이해하는 것이다. 정리하면, 텍스트 구조는 문장, 문단, 텍스트 전체의 수평적 의미 관계와 수직적 의미 관계[34]를 이해할 수 있게 한다.

12.4.2.2.3. 텍스트 갈래의 내용 범주

앞에서도 언급했듯이 텍스트 갈래의 내용적 특성은 갈래 일반적인 특성이라고 볼 수 있는 초거시적 구조와 관련된 특성과 거시 구조나 미시 구조와 관련된 특성으로 구분하는 것이 가능하다.

텍스트 갈래의 초거시적 구조와 관련된 내용적 특성을 예를 들어 알아보자. '설명하는 글'은 독자가 궁금해 하는 것에 대하여 사실을 전달할 수 있어야 한다. 따라서 설명하는 글의 내용은 독자가 궁금해 하는 정보가 충실해야 하고, 독자가 이해할 수 있도록 독자 수준에 맞게 서술되어야 하며, 객관적이고 사실적이어야 한다. 첫 번째를 '정보성', 두 번째를 '용이성', 세 번째를 '객관성'이라고 한다. 설명하는 글의 내용은 이러한 세 가지 내용 범주를 만족시켜야 한다.

설명하는 글(설명문)에 주관적인 생각이나 주장이 포함되게 되면 그 설명의 글에서 제공하고 있는 정보는 사실로 수용되기 어렵다. 또 설명하는

34 수평적 의미 관계는 같은 층위의 문장의 명제, 문단의 의미들 사이의 연결 관계를, 수직적 의미 관계는 문장의 명제들 간, 문장의 명제와 문단 간, 문단들 간, 문단과 담화 전체의 의미적인 위계 관계를 일컫는다.

글의 내용이 독자가 이미 알고 있는 내용이거나 너무 어려운 내용이면 그 독자에게는 정보성이 없는 것이 된다. 또 용어의 개념이 독자의 수준에 맞지 않으면 용이성이 결여되어 텍스트성이 약화된다.

한편 '제안하는 글'의 내용은 먼저 문제가 제기되어야 하고 그 문제를 해결할 수 있는 방안이 제안되어야 하며, 제안된 방안이 적절하고 효과적인 이유나 근거가 제시되어야 한다. 문제 상황은 독자가 직면하고 있는 것이어야 하고, 제안은 독자가 실행할 수 있는 것이어야 하며, 근거는 독자의 문제를 해결해 줄 수 있는 효과적인 제안이 될 수 있음을 확신시켜 줄 수 있는 것일수록 의미가 크다.

'제안'은 자신의 생각을 따르도록 상대방을 강하게 '설득'하는 데 초점을 두기보다는 상대방이 해결 방법을 선택하고 결정하는 네 참고할 수 있는 '좋은 안'을 제시하는 것에 초점을 둔다는 점에서 '주장'과 다르다. 따라서 주장에 비해 독자를 설득하는 강도가 매우 약한 편이다. 다시 말하면 '제안'은 상대방의 생각이나 행동을 바꾸도록 강요하기보다는 좋은 의견을 제시하는 정도이다.

이에 비해 '주장'은 상대방의 생각이나 행동을 자신이 주장하고자 하는 바대로 바꾸고자 하는 의지가 강하다. '제안하는 글'은 '주장하는 글'에 비해 상대방을 존중하고 상대방의 생각이나 의사를 억지로 바꾸려고 하지 않는다. 따라서 '제안'은 '주장'보다 해결 방안을 뒷받침하는 근거의 객관성이나 신뢰성, 타당성, 적절성에 대한 엄격함이 약하다고 할 수 있다. 이처럼 '제안', '주장', '요청' 등은 그 맥락에서도 차이가 있지만 주장의 강도, 근거의 강도, 주장의 공공성 등과 같은 주장과 근거의 내용적인 측면이 이들 사이뿐만 아니라 다른 텍스트의 내용과도 차이가 있다.

다음은 텍스트의 거시 구조, 미시 구조적 내용 특성을 살펴보자. 논설문이나 주장하는 글의 경우 '서론-본론-결론'의 초거시 구조에서 서론에서 다루어지는 내용 범주, 본론에서 다루어지는 내용 범주, 결론에서 다루어지는 내용 범주를 알고 이를 국어 사용 활동에 활용할 수 있어야 한다. 앞에서도 언급했듯이 '서론'은 텍스트의 처음 부분으로 '말이나 글 따위에서 본격적인 논의를 하기 위한 실마리가 되는 부분'을, '본론'은 텍스트의 가운데 부분으로 '말이나 글에서 주장이 있는 부분'을, '결론'은 '말이나 글의 끝을 맺는 부분'이 각 단계의 내용 범주가 된다.

더 자세하게 얘기하면 서론은 논의의 필요성(문제 제기), 논의 목적, 논의 내용 등이 내용 범주가 된다. 본론은 제기된 문제를 해결할 수 있는 주장과 그 주장에 대한 근거가 내용 범주가 되며, 결론은 논의 내용에 대한 요약 및 제언, 전망 등이 내용 범주가 된다.

기행문의 경우를 살펴보자.

〈표 13〉 기행문의 초거시 구조

구분	내용 범주
처음	여행의 목적-(여행의 기대 및 설렘)-(출발할 때의 날씨 및 교통편)-도착까지의 일정
가운데	여정, 견문, 감상-(인상적인 에피소드)-(이동하면서 겪은 일 및 느낌)-새롭게 알게 된 사실
끝	여행 후 감상-(귀로에서의 에피소드나 느낌)

기행문의 초거시 구조는 〈표 13〉에서 볼 수 있는 것처럼 '처음-가운데-끝'의 구조를 띠고 있다. 앞에서도 언급했듯이 텍스트의 구조를 단지 '처음-가운데-끝'으로만 제시하는 것은 크게 정보성을 가지고 있지 않다. 따라서 〈표 13〉에서 제시한 것과 같이 초거시 구조를 구성하고 있는 거시 구조별 내용 범주가 어떻게 이루어지는지를 제시하는 것이 필요하다.

최선희 · 이병규(2016)에 따르면 기행문의 거시 구조별 내용 범주는 〈표 13〉에 제시한 것과 같다. '처음' 부분에 제시되는 거시 구조의 내용 범주는 '여행의 목적-(여행의 기대 및 설렘)-(출발할 때의 날씨 및 교통편)-도착까지의 일정' 등이 있다. 이 가운데 '여행의 목적'과 '도착까지의 일정'은 대부분의 기행문에서 제시되는 필수적인 내용 범주이고 '여행의 기대 및 설렘', '출발할 때의 날씨 및 교통편'은 기행문에 따라 선택적으로 제시되는 내용 범주이다. '가운데' 부분은 '여정, 견문, 감상, 새롭게 알게 된 사실' 등 필수적 내용 범주와 '인상적인 에피소드나 이동하면서 겪은 일이나 느낌' 등 선택적인 내용 범주로 이루어진다. '끝' 부분은 필수적인 내용 범주로 '여행 후 감상', 선택적인 내용 범주로 '귀로에서의 에피소드나 느낌'으로 구성된다.

이상과 같이 텍스트의 초거시 구조를 구성하고 있는 거시 구조의 내용 범주에 대한 이해는 텍스트 전체의 글을 예측하면서 읽을 수 있게 하며, 사실적 읽기, 추론적 읽기, 감상적 읽기, 평가적 읽기를 적절하게 수행할 수 있게 한다. 그렇기 때문에 발신자는 표현 과정에서 수신자의 텍스트 수용 전략을 고려하여 효과적으로 텍스트를 구성할 수 있어야 한다.

이상에서 본 것처럼 텍스트는 그 갈래별로 고유한 내용적 특성을 가지고 있다. 개별 텍스트 갈래의 내용적 특성 역시 그 텍스트를 효과적으로 생산하고 수용하기 위하여 교수·학습되어야 할 지식이라고 하겠다.[35]

12.4.2.2.4. 텍스트 갈래 표지

개별 텍스트 갈래는 다른 텍스트 갈래와 변별되는 고유한 표지들이 있다. 이들을 텍스트 갈래의 표지라고 하는데 텍스트 갈래 표지는 내용 요소들 사이의 관계를 명시적으로 보여 줌으로써 독자가 텍스트를 읽고 텍스트 구조를 재구성하는 데 중요한 단서가 된다. 그렇기 때문에 필자는 텍스트 구조 표지를 활용하여 글의 가독성을 높일 수 있도록 써야 한다.

미시 구조는 접속 부사나 연결 어미를 통해서 문장이 명제와 명제의 의미적인 관계를 확인할 수 있고, 거시 구조나 초거시 구조는 〈표 14〉에서 보인 표지들을 통해 확인할 수 있다.[36] 설명하는 글의 구조 표지들을 살펴보자.

35 이외에도 축하글, 위로글, 사과글, 감사글과 같은 유형의 글은 그 내용에 진정성, 진실성이 담겨 있어야 하며, 기행문은 여정, 견문, 감상이 나타나야 한다.
36 이에 대해서는 김봉순(2002), 김정은(2015), 김정은·이병규(2015), 이병규 외(2018) 참고.

〈표 14〉 설명문 텍스트의 구조 표지

<table>
<tr><th colspan="2">구분</th><th>주로 사용되는 표지</th></tr>
<tr><td rowspan="2">처음 부분</td><td>나열 구조 개관</td><td>• 간추려 소개하면 다음과 같다.
• 세 관점을 설명하면 다음과 같다.
• -방식은 크게 세 가지로 나눌 수 있다.
• -살펴보기로 하자.
• -논의를 개략해 보기로 하자.
• 다음과 같은 몇 가지 방식으로 운용되고 있다.
• -만드는 순서를 알아봅시다.
• 여러 가지 방법으로 막는다.
• 여러 가지 뛰어난 능력을 지니고 있다. 등</td></tr>
<tr><td>비교 구조 개관</td><td>• A와(과) B에서 찾을 수 있다.
• ~ 기술에는 A 방법과 B 기법이 있다.
• A는(은) 크게 B와(과) C(으)로 나뉜다.
• -에 따라 조금씩 다르다.
• ~ 크게 두 가지로 구분된다.
• -로 분류할 수 있다. 등</td></tr>
<tr><td rowspan="3">가운데 부분</td><td>공간 나열 구조</td><td>• 가, 나, 다, …
• 첫째, 둘째, 셋째, 이 밖에도.
• 먼저, 다음으로, 끝으로.
• 가장 일반적인 것은, 다음으로는, 또한.
• 첫 번째, 두 번째, …, 여섯 번째.
• 먼저, 그리고, 그런 다음, 끝으로. 등</td></tr>
<tr><td>시간 나열 구조</td><td>• 20세기 들어서, 20세기 중반, 1960년대 접어들면서, 20세기 후반 들어.
• A 시대의 음악가들, A 후반의 음악 이론가, 한 세기. 등</td></tr>
<tr><td>비교 구조</td><td>• 반면.
• 그에 비해.
• 큰 차이점 중 하나는 ~, 달리.
• 하지만,
• ~ 대조적이다.
• ~ 뚜렷이 구별된다.
• -와 비슷하다. 등</td></tr>
</table>

〈표 14〉의 표지들은 '처음-가운데'의 초거시 구조를 갖는 텍스트의 '처음' 부분의 거시 구조 표지와 '가운데' 부분의 거시 구조 표지들을 제시한 것

이다. 이 표지들은 설명문의 구조를 명시적으로 파악하게 하여 설명문의 의미 구성을 효과적으로 할 수 있게 한다. 그뿐만이 아니라 거시 구조를 이루고 있는 문단들의 중심 내용과 세부 내용을 파악하는 단서가 되어 독자에게 정보성이 있는 부분들만을 선택적으로 읽을 수 있게 하는 등 선략적 읽기를 가능하게 한다. 필자도 텍스트 구조와 그 구조 표지를 효과적으로 활용하여 가독성 높은 텍스트를 구성해야 한다.

'설명하는 글'에서 사용하지 말아야 하는 표현도 있다. '설명하는 글'은 객관적 사실이나 정보를 전달하는 것이기 때문에 '나는 ~라고 생각한다', '~일 것이다', '~인 것 같다', '~이었으면 좋겠다' 등과 같은 추측이나 자신의 생각 등과 같은 주관성을 드러내는 표현은 사용하지 말아야 한다.

〈표 15〉는 기행문의 '가운데' 부분의 거시 구조 표지를 제시한 것이다.(최선희, 2015; 최신희 · 이병규, 2016 참고) 기행문의 '가운데' 부분의 거시 구조는 여정들의 순서적 나열로 전개된다. 순서적 나열은 다시 시간적 순서 나열과 공간적 순서 나열로 구분할 수 있다. 〈표 15〉는 여행의 과정이나 일정을 나타내는 '여정'을 드러내는 표지들이다. 이들 표지들은 기행문 읽기에서 시간적인 여정이나 공간적인 여정을 쉽게 파악할 수 있게 한다.

〈표 15〉 기행문의 여정 표지

	시간 표지	장소 표지
여정 표지	• 첫째 날, 둘째 날, 셋째 날 … • 이튿날 • 다음날 • 아침, 오후, 저녁, 밤 • 먼저 • 다음으로 • 마지막으로 • 조금 뒤 • 날이 저물다. • 맨 처음 • ○년○월○일/ ○시○분	• -를 찾았다. • -에 갔다. • -로 가보았다. • -에 다다랐다. • -에 도착했다. • -으로 향하였다. • 들른 곳은 ~이다. • -에 들렀다. • -를 찾아 나서다. • 간 곳은 ~이다. • -에 들어서다.

시간적 순서 나열이든 공간적 순서 나열이든 여정별로 본 것, 들은 것, 그리고 각각에 대한 감상들로 구성된다. 아래 〈표 16〉은 '본 것'에 대한 표지이고, 〈표 17〉은 '들은 것'에 대한 표지이며, 〈표 18〉은 '감상'에 대한 표지들이다.

〈표 16〉 기행문의 '본 것' 표지

	내용
'본 것' 표지	• 보다(보았다, 보니, 보며, 보이는, 보는, 보였다, …) • 눈에 띄다 • 발견하다(발견한, 발견했다, …) • 내다보다 • 이다(이었다, …) • 있다(-이 있었다, -가 있었다, …)

〈표 17〉 기행문의 '들은 것' 표지

	내용
'들은 것' 표지	• 듣다(들었다, 들으니, 들어 보니, 들어서, 듣고, …) • 설명하다(설명해 주다, 설명해 주셨다, …) • 말하다(말씀해 주셨다, 말했다, …) • -다(라)고 한다. • -라 한다.

〈표 18〉 기행문의 감상 표지

	동사의 활용	비유적 표현
감상 표지	• 느끼다(느낌, 느꼈다, 느낄, …) • 생각하다(생각해 보다, 생각나다, …)	• ~ 듯한 • ~ 처럼 • ~ 같은

이들 표지들은 기행문을 다른 텍스트 종류나 갈래와 구분해서 의미를 구성할 수 있도록 해 주는 장치들이다. 예를 들어 이들 표지들을 통해 사실과 의견, 감상을 쉽게 구분할 수 있게 되고, 나아가 이 표지들은 사실적 이해, 추론적 이해, 평가적 이해, 감상적 이해 등 다양한 읽기 방법을 적용하여 기

행문에 대한 의미를 구성해 내는 단서로 기능하게 된다. 즉 '간 곳'·'본 것' 표지는 사실적 이해를 위한, '들은 것'·'느낀 것' 표지는 평가 및 공감, 감상적 이해를 위한 단서로 활용할 수 있다.

한편 '제안하는 글'은 문제 상황과 이를 해결할 수 있는 제안 그리고 그 제안이 타당한 까닭의 구조 즉 문제 해결 구조를 띤다. '제안하는 글'에 주로 사용되는 표지는 문제를 드러내는 표지, 해결을 제안하는 표지, 해결의 까닭이나 이유를 제시하는 표지로 나누어 볼 수 있다. 문제를 드러내는 표지에는 '문제는 ~이다', '~ 한 의문점이 있다', '-이 쟁점이다', '~ 한 문제가 있다', '~ 한 문제가 나타나고 있다' 등이 있다.

다음과 같이 텍스트 구조 표지가 드러나지 않지만 의미적인 위계나 연결 관계가 파악되는 경우도 있다.

> (29) 아침마다 학교 운동장 곳곳에서 빈 음료수병과 컵라면 용기 등을 쉽게 볼 수 있습니다. 학교 운동장을 사용한 주민들이 쓰레기를 함부로 버렸기 때문입니다.

(29)는 문제 상황을 타나내는 예인데, 텍스트 구조 표지를 직접 드러내지 않으면서도 의미적인 위계나 연결 관계를 자연스럽게 전개하고 있다. 이러한 글쓰기 전략은 유능한 필자들이 사용하는 것으로, 독자가 추론을 통해 의미적 관계를 파악해야 하기 때문에 미숙한 독자의 경우에는 이해하는 데 어려움을 겪을 수도 있다.

문제가 발생하면 해결하기 위한 방안으로 텍스트 생산자의 주장이 제안된다. '제안하는 글'에서 문제 해결을 위한 방안에 대한 필자의 의견은 단정적으로 제안되지 않는다. '주장'은 자신의 의견이나 주의를 굳게 내세우는 방법으로 자신의 생각을 수용할 것을 강요하거나 독자의 선택 여부보다는 일방적 전달의 상황에서 사용되는 데 비해, '제안'은 상대방이 그것을 따르도록 강요하기보다 듣고 선택할 수 있는 기회를 제공하는 데 초점이 있다. '제안'의 수용 여부는 상대방의 몫이 된다.

'주장하는 글'은 주로 단정 표현을 사용한다. 그 정도로 주장이 타당해야 하기 때문이다. 단정을 통한 주장이 독자에게 수용되기 위해서는 그 주장을 뒷받침하는 근거가 타당하고 신뢰할 수 있으며 실현 가능해야 한다. 그렇지 않으면 주장의 설득력이 약화될 수밖에 없다.

한편 제안은 주장에 비해 그 근거가 타당성이 덜해도 상관없다. 제안된 아이디어 가운데 가장 상황에 부합하는 것을 선택하면 되기 때문이다. 이처럼 주장과 제안은 맥락에서 차이가 있다.

이러한 특성 때문에 '주장'은 '-을 해야 한다', '~이다' 등 단정 표현을 주로 쓰는 데 비해 '제안'은 '~ 합시다/하자', '~ 하면 좋겠습니다', '~ 하면 어떨까요', '~ 하는 것이 어떻겠습니까'와 같은 표지로 자신의 의견을 약화하고 상대방에게 결정의 선택권을 부여하는 표현을 쓰게 된다. 이와 같은 표지를 활용하여 제안된 해결 방안이 타당한 이유나 까닭이 제시되어야 수용자는 그 제안에 동의하게 된다. 필자는 이유나 까닭을 나타내는 표지를 사용하여 나타내고 또 독자는 그것을 통하여 명료하게 이해하게 된다. 여기에는 '~ 한 이유는/까닭은 ~이다', '-의 근거로', '~ 때문에', '~ 때문입니다', '-에서 기인하여', '-으로 야기된', '-으로 인한' 등이 있다.

텍스트 구조 표지에 대한 이해는 텍스트 구조와 함께 읽기는 물론 쓰기, 말하기, 듣기 능력을 신장하는 데 매우 중요하다. 유능한 국어 사용자는 이와 같은 텍스트 갈래 지식을 국어 사용 상황에 효과적으로 활용할 수 있는 사람이라고 하겠다.

12.4.2.2.5. 텍스트 갈래의 의미

텍스트 갈래의 의미는 특정 텍스트 갈래의 개념을 정의하는 지식을 말한다. 예컨대 '설명하는 글'은 생산자의 측면에서는 어떤 대상에 대하여 자세하고 알기 쉽게 설명하여, 그 글을 읽는 사람으로 하여금 그 대상을 잘 이해하도록 쓰는 글을 말한다. 수용자의 측면에서는 어떤 대상이나 현상, 사실에 대한 객관적인 정보를 얻을 수 있는 글을 의미한다. 2007 개정 교육과정, 2009 개정, 2015 개정 교육과정에서는 '설명하는 글'을 가르칠 때 '독자가 알고자 하는 정보를 전달하는 글'이라는 것에 초점을 둔다. 따라서 '설명하는 글'을 '읽는 이에게 어떠한 정보를 전달하는 글'로 정의하는 것이 가능하다. 한편, '제안하는 글'은 생산자의 측면에서는 어떤 문제 상황을 해결하기 위하여 특정 독자에게 그 방법을 제시하여 독자가 이를 수용해 줄 것을 권유하는 글을 의미하고, 수용자의 측면에서는 어떤 문제 상황에 대한 해결 방법이 구체적으로 제시되어 있는 글을 의미한다. 이와 같은 텍스트 갈래의 개념을 정의해 놓은 것을 텍스트 갈래의 의미에 대한 지식이라고 부르고자 한다.

제13장. 미디어 문식성의 교육 문법

2007 개정 국어과 교육과정부터 국어과에 본격적으로 반영되어 교수·학습 내용으로 자리매김한 것이 '미디어[1] 문식성' 분야이다. '미디어 문식성'과 관련된 국어과에서의 논의가 활발히 이루어져 오고 있지만 근본적으로 선결되어야 할 문제가 몇 가지 있다.

국어과의 대상이 되는 언어는 한국어이다. 한국어(언어)를 대상으로 하고 있기 때문에 '미디어 문식성' 교수·학습에서도 이를 고려하여 그 대상 언어로 '매체언어'라는 용어를 사용해 오고 있다. 그러나 뒤에서 자세하게 논의되겠지만 '매체언어'라는 용어는 '미디어 문식성' 교육과 국어 교육의 정체성을 명확히 하는 데 많은 혼란을 야기하고 있다. 그 이유는 '매체'와 '언어' 그리고 '매체언어'에 대한 개념이 학자들마다 차이가 있으며, '매체언어'는 지금까지의 '언어'의 개념이나 개별 언어의 하나인 '한국어'의 개념과도 차이가 크기 때문이다. 이뿐만이 아니라 '언어의 본질과 특성'이 국어과 교육의 내용 가운데 하나인데 그 본질과 특성에 부합하지 않는 '언어'라는 용어가 국어과 내에서 혼용되고 있기 때문이기도 하다.

이 장에서는 '매체'와 '매체언어'라는 용어가 그간 어떻게 정의되어 왔고 어떻게 사용되고 있는지를 심층적으로 분석하여 그 문제점을 탐색한다. 그리고 국어과에서 '미디어'로의 소통과 관련된 문제를 어떤 용어로 수용하는 것이 합리적인지 알아본다. 그리고 '미디어 문식성'의 개념과 미디어의 특성을 규명하여 교육 문법의 한 분야로서 '미디어 문식성' 교육의 교수·학

1 이 글에서는 국어의 어휘에 포함되는 '매체'와 외래어 '미디어'를 구분하여 사용한다. 이에 대한 자세한 논의는 13.1.절과 13.2.절에서 이루어진다.

습 내용 탐색을 위한 토대를 마련하고자 한다. 나아가 인터넷이나 전자 매체에서 소통 수단으로 사용하고 있는 이모티콘이나 머리글자어, 초성 글자 등과 같은 일명 통신 언어의 국어과 교육적 수용 방안에 대해서도 알아보도록 한다.

13.1. 매체와 미디어의 개념 탐색

'미디어 문식성'은 '대중 미디어'의 발달과 함께 본격적으로 대두되기 시작한 분야이다. 이러한 '미디어'에는 주로 텔레비전 방송, 라디오 방송, 전화 통화, 영화, 인터넷 블로그, 인터넷 카페, 사회 관계망 서비스(SNS) 등이 포함된다. 국어과에서는 '미디어'를 '매체'라는 용어로 명명하고 있다. 여러 논의들에서는 두 용어를 구분하지 않고 혼용하는 경우도 있고 '매체'와 같은 의미로 '미디어'만을 사용하기도 한다. 이뿐만 아니라 의사소통의 수단인 기기 또는 전자 장치는 '매체'로, 의미를 형식화하는 언어, 그림, 영상, 도표 등과 같은 기호는 '매체언어'로 명명하는 논의도 있다.[2]

심지어는 '매체언어'라고 명명한 기호나 부호들을 매체의 개념에 포함하기도 한다. 따라서 여기서는 '미디어 문식성' 교육과 관련된 용어상의 혼란을 해결하기 위하여 먼저 '매체'와 '미디어'의 사전적 개념을 살펴 그 쓰임을 정확하게 이해해 보기로 한다.

(1) 《표준국어대사전》

ㄱ. **매체(媒體)** ① 어떤 작용을 한쪽에서 다른 쪽으로 전달하는 물체. 또는 그런 수단. ¶방송 매체/신문 매체. ② 『물리』 물질과 물질 사이에서 매질이 되는 물체. ③ 『미술』 회화, 조각 따위에 쓰는 재료 (후략)…

2 각 논의에 대해서는 후술된다.

ㄴ. **미디어(media)** 어떤 작용을 한쪽에서 다른 쪽으로 전달하는 역할을 하는 것. '대중 매체', '매개체(媒介體)', '매체(媒體)'로 순화. (후략)…

(1ㄱ)과 (1ㄴ)의 비교에서 알 수 있듯이 '매체'는 '미디어'보다 그 외연이 넓다. 국어에서 '매체'는 '미디어'의 의미를 포함하고 있으며, 《표준국어대사전》에 따르면 '미디어'라는 말은 '대중 매체', '매개체', '매체'로 순화해야 하는, 사용하지 말아야 할 외래어 정도로 다루고 있다. 이러한 이유로 2007 개정, 2009 개정 국어과 교육과정과 국어 교과서에서는 '미디어'라는 용어는 사용하지 않고 '매체'라는 용어만 사용하고 있다.

그러나 앞에서 언급했듯이 '미디어 문식성'을 다룬 많은 논의에서는 '미디어'와 '매체'를 같은 뜻으로 사용하고 있으며 심지어는 같은 논문에서 혼용하는 경우가 흔하다. 즉 '미디어'를 순화 대상으로 인식하지 않는다. '미디어'에 대한 이와 같은 사용 양상은 《표준국어대사전》을 제외한 다른 국어사전들의 처리를 보면 더 명확하게 이해할 수 있다. 말뭉치(corpus)에서 단어의 사용 양상을 분석하여 각 단어의 의미와 용법을 기술한 《고려대한국어대사전》과 《연세한국어사전》의 사전 기술을 살펴보자.

(2) 《인터넷 다음 국어사전: 고려대한국어대사전》

ㄱ. **매체[媒體]** ① 무엇을 한쪽에서 다른 쪽으로 전달하거나 퍼뜨리는 역할을 하는 것. ¶바람은 식물들의 씨앗을 먼 곳으로 옮기는 중간 매체로서의 구실을 훌륭하게 수행한다. 유 매개물(媒介物), 매개체(媒介體) ② 의사소통이나 예술 표현의 도구. ¶영상 매체. ¶요즘 인터넷은 유용한 쌍방향 매체로서 각광을 받고 있다. 유 미디어(media) ③ 시각적, 청각적 기호들을 확산, 분배하는 사회적 수단. ¶대통령 선거가 다가오면서 신문, 방송 등 각종 매체에서는 일제히 특집 기획물들을 준비하고 있다. 참 매스 미디어(mass media), 매스컴(mass communication) ④ [물리] …(중략)… ⑤ [미술] (후략)…

ㄴ. **미디어(media)** 어떤 사실이나 정보를 담아서 수용자들에게 보내는

역할을 하는 매개체. 신문, 잡지, 서적, 라디오, 텔레비전, 인터넷 등이 있다. 유 매체 ② (후략)⋯

(3) 《연세한국어사전》[3]

ㄱ. **매체(媒體)** ① 어떤 사실을 널리 전달하는 데 매개가 되는 것. ¶텔레비전의 광고 효과는 모든 다른 매체의 효과보다 강력하다. ② 다른 곳으로 전달하는 구실을 하는 물체. ¶~ 용질을 녹이는 매체를 용매라 한다.

ㄴ. **미디어(media)** 정보 전달 수단이 되는 문자나 영상. ¶미디어 가운데엔 전화나 전보처럼 개인끼리의 사사로운 용도를 위한 미디어도 있기는 하나 (후략)⋯

(2)와 (3)에서 볼 수 있는 것처럼 '미디어'에 외래어의 자격을 부여하고 있을 뿐만 아니라 순화 대상 외래어로 다루지는 않는다. '미디어'는 '매체'의 한 부분을 가리킨다.[4] 이처럼 한국어 '매체'와 '미디어'는 그 뜻이나 용법에 있어 차이를 보인다. '미디어 문식성' 교육을 위하여 국어과에서 다루

---

3 《연세한국어사전(1998)》보다 15년 후에 발간된 《연세 초등 국어사전》에서는 '매체'와 '미디어'가 다음과 같이 기술되어 있다.

ㄱ. 매체(媒體) 1. 어떤 사실을 널리 전달하는 수단이 되는 것. 예: 텔레비전의 광고 효과는 다른 매체보다 강력하다. 비 미디어 2. 어떤 작용을 다른 곳으로 전달하는 구실을 하는 물체. 예: 용질을 녹이는 매체를 용매라 한다.

ㄴ. 미디어(영media) 사회의 정보 전달 수단이 되는 신문, 방송, 광고 비 매체

4 영어에서도 'media'는 단지 'medium'의 복수의 뜻만을 나타내지 않는다. *Collins Cobuild Advanced Learner's English Dictionary*(6th Edition)에서는 'media'는 "[NOUN] You can refer to television, radio, newspapers, and magazines as the media."의 뜻과 'medium'의 복수의 뜻으로 사용되고 있다. 전자의 뜻인 경우에는 단수 취급하는 것이 가능하다. *Oxford Advanced Learner's English-Korean Dictionary*에서도 확인할 수 있다.

ㄱ. media ① [U+sing./pl. v.]the media mass media, new media ¶the news/broadcasting/national media ¶The media was/were accused of influencing the final decision. ⋯(중략)⋯ ② MEDIUM의 복수

ㄴ. medium 명 (pl. media / 'miːdiə / 또는 me·diums) ① (대중 전달용) 매체[수단] media, mass media 이런 의미일 때는 복수형이 보통 media이다. ⋯(중략)⋯ ② (특정한 목적을 위한) 도구[수단] ⋯(중략)⋯ ④ (생물)(무엇이 성장·존재하는) 배지[배양액]; 매질, 매체 (후략)⋯

위에서 볼 수 있는 것처럼 'media'는 단지 'medium'의 복수 개념으로만 사용되는 것이 아니다. mass media, new media 등을 단수로 나타낼 수 있다는 것은 media가 medium 복수의 뜻만이 아니라 그 고유의 뜻을 획득했기 때문인 것으로 이해할 수 있다. 국어과에서 '미디어 문식성'의 '미디어'는 바로 'medium(매체)'의 복수로서의 'media(미디어)'가 아니라 단수로서 'media(미디어)'를 가리키는 것으로 보아야 한다.

는 '매체'는 그 개념 가운데 《다음 국어사전: 고려대한국어대사전》의 ②, ③ 정도가 그 대상이 된다. '미디어'의 관련 의미로는 '매체 ②'를 공지시(co-indexing)해 놓고 있지만, 사실 한국어 사용 상황에서 ②와 ③은 구분이 명확하지 않다는 것을 《연세한국어사전》의 경우를 통해 이해할 수 있다.

'매체'라는 용어를 사용하게 되면 ①과 ⑤의 의미와 관련된 내용까지 포함하게 되어 그 교육 대상에 대한 혼란을 야기하게 된다. 사실 현재 '매체'와 '매체언어'의 이해에 대한 혼란도 이와 같은 점이 포함되어 있다. '매체'의 사전적 개념과 '매체언어'에서의 '매체'는 그 개념이 같지 않은데 하나의 논문이나 교과서에서 서로 다른 뜻의 '매체'를 함께 노출시키고 있기 때문에 이해하는 데 어려움이 생긴다.

이병규(2014ㄱ)에서는 '매체'를 《표준국어대사전》의 '매체 ①'에 기초하여 의사소통 상황에서는 "발신자가 의사(생각, 의미, 메시지)를 수신자에게 전달하고자 사용하는 수단"으로 정의하였다. 이러한 개념에 따라 (2), (3)의 '미디어', 소통 경로인 '채널'도 모두 여기에 포함시켰다. 이에 따라 '언어(음성, 문자), 그림, 리듬이나 멜로디, 몸짓, 동영상' 등을 일차 매체, 단순 매체로, '인쇄, 방송, 인터넷 게시판, 전자 우편, 온라인(모바일) 소통 방식(카카오톡, 라인, 전자 문자 등), 인터넷 사회 관계망 서비스(SNS), 인터넷 블로그, 인터넷 카페' 등을 이차 매체[5]라고 지칭했다. 그리고 이차 매체가 구동되는 수단으로 책자, 인터넷 시스템과 컴퓨터, 전화기, 텔레비전, 라디오 등을 삼차 매체라고 구분하였다. 이 가운데 국어과 교육의 대상은 일차 매체 중 언어와 이차 매체이다.

'매체'라는 개념에는 일차 매체, 이차 매체, 삼차 매체가 모두 포함된다. 그러나 외래어 '미디어'에는 주로 이차 매체, 삼차 매체가 포함된다는 것을 '미디어'의 개념과 그 사례를 통하여 이해할 수 있다.[6] 요컨대 '미디어'는 정

5 이병규(2014ㄱ)에서는 방송 미디어의 사례로 드라마, 뉴스, 예능 프로그램, 다큐멘터리, 애니메이션 등과 디지털 미디어의 사례로 온라인(모바일) 대화를 포함하였다. 이들은 미디어 텍스트로 미디어와 구분하여야 한다.

6 이에 대해서는 (2), (3)과 각주 4)를 통하여 이해할 수 있다. 이병규(2014)에서는 삼차 매체만을 외래어로

보를 조직하는 기술적 방식이나, 발신자와 수신자 사이에 일방적으로든 쌍방적으로든 정보를 확산 분배하는 사회적 소통 방식으로서의 매개체로 보는 것이 가능하다.

이러한 관점에서 (아날로그, 디지털) 방송, 인터넷(인터넷 블로그, 인터넷 웹 사이트, 인터넷 게시판), 사회 관계망 서비스(SNS), (아날로그, 디지털) 영화, 전화, 우편, 전자 우편, 인쇄 따위는 '미디어'에 포함된다. 그리고 '미디어 문식성'도 이와 같은 '미디어'로 표현하고 이해하는 능력과 관련된 개념으로 보는 것이 외래어 '미디어'나 'mass media', 'new media'의 개념에 더 부합한다. 따라서 여기서는 방송, 영화, 인터넷 블로그, 인터넷 카페, 사회 관계망 서비스(SNS), 휴대전화 등은 외래어 '미디어'로, 미디어로 소통하는 능력을 '미디어 문식성'으로 지칭하기로 한다. 미디어가 전달하는 텍스트의 구성 기호들은 '문사 언어(매체)', '음성 언어(매체)', '그림(매체)', '도표(매체)', '동영상(매체)' 등으로 구분하여 명명하기로 하겠다.

13.2. 이른바 매체언어의 개념 논의

미디어[7]를 통한 효과적인 의사소통 방법을 국어과 교육에서 수용하여야 한다는 것은 김대행(1998) 이래로 본격적으로 논의되어 왔다. 미디어를 통한 의사소통 방법과 관련된 교수·학습이 국어과 교육의 대상임을 명확하게 하기 위해서 미디어에서 소통되는 언어를 '매체언어'라고 하고 그 표현과 이해 능력을 신장시키기 위한 교육을 '매체언어 교육'이라고 부르게 되었다.(정현선, 2007: 230쪽~231쪽; 김정자, 2007: 58쪽~59쪽 참고) 2007

서의 미디어로 보았으나 그 개념상 물리적인 기기(텔레비전, 라디오, 인터넷 등)뿐만 아니라 방송, 영상 등과 같이 그 기기를 통하여 작용하는 어떤 매체 역시 미디어에 포함되는 것으로 보는 것이 옳다.

7 여기서는 앞선 연구에서 사용한 용어를 그대로 가지고 오는 경우를 제외하고는 '미디어 문식성' 신장을 위한 대상이 되는 미디어는 '매체'라는 용어를 사용하지 않고 '미디어'로만 명명한다. '매체'는 앞선 논의에서 사용한 용어를 가리키거나 (2ㄱ)의 뜻을 전반적으로 통칭할 때 사용하기로 한다.

개정 교육과정 시기에 이르러서는 교육과정에서 '매체언어'라는 용어와 이에 대한 교수·학습 내용을 본격적으로 다루게 되었고, 2009 개정, 2015 개정 교육과정에서도 교육과정과 교과서에서 '매체언어'라는 용어를 사용하고 있다.

'매체언어'의 개념과 관련된 논의는 크게 두 가지 문제로 정리된다. '매체'의 개념과 범위, '매체언어'에 포함되는 '언어'의 개념과 범위에 대한 것이 그것이다. 전자는 다시 '매체'와 언어의 관계에 대한 문제, '매체'와 미디어와의 관계에 대한 문제를, 후자는 '매체언어'라는 말의 성립 여부, '매체언어'의 범위에 대한 문제를 가지고 있다. 다음에서는 기존 '매체언어'에 대한 논의를 음성·문자로써의 언어관, 확장적 기호로써의 언어관, 확장적 매체로써의 언어관 세 가지 유형으로 구분하고 각 유형의 문제를 살펴보기로 한다.

13.2.1. 음성·문자로써의 언어관

'매체언어'라는 용어를 국어과에 처음 도입하였을 뿐만 아니라 '매체언어'라는 용어 사용의 근거로 다루어지는 김대행(1998)의 관련 논의를 정확하게 이해해 보자. 김대행(1998)에서는 '매체언어'의 개념을 직접 정의하지는 않았다. 다만 '매체언어'라는 용어의 개념을 명확하게 이해하기 위하여 '매체'에 포함되는 것에는 무엇이 있고, 그들의 공통점과 차이점이 무엇인지 밝히는 것이 중요함을 논의하며, 각 유형의 '매체'에서 사용되는 언어의 특질을 기준으로 하트 앤드류(Hart Andrew, 1991: 4쪽~6쪽)을 따라 매체의 유형을 분류하고 있다.

(4) 매체 유형

ㄱ. 표출 매체(presentation)-면대(面對)하여 직접 소통되며 저장이 불가능함: 말

ㄴ. 표상 매체(representation)-표상적 부호로 소통되며, 먼 거리에도 통달이 가능하고, 저장이 가능: 전보, 신문, 잡지, 만화 등

ㄷ. 기계/전자 매체(mechanic/electronic)-표상적 또는 기술적 요소가 필요하고, 장치의 조작 능력을 요함: 전화, 라디오, 텔레비전, 컴퓨터 등

(4)에서는 김대행(1998) 이후 여러 논의에서 혼란을 야기하고 있는 '말'·'전보, 신문, 잡지, 만화'·'전화, 라디오, 텔레비전, 컴퓨터'를 '매체언어'의 예로 제시하고 있지 않다. (4)는 매체의 유형에 대한 분류이며 '말', '전보', '컴퓨터' 등은 매체 유형에 대한 각각의 예에 해당한다. 각각의 사례는 그 실현 언어의 특성에 따라 표출 매체, 표상 매체, 기계/전자 매체로 나누어진다.

'말'로 대표되는 '표출 매체'의 언어는 '대면성', '비저장성'의 특성을, 전보·신문·잡지 등으로 대표되는 '표상 매체'에 실현되는 언어는 '표상성', '저장성', '초시공성'의 특성을, 텔레비전·컴퓨터 등으로 대표되는 '기계/전자 매체'에 실현되는 언어는 '표상성', '기술성', '조작성'의 특성을 가지고 있음을 나타내고 있다.

그런데 이 경우들에서 언어는 그 실현 방식이 (4ㄱ), (4ㄴ), (4ㄷ) 중 어디에 해당하든 간에 문자 언어와 음성 언어만을 가리킨다. 따라서 김대행(1998)에서 처음 나타나고 있는 '매체언어'라는 용어는 각 '매체' 유형에서 실현되는 음성 언어, 문자 언어를 의미하는 것이다.

또 김대행(1998)에서 '매체' 자체를 언어로 본 것이 아니라는 것은 (4)를 (5)와 같이 이해한 것에서 확인할 수 있다.

(5) 음성 언어조차도 매체라는 점은 그 매개하는 방법의 차이에도 불구하고 국어 교육은 본질적으로 매체의 교육이라는 명제가 성립하게 해 준다. 또 문자를 사용한 쓰기가 '표상 매체'를 통한 전달이라고 보기도 하는데, 이는 기호의 표상성을 판단의 기준으로 삼은 것이다. 이런 관점에서 바라본다

면, 전자 기술의 발전이 가져온 기계/전자 매체의 출현은 결국 언어 전달의 수단이 달라진 것을 의미할 따름이라는 해석이 가능해진다.(김대행, 1998: 7쪽)

(5)를 통하여 '기계/전자 매체'는 언어 전달의 수단이지 그 자체를 언어로 본 것은 아니라는 것을 알 수 있다.

김대행(1998)을 정확하게 이해하는 것이 중요한 이유는 그 논의를 근거로 하거나 적어도 그 논의와 관련지어 '언어'와 '매체언어'의 개념과 범위를 재설정한 논의가 나타나기 시작했으며 그 후 '언어'와 '매체언어'의 개념에 대한 혼란이 야기되기 시작했기 때문이다.

(6) ㄱ. 인간의 언어활동을 매체라는 관점에서 이렇듯이 분류할 수 있는 근거는 이들이 모두 기호언어(sign-language)를 사용하고 있다는 공통점이 있으며, 또한 우리 일상의 언어활동이 이 세 가지의 매체를 복합적으로 사용하고 있다는 인식과도 관련이 깊다. …(중략)…

인류의 역사에서 최초로 출현한 것은 말이며, 거기서 텔레비전과 컴퓨터에 이르기까지 매체의 변화가 이루어진 과정에서 인쇄술의 발명에서 겪었던 변화를 능가하는 언어활동 방식의 변화가 기계적/전자적 매체의 출현을 통해서 이루어진 것이다.(김대행, 1998: 8쪽)

ㄴ. 매체언어가 언어라는 데는 이견이 없을 듯하다. …(중략)… 그러나 그것은 전달 방법상의 혹은 맥락상의 차이일 따름이지 언어로서의 본질에는 변화가 없다고 할 수 있다. …(중략)… 매체언어가 언어이고 그 활동이 언어의 본질을 변모시키지 않는다는 점이 확인된다면 음성언어이건 문자언어이건, 그 활동이 기계를 통해서 이루어지건 아니면 전파를 통해서 이루어지건 그 모든 것은 언어활동임이 재확인된다.(김대행, 1998: 17쪽)

ㄷ. 국어교육에서 대상으로 할 매체를 어떻게 선별할 것인가 하는 문제는 결코 단순하지 않다. …(중략)… 문자조차도 표상언어로 보고 사

진이 또한 표상언어라는 점에서 동질적이라고 보는 관점에 의하면 사진까지도 매체언어의 하나가 된다. 그러나 사진을 국어교육에서 다루어야 할 매체언어로 보게 되면 국어교육의 정체성에 대한 논란이 야기된다. …(중략)… 국어교육의 대상으로 설정하는 매체의 범위를 '기계/전자 매체'를 활용하여 소통되는 언어로 하게 되면 본질과 목적을 다 충족시킬 수 있지 않을까 한다. 그래도 문제는 남을 것이다. 비디오만 하더라도 거기에는 언어가 분명 있게 되지만, 그것은 화상과의 공존이라는 점에서 소리만의 녹음과는 구분되는 것이므로 화상이 없이 논의되는 언어는 무의미해질 것이다. …(중략)… 이런 문제는 국어교육의 순수성과 현실성 사이의 갈등을 야기할 것이 충분히 예상된다. 그러나 국어교육의 정체성은 정체성대로 확보하기 위하여 언어를 중심으로 하면서, 언어활동의 현실성을 고려하여 필요한 경우에는 아우르도록 하는 것이 필요한 논의의 소모를 줄일 수 있을 것으로 본다. (김대행, 1998: 28쪽~29쪽)

(6ㄱ)의 파란색 글씨 부분은 의사소통을 위한 매체의 발달과 함께 언어활동의 양태가 바뀐 것이지 언어 자체가 달라진 것은 아니라는 것을 나타내고 있다. (6ㄴ)에서는 '기계/전자 매체 언어'는 표출 매체 언어나 표상 매체 언어와 전달 방법상 혹은 맥락상 차이가 있으며, 언어로서의 본질에는 차이가 없다고 기술하고 있다.[8]

(6ㄷ)에서는 이러한 점을 더 분명히 밝히고 있다. '매체언어'는 음성 언어와 문자 언어만 해당되며 사진이나 영상까지 언어에 포함시켜 '매체언어'로 보면 국어교육의 정체성이 흐려짐을 적시하고 있다. 따라서 표출 매체, 표상 매체, 기계/전자 매체에서 실현되는 언어 모두 음성 언어와 문자 언어에 한정되는 것으로 본 것이다. 결국 김대행(1998)에서 매체 언어는 미디어상으로 구현되는 문자 언어, 음성 언어를 가리키는 것이다.

그런데 매체 언어를 달리 이해하는 경우가 있다. 즉, 문자, 음성뿐만 아

8 '매체언어'를 이와 같은 의미로 사용하고 있는 논의로는 최지현(2001), 김정자(2007) 등이 있다.

니라 이미지, 영상, 도표 등과 같이 미디어상에서 소통의 도구로 쓰이는 기호를 통틀어 '매체언어'로 규정하는 관점이 그것이다. '매체언어'라는 용어를 이러한 의미로 사용하게 되면 '매체'와 '언어'라는 용어의 개념 충돌로 혼란을 야기한다. 13.1. 절의 '매체'의 개념과 (4)의 매체의 유형 분류에서도 보았듯이 언어는 '매체'에 포함된다. 따라서 동의 반복이 생기게 된다. 또 일상적으로 이해되는 매체의 범위가 매우 넓어 그 한정이 어렵고 독자가 이해하기도 쉽지 않다. 이러한 혼란을 피하기 위해서는 '기계/전자 매체'로 구현되는 '언어'라고 하는 것이 옳다.[9]

한편 최지현(2003: 3쪽~4쪽)에서는 언어 자체가 '매체'의 하나이며 '매체언어'가 매체적 실현을 조건으로 하고 있다는 점에서 '매체' 교육은 제도로서의 국어 교육 그 자체가 될 수 있다고 하였다. 특히 텔레비전 방송, 라디오 방송, 영화 등과 같은 도구로서의 '매체'가 표현하고 있는 문자적 · 기호적 · 행위적 형상체 또한 '매체'로 보아 '매체언어'와 구분한다. 여기서 주목해야 하는 것은 '문자적 · 기호적 · 행위적 형상체로서의 매체'와 '도구로서의 매체', 그리고 '도구로서의 매체가 실현하는 언어(매체언어)'를 구분하고 있다는 점이다.

같은 논문(6쪽~7쪽)에서는 매체 양식의 차이에 따라 매체를 음성 및 문자 매체, 시청각 · 영상 매체, 디지털 통신 매체로 나누면서 전통적인 매체 양식은 '음성 및 문자 매체'인데 이 둘은 전언성과 형상성에서는 일정한 차이가 있지만 언어라고 하는 공통점에서 다른 매체 양식들과 변별되는 특징을 가지는 것으로 보고 있다. 이를 통해서 최지현(2003)은 '매체언어'에 대한 관점이 김대행(1998)과 다르지 않은 것으로 이해할 수 있다.

그런데 '매체언어'의 '언어'에 초점을 두면 최지현(2003)과 김대행(1998)에서의 '매체언어'는 다르지 않지만, '매체'에 초점을 두면 두 논의는 차이가 있다. 최지현(2003: 2쪽~3쪽)에서는 언어 자체가 '매체'의 하나이기 때문에

9 미디어 문식성 교육의 대상에는 '표상 매체'까지 포함하여야 한다.

'매체' 교육은 국어 교육 그 자체가 되는 것으로 보고 있다. 그리고 '매체언어' 교육은 '매체'를 중심으로 진술한 국어 교육의 다른 이름으로 본다. 그러나 김대행(1998: 27쪽~28쪽)에서는 국어 교육의 대상이 되는 '매체'의 범위를 '기계/전자 매체'에 국한하며 이를 통해서 소통되는 언어를 '매체언어'로 보는 관점을 취하고 있다. 따라서 '매체언어' 교육은 국어 교육의 분야 중, '기계/전자 매체'에서 구현되는 언어를 내용으로 하는 것에 국한되는 것이라고 하겠다.

13.2.2. 확장적 기호로써의 언어관

이채연(2001ㄴ: 85쪽~86쪽)에서는 '매체언어'를 '언어'보다 더 포괄적인 개념으로 보고 있다. 인터넷 '매체언어'는 인터넷이라는 상호 소통 도구를 통해 구현되는 일체의 기호적 표상(언어, 심벌, 도형, 사진, 그림, 애니메이션, 영상 등)을 의미하는 것으로 정의하고 있다. 그 논의에서도 '매체언어'라는 말의 문제점을 인식하여 엄밀한 의미에서는 '매체기호'가 더 적합하지만 편의상 '매체언어'라는 말을 쓰겠음을 밝히고 있다.[10]

한편 최병우 · 이채연 · 최지현(2000: 6쪽)에서는 '매체언어'를 도구로서의 '매체'[11]가 표현하고 있는 문자적 · 기호적 · 행위적 형상체로 규정하고 있다. '매체언어'를 보는 관점이 앞의 경우와 다르다. 이 관점에서는 문자, 음성뿐만 아니라 미디어가 표현하고 있는 각종 기호(그림, 도표, 아라비아숫자, 영상, 몸짓 등)가 모두 '매체언어'에 포함된다.[12]

최지현(2007: 144쪽)에서는 최병우 · 이채연 · 최지현(2000: 6쪽)의 미

10 이채연(2001ㄴ)에서는 '매체기호'를 편의상 '매체언어'라고 한 데 비해, 후술하게 될 이채연(2007)에서는 '매체언어'의 개념을 '기호' 차원까지 확장한다.

11 '도구로서의 매체'는 이 책에서의 미디어에 해당하는 개념으로 볼 수 있다. 이러한 뜻으로 사용될 때는 미디어라는 용어를 쓰기로 한다. 인용한 논문에서 사용한 것을 그대로 따올 경우에는 작은따옴표를 친 '미디어'로, 이 책에서의 개념으로 사용할 경우에는 작은따옴표를 치지 않은 미디어로 표시하여 구분한다.

12 고등학교 교육과정 해설 2-국어(452쪽)을 비롯하여 정구향(2002), 정현선(2007) 등에서 이와 같은 '매체언어'의 개념을 수용하고 있다.

디어가 표현하고 있는 문자적 · 기호적 · 행위적 형상체로 규정되는 '매체언어'와 최지현(2001: 75쪽~76쪽)에서 규정한 '매체로 실현되는 언어'로서의 '매체언어'가 모두 '언어'의 다른 이름이기 때문에 동어 반복으로 본다. 그러나 최병우 · 이채연 · 최지현(2000: 6쪽)과 최지현(2001: 75쪽~76쪽)의 '매체언어'는 서로 개념이 같지 않다. 전자에서는 '매체언어'가 언어의 다른 이름이 아니라 음성, 문자뿐만이 아니라 도구로서의 미디어가 표현하고 있는 각종 기호를 포함하고 있기 때문에 전통적인 언어(문자, 음성)만을 '매체언어'로 간주한다고 보기 어렵다. 그러나 후자는 음성과 문자만 '매체언어'로 보기 때문에 이 두 논의에서 '매체언어'의 개념과 범위가 같다고 볼 수 없다.

'매체언어'에 대한 이채연(2001ㄱ, ㄴ)과 유사한 관점으로 정현선(2005, 2007), 최미숙(2007), 이채연(2007) 등이 있다. 이 논의들에서는 언어의 개념을 문자 언어와 음성 언어에 국한하지 않고 더 넓게 보고 있다. 주세형(2005: 263쪽~264쪽)의 '소통과 기호로서의 언어관[13]'에 따라 '매체언어'를

13 '소통과 기호로서의 언어관'이라는 말은 영상 언어, 시각 언어를 포함하는 언어관을 말하는데 그 표현에 문제가 있다. 언어는 소통의 도구이자 기호의 하나이다. '로서'는 자격을 나타내는 조사인데 '기호'의 자격을 가지는 '언어'라는 의미로 해석된다. 모든 기호가 언어의 자격을 갖는다는 해석이 되도록 하기 위해서는 '소통과 언어로서의 기호관', '확장적 언어로서의 기호관'으로 표현하는 것이 적절하다. 또 언어 기호 이외 다른 기호에까지 언어의 개념을 확장한다는 의미로 '확장적 기호로써의 언어관'으로 명명하는 것도 가능할 것이다. 주세형(2005: 263쪽)의 언어에 대한 이와 같은 관점은 Halliday(1978, 1985)의 다음과 같은 언어 관점에 기인한다. ① 어떤 대상이나 사건을 기호를 통해 표상할 수 있는 기능, ② 소통 주체 간의 상호 작용을 가능하게 하는 기능, ③ 텍스트를 조직하는 기능이 그것이다.(주세형, 2005: 263쪽 재인용) 텍스트의 개념을 의사소통적인 관점에서 규정하면 기호나 언어는 모두 텍스트를 조직하는 기능을 하게 되고 따라서 소통 주체 간의 상호작용의 기능을 갖게 된다. 따라서 ①이 성립하면 ②와 ③은 자동으로 성립하게 된다. 그런데 ①은 언어와 기호, 신호, 상징을 모두 같은 것(언어)으로 간주하게 된다. 따라서 기호, 상징, 신호 등으로 소통하는 모든 분야는 언어 소통에 해당하는 결과를 초래한다. '미디어 문식성' 분야를 국어과에 수용하기 위하여 Halliday(1978, 1985)의 언어관에 따른 '매체언어'의 개념을 수용함으로써 얻게 되는 것보다 잃게 되거나 혼란스러워지는 것이 훨씬 더 많음을 본문에서 알아보았다. 언어를 이와 같이 확장하지 않더라도 '미디어 문식성'의 개념으로 이 분야를 국어과에 수용하는 것에는 큰 문제가 없다. 한편 주세형(2005: 263쪽~264쪽)에서는 소통으로서의 언어관은 문법 교육으로 하여금 언어 자체에 대한 지식을 제공하는 것에만 초점을 두지 않고 의사소통 행위의 주체인 발신자와 수신자가 동원하는 모든 수단에 관심을 두도록 하며 이러한 점에서 '언어관'이 기호적 관점으로 확장되는 것으로 보고 있다. 그러나 화자나 필자가 의사소통을 하기 위하여 동원하는 것은 사진, 이미지, 그림, 영상, 도표뿐만 아니라 실물도 있으며, 시간, 공간, 타인 등 그야말로 모든 수단이 개입될 수 있다. 그런데 주세형(2005)에서 왜 언어를 기호와만 관련지어 논의하는지, 또 퍼스(Peirce)의 기호관 "기호는 사용자가 그것을 기호라고 받아들일 때만 기호로 간주된다."가 왜 기호를 언어로 보는 관점을 지지하는 근거가 될 수 있는지, 의사소통을 위해 언어 이외의 기호가 활용된다고 해서 '기호'를 '언어'와 동일시할 수 있는지, 약호(code) 체계에 대한 이

시각 언어, 영상 언어, 몸짓 언어 등 다양한 기호까지 언어에 포함되는 것으로 보고 이들을 '매체언어'로 규정하고 있다.

먼저 정현선(2005: 312쪽~313쪽)의 논의를 살펴보자. 이 논의에서는 음성, 문자, 영상 등을 모두 그 언어 양식(mode)[14]이 구분될 수 있는 '언어'로 간주한다. 특히 이와 같이 규정되는 '언어'는 언어 양식이 특정한 형태의 텍스트로 전환되는 과정에 개입하는 기술적 형식으로서 라디오, 텔레비전, 책, 신문, 사진, 영화, 인터넷 등과 같은 '매체'와 구별되는 것으로 보고 있다.

정현선(2005)와 같이 언어의 개념을 확대하게 되면, 기호와 언어의 차이가 없어지게 된다. 언어는 인간과 다른 동물을 구별해 주는 핵심 요소이다. 언어는 동물의 의사소통 신호들이 갖고 있지 않은 자의성, 분절성, 역사성, 창조성, 사회성 등과 같은 특성이 있다. 미디어에서 사용하는 다양한 기호까지 언어에 포함시키게 되면 꿀벌의 춤이나 종달새의 울음소리, 돌고래의 울음소리와 같은 신호도 언어에 포함되게 된다. 또 '언어'와 언어 사용을 다루는 국어과에서 사용하는 '언어'의 개념과 '매체언어'의 '언어'의 개념이 달라 한 교과 내에서 혼란을 초래하게 되며, 국어과의 교육 내용에 포함되는 '언어의 특성과 본질'에 부합하지 않는 언어가 있다는 모순을 낳게 된다. 이뿐만이 아니라 의사소통을 다루는 모든 분야는 언어(국어) 교육으로 간주되기 때문에 김대행(1998)에서 언급되었던 국어과의 정체성에도 문제가 야기된다.[15]

해기 문학 텍스트 이해 과정에서 요구되는 능력으로 이해되는 논의가 있다고 해서 모든 약호를 언어라고 할 수 있는지 더 면밀한 논의가 필요하다.

14 정현선(2007: 107쪽~108쪽)에서는 언어 양식에 따라 문자 언어, 음성 언어, 영상 언어가 다름을 논의하고 있다. 이 책에서는 확장적 언어로서의 기호관에 입각한 영상 언어나 매체 언어는 인정하지 않기 때문에 매체언어로서의 영상, 이미지 등의 언어 양식을 수용하지 않는다. 다만 언어의 소통 양식이 인쇄인지, 물리적 공기의 음파인지, 전자 영상인지에 따른 양식의 구분은 수용한다. 이 경우 언어의 개념은 변화되지 않기 때문이다.

15 정현선(2005: 314쪽)에서는 '매체언어교육'이라는 용어를 처음 국어교육학계에 도입한 김대행(1998) 역시 시각적 표상과 같은 '매체언어'도 국어교육의 중요한 대상으로 삼은 것으로 보고 있다. 그러나 앞에서 자세히 논의했듯이 김대행(1998)에서는 시각적 표상을 매체언어로 다루게 되면 국어과의 정체성을 흐리게 된다는 점을 분명히 밝히고 있다.

최미숙(2007: 76쪽)에서도 '매체언어'는 미디어 텍스트에 실현된 문자 언어나 음성 언어로 한정하지 말아야 함을 주장하고 있다. 그 논의 또한 '매체언어'를 확장된 언어로서의 기호관에 입각하여 이해하고 있다. 이러한 관점을 지지하는 근거를 강화하기 위하여 번과 리치(A. Burn & Leach, 2004: 153쪽)의 언어와 '미디어 문식성'과의 세 가지 유사성을 인용하고 있다. "첫째, '미시적' 차원에서 미디어 텍스트는 언어가 가지고 있는 그런 종류의 명확한 구조—특히 문법적인 구조—를 가지고 있어 상세한 분석이 가능하다. 둘째, 언어와 마찬가지로 '미디어 문식성'은 더 폭넓은 해석적 능력들, 혹은 일정의 비판적 문식성의 형태로 이해될 수 있다. 셋째, '미디어 문식성'은 언어와 마찬가지로 그 의미가 사회적으로 각인되어 있으며, 사회적 맥락에 의존하고 있다."(최미숙, 2007: 76쪽 재인용)는 것이 그것이다.

근거로 삼은 번과 리치의 주장은 다음과 같은 문제가 있다. '미디어 텍스트'와 '언어'는 같은 차원에서 비교될 수 있는 성질의 것이 아니다. '미디어'와 '언어', '미디어 텍스트'와 '문자 텍스트', '음성 텍스트'가 각각 같은 차원에서 비교되어야 한다. 만약 논의의 의도가 '언어적 문식성'과 '미디어 문식성'의 유사성 비교라고 하더라도 여전히 문제는 있다. 그와 같은 유사성은 '언어', '미디어' 이외에도 건축 양식, 미술 양식, 음악 양식, 문화 양식 등에도 적용할 수 있다. 따라서 이를 근거로 문자, 음성 이외의 기호나 미디어를 언어로 보는 것은 설득력이 없다.

이뿐만 아니라 최미숙(2007: 77쪽)에서는 '매체언어'는 기존의 문자나 음성 언어와 차이가 있지만 본질적으로 언어라는 점, 그러기에 해석의 과정이 필요하다는 점 등이 문자나 음성 언어와 동질하다고 보았다.[16] 그런데 '매체언어'가 어떤 점에서 본질적으로 언어가 되는지 설명이 필요하다. '매체언어'를 본질적으로 언어라고 본 논의는 김대행(1998: 9쪽)인데, 앞에서 살펴본 것처럼 그 논의에서는 '매체언어'를 '매체로 소통되는 언어' 즉 '음성

16 윤여탁 외(2008: 62쪽~63쪽)에서도 이와 같은 입장을 취하고 있다.

언어'와 '문자 언어'에 국한시키고 있다. 따라서 김대행(1998)에서는 '매체언어'가 본질적으로 언어라고 하는 것은 성립하지만, 최미숙(2007)에서는 그렇게 보기 어렵다.

한편 이채연(2007: 104쪽~105쪽)에서는 디지털 매체 등 이른바 '뉴미디어'의 등장으로 인해 언어는 그 절대적인 자리를 다른 기호들에 의해 일부 침식당하거나 다른 기호들과 공존해야 하는 상황에 놓이게 된 것으로 보고 있다. 그런데 언어가 다른 기호들에 의해 그 자리를 침식당하거나 공존해야 하는 상황은 비단 '뉴미디어'의 등장으로만 나타난 것이 아니다. 정도의 차이나 양상의 차이는 있지만 음성이나 문자는 늘 그림, 이미지, 도표, 몸짓, 각종 부호나 신호 등과 함께 공존해 왔다. 이채연(2007)에서 제시한 이모티콘, 아바타, 플레시팅, 동영상처럼 기존에 사용하지 않았던 기호나 상징들이 의사소통 상황에서 새롭게 공존하고 있을 뿐이다. 이상과 같은 이유로 확장적 기호로써의 언어관은 수용되기 어렵다.

13.2.3. 확장적 매체로써의 언어관

'매체언어'에 대한 또 다른 관점의 논의로 최웅환 · 이문규(2004: 84쪽), 윤여탁 외(2007) 등이 있다. 최웅환 · 이문규(2004)에서는 '미디어'와 '매체'를 같은 것으로 보면서 '미디어'는 정보를 담아내는 용기일 뿐만 아니라 의사소통의 수단이기 때문에 음성 언어, 문자 언어와 다른 또 하나의 언어인 것으로 간주한다. '미디어'를 언어로 본다면 다시 '미디어'와 '매체언어'는 같은 것이 되기 때문에 '미디어 교육'은 곧 '매체언어 교육'이 된다는 것이다. 이러한 '미디어'의 개념에 따르면 텔레비전(방송), 라디오(방송), 신문(인쇄), 영화(영상), 인터넷(방송, 영상 등)은 모두 언어에 포함된다.

윤여탁 외(2007: 46쪽, 각주1)에서도 '매체언어(media language)'는 '미디어' 또는 '매체'와 같은 개념이지만 국어 교육 차원의 개념이라는 인식을 바탕으로 '매체언어'로 명명한다고 밝히고 있다. '매체언어'를 '미디어', '매체'와 동일한 개념으로 볼 때, '미디어'나 '매체'의 개념이 무엇인지, 그 종류의 범위는 어떻게 설정하여야 하는지도 밝혀져야 한다. 일반적으로 '미디어'나 'media'는 의사소통에 사용되는 언어나 부호에 한정하여 사용되는 용어는 아니므로, 윤여탁 외(2007)을 최웅환 · 이문규(2004)와 같은 관점으로 분류한다. 이 언어관은 정현선(2005, 2007), 이채연(2007), 최미숙(2007) 등이 수용하고 있는 확장적 언어로서의 기호관보다 더 범위가 넓다.[17] 이 언어관은 의사소통의 수단이 되는 모든 매체를 언어로 보는 관점이기 때문에 '확장적 매체로써의 언어관'이라고 이름한다.

최웅환 · 이문규(2004: 84쪽), 윤여탁 외(2007: 46쪽 각주 1)에서와 같이 언어의 개념을 확대하게 되면 국어과의 범위를 한정할 수 없게 되며 표현과 이해(감상)를 다루는 교과들은 모두 '매체언어 교육' 곧 '국어 교육'이 되는 결과를 낳는다. 김대행(1998)에서도 언급한 것과 같이 국어과의 정체성이 불분명하게 됨은 더 말할 필요가 없다.

13.3. 대안으로서의 미디어 문식성

이상에서 살펴본 것처럼 김대행(1998) 이래 여러 논의에서 '매체', '매체언어', '언어'라는 용어가 다양한 개념으로 사용되어 오고 있다. 초기에는 미디어 문식성 분야가 국어과의 대상임을 나타내기 위하여 또 국어과와 연결시켜 준다는 의미로 미디어에서 실현되는 언어를 '매체언어'라는 용어로 지칭하기 시작했다. 그러던 것이 점점 '언어'의 외연이 확장되어 '언어'의 정체성은 물론, 국어, 국어과의 정체성까지 불분명해지는 상황에 이르고 있다.

17 최웅환 · 이문규(2004: 86쪽)에서도 이러한 점을 문제로 지적하며 국어과 교육에서의 미디어는 전통적인 음성 언어, 문자 언어와 차별적인 매체언어로 제한된 범위에서 받아들여야 하며 따라서 국어과에서 같은 의미로 통용되고 있는 것으로 본 미디어 교육과 매체언어교육을 구분하는 입장을 취하고 있다. 그러나 실제 논의에서는 '미디어', '매체', '매체언어'를 구분하지 않고 혼용하고 있어 혼란스럽다. 심지어 최웅환(2006: 86쪽)에서는 '매체언어'를 'media text'의 번역어로 보기도 한다.

이를 해결하기 위하여 이 책에서는 개념적 모순이나 혼란이 야기되는 '매체 언어'가 아니라 '미디어 문식성'이라는 용어를 사용한다.

13.3.1. 미디어 문식성의 개념

미디어 문식성은 이 책에서 처음 사용하는 용어는 아니다. 앞선 연구들 중에도 '매체언어'라는 용어를 사용하지 않고 '미디어 문식성', '매체 문식성', '미디어 교육' 등으로 관련 내용들을 다룬 바가 있다. 이종철(1998: 107쪽)에서는 최창섭(1994: 520쪽~521쪽)에 따라 '미디어 교육'이라는 용어를, 임천택(2001ㄴ)에서는 '매체 문식성'이라는 용어를, 엄해영 · 조재윤(2009)에서는 '미디어 문식성'이라는 용어를 사용하고 있다.

'미디어 교육'이라는 용어는 언론, 방송, 기술, 정보 등의 교육 분야와 용어상으로 변별이 되지 않는다. '매체 문식성'이라는 용어는 국어과의 대상임은 인지되지만 '매체'라는 용어의 뜻 넓이가 매우 넓다는 것이 문제이다. 다시 말하면 기존의 '매체 문식성'의 '매체'는 인쇄 · 방송 · 영화 · 인터넷 블로그 · SNS · 전화 · 우편 · 전자 우편, 텔레비전 · 라디오 · 컴퓨터 · 인터넷 · 전화기 · 휴대전화기 등과 같은 미디어는 물론 음성 · 문자 · 음악 · 그림 · 동영상 · 도표 · 숫자 등과 같은 기호나 상징 등이 모두 포함된다.

임천택(2001: 87쪽)에서는 "매체 환경에서 의미를 구성하는 데 관여하는 여러 가지 부호들"을 '매체'라고 하고, 이 부호에 "언어, 몸짓이나 손짓, 표정, 의상 등을 비롯하여 조명, 음향, 색채 등의 기술적인 표현 양식"을 모두 포함시켰다. 최지현(2001: 75쪽~76쪽)에서는 임천택(2001ㄴ)과 같은 논리는 '영화 언어'와 '영화'가 구별되지 않아 규정 자체가 모호해진다고 비판하고 있다. 이뿐만 아니라 기존의 국어 교육, 외국어 교육도 모두 '매체 문식성' 교육에 포함되기 때문에 그 범위 한정이 제대로 이루어지기 어렵다.

엄해영 · 조재윤(2009)에서는 '언어'도 매체에 포함되기 때문에 '매체언어'라는 용어가 부적절함을 들고 음성 언어, 문자 언어, 영상 언어를 포두 포함하는 새로운 용어로 '미디어 문식성'을 제안하고 있다. 그런데 그 논의는 '매체'를 '미디어'로 바꾸었을 뿐 결국 '매체 문식성'과 다르지 않다. 그뿐만이 아니라 '미디어'에 '언어', '국어'가 모두 포함되게 되므로 기존의 국어 교육, 외국어 교육도 모두 포함된다.

이 책에서도 미디어 문식성이라는 용어를 사용하는 것에는 차이가 없다. 다만 미디어의 개념과 언어의 개념이 기존 논의들과 차이가 있다. 13.2.절에서 자세하게 살펴본 것처럼, 외래어 미디어는 '매체'의 뜻과도 다르고, 외국어(영어) 'media'의 뜻과도, 'medium'의 뜻과도 다르다. 미디어는 주로 '신문 · 잡지 · 서적 · 라디오 · 텔레비전 · 인터넷 등과 같은 정보 전달을 위한 기술적 장치나 기기, 인쇄 · 방송 · 영상 등 시각적 · 청각적 기호들로 정보를 조직하는 기술적 방식 그리고 조직한 정보를 확산 분배하는 사회적 방식 등과 같이 어떤 사실이나 정보를 담아서 수용자들에게 보내는 역할을 하는 매개체'를 의미하는바, 이를 바탕으로 하여 미디어 문식성의 개념을 규정하고자 한다. 이 책에서 '매체'는 영어 'medium'에 대응하는 것으로, '미디어'는 이와 의미적으로 구별되는 '외래어'로 사용한다.

미디어를 위와 같은 개념으로 사용하고 그 미디어가 전달하는 텍스트를 구성하는 데 사용되는 기호들—음성, 문자, 이미지, 도표, 숫자, 동영상 등—은 용어상의 혼란을 야기하면서까지 '매체언어'나 '미디어 언어'라는 말을 사용하여 통칭하지 않는다. 개별 대상을 가리키는 용어로 각각을 지칭하고, 전체를 통칭할 때는 '미디어 기호'라고 한다. 음성과 문자를 '언어 기호'로 통칭하는 것과 같은 이치이다.

13.3.2. 미디어의 특성

국어과에서 매체(미디어 문식성) 교육의 대상은 앞에서 살펴본 이차 미디어이다. 따라서 여기서는 이차 미디어의 소통 방식의 특성을 규명해 보기로 한다. 앞에서 이차 미디어의 종류로 '방송', '인쇄', '인터넷 게시판 장치', '전자 메일 장치', '온라인 대화 장치[18]', '휴대전화 문자 장치', '인터넷 댓글 장치' 등을 제시했다.[19] 이차 미디어는 일차 미디어에 의해 형상화된 정보를 수신자에게 전달하는 양식으로 이해할 수 있다. 여기서는 이차 미디어를 통한 소통 방식의 특성을 텍스트 구성 요소인 미디어의 측면, 미디어를 통해 전달되는 정보(텍스트)의 측면, 발신자와 수신자 측면으로 나누어 살펴보기로 한다.

13.3.2.1. 미디어의 측면

미디어의 특성은 해당 미디어 사용 목적, 사용 양식, 사용 기능, 의사소통의 공식성, 소통 시간 제약, 소통 공간 제약, 해당 미디어 사용상의 제약, 해당 미디어의 변화 속도의 측면으로 나누어 살펴보도록 한다.

미디어의 사용 목적은 정보 전달, 설득, 정서 표현, 친교로 나누어 각 미디어의 특성을 알아보자. 사실 이들은 언어의 기능, 의사소통의 기능, 텍스트의 기능을 나타내는 개념인데 인간이 미디어를 사용하는 목적도 이들 기능에서 벗어나지 않는다. 그 미디어를 통하여 소통되는 미디어 텍스트로 의사소통이 이루어지기 때문에 미디어 텍스트의 기능이나 목적이 결국 미디어의 기능이나 목적이라고 할 수 있다. 언어와 텍스트는 다른 개념이지만 언어의 기능을 텍스트의 기능과 엄밀히 구분하지 않는 것과 같은 이치이다. 미디어와 언어 자체는 지속적이고, 사회적이고, 고정적이며, 탈맥락적인 것인 데 비해, 텍스트는 즉발적이고, 개인적이고, 가변적이며, 맥락 의존적이라는 점 등에서 차이가 있다.

18 '카카오톡', '라인' 등과 같은 모바일 대화 앱은 온라인 대화와 특성이 다르지 않아 여기서는 같은 종류로 다룬다.

19 전자 메일의 형식적 특성은 휴대전화 문자의 특성과 점점 더 간극이 좁혀져 가고 있다. 방송 역시 공간상의 제약이 허물어져 가고 있다. 그러나 두 경우 모두 그 특성이 완전히 변화된 것은 아니며 기존의 방식은 여전히 많은 학습자가 접하고, 사용하고 있다. 따라서 이 논의에서 다룬 소통 방식의 특성 역시 교육의 내용 또는 대상으로서 유효하다고 하겠다. 이 책에서 다루고 있는 각 미디어별 변화나 발전에 따른 소통 양상을 비롯한 세부적 특성은 여기서 세운 담화 구성 요소별 기준에 입각하여 각각 별도의 연구로 규명되어야 할 것이다.

먼저 방송은 프로그램(텍스트)의 종류에 따라 다양한 목적을 나타낸다. 그 가운데서도 특히 정보를 전달하기 위하여 제작된 방송 텍스트, 감동이나 재미를 주기 위하여, 즉 정서 표현의 목적으로 제작된 방송 텍스트가 일반적이다.

인쇄의 경우도 매우 다양한 목적으로 제작된다. 신문의 경우만 하더라도 정보 전달을 위한 기사(인쇄 텍스트), 설득을 위한 기사(인쇄 텍스트), 감동이나 재미를 주기 위한 기사(인쇄 텍스트), 때로는 감사글, 인사말이 실리는 등 인쇄 미디어로 교류되는 텍스트의 목적이 다양하다. 인쇄 텍스트의 제작 목적에 따라 달라질 것이기 때문에 인쇄 미디어는 대부분의 의사소통의 목적을 다 나타낼 수 있다.

인터넷 게시판은 주로 새로운 정보를 전달하거나 특정한 문제에 대한 의견을 제시하여 수신자를 설득하고자 하는 것이 주된 목적이라고 하겠다. 미디어의 목적과 미디어 텍스트의 목적이 큰 차이가 없는 경우이다. 특정한 동아리 게시판의 경우는 친교적 목적을 위하여 운영되는 경우도 있을 것이고, 매우 드문 경우지만, 문학 동아리의 게시판이 정서 표현의 목적을 위하여 개설된 경우도 생각해 볼 수 있다. 그러나 인터넷 게시판의 기능은 주로 어떤 사건이나 현상, 대상에 대한 정보를 전달하거나, 특정 문제에 대하여 의견을 주고받는 것이다.

다음은 전자 메일의 경우를 보자. 대부분의 사람들에게 전자 메일과 그 메일을 통하여 소통되는 텍스트는 정보를 전달하고자 하는 목적으로 활용된다. 때로는 전자 메일을 통하여 의견을 제시하기도 하고, 안부 인사를 나누기도 하고 축하 인사말, 위로 인사말 등을 전달하기도 하지만 주된 기능이라고 보기는 어렵다. 휴대전화 문자 미디어와 그 텍스트는 친교나 정보를 주고받기 위하여 사용한다. 매우 드물게 특정한 사안에 대한 토론이나 설득을 위한 문자를 보낼 수도 있지만 휴대전화 문자 소통의 특성이라 볼 수 있을 정도는 아니다. 다음으로 인터넷 댓글은 어떤 사이트나 게시판에 다는 댓글이냐에 따라 친교, 제보, 설득 등 다양한 목적을 나타낸다.

이상에서 본 것처럼 미디어나 그를 통해 교류되는 미디어 텍스트의 사용 목적은 미디어를 통하여 전달하고자 하는 정보의 성격, 소통의 상황에 따라 달라질 수 있다. 다시 말해서 특정 미디어가 특정한 의사소통의 목적만을 위하여 사용되는 것은 아니라는 것이다. 따라서 국어과에서 미디어 교육을 할 때 의사소통의 목적을 고려하여 미디어를 사용할 수 있도록 지도하여야 한다.

다음은 발신자나 수신자가 그 미디어를 사용하고자 할 때 관련된 양식에 대해 살펴보도록 하자. 방송의 경우는 텍스트 갈래별로 다양한 양식을 나타낸다. 방송 미디어를 통해 소통되는 텍스트는 대부분 복합 양식을 띤다. 그러나 각각의 복합 양식은 그 양상에 차이가 있다. 드라마나 오락, 스포츠 중계와 같은 방송 텍스트는 영상과 대화나 해설이 중심이지만, 뉴스 텍스트는 해설, 동영상, 글, 사신, 인터뷰 등의 조합으로 각 꼭지들이 이루어진다. 방송 미디어와 관련된 국어과 교육의 관심은 발신자나 생산의 측면보다는 수신자와 이해의 측면에 있다. 따라서 국어과 교육에서 방송 미디어와 그 텍스트의 소통의 특성을 이해하고 효과적으로 방송 미디어를 통한 이해 능력을 신장시키기 위해서는 방송 텍스트 갈래별 양식에 대한 이해가 선행되어야 한다.

한편 인터넷 방송의 경우는 그 양상에 차이가 있다. 최근에 유투브 등 1인 인터넷 방송의 수용과 이해와 그 영향에 대한 관심과 우려의 목소리가 매우 높다. 특히 인터넷 1인 방송과 관련해서는 이해 능력은 물론 생산 능력과 그 미디어의 개인적, 사회적 영향력에 대한 교수·학습이 이루어져야 한다.(이에 대한 자세한 논의는 최지윤, 2018 참고)

인터넷 게시판은 특정한 양식을 가지고 있지는 않다. 정보를 전달하는 것이 목적인지, 친교가 목적인지, 설득이 목적인지 그 목적에 따라서, 또 발신자에 따라서 글뿐만 아니라 그림이나 동영상 등을 통합한 복합 양식으로 나타낼 수도 있다. 이처럼 인터넷 게시판의 양식은 고정된 것이 아니라 다양한 모습으로 구현된다. 한편 전자 메일은 좀 다르다. 그 성격상 어느 정도 양식이 정해져 있다. 대부분 일반 편지의 양식과 크게 다르지 않다. 물론 발신자에 따라서, 전자 메일을 작성하는 목적에 따라서 정보만 간단히 작성하여 보내는 경우도 있지만 대체적으로 '인사말과 용건, 끝인사, 보내는 사람'의 양식을 갖는다. 그림이나 영상, 참고 자료 등은 파일을 첨부하는 방식을 주로 사용한다.

온라인 대화는 일반 대화와 크게 다르지 않다. 다만 발신자와 수신자가 분리되어 있어 음성이 아니라 문자로 대화를 나누고 상황 정보, 비언어, 반언어 등의 기능을 이모티콘, 발신자와 수신자 사이에 약속이 된 기호(^^, :D, OTL, ㅠㅠ)나 부호, 그림, 초성자(ㅋㅋㅋ, ㄷㄷㄷ, ㅇㅈ, ㅇㅇ, ㅇㅋ) 등이 대신한다. 그리고 대화의 즉시성이라는 특성 때문에 문어체적 문장이나 단어 완전체를 사용하지 못하고 머리글자, 줄임말 등을 사용한다는 점이 글과 말로 이루어지는 소통 방식과의 차이이다. 이러한 기호 사용에 대한 국어과적 수용 관점과 태도에 대해서도 논의가 필요하다. 이에 대해서는 13.4. 절에서 살펴보기로 한다.

다음 휴대전화 문자와 인터넷 댓글의 양식을 보자. 휴대전화 문자는 쪽지와 유사한 양상을 보인다. 휴대전화 문자를 이용하는 데는 비용도 들고 용량도 정해져 있기 때문에 적은 양의 핵심 정보만을 간단한 메모 형식으로 주고받는다. 이에 비해 인터넷 댓글은 특정한 형식이 있지 않다. 발신자가 댓글을 다는 데 비용은 들지 않지만 한 번에 이용할 수 있는 양은 정해져 있어 비교적 짧은 정보를 표현하며, 수신자도 짧은 글을 읽게 된다.

국어과에서 미디어 교육의 대상이 되는 방송, 인쇄, 인터넷 게시판, 전자 메일, 온라인 대화 장치, 휴대전화 문자, 인터넷 댓글 등은 의사소통 기능에서도 차이가 있다. 국어과 교육의 대상으로서의 방송은 주로 이해 기능에 초점이 맞춰져 있다. 방송을 통하여 표현하는 것, 즉 방송 프로그램 제작은 중등의 고학년의 경우를 제외하고는 표현 기능 신장을 위한 국어과 교육의 대상으로 보기 어렵다. 그러나 인쇄는 책과 같이 큰 규모의 인쇄물도 있을 수 있으나 낱장(광고 전단지 등)의 인쇄물도 있을 수 있기 때문에 이와 관련된 이해와 표현 기능은 모두 국어과의 미디어 교육의 대상이 되어야 한다. 인터넷 게시판은 표현과 이해 기능을 모두 수행한다. 요즘은 개인 블로그나 홈페이지 제작이 가능하기 때문에 개인이나 집단이 인터넷 게시판을 통하여 정보를 주고받거나 생각을 나누는 활동은 매우 일반적이다. 전자 메일 장치, 온라인 대화 장치, 휴대전화 문자 장치, 인터넷 댓글 장치도 모두 표현 기능과 이해 기능을 수행하는 미디어이다.

미디어가 수행하는 의사소통 기능의 공식성의 측면도 미디어에 따라 차이가 있다. 미디어 교육 대상으로서의 방송은 대체적으로 어떻게 표현할 것인가가 아니라 방송을 어떻게 잘 이해할 것인가와 관련된다. 따라서 국어과에서 방송은 발신자의 측면보다는 수신자의 측면이 강조된다. 따라서 수신자가 방송을 시청하고 이해하는 활동은 대부분 공적인 상황이라기보다 사적인 상황에서 이루어진다. 물론 학교나 기관, 단체 등에서 집합 교육의 일환으로 방송 미디어를 활용하는 경우에는 공적인 상황이라고 볼 수 있다. 그러나 이는 매우 특별한 경우이고 국어과 교육의 대상으로서 방송 미디어 교육은 대부분 사적인 상황에서의 이해 교육과 관련되는 것으로 보아야 한다.

인쇄 미디어나 인터넷 게시판 장치, 전자 메일 장치, 인터넷 댓글 장치 등은 양면성을 가지고 있다. 어떤 목적으로 인쇄 미디어를 활용하느냐, 어디에서 누가 인쇄 텍스트를 제작하느냐, 누구를 대상으로 제작하느냐에 따라 그 표현 기능과 이해 기능은 공적일 수도 있고 사적일 수도 있다. 인터넷 사이트 역시 어디서 운영하는 사이트이냐, 그 독자들이 누구냐에 따라 미디어의 표현 기능과 이해 기능은 공적일 수도 있고 사적일 수도 있다. 전자 메일 장치, 인터넷 댓글 장치도 마찬가지이다.

그런데 온라인 대화 장치나 휴대전화 문자 전송 장치는 주로 개인 간에 사적인 기능을 수행한다. 온라인 대화 장치나 휴대전화 문자 장치는 그 성격상 친밀한 관계에서 사적인 소통의 수단으로 사용되는 것이 일반적이다. 공적인 소통을 위해서는 직접 대면을 하여 토의나 회의를 하거나 전화를 이용하는 방법을 취한다. 온라인 대화와 휴대전화 문자를 통하여 공적 소통을 하는 것은 예의에 어긋난 것으로 받아들이는 경향이 아직 있기 때문이다.

다음은 미디어 사용의 시간과 공간의 제약 여부를 알아보자. 방송이나 인쇄 미디어는 그 기록을 보존할 수 있다. 따라서 이해의 측면과 관련해서는 시간과 공간의 제약이 없다고 할 수 있다. 그런데 방송이나 애니메이션은 특정한 시설이나 도구를 이용하여 소통 활동이 가능하다는 점에서는 공간 제약이 있는 미디어라고 해야 한다. 다시 말하면 그러한 시설이나 도구가 갖추어진 공간에서 소통 활동이 가능하다는 점에서 그러하다.

한편 인터넷 게시판 장치, 전자 메일 장치, 휴대전화 문자 장치, 댓글 장치는 기본적으로는 모두 기록으로 보존을 할 수 있다는 점에서 시간적·공간적 제약이 없다고 볼 수 있다. 예컨대, 어떤 아이돌 그룹 준비생이 초등학교, 중학교 때 페이스북이나 인터넷 게시판 댓글 등에 남겼던 욕설이나 글이 누군가에 의해 캡처된 후 유포되어, 방송 데뷔를 앞두고 문제가 되어 포기를 하게 된 경우, 어떤 연예인이 데뷔 시절 온라인 방송에서 한 발언이 문제가 되어 한동안 방송 출연을 못한 경우라든지, 어떤 국회의원 후보가 과거에 인터넷 방송이나 인터넷 게시판에서 한 발언이 문제가 되어 국회의원 자격 시비로 국회의원이 되지 못한 경우 등에서 이를 확인할 수 있다. 이러한 것은 모두 방송, 인터넷 게시판 등이 시간적·공간적 제약이 없이 소통의 기능을 하고 있는 사례라고 하겠다. 그러나 그 기록을 원할 때 누구나 자유롭게 접근하여 볼 수 있는 것은 아니기 때문에 제약이 전혀 없는 것은 아니다. 또 이들은 특정한 시설이 갖추어진 곳에서 접근이 가능하다는 점에서도 공간적인 제약은 있는 것으로 이해할 수 있다.[20]

온라인 대화 장치는 시간적·공간적 제약이 다른 미디어에 비해 심한 편이다. 물론 개인에 따라서 또 운영자에 따라서 일정 시간 동안 보존을 하려

20 보존성에서 기인하는 공간 제약 여부와 미디어 접근을 위한 공간 제약 여부는 모두 공간 제약과 관련된다는 점에서는 공통적이나 그 성격은 다르다.

면 할 수도 있지만 대체적으로 사적인 성격을 띠기 때문에 대화 후 삭제하는 것이 일반적이다. 따라서 온라인 대화의 경우에는 다른 미디어들보다는 시간과 공간의 제약이 큰 것으로 보는 것이 타당하다. 그렇지만 일정 시간 동안 기록으로 남을 수도 있다는 점을 고려한 소통 능력이 필요하다. 최근 대학생이나 중고등 학생들의 단체 대화방이나 개인 온라인 대화에서 주고받은 내용이 기록으로 남아 문제가 되는 경우가 빈번히 발생하고 있다. 성희롱, 언어폭력의 가해자가 되는 경우를 종종 접할 수 있는데 모두 미디어의 특성을 이해하지 못하거나 소홀히 생각하여 생기는 문제이다. 물론 그에 앞서 성희롱, 언어폭력의 위험이나 범죄성에 대한 몰이해도 문제임은 두말할 필요가 없다.

미디어 이용과 관련해서 이 장에서 다루고 있는 미디어는 모두 이용상 제약을 가지고 있다. 앞에서 보았듯이 어떤 경우에는 공간상의 제약이 있고, 어떤 경우에는 이용 요금의 제약을 가지고 있다. 또 어떤 경우에는 소통 시간의 제약이 있는 경우도 있다. 특히, 방송, 인쇄, 인터넷 게시판은 그 내용에 따라 이용 가능 연령 제약이 따르는 것도 있다. 이와 같은 미디어 이용과 관련된 제약 여부 역시 국어과에서 미디어 교육의 내용을 선정하는 데 고려해야 할 사항이다.

미디어 자체와 관련된 마지막 특성으로 미디어의 변화 속도에 대해 살펴보자. 상대적으로 변화 속도가 차이가 있지만 인쇄 미디어가 그 변화에 가장 정태적이고 보수적이다. 다음으로 방송[21] · 인터넷 게시판 · 전자 메일이, 그리고 인터넷 댓글 · 휴대전화 문자 · 온라인 대화 장치는 다른 미디어들에 비해 더 동태적이고 진보적이라고 할 수 있다. 미디어 자체의 진화나 그 미디어에 형상화되는 일차 미디어의 다양성, 가변성 등이 다른 미디어들에 비해 더 두드러지기 때문에 그러하다.

21 최근에 주목을 받고 있는 온라인 1인 방송의 경우는 변화의 속도가 매우 빠르다고 할 수 있다.

13.3.2.2. 정보(텍스트)의 측면

이차 미디어를 통하여 전달되는 정보의 특성을 살펴보도록 하자. 결국 이 정보는 텍스트를 구성하는 것이기 때문에 텍스트의 특성으로 볼 수도 있다. 정보의 특성은 정보의 구성 형태, 정보 표현의 규범성, 정보 표현의 스타일, 정보 구성의 시간, 정보의 양, 정보 양의 제한 여부, 정보의 보존성, 정보 해석의 맥락 의존성, 정보 해석의 인지 부담, 정보의 논리성, 정보의 구체성, 정보의 명료성 등에 대해 알아보도록 한다.[22]

먼저, 이차 미디어가 전달하는 정보의 구성 형태에 대해 알아보도록 하자. 방송으로 전달되는 정보는 문자, 음성, 그림, 동영상, 리듬, 멜로디 등 일차 미디어가 결합되어 구성된다. 방송은 정보 구성의 형태가 복합적인 복합 미디어의 특성을 나타낸다. 인쇄 미디어는 소리와 음악, 동영상의 형태는 구현할 수 없지만 문자와 그림은 함께 구현하는 것이 가능하다. 방송보다는 덜하지만 역시 복합 미디어의 특성을 가지고 있다고 할 수 있다.

인터넷 게시판의 경우는 문자, 그림, 동영상의 형태가 함께 구현될 수 있으며, 전자 메일은 문자와 그림이 동시에 구현될 수 있고, 동영상이나 음악 등은 전자 파일을 첨부해서 전달할 수 있다. 온라인 대화 장치는 주로 구어형의 문자, 그림, 이모티콘, 송수신자 사이에 약속되어 있는 온라인 부호(ㅠㅠ, ^^, :D, OTL ……) 등을 복합적으로 사용할 수 있는 복합 미디어이며, 휴대전화 문자 역시 문자와 그림, 이모티콘, 송수신자 사이에 약속되어 있는 부호 등을 복합적으로 사용하는 복합 미디어이다. 다만 온라인 대화가 구어형을 문자로 전달하는 데 비해, 휴대전화 문자는 대화보다는 간단한 정보나 친교, 정서 표현을 위한 짧은 비격식체적 문어를 사용한다는 것이 차이라고 하겠다. 인터넷 댓글의 경우는 주로 문자와 송수신자 간에 약속된 부호 정도를 사용한다. 송수신자 간에 약속된 부호가 문자의 범주에

22 정보 측면의 특성으로 미디어별로 소통되는 정보의 질적 수준 차이도 고려해 볼 수 있을 것 같다. 그런데 어떤 미디어든 발신자가 정보를 구성하는 단계에서 수신자를 고려하여 정보의 질적 수준을 결정하기 때문에 이에 대해서는 이 논의의 대상에서 제외한다.

포함되는 것으로 보면 인터넷 댓글만 복합 미디어가 아닌 단순 미디어의 특성을 나타내는 것으로 볼 수 있다.[23]

국어과에서 다루는 미디어들의 표현적 규범성도 미디어별로 상이한 특성을 나타낸다. 방송이나 애니메이션, 인쇄, 인터넷 게시판은 공적 특성이 강하고 주로 불특정 다수를 수신자로 하기 때문에 언어 규범성이 강한 미디어라고 하겠다.[24] 한편 전자 메일, 인터넷 댓글은 양면성을 가지고 있다. 수신자와 발신자의 관계에 따라 언어 규범을 제대로 지켜야 하는 경우도 있고 언어 규범을 다소 지키지 않더라도 허용이 되거나 친교를 목적으로 의도적으로 언어 규범을 파괴하는 경우도 있다. 국어과의 미디어 문식성 교육과 관련해서도 이러한 미디어의 특성을 고려한 언어 규범 교육과 올바르고 상황에 맞는 언어 사용 교육이 필요하다.

한편, 온라인 대화 장치와 휴대전화 문자 미디어는 다른 양상을 나타낸다. 온라인 대화 장치나 휴대전화 문자는 주로 송수신자가 특정되고 사적인 목적을 위해 활용되는 미디어이다. 즉, 송수신자 관계의 특성상 내용이나 표현이 탈규범적인 속성이 강하다. 예컨대 구어의 경우는 대면성, 즉각성 등으로 상황에서 알 수 있는 정보는 생략을 하고, 축약형을 많이 사용하며, 사적인 친분 정도에 따라 표현의 규범적 강도가 천차만별인데 문어와 같은 수준의 규범을 요구하지 않는다. 이처럼 온라인 대화 장치나 휴대전화 문자 미디어의 경우 어법 파괴, 소통 단절 등을 이유로 비실제적인 규범적 언어 사용을 강요할 것이 아니라, 사용역(register)을 고려하여 상황에 맞는 언어 사용 태도를 가질 수 있도록 지도하는 것이 필요하다.

다음은 표현 스타일에 대해 알아보자. 방송, 인쇄, 인터넷 게시판 미디

23 최근에는 주요 포털 사이트를 중심으로 각 사이트마다 자체적으로 제작한 그림 이미지(퍼스나콘)를 제공하는 경우가 있다. 이러한 경우에는 복합 미디어라고 할 만하다.

24 방송이나 애니메이션은 국어과 교육에서는 표현 측면이 아니라 이해 측면이 교육의 대상이 된다. 이해의 과정은 불특정 다수의 개인이 사적인 상황에서 이루어진다. 그러나 표현은 불특정 다수를 대상으로, 공공기관을 통하여 송출되기 때문에 공적인 상황에서 이루어진다고 보아야 한다. 그러나 '복합 미디어 표현'의 규범성은 방송의 종류에 따라 차이가 있다. 예능 프로그램이나 애니메이션의 미디어 표현은 규범성이 상대적으로 약할 수 있다.

어는 주로 공적인 상황을 배경으로 하고, 정보의 수신자가 불특정 다수라는 점에서 정보 표현 스타일은 주로 격식성을 띤다. 물론 목적에 따라 비격식적인 표현을 사용하는 것도 가능하다. 높임 표현에서 격식체는 주로 공적인 상황에서 사용하고, 비격식체는 주로 사적인 상황에서 친근감을 나타내기 위하여 사용한다. 미디어 문식성 교육에서도 이러한 기준을 적용하는 것이 가능하다.

전자 메일, 인터넷 댓글은 수신자와 발신자 사이의 관계에 따라 격식과 비격식의 양면적 특성을 드러내며, 온라인 대화 장치와 휴대전화 문자는 주로 사적인 관계에서 이용되는 미디어이므로 비격식적 스타일을 드러낸다. 온라인 대화 장치나 휴대전화 문자의 경우도 수신자와 발신자의 친소, 나이, 직급 등의 차이에 따라 격식성을 갖추어야 하는 경우가 전혀 없지는 않다. 그러나 높은 수준의 격식성을 요하는 경우는 온라인 대화 장치나 휴대전화 문자를 통하여 소통하는 것 자체가 상황에 맞는 언어 사용이라고 하기 어렵다.

각 미디어별 정보를 구성하는 시간에 대한 특성을 살펴보자. 방송, 인쇄, 인터넷 게시판, 전자 메일은 정보 구성을 위한 시간이 필요하다. 특히 방송, 인쇄는 다른 미디어들에 비해 정보 구성을 위한 시간이 많이 소요된다. 즉각적으로 정보가 생산되는 것이 아니라 긴 시간 동안의 계획과 노력이 필요한 미디어들이다.

인터넷 게시판, 전자 메일은 방송, 인쇄만큼은 아니지만 즉흥적으로 정보가 구성되지 않는다. 온라인 게시판에 게시할 정보나 전자 메일로 전달할 정보를 만들기 위해서는 독자가 이해하기 쉽도록 내용 구성에 대한 계획이 필요하고, 논리적으로 구성하기 위한 표현과 고쳐 쓰기도 필요하다. 그러나 전자 메일의 경우는 메일의 목적, 메일의 내용, 수신자와의 친소 관계에 따라 정보 구성의 시간이 매우 짧게 걸리는 경우도 있다.

온라인 대화 장치와 휴대전화 문자는 다른 미디어들에 비해 정보 구성이 즉각적으로 이루어진다. 물론 발신자와 수신자가 분리되어 있는 상태에서 문자를 통하여 대화가 이루어진다는 점에서 일반적인 대화보다는 시간이 더 걸리고, 전달하고자 하는 정보에 대하여 더 생각할 시간을 가질 수 있지만, 수신자가 같은 시간에 상대방의 회신을 기다리고 있기 때문에 정보 구성에 긴 시간을 들일 수는 없다. 온라인 대화 장치와 휴대전화 문자 사이에도 정보 구성의 시간이 차이가 있지만 다른 미디어들에 비해 두 미디어는 즉각적인 반응을 요한다는 점에서 공통점이 있다.

인터넷 댓글은 어떤 내용에 대한 댓글이냐에 따라 정보 구성에 시간을 많이 할애할 수도 있고 즉각적인 반응을 보일 수도 있어 양면성을 띠는 미디어로 분류할 수 있다. 매우 심각하고 중요한 내용에 대한 댓글은 시간을 충분히 가지고 그 영향을 고려하여 표현을 하여야 할 것이고, 친교의 목적을 가지고 사적으로 이루어지는 댓글의 경우는 즉각적인 반응을 나타내어도 무방하다.

미디어를 통하여 전달하고 수용하는 정보의 양에 대해 알아보자. 정보의 양과 관련해서는 양의 크기와 양의 제한 여부 두 측면에서 각 미디어들의 특성을 살펴볼 수 있다. 방송은 그 목적에 따라 양의 크기가 클 수도 있고 작을 수도 있다. 다큐멘터리나 드라마, 뉴스와 같은 방송 텍스트는 정보의 양이 많고, 광고의 경우는 정보의 양이 매우 적다. 인쇄 미디어는 대체적으로 양의 크기가 크다. 방송은 상영 분량이 제한되어 있는 데 비해 인쇄 미디어는 비교적 제한이 덜하다는 점에서 차이가 있다.

인터넷 게시판은 정보의 양이 많지는 않지만 아주 적다고 하기도 어렵다. 인터넷 게시판을 이용하여 전달하는 정보는 목적에 따라 다소간의 차이가 있을 수 있다. 그러나 인터넷 게시판을 이용하여 정보의 양을 무제한으로 표현할 수 있는 것은 아니기 때문에 정보의 양이 제한되어 있다고 하겠다.

전자 메일, 온라인 대화 장치, 휴대전화 문자, 인터넷 댓글의 경우는 한 번에 전달하는 정보의 양이 매우 소량이며, 양도 제한이 된다. 특히 온라인 대화는 대화라는 특성 때문에 소량의 정보가 소통되고, 전자 메일은 편지의 특성을 띠고 있다는 점, 휴대전화 문자나 인터넷 댓글은 한 번에 사용할 수 있는 용량이 정해져 있다는 점에서 소량의 정보가 소통된다고 하겠다.

정보의 양과 관련하여 다음과 같은 사례가 있다. 버스에 탄 승객 중 한 명이 작은 흉기를 들고 혼자서 욕설을 하며 시끄럽게 떠들자 두려움에 떨고 있던 승객들 중 한 명이 몰래 112에 문자로 신고를 했다. 경찰이 출동하여 신고자가 누구냐고 물으며 신고자에게 전화를 걸기까지 했다. 신고자가 드러날 수 있는 위험한 상황에 직면하게 되자 신고자는 차에서 급히 내려 위기를 모면할 수 있었다. 이와 같은 상황이 생긴 것은 이때까지만 해도 112 문자 신고는 45자 내에서만 가능하도록 제한되어 있었기 때문이다. '욕설하며 시끄럽게 하고 있다'는 정보만 전달이 되고 '흉기를 들고 있다'는 부분은 용량의 제한으로 전달이 되지 않아, 위험한 상황임을 경찰이 파악하지 못하여 벌어진 어처구니없는 상황이 보도가 된 바 있다. 이것은 미디어의 용량에 대한 이해가 의사소통 상황에 중요함을 단적으로 보여 주는 경우이다.

정보의 보존성과 관련된 특성도 미디어별로 상이한 점이 있다. 방송, 인쇄, 애니메이션은 모두 기록으로 저장할 수 있다. 문자의 발명은 정보를 저장하여 이전 문화를 계승·발전시킬 수 있도록 했다는 점에서 삶을 문명화되도록 해 주었다는 평가를 받고 있다. 현대 들어서는 과학 기술, 정보 통신 등의 발달로 방송 미디어들도 모두 그 기록을 저장하여 보존할 수 있게 되었다. 인터넷 게시판이나 전자 메일, 댓글도 발신자나 수신자, 서버 운영자의 의도나 목적에 따라 보존할 수도 있고 삭제할 수도 있다.

온라인 대화 장치, 휴대전화 문자 역시 발신자든 수신자든 필요에 따라서 저장하여 보관할 수 있지만, 그 목적이나 필요성, 가치가 다하게 되면 삭제하는 것이 일반적이다. 이들은 주로 사적 소통을 목적으로 이용되는 미디어이며, 저장을 위한 공간이 제한되어 있기 때문에 모든 온라인 대화나 휴대전화 문자를 저장하는 것은 불가능하다. 그렇지만 발신자, 수신자에게 중요한 정보는 저장이 가능하기 때문에 미디어별로 소통되는 정보의 이와 같은 특성을 이해하는 것이 필요하다.

다음은 소통되는 정보의 표현과 이해 과정에 관여하는 맥락의 관련성에 대해 논의해 보자. 방송은 일상적인 생활을 바탕으로 구성해 놓은 것이기 때문에 그 이해 과정이 상황 의존적이라고 하겠다. 한편 인쇄 미디어나 인터넷 게시판, 전자 메일, 인터넷 댓글은 대체적으로 정보를 표현하는 일차 미디어가 문자이기 때문에 표현하고 해석할 때 문맥을 고려하여야 한다. 따라서 이들은 문맥 의존적이라고 하겠다.

온라인 대화 장치나 휴대전화 문자는 비록 같은 공간에서 주고받는 것은 아니지만, 즉각성이 있다는 점, 한정적이면서 특정한 발신자와 수신자가 있다는 점, 정확한 해석을 위하여 질문과 대답을 되풀이할 수 있다는 점 등에서 상황 의존성이 강하다고 할 수 있다. 그러나 문자를 통해서 정보를 주고받는다는 점에서 문맥 의존성도 전혀 없는 것은 아니다. 따라서 이 미디어들은 양면성을 띠는 것으로 분류할 수 있다.

엄밀히 말하면 여기서 다루는 모든 미디어 텍스트들은 말소리와 달리 즉각적으로 만들어지고 발화된 이후에 바로 사라지는 것이 아니다. 일정 시간 동안 보존이 가능하며, 되풀이해서 읽거나 보거나 들을 수 있기 때문에 그 의미를 해석할 때 이차 미디어에 표현되는 일차 복합 미디어 사이의 관계나 일차 미디어별 내적 맥락이 고려되어야 한다는 점에서 미디어 외적 맥락보다 미디어 내적 맥락에 의존한다고 볼 수 있다. 따라서 이러한 미디어들이 전달하는 정보는 미디어 외적 맥락으로서의 상황이 아니라 미디어 내적 맥락으로서의 상황과 문맥에 의존한다고 해야 한다. 이러한 맥락 의존적인 특성은 정보의 이해 과정에서도 고려하여야 하지만 표현 과정에서도 고려하여야 한다.

다음은 정보의 논리성과 구체성, 명료성, 인지 부담의 측면을 살펴보자. 보통 언어 중심으로 이루어진 미디어는 추상성이 높고, 논리적이며, 정보가 명시적이고, 해석에 대한 인지 부담도 크다. 이를 고려하여 각각의 미디어를 살펴보면 방송, 인쇄, 인터넷 게시판, 전자 메일은 정보의 구성이 비교적 논리적이다. 그러나 온라인 대화 장치나 휴대전화 문자 미디어로 소통되는 텍스트는 일상 대화와 마찬가지로 정보 구성과 반응의 과정이 즉각적이고 반복적으로 이루어진다는 점에서 논리성이 약하며, 인터넷 댓글의 경우에는 발신자와 수신자의 관계나 댓글의 주제에 따라 논리성을 띨 수도 있고 논리성이 부족할 수도 있어 양면적이라고 하겠다.

한편, 방송은 정보가 매우 구체적으로 구성된다. 언어뿐만 아니라 그림, 동영상, 소리 등 다양한 복합 미디어를 활용하여 정보를 구성하기 때문이다. 이에 비해 인쇄 미디어, 인터넷 게시판, 전자 메일, 휴대전화 문자는 복합 미디어의 형태로 정보를 구성할 수 있지만 언어가 중심이기 때문에 구성된 정보가 추상적일 수밖에 없다. 인터넷 댓글은 주로 단순 미디어인 언어만으로 정보를 나타내기 때문에 추상적이고, 온라인 대화 장치는 문자의 형태이지만 짧은 대화가 오간다는 점, 질문과 대답의 쌍이 되풀이된다는 점, 정보의 구성과 해석에 상황을 많이 활용한다는 점 등 때문에 구체적이라고 말할 수 있다.

정보의 명시성과 관련해서 방송, 인쇄, 인터넷 게시판은 정보 내용이 비교적 명시적이다. 불특정 다수의 수신자를 대상으로 하기 때문에 정보가 명시적이지 않으면 발신자의 의도가 정확하게 전달되기 어렵다. 전자 메일은 간단하고 가벼운 정보 전달이 일차적인 목적이고 짧은 언어 중심으로 표현과 이해가 이루어지기 때문에 전달되는 정보가 명시적이라고 할 수 있다. 이에 비해 온라인 대화 장치나 휴대전화 문자는 문자 이외에 이모티콘이나 발신자와 수신자 사이에 약속된 다양한 부호 등, 일종의 유행어나 은어들이 많이 사용되기 때문에 전달되는 정보가 명시적이지 못하다.

한편 인터넷 댓글은 수신자와 발신자의 관계와 댓글의 주제에 따라 명시적으로 표현하는 경우도 있고 의도적으로 모호하게 나타내는 경우도 있다. 더구나 댓글 활동은 익명성을 바탕으로 이루어지기 때문에 이러한 특성을 이용하여 분명하고 강한 어조로 자신의 생각을 나타내는 경우도 있지만, 모호하게 자신의 생각을 표현하는 경우도 있다. 이 역시 어떤 내용에 대하여 어떤 상황에서 어떤 목적으로 댓글을 다느냐에 따라 정보 표현의 방식이 달라질 것이고 수신자도 이를 고려하여 정보를 해석할 수 있어야 한다.

정보 해석에 대한 인지 부담과 관련해서도 미디어에 따라 차이가 있다. 구성된 정보가 논리적이고 구체적이며, 상황 의존성이 강할 뿐만 아니라, 소통되는 정보의 양이 적은 경우에는 그 해석을 위한 인지 부담이 작다. 방송은 전달하고자 하는 정보의 양은 적지 않으나 정보 구성이 논리적이고 구체적이며 상황 의존성이 강하기 때문에 인지 부담이 크지 않고, 인쇄 미디어나 인터넷 게시판은 정보 구성은 논리적이기는 하나 정보 표현이 추상적이고 상황보다 문맥 의존성이 강하며, 전달하고자 하는 정보의 양도 적지 않기 때문에 인지 부담이 크다고 하겠다.

이에 비해 전자 메일, 온라인 대화 장치, 휴대전화 문자, 인터넷 댓글은 일단 소통되는 정보의 양이 매우 적다. 그리고 소통의 목적이 친교를 나누거나 가벼운 정보를 주고받는 데에 있다. 그렇기 때문에 이 미디어를 활용하여 표현하고 해석하는 데에 요구되는 인지적 부담도 크지 않다고 할 수 있겠다.

이상에서 이차 미디어를 통하여 전달되는 정보의 특성을 살펴보았다. 국어과의 미디어 문식성 교육에서는 각 미디어와 이를 통하여 전달되는 정보의 특성을 정확하게 파악하고 그 특성을 바탕으로 각각의 미디어와 미디어 텍스트의 교육 내용이 도출되어야 한다. 이렇게 함으로써 각 미디어들을 효과적으로 사용할 수 있는 능력을 신장시켜 주는 국어과 교육이 이루어질 수 있다.

13.3.2.3. 발신자 · 수신자의 측면

미디어를 통하여 의사소통을 효과적으로 하기 위해서는 발신자와 수신자의 특성도 정확하게 이해하는 것이 중요하다. 발신자와 수신자가 특정될 수 있는지 없는지, 확인 가능한지 불가능한지, 발신자와 수신자의 관계가 개인 내 개인의 관계인지, 개인 대 다수(집단, 단체)의 관계인지 등에 따라 정보 구성이나 정보 표현의 방식이 달라질 것이기 때문이다. 이차 미디어의 발신자와 수신자에 관련된 특성을 알아보기 위하여 이 절에서는 발신자와 수신자의 교류 방식, 발신자와 수신자의 포함 관계, 발신자와 수신자의 정체 확인 여부, 발신자와 수신자의 한정 여부, 발신자와 수신자의 수 등과 관련된 미디어별 특성을 살펴보기로 한다.

먼저 발신자와 수신자의 교류 방식은 일방향적으로 이루어지는지 쌍방향적으로 이루어지는지에 따라 나눌 수 있고, 또 소통이 순차적으로 이루어지는지 동시적으로 이루어지는지에 따라 나눌 수 있다. 국어과 교육의 대상으로서 방송, 인쇄는 정보의 흐름이 발신자에게서 수신자에게로 일방향적으로만 진행된다.[25] 이들 미디어는 일방향적이기 때문에 순차적 교류냐 동시적 교류냐를 말할 수 없다.

인터넷 게시판, 전자 메일, 온라인 대화 장치, 휴대전화 문자, 인터넷 댓글은 쌍방향적으로 소통이 이루어지는 미디어이다. 발신자와 수신자 사이에 의사의 교환이 가능하다는 점에서 쌍방향적이라고 하겠다. 그런데 인터넷 게시판, 전자 메일, 인터넷 댓글의 쌍방향적 교류는 비교적 순차적으로 이루어진다. 교류의 순차적 특성은 정보 구성이 즉각적으로 이루어진다기보다는 계획적으로 이루어지기 때문인 것으로 이해할 수 있다.

이에 비해, 온라인 대화 장치나 휴대전화 문자는 동시적 특성이 두드러진다. 이것은 일상적인 대화의 경우와 마찬가지로 정보의 구성이 즉각적으로 이루어지는 경향을 나타내는 데 기인하는 것으로 이해할 수 있다. 인터넷 댓글도 어떤 내용에 대한 댓글인지 수신자와 발신자의 관계가 어떠한지에 따라 동시적으로 이루어지는 경우도 있다. 따라서 인터넷 댓글의 경우에는 양면성을 가지고 있는 것으로 보아도 무방하다.

발신자와 수신자가 정보를 교류하는 공간에 대해 살펴보자. 일반적으로 문자로 소통하는 경우에는 수신자와 발신자가 분리되어 있고, 대화는 수신자와 발신자가 같은 공간에 포함되어 있다. 그런데 여기서 다루는 미디어

25 인터넷 1인 생방송의 경우에는 수신자와 발신자의 소통이 쌍방향적으로 이루어지기도 한다.

는 모두 수신자와 발신자가 분리되어 있다.

다음은 발신자와 수신자의 정체 확인 여부와 한정 여부를 알아보자. 방송, 인쇄는 의사소통 상황에서 발신자가 누구인지 확인할 수 있다. 이에 비해 수신자는 확인이 불가능하다. 또 이 미디어들은 발신자는 확인되기 때문에 특정되지만 수신자는 세 미디어 모두 불특정 다수이다. 인터넷 게시판 발신자는 확인이 가능하고 수신자는 회원제로 운영되는 사이트 게시판인지 아닌지에 따라 확인 가능한 경우도 있고 확인 불가능한 경우도 있다. 따라서 확인 가능한 경우와 확인 불가능한 경우 각각의 소통의 양상도 달라질 수 있다.

한정성의 측면에서도 인터넷 게시판은 주로 발신자가 특정될 수 있는 데 비해, 수신자는 인터넷 게시판의 성격에 따라 특정될 수 있고 특정되지 않을 수도 있다. 특정 동아리의 인터넷 게시판은 동아리의 회원으로 특정되지만, 일반인 전체를 대상으로 하는 인터넷 게시판은 그 범위가 특정되지 않는다. 전자 메일과 휴대전화 문자는 발신자와 수신자가 확인될 뿐만 아니라 그 범위도 특정된다.[26] 온라인 대화 장치나 댓글은 개인 정보가 등록되어 있는 사람들 사이에 이루어진다. 따라서 발신자와 수신자는 개인 정보가 등록된 사람들로 한정되고 구체적으로 누구인지 확인이 가능하다. 그러나 이들 미디어로 소통하는 경우에도 발신자와 수신자를 구체적으로 확인하려면 복잡한 과정을 거쳐야 하거나, 확인이 불가능한 경우도 있다. 주로 온라인 대화나 인터넷 댓글 활동은 본명으로 이루어지지 않는 경우가 대부분이기 때문이다.

앞으로 수신자와 발신자의 수에 대해 살펴보자. 방송이나 인쇄의 발송자는 주로 한 명인 데 비해 수신자는 여러 명이기 때문에 발신자와 수신자의 관계가 '일대다'의 관계에 있다고 하겠다. 인터넷 게시판도 발신자가 하나인 데 비해 수신자는 특정된 사람이든 특정되지 않은 사람이든, 확인이

26 최근에는 개인 정보의 불법적 수집으로 스팸 메일이나 문자가 불특정 다수에게 발송되는 경우가 많다. 그러나 이 경우는 불법적인 것이기 때문에 교육의 대상에 포함될 수 없다.

되든 확인지 되지 않든 다수이다.

전자 메일은 발신자 한 명이 여러 명의 수신자를 대상으로 정보를 전달할 수도 있고 한 명의 발신자가 한 명의 수신자를 대상으로 정보를 전달할 수도 있다. 따라서 '일대일' 관계와 '일대다' 관계가 성립한다.

온라인 대화 장치와 인터넷 댓글은 개인 대 개인 간이나 개인과 다수, 다수의 발신자가 특정 개인을 상대로, 다수의 발신자가 다수의 수신자를 상대로 대화를 나눌 수 있다. 따라서 온라인 대화 장치나 인터넷 댓글은 발신자와 수신자의 관계가 '일대일', '일대다', '다대일', '다대다'의 관계가 가능하다. 휴대전화 문자의 경우는 한 사람이 다른 한 사람과 주고받을 수도 있고, 한 사람이 여러 사람을 수신자로 정하여 정보를 보낼 수도 있기 때문에 '일대일', '일대다'의 관계가 가능하다.

이상에서 미디어를 사용하는 발신자와 수신자의 관계를 다각도로 살펴보았다. 발신자와 수신자의 관계가 어떠하냐에 따라 그 정보를 표현하고 이해하는 양식도 차이가 있다. 따라서 국어과 교육에서 미디어 문식성 교육의 내용을 선정할 때는 이러한 측면 역시 고려하여야 한다. 이뿐만 아니라 미디어 문식성 교육의 내용은 미디어 자체가 의미 구성에 미치는 영향(미디어의 특성), 미디어 텍스트 갈래의 특성, 미디어 텍스트 생산 및 이해 과정, 미디어 기호들의 의미 작용 등이 중심이 되어야 할 것이다.

13.4. 인터넷 언어의 국어과적 수용

사람을 다른 동물과 구별해 주는 중요한 요소 중 하나는 언어를 사용한다는 것이다. 다른 동물들도 의사소통 수단을 가지고 있지만 사람이 사용하는 언어만큼 체계적이지도 창조적이지도 않다. 이처럼 사람을 사람답게 해 주는 것이 바로 언어인 것이다. 온라인상의 언어 사용 현상에 대한 우려의 목소리가 높다. 어법 파괴다, 한글 파괴다, 언어폭력이다, 세대 간 의사소통의 단절이다 등이 그것이다. 이와 같은 현상을 미디어 문식성과 관련하여 어떻게 수용해야 하는지 논의가 필요하다.

13.4.1. 언어적 의사소통 발달 양상

'ㅇㅈ(인정)·ㄱㅇㄷ(개이득)·ㄹㅇ(레알)', '오지다(굉장하다)·지리다(대단하다)', '띵작(명작)·빼박캔트(빼도 박도 못한다: can't)·노잼(재미없다: NO잼)·꿀잼(재미있다)·솔까(솔직히 까놓고: 사실)' 등과 같은 말(?)을 통틀어 '급식체'라고 한다. 이러한 말들을 급식체라고 하는 이유는 급식을 먹는 세대들 사이에서 즐겨 소통되던 표현 방식이 뉴미디어의 발달로 널리 알려지게 되었기 때문이다. 이외에도 '야민정음'이라고 불리는 표현들이 있다. '대한민국'을 '머한민국', '멍멍이'를 '댕댕이'로 표기하는 것들이 여기에 해당한다. 디시인사이드 야구 갤러리에서 사용하기 시작한 표현들이라고 해서 '야구'의 '야'와 '훈민정음'의 '민정음'을 조합하여 만든 신조어이다. 야민정음은 글자의 도형적 유사성에서 비롯된 유희적 표기나 표현들을 일컫는다. 급식체, 야민정음과 같은 언어 사용을 어떻게 보아야 하는가?

인류의 발전은 의사소통 수단의 발달과도 맞물려 있다. 인간의 의사소통이 음성 언어에서 시작되었음은 당연하다. 원시 시대에는 부족들이 가까운 곳에 모여 공동생활을 하기 때문에 서로의 의사소통을 위해서는 음성 언어만으로도 충분하였으며 문자의 필요성이 크지 않았다고 할 수 있다.

겔브(Gelb)에 따르면, 문자는 새로운 의사소통 방법의 필요에 의해 발명되었다. 즉 인류의 역사에서 지리적 확장과 사회적·경제적 발전이 문자에 의한 의사소통을 배태한 근본 조건이 된다. 인간의 삶의 영역을 지리적으로 확장한 것은 음성 언어만으로 의사소통을 하는 데 한계에 부딪히게 했다. 수렵과 채집을 위하여 점점 더 먼 곳까지 나가게 되었고, 음성 언어만으로 의사소통하는 데는 한계가 있을 수밖에 없다. 사회적·경제적 발전은 그만큼 지식의 생산량을 증가시켰으며 이를 수집하고 전달하는 데 음성 언어만으로는 불가능하게 되었다.

문자의 발명과 함께 인간은 공간적, 시간적 한계를 넘어선 의사소통이 가능하게 되었다. 다시 말하면 문자를 통하여 같은 시간, 같은 공간에 있지 않는 사람에게도 생각이나 정보를 전달할 수 있게 되었고, 조상들의 삶의 모습이나 선조들의 지혜를 기록을 통하여 전승할 수 있게 되었다. 문자의 발명으로 문화를 전승 · 보존 · 발전시킬 수 있는 도구가 마련된 셈이다.

올슨(Olson)이 문자의 발명을 들어, 인간을 문명인이 되게 해 주었다고 할 만큼 인류사에 문자의 발명은 혁명적인 일임에 분명하다. 따라서 문자에 의한 의사소통, 즉 읽기와 쓰기는 문명과 더불어 존재해 왔으며, 읽기와 쓰기 없이는 문명이 있을 수 없다고 말해도 과언이 아니다.

의사소통 수단이 음성에서 문자로 확대된 것은 의사소통 방식과 결과에서 커다란 변화를 가져왔다. 앞에서도 이야기했듯이 시간과 공간을 초월한 의사소통이 가능하게 되었다는 점, 전승 과정에서 왜곡 없이 문화가 전승 · 보존 · 발전될 수 있다는 점, 논리적이고 합리적인 사고가 발달할 수 있었다는 점 등이 그것이다.

문자의 발명은 텍스트 갈래도 확장시켰다. 음성 언어만을 사용할 때는 '연설'이나 '대화'에 머물던 것이 문자의 발명과 함께 훨씬 다양하고 정형적인 텍스트 갈래가 발달되기에 이르렀다. 정보를 전달하는 목적의 글-설명문 · 설명서 · 기사문 · 안내문 · 소개문 등, 설득하는 목적의 글-논설문 · 제안서 · 요청서 등, 정서를 표현하는 목적의 글-기행문 · 독서 감상문 · 수필 · 일기 등, 친교를 나타내는 목적의 글-축하글 · 위로글 · 감사글 등의 갈래가 새로 생기게 되었다.

이뿐만 아니라 문자 미디어로 의사소통을 하는 경우에는 그 표현 방식에서도 음성 언어와 차이를 나타냈다. 흔히 전자를 문어체라고 하고 후자를 구어체라고 한다.

음성 언어의 표현 방식의 특징은 첫째, 문어체보다 문장을 구성하는 요소들이 생략되는 비율이 높다. 음성 언어는 대화 참여자들이 같은 공간에서 사용하기 때문에 손짓이나 몸짓, 표정 등과 같은 비언어나 억양, 강세 등과 같은 반언어, 대화 장면 등을 통해서 말하는 사람과 말 듣는 사람이 많은 정보를 서로 공유하게 된다. 이처럼, 서로 공유하는 정보는 문장으로 표현할 때 생략하여야 자연스러운 표현이 된다. 그러나 문어에서는 글을 쓰는 사람과 글을 읽는 사람이 대면하고 있는 상황이 아니기 때문에 독자가 내용을 이해하는 데 필요한 정보는 모두 언어화해 주어야 한다.

둘째, 구어체에서는 문어체보다 소리가 생략되는 비율이 높다. 예를 들면 '이거는/이것은 품질이 좋다.'에서 '이거는'은 구어적 표현이고 '이것은'은 문어적 표현이다.

셋째, 구어에서는 소리의 축약으로 만들어지는 줄임말이 많이 사용된다. 예컨대 '이제 안심하고 마음을 놨다/놓았다.'에서 '놨다'는 구어적 표현이고 '놓았다'는 문어적 표현이다. '그건/그것은', '이걸/이것을', '게/것이', '뭘/무엇을', '간댔어/간다고 하였다' 등은 모두 구어적 표현과 문어적 표현의 대립쌍을 나타낸 것이다. 이밖에도 구어적 표현과 문어적 표현은 다양한 차이가 있다.

같은 어휘적 의미나 문법적 의미를 나타내는 표현이 구어적 상황과 문어적 상황에서 차이가 있는 것은 각각의 상황에서 효율적으로 의사소통을 하기 위해서이다. 음성 언어를 사용해야 하는 상황에서 문어적 표현을 사용하면 자연스러운 언어 사용이라고 할 수 없다. 그 반대의 경우도 마찬가지이다. 예를 들어 보자.

(7) ㄱ. 나는 오늘 아침에 학교에 가는 길에 예쁜 강아지 한 마리를 보았습니다. 그 강아지를 보자 너무 예뻐서 집에 데리고 가서 키우고 싶다는 생각이 들었습니다.

ㄴ. 내가 오늘 아침에 학교에 오는데, 아 글쎄 너무나도 이쁜 강아지 한 마리가 저~쪽에 보이는 거야. 그 강아지가 어찌나 이쁘던지 집에 데리고 가서 키우고 싶더라구.

(8) ㄱ. 남성 직장인들의 출근복이 넥타이에 유니폼 같은 정장이 아닌 캐주

얼 차림으로 바뀌어 가고 있습니다. 특히 20대, 30대일수록 여성복 처럼 화려한 캐주얼로 멋을 내거나 노 타이 정장에 구두 겸용 운동화로 날렵한 분위기를 연출하고 있습니다.

ㄴ. 넥타이를 풀어라. 요즘 멋쟁이 소리를 듣는 남성 직장인들은 넥타이를 매지 않습니다. 노타이 정장에 운동화가 그들의 출근복입니다.

(7ㄱ), (7ㄴ)과 (8ㄱ), (8ㄴ)은 각각 같은 상황에 대하여 문체만 달리하여 표현한 것이다. (7ㄱ)과 (8ㄱ)은 문어체적 표현이고, (7ㄴ)과 (8ㄴ)은 구어체적 표현이다. 이들은 모두 문법적인 문장들로 이루어진 텍스트이다. 이들은 모두 상황에 맞는 적절한 표현으로, 어느 것이 옳고 어느 것이 그른 것이라고 하지 않는다. 다만 상황에 어울리는 표현을 사용해야 자연스러운 표현이 되는 것이다. (7ㄱ)과 (8ㄱ)을 사용해야 하는 상황에서 (7ㄴ)과 (8ㄴ)을 사용하면 자연스러운 언어 사용이라고 할 수 없다. 그 반대도 마찬가지이다.

음성 언어는 시간과 공간의 제약은 받지만 실시간으로 소통이 가능하다는 특징이 있다. '구비 전승' 과정에서 인간의 기억의 한계로 정보나 지식이 왜곡될 수도 있다. 이에 비해 문자는 시간과 공간의 제약이 음성 언어에 비해 덜하고, 일단 기록으로 남겨진 것이 제대로 보존만 된다면 의미의 왜곡 없이 전승된다는 특징이 있다. 그러나 현장에서 바로바로 소통이 이루어지지 않고 전달에 시간이 걸린다는 제약이 있다.

1970년대 접어들면서 전자·인터넷을 기반으로 한 새로운 기술의 등장은 인간의 의사소통 방식에 또 한 번의 혁명적인 변화를 불러왔다. 전자·인터넷의 발달은 음성 매체와 문자 매체의 제약을 해결해 주었다. 문자와 그림, 소리, 영상 등을 융합하여 사용하지만 디지털 기록으로 보존되어 의미의 왜곡이 없이 전승이 가능하며 서로 다른 공간에 있는 사람들 사이에도 실시간으로 소통이 가능하기 때문이다.

전자·인터넷 미디어는 그 소통 방식의 특성 때문에 '급식체'나 '야민정음'과 같은 표현 방식이 필연적으로 등장하게 할 수밖에 없다. 서로 같은 공간에 있지 않은 대화 참여자가 실시간 문자로 대화하기 때문에 'ㅋㅋ, ㅠㅠ, ㅎㅎ, OTL', 'ㅇㅈ, ㄱㅇㄷ, ㄹㅇ' 등과 같은 머리글자말이나 '빼박캔트, 노잼, 꿀잼, 솔까' 등과 같은 줄임말을 사용하지 않을 수 없다. 머리글자말이나 줄임말을 사용하는 것은 새로운 미디어의 등장에 따른 의사소통 방식 변화의 필연적 귀결로 보아야 한다. 문자의 발명이 구어체와 문어체의 차이를 야기한 것과 다르지 않다.

'ㅋㅋ/ㅎㅎ, ㅠㅠ, OTL'은 각각 '웃음소리', '눈물 흘리는 모습', '좌절하는 모습'을 상징하는 이모티콘(이미지 문자)화된 표현이고, 'ㅇㅈ, ㄱㅇㄷ, ㄹㅇ'은 '인정', '개이득', '레알'을 각각 머리글자만 딴 것인데 실시간으로 이루어지는 온라인 문자 대화의 특성이 반영된 것으로 이해할 수 있다. '대머리→미대리, 멍멍이→댕댕이, 김장훈→숲장훈, 귀여워→커여워, 辛라면→푸라면, 식빵→식빵' 등 도형적 유사성을 고려하여 언어유희적 목적으로 만들어낸 야민정음 역시 전자·인터넷 미디어의 발달이 가져온 표현 방식의 하나라고 할 수 있다. 이들은 다양하지만 정형화된 글씨체가 개발되어 통용됨으로써 나타난 것으로, 손 글씨를 쓰는 상황에서는 생각할 수 없는 표현 방식이다. 이러한 표현 방식에 대한 우려를 어떻게 보아야 하는가?

13.4.2. 미디어 문식성 교육의 수용 방향

소위 '급식체'로 불리는 표현 방식을 모두 같은 기준으로 평가하는 것은 적절하지 않다. ㅋㅋ, ㅎㅎ, ㅠㅠ, OTL 등과 같이 이미 이미지 문자화되어 대중적으로 널리 쓰이고 있는 표현, 전자·인터넷 대화 미디어의 실시간 문자 소통이라는 특성 때문에 나타나는 '프사(프로필사진)', '단톡방(단체 대화방)', '페북(페이스북)'과 같은 머리글자만 따서 줄이는 것, 'ㄷㄷ(덜덜), ㅊㅋ(축하), ㅇㅈ(인정)'처럼 초성 글자만 따서 사용하는 것 등은 새로운 미디어의 발달에 따라 나타날 수밖에 없는 표현 방식이다. 따라서 문자의 발명이 구어체와 문어체의 차이를 야기한 것과 맥을 같이하고 있다고 볼 수 있다. 이들을 어법 파괴와 한글 파괴로 이해할 것이 아니라 새로운 미디어의 등장에 따른 자연스러운 언어 사용 현상으로 보는 것이 적절하다.

친교적 목적의 '개이득, 레알, 실화냐, 지리다, 쩐다' 등이나 언어 유희 목적의 '대머리/머대리, 멍멍이/댕댕이, 귀여워/커여워, 식빵/싀빵' 등과 같은 야민정음을 사용하는 현상에 대해서는 어떻게 보아야 하는가? 이러한 표현들의 일부는 일종의 은어(隱語)인 경우가 있고, 일부는 유행어인 경우가 있다. 《표준국어대사전》에 따르면, '은어'는 "어떤 계층이나 부류의 사람들이 다른 사람들이 알아듣지 못하도록 자기네 구성원들끼리만 빈번하게 사용하는 말. 상인 · 학생 · 군인 · 노름꾼 · 부랑배 따위의 각종 집단에 따라 다른데, 의태어 · 의성어 · 전도어(顚倒語) · 생략어 · 수식어 따위로 그 발생을 나눌 수 있다."로 풀이된다. 한편, '유행어'는 "비교적 짧은 시기에 걸쳐 여러 사람의 입에 오르내리는 단어나 구절, 신어의 일종으로 해학성, 풍자성을 띠며 신기한 느낌이나 경박한 느낌을 주기도 한다."로 풀이된다. 어느 시대, 어느 곳이나 은어와 유행어는 있어 왔으며 은어나 유행어를 써야 하는 상황에서 그것을 사용하는 것은 자연스러운 현상이다.

전자 · 인터넷 미디어가 발달하기 전에는 은어가 언중들의 언어 사용 상황에 사용되려면 오랜 시간이 걸렸거나, 일반 언중들 사이에서는 사용될 만큼 소통 경로가 용이하지 않았다. 한 명 한 명의 입이 그 전달 통로의 역할을 했기 때문이다. 그런데 전자 · 인터넷의 발달은 일반 언어 사용 상황에 실시간으로 급식체나 야민정음과 같은 은어나 유행어가 유입되는 것이 가능하게 했다. 그래서 이전보다 일반 언어 사용에 온라인 문자 대화체의 표현 방식이 혼용된다든지, 야민정음을 비롯한 은어나 유행어가 혼용되는 현상이 훨씬 더 수월하게 진행되는 것으로 이해할 수 있다. 그러나 상황에 어울리지 않는 언어 사용은 자연스러운 국어 사용이라고 할 수 없으며 의사소통도 어렵게 한다.

요컨대, 구어체와 문어체를 상황에 맞게 구별해서 사용해야 하듯, 존대 표현을 상황에 맞게 구별해서 사용해야 하듯, 표준어와 방언을 상황에 맞게 구별해서 사용해야 하듯, 전자·인터넷 미디어의 특성에서 비롯된 문자 대화체와 은어를 그 사용 상황에 맞게 사용할 수 있는 소양과 태도가 필요하다. 다시 말하면 디지털 문자 대화체와 은어나 유행어의 사용 자체가 문제가 있거나 잘못된 것이라기보다는 그 사용 상황을 구별하지 못하고 무분별하게 사용하는 태도가 문제이다. 나아가 디지털 문자 대화체와 은어, 유행어를 상황에 맞게 사용하는 것과 '지균충, 맘충, 급식충, 김치녀' 등과 같은 비하적인 언어를 사용하는 것, '기모띠, 개○ 오지는 부분'과 같은 성적인 언어나 욕설을 무분별하게 사용하는 것, 폭력적이거나 차별적인 언어를 사용하는 것, 예의에 어긋난 언어를 사용하는 것과는 구별되어야 한다. 이러한 언어 사용은 비단 급식체, 야민정음에서만의 문제는 아니다.

제14장. 문법과 읽기 교육의 융합

제3장에서 문법 교육의 원리로 세 가지를 제시하였다. 사고성의 원리, 도구성의 원리, 문화성의 원리가 그것이다. 이 장에서는 그 가운데 도구성의 원리의 관점에서 문법 전반이 읽기 능력을 향상시키는 데 어떻게 기여할 수 있는지를 살펴본다. 먼저 읽기를 문자(글자) 읽기와 의미 읽기로 나누고 각각에 문법이 어떻게 작용할 수 있는지를 알아본다.

문법을 이와 같은 방향에서 탐색하는 것은 국어 사용 능력 중 읽기 능력을 신장하는 데 문법이 기여할 수 있는 접점을 마련하여 도구적 측면에서 문법의 국어과 교육적 가치를 밝히고자 하는 것이다. 이런 맥락에서 읽기뿐만 아니라 문법과 쓰기 교육의 융합, 문법과 말하기 교육의 융합, 문법과 듣기 교육의 융합 역시 구체적으로 논의하는 것이 가능하다. 이 책의 부분부분에서 기능 영역에 개입하는 문법 지식들을 제시하고 있다.

14.1. 문법 이해와 읽기 능력

듣기, 말하기, 읽기, 쓰기 활동의 공통점은 의미를 구성하는 행위라는 것이다. 의미를 구성한다는 것은 결국, 사실적 이해, 추론적 이해, 평가적 이해, 감상적 이해, 창조적 이해를 모두 포함하는 것으로 볼 수 있다. 듣기와 읽기는 이해의 과정을 통해 의미를 구성하고, 말하기와 쓰기는 표현의 과정을 통해 의미를 구성한다. 듣기와 읽기는 같은 이해 과정을 통해 의미를 구성하는 행위라는 점에서는 같지만 듣기는 음성 기호를, 읽기는 문자 기호를 통한 의미 구성이라는 점이 다르다.

문자 기호를 통하여 의미를 구성하는 읽기 과정은 다시 두 단계로 구분하여 의미 구성 전 단계의 읽기와 의미 구성 단계의 읽기로 나눌 수 있다. 전자를 문자(글자) 읽기로, 후자를 의미 읽기로 부를 수 있다. 의미 구성 전 단계의 읽기는 낱자와 글자의 이해, 글자와 소리의 관계 이해와 관련된다. 이와 관계된 문법으로는 낱자와 낱자의 음가에 대한 이해, 글자의 구성, 음절의 이해, 음운 변동, 음운 변동과 표기 등이 포함된다. 1.2.1.2. 절에서 설명한 음성학, 음운론, 국어 규범이 여기에 관여한다.

의미 구성 단계의 읽기는 단어와 형태소의 이해, 구와 문장의 이해, 발화와 문단과 텍스트의 이해 등이 포함된다. 형태론, 통사론, 의미론, 화용론, 담화론, 텍스트 언어학이 여기에 관여한다. 이하에서는 문법과 의미 구성 단계의 읽기와의 관계를 살펴보기로 한다.

14.2. 맥락과 의미 구성 행위로서의 읽기

의미 읽기에서 문법과 읽기의 융합은 문자 텍스트에 대한 이해 활동으로서의 의미 구성 과정에 문법이 어떻게 관여하는지를 파악함으로써 알 수 있다. 1.2.1.2. 절에서 살펴본 것처럼 문법은 발신자가 언어를 어떻게 조직하고 운용하는지를 탐색하고 이해하는 것을 내용으로 한다. 언어를 조직하고 운용한다는 것은 결국 언어의 형식과 내용의 관계를 적절하게 사용할 수 있다는 것과 같다. 다만 의미를 구성하기 위해서는 거기에 개입하는 최소의 단위에서 최대의 단위까지 조직하고 운영하는 원리에 대한 이해를 바탕으로 이를 잘 적용 및 활용할 수 있는 능력을 가지고 있어야 한다.

문법과 이해의 측면에서 의미를 구성한다는 것은 다시 두 가지로 나눌 수 있다. 탈맥락적인 의미 구성과 맥락 의존적인 의미 구성이 그것이다. 탈맥락적인 의미 구성은 단어의 사전적 의미에 대한 이해, 단어와 단어의 사전적 의미의 합성을 통한 구, 절, 문장의 의미 이해, 문장의 함의와 전제에 대한 의미 이해와 관련이 된다. 이와 같은 의미 구성은 결국 사실적 이해, 사실적 읽기에 해당한다.

한편, 맥락 의존적인 의미 구성은 단어나 문장, 텍스트의 화용적 의미, 맥락적 의미 이해와 관련된다. 맥락적 의미 구성은 추론적 이해, 평가적 이해, 감상적 이해, 창조적 이해에 해당한다. 형태론, 어휘론, 통사론, 어휘 의미론, 통사·의미론은 모두 탈맥락적 의미 구성의 이론적 바탕이 된다고 할 수 있다. 이에 비해 화용론, 담화론, 텍스트 언어학은 맥락 의존적 의미 구성의 이론적 바탕을 제공한다고 할 수 있다.[1] 이들은 모두 형식과 내용 간의 관계를 연구하는 분야이기 때문에 그러하다.

맥락 의존적 의미 구성은 탈맥락적 의미 구성을 바탕으로 파악될 수 있다. 다음 글을 보자.

(1) ㄱ. 나는 수업 시간에 계속 꾸벅꾸벅 졸았다.
ㄴ. 3교시 수학 시간이었다. 나는 수업 시간에 계속 꾸벅꾸벅 졸았다. (선생님께 야단맞았다.)
ㄷ. 3교시 수학시간이었다. 감기에 걸렸다. 학교에서도 계속 기침이 났다. 선생님께서 문제를 풀라고 하셨는데 집중이 잘 되지 않았다. 나는 수업 시간에 계속 꾸벅꾸벅 졸았다. (선생님께서 병원을 다녀오라고 하셨다.)
ㄹ. 3교시 수학시간이었다. 어제 감기에 걸려서 병원에 다녀왔다. 학교에서도 계속 기침이 났다. 선생님께서 문제를 풀라고 하셨는데 집중이 잘 되지 않았다. 기침을 참을 수가 없어서 결국 약을 먹었다. 나는 수업 시간에 계속 꾸벅꾸벅 졸았다. (선생님께서 양호실에서 잠시 쉬라고 하셨다.)

1 탈맥락적 의미 구성은 사실적 이해와, 맥락 의존적 의미 구성은 추론적 이해, 평가적 이해, 감상적 이해, 창조적 이해와 관련된다.

(1ㄱ)~(1ㄹ)의 파란색 글씨 부분은 '나', '는', '수업', '시간', '에', '꾸벅꾸벅', '졸-'의 일곱 개의 단어와 '-았-', '-다'의 두 개의 문법 형태소의 사전적 의미가 결합하여 구성된 문장이다. (1ㄱ)은 단지 "'나'가 수업 시간에 잠을 자려고 하지 않으나 생리적인 현상으로 저절로 잠이 드는 상태로 자꾸 접어들다."라는 뜻을 나타낸다. 이 문장의 의미에 대해 사실적으로 이해하려면 각각의 단어와 형태소의 뜻을 알고 한국어의 단문 구조를 알고 있으면 된다.

그러나 (1ㄴ)~(1ㄹ)은 그렇지 않다. (1ㄴ)에서는 '내가 수업 시간에 잔 것'이 '단순히 생리적인 현상에서 비롯된 것'일 수도 있고, '수학 공부의 어려움이 생리적으로 졸리는 현상을 야기한 것'으로 해석되어서 '선생님이 나를 수학 공부에 집중하도록 강화하는 행동을 수행하게 한 것'으로 해석하는 것도 가능하다. (1ㄷ)에서는 '감기가 수업 시간에 졸리는 현상을 야기한 것'으로 해석되어서 그 결과 '선생님이 나를 병원에 다녀오도록 하는 행동을 수행하게 한 것'으로 해석된다. (1ㄹ)은 '감기에 걸려 약을 먹은 것이 수업 시간에 졸리는 현상을 야기한 것'으로 해석되어서 그 결과 '선생님이 나를 양호실에서 쉬도록 하는 행동을 수행하게 한 것'으로 해석된다. (1ㄱ)~(1ㄹ)의 '나는 수업 시간에 계속 꾸벅꾸벅 졸았다.'의 명제적 의미는 동일하지만 그 맥락적 의미, 화용적 의미는 다르다.

명제적 의미는 맥락의 개입 없이 그 문장을 구성하는 단위들의 사전적 의미의 합성으로 만들어지는 의미를 말한다. 이것은 사실적 이해와 관련된다. 맥락적 의미 또는 화용적 의미는 한 언어 단위(단어, 문장, 텍스트)가 맥락에 의존해서 구성되는 의미를 말한다. 이것은 추론적, 평가적, 감상적, 창소적 이해와 관련된다.

맥락적 의미 구성을 위해서는 명제적 의미 구성이 전제되어야 함은 물론, 그 언어 단위의 의미 구성(해석)에 맥락 요소를 맥락화할[2] 수 있어야 한다. (1ㄴ)~(1ㄹ)의 파란색 글씨 부분의 의미 구성 양상이 차이가 나는 것은

2 '맥락 요소'와 '맥락화'에 대해서는 이병규 외(2017) 참고.

그것을 선행하는 요소 즉 '선행 문맥[3]'이 파란색 부분의 해석에 개입하고 있기 때문이다. 이처럼 읽기 활동을 통한 의미 구성은 선·후행 문장이나 단어 등 텍스트 내적 맥락에 영향을 받게 된다.

(2) 3교시 수학 시간이었다. ㉠나는 수업 시간에 계속 꾸벅꾸벅 졸았다. (㉡선생님께서 인터넷 좀 적당히 하라고 하셨다.)

(2)는 세 문장으로 구성된 텍스트이다. 명제적 의미 간의 연결만으로는 ㉠과 ㉡은 응집성(coherence)을 갖기 어렵다. 그러나 "'선생님'이 '나'가 수업 시간에 자주 졸고 그 원인이 밤늦게까지 인터넷을 하기 때문이라는 것을 알고 있다"는 정보를 가지고 있는 독자는 ㉠과 ㉡을 응집성 있게 의미를 구성할 수 있다. 이 의미 구성에 관여하는 것은 문맥이 아니라 '나'라는 대상에 대한 정보이다. 이 경우 ㉠의 의미 구성에 개입하는 맥락은 텍스트 내에 있는 것이 아니라 텍스트 밖에 존재한다.

12.4.2.2.1.절에서는 전자를 텍스트 내적 맥락에 포함되는 것으로, 후자를 텍스트 외적 맥락에 포함되는 것으로 구분한 바 있다. 이처럼 읽기 활동을 통한 텍스트의 의미 구성에 개입하는 요소는 단어와 문장뿐만 아니라 그것을 둘러싸고 있는 텍스트 내적 맥락, 텍스트 외적 맥락 전체이다.

이상을 통해서 읽기를 통한 의미 구성에서 문법이 어떻게 작동할 수 있는지 이해할 수 있다. 정리하면 읽기를 통해 효과적으로 의미 구성을 하기 위해서는 첫째, 단어와 형태소의 뜻을 이해하고 있어야 하고, 둘째, 이들이 결합시켜 구·문장을 구성하는 방법을 알고 있어야 하며 구성한 표현들의 사전적인 뜻과 명제적인 뜻, 함의와 전제에 대한 이해가 필요하다. 셋째, 발화와 발화를 연결하여 텍스트성[4] 있는 텍스트를 구성하는 방법을 알고 있어야 한다. 그리고 그렇게 구성된 언어 단위의 해석에 맥락 요소가 어떻

3 여기서는 선행 문장의 의미가 파란색 문장의 의미를 구성하는 데 맥락으로 작용하고 있으며 이를 여기서는 '선행 문맥'이라고 명명한다.

4 텍스트성(textuality)에는 응결성, 응집성, 정보성, 의도성, 수용성, 상황성, 상호텍스트성이 있다. 이에 대한 자세한 설명은 이병규 외(2018)을 참고할 수 있다.

게 작용하는지를 알고 있어야 정확하고 상황에 맞는 의미 구성, 즉 필자가 의도하고 있는 함축적 의미를 추론 · 평가 · 감상하는 것이 가능하다.[5]

모어 화자는 다양한 갈래의 텍스트에 노출됨으로써 단어와 형태소를 확장해 간다. 외국어 학습과 달리 단어와 형태소를 확장하기 위하여 단어나 형태소만을 집중적으로 학습하는 경우는 드물다. 다음으로 구나 문장을 구성하는 방법, 즉 구 · 문장의 구조는 태어나면서부터 모어 환경에 노출됨으로써 거의 대부분을 자동적으로 습득하게 된다. 따라서 모어로 쓰여진 텍스트의 의미 구성을 위한 별도의 국어 문장 구조 학습은 그 교육적 가치가 크지 않다. 의미 구성을 위한 발화의 기능 이해, 발화와 발화의 연결 관계 이해, 텍스트의 기능 이해, 텍스트 갈래의 이해, 텍스트 구조 이해, 텍스트 구조 표지 이해 등에 대해서는 학습이 필요하다. 이에 대해서는 다음 절에서 구체적으로 논의하기로 한다.

14.3. 텍스트 문법과 의미 구성 행위로서의 읽기

12.1.2.1.에서 정의한 바대로 텍스트란 발신자가 특정한 장면에서 특정한 의도를 가지고 수신자에게 의미를 언어화한 것으로, 수신자가 수용할 수 있는 발화나 발화 연쇄를 말한다. 발화는 발신자가 특정한 장면에서 특정한 의도를 가지고 수신자에게 의미를 언어로 표현하는 것인 데 비해, 텍스트는 그 발화를 수신자가 수용할 수 있을 때 성립하게 된다.

텍스트는 ①발화 의도가 있어야 하고, ②의미 있는, 어울리는, ③가치 있는 정보를 ④상황과 ⑤언어 관습에 맞게 ⑥적절한 언어 표현으로 발화하여 ⑦수용자가 수용할 수 있어야 한다. ①은 텍스트의 '의도성(intentionality)'과, ②는 응집성(coherence)과, ③은 정보성(informativity)과, ④는 상황

5 첫째는 모든 읽기 유형의 기반이 되는 문법 내용이고 둘째는 사실적 읽기와 관련된 문법 내용이며, 셋째는 추론적, 평가적, 감상적, 창조적 읽기와 관련된 문법 내용이라고 하겠다.

성(situationality)과, ⑤는 상호텍스트성(intertextuality)과, ⑥은 응결성(cohesion)과, ⑦은 수용성(acceptability)과 관련된다.

한편 발화는 의도를 가지고 발신자가 음성적으로든 문자적으로든 표현한 것을 일컫는다. 따라서 발화 의도(발화 기능)[6]만 나타나면 발화가 될 수 있다. 그 발화가 의미적으로 어울리는 것과 관련된 '응집성'을 갖든, 수용자에게 유익한 것과 관련된 '정보성'을 갖든, 발화 상황과 어울리는 것과 관련된 '상황성'을 갖든, 문법적으로 적절한 표현과 관련된 '응결성'을 갖든 그와 상관없이 발신자가 의도(발화 기능)[7]를 가지고 표현한 것이면 발화가 되는 것이다. 그러나 텍스트는 발신자의 발화의 의도(텍스트 기능)뿐만 아니라 나머지 텍스트 특성도 온전하게 갖추면 갖출수록 더 적절한 텍스트가 될 수 있다. 발화와 텍스트의 이러한 측면을 탐색하는 분야가 텍스트 문법이다.

14.3.1. 텍스트 기능과 읽기

텍스트 기능은 텍스트를 통하여 발신자가 전달하고자 하는 의사소통 목적을 가리킨다. 이를 이병규(2015ㄱ)에서는 발화와 세계와의 관련성 및 발화와 세계 사이의 방향성에 따라 친교적 기능, 표현적 기능, 선언적 기능, 제보적 기능, 설득적 기능, 책무적 기능으로 구분한 바 있다. 텍스트 기능은 텍스트의 갈래를 구분하는 기준이 되곤 한다. 텍스트의 기능은 텍스트의 종류를 구분해 주고 종류별로 텍스트를 효과적으로 읽을 수 있도록 한다. 다시 말하면 텍스트의 목적에 대한 이해는 읽기 자료의 특성을 파악하여 어떤 읽기 방법을 적용하여 읽어야 할 것인지를 판단할 수 있도록 한다.

예컨대, 친교적 기능이나 표현적 기능을 띠고 있는 텍스트는 선언적, 제보적, 설득적, 책무적 기능의 텍스트에 비해 읽기에 요구되는 인지적 부담

6 여기서 발화 의도는 발화 기능, 의사소통 기능, 의사소통 목적과 유사한 개념으로 사용하며 이하에서는 발화 기능으로 명명한다.

7 발신자의 발화 의도는 발화 기능이라고도 한다. 그런데 그 발화가 텍스트의 특성을 갖고 있어서 텍스트의 자격을 가질 수 있을 때 그 기능은 텍스트 기능이라고 할 수 있다.

이 비교적 덜 하다고 할 수 있다. 특히 제보적, 설득적 기능의 텍스트는 낯선 단어의 출현 빈도가 높고 따라서 내용 난도가 비교적 높은 편이기 때문에 인지적 부담이 높다고 할 수 있다.

친교적 기능, 선언적 기능, 제보적 기능, 책무적 기능을 주목적으로 하는 텍스트에 대한 읽기는 먼저 그 내용이 무엇인지를 파악하기 위한 사실적 읽기와 그 정보가 독자에게 필요한 정보인지를 평가하여 선택적으로 수용하는 것과 관련된 평가적 읽기 방법이 요구된다. 한편 표현적 기능을 주목적으로 하는 텍스트는 감상적 읽기가, 설득적 기능을 주목적으로 하는 텍스트는 비판적(평가적) 읽기가 중심이 된다. 이처럼 텍스트의 기능에 대한 이해는 읽기 대상으로서의 텍스트를 어떤 방법으로 읽어야 하는지를 판단하는 데 중요하다.

14.3.2. 텍스트 구조와 읽기

텍스트 기능에 따라 텍스트 갈래나 종류가 구분되고, 각 텍스트 갈래들은 갈래별 특징이 있다. 텍스트 구조 역시 텍스트 갈래별로 특징을 드러낸다. 텍스트 구조는 명제들의 의미적 위계 관계로, 반 다이크(van Dijk)에 따르면 미시 구조, 거시 구조, 초거시 구조 세 층위가 있다.

텍스트 구조의 이해는 해당 텍스트를 전략적으로 읽을 수 있도록 한다. 텍스트의 갈래에 따라 특징적인 텍스트 구조를 띠고 있기 때문에 선택적 읽기를 하는 데 효과적이다. 이뿐만이 아니라 텍스트의 구조를 활용하여 텍스트의 주요 내용을 추론하고, 회상하며, 재구성하는 데에도 효과적이다. 읽기 활동을 통하여 효과적으로 의미를 구성하는 데는 텍스트 구조와 함께 다음 절들에서 논의할 텍스트 구조의 내용적 특성, 텍스트 구조의 표지적 특성을 파악하는 것도 매우 중요하다.

이에 대해서는 12.4.2.2.2.절에서 자세히 설명한바 여기서는 생략하기로 한다.

14.3.3. 텍스트 구조의 내용 범주와 읽기

텍스트는 갈래별로 의미적인 위계 관계를 드러내는 텍스트 구조를 내재하고 있다. 텍스트의 초거시 구조는 일반적으로 '처음-가운데-끝'으로 이루어진 것으로 보는 경우가 많다. 앞에서도 논의했듯이 텍스트의 초거시 구조를 단순히 '처음-가운데-끝'으로 제시하는 것은 텍스트 구조의 개념에 비추어 정보성을 가지고 있다고 보기 어렵다.

이 경우에는 다시 텍스트 갈래별로 초거시 구조 각 단계에서 다루어지는 공통적인 내용이 무엇인지를 파악하는 것이 필요하다. 논설문이나 주장하는 글의 경우 '서론-본론-결론'의 초거시 구조에서 서론에서 다루어지는 내용 범주, 본론에서 다루어지는 내용 범주, 결론에서 다루어지는 내용 범주를 알고 이를 읽기에 활용할 수 있어야 한다. 앞에서도 언급했듯이 '서론'은 텍스트의 처음 부분으로 '말이나 글 따위에서 본격적인 논의를 하기 위한 실마리가 되는 부분'이, '본론'은 텍스트의 가운데 부분으로 '말이나 글에서 주장이 있는 부분'이, '결론'은 '말이나 글의 끝을 맺는 부분'이 각 단계의 내용 범주가 된다. 더 자세하게 얘기하면 서론은 논의의 필요성(문제 제기), 논의 목적, 논의 내용 등이 내용 범주가 된다. 본론은 제기된 문제를 해결할 수 있는 주장과 그 주장에 대한 근거가 내용 범주가 되며, 결론은 논의 내용에 대한 요약 및 제언, 전망 등이 내용 범주가 된다.

12.4.2.2. 절에서 다룬 기행문의 경우를 다시 보자.

〈표 1〉 기행문의 초거시 구조

구분	내용 범주
처음	여행의 목적-(여행의 기대 및 설렘)-(출발할 때의 날씨 및 교통편)-도착까지의 일정
가운데	여정, 견문, 감상-(인상적인 에피소드)-(이동하면서 겪은 일 및 느낌)-새롭게 알게 된 사실
끝	여행 후 감상-(귀로에서의 에피소드나 느낌)

기행문의 초거시 구조는 〈표 1〉에서 볼 수 있는 것처럼 '처음-가운데-끝'의 구조를 띠고 있다. 앞에서도 언급했듯이 텍스트의 구조를 단지 '처음-가운데-끝'으로만 제시하는 것은 크게 정보성을 가지고 있지 않다. 따라서 〈표 1〉에서 제시한 것과 같이 초거시 구조를 구성하고 있는 거시 구조별 내용 범주가 어떻게 이루어지는지를 제시하는 것이 필요하다. 최선희 · 이병규(2016)에 따르면 기행문의 거시 구조별 내용 범주는 〈표 1〉에 제시한 것과 같다. '처음' 부분에 제시되는 거시 구조의 내용 범주는 '여행의 목적-(여행의 기대 및 설렘)-(출발할 때의 날씨 및 교통편)-도착까지의 일정' 등이 있다.

텍스트의 초거시 구조를 구성하고 있는 거시 구조의 내용 범주에 대한 이해는 텍스트 전체의 글을 예측하면서 읽을 수 있게 하며, 사실적 읽기, 추론적 읽기, 감상적 읽기, 평가적 읽기를 적절하게 수행할 수 있게 한다. 또한 사실과 의견의 구분 등 텍스트 유형별 특성을 고려한 읽기도 가능하다. 이뿐만 아니라 텍스트 갈래별 구조에 대한 이해는 갈래별로 글을 요약하는 경우나 도해 조직자를 그려 이해하고자 하는 경우에 효과적인 전략을 세울 수 있다는 점에서 가치가 있다.

14.3.4. 텍스트 구조 표지와 읽기

12.4.2.2. 절에서 텍스트 구조의 미시 구조, 거시 구조, 초거시 구조는 고정적인 것이 아니라 텍스트에 따라 가변적임을 보았다. 텍스트 구조는 특정 텍스트 상황에서 결정되는 것이지만 유형별로는 경향성을 띤다는 것도 알아보았다. 이들 텍스트 구조는 보통 그것을 드러내는 표지에 의해 명시적으로 확인할 수 있다. 미시 구조는 접속 부사나 연결 어미를 통해서 문장의 명제와 명제의 의미적인 관계를 확인할 수 있고, 거시 구조나 초거시 구조는 〈표 2〉에서 보인 표지들을 통해 확인할 수 있다.[8]

8 이 책에서 다루고 있는 설명문의 텍스트 구조와 그 표지는 김정은(2015), 김정은 · 이병규(2015)에 제시된

〈표 2〉 설명문의 텍스트 구조 및 표지

구분		주로 사용되는 표지
처음	나열 구조 개관	• 간추려 소개하면 다음과 같다. • 세 관점을 설명하면 다음과 같다. • -방식은 크게 세 가지로 나눌 수 있다. • -살펴보기로 하자. 등
가운데	공간 나열 구조	• 가, 나, 다…. • 첫째, 둘째, 셋째, 이 밖에도. • 먼저, 다음으로, 끝으로. 등
	시간 나열 구조	• 20세기 들어서, 20세기 중반, 1960년대 접어들면서, 20세기 후반 들어. • A 시대의 음악가들, A 후반의 음악 이론가, 한 세기. 등

〈표 2〉의 표지들은 '처음-가운데'의 초거시 구조를 갖는 텍스트의 '처음' 부분의 거시 구조 표지와 '가운데' 부분의 거시 구조 표지들을 제시한 것이다. 이 표지들은 설명문의 구조를 명시적으로 파악하게 하여 설명문의 의미 구성을 효과적으로 할 수 있게 한다. 그뿐만이 아니라 거시 구조를 이루고 있는 문단들의 중심 내용과 세부 내용을 파악하는 단서가 되어 독자에게 정보성이 있는 부분들만을 선택적으로 읽을 수 있게 하는 등 전략적 읽기를 가능하게 한다.

문법은 국어 사용 능력 신장의 기반 지식으로서, 국어적 탐구력 신장의 대상으로서, 국어문화적 소양 향상을 위한 대상으로서 가치가 있다. 그 가운데 이 장에서는 국어 사용 능력 중 읽기 능력을 신장시키기 위하여 필요한 문법 지식과 문법 분야를 살펴 문법과 읽기 교육의 접점을 제시해 보고자 했다. 또한 이를 통하여 문법이 기능 영역과 어떻게 융합될 수 있는지를 보여 주고자 했다.

것이다.

참고 문헌

제1부 국어 교육 문법 교육의 이해

고영근(1989), 『국어 형태론 연구』, 서울대학교출판부.

고영근 · 구본관(2018), 『개정판 우리말 문법론』, 집문당.

고춘화(2013), 「언어관의 변화와 문법 교육의 정체성」, 『새국어교육』 95, 한국국어교육학회.

구본관(2009), 「패러다임의 변화와 문법 교육의 방향」, 『어문학제』 103, 한국어문학회.

구본관 · 신명선(2011), 「원리 중심 문법 교육에 관한 연구」, 『국어교육연구』 27, 서울대학교 국어교육연구소.

구본관 · 이진호 외(2016), 『한국어 문법 총론 Ⅰ(초판 3쇄)』, 집문당.

구본관 · 이진호 외(2017), 『한국어 문법 총론 Ⅱ(초판 2쇄)』, 집문당.

권재일(1995), 「어학적 관점에서 본 언어 지식 영역의 지도의 내용」, 『국어 교육 연구』 2, 서울대학교 사범대학 국어교육연구소.

국립국어원(2005ㄱ), 『외국인을 위한 한국어 문법 1 – 체계 편』, 커뮤니케이션북스.

국립국어원(2005ㄴ), 『외국인을 위한 한국어 문법 2 – 용법 편』, 커뮤니케이션북스.

권구천(1999), 「교육 현장에서의 문법 교육 실태와 문제점」, 『목원어문학』 17, 목원대학교.

김광해(1997/2001), 『국어 지식 교육론』, 서울대학교출판부.

김광해(2000), 「21세기의 문법」, 『새국어생활』 10-2, 국립국어연구원.

김명옥 · 강현석(2012), 「Bloom의 신 교육목표분류학에 기초한 초등학교 저학년 국어과 수업 목표 분석」, 『교육과정연구』 30-1, 한국교육과정학회.

김석득(1992), 『우리말 형태론 – 말본론』, 탑출판사.

김유정(1997), 「외국어로서의 한국어 문법 교육 – 문법 교육의 위치 · 교육 원리에 관하여」, 『한국어학』 6, 한국어학회.

김정숙(2001), 「한국어 정보화를 활용한 한국어 교육의 방향 및 과제」, 고려대 민족 문화 연구원 국어 연구소 편(2001), 『21세기 국어 정보화와 국어 연구』, 도서출판 월인.

김진희(2013), 「Bloom의 신 교육목표분류학에 근거한 고등학교 문법 수업 목표 분석」, 『중등교육연구』 61-4, 경북대학교 중등교육연구소.
김진희(2015), 「'문법 핵심 역량' 함양을 위한 문법 교육 내용 재구조화 연구」, 한국교원대학교 대학원 국어교육학과 박사학위논문.
김하수(1988), 「국어와 국어 교육에 관한 기본 문제」, 『모국어 교육』 6, 모국어 교육학회.
남기심(2001), 『현대 국어 통사론』, 태학사.
남기심 · 고영근(2011), 『표준국어문법론(제3판)』, 탑출판사.
남기심 · 고영근(2018), 『개정판 표준 국어문법론』, 박이정.
노명완(2015), 「국어교육학: 미래사회의 요구와 국어교육」, 『새국어교육』 104, 한국국어교육학회.
노명완 · 박영목 · 권경안(1988), 『국어과 교육론』, 갑을출판사.
노명완 · 정혜승 · 옥현진(2003), 『창조적 지식 기반 사회와 국어과 교육』, 박이정.
류성기(2001), 『초등 국어지식 교육론』, 박이정.
민현식(1992), 「문법교육의 목표와 내용: 현행 학교문법의 문제점을 중심으로」, 『국어교육』 79, 한국국어교육연구회.
민현식 외(2011), 「2011 국어과 교육과정 개정을 위한 시안 개발 연구」, 교육과학기술부.
박영목 · 한철우 · 윤희원(1996), 『국어 교육학 원론』, 교학사.
박형우(2016), 「문법 교육 연구의 쟁점과 교육적 현황」, 『청람어문교육』 60, 청람어문교육학회.
서상규(2001), 「말뭉치를 이용한 국어 문법 연구의 현황과 방향」, 고려대 민족 문화 연구원 국어 연구소 편(2001), 『21세기 국어 정보화와 국어 연구』, 도서출판 월인.
손영애(1986), 「국어과 교육의 성격과 내용 체계」, 『선청어문』 14 · 15, 서울대 국어교육과.
신명선(2006), 「개정 문법 교육과정의 지향점과 교과서 개발의 방향에 관한 연구」, 『문법 교육』 5, 한국문법교육학회.
신지영(2000), 『말소리의 이해 – 음성학 · 음운론 연구의 기초를 위하여』, 한국문화사.
심영택(2003), 「국어교육 목표에 대한 재조명」, 『어문연구』 31-4, 어문교육연구회.
양영희(2018), 「고등학교 국어사 교육의 방향 설정」, 『학습자중심교과교육연구』 18-14, 학습자중심교과교육학회.
양태식(1997), 「초등 국어 교육의 성격과 과제」, 『한국어 교육』 12, 한국어문교육학회.
양태식 외(2000), 『초등 국어과 교육』, 박이정.
오유정(2018), 「초등 국어과 관용 표현 교육을 위한 교재 구성과 수업 설계 연구」, 『초등학생 말뭉치 연구』 28, 서울교육대학교 우리말연구회.
오현아(2008), 「국어교육: "정확성" 중심 문법 교육관에 대한 반성적 고찰」, 『새국어교육』 80, 한국국어교육학회.

우한용(1997), 『문학 교육과 문화론』, 서울대학교출판부.

우형식(1999), 「국어 문법 교육의 방향 모색: 현행 제6차 국어과 교육과정을 중심으로」, 『외대논총』 19-4, 부산외국어대학교.

윤국한(2003), 「문법의 목표와 국어 지식 교육」, 『청람어문교육』 26, 청람어문교육학회.

윤종건(1996), 『창의력의 이론과 실제』, 원미사.

윤희원(1996), 「제1 언어로서의 한국어와 제2 언어로서의 한국어 교육」, 『파리국제학술회의 논문집』, 국제한국어교육학회.

이경화 · 이수진 · 이창근 · 전제응(2008), 『기초 문식성 지도 방안』, 박이정.

이관규(2007ㄱ), 「제8차 국어과 교육과정(개정안)에서 문법 영역의 특징과 과제」, 『한말연구』 20, 한말연구학회.

이관규(2007ㄴ), 「2007년 국어과 문법 교육과정의 개정 특징과 문법 교육의 방향」, 『청람어문교육』 36, 청람어문교육학회.

이관규(2007ㄷ), 「국어교육 연구의 새로운 방향: 문법 교육 연구의 현황과 새로운 방향」, 『국어교육』 123, 한국어교육학회.

이도영(1996), 「문법 교육의 목표 정립을 위한 제언」, 『국어교육』 91, 한국어교육학회.

이문규(2001), 「국어 지식 교육의 성격과 방향」, 『어문학 교육』 23, 한국어문교육학회.

이병규(2002ㄱ), 「국어 지식 교육의 위상 재고」, 『초등 국어 교육』 12, 서울교육대학교 국어교육 연구소.

이병규(2002ㄴ), 「국어 지식의 성격과 국어 지식 영역의 목표」, 『한국어 교육』 17, 한국어문교육학회.

이병규(2005), 「국어 지식 교육의 성격과 국어과 교육의 영역 체계」, 『국어교육학연구』 22, 국어교육학회.

이병규(2008ㄱ), 「새 국어과 교육과정 문법 영역의 비판적 이해」, 『한국초등국어교육』 37, 한국초등국어교육학회.

이병규(2008ㄴ), 「국어과에서의 문법 교육과 한국어교육에서의 문법 교육의 특징 비교 연구」, 『이중언어학』 38, 이중언어학회.

이병규(2008ㄷ), 「국외 한국어 교육 정책 현황 및 추진 방향」, 『새국어교육』 79, 한국국어교육학회

이병규(2008ㄹ), 「국외 한국어 교육 정책론 정립을 위한 탐색」, 『한국어교육』 19-3, 국제한국국어교육학회.

이병규(2012), 「국어 문법 교육의 원리」, 『새국어교육』 90, 한국국어교육학회.

이병규(2013), 「표준문법 정립을 위한 담화론의 논점 탐색」, 『문법 교육』 19, 한국문법교육학회.

이병규(2014), 「담화의 개념과 단위」, 『어문론총』 61, 한국문학언어학회.

이병규(2015ㄱ), 「초등 학습용 국어사전의 성격과 거시 구조의 쟁점 탐색」, 『민족문화

연구』 66, 고려대 민족문화연구원.
이병규(2015ㄴ), 「담화 기능과 그 체계」, 『반교어문연구』 41, 반교어문학회.
이병규(2016), 「2015 개정 국어과 교육과정 문법 영역의 비판적 분석 연구」, 『초등국어교육연구』 61, 한국초등국어교육학회.
이병규(2017), 「지능 정보화 시대와 국어교육」, 『새국어교육』 113, 한국국어교육학회.
이병규(2018ㄱ), 「문법 교수 · 학습 방법의 실태와 개선 방안」, 『새국어생활』 28-3, 국립국어원.
이병규(2018ㄴ), 「문법과 읽기 교육의 융합」, 『언어사실과 관점』 45, 연세대 언어정보연구원.
이병규 · 김희동 · 김세현(2017), 「국어과 내용으로서의 맥락에 대한 재고(再考)」, 『새국어교육』 106, 한국국어교육학회.
이병규 외(2018ㄱ), 『초등 국어 교육의 이해』, 박이정.
이병규 외(2018ㄴ), 『초등 국어과 교수 학습의 원리와 적용』, 박이정.
이병규 · 유현경 외(2018ㄷ), 『한국어 표준 문법』, 집문당.
이삼형(2000), 『국어교육학』, 소명.
이성영(1995), 「언어 지식 영역 지도의 필요성과 방향」, 『국어 교육 연구』 2, 서울대학교 사범대학 국어교육연구소.
이영호(2013), 「초등 문법교육의 인지언어학적 접근 탐색」, 『한국초등국어교육』 52, 한국초등국어교육학회.
이용주(1995), 『국어 교육의 반성과 개혁』, 서울대학교출판부.
이정택(2009), 「국어문법교육의 목표」, 『겨레어문학』 43, 겨레어문학회.
이충우(1997), 「국어 교육 문법 연구: 국어 사용 능력의 신장을 위한 문법」, 『국어교육연구학』 7-1, 국어교육학회.
이희승(1949), 『초급 국어 문법』, 박문서관.
임지룡 · 권재일 외(2016), 『문법 교육론(초판 4쇄)』, 역락.
임칠성(2009), 「교육 문법의 교육 방향 연구」, 『국어교육연구학』 36, 국어교육학회.
전은주(2011), 「2009년 개정 국어과 교육과정의 발전적 전개 방향」, 『2009년 개정 국어과 교육과정의 개정 과정에 대한 점검과 실행 방안』(2009년 개정 국어과 교육과정에 대한 국어 교육 관련 학회의 연합 학술대회 자료집).
정달영(2002), 「현행 교육과정상의 중 · 고등학교 국어 문법교육에 관한 연구」, 『교육연구』 4-1, 대진대학교 교육대학원 교육연구소.
정동화 외(1994), 『국어과 교육론』, 선일문화사.
정준섭(1995), 『국어과 교육과정의 변천』, 대한교과서주식회사.
정진권(1989), 「국어과 교육론 서설」, 『이병호 박사 회갑 기념 논문집』, 간행위원회.
정혜승(2002), 「국어과 교육과정 실행 요인 분석 – 교과서 요인을 중심으로」, 『국어 교육』 108, 한국국어교육연구학회.
정희정(2004), 「한국어 문법 교육의 목표 설정을 위한 제안」, 『문법 교육』 1, 한국문법 교육학회.
주세형(2006), 『문법교육론과 국어학적 지식의 지평 확장』, 역락.
최명옥(2003), 『국어실태지수 개발』(문화관광부 연구 용역 보고서), 문화관광부.
최영환(1992), 「국어교육에서 문법지도의 위상」, 『국어교육학연구』 2-1, 국어교육학회.
최영환(1995), 「언어 능력 신장의 관점에서 본 언어 지식 영역의 지도 내용」, 『국어 교육 연구』 2, 서울대학교 사범대학 국어교육연구소.
최현배(1987), 『우리말본(열네 번째 고침)』, 정음문화사.
최현섭 외(1996/2001), 『국어 교육학 개론』, 삼지원.
최현욱 · 이원국 옮김(1986), 『사회 언어학』, 한신문화사. Hudson, R. H.(1980), *Sociolinguistics*, Cambridge University Press.
허　용 외(2005), 『외국어로서의 한국어 교육학 개론』, 박이정.
허　웅(1995), 『20세기 우리말의 형태론』, 샘문화사.
허재영(2006), 『국어과 교육의 이해와 탐색』, 박이정.
홍윤표(1999), 「국어학 연구의 앞날」, 『한국어학』 9, 한국어학회.
홍현수(1983), 「중학교 국어 문법 교육의 새로운 방향」, 『교육논총』 3, 동국대학교 교육대학원.
황정현(1996), 「사고력 신장을 위한 초등 국어 교육론 1」, 『한국초등교육』 8-2, 서울교육대학교 초등교육연구소.
Barry K, Beyer, 한면희 외 역(1988), *Teaching Thinking in Social Studies*, Using Inquiry in the Classroom, 『사회과 탐구 논리』, 교육과학사.
R. de Beaugrande & W. Dressler(1981), *Introduction to Text linguistics*.
Geoffrey Leech(1981), *Semantics*, Penguin.
Goodman K. S., Smith E. B., Meredith, R. & Goodman, Y. M.(1987), *Language and Thinking in School*, Richard C. Owen Publishers, Inc.

제2부 국어 교육 문법 내용의 이해

강여순(2012), 「교사 수준 문법 교육과정 설계에 관한 연구」, 부산대학교 대학원 국어교육학과 박사학위논문
강화진(2000), 「KFL 학습자의 작문 오류 분석을 통한 효율적인 작문 지도」, 고려대학교 석사학위논문
강인순 · 서현석(2009), 「초등 문법 교육의 내용 연구」, 『청람어문교육』 40, 청람어문교육학회.
고춘화(2010), 「바른 표현을 위한 문법 교육의 내용 체계 구성 연구」, 경북대학교 대학원 국어교육학과 박사학위논문.
고희성(2016), 「상호문화적 문법교육의 내용 구성 연구: 생태학적 인식론을 중심으

로」, 동국대학교 대학원 국어교육학과 박사학위논문.
곽준현(2018), 「초등 국어사전 활용 교육의 내용화 연구」, 서울교육대학교 대학원 석사학위논문.
구본관(2010), 「국어 품사 분류와 관련한 몇 가지 문제」, 『형태론』 12, 박이정.
구본관(2016), 「2015 교육과정 "문법" 영역에 대한 비판적 검토」, 『국어교육연구학』 51-1, 국어교육학회.
구본관(2017), 「단어 형성법을 활용한 한국어 어휘 교육 내용 연구 – 유사 접사의 활용을 중심으로」, 『국어교육연구』 40, 서울대학교 국어교육연구소.
국어연구소(1988), 『표준어 규정 해설』.
권성미(2014), 「발음 교육에 대한 한국어 교사의 인식 연구」, 『국어교육』 146, 한국어교육학회.
권재일(1995), 「어학적 관점에서 본 언어 지식 영역의 지도의 내용」, 『국어 교육 연구』 2, 서울대학교 사범대학 국어교육연구소.
김경한(1977), 「국어순화(國語醇化) 630 단어(單語)에 대한 검토(檢討)」, 『어문연구』 5, 한국어문교육연구회.
김경훤(2004), 「비음운화 고정에서 나타나는 음 변화의 두 양상」, 『새국어교육』 68, 한국국어교육학회.
김경훤(2007), 「단어와 문장의 오류 실태 분석(1) – 각종 매체에 나타난 사례를 중심으로」, 『새국어교육』 75, 한국국어교육학회.
김광해(1988), 「이차 어휘의 교육에 대하여」, 『선청어문』 16, 서울대학교 국어교육과.
김광해(1997ㄱ), 「국어 어휘론의 지평」, 『외국어로서의 한국어교육』 22, 연세대학교 한국어학당.
김광해(1997ㄴ), 「어휘력과 어휘력의 평가」, 『선청어문』 25-1, 서울대학교 국어교육과.
김광해(1997/2001), 『국어 지식 교육론』, 서울대학교출판부.
김규선(1984), 「어휘 학습 지도의 현실태와 문제점」, 『한국초등국어교육』 2, 한국초등국어교육학회.
김규선(1991), 「발음 교육의 내용과 방법」, 『초등교육연구논총』 3, 대구교육대학교 초등교육연구소.
김규훈(2011), 「생태언어학의 교육과정 재개념화 방향 – 2009 교육과정 문법 과목의 내용 재구성 방안 모색」, 『교육과정평가연구』 14-1, 한국교육과정평가원.
김규훈(2014ㄱ), 「텍스트 중심 문법교육의 내용 구성 연구: 생태학 기반의 사회문화적 소통을 근간으로」, 동국대학교 대학원 국어교육학과 박사학위논문.
김규훈(2014ㄴ), 「핵심 역량 기반 문법 교육 내용 구성」, 『문법 교육』 22, 한국문법교육학회.
김규훈 외(2013), 「연어(collocation)의 어휘 교육적 활용 방안 탐색」, 『새국어교육』 95, 한국국어교육학회.

김근호(1992), 「核心語 및 經驗脈絡 方略에 따른 語彙學習過程의 分析硏究」, 경북대학교 대학원 교육학과 박사학위논문.

김남돈(2003), 「한글 맞춤법 오류 분석에서 제기되는 몇 가지 문제점」, 『한국어 교육』 18, 한국어문교육학회.

김남미 · 주세형(2015), 「음운 체계가 "표준 발음 교육"과 맺는 관계에 대하여 – 〈국어 1〉교과서에 나타난 내용을 중심으로」, 『언어와 정보 사회』 26, 서강대학교 언어정보연구소.

김명광(2014), 「사용 어휘적 측면에서 바라본 어휘 교육에 대한 일고 – 6학년 일기문 말뭉치에서 나타난 접두 파생어를 중심으로」, 『학습자중심교과교육연구』 14, 학습자중심교과교육학회.

김봉국(2008), 「초등학교 국어 교과서 음운 영역에 대한 비판적 검토 – 모음 발음을 중심으로: 초등학교 국어 교과서 음운 영역에 대한 비판적 검토」, 『어문학교육』 37, 한국어문교육학회.

김봉국(2013), 「『국어』 3 「보고 또 보고」 단원의 문법 내용에 대한 검토」, 『어문학교육』 47, 한국어문교육학회.

김부연(2013), 「《훈민정음》 "용사례(用字例)"를 활용한 어휘 교육 방안 모색 – 고등학교 학습자를 중심으로」, 『한국어문교육』 13, 고려대학교 한국어문교육연구소.

김상윤(2003), 「國語 語彙化 現象 硏究」, 중앙대학교 대학원 박사학위논문.

김상준(1987), 「발음 교육이 필요한 국어의 혼란」, 『국어생활』 11, 국어연구소.

김선철(2007), 「발음 교육의 내용에 대한 일고찰」, 『문법 교육』 7, 한국문법교육학회.

김소영(2103), 「고등학교 국어과 어휘교육내용의 구성요소 연구」, 『교사교육연구』 52, 부산대학교 과학교육연구소.

김수열(2007), 「중학교 〈생활국어〉 배움책 "낱말" 단원 만들기」, 『문법 교육』 7, 한국문법교육학회.

김슬옹(2010), 「인식 방법론 어휘 담론과 교육」, 『한말연구』 26, 한말연구학회.

김억조(2013), 「2009 개정 교육과정 중학교 『국어』 교과서 '문법' 영역 내용 제시 순서 고찰」, 『한민족어문학』 64, 한민족어문학회.

김억조(2017ㄱ), 「중학교 『국어』 '문법' 영역 교육 내용의 인지언어학적 제안」, 『동서인문학』 53, 계명대학교 인문과학연구소.

김억조(2017ㄴ), 「초 · 중등 국어 '문법' 영역 성취기준의 용어 연구」, 『한민족어문학』 76, 한민족어문학회.

김영선(2003), 「음운 현상의 통시성과 공시적 접근」, 『언어와 언어교육』 18, 동아대학교 국제교육원.

김영선(2010), 「중등학교 문법 학습 내용의 연계성 연구」, 『우리말연구』 27, 우리말학회.

김유미(2000), 「학습자 말뭉치를 이용한 한국어 학습자 오류 분석 연구」, 연세대학교 석사학위논문.

김유범(2010), 「국어 음운론 교육의 새로운 방향 찾기를 위한 제언」, 『우리말연구』 26, 우리말학회.

김유범(2013), 「중세국어 교육 내용의 선정」, 『국어사연구』 16, 국어사학회.

김윤신(2014), 「국어 의미론에서의 기술 문법과 학교 문법」, 『국어학』 69, 국어학회.

김은성(2006), 「국어 문법 교육의 태도 교육 내용 연구」, 서울대학교 대학원 국어교육과 국어교육전공 박사학위논문.

김은성(2018), 「문법적 모호성 탐구 교육 내용 연구」, 이화여자대학교 대학원 국어교육학과 박사학위논문.

김은성 외(2007), 「국어 문법 학습자의 음운에 대한 앎의 양상 연구」, 『언어과학연구』 42, 언어과학회.

김은성 외(2008), 「문법 교육내용 체계화 연구」, 『국어국문학』 149, 국어국문학회.

김은영(2016), 「어휘자원구축을 위한 통계 기반 유의어 추출연구: [-하다] 용언을 대상으로」, 연세대학교 일반대학원 박사학위논문.

김은정(2016), 「남북한 어휘의 형태 의미론적 비교 연구: 남한의 한국어 교재와 북한의 조선어 교재를 중심으로」, 한국외국어대학교 대학원 국어국문학과 박사학위논문.

김응모(2001), 「남북한 어휘교육의 고찰」, 『교육논총』 3, 부산외국어대학교 교육대학원.

김의수(2018), 「해석문법의 국어교육적 적용」, 『한국어문교육』 24, 고려대학교 한국어문교육연구소.

김의수 · 양지연(2010), 「국어교육 교재와 한국어교육 교재 간의 접점 연구 – 문장의 통사론적 난이도를 중심으로」, 『문법 교육』 12, 한국문법교육학회.

김의수 · 이로사(2009), 「교육과정에 따른 문장의 다양성과 복잡성 추이: 중학교 1-1 국어 교과서를 대상으로」, 『한국언어문학』 69, 한국언어문학회.

김정우(2011), 「어휘 교육의 발전 방향 탐색: 문학교육과 어휘교육」, 『국어교육학연구』 40, 국어교육학회.

김중신(2011ㄱ), 「2009년 개정 국어과 교육과정의 개정 작업에 대한 비판적 점검 II」(2009년 개정 국어과 교육과정에 대한 국어 교육 관련 학회의 연합 학술대회 자료집).

김중신(2011ㄴ), 「어휘 교육의 발전 방향 탐색: 어휘를 통한 정의적 텍스트 생산 전략」, 『국어교육학연구』 40, 국어교육학회.

김지영(2014), 「텍스트 기반 어휘 교육 연구」, 한국교원대학교 대학원 국어교육학과 박사학위논문.

김지형(2007), 「훈민정음의 창체 원리를 활용한 한국어 자모 및 발음 교육 방안」, 『국어국문학』 147, 국어국문학회.

김지혜(2019), 「전화 대화 텍스트 교육 내용 연구」, 서울교육대학교 교육대학원 석사학위논문.

김창원(2012), 「고등학교 어휘교육의 위상과 어휘교육론의 과제」, 『국어교육학연구』 44, 국어교육학회.

김태엽(2006), 「국어 문법교육의 과제」, 『대구대학교 학술논문집』 1-2, 대구대학교.

김택구(1999), 「고유어 어휘 신장 교육 방안: 초·중등학교 학생을 대상으로」, 『人文科學硏究』 7, 안양대학교 인문과학연구소.

김평원(2008), 「시각 자료를 활용한 국어 발음 교육 연구」, 『문법 교육』 8, 한국문법교육학회.

김한샘(2010), 「국어 교육용 어휘 선정을 위한 교과서 어휘 조사 연구: 초등학교 교과서 어휘 분석」, 『국어교육연구』 47, 국어교육학회.

김한샘(2013), 「국어교육: 국어 파생어 교육 연구」, 『배달말』 53, 배달말학회.

김혜진(2017), 「한글 맞춤법 학습을 위한 받아쓰기 지도 내용 연구 – 소리와 표기의 관계를 중심으로」, 서울교육대학교 대학원 석사학위논문.

김호정 외(2007), 「문법 용어를 통한 문법 지식 체계 구조화 연구 (1): 음운」, 『국어교육연구』 28, 국어교육학회.

김효신(2013), 「초등학생의 높임법 이해와 사용 실태 연구 – 주체 높임법을 중심으로」, 서울교육대학교 대학원 석사학위논문.

남가영(2008), 「문법 탐구 경험의 교육 내용 연구」, 서울대학교 대학원 국어교육과 국어교육전공 박사학위논문.

남경완(2005), 「국어 용언의 의미 분석 연구」, 고려대학교 대학원 국어국문학과 박사학위논문.

남금경(2013), 「「독서」와 「문법」의 통합에 대한 개선 방안 연구」, 『국어교과교육연구』 22, 국어교과교육학회.

노하늘(2017), 「국어과 문법 교과서 예시 시각화 방안 연구 – 시각적 입력 강화 이론을 중심으로」, 『국어교육연구』 39, 서울대학교 국어교육연구소.

노홍주 외(2015), 「국어교육에서 어휘교육의 문제와 대응 방안 모색」, 『국어문학』 59, 국어문학회.

류성기·김기수(1999), 「국어 음성언어 교육의 전략화를 위한 교수·학습 모형 연구」, 『한국초등국어교육』 15, 한국초등국어교육학회.

리의도(2005ㄱ), 「초등학교 국어과 발음 단원의 내용 연구」, 『한말연구』 17, 한말연구학회.

리의도(2005ㄴ), 「초등학교 국어과 발음 단원의 변천에 대한 고찰」, 『한국초등국어교육』 29, 한국초등국어교육학회.

마광호(1998), 「어휘 교육의 과제」, 『국어교육연구』 5, 서울대학교 국어교육연구소.

민현식(2002), 「국어 지식의 위계화 방안 연구」, 『국어교육』 108, 한국어교육연구학회.

박기영(2007), 「국어 음운론 지식과 한국어 발음 교육의 상관성에 대하여 – 모음, 자음의 기술을 중심으로」, 『어문연구』 35-1, 한국어문교육연구회.

박덕유(2007), 「효율적인 음운 교육의 학습 방안 연구」, 『새국어교육』 77, 한국국어교육학회.
박보현(2018), 「의사소통역량 강화를 위한 학습자의 문법 교육 내용 요구분석 연구」, 고려대학교 대학원 국어교육학과 박사학위논문.
박상희(2007), 「개정된 국어과 교육과정의 문법 교육에 대한 검토」, 『국어교과교육연구』 13, 국어교과교육학회.
박수자(1994), 「어휘의 기능과 텍스트 문법적 접근의 관계」, 『선청어문』 22, 서울대학교 국어교육과.
박수현(2018), 「국어 탐구적 사고력 신장을 위한 초등 품사 지도 방안 연구」, 서울교육대학교 대학원 석사학위논문.
박영경(2013), 「1971년과 2012년 한국 유아들의 일상회화 속에 담긴 어휘 비교 연구」, 고신대학교 대학원 유아교육학과 박사학위논문.
박재현 외(2007), 「국어 문법 교육 용어 계량 연구(1): 음운」, 『새국어교육』 76, 한국국어교육학회.
박재현 외(2008ㄱ), 「국어 문법 교육 용어 계량 연구(2): 단어」, 『국어교육연구』 21, 서울대학교 국어교육연구소.
박재현 외(2008ㄴ), 「국어 문법 교육 용어 계량 연구(3): 문장」, 『새국어교육』 80, 한국국어교육학회.
박종미(2015), 「문법 교육 내용의 구조화 연구: '지식의 구조'와 '연결망 구조'를 중심으로」, 한국교원대학교 대학원 국어교육학과 국어교육전공 박사학위논문.
박형우(2010), 「문법 영역 교육과정의 구성 방안 연구」, 『청람어문교육』 41, 청람어문교육학회.
박형우(2012), 「국어 어휘 교육 개선 방안 연구」, 『청람어문교육』 46, 청람어문교육학회.
박혜진(2018), 「단어 형성법 교육 연구의 성과와 과제」, 『국어교육연구』 41, 서울대학교 국어교육연구소.
배수찬(2005), 「국어교육의 근대적 전환에 대한 연구 서설 - 문장 모델의 형성 과정을 중심으로: 국어교육의 근대적 전환에 대한 연구 서설」, 『고전문학과 교육』 9, 한국고전문학교육학회.
서진숙(2010), 「국어 여성어 변천 연구」, 경희대학교 대학원 국어국문학과 박사학위논문.
서　혁 외(2013), 「읽기(독서) 교육 체계화를 위한 텍스트 복잡도 상세화 연구」, 『국어교육학연구』 47, 국어교육학회.
서　혁·류수경(2014), 「국어 교과서 텍스트의 유형과 복잡도」, 『국어교육학연구』 49, 국어교육학회.
서혜경(2015), 「국어 어휘의미 교육의 인지언어학적 연구」, 경북대학교 대학원 국어교육학과 박사학위논문.

성기철(1998), 「한국어 교육의 목표와 내용」, 『이중언어학』 15, 이중언어학회.

성희제(2002), 「한국어 학습자를 위한 한국어 음운의 발음과 교육 방법에 대하여」, 『목원국어국문학』 7, 목원대학교 국어국문학과.

소신애(2009), 「표기상의 오류에 대한 음운론적 해석」, 『국어교육』 129, 한국어교육학회.

손경미(2006), 「비문법적인 문장 분석을 통한 올바른 문장 지도 방안에 대한 연구」, 『어문학교육』 33, 한국어문교육학회.

손영애(1986), 「국어과 교육의 성격과 내용 체계」, 『선청어문』 14 · 15, 서울대학교 국어교육과.

송겨레 · 이수빈 · 김봉국(2012), 「2007 개정 초등학교 국어 교과서 장 · 단음 교육에 대한 비판적 검토」, 『초등교육연구』 27, 부산교육대학교 초등교육연구소.

송영빈(2011), 「어휘 교육의 발전 방향 탐색: 일본에서의 한자 교육 – 초등학교를 중심으로」, 『국어교육학연구』 40, 국어교육학회.

송현정(2017), 「2009 개정 교육과정 국어 교과서 문법 단원 분석 연구」, 『국어교육연구』 39, 서울대학교 국어교육연구소.

송현수(2011), 「국어 구조와 의미 간의 동기화 연구」, 경북대학교 대학원 국어국문학과 박사학위논문.

신동광(2011), 「어휘 교육의 발전 방향 탐색: 기본 어휘의 선정 기준 – 영어 어휘를 중심으로」, 『국어교육학연구』 40, 국어교육학회.

신명선 외(2015), 「귀국 고등학생의 국어 학습 관련 인식 및 어휘 능력 실태와 그 교육 방안」, 『국어교육연구』 35, 서울대학교 국어교육연구소.

신명선(2005), 「어휘 능력의 성격을 통해 본 어휘에 대한 바람직한 관점 연구」, 『선청어문』 33, 서울대학교 사범대학 국어교육과.

신명선(2007), 「"단어에 대한 앎"의 의미에 기반한 어휘교육의 방향 설정 연구」, 『국어교육』 124, 한국어교육학회.

신명선(2008), 「개정 국어과 교육과정의 문법 교육 내용에 대한 고찰」, 『국어교육학연구』 31, 국어교육학회.

신명선(2009), 「국어 표현 과정에서 작용하는 어휘 사용 기제와 그 전략에 관한 연구」, 『한국어의미학』 29, 한국어의미학회.

신명선(2011), 「어휘 교육의 발전 방향 탐색: 국어과 어휘 교육 내용의 유형화에 관한 연구」, 『국어교육학연구』 40, 국어교육학회.

신명선(2012), 「단어 개념의 역동적 구성 과정과 담론 – 토론을 중심으로」, 『국어교육연구』 29, 서울대학교 국어교육연구소.

신명선(2018), 「단어의 문맥적 의미 평가 문항의 특성과 자장 – 대학수학능력시험 국어(언어) 영역을 중심으로」, 『새국어교육』 116, 한국국어교육학회.

신지영(2006), 「국어 음운론 지식의 교과서 수용 실태와 문제점」, 『한국어학』 33, 한국어학회.

신호철(2012), 「맥락 중심의 문법 교육 내용 기술 방안 연구 – 높임 표현을 중심으로」, 『한국국어교육연구』 43, 국어교육학회.
신호철(2014), 「교육 내용으로서 문법 지식에 대한 재고」, 『한국어문교육』 15, 고려대학교 한국어문교육연구소.
심영택(1995), 「언어 지식 내용의 조직 방식에 대한 국제 비교 연구」, 『국어교육연구』 2, 서울대학교 사범대학 국어교육연구소.
심영택(2010), 「초등학교 저학년 기초 문식성 교수 학습 방법: '개미[ㅐ]와 베[ㅔ]짱이' 가르치기」, 『한구초등국어교육』 42, 한국초등국어교육학회.
안병섭(2010), 「중학교 『생활 국어』의 내용 구성에 대하여: 문법 교육과 띄어쓰기 교육의 통합적 구성을 중심으로」, 『한국학연구』 32, 고려대학교 한국학연구소.
안찬원(2012), 「의미 관계 중심의 초등 어휘 교육 방법 – 이동 동사를 중심으로」, 『한국어문교육』 11, 고려대학교 한국어문교육연구소.
안찬원(2013), 「어원의 교육적 활용 방안 연구 – "앗/앚" 계열 어휘의 어원 연구를 중심으로」, 『국어교육하연구』 48, 국어교육하회.
안찬원(2016), 「개념 체계 중심의 어휘 교육 연구」, 고려대학교 대학원 국어교육학과 박사학위논문.
양세희(2012), 「문장 교육과 읽기 교육의 통합 방안 – 2011 국어과 교육과정의 중학교 과정을 중심으로」, 『국어교육학연구』 43, 국어교육학회.
양세희(2015), 「문법 교육의 위계화 개념에 대한 연구」, 『새국어교육』 105, 한국국어교육학회.
양세희(2018), 「문법 인식 확장에 따른 문장 성분 교육 내용 연구」, 『국어교육학연구』 53, 국어교육학회.
양영희(2013ㄱ), 「문법 교육에서의 국어사 내용 체계 구성」, 『한글』 302, 한글학회.
양영희(2013ㄴ), 「바람직한 통합을 위한 문법 영역의 내용 체계 구축: '읽기' 영역과의 통합을 중심으로」, 『한국언어문학』 86, 한국언어문학회.
양영희(2015), 「2015 문 · 이과 통합교육과정 "문법" 영역의 학습내용 고찰 –「2012 국어과 교육과정」과의 비교를 중심으로」, 『국학연구론총』 16, 택민국학연구원.
양태식(2001), 「국어 지식 영역의 내용」, 『초등 국어 교육』 11, 초등국어교육연구소.
양태식 · 김정수(2004), 「학습자용 말뭉치를 기반으로 한 국어 지식 내용 연구 – 초등 학새들의 이음씨 사용 양상을 중심으로」, 『한국어 교육』 19, 한국어문교육학회.
엄태수(2009), 「표준어의 음운론적 기술과 표기법에 대한 연구」, 『새국어교육』 83, 한국국어교육학회.
엄태수(2012), 「한국어교육: 한국어 음운론 교육의 몇 문제」, 『새국어교육』 91, 한국국어교육학회.
염시열(2009), 「한국의 전통 문화를 활용한 초등학교 국어 수업 구조와 어휘에 관한 연구」, 군산대학교 박사학위논문.
오상화(2014), 「어휘 교육 방법 변화의 필요성과 개선방안 연구」, 『한국어문교육』 16,

고려대학교 한국어문교육연구소.
오영신(2011), 「2007 개정 국어과 교육과정에 따른 고등학교 국어 교과서의 문법 영역 내용 분석」, 『새국어교육』 88, 한국국어교육학회.
오현아(2010), 「표현 문법 관점의 문장 초점화 교육 내용 연구」, 서울대학교 박사학위논문, 서울대학교 대학원.
오현아(2012), 「문법 교육 내용 제시 방법 유형화에 대한 고찰: 피동표현을 중심으로」, 『언어학연구』 24, 한국중원언어학회.
오현아(2016), 「통사 구조 중심의 '서술어의 자릿수' 개념 관련 문법 교육 내용 재구조화 방안 모색」, 『국어교육』 155, 한국어교육학회.
오현아 외(2016), 「문법 교과서의 언어 단위별 교육 내용 구성과 범위 검토 – 단어 단위에서 품사 분류 문제를 중심으로」, 『새국어교육』 109, 한국국어교육학회.
오현아 · 강효경(2015), 「문법 교육에서의 인성 교육 내용 구성 가능성 탐색 – -잖아(요), -거든(요)를 중심으로」, 『새국어교육』 103, 한국국어교육학회.
오현아 · 강효경(2017), 「문장 유형 교육 내 감탄문 설정 문제 검토」, 『새국어교육』 110, 한국국어교육학회.
왕한석(1970), 「[훈민정음]에 보이는 우리말 어휘의 변천시고」, 『선청어문』 1, 서울대학교 국어교육과.
우창현(2003), 「국어 교육에서 확인되는 겹받침 오류: 초등학교 6학년을 중심으로」, 『어문학』 81, 한국어문학회.
위호연(1990), 「초등학교 학생들의 국어 표기법 사용 실태에 대한 조사 연구」, 서울대학교 석사학위논문.
유경균(1999), 「의미 관계에 바탕을 둔 읽기 능력 신장 방안」, 『초등국어교육』 9, 서울교육대학교 국어교육과.
유만근(1993), 「발음 중시 국어교육론 – 표준말 발음교육의 내용과 방법」, 『외국어로서의 한국어교육』 18-1, 연세대학교 한국어학당.
유민애(2014), 「어휘 의미 추측 전략을 활용한 자기 주도적 어휘 학습 방안 – 선다형 어휘 주석을 중심으로」, 『국어교육연구』 33, 서울대학교 국어교육연구소.
유석훈(2000), 「외국어로서의 한국어 학습자 말뭉치 구축의 필요성과 자료 분석」, 『한국어 교육』 13-1, 국제한국어교육학회.
유현정(2013), 「한국어 교재의 발음교육 방식 연구 – 발음교육의 내용과 방법을 중심으로」, 『한성어문학』 32, 한성대학교 한성어문학회.
유혜령(2010), 「문법영역의 성격과 교육 내용에 대한 연구」, 『국제어문』 49, 국제어문학회.
유혜령(2017), 「문법교육 내용으로서 '문법'과 '활동'에 대한 재고」, 『어문논총』 72, 한국문학언어학회.
윤천타(2012), 「'머릿속 어휘 지식 사전'을 활용한 국어 어휘 교육 방법 연구」, 한국교원대학교 대학원 국어교육학과 국어교육전공 박사학위논문.

이경남 외(2018), 「한글 해득을 위한 기초 어휘 선정 연구」, 『청람어문교육』 65, 청람어문교육학회.
이경수(2011), 「어휘 교육의 발전 방향 탐색: 초등학교 국어 어휘 교육에 대한 소고 - 우리와 프랑스의 학업 성취도 평가 유형을 중심으로」, 『국어교육학연구』 40, 국어교육학회.
이경현(2007), 「학습자를 고려한 문법교육내용 위계화 - 중학교 국어과 문법단원 분석을 중심으로」, 『문법 교육』 7, 한국문법교육학회.
이계현(2014), 「유의어군을 활용한 어휘력 신장 연구: 초등학생 시간표현 부사를 중심으로」, 한남대학교 일반대학원 국어국문학과 박사학위논문.
이관규(1998), 「학교 문법의 내용 체계」, 『새국어교육』 56, 한국국어교육학회.
이관규(2011), 「어휘 교육의 발전 방향 탐색: 문법 교육과 어휘 교육」, 『국어교육학연구』 40, 국어교육학회.
이관규(2013), 「문장 부호와 국어 교육」, 『한국어학』 61, 한국어학회.
이관희(2015), 「학습자의 지식 구성 분석을 통한 문법 교육 내용의 조직과 표상 연구」, 서울대학교 대학원 국어교육과 박사학위논문.
이기연(2012), 「국어 어휘 평가 내용 연구」, 서울대학교 대학원 국어교육과 박사학위논문.
이대규(1990), 「낱말 수업의 목표와 방법」, 『국어교육』 71, 한국국어교육연구회.
이덕자(1975), 「국어 낱말 교육에 관한 연구: 중학국어(Ⅰ)의 어휘 중 이름씨를 중심으로」, 『군자어문학』 2, 세종대학교 국어국문학과.
이도영(2011), 「어휘 교육의 발전 방향 탐색: 어휘 교육 평가의 이론적 고찰 - 목표와 내용 타당도를 중심으로」, 『국어교육학연구』 40, 국어교육학회.
이동석(2012), 「"효과"의 발음에 대하여」, 『우리어문연구』 43, 우리어문학회.
이동석(2013), 「"음절의 끝소리 규칙"에 대한 비판적 검토」, 『새국어교육』 94, 한국국어교육학회.
이동혁(2014), 「초등 문법 영역에서 유의 관계 교육의 독립과 그 효용에 대하여」, 『한국초등국어교육』 54, 한국초등국어교육학회.
이문규(1998), 「국어과 음운 교육의 목표와 내용」, 『어문학』 63, 한국어문학회.
이문규(2003ㄱ), 「국어교육의 이념과 어휘 교육의 방향」, 『배달말』 32, 배달말학회.
이문규(2003ㄴ), 「국어지식 영역 음운 관련 단원의 내용 검토」, 『어문학교육』 27, 한국어문교육학회.
이문규(2005), 「국어과 발음 교육의 개선 방향에 대한 연구」, 『한국초등국어교육』 38, 한국초등국어교육학회.
이문규(2010), 「문법교육론의 쟁점과 문법 교육의 내용」, 『국어교육』 133, 한국국어교육학회.
이문규(2016), 「음운변동의 개념과 유형」, 『국어교육연구』 60, 국어교육학회.
이병규(2004), 「국어 지식 영역의 내용 조직 방식에 대한 비판적 검토」, 『새국어교육』

68, 한국국어교육학회.
이병규(2005), 「국어 지식 교육의 성격과 국어과 교육의 영역 체계」, 『국어교육학연구』 22, 국어교육학회.
이병규(2006), 「문법 영역의 내용 선정 방법 연구」, 『한국어문법』 4, 한국문법교육학회.
이병규(2008ㄱ), 「새 국어과 교육과정 문법 영역의 비판적 이해」, 『한국초등국어교육』 37, 한국초등국어교육학회.
이병규(2008ㄴ), 「국어과 교육과정 문법 영역의 내용 조직 양상 연구 1」, 『한말연구』 23, 한말연구학회.
이병규(2008ㄷ), 「국어과 교육과정 문법 영역의 내용 조직 양상 연구 2」, 『청람어문교육』 38, 청람어문교육학회.
이병규(2008ㄹ), 「국외 한국어 교육 정책 현황 및 추진 방향」, 『새국어교육』 79, 한국국어교육학회.
이병규(2008ㅁ), 「국외 한국어 교육 정책론 정립을 위한 탐색」, 『한국어교육』 19-3, 국제한국국어교육학회.
이병규(2009), 「한국어 교육 문법의 내용 구성 방향 연구」, 『국어교육』 81, 한국국어교육학회.
이병규(2012ㄱ), 「문장의 유형에 대한 초등 국어 문법 교육 내용 연구」, 『한국초등국어교육』 50, 한국초등국어교육학회.
이병규(2012ㄴ), 「문장의 유형에 대한 초등 국어 문법 교육 내용의 변천 연구」, 『문법교육』 17, 한국문법교육학회.
이병규(2013), 「국어과 교육 대상으로서의 매체의 특성 연구」, 『초등국어교육연구』 53, 한국초등국어교육학회.
이병규(2015ㄱ), 「담화 기능과 그 체계」, 『반교어문연구』 41, 반교어문학회.
이병규(2015ㄴ), 「'매체'와 '매체언어'의 개념에 대한 비판적 검토와 대안 탐색」, 『한민족문화연구』 49, 한민족문화학회.
이병규(2015ㄷ), 「초등 학습용 국어사전의 성격과 거시 구조의 쟁점 탐색」, 『민족문화연구』 66, 고려대학교 민족문화연구원.
이병규(2016ㄱ), 「고등학교 문법 과목의 문장 성분 교육 내용에 대한 비판적 검토」, 『언어와 정보 사회』 28, 서강대학교 언어정보연구소.
이병규(2016ㄴ), 「2015 개정 국어과 교육과정 문법 영역의 비판적 분석 연구」, 『초등국어교육연구』 61, 한국초등국어교육학회.
이병규(2017), 「초등 국어교과서 문법 단원 오개념 분석 연구」, 『문법 교육』, 한국문법교육학회.
이병규 · 김정은(2015), 「설명문 텍스트의 맥락과 구조 연구」, 『새국어교육』 105, 한국국어교육학회.
이병규 · 김정은(2016), 「텍스트 갈래 지식과 과정 중심 쓰기를 통합한 쓰기 지도 방안 연구 – 설명문을 중심으로」, 『새국어교육』 107, 한국국어교육학회.
이병규 · 김정은(2017), 「원리 중심 학습이 소리와 표기의 관계에 대한 이해에 미치는 효과 연구」, 『한민족문화연구』 60, 한민족문화학회.
이병규 · 김희동 · 김세현(2017), 「국어과 내용으로서의 맥락에 대한 재고(再考)」, 『새국어교육』 106, 한국국어교육학회.
이병규 · 최선희(2016), 「기행문 텍스트의 맥락과 형식 연구」, 『한국초등교육』 27-1, 서울교육대학교 초등교육연구원.
이병규 · 최근애(2013), 「다문화 가정 학생의 학습 한국어 이해 실태 연구」, 『외국어로서의 한국어 교육』 39, 연세대한국어학당.
이병운(2001), 「한국어 음운과 표기법 교육」, 『국어교과교육연구』 2, 국어교과교육학회.
이상신(2014), 「국어 음운론에서의 기술 문법과 학교 문법」, 『국어학』 69, 국어학회.
이상훈(2018), 「생태학적 어휘 교육 방법 연구」, 전남대학교 국어교육학과 박사학위논문.
이성영(1995), 「언어 지식 영역 지도의 필요성과 방향」, 『국어 교육 연구』 2, 서울대학교 사범대학 국어교육연구소.
이송월(1989), 「아동의 일기에 나타난 오류 경향의 조사 연구」, 『국어교육논지』 15, 대구교육대학교 국어교육연구소.
이승왕(2011), 「초등학교 국어 규범 교육 내용 연구」, 부산대학교 대학원 국어교육학과 박사학위논문.
이승왕(2012), 「초등학교 저학년 어휘 지도의 주안점」, 『국어교과교육연구』 20, 국어교과교육학회.
이승왕(2014), 「초등 문법 교육의 특성과 가치 탐색」, 『한국초등국어교육』 54, 한국초등국어교육학회.
이승왕 · 이병운(2009), 「초등학교 발음 교육 내용의 계열화: 자음과 모음을 중심으로」, 『한국초등국어교육』 39, 한국초등국어교육학회.
이승왕 · 이병운(2010) 「초등학교 국어과 맞춤법 교육의 체계화」, 『한국초등국어교육』 42, 한국초등국어교육학회.
이영숙(1997), 「어휘력과 어휘 지도: 어휘력의 개념을 중심으로」, 『선청어문』 25, 서울대학교 국어교육과.
이영호(2008), 「초등 국어 교과서 발음 교육 내용 구성 연구」, 『문법 교육』 9, 한국문법교육학회.
이예다나(2017), 「Development and validation of vocabulary CBA: vocabulary CBA as an indicator of progress monitoring of intervention」, 고려대학교 대학원 교육학과 박사학위논문.
이은경(2009), 「한국어 학습자의 조사 사용에 나타난 오류 분석」, 연세대학교 석사학위논문.

이은남(2002), 「국어 음운 교육 연구」, 『국어교과교육연구』 3, 국어교과교육학회.
이은희(1994), 「언어 영역의 위상과 내용 선정 방식에 관한 연구」, 『선청어문』 22, 서울대학교 국어교육과.
이응백(1959), 「국어과 학습에 있어서의 단어 지도 문제」, 『국어교육』, 한국국어교육연구회.
이정희(2003), 『한국어 학습자의 오류 연구』, 박이정.
이종철(1996), 「단어의 연상적 의미의 지도 방법과 내용」, 『국어교육학연구』 6, 국어교육학회.
이종철(2011), 「어휘 교육의 발전 방향 탐색: 작문 교육과 어휘 교육」, 『국어교육학연구』 40, 국어교육학회.
이지수 · 정희창(2015), 「문장 성분 교수를 위한 "문법 교과 내용 지식" 연구」, 『새국어교육』 104, 한국국어교육학회.
이창덕(2012), 「국어 겹받침 발음의 원리와 교육에 대하여」, 『한국초등국어교육』 49, 한국초등국어교육학회.
이창수(2002), 「교육과정과 교과서 견주어 보기: 초등학교 국어과 음운 지도 내용을 중심으로」, 『중등교육연구』 14, 경상대학교 중등교육연구소.
이창수(2009), 「낱말 무리 가르치는 길 견주어 보기」, 『우리말교육현장연구』 3-2, 우리말교육현장학회.
이춘근(2001), 「문법교육의 내용 체계」, 『국어교과교육연구』 1, 국어교과교육학회.
이춘근 · 유동석(2001), 「문법 교육의 목적과 내용 체계 연구」, 부산대학교 대학원 국어국문학과 박사학위논문.
이충우(2016), 「국어과 교육과정의 어휘 교육 내용 분석 및 변화 양상 연구」, 가톨릭관동대학교 일반대학원 국어국문학과 박사학위논문.
이해숙(2013), 「2009 개정 교육과정 중학교 국어 교과서 16종의 음운 체계교육 내용 비교 - 음운론적 관점의 비판」, 『국어교육연구』 32, 서울대학교 국어교육연구소.
이해숙(2015ㄱ), 「2011 개정 국어과 교과서 음운 변동목록 및 범주화 분석」, 『새국어교육』 105, 한국국어교육학회.
이해숙(2015ㄴ), 「중학교 국어 음절 교육 연구」, 『새국어교육』 102, 한국국어교육학회.
이향근(2011), 「초등학교 국어교과서 "우리말 꾸러미"의 교육 내용과 교사 인식」, 『새국어교육』 88, 한국구어교육학회
임성규(1996), 「언어 지식을 이용한 발음 교육 방법 연구」, 『한국초등국어교육』 12, 한국초등국어교육학회.
임성규(1998), 「국어 교육과 통시론」, 『한국초등국어교육』 14, 한국초등국어교육학회.
임성규(2000), 「표현 영역에서 어휘력 신장 방안 연구: 문단 전개법을 중심으로」, 『한국초등국어교육』 17, 한국초등국어교육학회.

임성규(2011), 「'ㅔ, ㅐ' 발음의 교육 방법 연구」, 『한국초등국어교육』 45, 한국초등국어교육학회.
임성규(2012), 「기준 모음 설정을 통한 한국어 모음 발음 교육 연구」, 『한국초등국어교육』 49, 한국초등국어교육학회.
임점식(1993), 「발음 교육의 이모저모」, 『새국어생활』 3-1, 국립국어연구원.
임지룡(1991), 「국어의 기초 어휘에 대한 연구」, 『국어교육연구』 23, 국어교육학회.
임지룡(1997), 「새 낱말 창조의 인지적 연구」, 『국어교육연구』 29-1, 국어교육학회.
임지룡(2010), 「국어 어휘 교육의 과제와 방향」, 『한국어의미학』 33, 한국어의미학회.
임칠성(2007), 「2007년 개정 '문법' 교육과정 검토」, 『우리말교육현장연구』 1, 우리말교육현장학회.
장현희(2009), 「초등 국어사전의 발음 정보 제시 방안 연구」, 『한국사전학』 13, 한국사전학회.
전영주 외(2015), 「교과 어휘의 기능 분류에 따른 교과 학습 어휘의 개념 설정 - 국어, 사회과 교과서 어휘 구성 비교 분석을 중심으로」, 『새국어교육』 104, 한국국어교육학회.
전은주(2012), 「중학교 어휘 교육의 위상과 개선 방안」, 『새국어교육』 93, 한국국어교육학회.
정영호(2010), 「발음 및 표기 오류의 음운 교육적 접근」, 『우리말 글』 48, 우리말글학회.
정옥란(2006), 「북한 고등중학교 국어 교과서의 어휘 연구」, 조선대학교 대학원 국어국문학과 박사학위논문.
정종성(2014), 「초등학교 입학 아동의 자모 인식, 단어 해독, 읽기 유창성 수행 수준 탐색」, 『초등교육연구』 27, 한국초등교육학회.
정주리(2006), 「문법 교과서의 내용 개발을 위한 연구 - 중학교 〈생활 국어〉 "음운과 음절" 단원을 중심으로」, 『새국어교육』 72, 한국국어교육학회.
정한데로(2014), 「형성 차원의 '맥락'을 활용한 어휘 교육」, 『서강인문논총』 39, 서강대학교 인문과학연구소.
정혜름(2011), 「초등학교 국어과 교육과정에서의 문법 교육 요소 변천 연구」, 서울교육대학교 석사학위논문.
제민경(2015), 「장르 문법 교육 내용 연구」, 서울대학교 대학원 국어교육과 박사학위논문.
조영희(2017), 「인지 진단 모형을 활용한 어휘 능력 부진 평가와 읽기 장애 진단」, 서울대학교 대학원 특수교육전공 박사학위논문.
조진수(2018), 「문법 문식성 관점의 문장 구조 교육 내용 연구」, 서울대학교 대학원 박사학위논문.
조창규(1996), 「국어의 표준 발음법과 그 교육」, 『어문집』 17, 원광대학교 대학원.
조창규(2002), 「교육용 어휘의 단위」, 『국어교육학연구』 14, 국어교육학회.

조창규(2012), 「국어 음운 변동의 교육 방법: 개념 획득 학습 모형과 음운 체계 이용을 중심으로」, 『한국언어문학』 83, 한국언어문학회.
조창규(2013), 「국어 음운 교육의 한 방안 – 자, 모음의 분류 기준을 이용한 음운의 동화 교육을 중심으로」, 『언어학』 21-3, 대한언어학회.
주세형(2005ㄱ), 「국어과 어휘 교육의 발전 방향」, 『독서연구』 14, 한국독서학회.
주세형(2005ㄴ), 「문법 교육과정의 실행 양상 연구 – 4차~7차 교육과정을 중심으로」, 『국어교육연구』 15, 서울대학교 국어교육연구소.
주세형(2005ㄷ), 「통합적 문법 교육 내용 설계의 원리와 실제 연구」, 서울대학교 대학원 국어교육과 국어교육전공 박사학위논문.
주세형(2006), 「역대 초등학교 1학년 국어 교과서에서 문법 교육 내용의 목표 표상성 변천 양상」, 『국어교육연구』 17, 서울대학교 국어교육연구소.
주세형(2007), 「텍스트 속 문장 쓰기와 문법」, 『한국초등국어교육』 34, 한국초등국어교육학회.
채영희(2003), 「생태학적 언어관에 의한 국어 어휘 교육」, 『배달말』 33, 배달말학회.
채영희 · 나찬연, 「다중매체를 이용한 한국어 표준 발음 교육용 콘텐츠 모형」, 『우리말연구』 16, 우리말학회.
최가진(2017), 「초등 국어과 감정 표현 지도 방안 연구」, 서울교육대학교 대학원 석사학위논문.
최선희 · 이병규(2016), 「기행문 텍스트 갈래의 내용 및 구조 연구」, 『청람어문교육』 68, 청람어문교육학회.
최소영(2011), 「국어 문화에 대한 교육 내용으로서의 어휘사 교육 연구」, 『국어교육연구』 28, 서울대학교 국어교육연구소.
최영환(1993), 「읽기 교육에서 어휘 지도의 위상: 서론」, 『韓國國語敎育硏究會 論文集』 50, 한국어교육학회.
최영환(1994), 「언어 지식 영역의 목표와 내용, 국어학 연구」, 『남천 박갑수 선생 화갑기념 논문집』, 태학사.
최영환(1995), 「언어 능력 신장의 관점에서 본 언어 지식 영역의 지도 내용」, 『국어 교육 연구』 2, 서울대학교 사범대학 국어교육연구소.
최용석(2009), 「중 · 고등학생의 어휘 사용에 관한 연구」, 『국어교육연구』 45, 국어교육학회.
최운선(2013), 「초등학생 어휘력 평가 기준안 연구」, 단국대학교 대학원 국어국문학과 박사학위논문.
최웅환(2018), 「국어과 문법교육의 재검토」, 『우리말 글』 77, 우리말글학회.
최홍열(2005), 「통사적 중의성에 대한 국어교육 방안 – 7차 교육과정을 중심으로」, 『어문연구』 33-3, 한국어문교육연구회.
하정애(2001), 「초등학교 국어과 교육과정의 국어 지식 영역 연구」, 진주교육대학교 석사학위논문.

한국교육출판(1983), 『(새교육과정에 의한)국어과 교수-학습의 실제: 문장 유형에 따른 지도를 중심으로』, 한국교육출판.
허윤희(2017), 「담화적 관점 표현 어휘를 활용한 관점 지도 방안 연구」, 서울교육대학교 대학원 석사학위논문.
허재영(2007), 「북한의 문법 교육 – 고등중학교 〈국어 문법〉 교과서를 중심으로」, 『문법 교육』 7, 한국문법교육학회.
허재영(2012), 「국어 어휘 분류 체계의 역사적 흐름」, 『겨레어문학』 48, 겨레어문학회.
허지애(2012), 「한·일 초등학교 국어 교과서 대조 분석: 1학년 교과서의 발음 교육을 중심으로」, 『국어교과교육연구』 20, 국어교과교육학회.
홍선희(1986), 「국어 정서법 중 받침 표기의 오류 유형과 그 교정에 대하여」, 연세대학교 석사학위논문.
황경수(2009), 「한국어 발음 표기의 오류 실태 – 표준 발음법을 중심으로」, 『새국어교육』 82, 한국국어교육학회.
황　란(2015), 「국어과 텍스트 중심 교육과정의 교과서 실행 양상과 교사 인식 연구 – 초등 국어교육을 중심으로」, 서울교육대학교 교육대학원 석사학위논문.
황미향(2005), 「읽기 능력 신장을 위한 어휘 지도 방안 연구」, 『국어교육연구』 37, 국어교육학회.
Corder, S .P. (1967), The Significance of Learner's Errors, *International Review of Applied Linguistics* 9.
Corder, S .P. (1974), Error Analysis and Remedial Teaching, *Error Analysis and Interlanguage,* In S. Pit Corder(ed.), Oxford Univ. Press.
Kwon, O. W., Park, J. (2003), Korean large vocabulary continuous speech recognition with morpheme-based recognition units, *Speech communication* 39, Elsevier Science B.V., Amsterdam.
Moon, K. S., Kim, Y. J., Kim, H. R., Chung, J. H. (2000), Out-Of-Vocabulary Word Rejection Algorithm in Korean Variable Vocabulary Word Recognition, *IEEE INTERNATIONAL SYMPOSIUM ON CIRCUITS AND SYSTEMS*, IEEE.

제3부 국어 교육 문법 교재 및 교수·학습의 이해

강보선(2018), 「국어과 교과 역량 신장을 위한 문법 평가 설계 – 공동체·대인 관계 역량 평가를 위한 문법 평가 요소를 중심으로」, 『한국문법교육학회 학술발표논문집』 2, 한국문법교육학회.
강여순(2008), 「문법 평가의 실태와 개선 방안」, 『국어교과교육연구』 15, 국어교과교육학회.
고춘화(2009), 「사고력 함양을 위한 문법 교육 방안 연구: 명사의 의미 기능과 교육 방안을 중심으로」, 『국어교육학연구』 35, 국어교육학회.
고희성 · 김혜숙(2013), 「생태학적 관점의 통합 문법교육을 위한 교수–학습 방법 연구 –"협력학습"을 중심으로」, 『국어교육연구학』 47, 국어교육학회.
구본관(2010), 「문법 능력과 문법 평가 문항 개발의 방향」, 『국어교육학연구』 37, 국어교육학회.
김규선(1971), 「言語敎育 方法의 變遷에 關한 硏究: 國語敎育에의 應用을 爲하여」, 『논문집』 7, 대구교육대학교.
김규훈(2011), 「독서 연극을 통한 문법 교수–학습 방법 – 이야기 활용 문법의 교수–학습 모형 개발」, 『국어교육』 136, 한국어교육학회.
김규훈(2012), 「문법교육의 생태학적 평가 방안 연구 – 텍스트와 맥락을 활용한 평가 문항 개발을 위하여」, 『국어교육학연구』 43, 국어교육학회.
김규훈 · 김혜숙(2015), 「융합형 국어교육의 창의, 인성 교수학습 방법 – 방법론 정립을 위한 시론(試論)」, 『한국어교육학회 학술발표회』, 한국어교육학회.
김상대(1979), 「오문장고 (1): 문법 교육 방법과 관련하여」, 『국어교육』 35, 한국국어교육연구회.
김석득(1992), 『우리말 형태론 – 말본론』, 탑출판사.
김수정(2015), 「학습자 생성 텍스트를 이용한 문법 교수학습 방안 연구」, 영남대학교 대학원 국어교육학과 국어교육학전공 박사학위논문.
김옥영(2012), 「방언 자료를 활용한 문법 교육 방안」, 『새국어교육』 93, 한국국어교육학회.
김유범 · 김부연(2012), 「국어 문법 교과서 개신을 위한 방향 모색」, 『한국어문교육』 11, 고려대학교 한국어문교육연구소.
김은성(2009), 「문법 교수 · 학습 방법 구체화를 위한 수업 의사소통 양상 연구 – 교사의 문법적 지식 설명하기를 중심으로」, 『국어교육학연구』 36, 국어교육학회.
김정은 · 이병규(2017), 「원리 중심 학습이 소리와 표기의 관계에 대한 이해에 미치는 효과 연구」, 『문법 교육』, 한국문법교육학회.
김지현 · 이성우(2014), 「2009 개정 교육과정 이후의 문법 평가 내용 연구 – 2014학년도, 2015학년도 대학수학능력시험과 평가원 모의평가를 중심으로」, 『한국어교육학회 학술발표회』 1, 한국어교육학회.
김진섭(2007), 「초등학교 국어 문법 교육 연구 – 통합적 문법 교육을 중심으로」, 『어문학교육』 35, 한국어문교육학회.
김진희(2013), 「문법 교육의 디지털교과서 개발을 위한 기초 연구」, 『학습자중심교과교육연구』 13-3, 학습자중심교과교육학회.
김한청(2016), 「활동 중심 언어교육 교수법이 초등학교 저학년 아동의 언어능력과 언어태도에 미치는 효과」, 명지대학교 일반대학원 아동학과 박사학위논문.
김혜숙(2012), 「상호문화적 국어교육의 교수 · 학습 방향 모색 – 다문화 사회의 통합형 문법교육을 위하여」, 『새국어교육』 93, 한국국어교육학회.

김홍범(2008), 「문법 교육을 위한 탐구학습 자료 개발 연구」, 『겨레어문학』 41, 겨레어문학회.

김홍범 · 이경현(2010), 「웹블렌디드 토론에 기반한 문법교수법의 원리와 방법 – 사범대학 국어교육과 대학생을 대상으로」, 『문법 교육』 12, 한국문법교육학회.

김효연 · 김규훈(2016), 「'비판적 담화 분석'의 문법 교육적 적용 가능성」, 『국어교육연구』 61, 국어교육학회.

남가영(2013), 「예비 국어 교사의 문법 평가 문항 설계 양상 연구」, 『교육과정평가연구』 16-3, 한국교육과정평가원.

남가영(2017), 「통합형 문법 평가문항의 양상과 설계 방향」, 『우리말 글』 75, 우리말글학회.

남기심 외(1999), 『외국인을 위한 한국어 교육의 방법과 실제』, 한국방송통신대학교출판부.

남민우(2013), 「2014 수능 체제 개편에 따른 국어 영역 평가 방향의 완화」, 『한국문법교육학회 학술발표논문집』 1, 한국문법교육학회.

노명완 · 정혜승 · 옥현진(2003), 『창조적 지식 기반 사회와 국어과 교육』, 박이정.

마성식(2000), 「문법 교육상의 문제점과 해결 방법 연구」, 『새국어교육』 60-1, 한국국어교육학회.

민현식 외(2016), 「국어 문법 교재 개발의 이론과 실제 – 2009 개정 국어 교과서에 구현된 문법 성취 기준을 중심으로」, 『국어교육연구』 37, 서울대학교 국어교육연구소.

박승배 외 옮김(2009), 『효과적인 교수법』, 아카데미프레스.

박인우 외 옮김(2005), 『교수모형』, 아카데미프레스.

박정숙(2002), 「문법 단원의 수업 설계」, 『국어교과교육연구』 3, 국어교과교육학회.

박형우(2009), 「문법 교육과 관련된 탐구 학습의 문제점과 개선 방안」, 『새국어교육』 82, 한국국어교육학회.

방성원(2004), 「한국어 학습자를 대상으로 한 교육 방법의 개발 방향 – 학교 문법과 외국어로서의 한국어 문법의 비교를 바탕으로」, 『어문연구』 117, 한국어문교육연구회.

방인태(2004), 「문화 생산 문법 교육론」, 『한국초등국어교육』 26, 한국초등국어교육학회.

백목원 · 권순희(2016), 「북한 이탈 고등학생의 국어 능력 진단 평가」, 『학습자중심교과교육연구』 16-7, 학습자중심교과교육학회.

서중현(2014), 「청각장애학교 교사의 국어교과 학습방법에 대한 연구」, 인제대학교 일반대학원 교육학과 특수교육전공 박사학위논문.

송현정(2002), 「국어 지식 영역의 교과서 제시 방식에 대한 분석」, 『국어 교육』 109, 한국국어교육학회.

송현정(2009), 「문법 교육을 위한 내용교수법적 접근」, 『한국초등국어교육』 41, 한국초등국어교육학회.
송현정(2015),「대학생 글쓰기 기초를 위한 문법 진단 평가 분석 연구」,『국어교육연구』 35, 서울대학교 국어교육연구소.
심영택(2003),「국어교육 목표에 대한 재조명」,『어문연구』 31-4, 어문교육연구회.
안주호(2003),「국어 문법 교육에서의 구어 자료 활용 방안」,『현대문법연구』 33, 현대문법학회.
양세희(2017),「문법 교과서의 학습 활동 유형 변화 양상 분석 - 고등학교『문법』을 중심으로」,『새국어교육』 113, 한국국어교육학회.
양태식(2000),「국어 지식 영역의 교수 · 학습」, 양태식 외(2000),『초등 국어과 교육』, 박이정.
양태식(2003),「받아쓰기에 대한 진단적 검토」,『한국어교육』 18, 한국어문교육학회.
오현아(2012),「문법 교육 내용 제시 방법 유형화에 대한 고찰: 피동표현을 중심으로」,『언어학연구』 24, 한국중원언어학회.
우형식(1999),「교육과정에 근거한 국어과 교육의 평가 방법 모색」,『교육논총』, 부산외국어대학교 교육대학원.
유은정 · 서중현(2014),「교사의 의사소통 방법과 교수방법에 따른 청각장애학생의 국어교과 성취력과 개선방안」,『특수아동교육연구』 16-2, 한국특수아동학회.
윤구희(2018),「국어과 예비 교사의 문법 교수역량 분석 연구」, 고려대학교 대학원 국어교육학과 박사학위논문.
이경숙(2015),「고등학교 국어 교과서 및 문법 교과서의 평가 준거 개발」,『교육과정평가연구』 18-1, 한국교육과정평가원.
이관규(2000),「학교 문법 교육의 현황」,『새국어생활』 10-2, 국립국어연구원.
이관규(2001),「학교 문법 교육에 있어서 탐구학습의 효율성과 한계점에 대한 실증적 연구」,『국어교육』 106, 한국국어교육연구회.
이관규(2003),「국어지식 교육의 평가 내용과 방법의 현황 및 문제점」,『이중언어학』 23, 이중언어학회.
이관규(2008),「국어 교육의 성격과 국어 능력 평가의 한 문제」,『문법 교육』 8, 한국문법교육학회.
이관규(2009),「통합적 문법 교육의 의의와 방법」,『문법교육』 11, 한국문법교육학회.
이규범(2018),「국어교육을 위한 핵심두류의 분석 및 활용 방안 연구」, 고려대학교 대학원 국어교육학과 박사학위논문.
이기연(2013),「문법 능력 평가 내용 연구 - 문법적 판단력 설정을 중심으로」,『국어교육연구』 32, 서울대학교 국어교육연구소.
이대규(1994),「문법 수업 설계 방법」,『선청어문』 22-1, 서울대학교 국어교육과.
이도영(2007),「문법 영역의 평가 방법: 형성 평가를 중심으로」,『국어교육연구』 41, 국어교육학회.
이명권(1963),「문법교육의 방법론(하(下)): 독해를 위한 문 · 문장 기구, 기능지도를 중심으로」, 『국어교육』 7, 한국국어교육연구회.
이병규(2003), 「국어과 교육과정 내용의 교과서 구현 양상 연구 – 국어 지식 영역을 중심으로」, 『한국어 교육』 18, 한국어문교육학회.
이병규(2004), 「국어 교과서 문장의 오류 연구」, 『의미학』 14, 한국의미학회.
이병규(2012), 「국어 문법 교육의 교수 · 학습 자료 개발의 원리」, 『초등국어교육연구』 48, 한국초등국어교육학회.
이병규(2017ㄱ), 「초등 국어 교과서의 문법 실행 양상 연구 – 오개념과 관련하여」, 『문법 교육』 31, 한국문법교육학회.
이병규(2017ㄴ), 「지능 정보화 시대와 국어교육」, 『새국어교육』 113, 한국국어교육학회.
이병규(2018), 「문법과 읽기 교육의 융합」, 『언어사실과 관점』 45, 연세대학교 언어정보연구원.
이병규 · 김정은(2015), 「설명문 텍스트의 맥락과 구조 연구」, 『새국어교육』 105, 한국국어교육학회.
이병규 · 김정은(2016), 「텍스트 갈래 지식과 과정 중심 쓰기를 통합한 쓰기 지도 방안 연구 – 설명문을 중심으로」, 『새국어교육』 107, 한국국어교육학회.
이병규 · 김혜진(2019ㄱ), 『또바기와 모도리의 야무진 한글 1』, 교학사.
이병규 · 김혜진(2019ㄴ), 『또바기와 모도리의 야무진 한글 2』, 교학사.
이병규 · 김혜진(2019ㄷ), 『또바기와 모도리의 야무진 한글 3』, 교학사.
이병규 · 김혜진(2019ㄹ), 『또바기와 모도리의 야무진 한글 4』, 교학사.
이병규 · 최근애(2013), 「학습 한국어 교수 · 학습 방안 연구 – 초등학교 사회과 역사 영역을 중심으로」, 『한국초등교육』 24-4, 서울교육대학교 초등교육연구원.
이병규 · 선혜선(2014), 「초등 국어과 교육을 위한 텍스트 갈래에 대한 지식 범주화」, 『청람어문교육』 49, 청람어문교육학회.
이상일 · 김승현(2016), 「답지 반응률 분포 곡선을 활용한 학업성취도 평가 국어과 문항 분석 연구: 중학교급 선다형 문항을 중심으로」, 『교육과정평가연구』 19-2, 한국교육과정평가원.
이승왕(2017), 「국어과 문법 영역의 서술형 평가 적용 방안」, 『한국초등국어교육』 62, 한국초등국어교육학회.
이영주(2007), 「통합적 문법 교육의 문제점과 개선 방향 – 고등학교 「국어」 교과서 국어 지식 영역을 중심으로」, 『문법 교육』 7, 한국문법교육학회.
이영휘(1973), 「효율적인 문법 학습을 위한 교재 구조화 방안: 학습 자료의 재구성을 중심으로」, 『새국어교육』 16-1, 한국국어교육학회.
이지수(2014), 「문법 교수를 위한 교사 발문 구성 연구」, 『한국어교육학회 학술발표회』 1, 한국어교육학회.
이지수(2016), 「문법 교육을 위한 교수학적 내용 지식 연구」, 서울대학교 대학원 국어교육과 박사학위논문.

이창근(2008), 「국어 발음 학습 교재 구성 방안: 초등학교를 중심으로」, 『학습자중심교과교육연구』 8-1, 학습자중심교과교육학회.

이창수(2011), 「국어과 문법 영역 교수 · 학습 방안 연구: 초등 어휘 관련 내용을 중심으로」, 동아대학교 대학원 국어국문학과 박사학위논문.

이창수 외(2008), 「초등학교 토박이말 어휘 지도 자료 개발」, 『한국초등국어교육』 38, 한국초등국어교육학회.

이춘근(2001), 「문법 교육 내용의 계열화 분석 및 평가」, 『국어교육연구학』 13, 국어교육학회.

장윤희(2006), 「문법 내용의 국어 교과서 구현 방안 연구」, 『국어교육』 120, 한국어교육학회.

정은진(2017), 「텍스트 구성 능력 신장을 위한 문장 쓰기 지도 방안」, 서울교육대학교 대학원 석사학위논문.

정혜승(2002), 「국어과 교육과정 실행 요인 분석 – 교과서 요인을 중심으로」, 『국어 교육』 108, 한국국어교육연구학회.

주세형(2007), 「"문법 교사의 수업 전문성 평가 모형"에 대한 현장 교사의 인식 실태 연구」, 『새국어교육』 77, 한국국어교육학회.

주세형(2008ㄱ), 「교실 문화 개선을 위한 국어과 교수 · 학습 방법: 교실 문화 개선을 위한 문법 교수 학습 방법 개발의 방향」, 『청람어문교육』 38, 청람어문교육학회.

주세형(2008ㄴ), 「국어과 평가의 타당도 제고를 위한 문법 교육 방향」, 『문법 교육』 8, 한국문법교육학회.

주세형(2008ㄷ), 「학교 문법 다시 쓰기(2): "숙련자의 문법 탐구 방법"을 중심으로」, 『국어교육』 126, 한국어교육학회.

주세형(2009), 「문법 능력에 대한 인식 양상 연구 – 국어과 평가 문항의 이원목적분류표를 중심으로」, 『청람어문교육』 40, 청람어문교육학회.

주세형(2010), 「국가 수준 학업성취도 평가 개선을 위한 "문법" 평가 이론의 정립」, 『한국어교육학회 학술발표회』 1, 한국어교육학회.

주세형(2011ㄱ), 「국어 교사의 문법 평가 문식성 증진을 위한 기초 연구」, 『한국문법교육학회 학술발표논문집』 2, 한국문법교육학회.

주세형(2011ㄴ), 「국어과 문법 평가 이론의 발전 방향」, 『국어교육』 135, 한국어교육학회.

주세형(2011ㄴ), 「평가 문식성 신장을 위한 국어과 교사 교육」, 『문법 교육』 15, 한국문법교육학회.

최가진(2017), 「초등 국어과 감정 표현 지도 방안 연구」, 서울교육대학교 대학원 석사학위논문.

최규홍(2011), 「초등학교 문법 단원 구성에 관한 연구」, 『한국초등국어교육』 47, 한국초등국어교육학회.

최규홍(2013), 「초등학교 문법 교육 평가 방법 연구」, 『청람어문교육』 47, 청람어문교육학회.
최규홍(2015), 「초등학생의 표준 발음 지도 방법 연구」, 『학습자중심교과교육연구』 15, 학습자중심교과교육학회.
최선희(2016), 「문법 탐구 학습 모형의 비판적 고찰」, 『새국어교육』 109, 한국국어교육학회.
최영환(1995), 「언어 능력 신장의 관점에서 본 언어 지식 영역의 지도 내용」, 『국어 교육 연구』 2, 서울대학교 사범대학 국어교육연구소.
최은정 · 조용기(2015), 「문법 탐구 능력 평가 방안 연구」, 『국어교육』 148, 한국어교육학회.
최은정 외(2014), 「PBG(Problem Behavior Graph)를 이용한 문법 탐구 과제 해결 과정 분석」, 『국어교육연구학』 49-2, 국어교육학회.
하성욱(2011), 「문법의 통합적 평가 방안 연구」, 『국어교과교육연구』 18, 국어교과교육학회.
하성욱(2014), 「문법 진단 평가를 위한 구글 독스(Google Docs) 활용 방안 연구 – "양식(forms)" 기능을 중심으로」, 『국어교육학연구』 49-1, 국어교육학회.
한국교육과정평가원(2000), 「한국어능력시험 등급 기준 조정 및 문제은행 구축 방안 연구」, 한국교육과정평가원.
허 웅(1995), 『20세기 우리말의 형태론』, 샘문화사.
허윤희(2017), 「담화적 관점 표현 어휘를 활용한 관점 지도 방안 연구」, 서울교육대학교 대학원 석사학위논문.
Goodman. K. S., Smith E. B., Meredith, R. & Goodman, Y. M.(1987), *Language and Thinking in School*, Richard C. Owen Publishers, Inc.
Thornbury, Scott(1999, 2nd. 2000), *How to Teach Grammar*, Longman.
Ur Penny(1996, 2nd. 2002), *A Course in Language Teaching: Practice and Theory*, Cambridge Teacher Training & Development Series, Cambridge Univ. Press.

제4부 국어 교육 문법 기술의 탐색과 확장

강은진(2010), 「아동 발달에 따른 매체언어교육」, 『한국초등국어교육』 42, 한국초등국어교육학회.
강지수(2005), 「구어체 담화와 문어체 담화의 문법 현상 비교」, 『어문연구』 47, 어문연구학회.
강초희(2016), 「초등학생의 미디어 문식성 신장을 위한 인터넷 정보 검색 지도 방안 연구」, 서울교육대학교 대학원 석사학위논문.
고영근(1989), 『국어 형태론 연구』, 서울대학교출판부.
고영근(1995), 『단어, 문장, 텍스트』, 한국문화사.

고영근(1999), 『텍스트 이론』, 아르케.

고영근 · 구본관(2018), 『개정판 우리말 문법론』, 집문당.

고창수(2010), 「인터랙티브 매체 시대의 한국어 – 역사적 매체 발달에 따른 언어 변화 동인을 중심으로」, 『우리어문연구』 37, 우리어문학회.

구본관(2014), 「단어」, 『표준국어문법개발(2단계) 제1차 워크숍 자료집』.

구본관 · 이진호 외(2016), 『한국어 문법 총론 Ⅰ(초판 3쇄)』, 집문당.

구본관 · 이진호 외(2017), 『한국어 문법 총론 Ⅱ(초판 2쇄)』, 집문당.

구영산(2016), 「국어과 교육과정과 교과서의 '사과하기' 교육 내용의 특징과 개선 방향」, 『새국어교육』 109, 한국국어교육학회.

구현정(2003), 「대화 텍스트의 구조」, 『텍스트 분석의 실제』(이석규 편), 역락.

권경민(2014), 「초등학생의 문어 텍스트 구성 능력 검증 기준 연구 – 설명문을 중심으로」, 서울교육대학교 대학원 석사학위논문.

권우진(2011), 「스토리텔링을 적용한 자기 소개 연구」, 『작문연구』 13, 한국작문학회.

권재일(2014), 『한국어문법론』, 태학사.

길연희(2015), 「독서 감상문 텍스트 갈래의 교육 내용 연구」, 서울교육대학교 대학원 석사학위논문.

김　정(2012), 「설명문 쓰기 능력 신장 방안 연구 – 텍스트 특성의 교육 · 학습을 중심으로」, 서울교육대학교 대학원 석사학위논문.

김경남(2012), 「초등 국어 교과서의 서사 텍스트 분포와 변화 연구」, 『어문학』 117, 한국어문학회.

김경주(2008), 「쓰기 영역의 교육 내용에 대한 연구: 2007 개정 국어과 교육과정 7학년 쓰기 영역 "보고서 쓰기"의 교재화를 중심으로」, 『국어교육학연구』 33, 국어교육학회.

김규훈(2010ㄱ), 「텍스트 중심 문법 교육의 원리」, 『새국어교육』 85, 한국국어교육학회.

김규훈(2010ㄴ), 「텍스트 중심 문법 교육의 실행 방안: '음운과 음운 체계'의 교수 · 학습을 중심으로」, 『우리말교육현장연구』 4, 우리말교육현장학회.

김규훈(2018), 「'비판적 담화분석'의 국어교육적 적용 – 〈언어와 매체〉의 통합 단원 구성」, 『문법 교육』 33, 한국문법교육학회.

김나연(2015), 「텍스트 간 관계 지식을 활용한 전기문 읽기 지도 방안 연구」, 서울교육대학교 대학원 석사학위논문.

김대행(1998), 「매체언어 교육론 시론」, 『한국어교육학회지』 97, 한국어교육학회.

김대희(2009), 「매체 언어 쓰기 교육의 방향에 대한 연구」, 『한국초등국어교육』 38, 한국초등국어교육학회.

김농환(2013), 「매체교육과 언어 인식」, 『국어교육학연구』 46, 국어교육학회.

김만수(2010), 「국어 교육과정에서 극 텍스트의 활용 양상: 중 · 고등학교 교과서를 중심으로, 『한국극예술연구』 31, 한국극예술학회.

김봉순(2001), 「국어교육을 위한 텍스트 언어학」, 『국어교육학연구』 12, 국어교육학회.

김봉순(2002), 『국어교육과 텍스트구조』, 서울대학교출판부.

김봉순(2010), 「국어교육을 위한 텍스트 분류 체계 연구 – 읽기와 쓰기 영역을 중심으로」, 『국어교육학연구』 39, 국어교육학회.

김석득(1992), 『우리말 형태론 – 말본론』, 탑출판사.

김성희(2009), 「인터넷 매체언어의 읽기와 쓰기 특성과 효과적 통합 지도 전략 연구」, 동국대학교 박사학위논문.

김성희(2012), 「생태학의 관점에 따른 인터넷 매체언어 교육 내용의 비판적 고찰」, 『국어교육학연구』 43, 국어교육학회.

김소향(2017), 「효과적인 의미 구성을 위한 문단 지도 방안 연구」, 서울교육대학교 대학원 석사학위논문.

김영만(2004), 「청소년 개인 홈페이지의 표현 양상과 국어 작문 교육」, 『국어교육학연구』 19, 국어교육학회.

김영신(2014), 「맥락을 고려한 국어과 학습 텍스트 제시 방안 연구」, 서울교육대학교 교육대학원 석사학위논문.

김용도(1998), 「언어학의 담화/텍스트 연구」, 『외대논총』 18-1, 부산외국어대학교.

김유미(2013), 「연관 텍스트를 활용한 읽기의 맥락 이해 지도 방안 연구」, 『우리어문연구』 46, 우리어문학회.

김은성(2008), 「국어 문법교육에서 "텍스트" 처리의 문제」, 『국어교육학연구』 33, 국어교육학회.

김의수(2018), 「해석 문법의 국어 교육적 적용」, 『한국어문교육』 24, 고려대학교 한국어문교육연구소.

김의수 · 양지연(2010), 「국어교육 교재와 한국어교육 교재 간의 접점 연구 – 문장의 통사론적 난이도를 중심으로」, 『문법교육』 12, 한국문법교육학회.

김재봉(2007), 「2007년 개정 국어과 교육과정과 맥락의 수용 문제」, 『새국어교육』 77, 한국국어교육학회.

김　정(2012), 설명문 쓰기 능력 신장 방안 연구 – 텍스트 특성의 교육 · 학습을 중심으로, 서울교육대학교 교육대학원 석사학위논문.

김정우(2007), 「2007 개정 국어과 교육과정의 개정 방향과 특징」, 『한말연구』 20, 한말연구학회.

김정은(2015), 「텍스트 갈래 지식에 기반 한 설명문 쓰기 지도 방안 연구」, 서울교육대학교 대학원 석사학위논문.

김정은 · 이병규(2015), 「설명문 텍스트의 맥락과 구조 연구」, 『새국어교육』 105, 한국국어교육학회.

김정자(2007). 「"국어" 교육과정의 매체 언어 교육 내용」, 『국어교육학연구』 28, 국어교육학회.

김종현(2012), 「국어과 교육과정을 위한 담화 개념의 위상」, 『국어교육학연구』 44, 국어교육학회.

김진효(2016), 「초등학생의 온라인상 언어 사용에 대한 국어교육적 수용 방안 연구」, 서울교육대학교 대학원 석사학위논문.

김태엽(2006), 「국어 문법 교육의 과제」, 『대구대학교 학술논문집』 1, 대구대학교.

김태옥 · 이현호 공역(1991), 『담화 · 텍스트 언어학 입문』, 양영각.

김혜정(2009ㄱ), 「국어 교육용 텍스트 자료 유형에 대한 연구 - 역대 교육과정 국어 교재를 중심으로」, 『국어교육학연구』 36, 국어교육학회.

김혜정(2009ㄴ), 「읽기의 맥락과 맥락 읽기」, 『독서연구』 21, 한국독서학회.

김효연 · 김규훈(2016), 「'비판적 담화 분석'의 문법교육적 적용 가능성」, 『국어교육연구』 61, 국어교육학회.

남기심(2001), 『현대 국어 통사론』, 태학사.

남기심 · 고영근(2011), 『표준국어문법론(제3판)』, 탑출판사.

남기심 · 고영근(2018), 『개정판 표준 국어문법론』, 박이정.

남민우(2006), 「텍스트 가치 평가 활동을 위한 시 교육 연구」, 서울대학교 대학원 박사학위논문.

남지현(2016), 「대화주의에 기반한 문학토의 수업의 구조화 연구: 비계 설정을 중심으로」, 고려대학교 대학원 박사학위논문.

노대규(1996), 『한국어의 입말과 글말』, 국학자료원.

노석기(1984), 「국어의 담화와 문장에 대한 특성 비교」, 『한글』 184, 한글학회.

노은희(2009), 「말하기와 쓰기의 통합에 대한 일고찰 - 개정 국어과 교육과정에 나타난 말하기와 쓰기의 연계 양상을 중심으로」, 『작문연구』 8, 한국작문학회.

류관수(1986), 「담화 분석의 방법론적 접근(1) - 문장 단위를 중심으로」, 『외국문화연구』 86-1, 조선대학교.

민병곤(2004), 「논증 교육의 내용 연구: 6, 7, 10학년 학습자의 작문 및 토론 분석을 바탕으로」, 서울대학교 대학원 박사학위논문.

민병곤(2006), 「텍스트 중심 말하기 교육 내용 구성의 전제와 함축」, 『어문학교육』 33, 한국어문교육학회.

박나리(2008), 「학술논문의 텍스트성 분석 - 의도성(intentionality)을 중심으로」, 『텍스트언어학』 25, 한국텍스트언어학회.

박상희(2007), 「개정된 국어과 교육과정의 문법 교육에 대한 검토」, 『국어교과교육연구』 13, 국어교과교육학회.

박수자(2000), 「의사소통 매체와 언어 표현의 특징」, 『국어교육학 연구』 10, 서울대학교 국어교육연구소.

박수자(2012), 「기행문 제재의 교육적 가치와 기능에 관한 고찰」, 『어문학교육』 44, 한국어문교육학회.

박인기(2010), 「국어교육과 매체언어문화」, 『국어교육학연구』 37, 국어교육학회.

박인기(2014), 「국어교육 텍스트의 경계와 확장」, 『국어교육연구』 54, 국어교육학회.
박종훈(2008), 「텍스트의 기능적 분석과 그 국어교육적 의미: 동성을 중심으로」, 『국어교육학연구』 33, 국어교육학회.
박진용(2006), 「텍스트 의미 구조의 읽기 교수 · 학습 연구」, 한국교원대학교 대학원 박사학위논문.
박진용(2013) 「텍스트구조 관련 읽기 교육 내용 고찰」, 『한국초등국어교육』 51, 한국초등국어교육학회.
백용학(1993), 『화용론과 담화분석』, 동아대학교출판부.
서승아(2017), 「희망 표현의 사용 교육 연구 – 문화 간 언어능력 연구의 조건을 구성하기 위하여」, 『화법연구』 38, 한국화법학회.
서영진(2010), 「다문화 사회의 (한)국어 수업: "협상" 담화 교수 · 학습 방안 연구 – 호혜적 협상의 기본 요소를 중심으로」, 『국어교육학연구』 38, 국어교육학회.
서유경(2009), 「매체언어교육의 실행 방안 연구」, 『국어교육』 128, 한국국어교육연구회.
서종훈(2011), 「2009 개정 국어과 교육과정에 대한 비판적 고찰」, 『우리말교육현장연구』 5, 우리말교육현장학회.
서 혁(1995), 「담화의 기능 및 유형」, 『국어교육학연구』 5-1, 국어교육학회.
서 혁(1998ㄱ), 「국어교육적 관점에서의 텍스트 분석」, 『텍스트언어학』 5, 한국텍스트언어학회.
서 혁(1998ㄴ), 「초등학생의 텍스트성 발달에 관한 사례 연구 – 일기 텍스트 분석을 중심으로」, 『국어교육연구』 8, 국어교육학회.
서 혁 · 류수경(2014), 「국어 교과서 텍스트의 유형과 복잡도」, 『국어교육학연구』 49, 국어교육학회.
선혜선(2012), 「텍스트 지식의 국어 교과서 실행 양상과 그에 관한 교사의 인식 실태 연구」, 서울교육대학교 대학원 석사학위논문.
송경숙(2002), 『담화분석: 대화 및 토론 분석의 실제』, 한국문화사.
송진선(2016), 「제안하는 글 텍스트 갈래의 교육 내용 연구」, 서울교육대학교 대학원 석사학위논문.
송태윤(2012), 「고려가요 처용가의 텍스트성 연구」, 『한민족어문학』 62, 한민족어문학회.
신명선(2005), 「텍스트 유형 교육에 관한 비판적 고찰 – 신문 기사문을 중심으로」, 『국어교육학연구』, 국어교육학회.
신명선(2011), 「국어 교과서의 텍스트적 특징에 대한 통시적 연구 – 1~7차 중학교 국어 1-1학기 1단원을 중심으로」, 『텍스트언어학』 30, 한국텍스트언어학회.
신명선(2017), 「국어과 교육과정사에서 텍스트 구조 관련 교육 내용」, 『한국어학』 74, 한국어학회.
신현진(2014), 「텍스트 갈래에 대한 지식 학습이 글쓰기 능력에 미치는 영향 연구 – 주장하는 글을 중심으로」, 서울교육대학교 대학원 석사학위논문.
신혜영(2016), 「초등학생의 온라인 대화 능력 신장을 위한 교육 내용 연구」, 서울교육대학교 대학원 석사학위논문.
심유나(2012), 「고쳐쓰기에 대한 초등 교사와 초등학생의 인식 연구」, 서울교육대학교 대학원 석사학위논문.
심유나(2015), 「초등 국어과 교과서에 반영된 매체언어 교육 – 복합양식 문식성의 관점에서」, 『한국어문교육』 18, 고려대학교 한국어문교육연구소.
양세희(2013), 「텍스트 결속 표지로서 조사 교육의 가능성 탐색」, 『국어교육』 142, 한국어교육학회.
양세희(2014ㄱ), 「국어의 조사 교육에 대한 연구: 담화 문법을 중심으로」, 고려대학교 대학원 박사학위논문.
양세희(2014ㄴ), 「담화 전략으로서 조사 교육 연구 – "의"를 중심으로」, 『국어교육학연구』 29, 국어교육학회.
양세희(2015), 「문법 교육의 위계화 개념에 대한 연구」, 『새국어교육』 105, 한국국어교육학회.
양영희(2014), 「2011 국어과 교육과정에 근거한 '문법' 영역의 텍스트 구현 방식 고찰」, 『국어문학』 57, 국어문학회.
양영희(2016), 「문법 교육에서 매체(언어)의 수용 방안」, 『우리말 글』 70, 우리말글학회.
엄해영 · 조재윤(2009), 「초등학교 국어교육에서의 미디어 자료 개발에 관한 연구」, 『새국어교육』 83, 한국국어교육학회.
연세 현대 한국어사전, https://ilis.yonsei.ac.kr/dic/(2016.06.28. 검색)
오현아(2010), 「표현 문법 관점의 문장 초점화 교육 내용 연구」, 서울대학교 대학원 박사학위논문.
오현아(2011), 「화제 · 초점 중심의 텍스트 구조 유형화에 대한 고찰 – 설득 텍스트를 중심으로」, 『새국어교육』 87, 한국국어교육학회.
유동엽(2003), 「일상 대화의 논쟁 원리와 전략에 대한 연구」, 『국어교육학연구』 16, 국어교육학회.
유현경 · 이정택(2014), 「문장을 이루는 문법 단위의 문제 – '어절, 구, 절, 문장'을 중심으로」, 『표준국어문법개발(2단계) 제1차 워크숍 자료집』
윤여탁 외(2007), 「매체언어 교육의 본질에 대한 연구」, 『국어교육연구』 19, 서울대학교 국어교육연구소.
윤여탁 외(2008), 『매체언어와 국어교육』, 서울대학교출판부.
윤천탁(2007), 「국어교육에서 유머 텍스트의 활용 방안」, 『청람어문교육』 35, 청람어문교육학회.
이성화(2000), 「매체 언어의 국어 교재화 방안」, 『한국초등국어교육』 17, 한국초등국어교육학회.

이경화(2007), 「국어과 교육과정 개정의 특징과 의의(1~6학년)」, 『교원교육』, 한국교원대학교교육연구원.

이경화 · 안부영(2010), 「텍스트 중심 교육과정의 의의와 한계 – 2007 개정 국어과 교육과정을 중심으로」, 『새국어교육』 85, 한국국어교육학회.

이도영(2007), 「국어과 교육과정에 나타난 텍스트 유형에 대한 비판적 검토」, 『텍스트언어학』 22, 한국텍스트언어학회.

이병규(2005), 「국어지식 교육의 성격과 국어과 교육의 영역 체계」, 『국어교육학연구』 22, 국어교육학회.

이병규(2012ㄱ), 「국어 문법 교육의 교수 · 학습 자료 개발의 원리」, 『초등국어교육연구』 48, 한국초등국어교육학회.

이병규(2012ㄴ), 「문장의 유형에 대한 초등 국어 문법 교육 내용 연구」, 『한국초등국어교육』 50, 한국초등국어교육학회.

이병규(2012ㄷ), 「문장의 유형에 대한 초등 국어 문법 교육 내용의 변천 연구」, 『문법교육』 17, 한국문법교육학회.

이병규(2013ㄱ), 「표준문법 정립을 위한 담화론의 논점 탐색」, 『문법 교육』 19, 한국문법교육학회.

이병규(2013ㄴ), 「국어과 교육 대상으로서의 매체의 특성 연구」, 『초등국어교육연구』 53, 한국초등국어교육학회.

이병규(2014ㄱ), 「국어과 교육 대상으로서의 매체의 특성 연구」, 『한국초등국어교육』 53, 한국초등국어교육학회.

이병규(2014ㄴ), 「담화의 개념과 단위」, 『어문론총』 61, 한국문학언어학회.

이병규(2015ㄱ), 「담화 기능과 그 체계」, 『반교어문연구』 41, 반교어문학회.

이병규(2015ㄴ), 「'매체'와 '매체언어'의 개념에 대한 비판적 검토와 대안 탐색」, 『한민족문화연구』 49, 한민족문화학회.

이병규(2015ㄷ), 「초등 학습용 국어사전의 성격과 거시 구조의 쟁점 탐색」, 『민족문화연구』 66, 고려대학교 민족문화연구원.

이병규(2018), 「문법과 읽기 교육의 융합」, 『언어사실과 관점』 45, 연세대학교 언어정보연구원.

이병규 · 선혜선(2014), 「초등 국어과 교육을 위한 텍스트 갈래에 대한 지식 범주화」, 『청람어문교육』 49, 청람어문교육학회.

이병규 · 구세민(2018), 「초등 국어과 텍스트성 교육의 비판적 고찰」, 『우리말연구』 51, 우리말학회.

이병규 · 김정은(2017), 「원리 중심 학습이 소리와 표기의 관계에 대한 이해에 미치는 효과 연구」, 『문법 교육』, 한국문법교육학회.

이병규 · 최선희(2016), 「기행문 텍스트의 맥락과 형식 연구」, 『한국초등교육』 27-1, 서울교육대학교 초등교육연구원.

이병규 · 김정은(2016), 「텍스트 갈래 지식과 과정 중심 쓰기를 통합한 쓰기 지도 방안 연구 - 설명문을 중심으로」, 『새국어교육』 107, 한국국어교육학회.
이병규 · 김희동 · 김세현(2017), 「국어과 내용으로서의 맥락에 대한 재고(再考)」, 『새국어교육』 106, 한국국어교육학회.
이병규 · 신윤정(2014), 「초등학교 교과서의 다문화 텍스트 연구」, 『문법 교육』 20, 한국문법교육학회.
이병규 · 심유나(2012), 「초등 쓰기 교육에서의 고쳐쓰기 교육의 실태 연구」, 『새국어교육』 93, 한국국어교육학회.
이병규 외(2018), 『한국어 표준 문법』, 집문당.
이석규 편(2003), 『텍스트 분석의 실제』, 역락.
이선경(2017), 「텍스트 갈래 지식 기반 초등학생 대화 교육 내용 연구 - 친교적 대화를 중심으로」, 서울교육대학교 대학원 석사학위논문.
이선영(2011), 「토론 교육 내용 체계 연구: 초 · 중 · 고 토론대회 담화 분석을 바탕으로」, 서울대학교 대학원 박사학위논문.
이성과(2016), 「텔레비전 뉴스 텍스트 갈래 기반 미디어 문식성 교육 내용 연구」, 서울교육대학교 대학원 석사학위논문.
이성만(2010), 「텍스트에서 담화로 - 텍스트언어학의 확장」, 『텍스트언어학』 29, 한국텍스트언어학회.
이성영(2007), 「2007 국어과 교육과정의 특성과 문제점」, 『우리말교육현장연구』 1, 우리말교육현장학회.
이신형(2010), 「'화제-초점'의 의미 기능과 텍스트 분석 연구」, 한국교원대학교 대학원 박사학위논문.
이원표 옮김(1997), 『담화연구의 기초』, 한국문화사. (Renkema, J. (1993), *Discourse studies: an introductory textbook*, Amsterdam; Philadelphia: J. Benjamins.)
이은주(2010), 「매체 언어를 활용한 비판적 읽기 교육」, 『독서연구』 23, 한국독서학회.
이은희(1993), 「접속관계의 텍스트 언어학적 연구」, 서울대학교 대학원 박사학위논문.
이은희(2012), 「국어과 교육과정과 텍스트언어학」, 『텍스트언어학』 33, 한국텍스트언어학회.
이재기(2006), 「맥락 중심 문식성 교육 방법론 고찰」, 『청람어문교육』 34, 청람어문교육학회.
이재기(2007), 「2007년 개정 국어과 교육과정의 특징과 실행 방안」, 『청람어문교육』 36, 청람어문교육학회.
이재원(2001), 「드 보그란데 · 드레슬러(1981)의 텍스트성에 대한 비판적 고찰」, 『텍스트언어학』 11, 한국텍스트언어학회.
이재원(2008), 「또 다시 텍스트성」, 『텍스트언어학』 24, 한국텍스트언어학회.
이재원(2012), 「텍스트언어학의 "텍스트성 Textualitat"의 개념 규정을 위한 기고 - 슈미트 S. J. Schmidt(1973), 보그랑데/드레슬러 R. A. de Beaugrande/W. Dressler(1981), 브링커 K. Brinker(1988), 파터 H. Vater(1990)의 논의를 중심

으로」, 『독어학』 26, 한국독어학회.
이종철(1998). 「대중 매체의 언어 메시지 교육 연구」, 『국어교육학연구』 8, 서울대학교 국어교육연구소.
이주섭(2001), 「상황맥락을 반영한 말하기 · 듣기 교육의 내용 구성에 관한 연구」, 한국교원대학교 박사학위논문.
이채연(2001ㄱ), 「인터넷 매체언어 활용의 교수학습 모형과 실제」, 『새국어교육』 61, 한국국어교육학회.
이채연(2001ㄴ), 「인터넷의 매체 언어성과 국어 교재화 탐색」, 『국어교육』 104, 한국국어교육연구회.
이채연(2007), 「매체언어교육의 교수학습 방법」, 『국어교육학연구』 28, 국어교육학회.
이혜인(2016), 「인터넷게시판 글 제목의 특성과 유형 연구 - 초등 국어과 미디어 교육의 관점에서」, 서울교육대학교 대학원 석사학위논문.
이희승(1949), 『초급 국어 문법』, 박문서관.
이희예(2018), 「텍스트 구성 능력 신장을 위한 맥락 지도 방안 연구 - 글쓰기 목적과 예상 독자 설정을 중심으로」, 서울교육대학교 석사학위논문.
이희자(2002), 「의사소통의 최소 단위'로서의 '발화문'과 '문장'」, 『텍스트언어학』 13, 텍스트언어학회.
임나경(2016), 「텍스트 갈래 지식에 기반한 애니메이션 텍스트 지도 방법 연구」, 서울교육대학교 대학원 석사학위논문.
임인화(2018), 「상호텍스트성을 통한 문학교육 방안 연구」, 한양대학교 대학원 박사학위논문.
임지룡 · 권재일 외(2016), 『문법 교육론(초판 4쇄)』, 역락.
임천택(2001ㄱ), 「국어교육을 위한 매체와 매체 언어 탐구」, 『새국어교육』 61, 한국국어교육학회.
임천택(2001ㄴ), 「매체 문식성의 개념과 교육적 접근 관점」, 『청람어문교육』 23, 청람어문교육학회.
임천택(2007), 「새 국어과 교육과정의 내용 선정 범주 '맥락'의 현장 소통 방안」, 『청람어문교육』 36, 청람어문교육학회.
임칠성(2000), 「컴퓨터 공개 대화방 대화의 매체 언어적 성격과 대화 양식 고찰」, 『텍스트언어학』 9, 한국텍스트언어학회.
장성아(2015), 「비판적 담화분석(CDA)을 활용한 국어 교육 내용 연구」, 『국어교육연구』 59, 국어교육학회.
전수지(2017), 「구어체와 문어체의 효과적 사용을 위한 지도 방안 연구」, 서울교육대학교 대학원 석사학위논문.
정구향(2002), 「매체언어 교육의 내용범주와 수용 양상 연구」, 『새국어교육』 63, 한국국어교육학회.
정동현(2005), 「텍스트 언어학의 현장 교육 과제」, 『중등교육연구』 53, 경북대학교사범대학부속 중등교육연구소.
정민주(2005), 「미디어 문식성을 위한 텍스트 수용에 관한 고찰」, 『국어교육연구』 15, 서울대학교 국어교육연구소.
정민주(2008), 「협상 화법의 교육 내용 연구」, 서울대학교 대학원 박사학위논문.
정민주(2009), 「자기소개 담화에 나타난 '자아 표현' 양상과 실현 맥락에 관한 고찰」, 『국어교육연구』 44, 국어교육학회.
정민주(2014), 「국어과 예비 교사의 수업 실행에 나타난 문제 양상과 지도 방안」, 『국어교육학연구』 49, 국어교육학회.
정은아(2014), 「국어교과의 대상 텍스트에 관한 고찰 – "정보 텍스트 읽기를 확대하자는 주장" 및 "CCSS"와 관련하여」, 『국어교육』 144, 한국어교육학회.
정은아(2015), 「도구교과로서의 국어교육, 대상 텍스트 연구 – 정보텍스트와 문학텍스트의 문맥상 의미 이해 특징을 중심으로」, 『청람어문교육』 56, 청람어문교육학회.
정은진(2017), 「텍스트 구성 능력 신장을 위한 문장 쓰기 지도 방안」, 서울교육대학교 대학원 석사학위논문.
정지현(2015), 「구어에서의 2인칭 대명사 '자기'의 사용과 문법 교육에서의 적용」, 『한국어학』 68, 한국어학회.
정현선(2005), 「언어 · 텍스트 · 매체 · 문화 범주와 '복합 문식성' 개념을 통한 미디어 교육의 국어교육적 수용에 관한 연구」, 『한국초등국어교육』 28, 한국초등국어교육학회.
정현선(2007) 「기호와 소통으로서의 언어관에 따른 매체 언어 교육의 목표에 관한 고찰」, 『국어교육연구』 19, 서울대학교 국어교육연구소.
정현선(2012), 「매체언어 교육 단원 개발과 수업 실행에 관한 연구」, 『한국초등국어교육』 48, 한국초등국어교육학회.
정혜승(2007), 「2007년 개정 국어과 교육과정의 비판적 점검」, 『우리말교육현장연구』 1, 우리말교육현장학회.
정혜승(2008), 「문식성의 변화와 기호학적 관점의 국어과 교육과정 모델」, 『교육과정연구』 26, 한국교육과정학회.
정희모(2017), 「비판적 담화 분석의 문제점과 국어교육에의 적용 – 페어클러프와 푸코의 방법 비교를 중심으로」, 『작문연구』 35, 한국작문학회.
정희자(2009), 『담화와 문법 그리고 의미』, 한국문화사.
정희창(2013), 「TV 뉴스텍스트의 국어 교육적 분석」, 『한민족문화연구』 42, 한민족문화학회.
제민경(2014), 「장르 개념화를 위한 문법 교육적 접근」, 『국어교육학연구』 49, 국어교육학회.
조국현(2007), 「언어 교육에 관한 한국 텍스트 언어학의 연구 내용 및 성과」, 『텍스트언어학』 22, 한국텍스트언어학회.

조원형(2013), 「텍스트성 기준과 디자인 척도」, 『텍스트언어학』 34, 텍스트언어학회.
조재윤(2012), 「국어과 매체 수업 개선 방법 연구」, 『청람어문교육』 45, 청람어문교육학회.
주경희(1992), 「국어 대명사의 담화 분석적 연구」, 서울대학교 대학원 박사학위논문.
주세형(2004), 「학교 문법 다시 쓰기 - 언어 단위 문제를 중심으로」, 『국어교육학연구』 20, 국어교육학회.
주세형(2005), 「'내용'과 '방법'으로서의 국어 지식 영역의 역할」, 『한국초등국어교육』 27, 한국초등국어교육학회.
주세형(2007ㄱ), 「초등 국어과 교사의 문법 수업 전문성 신장 방안 연구」, 『어문학교육』 35, 한국어문교육학회.
주세형(2007ㄴ), 「텍스트 속 문장 쓰기와 문법」, 『한국초등국어교육』 34, 한국초등국어교육학회.
주세형(2010), 「"사실과 의견 구별하기"의 국어과 전문성 탐색」, 『국어교육학연구』 37, 국어교육학회.
진선희(2007), 「개정교육과정(2007) 국어과 교육 내용 〈맥락〉의 교재화 방향」, 『학습자중심교과교육연구』 7, 학습자중심교육학회.
진선희(2013), 「국어교육 내용으로서 '맥락'의 실행 현황 및 개선 방안 연구」, 『청람어문교육』 47, 청람어문교육학회.
최미숙(2007), 「매체 언어 교육을 위한 교육과정 개발 방향 - 선택 과목을 중심으로」, 『국어교육학연구』 28, 국어교육학회.
최병우 · 이채연 · 최지현(2000), 「매체언어와 국어교육 - 매체언어의 교수학습에 관한 연구」, 서울대학교 국어교육연구소.
최선희(2015), 「기행문 텍스트 갈래의 교육 내용 연구」, 서울교육대학교 대학원 석사학위논문.
최선희(2017), 「담화 관련 용어에 대한 국어 교사들의 인식 및 이해 양상 연구」, 『청람어문교육』 61, 청람어문교육학회.
최선희 · 이병규(2016), 「기행문 텍스트 갈래의 내용 및 구조 연구」, 『청람어문교육』 68, 청람어문교육학회.
최숙기(2010ㄱ), 「국어교육과 매체 언어 이해 교육」, 『청람어문교육』 42, 청람어문교육학회.
최숙기(2010ㄴ), 「다매체 시대의 국어교육의 목표와 방향: 국어교육과 매체 언어 이해 교육」, 『청람어문교육』 42, 청람어문교육학회.
최숙기(2012), 「국어 교사의 텍스트 복잡도 모형을 활용한 교과서 제재 정합성 평가 양상 연구」, 『청람어문교육』 46, 청람어문교육학회.
최시한(2006), 「이야기 교육에 대하여: 개념과 갈래를 중심으로」, 『한국문학이론과 비평』 33, 한국문학이론과 비평학회.
최영인(2014), 「설득 화법 집중 교육을 통한 학습자의 인식과 태도 변화 연구」, 『화법

연구』 24, 한국화법학회.
최영인 · 정민주(2012), 「국어과 교사들의 설득 담화 평가 양상 및 인식에 관한 고찰」, 『국어교육연구』 29, 서울대학교 국어교육연구소.
최웅환(2006), 「국어과 교육과정 개정 시안에서의 매체 교육」, 『국어교육연구』 39, 서울대학교 국어교육연구소.
최웅환 · 이문규(2004) 「국어교육에서의 매체언어 교육 수용에 대하여」, 『중등교육연구』 52-2, 경북대학교 중등교육연구소.
최지윤(2018), 「초등 학습자의 인터넷 개인 방송 수용을 위한 지도 방안 연구」, 서울교육대학교 대학원 석사학위논문.
최지현(2001), 「매체언어 이해론을 위한 근본 논의」, 『독서연구』 6, 한국독서학회.
최지현(2003), 「교과교육으로서 매체교육의 가능성」, 『교육발전』 22-2, 서원대학교교육연구소.
최지현(2007), 「매체언어 교육을 위한 교수 · 학습 방법 탐구 – 문화, 매체 문식성 개념을 중심으로」, 『국어교육학연구』 28, 국어교육학회.
최창섭(1994), 「언론 매체와 교육」, 『언론학원론』, 범우사.
최현배(1987), 『우리말본(열네 번째 고침)』, 정음문화사.
하숙자(2007), 「매체언어교육의 내용 선정 연구」, 전남대학교 대학원 박사학위논문.
한명숙(2014), 「2015 국어과 교육과정 및 교재 개발 방안: 초등국어과 통합형 교육과정 개발의 과제와 전망」, 『청람어문교육』 51, 청람어문교육학회.
허 웅(1995), 『20세기 우리말의 형태론』, 샘문화사.
홍명종(2017), 「연설문 텍스트 갈래의 교육 내용 연구」, 서울교육대학교 대학원 석사학위논문.
홍인선(2010), 「내용교과 독서 지도 연구」, 한국교원대학교 대학원 박사학위논문.
황 란(2015), 「국어과 텍스트 중심 교육과정의 교과서 실행 양상과 교사 인식 연구 – 초등 국어교육을 중심으로」, 서울교육대학교 대학원 석사학위논문.
황미향(2010), 「텍스트성 발달과 쓰기 능력의 상관관계 – 초등학교 5학년 설명문 쓰기를 중심으로」, 『국어교육연구』 47, 국어교육학회.
Alice Omaggio Hadley(2001), *Teaching Language in Context*, Heinle & Heinle.
Bastone, Rob(1994, 1999), *Grammar*, Oxford Univ. Press.
Collins Cobuild, *Advanced Learner's English Dictionary(6th Edition)*@ HarperCollins Publishers, 2009.
Figueroa, E. (1994), *Sociolinguistic Metatheory*, Oxford: Pergamon.
Halliday & Hasan(1976), *Cohesion in English*, Longman.
Halliday & Hasan(1989), *Language, Context, and Text*, Oxford Univ. Press.
Halliday, M. A. K. & R. Hasan. (1989), *Language, Context, and Text: Aspects of language in a social-semiotic perspective*, Oxford: Oxford Univ. press.
Hart, Andrew(1991), *Understanding the Media*, Routledge.

Lakoff, G. & M. Johnson(1999), *The Philosophy in the Flesh*, New York: Basic Books, 임지룡 외 3인 역(2002), 『몸의 철학』, 박이정.

Oxford Advanced Learner's English-Korean Dictionary(2008), Oxford Univ. Press.

R. de Beaugrande & W. Dressler(1981), *Introduction to Text linguistics*.

Schiffrin, D.(1994), *Approaches to Discourse Analysis*, Oxford: Blackwell.

Searle, John R.(1969), *Speech Act, An Essay in the Philosophy of Language*, Cambridge: Cambridge University Press.

Searle, John R.(1979), Expression and Meaning, *Studies in the Theory of Speech Acts*, Cambridge.

Searle, John R.(1987), *Intentionalitat: Eine Abhabdlung zur Philosophie des Geistes*, Frankfurt a. M.

Sperber, D. & D. Wilson, D.(1986), *Relevance: Communication and cognition*, Vol. 142, Cambridge, MA: Harvard University Press.

Van Dijk & Teun A.(1979), *Studies in the Pragmatic of Discourse*, Mouton.

Van Dijk(1980), *Text and Context, Explorations in the Semantics and Pragmatics of Discourse*, London.

자료

교육과정

교육과학기술부(2008), 『교육인적자원부 고시 제2007-79호에 따른 초등학교 교육과정 해설 Ⅲ - 국어, 도덕, 사회』, 교육과학기술부.

교육과학기술부(2011), 『2009 개정 국어과 교육과정, 교육부 고시 제2011-361호』, 교육부.

교육과학기술부(2012), 『국어과 교육과정, 교육과학기술부 고시 제2012-14호』, 교육부.

교육부(1992ㄱ), 『제6차 교육과정 국민학교 교육과정』, 대한교과서주식회사.

교육부(1992ㄴ), 『제6차 중학교 국어과 교육과정 해설』, 대한교과서주식회사.

교육부(1993), 『국민 학교 교육과정(재판)』, 대한교과서주식회사.

교육부(1994), 『중학교 국어과 교육과정 해설』, 대한교과서주식회사.

교육부(1997), 『제7차 영어과 교육과정 개발 연구』, 한국교육개발원.

교육부(1998ㄱ), 『제7차 교육과정 국어과 교육과정』, 대한교과서주식회사.

교육부(1998ㄴ), 『제7차 초중등 학교 교육과정 - 국민 공통 기본 교육과정』, 대한교과서주식회사.

교육부(1998ㄷ), 『제7차 초등 학교 교육과정 해설』(Ⅰ), (Ⅲ), 대한교과서주식회사.

교육부(1998ㄹ), 『국어과 교육과정』, 대한교과서주식회사.

교육부(1999), 『초등학교 교육과정 해설(재판)』(Ⅰ), (Ⅲ), 대한교과서주식회사.
교육부(2012), 『국어과 교육과정(제2012-14호)』, 교육부.
교육부(2015), 『국어과 교육과정(교육부 고시 제2015-74호)』, 교육부.
교육부, 제1차 국어과 교육과정~2015 개정 국어과 교육과정 전자파일.
교육인적자원부(2007), 『국어과 교육과정(교육인적자원부 고시 제2007-79호)』
문교부(1987), 『국민학교 교육과정』.

교과서

교육과학기술부(2014), 『초등학교 국어교과서 1학년~6학년』, 교육과학기술부.
교육부(2002ㄱ), 『국어(상), (하)』(고등학교 1학년), (주)두산.
교육부(2002ㄴ), 『국어』(중학교 1학년~3학년), 대한교과서주식회사.
교육부(2002ㄷ), 『말하기 · 듣기 · 쓰기』(초등학교 4학년~6학년), 대한교과서주식회사.
교육부(2002ㄹ), 『생활 국어』(중학교 1학년~3학년), 대한교과서주식회사.
교육부(2002ㅁ), 『말하기 · 듣기』(초등학교 1학년~3학년), 대한교과서주식회사.
교육부(2002ㅂ), 『쓰기』(초등학교 1학년~3학년), 대한교과서주식회사.
교육부(2002ㅅ), 『읽기』(초등학교 1학년~6학년), 대한교과서주식회사.
교육부(2013), 『초등학교교과서 – 1~2학년군 국어 1-1, 1-2, 2-1, 2-2』, (주)미래엔.
교육부(2014), 『초등학교교과서 – 3~4학년군 국어 3-1, 3-2, 4-1, 4-2』, (주)미래엔.
교육부(2015), 『초등학교교과서 – 5~6학년군 국어 5-1, 5-2, 6-1, 6-2』, (주)미래엔.
교육부(2016ㄱ), 『초등학교 국어 4-1 가』, (주)미래엔.
교육부(2016ㄴ), 『초등학교 국어 4-1 교사용 지도서』, (주)미래엔.
교육부(2016ㄷ), 『초등학교 국어 5-1 가, 나』, (주)미래엔.
교육부(2016ㄹ), 『초등학교 국어 5-1 교사용 지도서』, (주)미래엔.
교육부(2016ㅁ), 『초등학교 국어 5-2 가, 나』, (주)미래엔.
교육부(2016ㅂ), 『초등학교 국어 5-2 교사용 지도서』, (주)미래엔.
교육부(2016ㅅ), 『초등학교 국어 6-1 가, 나』, (주)미래엔.
교육부(2016ㅇ), 『초등학교 국어 6-1 교사용 지도서』, (주)미래엔.
교육부(2016ㅈ), 『초등학교 국어 6-2 가, 나』, (주)미래엔.
교육부(2016ㅊ), 『초등학교 국어 6-2 교사용 지도서』, (주)미래엔.
교육부(2017), 『초등학교교과서 – 1~2학년군 국어 1-1, 2-1』, (주)미래엔
박영목 외(2012), 『독서와 문법 Ⅰ』, 천재.
박영목 외(2014), 『독서와 문법』, 천재.
서울교육대학교 · 한국교원대학교 국정도서국어편찬위원회(2011), 『초등학교 국어 교사용 지도서(6학년 1학기)』, (주)미래엔컬처그룹.
서울대학교 국어교육연구소(2002), 『문법』, 교육인적자원부.

윤여탁 외(2012), 『독서와 문법 Ⅰ』, (주)미래엔.
윤여탁 외(2014), 『독서와 문법』, (주)미래엔.
이관규 외(2014), 『독서와 문법』, 비상교육.
이남호 외(2012), 『독서와 문법 Ⅰ』, 비상교육.
이도영 외(2014), 『독서와 문법』, 창비.
이삼형 외(2012), 『독서와 문법 Ⅰ』, 지학사.
이삼형 외(2014), 『독서와 문법』, 지학사.
한국교원대학교 국정도서국어편찬위원회(2009), 『초등학교 국어 교사용 지도서(1학년 2학기)』, (주)미래엔컬처그룹.
한국교원대학교 국정도서국어편찬위원회(2010ㄱ), 『초등학교 국어 교사용 지도서(1학년 1학기)(초판 2쇄)』, (주)미래엔컬처그룹.
한국교원대학교 국정도서국어편찬위원회(2010ㄴ), 『초등학교 국어 교사용 지도서(2학년 1학기)(초판 2쇄)』, (주)미래엔컬처그룹.
한국교원대학교 · 서울교육대학교 국정도서편찬위원회(2010), 『초등학교 국어 교사용 지도서(3학년 2학기)』, (주)미래엔컬처그룹.
한철우 외(2014), 『독서와 문법』, 교학사.

찾아보기

ㄱ

ㄴ

ㄷ

ㄹ

ㅁ

ㅂ

ㅅ

ㅇ

ㅈ

ㅍ

ㅎ